LA JUSTICE DE L'INTÉGRATION

Réflexions sur les institutions judiciaires de la CEDEAO et de l'UEMOA

ALIOUNE SALL

LA JUSTICE DE L'INTÉGRATION

Réflexions sur les institutions judiciaires de la CEDEAO et de l'UEMOA

Réédition

Préface du professeur Luc SINDJOUN

L'Harmattan Sénégal

10 VDN, Sicap Amitié 3, Lotissement Cité Police, DAKAR

http://www.harmattansenegal.com
senharmattan@gmail.com

ISBN: 978-2-343-14312-5
EAN: 9782343143125

À mes enfants Ibrahima, Penda, Ngouye Sigui.

SOMMAIRE

PREFACE

Au nom du droit de l'intégration régionale

Préfacer un ouvrage est très souvent perçu comme un exercice de bienséance intellectuelle dans laquelle le préfacier confesse sans retenue son admiration vis-à-vis de l'auteur et invite les lecteurs à le suivre sur les sentiers de sa passion. Cette perception quoique fondée ne constitue pas moins un obstacle épistémologique en ce sens qu'elle entraîne des préjugés empêchant de juger la préface sur pièces, en ce qu'elle a d'objectif et de subjectif : au nom des a priori, on choisit de suivre l'imagination au sujet de la préface plutôt que sa réalité effective. La réalité effective de cette préface, c'est le constat de l'originalité et de la qualité de l'ouvrage de mon collègue Alioune SALL.

En décidant de publier un ouvrage sur ***La justice de l'intégration en Afrique de l'Ouest. Réflexions sur les institutions judiciaires de la CEDEAO et de l'UEMOA****, M. Alioune SALL a opté pour un thème très souvent délaissé dans les études francophones sur l'intégration régionale. Or, dès lors qu'on admet que l'intégration régionale est un processus de renforcement des interdépendances et d'intégration sociale transcendant les États, apparaît comme étant incontournable la prise en compte de la surveillance des normes permettant de vivre ensemble dans le nouveau cadre créé. D'où la figure du juge et toute la pertinence de l'intégration régionale par les juges. Prendre au sérieux l'intégration régionale revient alors à accorder une attention soutenue à l'exercice de la faculté de juger au plan régional ; car, ce qui se profile en Afrique de l'Ouest, c'est la formation d'une société internationale régionale. Il s'agit là d'une dimension particulière de l'intégration régionale : les institutions judiciaires de la CEDEAO et de l'UEMOA attestent de la formation d'une autorité supranationale revendiquant avec succès l'exercice de la sanction légitime des manquements par rapport aux normes.*

Certes, il ne s'agit pas encore, comme le fait remarquer de manière convaincante M. Alioune SALL, de la part de ces juridictions communautaires de la production jurisprudentielle d'un droit de l'intégration qu'il appelle de tous ses vœux; mais, il reste que, de par leur existence les cours de justice de l'Afrique de l'Ouest sont la preuve de l'institutionnalisation des relations internationales dans ladite région, de l'énonciation d'un État de droit régional (1). Il est vrai qu'en statuant davantage sur l'intégration régionale au lieu d'être focalisés du fait des requêtes sur le contentieux de la fonction publique régionale et des droits de l'homme, comme le souhaite M. Alioune SALL, les juges communautaires de la CEDEAO et de l'UEMOA feraient avancer l'intégration régionale.

Toutefois, l'intégration régionale par le droit, ainsi que le montre avec clarté l'auteur, est constituée ici, d'une part, par l'existence d'un juge supranational dont les décisions s'imposent aux États membres, d'autre part, par la possibilité offerte aux personnes morales et physiques d'initier des recours contre les États membres. Au terme de la lecture de l'ouvrage de M. Alioune SALL, il apparaît clairement que les juges communautaires parviennent à développer une logique d'autonomisation tant et si bien qu'on ne peut pas considérer les institutions judiciaires comme étant des simples mandataires des États membres sur la base de la théorie principal-agent (2). Suivant ladite théorie, les États membres sont les principals, en leur qualité de détenteurs du pouvoir constituant et les institutions judiciaires, des agents, créés par les principals en vue de la réalisation de leurs volontés ou intérêts. Or, M. Alioune SALL nous démontre que même si le droit jurisprudentiel de l'intégration régionale n'est pas suffisamment développé par les institutions judicaires au sein de la CEDEAO et de l'UEMOA, celles-ci ne sont pas pour autant soumises aux gouvernements des États membres. En attendant de devenir les gardiens de la promesse d'intégration régionale, les juges communautaires sont des garants du dépassement des États. C'est dans cette tension entre le sous-développement jurisprudentiel du droit de l'intégration régional et la montée en puissance du rôle du juge dans la formation de la société internationale oust-africaine que je situe l'originalité de l'analyse de M. Alioune SALL.

Venons-en maintenant à la qualité de l'ouvrage. Elle est en fait articulée autour de la rigueur de la démarche scientifique de l'auteur. C'est une démarche fondée sur la collecte systématique et l'interprétation méthodique du matériau constituée par les avis et décisions des cours de justice de la CEDEAO et de l'UEMOA. Dès lors, ce qui est écrit procède de l'analyse de la jurisprudence et non de l'imagination de l'auteur. C'est ainsi que les qualifications auxquelles recourt l'auteur sont appropriées : le contentieux de la Cour de Justice de l'UEMOA est considéré comme un contentieux de la fonction publique régionale en raison de la prépondérance des fonctionnaires communautaires dans la population des requérants ; le contentieux de la Cour de Justice de la CEDEAO est présenté comme un contentieux des droits de l'homme du fait de la croissance exponentielle des requêtes fondées sur « les violations des droits de l'homme ».

A cette approche quantitative, s'ajoutent notamment l'analyse institutionnelle pour relever la cohabitation entre règlement juridictionnel des différends et règlement des différends par voie d'arbitrage, la comparaison pour relever tantôt la spécificité du juge ouest africain par rapport au juge européen, tantôt le mimétisme jurisprudentiel du juge ouest africain à l'égard du juge européen ou encore de la CIJ. La qualité de l'ouvrage de M. Alioune SALL tient aussi à la passion de l'auteur pour l'intégration régionale, le droit et le dynamisme jurisprudentiel.

En refermant l'ouvrage de M. Alioune SALL, j'ai eu plaisir à retrouver l'universitaire rigoureux et méthodique, cohérent et systématique qui a séduit et convaincu le jury d'agrégation de droit et de science politique que j'ai eu l'honneur de présider à Libreville en 2007. Puissent les fruits toujours tenir la promesse des fleurs.

Luc SINDJOUN
Professeur Titulaire à l'Université de Yaoundé II
Membre de l'Académie des Sciences d'Outre-Mer

1. Lire au sujet de l'institutionnalisation des relations internationales par les institutions judiciaires régionales, Walter MATLI et Anne-Marie BURLEY-SLAUGHTER, « Revisiting the European Court of Justice »International Organization, 3e trimestre 1998 ; Delphine DULONG, « La science politique et l'analyse de la construction juridique de l'Europe : bilan et perspectives » Droit et Société, No49, 2001, pp. 707-731
2. Lire au sujet de l'approche théorique principal-agent, Alec stone SWEET et James CAPORASO, « La cour de justice et l'intégration européenne » Revue Française de Science politique, vol 48 ; No2, avril 1998, pp. 195-244

AVANT-PROPOS

Le présent ouvrage a fait l'objet d'une première édition en 2011, par le CREDILA, centre d'études rattaché à la Faculté des sciences juridiques et politiques de l'Université Cheikh Anta Diop de Dakar. Près de sept années après sa parution, qu'y-a-t-il de nouveau dans la justice de l'intégration ?

Les deux juridictions internationales étudiées subsistent, mais elles ont traversé ou traversent des difficultés sérieuses. La Cour de l'UEMOA est resté pendant quelques temps paralysée (entre 2013 et 2016), et c'est par une décision au plus haut niveau (Acte additionnel du 13 juin 2015 pris par le président en exercice de la Conférence des chefs d'État et de gouvernement) que la paralysie de la Cour avait été en quelque sorte entérinée, le climat résultant de mésententes internes à la juridiction ayant été jugé rédhibitoire à la sérénité nécessaire à une institution de cette nature. Depuis, la composition de la juridiction a été renouvelée, et ses nouveaux membres ont prêté serment devant le président en exercice de la Conférence, en mai 2016 à Abidjan. Il faut espérer qu'il ne s'agisse là que d'un mauvais souvenir, et qu'à la faveur de cette rupture qui est aussi une semonce, cet organe judiciaire renoue avec sa vocation et contribue à l'affermissement du droit de l'intégration.

Quant à la Cour de justice de la CEDEAO, elle a connu une physionomie nouvelle avec son renouvellement complet, et l'entrée en fonction de sept nouveaux juges, qui ont prêté serment en juin 2014 à l'issue du sommet d'Accra. Un problème majeur se posait cependant pour cette juridiction. En effet, un Protocole du 14 juin 2006 a ramené le mandat des juges à quatre ans non renouvelable (alors qu'il était de cinq ans renouvelable aux termes du protocole initial, celui de 1991). Cette option, unique dans le monde entier, élaborée dans le secret de départements juridiques manifestement ignorants des standards internationaux et de la spécificité de la fonction judiciaire au sein des organisations internationales, a été souvent décriée, mais n'a, jusqu'à présent, pas été changée.

On ne s'attardera pas sur les inconvénients que cette nouvelle règle comporte, tant elles vont de soi : de fait, et compte tenu de l'acclimatation nécessaire aux nouveaux juges autant que de contraintes d'ordre logistique liées à leur installation (et que les familiers de la CEDEAO connaissent bien), des juges nommés pour quatre ans non renouvelable ne travaillent, en pratique, que deux ans et demi, au mieux trois ans. Cette seule remarque suffit à mettre en évidence l'absurdité d'une règle dont la consécration pose, plus sérieusement, la question du processus par lequel des décisions peuvent être prises dans une organisation comme la CEDEAO, décisions qui échappent curieusement à tout « filtre » au niveau interne ou intergouvernemental, et qui ont fini par être avalisées par les chefs d'État et de gouvernement eux-mêmes !

Comme si cela ne suffisait pas, un projet de réforme de 2017, également initié dans des conditions opaques, sans concertation aucune, voudrait réduire le nombre de juges de la Cour à cinq. Se réclamant d'une logique « managériale » obsédée par une « réduction des coûts » qu'il n'est ni juste ni pertinent de faire supporter à l'organe judiciaire, cette dernière lubie pourrait, il faut le craindre, signer la fin de la viabilité de l'institution. Une Cour réduite à cinq juges, pour qui connaît les exigences du bon fonctionnement d'une juridiction composée de juges ne pratiquant pas la même langue et n'ayant pas les mêmes traditions judiciaires, aurait beaucoup de mal à s'acquitter correctement de ses tâches. Cette réforme, il faut bien le dire, est elle aussi malheureuse.

La jurisprudence des deux Cours s'est quantitativement enrichie depuis 2011, mais ses traits majeurs n'ont pas substantiellement changé. Le juge de l'UEMOA reste un juge des normes de l'intégration économique, conformément à sa vocation initiale. Si l'on peut, aujourd'hui encore, continuer à regretter le taux relativement faible de sa saisine, on doit constater que celle-ci gagne en quelque sorte en quantité et en qualité[1]*. Sur ce point également, il faut espérer que la Cour de Ouagadougou sera mieux connue et plus régulièrement saisie. Espérer aussi que sa jurisprudence, par sa qualité, contribuera au renforcement de l'intégration, comme elle a eu à le laisser entrevoir dans des décisions déjà rendues.*

Le cantonnement de la Cour de justice de la CEDEAO aux questions de violations des droits de l'homme s'est nettement confirmé depuis 2011. La crainte d'une telle tendance avait été exprimée à l'époque. Avouons qu'elle était mâtinée de quelque regret, eu égard à la mission originelle et à la vocation de cette juridiction, qui est, à l'instar de celle de l'UEMOA, de veiller sur la dimension juridique de l'intégration économique. Mais on ne vit pas de regrets. La Cour étant résolument restée juge des droits de l'homme, il faut prendre acte de cette donnée sans sombrer dans un quelconque jugement de valeur.

Cela étant, il convient de rappeler que les compétences initiales de la Cour subsistent. Il est souhaitable que la juridiction exerce celles-là, ne serait-ce que pour mettre en relief la dimension « positive » de son office, celle de garant du processus d'intégration. Une juridiction ne traitant que de violations des droits de l'homme court en effet le risque, dans un contexte général de fragilité de l'État de droit et même du droit en général, de passer pour n'être qu'un « père fouettard », une machine à stigmatiser voire à appauvrir des États, eu égard au mode de réparation qu'elle privilégie. Dans ce climat d'insuffisante intériorisation de la contrainte juridique, voire de défiance à l'égard du juge, la Cour pourrait exaspérer un pouvoir politique qu'il ne s'agit pas d'amadouer, mais qu'il convient d' « affronter » avec intelligence et perception avisée du « rapport de forces ». Pour cette raison, il serait souhaitable que l'office du juge

---

[1] Voir les statistiques disponibles sur le site de la Cour. On notera en particulier la légère augmentation du nombre de renvois préjudiciels soumis au juge de l'UEMOA (au nombre cinq courant 2017, alors qu'en 2011, il n'en existait qu'un), cette technique de collaboration étant révélatrice de la pénétration des normes sous-régionales dans les ordres juridiques et judiciaires nationales.

communautaire se muât quelque peu, et qu'à l'aspect répressif de celui-ci, superposât une dimension constructive, positive.

Les précisions liminaires exprimées dans ce nouvel avant-propos s'imposaient, pour donner au lecteur une idée sur les évolutions enregistrées depuis la première édition. Le contenu de l'ouvrage en tant que tel n'a pas varié, et pour l'essentiel, les observations exprimées gardent, de notre point de vue, leur actualité, sous réserve de tout ce qui a été dit ici. Notre intérêt pour la justice de l'intégration est resté le même, mais il s'est poursuivi dans une perspective plus spécifique : il n'a concerné que la Cour de justice de la CEDEAO, que nous avons eu l'honneur d'intégrer comme juge depuis, et il se rapporte à ce qui fait aujourd'hui l'essentiel de son office : le traitement des violations des droits de l'homme. Un ouvrage consacré à la matière devrait paraître incessamment[2].

Il faut finir en remerciant les éditions de l'Harmattan, qui ont souhaité procéder à un nouveau tirage de cet ouvrage, et espérer qu'en étant de nouveau disponible, celui-ci sera utile aux uns et autres, et suscitera d'autres réflexions – éventuellement critiques –, pour le plus grand bonheur du droit de l'intégration en Afrique.

Abuja, janvier 2018.

Alioune Sall

---

2 Il s'agit d'un ouvrage, également traduit en anglais, titré *Le contentieux de la violation des droits de l'homme devant la Cour de justice de la CEDEAO* et dont la parution devrait avoir lieu courant 2018.

INTRODUCTION

L'Afrique de l'ouest connaît aujourd'hui deux grandes organisations d'intégration, la CEDEAO et l'UEMOA[3]. La première a été créée en 1975, son Traité constitutif a été substantiellement révisé en 1993, puis en 2006. Initialement, c'est-à-dire dans le traité de 1975, il était prévu de doter la Communauté d'un « Tribunal », mais celui-ci ne verra jamais le jour. Ce n'est qu'à la faveur de la révision de 1993 que la CEDEAO a été pourvue d'un organe judiciaire, la « Cour de Justice », établie à Abuja[4]. Quant à l'UEMOA, qui vient se « superposer » à l'UMOA – laquelle n'a jamais eu de « juge »-, elle a mis en place, dès sa création, en 1994, une Cour de justice dont le siège est à Ouagadougou[5]. Le renouvellement du champ des organisations africaines d'intégration, amorcé au début des années 90, s'est accompagné d'une valorisation du droit en général, comme instrument de réalisation des buts assignés à ces regroupements. Mieux que toute autre innovation, la création de Cours de justice traduit cette nouvelle perspective.

La réflexion peut au demeurant être rapportée à des considérations plus générales. Incontestablement en effet, le développement des tendances régionalistes dans la société internationale, fait majeur du temps présent, constitue l'un des facteurs explicatifs de la multiplication des juridictions internationales ou, si l'on préfère, de la « juridictionnalisation du droit international »[6].

---

3 Pour une étude des dernières transformations de ces deux organisations, v. notre ouvrage *Les mutations de l'intégration des Etats en Afrique de l'ouest. Une approche institutionnelle,* Paris, L'Harmattan, 2006.

4 V. KUFUOR K.O., « Securing compliance with the judgments of the ECOWAS Court of justice", *Revue Africaine de droit international et compare,* 1996, pp. 1 à 11; DIEYE A., "La Cour de Justice de la CEDEAO et les juridictions nationales des Etats membres", Actes du colloque organisé par le CREDILA, Université de Dakar, 27-28 avril 2006, *Les Nouvelles Annales Africaines* n°1, 2007, pp. 185-187.

5 MBACKE M. M. *La Cour de justice de l'Union Economique et Monétaire Ouest Africaine (UEMOA)*, Dakar, Editions juridiques africaines, 1999 ; IBRIGA L.M., « L'UEMOA : une nouvelle approche de l'intégration économique régionale en Afrique de l'Ouest », *African Yearbook ofInternational Law* 1998, vol 6, pp. 23-64 ; SY D. « L'activité de la Cour de Justice de l'UEMOA », Colloque sur « Les droits communautaires africains » précité, *Les Nouvelles Annales Africaines,* précité, pp. 207-239. Pour une analyse de l'impact de l'activité des deux Cours de justice, v. l'importante contribution de MELEDJE DJEDJRO F., « L'appropriation des normes communautaires par les milieux universitaires et le monde judiciaire », *Troisième rencontre inter-juridictionnelle des Cours communautaires de l'UEMOA, de la CEMAC, de la CEDEAO et de l'OHADA »*, Dakar, 4-6 mai 2010.

6 Tel est notamment le thème d'un colloque de la Société française pour le Droit International (SFDI), *La juridictionnalisation du droit international,* Colloque de Lille, Paris, Pedone 2003. Un autre colloque a été consacré au sujet, deux ans auparavant, dans le cadre des Rencontres internationales de la Faculté des Sciences juridiques, politiques et sociales de Tunis, *Justice et juridictions internationales*, Colloque de Tunis, Paris, Pedone 2000.

Nombre d'auteurs s'accordent sur le fait que si les juridictions se multiplient dans l'ordre international, c'est au moins en partie parce que les États sont de plus en plus tentés par des formes de regroupements fondées sur la proximité géographique ou la communauté d'intérêts, et que la mise en place de tels regroupements s'accompagne souvent de la création d'organes juridictionnels chargés de dire et de promouvoir le droit de l'organisation régionale ou sous-régionale[7].

Si on peut regretter une certaine tardiveté dans la consécration des organes judiciaires dans le processus du regroupement des États en Afrique de l'Ouest, on admettra sans conteste que, désormais, les implications du nouveau credo intégrationniste ont été correctement prises en charge par les textes.

Sur les points majeurs où l'on escomptait une révolution, celle-ci a eu lieu : l'accès aux prétoires des juridictions a été ouvert aux personnes privées, certes un peu plus tard en ce qui concerne la CEDEAO[8] et, en second lieu, l'autorité attachée aux décisions judiciaires a été accrue[9].

---

7 On verra, entre autres, CHARNEY J-I, « Is International Law threatened by Multiple International Tribunals?" *RCADI* 1998 vol 271 pp. 132-133; PINTO M.C.W., "Judicial Settelement of International Disputes: One forum or Many?" *Legal Visions of the 21st Century: Essays on Honour of Judge Christopher Weeramentry,* La Haye, Klüver, 1998, pp. 465-475; DUPUY P.M., "Multiplication des jurisdictions internationals et fragmentation de l'ordre juridique international", *Cursos euro-mediterraneos Bancaja de derecho internacional,* vol. III, 1999, pp. 259-281 ; MECHICHI L., "Prolifération des jurisdictions internationales et unité de l'ordre juridique international", Colloque précité de Tunis, *Justice et juridictions...* pp. 73-101 ; SPELLISCY Sh. « The Proliferation of International Tribunals : A Chink in the Armor », *Columbia Journal of Transnational Law,* 2001, pp. 149-150; COUSTON M., "La multiplication des juridictions internationales . Sens et dynamiques", *Journal du droit international,* 2002, pp.5-53; KARAGIANNIS S., « La multiplication des juridictions internationales : un système anarchique ? », Colloque précité de Lille, *La juridictionnalisation...*, pp.14-15 ; V. également le n° spécial du *New York University Journal of International Law and Politics,* vol 31, 1999, n°4 ; KASMI J., « Le système de règlement des différends du MERCOSUR : le rôle du « juge mercosurien » dans le processus d'intégration régionale », *in* FLAESCH MOUGIN C. et LEBULLENGER J. (eds), *Regards croisés sur les intégrations régionales : Europe, Amériques, Afrique*, Bruxelles, Bruylant, 2010, pp.89- 131.

8 L'organisation de la Cour de la CEDEAO résulte du Protocole A/P1/91adopté le6 juillet 1991par la Conférence des chefs d'Etat et de Gouvernement. Ce Protocole sera modifié par un Protocole additionnel portant Amendement de celui de 1991, adopté le 19 janvier 2005. Quant à la Cour de l'UEMOA, elle figure parmi les organes de l'Union prévus dans le Traité constitutif de 1994. Un « Acte additionnel » n°1, relatif aux organes de contrôle de l'UEMOA a été subséquemment pris pour fixer les règles relatives au statut et au fonctionnement de la Cour. De manière plus générale, la doctrine a souligné une sorte de nouvelle dilection, manifestée par les Etats africains, au profit du mode de règlement juridictionnel. V. notamment à ce sujet TCHIKAYA B., « La juridictionnalisation du règlement des conflits internationaux en Afrique », *RDP* 2006, n°2, pp. 459-486.

9 Cela est particulièrement net dans le cas de la CEDEAO. Alors que le Traité de 1975 ne faisait nulle référence à l'autorité des décisions rendues par cette juridiction – qui, rappelons-le, n'a jamais vu le jour-, le traité révisé de 1993 pose en principe que *« les arrêts de la Cour de justice ont force obligatoire à l'égard des Etats membres, des Institutions de la Communauté et des personnes physiques et morales »*. L'article 19 par.2 du Protocole de 1991 dispose également que les arrêts rendus sont *« immédiatement exécutoires et ne sont pas susceptibles d'appel »,* et l'article 23 par. 3, que *« les Etats membres et les Institutions de la Communauté sont tenus de prendre sans délai toutes les mesures nécessaires de nature à assurer l'exécution de la décision de la Cour »*. S'agissant de la Cour de justice de l'UEMOA, c'est l'article 20 de l'Acte additionnel n°1 qui rappelle que les arrêts rendus par celle-ci, qui sont publiés au Bulletin officiel de l'Union, ont force obligatoire.

Que l'Europe, modèle d'intégration assez achevé, ait exercé une espèce de fascination dans cette conversion au droit est difficilement niable. Le vieux continent a entendu, ab initio, se constituer en une « communauté de droit », et le travail fait par ses juges a été à l'avenant. Leurs stratégies interprétatives ont été à l'origine de deux « principes » qui ont longtemps conféré à l'ordre juridique européen – celui de l'Union européenne- toute sa singularité dans l'ordre international : « l'applicabilité directe » et la « primauté ». Ces principes ont été, pour l'essentiel, repris dans les textes de la CEDEAO et de l'UEMOA.

Ajoutons qu'une autre originalité européenne figure dans ces mêmes textes : l'institution d'une collaboration entre le juge national et les juges de l'intégration, à travers des mécanismes comme le « renvoi préjudiciel » en interprétation[10]. La remarque faite par le Pr Sindjoun au sujet du juge constitutionnel africain peut donc être réitérée ici : dans leur argumentation, les juges de l'intégration vont, par une sorte d'inclination naturelle, faire une grande place à « l'Autre », on veut dire au juge de l'Union européenne notamment[11].

La « mystique du droit » qui anime le processus n'a pas pris fin avec l'adoption ou la révision des textes fondateurs. Elle s'est poursuivie plus tard, et s'est inscrite dans une certaine pratique des Cours de justice de la CEDEAO et de l'UEMOA. Les deux Cours de Justice, dès leur mise en place, ont mené une « politique de relations publiques » consistant, par le biais de « séminaires de formation » ou de « sensibilisation », à se faire connaître du grand public.[12].

En ce qui concerne plus spécifiquement la Cour de la CEDEAO, il convient d'autre part de noter la mise en place d'un « Conseil judiciaire de la Communauté », par décision du Président en exercice de la Conférence des chefs d'État et de Gouvernement, adoptée le 14 juin 2006[13]. Cette nouvelle instance est chargée de « gérer le processus de recrutement des juges de la Cour de Justice de la Communauté », elle est également investie de pouvoirs disciplinaires sur ces mêmes juges.

---

10 Dans le cadre de la CEDEAO, cette technique, inspirée de l'article 177 du Traité de Rome créant la CEE, est implicitement évoquée par l'article 10 f) nouveau du protocole relatif à la Cour, lequel cite, parmi les personnes et organismes pouvant saisir la Cour, *« les juridictions nationales ou les parties concernées, lorsque la Cour doit statuer à titre préjudiciel sur l'interprétation du Traité, des Protocoles, des Règlements... »*. Pour l'UEMOA, cette technique est prévue à l'article 14 de l'Acte additionnel n°1 précité. La doctrine a relevé cette attraction du modèle européen d'intégration, dans sa composante juridictionnelle, v. à ce sujet notamment KAMTO M., « Les Cours de justice des Communautés et des organisations d'intégration économique africaines », *African Yearbook of International Law*1998, vol 6, pp. 107 et s.

11 Au sujet de l'interprétation constitutionnelle par le juge africain, le Pr Sindjoun écrit en effet que *« le contrôle de constitutionnalité en Afrique révèle, aussi bien au plan de l'agencement institutionnel qu'à celui de l'argumentation du juge, la forte présence de l'Autre. Ici comme ailleurs, l'identité se construit dans le cadre d'une relation intime à l'altérité »*, in *Les grandes décisions de la justice constitutionnelle africaine. Droit constitutionnel jurisprudentiel et Politiques constitutionnelles au prisme des systèmes politiques africains*, Bruxelles, Bruylant, 2009, p. 581.

12 V. respectivement le *Bulletin de la Cour* de la CEDEAO, janvier- mars 2008, pp.3, 18 et s. et le *Rapport annuel d'activités de la Commission de l'UEMOA*, 2004, p. 35.

13 Décision A/DEC.02/06/06 portant création d'un Conseil judiciaire de la Communauté, *Journal Officiel de la CEDEAO*, vol 49, juin 2006, p.40.

C'est ce Conseil judiciaire, qui est composé pour l'essentiel des Présidents des juridictions suprêmes des États membres, qui sélectionne les candidats au poste de juge à la Cour[14]. En outre, par au moins trois fois, la Cour a usé de la faculté, que lui reconnaît l'article 26 du Protocole la régissant, de siéger sur le territoire d'un autre État membre. Elle l'a fait en tenant deux audiences au Mali, et une au Niger[15]. Quant à la Cour de l'UEMOA, on retiendra qu'elle organise, depuis quelques années, des « séminaires de sensibilisation » à l'intention notamment des acteurs judiciaires, ainsi que des « rencontres inter juridictionnelles », auxquelles d'autres Cours sous- régionales sont donc invitées. Après les rencontres de Cotonou et de Bamako, une réunion a été récemment organisée à Dakar[16].

Il y a donc de belles raisons de penser que le pari sur le droit est en train d'être relevé. Il convient, bien entendu, de s'en réjouir.

La perspective adoptée dans le présent travail ne veut cependant pas s'arrêter à ces données immédiates. Il s'agit ici, quelques années après leur mise en place et leur fonctionnement effectif, d'apprécier le travail des deux organes judiciaires, de se pencher sur leurs orientations jurisprudentielles et de jauger celles-ci à l'aune de l'objectif d'intégration dans laquelle leur mise en place s'insère[17].

Les appréciations qui pourraient être formulées à cet égard demeurent, il faut le préciser, forcément « provisoires », historiquement situées pourrait –on dire. Le travail interprétatif qui est celui du juge s'apprécie nécessairement dans la durée sinon « longue », du moins « moyenne ».

C'est au fil des saisines et du temps que les juges se pénètrent de leur mission, forgent leur démarche, affinent leurs concepts, esquissent éventuellement une « politique jurisprudentielle ». Les critiques ou réserves que l'analyste formule peuvent donc ne valoir qu'un certain temps[18].

---

14 La création de ce Conseil judiciaire s'accompagne d'une réforme inédite, sur laquelle il sera dit un mot plus loin. Désormais en effet, les candidatures aux postes de juge ne seront plus « parrainées » par les Etats, mais feront l'objet d'une compétition, d'un appel à candidatures. C'est une véritable révolution, mais qui peut poser des problèmes dont il sera dit un mot plus loin.

15 V. *Bulletin* précité de la Cour de Justice de la CEDEAO, p. 17.

16 La réunion s'est déroulée du 4 au 6 mai 2010.

17 Le travail ici effectué a été tributaire des conditions d'accès à la jurisprudence des deux Cours. Pour celle de l'UEMOA, il a fallu s'appuyer sur le Recueil publié par la Cour en novembre 2008, avec le concours de l'Organisation Internationale de la Francophonie et qui comporte trente-quatre décisions (arrêts et avis). S'agissant de la CEDEAO, la jurisprudence – qui, contrairement à celle de la Cour de l'UEMOA, n'a pas encore fait l'objet d'une publication systématique – s'étend de l'année 2003 (début du fonctionnement de la Cour), à la fin de l'année 2008. Ont été traitées les décisions disponibles et rédigées en langue française. Une analyse de quelques données jurisprudentielles de l'année 2009 est cependant faite par moments, sur la base du *Rapport* annuel qui a été préparé par le Greffe de la Cour.

18 Nous sommes bien en présence d'un « droit jeune », comme l'écrit le Pr MELEDJE DJEDJRO, Op cit, p.2. Sur les possibilités d'évolution de la jurisprudence des Cours internationales, v. SOREL J.M., « Les premiers pas des juridictions internationales : maladresse, péché de jeunesse ou affirmation ?», in *Le procès international*, *Liber Amicorum Jean Pierre COT*, Bruylant, 2009, pp. 307-308.

Cette précision étant faite, l'analyse de la jurisprudence fait apparaître une donnée majeure : la faible part des normes de l'intégration dans le contentieux soumis aux juges d'Abuja et de Ouagadougou. Il n'est pas sûr que derrière la montée en puissance des saisines du juge, derrière l'accroissement de son activité d'une année à l'autre - toutes réalités qui transparaissent des comptes rendus périodiques d'activités de ces juridictions -, se cache, toujours ou nécessairement, une croissance du contentieux de l'intégration entendu strictement[19].

C'est un fait, par exemple, que la Cour de Justice de l'UEMOA n'a que très rarement été saisie de l'application de normes relavant du droit de l'intégration stricto sensu. Il est tout aussi vrai que la Cour de la CEDEAO n'a, à ce jour, jamais rendu une décision portant sur des normes adoptées par les organes de la Communauté et se rapportant à l'objet même de l'organisation internationale, qui est la réalisation d'une communauté économique et monétaire. Cet état de fait est préoccupant et mérite que l'on en dise quelques mots. Le commentaire de l'activité jurisprudentielle des deux Cours ouest-africaines n'a de sens, de notre point de vue, que s'il est rapporté à la raison d'être même de ces juridictions, qui est de promouvoir un droit jurisprudentiel de l'intégration.

L'une des conditions principales de l'émergence jurisprudentielle d'un « droit de l'intégration » est d'abord que le contentieux soumis aux deux juridictions porte effectivement sur des normes secrétées ou générées par la CEDEAO et l'UEMOA. La chose paraît aller de soi, mais l'examen rapide du contentieux effectivement dévolu aux deux Cours fait douter de la réalisation de ce pré requis fondamental à l'émergence ou à l'affermissement jurisprudentiel d'un « droit de l'intégration ». La remarque est peut-être étonnante, mais elle est irréfutable. Il serait bien sûr excessif d'affirmer que le contentieux actuellement porté devant les Cours tourne le dos aux questions d'intégration, mais il est clair que tel qu'il se présente souvent, ce contentieux ne donne pas toujours l'opportunité aux juges de l'intégration de réaliser leur office.

Si l'on se penche sur les litiges traités par la Cour de justice de l'UEMOA, on est frappé, du moins relativement à la période sur laquelle les données accessibles ont porté - par l'importance du contentieux de la fonction publique de l'Union. Sur les arrêts et Avis rendus par la Cour, entre 1996 – date du début du fonctionnement de la juridiction- et fin 2008, la grande majorité porte sur des différends entre des employés de l'organisation internationale et la Commission.

Les statistiques sont parlantes : sur trente-quatre décisions rendues par la Cour[20], dix-neuf mettent en cause des règles de la fonction publique[21], et ne se

---

[19] On peut à cet égard relever le franc sentiment de scepticisme qu'affiche un auteur comme A.MAHIOU, qui écrit : *« lorsque les difficultés sont sérieuses, écrit-il, les Etats préfèrent aller vers la rupture du marché commun plutôt que faire confiance à la Cour de justice pour trouver une solution, ce qui n'encourage pas beaucoup le fonctionnement et la promotion des mécanismes juridiques d'intégration », in* « Le cadre juridique de la coopération Sud-Sud. Quelques expériences ou tentatives d'intégration », *RCADI* 1993/III, vol 241, p 81.

[20] Les affaires répertoriées sont : « Demande d'avis de la BCEAO sur le projet d'agrément unique pour les banques et établissements financiers » (Avis du 10 décembre 1996), « Laubhouet Serge c. Commission de l'UEMOA » (ordonnance du 14 juillet 1997 puis arrêt du 29 mai 1998), « Sacko Abdourahmane c. Commission de l'UEMOA » (ordonnance du 14 juillet 1997 puis arrêt du 29 mai

rapportent donc pas spécifiquement à des problèmes de droit de l'intégration[22]. Sur une période plus récente, comprise entre l'année 2005 et l'année 2008, les décisions et Avis confirment les tendances observées sur les neuf premières années : sur neuf décisions, seules trois mettent en cause des normes posées en matière d'intégration[23].

1998), « Dieng Ababacar c. Commission de l'UEMOA » (ordonnance du 14 juillet 1997 puis arrêt du 29 mai 1998), « Demande d'avis du Président de la Commission de l'UEMOA sur la décision n° 90/96/PCOM du 11 septembre 1996 par laquelle celui-ci a donné à son Directeur de cabinet délégation de signature » (Avis du 10 septembre 1998), « Demande d'avis complémentaire du Président de la Commission de l'UEMOA par rapport à l'Avis de la Cour en date du 10 septembre 1998 » (Avis du 22 mars 1999), « Dieng Ababacar c. Commission de l'UEMOA » (arrêt du 26 janvier 2000), « Demande d'avis de la Commission portant sur le projet de code communautaire des investissements de l'UEMOA » (avis du 2 février 2000), « Demande d'avis de la Commission de l'UEMOA relative à l'interprétation de l'article 84 du Traité de l'UEMOA » (Avis du 2 février 2000), « Demande d'avis de la Commission de l'UEMOA relative à l'interprétation des articles 88, 89 et 90 du Traité relatif aux règles de concurrence dans l'Union » (Avis du 27 juin 2000), « Société des Ciments du Togo c. Commission de l'UEMOA » (arrêt du 20 juin 2001), « Akakpo Tobi Edoé c. Commission de l'UEMOA » (arrêt du 20 juin 2001), « Adamou Moumouni Djermakoye c. Comité interparlementaire de l'UEMOA » (arrêt du 27 mars 2002), « Jean Baptiste Tavarez c. Commission de l'UEMOA » (arrêt du 8 mai 2002), « Kossi Mawuli Agokla c. Commission de l'UEMOA » (arrêt du 18 décembre 2002), « Demande d'avis de la Commission de l'UEMOA relative à la création d'une Cour des comptes au Mali » (Avis du 18 mars 2003), « Demande d'avis de la Commission de l'UEMOA relative au renouvellement du mandat des conseillers de la Cour des comptes » (Avis du 20 juin 2003), « Haoua Touré c. Commission de l'UEMOA » (arrêt du 25 juin 2003), « Tassembedo T . ludovic c. Bourse régionale des Valeurs Mobilières (BRVM) » (arrêt du 2 juillet 2003), « Demande d'avis de la Commission de l'UEMOA relative à l'interprétation des articles 48, 55 et 57 du Règlement n° 01/95/CM du 1er août 1995 portant statut des fonctionnaires de l'Union » (Avis du 22 octobre 2003), « Bayon Bako c. Commission de l'UEMOA » (arrêt du 18 février 2004), « Eugène Yaï c. Conférence des chefs d'Etat et de gouvernement » (ordonnances du 3 décembre 2004, du 2 juin 2005 et du 6 mars 2008, arrêts du 27 avril 2005, du 5 avril 2006 et du 30 avril 2008), « Compagnie Air France c. Syndicat des agents de voyage et de tourisme du Sénégal » (arrêt du 12 janvier 2005), « Groupement de développement économique d'intervention et de réalisation des investissements GDEIRI SA c. Commission » (arrêt du 23 novembre 2005), « Mamadou G Lalou c. CESAG » (arrêt du 23 novembre 2005), « Demande d'avis du Président de la Commission de l'UEMOA relative à la possibilité pour les Etats membres de conclure individuellement des accords d'investissement avec les pays tiers » (avis du 19 octobre 2007).

21 Il s'agit des affaires dans lesquelles la Commission et la Conférence des chefs d'Etat et de gouvernement sont parties.

22 On remarquera, au passage, que cette inflation du contentieux de la fonction publique dans le cadre de l'UEMOA est aux antipodes des tendances observées dans d'autres juridictions internationales, qui ne traient que très rarement de tels litiges. V à ce sujet RUZIE D., « Diversité des juridictions administratives internationales et finalités communes. Rapport général », *in* SFDI, *Le contentieux de la fonction publique internationale,* Journées d'études de 1994, Paris Pedone 1996 pp.14-15.

23 Les neuf décisions sont : les cinq relatives à l' « affaire YAÏ » rendues entre 2005 et 2008, l'affaire « Compagnie Air France et Syndicat des Agents de voyage et de tourisme du Sénégal » (arrêt du 12 janvier 2005), l'affaire « GDEIRI-SA c. Commission de l'UEMOA » (arrêt du 12 janvier 2005), l'affaire « M. Mamadou Lalou et Centre Africain d'Etudes Supérieures en Gestion (CESAG) » (arrêt du 23 novembre 2005), l'Avis relatif à la possibilité pour les Etats membres de conclure individuellement les accords d'investissement avec les pays tiers (Avis du 19 octobre 2007). Dans cette masse, les trois affaires susceptibles d'être rattachées au droit de l'intégration font l'objet de deux arrêts du 12 janvier 2005 (seule décision de la Cour rendue dans le cadre d'un renvoi préjudiciel) et de l'Avis du 19 octobre 2007 (qui porte effectivement sur une répartition des compétences entre l'Union et les Etats membres).

Un examen un peu plus poussé du contentieux révèle que les affaires mettant en cause l'application de normes relatives à l'intégration sont surtout celles qui ont donné lieu à des Avis[24]. C'est donc en matière consultative, plus que contentieuse, que le juge de l'UEMOA a eu l'occasion de se prononcer sur des questions de principe, a pu apporter sa pierre à l'édifice de l'intégration. La chose était quelque peu prévisible, tout au moins si l'on se rappelle que la procédure consultative ne peut être mise en œuvre que par des « organes » ou des « Institutions », lesquels, on le devine, sont portés à interroger la Cour sur des questions « générales », des questions d' « intérêt commun »[25]. Il faut, à cela, ajouter que l'Avis consultatif, plus que la décision contentieuse, se prête à la forme dissertative et offre au juge l'opportunité de se livrer à des échafaudages d'une certaine ampleur, à ces constructions prétoriennes systématiques qui font la réputation des juridictions et marquent leur histoire. Parce que la procédure consultative ménage une certaine liberté au juge, d'aucuns ont pu écrire que les « avis consultatifs » avaient « une grande valeur juridique »[26], ou pouvaient même être considérés, parfois, comme des « jugements non exécutoires »[27].

On retiendra surtout que la Cour de l'UEMOA a saisi l'opportunité de demandes d'avis émanées d'autres organes de l'Union pour exprimer ce que sa mission d'organe judiciaire d'une organisation d'intégration a de spécifique. Elle a usé de méthodes d'interprétation systémiques, reliant le sens des textes au contexte dans lequel ils ont été adoptés, et mettant l'accent sur la spécificité du cadre dans lequel elle exerce sa mission, qui est un cadre fortement « institutionnalisé ». L'opération interprétative, en effet, se ressent du contexte institutionnel dans lequel elle a lieu. Dans la perspective d'une organisation d'intégration, les méthodes d'interprétation utilisées par le juge seront « dynamiques », et auront tendance à s'inscrire dans une perspective téléologique, la démarche de la juridiction se polarisant sur les objectifs ou les fins de l'organisation internationale[28].

---

24 La même remarque est faite par SY D., op. cit., p. 235.

25 La Cour de justice de l'UEMOA peut être saisie pour avis par la Commission, le Conseil des ministres, la Conférence des chefs d'Etat et de Gouvernement, ou un Etat membre (article 15par. 7 du Règlement de procédures de la Cour). Quant à la Cour de la CEDEAO, elle peut être saisie, pour avis, par la Conférence des chefs d'Etat et de Gouvernement, le Conseil des ministres, un ou plusieurs Etats membres, le Président de la Commission, ou par toute autre institution de la Communauté (article 11 du Protocole relatif à la Cour).

26 Opinion individuelle du juge WINIARSKI à propos de l'Avis du 30 mars 1950, « Interprétation des traités de paix », rendu par la CIJ (Rec. 1950 pp. 91-92).

27 Opinion individuelle du juge ZORICIC dans la même affaire (Ibid. p. 101). D'autres auteurs ont insisté sur l'importance exceptionnelle que, dans des circonstances précises, un Avis consultatif peut avoir. V. par exemple SCHECHTER A.M., *Interpretation of ambiguous documents by International administrative Tribunals*, London, Stevens 1964, RUZIE D. « L'Avis consultatif de la CIJ du 12 juillet 1973 », *AFDI* 1973 p. 320.

28 V. à ce sujet SIMON D., *L'interprétation judiciaire des traités d'organisations internationales. Morphologie des conventions et fonctions juridictionnelles »*, Paris, Pedone 1981.

A trois reprises, la Cour de l'UEMOA a recouru à une telle approche, et par deux fois, elle s'est prononcée par des avis.

Dès sa première saisine, consistant en une demande d'avis de la BCEAO sur le projet d'agrément unique pour les banques et établissements financiers, le juge, pour répondre, a établi une corrélation entre la réalisation des libertés postulées par l'Union économique et monétaire – libertés de circulation des personnes, des biens, des capitaux -, et la mise en place de l'agrément unique. Dès lors, celle-ci devient une sorte de nécessité, un pouvoir implicitement conféré aux autorités de l'Union. La démarche est clairement adossée à la théorie de l' « effet utile », clairement soucieuse d'une « application effective » des dispositions du Traité[29].

De la même manière, lorsque la Cour est saisie pour donner un avis sur l'interprétation de l'article 84 du Traité, elle explique l'exclusivité de la compétence communautaire en matière de politique commerciale par l'économie générale du Traité et l'irréversibilité des compétences transférées à l'UEMOA par les États membres[30].

La seule affaire contentieuse dans laquelle la Cour recourt à l'interprétation systémique fait l'objet de l'arrêt du 27 avril 2005 : invitée à se prononcer sur la justiciabilité des « actes additionnels » pris par la Conférence des chefs d'État et de Gouvernement, elle se fonde, pour expliquer sa compétence, sur un « objectif » - « assurer le respect du droit dans l'interprétation et l'application du Traité » - plutôt que sur un texte[31].

Ces constructions intellectuelles d'envergure sont malheureusement rares. Leur réitération serait assurément propice au développement du droit de l'Union, mais la physionomie du contentieux, à l'heure actuelle, ne se prête pas à une telle réaffirmation, pour la bonne et simple raison que les saisines portent plus souvent sur des espèces à forte singularité, mettant plutôt en exergue des intérêts privés. Il faut donc retenir, au total, l'indigence du contentieux de l'intégration dans la jurisprudence de la Cour de l'UEMOA.

Les rares occasions par lesquelles ce juge s'est prononcé sur des questions fondamentales liées à cette intégration l'ont été, pour l'essentiel, à l'occasion de saisines pour avis. Cette réalité est en soi préoccupante. Près de quinze ans après la mise en place de la Cour, elle atteste une insuffisante pénétration du droit de l'UEMOA dans les mœurs judiciaires et dans les habitudes contentieuses. Bien entendu, il ne saurait être question d'en rendre le juge de l'Union responsable.

---

[29] Avis du 10 décembre 1996.

[30] Avis du 22 mars 1999.

[31] Arrêt du 27 avril 2005, rendu dans la cadre de l'affaire « YAÏ », sur laquelle l'on s'étendra davantage.

Si l'on se tourne du côté de la jurisprudence de la Cour de la CEDEAO, le constat est encore plus inquiétant. Il n'y a pas, au moment où ces lignes sont écrites, une seule décision de la Cour dans laquelle un instrument adopté dans le cadre de la CEDEAO et se rattachant à l'objectif d'intégration ait été cité. A la place d'un débat sur de tels instruments, les requêtes adressées à la Cour portent systématiquement, depuis quelques années, sur la violation prétendue de « droits de l'homme », titre de compétence introduit en 2005 par un Protocole additionnel à celui de 1991, relatif à la Cour[32].

L'élargissement de la compétence de l'organe judiciaire de la CEDEAO s'explique sans doute par la volonté d'accroître la « productivité » de celle-ci, et de mieux la faire connaître des citoyens de la communauté. Mais en lui confiant le contentieux de la « violation des droits de l'homme », les autorités de la Communauté font planer une menace sur l'autonomie et la singularité du « droit communautaire ». La Cour, les faits l'attestent cruellement, pourrait devenir, si l'on n'y prend garde, une juridiction préposée à la surveillance du respect des droits de l'homme, au lieu d'être simplement l'organe judiciaire d'une organisation d'intégration sous régionale, chargé de veiller au respect des normes dégagées par celle-ci. Le risque de confusion est d'autant plus grand que les textes susceptibles d'être invoqués par les requérants ne sont pas des « textes de la CEDEAO », n'ont pas été élaborés dans le cadre de celle-ci, mais peuvent, par exemple, être des instruments aussi « généraux » que la Déclaration universelle des droits de l'Homme de 1948, les Pactes de 1966, conçus dans le cadre des Nations Unies, ou encore la Charte africaine des droits de l'Homme et des Peuples, tous instruments pourtant déjà assortis de mécanismes propres de sanction.

En élargissant la compétence du juge aux « violations des droits de l'homme », et en visant par là des instruments qui n'ont pas été élaborés dans le cadre de la Communauté, la réforme de 2005 risque d'avoir deux effets : l'encombrement du prétoire de la Cour – qui résultera de l'accroissement des recours individuels désormais consacrés – et la dilution du « droit communautaire » ensuite, sa relégation du fait de l'attractivité des moyens tirés de la « violation des droits de l'homme ». Ce que la Cour pourrait gagner en popularité, si l'on ose dire, le droit communautaire pourrait le perdre en autonomie.

Les statistiques, sur ce point également, sont parlantes. A la fin de l'année 2008, sur les treize saisines de la Cour, huit alléguaient une « violation des droits de l'homme »[33]. En fait, sur l'ensemble des affaires jugées à cette date, seule une,

---

[32] Le 19 janvier 2005, la Conférence des chefs d'Etat et de Gouvernement a adopté un « Protocole additionnel (A/SP.1/01/05) portant amendement du Préambule, des articles 1er, 2, 9, 22 et 30 du Protocole (A/P1/7/91) relatif à la Cour de Justice de la Communauté ainsi que de l'article 4 paragraphe 1 de la version anglaise dudit Protocole ». Aux termes du Protocole additionnel, peuvent saisir la Cour (...) « d) toute personne victime de violations des droits de l'homme ; la demande soumise à cet effet i) ne sera pas anonyme, ii) ne sera pas portée devant la Cour de Justice de la Communauté lorsqu'elle a déjà été portée devant une autre Cour internationale compétente »

[33] Les huit affaires sont les suivantes : « Dr Jerry Ugokwe c. République fédérale du Nigéria » (arrêt du 7 octobre 2005), « Sieur Moussa Léo Keïta c. Etat du Mali » (arrêt du 22 mars 2007), « Al Haji Hammani Tijani c. République fédérale du Nigéria, République du Mali, République du Bénin,

la toute première, mettait en cause le principe communautaire de liberté de circulation des hommes et des marchandises, effectivement invoqué dans la demande adressée à la Cour. Malheureusement, celle-ci ne se prononcera pas sur le fond, le saisissant n'ayant pas, à l'époque, qualité à agir- en tant que personne privée[34]- . La tendance qui s'est dessinée au cours de l'année 2009 parle d'elle-même : les douze affaires portées devant la Cour évoquaient toutes, sans exception, la violation de droits humains[35].

La réforme de 2005 a eu pour effet immédiat et massif de déplacer l'objet du contentieux soumis à la Cour, elle s'est également traduite par un afflux de demandes qu'il serait, de notre point de vue, erroné de tenir pour un essor du contentieux communautaire. Alors que les juges d'Abuja n'avaient rendu aucun arrêt en 2003, et un seul en 2004, ils en ont rendu cinq en 2005 (date de la réforme) et vingt et un en 2006. Depuis, le nombre de sentences oscille entre neuf et douze par an[36]. Le rythme de travail de la Cour s'est donc brutalement accru, les sollicitations sont devenues plus nombreuses, mais cette réalité cache une donnée inquiétante : le délaissement du contentieux des règles édictées par l'organisation internationale et une polarisation autour d'un contentieux des « droits de l'homme » susceptible d'être pourvoyeur de confusion[37]. Il faut espérer qu'à l'épreuve d'un contentieux qui croît à un rythme exponentiel, la Cour élucide quelque peu ce concept de « droits de l'homme ». Il est vrai que les textes qui régissent sa compétence, en ne limitant pas celle-ci aux seuls instruments conçus dans le cadre de la CEDEAO, ne lui ont pas facilité la tâche. Car s'il est concevable que le « législateur » communautaire ne saisisse pas toutes les implications de ce qu'il énonce, il est attendu de ceux qui sont confrontés à la réalité judiciaire, des praticiens du droit que sont les juges, qu'ils fixent le sens de notions dont le contenu est éminemment aléatoire.

Procureur général de l'Etat de Lagos, Procureur général de l'Etat d'Ogoun » (arrêt du 27 juin 2007), « Pr Etim Moses Essien c. République de Gambie » (arrêt du 29 octobre 2007), « Chief Frank C Ukor c. Richard Laleye et République du Bénin » (arrêt du 2 novembre 2007), « Mrs A.R. Chukwudolue et autres c. République du Sénégal » (arrêt du 22 novemebre 2007), « Chief Ebrimah Manney c. République de Gambie » (arrêt du 5 juin 2008), « Dame Hadijatou M. Koraou c. République du Niger » (arrêt du 27 octobre 2008).

34 Il s'agit de l'aff. « Afolabi c. République fédérale du Nigéria » (arrêt du 27 avril 2004), dans laquelle la requête a été déclarée irrecevable.

35 *Rapport* précité du Greffe de la Cour, pp. 2 à 6.

36 V. sur tous ces points le rapport précité du Greffe de la Cour ainsi que les courbes et statistiques qui figurent à la fin de la présente étude.

37 Une partie de la doctrine du droit international considère, plus généralement, que « les droits de l'homme », comme objet de compétence juridictionnelle, sont intrinsèquement flous. V. à ce sujet PELLET A., « L'unité ou la fragmentation du système juridique international », *in* SFDI, *La protection des droits de l'homme et l'évolution du droit international*, Paris, Pedone, 1998, pp. 294-298. V également, du même auteur « Du bon usage du « droit de l'hommisme », *Le Monde*, 26 octobre 2002.

Ce travail de clarification doctrinale- qui est aussi un impératif d'économie de temps et d'énergie pour la juridiction - n'a malheureusement pas encore eu lieu. Il n'y a pas aujourd'hui de standards jurisprudentiels des « droits de l'homme », de paramètres prétoriens de ces droits. Il y a pourtant fort à prier qu'un effort de précision de la part de la Cour aurait contribué à désencombrer son prétoire, tant certaines requêtes paraissent, à cet égard, fantaisistes ou extravagantes. La Cour a pu ainsi être saisie pour non-exécution d'obligations contractuelles, comme le paiement de prestations[38], ou pour des atteintes plus ou moins avérées à la propriété[39], ou encore parce que les requérants souhaitaient l'entendre porter une appréciation sur des décisions de justice rendues dans des États[40]. Au total, il y a très peu d'espèces dans lesquelles la violation directe d'un « droit de l'homme » était en cause. Bien des requêtes adressées à la Cour brillent par l'inconsistance de leurs imputations.

Dans de telles conditions, on est en droit d'attendre de la Cour qu'elle tente, pour tarir le flot des demandes manifestement mal fondées, d'esquisser une définition des « droits de l'homme ». L'introduction d'un concept aussi filandreux, l'absence d'un corps précis de règles de référence pour déterminer ces droits, contribuent certainement à nourrir équivoques et malentendus. Il faut espérer que le juge de la CEDEAO – qui, il faut le redire, n'est nullement comptable de la conception des textes qui organisent sa compétence – procède à l'élucidation conceptuelle qui s'impose.

Il y a une autre disposition relative à la compétence de la Cour, qui ne contribue pas à apaiser les appréhensions qui viennent d'être exprimées : il s'agit de celle qui lui donne « compétence sur toutes les questions prévues dans tout accord que les États membres pourraient conclure entre eux... »[41]. Ainsi, la Cour d'Abuja ne serait pas seulement compétente pour des litiges relatifs à l'interprétation et l'application du droit originaire et du droit dérivé de la Communauté, elle ne serait pas seulement apte à connaître des « violations des droits de l'homme », cette dernière notion n'étant jamais définie, elle pourrait aussi arbitrer des différends relatifs à d'autres engagements des États, pris dans des cadres qui n'ont rien à voir avec la CEDEAO.

L'on a du mal à voir à quelles motivations une telle volonté de puissance juridictionnelle – qui n'est, là encore, certes pas le fait des juges eux-mêmes - renvoie. Ce désir presque forcené d'accroître les attributions de la Cour pourrait desservir celle-ci. Qui trop embrasse, en effet, mal étreint. Tout se passe comme si

---

38 Par exemple, aff « Pr Etim Moses Essien c. République de Gambie et Université de Gambie » (arrêt du 29 octobre 2007) ; aff « Chief frank C Ukor c. Rachad Laleye et Gouvernement de la République du Bénin » (arrêt du 2 novembre 2007) ; aff « Mrs A.R. Chukwudolue et autres c. République du Sénégal » (arrêt du 22 novembre 2007) ; aff « Bakare Sarre et autres c. Ministère de la Justice du Mali et autres » (2009).

39 Aff. « Peter David c. Ambassadeur Raph Uwechue » (2009), aff « Hon. Valentine Jimmy Ewor c. Etat federal du Nigeria et autres" (2009).

40 Aff. Hon. Dr. Jerry Ugokwe c. République fédérale du Nigéria et Hon. Christian C. Okeke (arrêt du 7 octobre 2005), aff « Moussa Léo Keïta c. Etat du Mali » (arrêt du 22 mars 2007), aff « Al Haji Hammani Tijani c. République fédérale du Nigéria et autres » (arrêt du 28 juin 2007).

41 Article 9 du Protocole relatif à la Cour.

l'on avait perdu de vue que la Cour n'est pas une autorité « ut singuli », mais qu'elle demeure l'organe d'une organisation, elle-même soumise au principe de spécialité des organisations internationales[42]. La juridiction est, pourrait-on dire, au service d'un traité, qu'elle applique ou interprète lorsque, précisément, des difficultés surviennent au sujet de cette application ou de cette interprétation. En principe donc, sa compétence ne devrait pas déborder le champ du traité et des actes subséquents adoptés dans le cadre de la CEDEAO.

A ces extensions indues de la compétence de la Cour de la Communauté, il faut ajouter un autre élément, qui existe également dans le système de l'UEMOA : il s'agit de la possibilité de recourir, pour les États qui le désirent, au mode de règlement arbitral. En effet, le Traité de la Communauté prévoit la mise en place d'un « Tribunal arbitral », dont l'organisation et le fonctionnement restent à définir[43]. Dans le même temps, le Protocole additionnel n°1 relatif aux organes de contrôle de l'UEMOA ouvre la faculté, pour les États membres, de saisir la Cour de justice sur la base d'un compromis d'arbitrage[44]. Le mode alternatif de règlement des litiges n'a donc pas donné lieu, ici, à la création d'un organe ad-hoc, il est assuré par la Cour elle-même. Dans les deux cas cependant, cette coexistence de modes de règlement des différends pose problème. Il est permis de se demander si le volume du contentieux - lequel n'a à ce jour jamais porté sur un litige inter –étatique -,s'accorde avec une si généreuse offre de voies de solution. Plus précisément, il faut relever un décalage entre la relative maigreur du contentieux et une certaine abondance des options offertes aux États, ce qui donne le sentiment que les rédacteurs des textes ont en quelque sorte « vu gros ».

Mais au-delà de cet aspect quantitatif des choses, il faut s'interroger sur l'incidence que la pluralité virtuelle des modes de règlement peut avoir sur l'émergence et l'autonomie d'un droit jurisprudentiel sous régional. Il est clair qu'en « dispersant » les interventions des juridictions mises en place, en ne concentrant pas celles-ci sur les seuls différends nés de l'application ou de l'interprétation des traités dont ces juridictions dérivent, les rédacteurs des textes ont accru les risques d'une édulcoration du « droit communautaire ».

---

42 Pour une étude renouvelée de ce principe fondamental de la théorie des organisations internationales, v. KPODAR A., « Le principe de spécialité dans la définition des organisations internationales », *Revue Béninoise des Sciences Juridiques et Administratives*, n°17, 2006, pp.47-77.

43 Article 16 du Traité de la CEDEAO : *« Il est créé un Tribunal d'arbitrage de la Communauté. Le statut, la composition, les pouvoirs, les règles de procédure et les autres questions relatives au Tribunal d'arbitrage sont énoncées dans un Protocole y afférent ».*

44 Article 17 du Protocole additionnel : *« La Cour connaît des différends entre Etats membres relatifs au Traité de l'Union si ces différends lui sont soumis en vertu d'un compromis »*. La possibilité de recourir à l'arbitrage est également évoquée à l'article 15 par. 8 du Règlement de procédures de la Cour : *« La cour remplit également des fonctions d'arbitre en vertu d'un compromis établi par les Etats membres à l'occasion de la survenance d'un litige relatif à l'interprétation ou à l'application du Traité. Les Etats parties au compromis y précisent la procédure applicable à leur litige ».*

En effet, promotion d'un tel droit passe par une sorte de spécialisation fonctionnelle des organes judiciaires des deux organisations, par une réduction volontaire et systématique de leur juridiction. L' « arbitralisation » de la justice internationale – au sens où celle-ci traduit des possibilités de choix et de maîtrise des procédures offertes aux États - se conçoit dans la mesure où cette justice s'applique à une société « décentralisée », dans laquelle le principe de souveraineté continue de dominer. Dans un tel contexte, la justice a besoin, pour se rendre attrayante, de se parer de consensualisme. L'introduction d'une dose d'arbitrage dans les mécanismes juridictionnels est alors de nature à rassurer les États et à les inciter à recourir à ces mécanismes. Une justice qui se déroberait aux cadres institutionnels pré établis répond donc à la volonté de ne pas « effaroucher » les États[45].

Il n'est toutefois pas certain que cette « justice à la carte » convienne à des organisations qui se fixent pour objectif la réalisation de l'intégration entre États. Selon l'organisation dans laquelle on se trouve en effet, la juris-dictio va différer. Les techniques arbitrales s'approprient davantage aux cadres faiblement institutionnalisés. Comme l'écrit S. KARAGIANNIS, « d'une certaine manière, un tribunal arbitral serait appelé à rendre, davantage qu'une justice internationale, une justice bilatérale »[46]. Cette alternative fondamentale, ce choix de principe, le Pr CHARPENTIER l'a également posé : « S'agit-il d'arbitrer des litiges, ou, plus généralement d'administrer la justice ? Voilà, semble-t-il, la question cruciale. En effet, dans la première hypothèse, le juge se bornera à l'effort minimal nécessaire pour établir les faits et pour en tirer les conséquences sur le plan du droit. Dans la seconde perspective, le cas est conçu volontiers comme paradigme d'un problème plus général (…).

Cette attitude conduit à une jurisprudence plus ouverte, soucieuse de faire justice au cas individuel tout en donnant au facteur juridique la plénitude de son effet dans la vie sociale »[47].

Il y a ainsi lieu de croire qu'il existe une certaine contradiction entre l'ambition affichée de renforcer le processus d'intégration en Afrique de l'ouest, et de doter pour cela les juridictions mises en place d'une certaine autorité et, d'autre part, le fait d'introduire dans le fonctionnement de ces juridictions des éléments d'une « justice à la carte ». Ailleurs, en tous les cas, c'est une option rigoureusement inverse qui a été prise. Les concepteurs des premiers traités européens, sans doute plus avisés, avaient ainsi, d'emblée, interdit aux États de « soumettre un différend relatif à l'interprétation ou à l'application du (…) Traité à un mode de règlement autre que ceux prévus par celui-ci »[48].

---

45 Pour une description de ces tendances, notamment devant la Cour Internationale de Justice, v. SAAB G.A. « L'orientation de la CIJ. Quelques tendances récentes », *RGDIP* 1992 pp. 273-298.

46 KARAGIANNIS S., Op cit, p.18.

47 CHARPENTIER J., Préface à l'ouvrage précité de D. SIMON, *L'interprétation judiciaire…*, p. VI.

48 Articles 219 du Traité de la CEE, 193 du traité de la CEEA, et 87 du Traité de la CECA.

Il va de soi, comme on a pu le faire remarquer en doctrine[49], que cette disposition fait écho à celle de l'article 220 du TCE, qui indique que « la Cour de justice assure le respect du droit dans l'interprétation et l'application du présent traité ». La comparaison peut au demeurant être faite avec d'autres organisations d'intégration, qui, elles aussi, ont pris le parti de réserver exclusivement à leur organe judiciaire le règlement de tout litige qui surviendrait dans le cadre du traité institutif[50].

Les conditions substantielles du développement d'un droit sous régional – qui renvoient à l'invocation et à l'application judiciaires de normes effectivement sous régionales - restent donc hypothéquées, à l'heure actuelle, au moins par des textes. Ceux-ci ne contribuent pas toujours à « centrer » l'office des juges sur le droit secrété par les organisations d'intégration, et la pratique, c'est-à-dire la physionomie du contentieux soumis aux juges, révèle que ce qui est aujourd'hui débattu dans leur prétoire ne relève pas directement, pour l'essentiel, du « droit de l'intégration ».

Il serait bien entendu intéressant de se pencher sur les causes de la rareté des saisines portant effectivement sur le droit de la Communauté ou de l'Union des États d'Afrique de l'ouest. Sans prétendre épuiser les raisons possibles de cet état de fait, il nous semble qu'il existe au moins deux facteurs susceptibles d'être évoqués dans l'explication du phénomène constaté.

Le premier est la connaissance même du droit en question. Il n'est en effet pas dit que les gens de justice dans les États concernés – juges, avocats, conseils juridiques – soient toujours au fait des normes produites par la CEDEAO ou l'UEMOA. L'étude de ces normes, loin s'en faut, ne figure systématiquement ni dans les programmes universitaires, ni dans les cycles de formation des avocats et magistrats. Il n'est pas rare de rencontrer des gens de justice rompus aux pratiques des Palais, qui n'aient jamais eu, un jour, à pratiquer le droit de l'intégration. L'accès même aux sources de ce droit pose problème dans la plupart des pays, où il n y a pas de tenue régulière et suivie du stock de normes de l'intégration. Il y a là, certainement, un effort à faire par tous, des habitudes à acquérir par les uns et les autres : services administratifs des ministères des États membres, centres de formation des avocats et des magistrats, universitaires, chercheurs etc.

---

49 KARAGIANNIS S., Op cit, p. 93.

50 On peut citer à cet égard l'article 47 du Traité de Carthagène créant la Communauté andine, et aux termes duquel *« le règlement des différends surgis à l'occasion de l'application de l'ordonnancement juridique de la Communauté andine sera soumis aux règles du Traité créant la Cour de justice »*. Ce dernier traité, adopté par la suite, dispose en son article 42 al. 2 que *« les pays membres ne soumettront aucun différend surgissant à l'occasion de l'application des règles de l'ordonnancement juridique de la Communauté andine à un tribunal, système d'arbitrage ou mode de règlement différent de ceux prévus dans le présent Traité »*. Dans le domaine de l'intégration régionale, on peut encore citer l'article XIII § 1 du projet de 2001 relatif à la création d'une Cour Caricom : *« The Court shall have exclusive jurisdiction to deliver advisory opinions concerning the interpretation and application of the Treaty »*. La doctrine semble également expliquer la « somnolence » d'une juridiction comme la Cour de justice Magrébine par l'existence de modes alternatifs de règlement, à côté du règlement judiciaire. V. à ce sujet BENHAMOU A. « L'apport de la Cour de justice Maghrébine à la construction d'un ordre juridique communautaire », *Revue africaine de Droit international et Comparé* 1995, vol 7, pp. 354, note 8.

Mais il y a une cause plus profonde à la rareté du contentieux de l'intégration. L'explication ici est simplement économique, elle se trouve dans le fait que, de façon presque structurelle, les échanges qui existent entre les États membres, entre leurs acteurs économiques respectifs, ne sont pas suffisamment denses, suffisamment intenses, pour produire d'étincelles contentieuses. Si les économies des États membres étaient plus intégrées, si les besoins de commercer dans la sous-région étaient mieux ressentis, par exemple, par les compagnies industrielles, la probabilité du surgissement d'un contentieux serait accrue et le droit de l'intégration serait proprement en cause dans les affaires portées à la connaissance de la Cour. Le droit n'est pas, ne peut pas être un phénomène asocial, la nécessité de son énoncé trouve sa source dans les contradictions que génèrent tous les jours les commerces de toutes sortes, dans l'expérience de la rencontre de l'autre et dans la défense bien compréhensible de ses intérêts. Sans ce frottement avec autrui, sans même l'esprit de lucre qui imprègne ces accointances et ces collisions, le phénomène juridique est coupé du réel, et la jurisprudence, qui en est l'expérimentation sociale, condamnée à ne jamais s'épanouir.

Régulièrement, les organes chargés de l'intégration des États en Afrique de l'ouest déplorent la relative faiblesse des échanges dans cet espace[51], alors par exemple, qu'au moment où les États de l'Europe occidentale mettent en place le Marché commun, en 1957, c'est entre eux qu'ils effectuent le tiers de leur commerce. Cinquante ans plus tard, quand le Traité de Lisbonne est signé, cette proportion s'élève à deux tiers[52]. On constatera d'ailleurs que les opportunités judiciaires d'une énonciation des normes de l'intégration sont des affaires qui concernent directement des échanges économiques : affaire des « Ciments du Togo » devant la Cour de l'UEMOA (arrêt du 20 juin 2001) ou encore, l'affaire dite de « l'huile de palme » introduite par le Sénégal devant la même Cour, au moment où ces lignes sont écrites, et par laquelle cet État conteste la légalité d'une Décision de la Commission l'obligeant à revenir sur des restrictions aux importations d'huile, décidées en vertu de considérations de santé publique (requête introduite en août 2010).

Si les conditions substantielles d'un développement du droit sous régional ne sont pas tout à fait réunies, peut-on dire que les conditions procédurales d'un tel développement sont satisfaites ?

Il faut entendre par là la plus ou grande intériorisation, par leurs usagers potentiels, de toutes les procédures de collaboration avec les deux Cours de justice. Les usagers en question sont au nombre de deux :

- Il y a d'abord les juridictions des États membres, appelées à s'adresser au juge communautaire par le biais du « renvoi préjudiciel en interprétation ou en appréciation de validité ».

- Il y a également un certain nombre d'autorités politiques, organes des organisations ou Gouvernements des États membres, qui ont la possibilité de

[51] V. par exemple le *Rapport d'activités de la Commission de la CEDEAO pour 2008*, pp. 72-74.

[52] TENIER J., « Panorama comparatif des dynamiques d'intégration », *in* FLAESCH MOUGIN C. et LEBULLENGER J. (eds), op.cit. p.9.

consulter le juge pour obtenir de lui des avis sur des questions de droit. L'appréciation du fonctionnement de ces procédures doit permettre de mesurer l'imprégnation du droit sous régional dans les pratiques des uns et des autres.

La technique du « renvoi préjudiciel » existe aussi bien devant la juridiction de l'UEMOA que celle de la CEDEAO. Dans le cadre de l'Union, il est prévu que « la Cour de justice statue à titre préjudiciel sur l'interprétation du Traité de l'Union, sur la légalité et l'interprétation des actes pris par les organes de l'Union, sur la légalité et l'interprétation des statuts des organismes créés par un acte du Conseil, quand une juridiction nationale ou une autorité à fonction juridictionnelle est appelée à en connaître à l'occasion d'un litige. Les juridictions nationales statuant en dernier ressort sont tenues de saisir la Cour de justice. La saisine de la Cour par les autres juridictions nationales ou les autorités à fonction juridictionnelle est facultative »[53].

Au sein de la CEDEAO, il est prévu que peuvent saisir la Cour « ...f) les juridictions nationales ou les parties concernées, lorsque la Cour doit statuer à titre préjudiciel sur l'interprétation du traité, des Protocoles et Règlements ; les juridictions nationales peuvent décider elles-mêmes, ou à la demande d'une des parties au différend, de porter la question devant la Cour de Justice de la Communauté pour interprétation»[54].

Un juge national, confronté à une question d'application ou d'interprétation d'une norme sous régionale, peut donc s'adresser à la Cour de justice pour obtenir un éclairage sur le point en cause. L'utilité et la portée d'une telle procédure sont importantes, dans la perspective de l'intégration. L'institution de ce véritable mécanisme de collaboration entre les juridictions nationales et le juge de l'Union ou de la Communauté traduit, au plan judiciaire, l'imbrication recherchée des deux ordres juridiques. Il s'agit là, on le sait, d'une importation institutionnelle : le renvoi préjudiciel constitue en effet une des spécificités du droit de l'Union européenne. Dès 1957, dans le cadre du traité de la CEE, était en effet instituée cette procédure (article 177 du traité de Rome), laquelle tendrait à accréditer l'idée, outre que le juge national est un juge « naturel » du droit communautaire, que la Cour supra nationale serait une sorte de Cour suprême, relativement à l'application du droit sous régional. Bien des auteurs considèrent du reste que toute l'originalité du droit européen, et de la place de la Cour de Justice de l'Union, réside dans cette centralisation du processus interprétatif à travers l'article 177[55].

---

53 Article 12 du Protocole additionnel n°1 relatif aux organes de contrôle de l'UEMOA.

54 Article 10 nouveau du Protocole relatif à la Cour.

55 V. à ce sujet CARTOU L., qui défend l'idée que la Cour européenne est une *« juridiction constitutionnelle »* eu égard à la suprématie de son pouvoir interprétatif, in *Le Marché commun et le droit public*, Paris, Sirey 1959 p. 53 ; Rapport de l'Avocat général LAGRANGE au Colloque des Facultés de droit tenu à Lille en 1959, *Les problèmes juridiques et économiques du Marché commun*, Paris, Litec, 1960 pp.41 et s. ; BEBR G. *Judicial control of the European Communities*, London Stevens 1962 pp.22-23 ;DONNER A.M.,*Le rôle de la Cour de Justice dans l'élaboration du droit européen*, Heule Uga 1964 p. 74 ; CATALANO N. considère pour sa part que la Cour s'apparente à une *« Cour suprême fédérale »*, in *Manuel de droit des Communautés européennes*, Paris, Dalloz, Sirey, 2è ed., 1965 p.27; PESCATORES P., *Le droit de l'intégration*, Genève, IHEI, Leyden Sijthoff

L'UEMOA en particulier, est cependant allée plus loin que la CEE. Elle a en effet mis en place une sorte de mécanisme de surveillance de la pleine efficacité du droit qu'elle produit, puisque, de manière inédite, l'article 14 du Protocole relatif aux organes de contrôle de l'Union dispose : «Si, à la requête de la Commission, la Cour de justice constate que, dans un État membre, le fonctionnement insuffisant de la procédure de recours préjudiciel permet la mise en œuvre d'interprétations erronées du traité de l'Union, des actes pris par les organes de l'Union ou des statuts des organismes créés par un acte du Conseil, elle notifie à la juridiction supérieure de l'État membre un arrêt établissant les interprétations exactes. Ces interprétations s'imposent à toutes les autorités administratives et juridictionnelles dans l'État concerné ». Le dispositif est assurément ambitieux puisqu'il institue un mécanisme proche de l'auto saisine. Il n'en demeure pas moins que sa mise en œuvre – qui, à notre connaissance, n'a jamais eu lieu – pourrait poser quelques problèmes. La disposition renferme en effet un certain nombre d'inconnues[56].

Cela étant, il faut enregistrer la volonté, clairement affichée, de mettre en place des mécanismes de collaboration du juge national avec le juge sous régional, aussi bien dans le cadre de l'UEMOA que dans celui de la CEDEAO. A l'aune de la pratique, quelles conclusions provisoires peut-on, à ce sujet, tirer ?

On relèvera, pour commencer, que sur l'ensemble des décisions rendues, une seule se rattache au renvoi préjudiciel. Il s'agit de l'arrêt rendu le 12 janvier 2005 par la Cour de l'UEMOA, dans l'affaire « Compagnie Air France et Syndicat des agents de voyage et de tourisme du Sénégal ». Jamais donc, à ce jour, il n y a eu de renvoi préjudiciel dans le cadre de la CEDEAO. La rareté des sollicitations constitue déjà un premier sujet de préoccupation. Les circonstances dans lesquelles la demande d'intervention de la Cour a eu lieu ne témoignent pas, non plus, d'une utilisation idoine de la technique du renvoi préjudiciel.

Un premier sujet d'interrogation se trouve dans le fait que l'arrêt rendu reproduit dans une large mesure les arguments des parties au procès principal, celui qui se déroulait devant le Conseil d'État du Sénégal, juridiction saisissante. Sur la dizaine de pages dans laquelle la Cour déploie un raisonnement, cinq sont

---

1972, p. 73 ; LECOURT R., *L'Europe des juges*, Bruxelles Bruylant 1976 pp. 57-58 ; MACKENZIE STUART A.J., *The European Communities and the rule of Law*, London Stevens 1977 p. 28 ; SIMON D., Op cit, p. 73 ; LECOURT R., « Le rôle de la Cour de Justice dans le développement de l'Europe », *Revue du Marché Commun* 1963 p 273 ; GROSS L., « The ICJ and the United Nations », *RCADI* 1967, I, Vol 120, p. 425 ; CARTOU L., « La CJCE et le droit communautaire », *Mélanges Waline*, Paris LGDJ 1074, T.1, p 170. Révélatrices de ce point de vue sont les conclusions de l'Avocat général LAGRANGE (qui officiait à la Cour européenne) dans l'affaire « Fédéchar » : *« On pourrait sans doute rappeler que notre Cour n'est pas une juridiction internationale, mais la juridiction d'une Communauté créée par six Etats sur un type qui s'apparente beaucoup plus à une organisation fédérale qu'à une organisation internationale »* (CJCE, 16 juillet 1956, 8/55, Rec. Vol II, pp 199 et s.).

56 Il est permis d'abord de se demander comment le « fonctionnement insuffisant » de la procédure sera apprécié, puis comment la Commission est elle-même informée des carences en question. La mise en œuvre de ce pouvoir suppose en tous les cas que les organes de l'Union suivent de très près le contentieux soumis aux juridictions nationales, et soient avisés de toutes les potentialités d'utilisation du droit sous régional par ces juridictions. On aurait aimé en savoir davantage sur les moyens d'exercer une telle attribution.

consacrées à la présentation des arguments des litigants. Dans la mesure où il ne s'agissait pas, devant l'organe juridictionnel de l'Union, de départager des plaideurs ou d'apprécier le bien-fondé de leurs prétentions mais de livrer une interprétation, il est permis de se demander pourquoi celle-ci s'est épanchée sur ces arguments. En principe, l'intervention du juge sous régional ne doit consister qu'en une réponse attendue par le premier juge. Il ne s'agit pas, à ce stade, de reprendre le procès. Saisie par renvoi préjudiciel, une juridiction n'a pas un pouvoir d'évocation, elle n'a même pas à connaître les arguments des uns et des autres. Il est significatif, du reste, qu'emportée par son élan démonstratif, la Cour ne se soit acquittée de sa mission qu'à la page 14 d'un arrêt qui en compte 16...

Encore serait-il quelque peu inique d'imputer cette dérive à la seule Cour de Ouagadougou. L'objectivité oblige à reconnaître qu'elle y a été poussée par la formulation même de la question du Conseil d'État sénégalais. Ce dernier, juge national, se serait-il, lui aussi, mépris sur le sens et la portée du renvoi préjudiciel ?

Il est permis de le croire dans la mesure où, au lieu de requérir de la Cour qu'elle interprète à proprement parler des normes de l'UEMOA, le Conseil d'État sénégalais lui a demandé de « désigner la juridiction compétente », dans une affaire passablement embrouillée[57]. Dans la rigueur des termes, il ne s'agissait donc pas d'interpréter des règles. La formulation quelque peu « générale » de la demande du juge national a pu donner l'impression à la Cour qu'on « lui en demandait trop ». Et de fait, plutôt que solliciter d'elle qu'elle « désigne la juridiction compétente », le Conseil d'État aurait pu l'interroger sur le sens à donner à des normes, lui demander par exemple si telles dispositions devaient s'interpréter comme signifiant que telle juridiction est compétente – ou non - .

[57] En l'espèce, la Cour de justice de l'UEMOA a été saisie par le Conseil d'Etat du Sénégal le 25 septembre 2003. A l'occasion d'un litige ayant opposé la Compagnie aérienne Air France et le Syndicat des agents de voyage et de tourisme du Sénégal, le Conseil d'Etat avait été saisi – par la Compagnie Air France - aux fins de cassation d'une décision rendue par une autorité administrative indépendante, la Commission nationale de la concurrence du Sénégal (décision du 27 décembre 2002). Or, au moment où le Conseil d'Etat devait statuer, s'était posée la question même de sa compétence, le doute sur celle-ci provenant du nouvel état de droit créé par deux actes communautaires. Ces deux actes sont un règlement et une directive, tous deux datés du 23 mai 2002, le premier étant entré en vigueur le 1er janvier 2003 et le second beaucoup plus tôt, le 1er juillet 2002. Les dispositions transitoires de ce dernier acte prévoyaient qu'au 31 décembre 2002, toutes les Commissions nationales de la concurrence devaient avoir vidé les affaires pendantes devant elles, et qu'à partir du 1er janvier 2003, ce type de contentieux devait être porté devant la Commission de l'UEMOA. Quelque peu désemparé, le Conseil d'Etat du Sénégal a donc saisi la Cour pour savoir quelle était l'instance compétente *« pour statuer sur le recours introduit le 17 février 2003 et tendant à faire casser et annuler la décision de la Commission nationale de la concurrence du Sénégal en date du 27 décembre 2002 »*.

Certes, concrètement, le résultat aurait été le même, l'opinion délivrée par la Cour aurait conduit, comme dans la question effectivement posée, à désigner une juridiction compétente. Mais rien n'interdit au Conseil d'État de rester dans l'orthodoxie du renvoi préjudiciel, et de poser littéralement une question sur une norme communautaire nommément indiquée. Cette approche scrupuleuse, tatillonne même, aurait eu l'avantage non seulement de ne pas « effrayer » la Cour, mais d' « enfermer » en quelque sorte celle-ci, pour l' « obliger » à répondre. En matière judiciaire, la formulation des demandes est décisive ; d'elle dépend le sort de bien des requêtes.

Quoiqu'il en soit, il est permis de penser que les juridictions nationales ne sont pas nécessairement rompues à cette technique du renvoi préjudiciel, la faiblesse du contentieux y donnant lieu ne les disposant pas à se familiariser aux arcanes d'une procédure plus subtile qu'il n'y paraît. Au demeurant, la Cour elle-même semble faire allusion à une certaine hétérodoxie de la demande du juge sénégalais, quand elle relève que « la question telle qu'elle a été posée n'est pas une question préjudicielle de type classique prévue par l'article 12 du Protocole additionnel n°1 ».

Le bilan du renvoi préjudiciel, dans la pratique juridictionnelle ouest-africaine, reste donc très mitigé. A la rareté des saisines des Cours, il faut ajouter les méprises enregistrées à l'occasion de la seule et unique mise en œuvre de cette procédure censée sceller la collaboration entre les juridictions nationales et les juridictions internationales. Peut-on en dire autant pour l'autre modalité de collaboration avec les juges de l'intégration, susceptible d'être déclenchée aussi bien par des organes des organisations que par les Gouvernements des États membres et qui est la procédure de consultation, c'est-à-dire la saisine pour avis ?

Dans le Traité de l'UEMOA comme dans celui de la CEDEAO, il est en effet prévu que la Cour de justice peut être saisie, pour avis, par un certain nombre d'autorités. Il s'agit, dans le premier cas, de la Commission, du Conseil des ministres, de la Conférence des chefs d'Etat et de Gouvernement[58],- les Gouvernements des États membres n'étant pas en tant que tels mentionnés[59] - et, dans le second cas, de la Conférence des chefs d'état et de Gouvernement, du Conseil des ministres, d'un ou de plusieurs États membres et du Président de la Commission[60]. Ce qui frappe cependant est d'abord la disproportion de l'usage de la procédure consultative, selon que l'on est dans l'une ou l'autre organisation : dix Avis sur trente-quatre interventions de la Cour à l'UEMOA, un seul Avis sur treize interventions du juge communautaire en ce qui concerne la CEDEAO[61]. Si l'on tient compte, dans ce dernier cas, des saisines de la Cour pour l'année 2009, on peut tirer la conclusion que sur vingt-cinq interventions du juge, seule une se

58 Article 15 par.7 du Règlement de procédures de la Cour.

59 En effet, il existe une dysharmonie des textes de l'UEMOA sur ce point : l'article 15 par.7 du Règlement de procédures ne mentionne pas les Gouvernements des Etats parmi les autorités citées, mais l'article 27 dernier alinéa des statuts de la Cour les cite bien…

60 Article 11 nouveau du Protocole relatif à la Cour.

61 Il s'agit de l'Avis du 16 juin 2008 sur le renouvellement des mandats du Directeur général et de la directrice générale adjointe du GIABA.

rapporte à une demande d'avis[62]. Or, pour le plein épanouissement d'un droit jurisprudentiel sous régional, il est souhaitable que les juges de Ouagadougou et d'Abuja aient, au moins de temps en temps, le loisir de délivrer des oracles abstraction faite de tout différend. L'on a vu, un peu plus haut, comment face à la relative indigence du contentieux de l'intégration proprement dite, la Cour de l'UEMOA avait, pour ainsi dire profité des demandes d'avis qui lui avaient été adressées pour se livrer à des considérations de principe sur le droit de l'Union.

La procédure consultative constitue en effet, en dépit du caractère en principe facultatif de l'Avis qui en découle, un extraordinaire moyen d'affirmation d'une autorité judiciaire, un biais par lequel une juridiction se pose en garant du sens de la règle et de son unité d'application. Ce qu'une Cour ne peut pas toujours articuler dans une instance contentieuse - où, conformément aux règles du droit processuel et du principe dispositif notamment, le litige est la chose des parties-, il peut le dire dans une procédure consultative, dans laquelle il est moins « enfermé », moins « tenu » par les données de l'affaire. Le juge y est donc plus libre. La procédure consultative, on l'a dit plus haut, se prête davantage aux digressions dissertatives et aux incises qui closent les controverses. Un des plus grands maîtres du droit international, G SCELLE, avait déjà perçu la potentialité normative des Avis délivrés par les juridictions internationales. Les termes par lesquels il s'exprimait méritent d'être rappelés : « Quant à la force obligatoire », écrivait-il :

> *Il est vrai que le droit positif (...) n'a pas voulu la conférer à l'avis consultatif, mais nous professons que le droit positif ne fait pas toujours ce qu'il veut, et qu'il ne peut pas impunément se mettre en contradiction avec le droit immanent. Or il est inadmissible que, dans une organisation sociale, le droit constitutif ou constitutionnel (...) puisse à la fois conférer à un organe social compétence pour dire le droit, et déclarer qu'une fois le droit proclamé, il ne sera pas obligatoire ! Il est contradictoire, par conséquent techniquement impossible, de déclarer que le sujet de droit (en l'espèce les gouvernants), lorsqu'il sait quel est le droit dans un cas concret, puisse refuser de s'y plier. Le droit positif peut donc bien dire qu'il s'abstiendra d'exiger le respect du droit, mais il ne peut pas dire que le droit n'est pas obligatoire. Un acte de juridiction ne peut pas être fait en blanc*[63].

---

62 La Cour a été en effet saisie à douze reprises en 2009. V. *Rapport* du Greffe précité.

63 SCELLE G., « Règles générales du droit de la paix », *RCADI* 1933-IV, vol 46, p. 581.

En second lieu, il est loisible d'observer que les conditions dans lesquelles la procédure consultative a été mise en œuvre laissent apparaître un certain nombre de questions préoccupantes. Outre la formulation quelquefois trop compliquée de la question qu'ils soumettent à la Cour[64], les acteurs de cette procédure de collaboration avec les juridictions internationales ne paraissent pas toujours être au fait du droit régissant celle-ci, et certaines saisines laissent l'observateur quelque peu songeur.

Il en est ainsi lorsque les États eux-mêmes semblent se méprendre sur les dispositions applicables devant le juge sous-régional. Il ne s'agit pas ici d'erreurs dans l'interprétation du droit – ce qui eût été concevable -, mais, au moins en apparence, de méprises sur des éléments factuels, qu'une information avisée aurait pu éviter. Par deux fois au moins, un tel cas de figure s'est produit, aussi bien devant la Cour de justice de l'UEMOA que devant celle de la CEDEAO.

Dans le premier cas, il s'agit d'abord de la demande d'avis de la Commission, relative à l'interprétation de l'article 84 du Traité[65]. C'est la Commission de l'Union qui a saisi le juge pour lui demander un avis, « sur invitation » du Conseil des ministres, organe intergouvernemental. La configuration est plutôt étonnante, quand on sait qu'aux termes des dispositions pertinentes, ce Conseil des ministres fait bien partie des organes habilités à solliciter directement un avis de la Cour. Le fait qu'il « se décharge » sur la Commission est a priori surprenant. L'on pourrait cependant l'expliquer par des considérations purement pratiques :

> *Siégeant dans la même ville que l'organe judiciaire, étant elle-même un organe dont le fonctionnement est permanent et non intermittent, comme le Conseil des ministres, ayant enfin l' « habitude » de saisir la Cour, la Commission était sans doute plus disposée que l'instance ministérielle pour effectuer cette diligence.*

Mais il faut redire que celle-ci aurait pu elle-même saisir la Cour pour solliciter son avis. Le fait de « passer par » la Commission a l'inconvénient, sur le plan des symboles, de donner l'impression que les affaires de l'Union ne concernent que les organes intégrés de celle-ci - la Commission et la Cour elle-même -. L'on n'ose, bien entendu, imaginer que le Conseil des ministres ignorait qu'il tient du Protocole additionnel le droit de saisir la Cour.

Le second exemple est relatif à l'Avis, rendu le 18 mars 2003, par la Cour de justice de l'UEMOA à la suite d'une sollicitation de la Commission, elle-même saisie par le Gouvernement de la République du Mali, quant à l'obligation, pesant sur cet Etat membre, de mettre en place une « Cour des

64 C'est par exemple le cas de la demande d'avis de la Commission de l'UEMOA du 15 mai 2007, qui donne lieu à l'Avis du 19 octobre 2007. Les questions posées par le Président de la Commission s'étalent sur six pages, avec de nombreuses redites (v. la lettre jointe à l'Avis rendu).

65 Avis du 22 mars 1999 rendu par la Cour de justice de l'UEMOA.

comptes autonome au plus tard le 31 décembre 2002 »[66]. L'Avis que voilà pose un premier problème, qui pourrait facilement passer inaperçu au lecteur. Il s'agit de la saisine même de la Cour par la Commission, sur sollicitation du Gouvernement malien. Le procédé suscite l'interrogation parce que ce dernier avait lui-même la latitude de saisir directement la Cour et de demander l'éclairage souhaité.

En effet, les Gouvernements des Etats membres ont le droit, au même titre que les organes de l'Union, de saisir la Cour pour avis (article 27 dernier alinéa des Statuts de la Cour). L'on se demande alors pourquoi les autorités maliennes ont requis les services de la Commission, pour accéder à un éclairage qu'elles auraient elles-mêmes pu susciter. La question peut paraître anodine, mais elle est à notre avis sérieuse. Dans le pire des cas, elle pose le problème de la connaissance même que les Etats ont de leurs prérogatives. Il peut paraître déplacé de suggérer que ceux-ci pourraient ne pas nécessairement « connaître leurs droits ». Avec tout le respect qui leur est dû, on ne peut pourtant s'empêcher d'imaginer cette éventualité. La pratique qui a été suivie dans cette affaire est de nature à l'accréditer.

Il existe, bien entendu, et comme nous l'avons déjà relevé au sujet de l'Avis du 22 mars 1999, une autre explication de cette démarche, moins « pessimiste », mais tout aussi préoccupante. Elle consisterait à supposer que, tout en étant au fait de leurs droits, les autorités de l'Etat membre auraient pour ainsi dire considéré que la saisine de la Cour est « une affaire qui se déroule à Ouagadougou », une affaire quelque peu « lointaine », pour le traitement de laquelle elles auraient opéré une espèce de délégation de leur pouvoir, ou requis de la Commission, interlocutrice immédiate des Etats membres, l'accomplissement d'un « service » ; la Commission assurerait ainsi une fonction de « représentation » des Etats, ou d'autres organes. La chose serait alors moins « infamante », mais elle n'en serait pas moins préoccupante.

---

66 Le Gouvernement du Mali s'interrogeait en raison, apparemment, de deux difficultés auxquelles il était confronté : d'une part, sa Constitution instituait, en son article 83, une Cour suprême comprenant une Section judiciaire, une Section administrative et une Section des comptes. De prime abord donc, il y avait une contradiction entre l'engagement communautaire – créer une Cour des comptes autonome – et la norme constitutionnelle – la plus haute dans l'ordre interne, rappelons-le -. Le second problème, sur lequel à vrai dire l'Avis ne s'épanche pas, est l'échec d'une tentative de révision de la Constitution malienne. Apparemment, le Gouvernement malien était dans une certaine mesure désemparé devant cette situation, et semblait solliciter de la Cour une solution.

En effet, elle attesterait une forme de désintérêt pour le droit, ou, plus précisément, l'idée que le droit « n'est pas à leur portée ». Or, tout le système de sanction du droit de l'Union, tout le dispositif contentieux, traduit une volonté de réaliser l'intégration par le juridique. Si l'état d'esprit que voilà était bien celui des Etats membres, il traduirait l'échec, au moins actuel, de ce pari sur le droit. L'idée même d'intégration, l'existence de principes comme celui de la supériorité du droit de l'Union – droit originaire et droit dérivé- sur l'ordre juridique des Etats membres[67], le droit reconnu aux personnes privées d'accéder immédiatement au juge communautaire, sont autant d'options qui renvoient, en définitive, à l'idée d'accessibilité du droit. Or, la configuration de cette affaire pourrait donner le sentiment que pour les Etats membres, le droit de l'Union est quelque peu « inaccessible ». Au surplus, s'il est acquis que la Commission assure bien une fonction de représentation des Etats membres ou d'autres organes, il est impératif qu'elle vise, dans sa saisine, l'acte qui l'habilite à exercer cette représentation. Or, ni elle, ni la Cour, ne fait état d'une telle délégation.

Ces interrogations, tirées de la pratique devant la Cour de justice de l'UEMOA semblent curieusement pouvoir être réitérées si l'on se penche sur quelques affaires dont la Cour de justice de la CEDEAO a eu à connaître. Deux espèces, là aussi, peuvent être évoquées, dans lesquelles des arguments véhémentement avancés par des Etats semblent traduire une méprise sur les procédures en vigueur devant la Cour.

La première affaire a donné lieu à l'arrêt du 29 octobre 2007, « Pr Etim Moses Essien c. République de Gambie et l'Université de Gambie ». Il ressort des énonciations de l'arrêt que l'Etat défendeur s'est dans un premier temps enquis de la possibilité d'interjeter appel d'une première décision de la Cour, celle du 14 mars 2007, par laquelle elle rejetait une exception préliminaire soulevée par l'Etat de Gambie. Comme le rappelle pourtant opportunément la Haute juridiction dans une deuxième décision avant-dire-droit, une telle voie de recours est tout simplement impossible en droit communautaire. Le fait qu'une telle information ait été ignorée de l'Etat défendeur est pour le moins surprenant. Il met en exergue l'ampleur du défi de la pédagogie de ce droit communautaire, insuffisamment connu[68].

---

[67] Dans cette affaire, tout le raisonnement de la Cour est d'ailleurs axé sur le principe de supériorité du droit de l'Union sur celui des Etats membres, principe qui implique que le Gouvernement malien exécute les engagements qu'il a contractés.

[68] Cette affaire a d'ailleurs connu des développements assez inattendus puisque des requérants, organisations non gouvernementales, ont saisi la Cour en 2009, pour voir celle-ci déclarer illégale et contraire aux principes de la CEDEAO, les demandes de la Gambie, de soumettre les décisions de la Cour à une procédure d'appel ainsi que la modification du Protocole afin d'y insérer la condition préalable de l'épuisement des voies de recours internes, avant toute saisine de la Cour (V. le *Rapport* précité du Greffe de la Cour de la CEDEAO, pp.5-6). Une telle requête, appuyée sur une prétendue « violation des droits de l'homme » laisse songeur à plusieurs égards. L'on ne voit pas, d'abord, pourquoi l'Etat gambien ne soumettrait pas tout simplement aux autres Etats membres un projet d'amendement du Protocole – voie sans doute plus cohérente – (article 35 nouveau du Protocole

La seconde affaire dont la Cour a eu à connaître, et qui révèle que les Etats ne maîtrisent pas toujours les procédures en vigueur devant le juge communautaire est celle qui a donné lieu à l'arrêt du 27 octobre 2008 (« Dame Hadijatou M. Koraou c. République du Niger). L'Etat nigérien, défendeur, a brandi deux arguments en forme d'exception d'irrecevabilité : l'absence, a-t-elle argué, d'un épuisement des voies de recours internes et l'exception de litispendance. Or, la règle de l'épuisement des voies de recours internes, comme préalable à une saisine de la Cour, n'est inscrite nulle part dans les textes régissant celle-ci. Son invocation dans le débat judiciaire est donc, de ce simple point de vue, surprenante. Mais il y a plus : il semble en effet que devant la Cour, le défendeur ait dénoncé une sorte d'imperfection des textes en vigueur, comme si des arguments « de lege ferenda » pouvaient être recevables au beau milieu du débat judiciaire. C'est du moins ce qui transparaît de ce curieux passage de l'arrêt :

> *« Tout en reconnaissant que la condition de l'épuisement des voies de recours internes ne figure pas parmi les conditions de recevabilité des cas de violation des droits de l'homme devant la Cour de justice de la CEDEAO, la République du Niger considère cette absence comme une lacune que la pratique de la Cour devrait combler ».*

L'argument a de quoi étonner. Les seuls moyens auxquels le juge prête son attention sont, en principe, ceux qui sont tirés du droit positif, et non d'un droit désirable. Il est curieux, dans ces conditions, qu'un plaideur, qui est de surcroît un Etat, appuie son argumentation sur un droit non en vigueur.

L'autre exception brandie par cet Etat procède tout autant d'une grosse méprise sur les textes. La République du Niger prétendait en effet que l'affaire soumise à la Cour ne pouvait être jugée parce qu'elle était déjà pendante devant le juge nigérien. Il est vrai que l'espèce avait connu des développements dans diverses directions, avec notamment, au plan interne, un procès civil (demande de divorce et de dommages intérêts) et un procès pénal (demande de condamnation pour pratique de l' « esclavage », qui est pénalement sanctionnée).

Cela étant, l'instance qui se déroulait devant la Cour n'avait, on s'en doute bien, rien à voir avec les procès précités. Elle ne comportait pas les mêmes parties : au plan national, c'est une personne privée qui est mise en cause ; au plan international, il s'agit de l'Etat du Niger. Subséquemment, les arguments brandis par le requérant ne devraient pas être tout à fait les mêmes.

---

relatif à la Cour). D'un autre côté, on se demande en quoi les demandes gambiennes constitueraient une transgression de « principes » justifiant l'action de ces ONG. On le voit encore, le contentieux né de la réforme de 2005 génère équivoques, quiproquos et, il faut bien le dire, quelques débats stériles.

D'autre part, l'exception de litispendance, effectivement évoquée par le Protocole relatif à la Cour, n'opère pour une cause que « lorsque celle-ci « a déjà été portée devant une autre Cour internationale compétente », aux termes mêmes de l'article 10 d. ii. du Protocole additionnel de 2005 relatif à la Cour. L'exception soulevée par la République du Niger était également surprenante eu égard au fait que la notion de « litispendance » est « classique » dans les dispositifs de protection des droits de l'homme, et que son entendement n'aurait jamais dû poser de problèmes particuliers[69].

Un dernier sujet de préoccupation est relatif au rapport que les organes des deux organisations entretiennent avec «le pouvoir judiciaire » que constituent les deux Cours de justice. Il pose, en définitive, le problème de l'autorité réelle des arrêts rendus par le juge.

Il convient de rappeler, à cet égard, que cette autorité est affirmée dans les deux organisations. Il est énoncé, dans le Traité de la CEDEAO, que « les arrêts de la Cour ont force obligatoire à l'égard des Etats membres, des Institutions de la Communauté, et des personnes physiques et morales », alors que le Protocole relatif à la Cour dispose que les décisions judiciaires sont « immédiatement exécutoires et ne sont pas susceptibles d'appel »[70], et que les Etats et les organes de la Communauté doivent, « sans délai, prendre toutes les mesures propres à assurer l'exécution de celles-ci »[71]. Or, dès le début du fonctionnement de la Cour, le Conseil des ministres de la Communauté a eu à s'offusquer d'un recours en annulation dirigé contre un acte qu'il avait pris, recours exercé par le Président du Parlement de la CEDEAO au nom de celui-ci. Le Conseil n'a pas hésité à y voir la preuve d'une « logique d'affrontement », comme si le règlement judiciaire des dissentiments n'était pas un règlement pacifique[72]. Dans la même affaire, le Conseil des ministres a sollicité de la Cour qu'elle sursoie à statuer « jusqu'à la décision du Président en exercice de la Conférence des chefs d'Etat et de Gouvernement, sur leur résolution définitive »[73], semblant suggérer par là une sorte de supériorité, processuelle et substantielle, de la décision politique sur la décision juridictionnelle.

L'impression qui se dégage de cette affaire est bien entendu regrettable. La prévention manifestée par le Conseil des ministres traduit une méprise et une regrettable nostalgie. Tenir le recours à des voies de droit comme un acte d'hostilité procède en effet d'une conception assez déroutante du mode de

---

69 V. par exemple l'article 35§2b. de la Convention européenne des droits de l'homme, ou l'article 5§2 a. du Protocole facultatif donnant compétence au Comité des droits de l'homme des Nations Unies, pour être saisi de communications individuelles.

70 Article 20 nouveau du Protocole.

71 Article 23 nouveau du Protocole.

72 CEDEAO, Projet de rapport de la cinquante quatrième session ordinaire du Conseil des ministres, juin 2005, p.16.

73 Ibid.

fonctionnement d'une organisation. On retrouve là une sorte de réflexe atavique, d'inclination depuis longtemps remarquée dans les organisations africaines, pour le mode de règlement de type informel, politique, plutôt que judiciaire. L'épisode atteste en tous les cas une forme de « relégation » du mode de règlement juridictionnel, ce qui ne convient certainement pas dans une organisation qui a entendu placer son redéploiement sous l'empire du droit. C'est aussi une manifestation de la faible intériorisation, par les uns et par les autres, de la contrainte juridique et procédurale devant les Cours de justice ouest-africaines.

S'agissant de l'UEMOA, cet aspect des choses se reflète dans une affaire qui a donné lieu à six décisions de la Cour, l' « affaire YAÏ»[74].Les faits sont assez simples. M. Eugène YAÏ, de nationalité ivoirienne, avait été désigné par son Etat comme Commissaire à l'UEMOA. Alors que son mandat n'était pas encore terminé, il faisait l'objet d'une mesure équivalent à une éviction puisque, sur autorisation de la Conférence des chefs d'Etat et de Gouvernement, le Président en exercice de celle-ci prit un « Acte additionnel » portant nomination d'un autre Commissaire de nationalité ivoirienne, M. Jérôme Bro GREBE. Comme on devait s'y attendre, M. YAÏ saisit la Cour de justice de l'UEMOA, aux fins d'annulation de l'Acte additionnel précité. Il s'appuyait, pour cela, sur les différents textes qui régissent le statut des Commissaires, et qui prévoient, en substance, que ceux-ci sont nommés par Acte additionnel pris par la Conférence des chefs d'Etat et de Gouvernement (articles 19 et 27 du Traité) , qu'ils sont en principe irrévocables au cours de leur mandat (article 27 alinéa 2), celui-ci ne pouvant être abrégé qu'en cas de faute lourde ou d'incapacité, sur décision de la Cour de justice de l'Union saisie par le Conseil des ministres (article 30).

La question à laquelle la Cour devait répondre était donc la suivante : les conditions d'une révocation de M. YAÏ, étaient-elles réunies ?

Elles ne l'étaient pas, estime le juge. D'abord, la procédure de l'article 30 n'a pas été respectée : ni le Conseil des ministres, ni la Cour n'ont été appelées à connaître de l'affaire. Sur le fond ensuite, les deux causes possibles de révocation n'ont pas été démontrées : ni la faute lourde ni l'incapacité. Certes, il est question d'une « note » faisant état de l' « incapacité professionnelle » du demandeur, mais la Cour écarte cette pièce des débats au nom, précisément, de la nécessité de se conformer d'abord à la procédure de l'article 30.

---

[74] Les cinq décisions rendues par la Cour sont les suivantes : arrêts du 25 avril 2005, du 5 avril 2006, et ordonnances du 3 décembre 2004, du 2 juin 2005 et du 6 mars 2008. V. au sujet de cette affaire, PRISO-ESSAWE S., « L'inamovibilité de l'Exécutif dans les Communautés économiques d'Afrique francophone : de la maîtrise politique au respect du droit », Rec. *Penant* Juillet- Septembre 2008, n° 864, pp. 317-339 ; YOUGBARE R., « La nature juridique de l'Acte additionnel dans le système juridique de l'UEMOA », Ibid., pp 340-357.

L'on ne peut manquer, à ce stade, d'être frappé par le caractère quelque peu « grossier » de la transgression qui a eu lieu. L'on est aux confins de la « voie de fait » et la question que l'on se pose est de savoir comment pareille violation de la règle a pu être commise par un organe aussi important que la Conférence des chefs d'Etat et de Gouvernement ; comment, sur un point aussi « élémentaire » que la nomination et la révocation des Commissaires, des écarts aussi criards ont pu être commis. Ils l'ont été soit par ignorance, soit par bravade, mais dans tous les cas, la chose est préoccupante. Pourtant, en dépit de l'annulation de l'acte additionnel litigieux, le remplacement de M. YAÏ a eu lieu, ainsi qu'en témoignent une attestation de cessation de fonctions datée du 24 mai 2005, ainsi qu'une lettre du 30 mai 2005. Il est ensuite acquis qu'au moment où la Cour va se prononcer pour une deuxième fois, le 2 juin 2005, dans le cadre d'une demande de sursis à exécution, le bureau de M. YAÏ est occupé par le «nouveau » Commissaire.

Il est permis de discuter la motivation de cette ordonnance du 2 juin. En effet, pour rejeter la requête qui lui est soumise, la Cour s'appuie d'abord sur l'absence d'urgence et, surtout, sur le caractère « manifeste de la volonté de la Conférence des chefs d'Etat et de Gouvernement de remplacer M. Eugène YAÏ ». Un tel argument dévoile le fond de la pensée du juge : puisque telle est la volonté des chefs d'Etat, semble-t-il dire, il convient de s'y ranger. Tout donne le sentiment que l'organe politique « a eu à l'usure » l'organe judiciaire, et que ce dernier a cédé à l'ombrageux « imperium » d'une autorité politique désinvolte. L'on atteint ici les limites de la fonction juridictionnelle et il serait sans doute quelque peu « facile » de critiquer le juge : celui-ci ne peut sainement et efficacement exercer son office que dans un environnement institutionnel sensible à la contrainte juridique. Faute de cette réceptivité minimale du milieu dans lequel elle se déploie, la fonction juridictionnelle risque de se dégrader en ministère de l'incantatoire.

Ce qui a été relevé plus haut, au sujet du Conseil des ministres devant la Cour de l'UEMOA, peut être redit du comportement de la Conférence des chefs d'Etat et de Gouvernement devant le juge de la CEDEAO. Il n'est pas sûr que les autorités politiques, qu'elles soient des organes nationaux ou des organes des organisations, aient correctement tiré les conséquences du nouvel empire du droit que semblent consacrer les textes de l'Union et de la Communauté. A l'instar des juridictions nationales dans le cadre du renvoi préjudiciel, ces autorités ne paraissent pas avoir très bien intériorisé les procédures en vigueur devant le juge, soit qu'elles se méprennent sur le droit applicable devant la Cour, soit qu'elles font peu de cas de l'autorité des décisions rendues. L'élévation du débat judiciaire est incontestablement un impératif. Si les demandes étaient mieux formulées, les arguments plus sérieusement étudiés et présentés avec soin aux juges – toutes choses qu'il n'est pas déraisonnable d'attendre de plaideurs institutionnels comme les Etats, les juridictions nationales ou les organes des organisations -, le débat gagnerait en hauteur et l'on se rapprocherait des conditions d'une bonne production judiciaire.

Il s'agit là de facteurs extérieurs aux juges, de facteurs explicatifs exogènes. Il faut s'interroger à présent sur la part imputable à des facteurs endogènes, à des facteurs internes aux juridictions, c'est-à-dire ce qui, dans leur organisation et leur fonctionnement propres, ne favorise pas ce dynamisme jurisprudentiel.

Le premier facteur auquel on songe est, bien entendu, le mode de recrutement des juges et leur « profil ». La question n'est pas de discuter la compétence des juges, ceux-ci, la plupart du temps, ont accompli dans leurs pays respectifs un parcours élogieux et leurs qualités de juristes ne sont plus à démontrer. Il s'agit plutôt de s'interroger sur la nécessité d'instaurer des équilibres dans la composition des Cours de justice de l'UEMOA et de la CEDEAO, de voir s'il n'est pas possible, compte tenu de la spécificité de la mission du juge de ces deux organisations, de repenser cette composition.

L'on ne peut manquer d'être frappé par le fait qu'à ce jour, presque tous les membres de la Cour de Justice de l'UEMOA, sont, dans leur pays, des magistrats du corps judiciaire, ayant pour l'essentiel exercé leur fonction dans des juridictions. Le constat vaut également pour la Cour de la CEDEAO. Or, il y a des risques qu'un collège invariablement composé de personnalités rompues aux seules fonctions judiciaires nationales ne rende pas la justice – une justice « internationale » - dans des conditions qualitatives optimales. Il y a là un véritable problème de spécialisation qui se pose, dont les répercussions, comme nous allons le voir, sont loin d'être théoriques. Certes, il n'est pas nécessaire que ces juridictions regroupent exclusivement des membres aux parcours similaires, le brassage des spécialités pouvant même s'avérer fécond au moment de rendre une décision, mais il est certainement périlleux de considérer qu'une justice rendue sur la base de règles internationales, dans des enceintes internationales, peut allègrement se passer de spécialistes du droit international.

De la même manière, il est difficilement compréhensible que les Cours de justice n'intègrent pour ainsi dire jamais d'universitaires, au rebours de la pratique de bien d'autres Cours de justice dans le monde. Si l'on prend le cas d'une juridiction comme celle de l'Union européenne- la CJCE -, établie au Luxembourg, l'on ne peut manquer d'être frappé par la forte proportion d'universitaires dans sa composition : près de la moitié des juges. Il y a quelque temps, sur les vingt-sept juges à la Cour, dix avaient eu des fonctions d'enseignant et la moitié des avocats généraux (quatre sur huit) avait également connu une expérience à l'Université[75].

---

[75] BREILLAT D., « Remarques sur la désignation des juges dans les juridictions internationales », *Mélanges J-F LACHAUME,* Paris, Dalloz 2007 p.128. Pour le cas de l'organisation européenne, v. plus généralement CONDORELLI-BRAUN N., *Commissaires et juges dans les Communautés européennes,* Paris, LGDJ 1972 p. 20 ; PENNERA Ch., « La genèse de l'installation de la Cour de justice des Communautés européennes », *in* Amicale des référendaires, *La Cour de Justice des Communautés européennes, 1952-2002 : bilan et perspectives,* Bruxelles, Bruylant, 2004, pp.38 et s. Quant à la Cour Internationale de Justice, on trouvera dans ses *Annuaires* successifs une brève biographie de ses différents membres. C'est le lieu de regretter qu'il n'y ait aucun document des différentes Cours ouest africaines renfermant des éléments relatifs au parcours professionnel de leurs juges.

La comparaison avec d'autres juridictions internationales est tout aussi révélatrice : à la Cour européenne des droits de l'homme, les universitaires étaient, il y a peu, vingt sur quarante-six, cinq sur dix-huit à la Cour Pénale internationale et sept sur quinze à la Cour Internationale de Justice de La Haye. Pour l'organe judiciaire principal des Nations Unies, il est également apparu que sur la période février 1946- juillet 1996 (soit cinquante années), cinquante-neuf universitaires ont été désignés, sur un total de quatre-vingt-deux membres[76].

L'on s'explique mal, dès lors, que les deux Cours de justice ouest-africaines ne comportent, à ce jour, quasiment aucun membre non magistrat d'origine. La chose aurait pu se concevoir si, comme cela se voit parfois, les textes avaient prescrit l'obligation, pour les Etats membres, de désigner des personnes « ayant exercé les plus hautes fonctions judiciaires » dans leur pays. Mais tel n'est pas le cas ici. Au contraire, les textes de l'UEMOA et de la CEDEAO ouvrent même très clairement la possibilité, pour les Etats, de désigner des personnes hors de l'appareil judiciaire national.

Au sein de l'Union, l'article 2 alinéa 1er du Protocole additionnel n°1 dispose que « La Cour de Justice est composée de membres nommés pour un mandat de six (6) ans renouvelable, par la conférence des chefs d'Etat et de Gouvernement. Les membres de la Cour sont choisis parmi des personnalités offrant toutes les garanties d'indépendance et de compétence juridique, nécessaires à l'exercice des plus hautes fonctions juridictionnelles ». La disposition est reprise dans sa substance par l'article 5 de l'Acte additionnel n°10/96 portant Statuts de la Cour de Justice de l'UEMOA. Ce texte ne constitue certainement pas un obstacle à la désignation de juges issus de professions non judiciaires, comme des universitaires. Par « tournure d'esprit » et de par leur statut, les universitaires sont même enclins à cette forme d'indépendance dont parle le texte. Quant à « l'exercice des plus hautes fonctions juridictionnelles », elle n'est pas envisagée comme un pré requis mais comme une fin : c'est la compétence et l'indépendance qui sont des dispositions à « exercer les plus hautes fonctions juridictionnelles ».

Un autre élément, tiré de l'exégèse du texte pourrait en outre jouer pour l'entrée d'universitaires ou même de hauts fonctionnaires non issus de la magistrature judiciaire à la Cour : c'est l'exigence de « compétence juridique » entendue strictement. Elle signifierait alors « compétence en droit de l'Union ». Or, comme cela a été évoqué, il n'est pas dit que beaucoup de magistrats nationaux relevant du corps judiciaire ont directement bénéficié d'une formation dans ce domaine, lequel est loin de figurer systématiquement, à l'heure actuelle, dans les programmes universitaires. Le Pr MELEDJE DJEDJRO a certainement raison d'écrire que le problème est posé, de « l'appropriation du droit communautaire à travers les programmes d'enseignement supérieur et les formations continues adressées aux praticiens du droit »[77].

---

[76] Ibid.

[77] MELEDJE DJEDJRO F., Communication précitée à la troisième rencontre inter- juridictionnelle de Dakar, 4-6 mai 2010, p.11.

Les mêmes observations pourraient être faites au sujet de la Cour de Justice de la Communauté Economique des Etats d'Afrique de l'Ouest (CEDEAO). Aux termes de l'article 3 du Protocole relatif à cette juridiction, « la Cour est composée de juges indépendants choisis parmi des personnes de haute valeur morale, ressortissants des Etats membres, possédant les qualifications requises dans leurs pays respectifs pour occuper les plus hautes fonctions juridictionnelles ou qui sont des jurisconsultes de compétence notoire en matière de droit international et nommés par la Conférence ».

Cette disposition est encore plus explicite. Si, en effet, la première partie de l'article 3 fait plutôt penser à des magistrats de carrière ou à des gens de justice dans les Etats membres, dans la mesure où elle évoque l'aptitude à exercer de hautes fonctions juridictionnelles « dans leurs pays respectifs », la seconde partie de l'article est claire : elle énonce une ouverture en direction d'autres milieux, et il est permis de penser qu'en la rédigeant, les auteurs du Protocole songeaient au monde universitaire, même si les « jurisconsultes » ne se recrutent pas que dans ce milieu.

Comme dans le cadre de l'UEMOA, il y a une donnée adventice qui fait penser que des personnes qui ne sont pas des professionnels de l'institution judiciaire sont visées : c'est l'expresse référence à la compétence en matière de « droit international ». Il s'agit de la preuve supplémentaire que l'interprétation et l'application des textes communautaires est, au moins en partie, une affaire de « droit international public ». Dans ces conditions, pourquoi les Etats se sont jusque-là abstenus de désigner à la Cour des spécialistes de cette discipline ?

L'on pourrait même, pour rester fidèle jusqu'à la lettre à la disposition en question, imaginer que son application induise la mise en place d'un système analogue voire similaire à celui de la Cour Pénale Internationale, lequel prévoit que celle-ci se compose de membres ayant des compétences dans le droit pénal et la procédure pénale (ce qui fait plutôt penser aux magistrats professionnels ou aux avocats, le texte précisant même « en qualité de juge, procureur ou avocat ») et des membres ayant une compétence « dans les domaines pertinents du droit international et une expérience dans une profession juridique »[78], ce qui est incontestablement le cas des universitaires[79]. Les deux Cours ouest africaines ont pourtant entrepris, en dépit de ce qui vient d'être dit, une politique d'ouverture à l'égard des milieux académiques qui est tout à leur honneur, et sur laquelle il sera encore dit un mot[80].

---

78 Article 36§3 al. A et b. i) et ii) de la Convention de Rome portant création de la CPI.

79 Et de fait, la Cour compte des universitaires parmi ses membres.

80 V. infra, conclusion.

Dans le même ordre d'idées, la possibilité de plaider devant les deux Cours de justice devrait être ouverte, élargie à un personnel qui ne se limiterait pas aux seuls avocats. Si les règles en vigueur devant la Cour de la CEDEAO permettent une telle ouverture, celles qui s'appliquent devant la juridiction de l'UEMOA font curieusement état aux « avocats inscrits dans le barreau de l'un des Etats membres ». C'est là une disposition très malheureusement restrictive, en déphasage avec ce qui passe dans la quasi-totalité des juridictions internationales et qui procède de cette curieuse vision consistant à appréhender le contentieux de l'intégration sous le prisme d'un contentieux « national » et furieusement « privatiste »[81].

Une innovation, qui concerne la Cour de justice de la CEDEAO, mérite à cet égard être signalée : il s'agit de la création, en 2006, d'un Conseil judiciaire de la Communauté[82]. Ce Conseil a pour mission de « gérer le processus de recrutement des juges de la Cour de Justice de la Communauté et les questions disciplinaires »[83]. Il est composé des Présidents des juridictions suprêmes de l'ordre judiciaire ou de leurs représentants, ressortissants des Etats auxquels les postes de juges n'ont pas été attribués. Le Conseil, dans le cadre du recrutement des juges à la Cour, présélectionne trois candidats par Etat membre parmi les postulants. Il procède à l'audition des candidats présélectionnés et propose au Conseil de recommander à la Conférence la nomination des juges à la Cour de justice de la Communauté.

L'innovation est assez audacieuse. Elle revient, en clair, à retirer aux Etats le pouvoir de désigner les juges de leur nationalité. Désormais donc, chaque fois qu'un Etat devra « bénéficier » d'un siège à la Cour, il sera procédé à un appel à candidatures, et le Conseil judiciaire de la Communauté étudiera celles- ci en rencontrant les postulants et fera des recommandations pour leur nomination. Tout se passera donc, en principe, sans que les Etats interviennent. Le processus de sélection des juges leur échappera.

La réforme, il faut le redire, n'est pas banale. Retirer aux Etats la maîtrise de tout le processus de désignation des juges, dans des organisations dont on s'est longtemps complu à déplorer la faiblesse, constitue un acte audacieux. Ce changement a le mérite, a priori, d'éloigner ce que nous regrettions un peu plus haut : les désignations résultant d' « habitudes administratives » plus ou moins ancrées. La compétition dorénavant introduite n'est pas, en soi, une mauvaise chose.

Il serait cependant erroné de conclure, pensons-nous, qu'elle promeut inéluctablement la qualité. Deux raisons, au moins, doivent inciter à en relativiser les mérites :

---

[81] On lit par exemple, dans le *Rapport d'activités de la Commission de la CEDEAO pour l'année 2008*, que les juges de la Cour sont *« tous détachés de la Cour suprême de leur pays »* (p. 210).

[82] Ce Conseil a été créé par la Décision de la Conférence des chefs d'Etat et de Gouvernement du 14 juin 2006, A/DEC.2/6/06, *Journal Officiel de la CEDEAO,* vol 49, juin 2006, p.40.

[83] Article 1er de la Décision.

- La première est que si la compétition peut révéler des talents, il faut plus que du talent pour être juge. La mission assignée aux membres des Cours de justice fait appel à des vertus que la relative fugacité d'une « interview » - terme utilisé par l'acte créateur du Conseil judiciaire – ne permet pas toujours de détecter. La désignation de ceux-ci implique une prise en considération d'éléments « objectifs » et de paramètres « subjectifs ». Or, si la procédure nouvellement mise en place est assurément propre à mettre en évidence les premiers, on concèdera que la bonne appréhension des seconds ne peut résulter que d'une « connaissance » plus poussée du candidat.

- Une seconde réserve à la réforme de 2006 porte sur la composition de la Commission chargée d'auditionner les candidats. On sait qu'aux termes de la décision prise par la Conférence des chefs d'Etat et de Gouvernement, cette Commission est composée des Présidents des juridictions suprêmes de l'ordre judiciaire des Etats membres. On peut alors craindre, là également, qu'une telle composition ne conduise l'instance à faire peu de cas du critère, pourtant énoncé dans le Protocole, de la compétence dans le domaine des relations juridiques internationales. Un jury plus hétérogène dans sa composition était certainement plus souhaitable, compte tenu de la relative variété des compétences exigées des candidats.

L'on ne peut pas, quoiqu'il en soit, ne pas se poser la question du « profil » des juges des deux Cours si l'on se penche sur la jurisprudence même de ces juridictions. L'homogénéité de leur composition pourrait expliquer, à notre sens, deux tendances aisément observables :

> *L'une consiste à faire appel à des concepts et modes de raisonnement spécifiques au droit interne, et dont la transposition dans l'ordre international ou communautaire peut poser problème, l'autre révèle une pratique assez poussée du mimétisme jurisprudentiel, c'est-à-dire la réitération de solutions conçues par d'autres juridictions internationales.*

Les deux inclinations précédemment décrites ont ceci de commun qu'elles consistent à « importer» des solutions aux problèmes qui se posent au juge ouest-africain, et à faire courir le risque d'une production jurisprudentielle « extravertie ». Plus fondamentalement, cette tentation d'un « ailleurs jurisprudentiel » pourrait, comme on l'a susurré plus haut, révéler le malaise d'un juge accoutumé à raisonner en termes de différends judiciaires mettant en cause des intérêts souvent privés.

La propension à se reproduire le mode de raisonnement « interne » ressort de la jurisprudence de la Cour de l'UEMOA. Tel est le cas lorsque la juridiction appuie son raisonnement sur des notions de « droit administratif français ». Dans l'Avis du 10 septembre 1998, alors qu'elle était invitée à se prononcer sur la régularité de la délégation de signature donnée par le Président de la Commission à son Directeur de cabinet, la Cour indique, préliminairement, qu'elle va se fonder sur « le droit administratif français » pour répondre à la question posée.

Dans l'arrêt du 5 avril 2006, « Yaï et Conférence des chefs d'Etats et de Gouvernement », la Cour raisonne également en termes de « droit administratif » lorsqu'elle établit une distinction, dont il n'est pas évident de retrouver la trace dans les textes de l'organisation, entre les « actes additionnels réglementaires » - qui auraient une « portée générale » - et les actes additionnels « individuels » - qui concerneraient une ou des personnes identifiables -. L'inspiration « administrativiste » d'une telle bipartition est claire. De même, dans l'affaire « Sacko Abdourahmane c. Commission de l'UEMOA », le juge parle de « recours pour excès de pouvoir », notion de droit interne que ne reprend évidemment pas le système de l'UEMOA, même si l'on sait qu'elle s'apparente au « recours en appréciation de légalité », en vigueur dans l'Union et dont il était question en l'espèce. Enfin, dans la « Demande d'Avis complémentaire du Président de la Commission par rapport à l'Avis du 10 septembre 1998 », la Cour, pour expliquer la subsistance des effets de la « première » délégation de signature, s'appuie sur le concept, également courant en « droit administratif », de « privilège du préalable »[84]. Or, il n'est pas souhaitable que, dans sa quête d'une réponse à apporter aux questions qu'on lui pose, le juge ait tendance à transposer, en droit international – qui est la matière sur laquelle il travaille, même si le « droit de l'intégration » n'est pas tout à fait le « droit international » -, des raisonnements qui ont cours en droit interne. Le « milieu » international n'est pas le « milieu » national, et il convient de se méfier de certaines transpositions ou des apparentements vite établis. Toutes les fois que le juge international s'appuie sur des mécanismes de droit national pour résoudre des problèmes, il doit justifier ce rapprochement : soit le droit international a repris la règle de droit interne ou s'en est inspiré, soit il existe un « vide juridique » et la juridiction se trouve, de facto, dans l'obligation de raisonner, par exemple, par analogie.

[84] La référence au « privilège du préalable » pourrait tout autant procéder d'une erreur. En effet, ce principe pourrait être exprimé ainsi : les décisions prises par l'Administration sont immédiatement exécutoires, leur contestation ne peut en principe précéder leur exécution, en raison de la nécessité de la continuité et de l'efficacité de l'action administrative. Cette justification ne peut être appliquée à l'espèce, pour une raison simple : l'on n'est pas dans le domaine du « droit administratif ». Le « privilège du préalable » a un sens dans le contexte d'un Etat, où les nécessités du service public impliquent la reconnaissance au profit de cet Etat d'une certaine puissance – « une puissance publique »-, et des prérogatives exorbitantes du droit commun, - des « prérogatives de puissance publique »-. Le principe du préalable dérive directement de la puissance de l'Etat, de sa suprématie dans l'ordre interne. Mais une organisation internationale n'est pas un Etat, elle n'en a ni la « puissance », ni la généralité de compétence. Elle n'est qu'une entité dotée de compétences d'attribution, assujettie au « principe de spécialité » et n'ayant de prérogatives que « fonctionnelles ». Il n y a pas, dans la théorie des organisations internationales, de « privilège du préalable » parce que l'action d'une organisation internationale ne revêt pas le même degré d'impérativité, de nécessité, que celle de l'Etat. L'organisation, qui résulte de la volonté même des Etats, ne peut pas avoir autant de puissance que ces Etats. La justification par le « privilège du préalable » nous semble donc contestable. Nous voilà renvoyés à une observation précédente : le droit international n'est pas le droit interne, leurs logiques propres et leurs « ressorts » sont différents.

D'autres fois, ce sont des notions de « droit civil » qui viennent inspirer la démarche de la Cour alors, bien entendu, que leur évocation ne va pas de soi. On se contentera de citer l'exemple de l'arrêt du 26 janvier 2000, « Dieng Ababacar c. Commission de l'UEMOA ». Dans cette décision, la Cour rejette la prétention du demandeur à une réparation, en raison d'un licenciement qui aurait été mal fondé. Pour procéder à ce débouté, le juge estime que le demandeur « a concouru à la réalisation du préjudicie souffert », expression dont il n'est pas sûr qu'elle soit appropriée à l'espèce[85].

Enfin, les approximations peuvent concerner des notions de droit international général, ou de droit communautaire, européen notamment. Dans l'Avis rendu le 22 mars 1999, relatif à l'interprétation de l'article 84 du Traité de l'Union, la Cour recourt par deux fois à des notions de droit international. Elle utilise d'abord le concept, qui ne se trouve pas dans les textes, d' « accords de compétences exclusives », puis, un peu plus loin, l'expression d' « actes communautaires dérivés à caractère conventionnel », concept certainement discutable[86]. Dans l'Avis du 18 mars 2003 portant sur la création d'une Cour des comptes au Mali, la Cour, parlant de la supériorité du droit de l'Union sur celui des Etats membres, avance, sans doute dans un moment d'inattention, que cette suprématie vaut pour toutes les normes, « primaires comme dérivées »[87].

De tels exemples[88], valent dans une certaine mesure pour la Cour de la CEDEAO[89].

---

85 En effet, l'expression utilisée fait plutôt référence à des hypothèses dans lesquelles, dans l'enchaînement des causes ou des circonstances d'un événement, une action ou un comportement de la victime a « aidé » le dommage à se produire ; c'est le « concours » que la victime, par incurie ou par étourderie, par inadvertance ou de propos délibéré, a apporté à la réalisation du dommage, c'est sa propre « participation » à son propre malheur. Ici, l'intéressé n'a pas « concouru » à la réalisation du préjudice dont il se plaint, il ne s'est pas inséré dans une chaîne causale ou dans un processus circonstanciel ; il a adopté, sur une certaine période et de manière itérative, des attitudes dont la somme justifie, selon la Cour, une mesure de licenciement.

Un acte « conventionnel » est en effet un traité, une « convention » ; un « acte communautaire dérivé » est un acte unilatéral de l'organisation, c'est-à-dire d'un de ses organes, toujours pris sur la base d'un « droit originaire » que constituent le ou les actes institutifs de l'organisation et tout texte qui leur fait corps.

87 Une norme « primaire » se définit en effet, comme une règle dont la nature est d'ordre substantiel, c'est-à-dire qui touche le fond, cependant qu'à l'inverse, une norme « secondaire » est relative à la formation, à l'application ou à la sanction des règles « primaires ».On sait que l'on doit à HART l'approfondissement de cette dualité normes primaires-normes secondaires. Pour lui, les premières tendent à régir directement des conduites humaines, en établissant des droits et des devoirs pour les sujets de droit. Pour plus de précisions, v. son ouvrage *The concept of law*, Oxford, Clarendon Press, 1961, pp.77 et s. La dualité en question est également évoquée par KELSEN, mais dans une autre perspective. V sa *Théorie générale du droit et de l'Etat*, Paris LGDJ 1997 p 114 et s.

88 Ainsi encore, dans l'arrêt du 2 juillet 2003, « Tasembedo T. Ludovic c. BRVM », la Cour écrit qu'elle *« n'est pas une juridiction d'exception mais bien une juridiction de droit commun à vocation supranationale »*. L'assertion malmène quelque peu la vérité. Une juridiction d'exception est en effet une juridiction ayant une compétence d'attribution, laquelle est fixée par un texte précis. Or, la compétence de la Cour est d'abord une compétence se rapportant au seul « droit de l'Union », elle n'est donc pas « générale ». Tout ce que le juge aurait pu dire, c'est qu'en matière de droit de l'UEMOA, la Cour est une juridiction de droit commun – et encore, l'affirmation pourrait être

C'est aussi un certain malaise du juge, projeté au milieu d'un contentieux dont la physionomie lui est assez étrangère, qui explique qu'il cherche à appuyer ses décisions sur des solutions déjà arrêtées par d'autres juridictions. Le mimétisme jurisprudentiel existe aussi bien à la Cour de l'UEMOA qu'à celle de la CEDEAO, et il se traduit par des références appuyées à la jurisprudence d'autres Cours de justice. Levons cependant un risque de malentendu : il serait sans doute déplacé de critiquer sans réserve le juge, sous le seul prétexte qu'il s'inspire de solutions préconisées ailleurs.

Il existe en effet des questions que toute entreprise d'intégration est, inéluctablement, amenée à affronter et auxquelles elle est naturellement tentée de donner des réponses exprimées dans d'autres cadres. Dans un tel cas de figure, l'inclination du juge est non seulement compréhensible, mais elle est même justifiée. Critiquer le juge ouest-africain pour la seule raison qu'il a un œil sur ce qui se fait ailleurs ne serait pas juste. Ce qui est visé ici n'est pas cela, c'est plutôt une sorte de tentation du raccourci, la jurisprudence invoquée étant présentée presque comme un argument d'autorité.

Sur un plan général d'abord, il est indéniable que le modèle européen de justice a exercé une forte influence sur les organisations d'intégration africaines, même si l'on peut déplorer que le phénomène mimétique soit allé jusqu'à la reproduction, par exemple, de la terminologie des traités européens[90]. Dans le contentieux de la fonction publique, qui est statistiquement le plus important dans l'activité de la Cour, des concepts tirés

---

derechef discutée -... Dans l'arrêt du 18 février 2004, « Bayon Bako et Commission de l'UEMOA », la Cour écrit que *« le désistement d'instance est une offre faite par le demandeur au défendeur, qui l'accepte, d'arrêter le procès sans attendre le jugement ou l'arrêt ».* Cette définition est contestable. Le désistement d'instance n'est pas, dans la rigueur des termes, *« une offre ».* Avant de s'inscrire sur le registre de l'intersubjectivité – offre ou invite adressée à une autre personne-, il s'enracine dans une subjectivité – volonté d'un sujet de droit-. La Cour confond ici la définition de la notion et sa finalité, elle substitue un critère pratique ou fonctionnel – la visée ou la fonction du désistement – à un critère formel ou conceptuel – la définition même de la notion, cette appréhension abstraite d'une essence-. Le désistement n'est pas « une offre », mais une renonciation, une volonté de ne pas poursuivre le procès. D'autre part, rien n'empêche, dans l'absolu, qu'il y ait désistement sans « offre ». Le demandeur à une action peut, pour des raisons qui lui sont presque intimes, décider d'arrêter l'action en justice entreprise. Dans ce cas, il y a bien renonciation, mais celle-ci ne s'inscrit dans aucune perspective de « rapprochement » avec la partie adverse.

89 On citera à ce sujet deux exemples. Le premier se trouve dans le premier arrêt rendu par la Cour le 27 avril 2004, « Afolabi Olajide c. République fédérale du Nigéria», dans lequel la Cour écrit que *« « le défaut de compétence dans une affaire entraîne ipso facto la nullité de l'action et de la procédure quelle que soit la manière dont elles ont été conduites ».* L'exception d'incompétence ne se confond bien entendu pas avec l'exception de nullité. La neutralisation de la juridiction d'une Cour ne signifie pas que l'action entreprise est elle-même nulle. Les deux concepts ne se déploient pas sur les mêmes registres. De même dans l'arrêt du 28 juin 2007, la Cour semble fonder son incompétence sur l' *« autorité de la chose jugée »,* plutôt que d'affirmer clairement et fermement qu'elle n'a aucun titre de compétence lui permettant de proprement rejuger des affaires tranchées par des tribunaux internes.

90 On songe ainsi à la nomenclature des actes dans les organisations africaines. L'UEMOA a systématiquement repris les actes figurant dans l'ancien article 189 du Traité de Rome créant la CEE, les définitions ayant été littéralement reprises. La CEDEAO, en révisant son Traité en 2006, s'est ralliée à ce mimétisme. Il ne nous semble pas qu'il était nécessaire de pousser celui-ci jusqu'à ce point.

du droit européen ont dominé les solutions dégagées par la Cour de Ouagadougou[91].

Les juges rapporteurs[92], comme la Cour elle-même, ont manifesté une certaine tendance à s'inspirer de la jurisprudence de la CJCE. La fascination du modèle jurisprudentiel européen est également observable dans la similitude des méthodes d'interprétation. Il est vrai qu'au-delà du modèle de l'Europe, c'est le projet d'intégration lui-même qui dicte la prédilection pour ces méthodes-là. C'est donc l'approche finaliste des textes qui va se trouver privilégiée, elle conduit le juge à se ménager une marge de liberté assez importante dans l'interprétation. Par au moins trois fois, la Cour de l'UEMOA y a ostensiblement recouru.

Dans le premier Avis qu'elle a rendu, le 10 décembre 1996, elle adopte, dans une perspective « constructiviste », une approche qui l'amène à établir une corrélation entre la réalisation des libertés postulées par l'Union économique et monétaire – libertés de circulation des personnes, des biens, des capitaux - et la mise en place de l' « agrément unique » pour les banques et établissements financiers. Le juge adopte une démarche clairement adossée à la théorie de l' « effet utile » : pour une « application effective » des libertés, écrit-il, il, il est nécessaire de mettre en place l'agrément unique. La Cour de Ouagadougou adopte la même démarche quand il s'agit de s'exprimer sur la délimitation des compétences entre l'Union et les Etats membres, en matière de conclusion d'accords commerciaux[93] et d'accords d'investissement[94].

L'interprétation « systémique » est toujours de mise : les « caractéristiques » de l'organisation, ainsi que l'intensité des transferts de compétences consentis par les Etats justifient qu'il lui soit reconnue une compétence exclusive dans ces matières.

---

91 Arrêts Laubhouet Serge c. Commission de l'UEMOA (29 mai 1998), Sako A. c. Commission de l'UEMOA (29 mai 1998), Dieng A. c. Commission de l'UEMOA (29 mai 1998), Sako A. c. Commission de l'UEMOA (16 janvier 2000), Akakpo Tobi E c. Commission de l'UEMOA (20 juin 2001).

92 Dans l'affaire Laubhouet Serge c. Commission de l'UEMOA, le juge rapporteur se réfère à la jurisprudence de la CJCE et écrit : *« Une jurisprudence constante de la CJCE- CJCE,2-12-7 , « Zuckerfabrik » -, dont les textes ont fortement inspiré le droit communautaire de l'UEMOA, a consacré le principe de l'autonomie du recours en responsabilité par rapport au recours en annulation ».* Dans l'affaire « Ciments du Togo SA c. Commission de l'UEMOA » (20 juin 2001), l'avocat général s'inspire très ostensiblement de la jurisprudence européenne pour analyser la notion de « décision ».

93 Avis du 22 mars 1999 relatif à l'interprétation de l'article 84 du Traité de l'UEMOA.

94 Avis du 19 octobre 2007 relatif à la possibilité pour les Etats membres de conclure individuellement des accords d'investissements avec les pays tiers.

D'autres fois, les références à la jurisprudence européenne sont moins « générales », plus « littérales ». La Cour va directement s'appuyer sur des passages d'arrêts rendus par la CJCE. C'est le cas lorsque, pour mettre en exergue la « spécificité de l'ordre juridique » de l'Union, la Cour s'exprime en des termes qui rappellent certainement la célèbre jurisprudence « Costa c. Enel », rendue par la CJCE[95]. Le renvoi à la jurisprudence européenne est encore clair quand, appelée à se prononcer sur l'obligation de l'Etat du Mali à créer une « Cour des comptes autonome », la Cour axe la quasi-totalité de ses développements sur le principe de suprématie du droit de l'Union, lequel se trouve être en contradiction avec les dispositions de la Constitution malienne[96].

L'emprunt est enfin manifeste lorsque, allant au-delà de la simple reprise d'une méthode d'interprétation ou d'un principe, le juge fait du droit européen une sorte d'étalon de mesure, d'instrument de référence pour interpréter le droit de l'UEMOA. Cette inclination ressort de l'Avis du 27juin 2000, dans lequel, invitée à interpréter les articles 88, 89 et 90 du Traité relatifs aux règles de concurrence, la Cour recourt à un exorde très suggestif. D'emblée, elle écrit que :

> *Pour dégager un avis motivé sur l'objet de la consultation, il conviendrait au préalable, sur le plan méthodologique, de (...) procéder, pour en appréhender les similitudes et les différences qui fondent leur sens et leur portée, à un examen comparatif de la rédaction des textes d'interdiction en matière de concurrence dans le Traité de Rome par rapport à ceux sus indiqués du Traité de Dakar, qui s'est du reste, profondément inspiré du droit européen.*

De la même manière, lorsqu'elle indique les linéaments de la future répartition des compétences entre l'Union et les Etats membres en matière de politique d'investissement, la Cour estime, de manière quasiment principielle, que le législateur de l'Union devra s'inspirer « du principe de subsidiarité qui existe en droit communautaire européen à l'article 5 du Traité de Maastricht »[97].

Pourtant, sans remettre en cause l'intégralité de la démarche du juge, il est permis de se demander s'il n'était pas de bonne méthode de commencer par

---

[95] Selon la Cour de l'UEMOA, *« il importe de souligner tout d'abord que l'Union constitue en droit une organisation de durée illimitée, dotée d'institutions propres, de la personnalité et de la capacité juridique et surtout de pouvoirs issus d'une limitation de compétences et d'un transfert d'attributions des Etats membres qui lui ont délibérément concédé une partie de leurs droits souverains pour créer un ordre juridique autonome qui leur est applicable ainsi qu'à leurs ressortissants »* (Avis de la Cour sur l'interprétation de l'article 84 du Traité de l'UEMOA, rendu le 2 février 2000). V également l'Avis de la Cour du 27 juin 2000, relatif à l'interprétation des articles 88,89 et 90 du Traité relatif aux règles de concurrence dans l'Union.

[96] Avis du 18 mars 2003 relatif à la création d'une Cour des comptes au Mali.

[97] Avis du 19 octobre 2007 *« relatif à la possibilité pour les Etats membres de conclure individuellement des accords d'investissements avec les pays tiers ».*

interpréter les textes mêmes de l'UEMOA, avant de voir dans quelle mesure la comparaison avec d'autres instruments corrobore cette prime approche. Un texte ne s'interprète pas, de manière immédiate et a priori, par comparaison à un autre, la confrontation ne devrait venir qu'après le décryptage que l'exégète a fait du texte, intrinsèquement pris.

En d'autres termes, en matière interprétative, la méthode comparative n'est jamais première, elle est toujours seconde, elle est le second moment d'une démarche, le test possible d'une thèse pour laquelle on aura d'abord incliné.

L'on atteint, à ce stade, les limites des « importations jurisprudentielles ». S'il est en effet concevable que le juge africain, baignant dans un environnement institutionnel calqué sur celui de l'organisation européenne, puisse adopter des solutions déjà préconisées par la CJCE, s'il est vrai que tout juge d'une organisation d'intégration est pour ainsi dire structurellement confronté à certains types de problèmes et qu'il est dès lors amené à « reconduire » des choix de jurisprudence opérés par ses homologues d'autres Cours, si donc le juge africain n'est pas le seul à pratiquer cette forme de mimétisme[98], il faut néanmoins rappeler qu'il serait regrettable que ce juge soit tenté de « se reposer » sur les solutions jurisprudentielles adoptées ailleurs, et à s'affranchir ainsi d'une démarche nécessairement autonome dans un premier temps, d'une « juris-dictio » d'abord solitaire.

La Cour de la CEDEAO n'ignore pas ce type de difficulté auquel, il est vrai, tout organe juridictionnel émergent est confronté. Ici également, la tentation de s'appuyer sur l' « Autre » juge est forte. Ainsi, dans l'arrêt du 7octobre 2005[99], la Cour invoque l'article 38 du Statut de la Cour Internationale de Justice de la Haye, pour justifier une solution dont on pourrait discuter le rapport avec la disposition citée. La Cour de la Haye est derechef « invoquée » dans l'arrêt du 22 novembre 2007, dans des conditions qui, là également, pourraient laisser songeur. Dans l'arrêt du 29 octobre 2007[100], c'est la jurisprudence de la CJCE qui est « convoquée » au soutien de la démarche du juge. Des jurisprudences nationales sont également citées : celle de la Chambre sociale de la Cour de cassation française[101], celle de tribunaux nigérians et de diverses cours anglaises[102].

---

98 Il a été ainsi montré que la Cour de justice du « Système d'Intégration Centraméricain » (Cour de Managua) et la Cour de justice de la Communauté Andine (Cour de Quito), qui se trouvent en Amérique du Sud, avaient, elles aussi, tendance à se référer à la jurisprudence de la CJCE. V. BURGORGUE-LARSEN L., Op cit pp. 260 à 264 ; DAILLIER P., « La jurisprudence des tribunaux des organisations d'intégration latino-américaines », *AFDI* 2005 pp. 633-673 ; 2006, pp. 532-598.

99 Aff. « Hon. Dr J. Ugokwe c. République fédérale du Nigéria".

100 Aff « Pr Etim Moses Essein c. République de Gambie et Université de Gambie ».

101 Arrêt précité du 29 octobre 2007.

102 V entre autres arrêt du 5 avril 2006 « Mme Tokumbo Lijadu- Oyemade c. Secrétariat exécutif de la CEDEAO », arrêt du 5 juin 2008 « Chief Ebrimah Manneh c. République de Gambie ».

On comprend bien sûr le juge de la CEDEAO, soucieux de montrer que les solutions qu'il préconise s'insèrent dans une continuité, mais l'on aurait aimé que ce louable souci pédagogique ne portât pas atteinte à l'élégance formelle de la décision judiciaire, laquelle pourrait pâtir d'une abondance des « renvois » ou des « citations ». Surtout, on exprimera le vœu que de tels « renvois » ne soient pas comme une sorte de substitut à un raisonnement propre[103] ; ce qui doit n'être que l'illustration d'un propos ne doit pas devenir un « argument d'autorité ».

Un des moyens d'éviter une telle dérive serait que les deux Cours de justice ouest-africaines se réfèrent à leur propre jurisprudence, pratique par trop balbutiante. Sur l'ensemble des décisions dépouillées, on ne trouve en effet, pour l'une des juridictions, que deux renvois à la jurisprudence antérieure et, pour l'autre, un seul. Il s'agit, pour la Cour de l'UEMOA, de l'arrêt du 25 juin 2003[104] et de l'Avis du 19 octobre 2007[105]. S'agissant de la juridiction de la CEDEAO, l'unique renvoi figure dans la décision du 5 juin 2008[106].

Or, la nécessité de faire ressortir une certaine constance dans les décisions rendues est essentielle pour une juridiction. Elle est bien une des conditions de l'émergence d'une « politique jurisprudentielle ». Le rappel a l'avantage de faire apparaître une sorte de mémoire jurisprudentielle de la Cour. Renvoyer à sa propre jurisprudence, c'est, pour une juridiction, affirmer qu'il y a une certaine cohérence, une certaine continuité dans le travail qu'elle accomplit, c'est faire surgir une rationalité dans le fatras apparent des causes qui atterrissent sur son prétoire. Mais pour qu'une telle revendication de systématisme soit couronnée de succès et rallie les suffrages, il est nécessaire qu'elle ne tourne pas au soliloque, qu'elle ne relève pas d'une sorte de « méthode Coué » par laquelle le juge ferait seulement de l'autosuggestion, pour se convaincre qu'il est effectivement sur le registre de la cohérence ; les plaideurs eux-mêmes devraient apporter leur appui à la Cour, dans cette quête de continuité[107]. La démonstration de la continuité

---

103 Révélatrice de cette tendance est la phrase qui introduit le paragraphe 38 de l'arrêt précité « Manney c. République de Gambie ». Au terme de plusieurs renvois à la jurisprudence britannique, la Cour considère qu' *« il est donc clair que... »*. La conclusion à laquelle parvient le juge communautaire résulte moins d'un raisonnement propre que de l'accumulation de jurisprudences dont on ne connaît au demeurant pas les détails.

104 Arrêt « Haoua Touré c. Commission de l'UEMOA ». C'est au sujet des rapports entre le recours en annulation (d'une mesure de licenciement) et le recours en indemnisation (résultant de l'irrégularité de ladite mesure) que la Cour rappelle sa jurisprudence antérieure. En effet, dans bien des décisions précédentes, cette question était en débat, la Commission, défenderesse, prétendant invariablement qu'un requérant est obligé de choisir un recours entre les deux.

105 La Cour y renvoie à l'Avis qu'elle a rendu le 2 février 2000 au sujet de la compétence de l'Union en matière commerciale. Le fait qu'elle raisonne à cet égard *a contrario* n'y change rien, l'essentiel est la référence à la jurisprudence antérieure. L'infirmation de cette dernière dans ce cas précis n'en fait pas moins ressortir une rationalité dans la démarche du juge. L'important est donc l'établissement d'un rapport entre les cas jugés, ce rapport pouvant reposer sur un raisonnement par analogie, a contrario, ou a fortiori.

106 Arrêt « Chief Ebrimah Manneh c. République de Gambie ».La Cour renvoie à son arrêt du 28 juin 2007 « Alhadji Hammani Tijani c. République fédérale du Nigéria et autres ».

107 Il est, en d'autres termes, nécessaire que ce discours de la méthode soit partagé par les autres protagonistes du procès judiciaire, c'est-à-dire par les parties elles-mêmes. Le jour où celles-ci prendront l'habitude, dans leurs écritures, de renvoyer la Cour à sa propre jurisprudence, ou de fonder leur propre argumentation sur cette jurisprudence, un grand pas sera franchi dans la quête de

jurisprudentielle pourrait également contribuer à éloigner le spectre d'un mimétisme de mauvais aloi. Il faut donc espérer que les deux Cours s'orientent dans cette direction, confirment ce qu'elles ont esquissé et dont il faut les féliciter.

Abstraction faite de son rapport à d'autres juges ou d'autres jurisprudences, est-il encore possible de trouver, dans la jurisprudence même des Cours africaines, dans l' « habitus » du juge ainsi que dans ses choix méthodologiques, des explications au faible essor du droit de l'intégration ?

Pour répondre à cette question, il faut encore se souvenir des conditions dans lesquelles le juge exerce son office. D'une part en effet, même inséré dans une organisation d'intégration bénéficiant de compétences importantes, il reste soumis à une « liberté surveillée » par les Etats membres, qui veillent à conjurer le spectre d'un « gouvernement des juges ». Les Cours de justice ne peuvent pas ignorer cette contrainte, qui les incline à une certaine forme de « self-restraint ». Ce conditionnement objectif doit conduire l'analyste à une certaine circonspection dans sa critique éventuelle du juge de l'intégration.

Mais d'autre part, pour affirmer leur présence sur le théâtre institutionnel de l'organisation, les juges doivent, avec tact, savoir interpréter leur office de manière relativement hardie. Ces éclairs d'audace, dont le succès est tributaire d'un sens de l'opportunité et d'une science aigüe des « rapports de force » conjoncturels entre les organes de l'organisation, sont incontestablement la condition d'un épanouissement jurisprudentiel du droit de l'intégration, il ne faut pas se le dissimuler. L'assertion est d'autant plus vraie que, comme on l'a déjà souligné, une « mystique du droit » imprègne le processus de régénération des organisations observé dans les années 90 en Afrique, et que les Etats eux-mêmes ont entendu promouvoir l'intégration par le droit. Le juge est donc invité, tout en se souvenant de sa condition d'organe dérivé de la volonté des Etats membres, à assurer la promotion prétorienne du droit de l'intégration. Au regard, à ce jour, de leurs jurisprudences, les Cours de l'UEMOA et de la CEDEAO, ont-elles réalisé cet équilibre entre prudence et audace, entre l'autocensure avisée et la témérité opportune ?

La réponse à cette question demeure, à vrai dire, mitigée. L'analyse de la jurisprudence, dont il faut toujours rappeler la relative jeunesse et donc les potentialités d'évolution, révèle une oscillation entre la tentation de l' « ultra petita » et celle de l' « infra petita », entre les démons de l'autolimitation et les sortilèges du « gouvernement des juges ». L'on voit ainsi se dérouler une sorte de mouvement de balancier dans l'usage du pouvoir interprétatif.

---

la « politique jurisprudentielle ». La condition du succès n'est donc pas dans le seul renvoi à la jurisprudence passée, elle est aussi dans la pertinence du lien établi entre la cause débattue et des causes passées. Si le rapport établi est juste, le juge aura convaincu ceux qui l'écoutent, et les parties, sans doute, mimeront sa démarche. Nul doute que cette perspective participera de la fin du mimétisme indu.

Le juge ouest-africain se place souvent dans une situation l'obligeant à choisir entre « self restraint » et excès de pouvoir judiciaire ; il peine quelquefois à trouver un équilibre, il n'exerce pas son pouvoir d'interprétation dans des conditions tout à fait stabilisées. Or, cette stabilité est nécessaire au bon accomplissement de la mission que les traités lui ont assignée. Il faut, là également, se souvenir que le temps pourrait être réparateur et qu'avec lui, des inquiétudes ou des sujets d'interrogation actuels pourraient se dissiper.

Le terrain de prédilection de l'autolimitation du juge de l'UEMOA est sans conteste celui du contentieux du licenciement, dont on a vu qu'il constituait la plupart des affaires qui lui ont été soumises. Il apparaît, à la lecture des décisions rendues, que le juge a tendance à afficher une attitude de « self restraint » dans certaines affaires. Sa doctrine, en matière de contrôle des sanctions infligées aux fonctionnaires de l'Union, a été exprimée plus d'une fois.

Dans son premier arrêt « Dieng Ababacar c. Commission de l'UEMOA », elle estime « qu'étant de par ses fonctions de Directeur administratif et financier placé sous l'autorité directe du Président de la Commission, Monsieur Dieng est mal fondé à soutenir » que l'appréciation de son supérieur hiérarchique « est erronée ».

Dans le second arrêt opposant les mêmes parties, la Cour réitère que « le licenciement définitif après régularisation…a laissé entiers les griefs articulés contre » le demandeur, « à savoir les insuffisances professionnelles reprochées à l'issue de l'expiration de sa période probatoire ». Il n y a pas, si l'on se fie aux arrêts rendus, une analyse très poussée ou très critique des décisions administratives litigieuses.

Dans l'arrêt « M. Kossi Mawuli Agokla et Commission de l'UEMOA », rendu le 18 décembre 2002, le juge confirme son contrôle extrêmement minimaliste de la régularité des mesures de licenciement en écrivant encore que « la Cour ne saurait exercer un contrôle sur l'appréciation faite par une autorité administrative d'un organe de l'Union sur l'état de service d'un agent ». Plus tard, dans l'arrêt « Haoua Touré contre Commission de l'UEMOA », elle consent à annuler une mesure de licenciement mais elle le fait sur la base de vices de procédure et non parce que celle-ci serait mal fondée. Cette manière de voir a même pu prendre des allures de credo à la Cour.

Le juge rapporteur, dans l'affaire « Sacko Abdourahmane c. Commission de l'UEMOA », autre cas de licenciement, se rallie à la vision de la Cour pour écrire que le Président de la Commission « dispose d'un pouvoir d'appréciation finale qui, s'il n'implique pas une immunité de juridiction, parce qu'il doit s'exercer dans le seul intérêt de l'Union, ne peut faire l'objet d'un contrôle total de la part du juge…(qui) …ne peut en aucun cas porter un jugement de valeur sur les éléments subjectifs que comporte nécessairement cette appréciation dans son volet discrétionnaire ». De manière un peu plus nuancée, mais abondant dans le même sens, l'Avocat général écrit pour sa part que « le juge…n'a pas compétence à apprécier l'opportunité d'une décision ressortant du pouvoir exclusif de l'Administration »[108].

Le juge de l'UEMOA renonce donc à exercer un contrôle poussé sur des mesures prises par la Commission, organe intégré de l'organisation et « employeur » des requérants. Que l'autorité hiérarchique soit la seule à pouvoir porter une appréciation sur les prestations d'un subordonné ne fait pas de doute, qu'une instance chargée de dire le droit aille jusqu'à affirmer qu'une telle appréciation est « nécessairement » subjective laisse quelque peu songeur. La décision même d'instituer un recours du personnel de l'Union devant la Cour procède d'une volonté de conformer, autant que possible, l'exercice du pouvoir hiérarchique à des impératifs élémentaires du droit. Il faut souhaiter que la Cour rompe, à l'avenir, avec une telle autolimitation[109].

La Cour de Justice de Ouagadougou semble également céder aux sirènes du « self restraint » chaque fois qu'elle est appelée à arbitrer un dissentiment entre les institutions de l'Union. Par trois fois au moins, elle a délibérément limité son contrôle.

La première espèce est relative à la demande d' « avis complémentaire » formulée par le Président de la Commission, au sujet de la délégation de signature consentie par celui-ci à son Directeur de cabinet. Répondant à une des questions posées – « quelles précautions juridiques prendre pour consentir des délégations de pouvoirs et de signature aux membres de la Commission, à des Présidents d'organe et à des fonctionnaires et agents de l'Union » ?- la Cour s' « autolimite », elle déclare ne pouvoir satisfaire la demande d'avis, au risque de s'ingérer dans le fonctionnement de la Commission. Elle considère en effet que les « précautions juridiques » dont il est question « relèvent de la catégorie des actes préparatoires » et touchent l'organisation et le fonctionnement internes de la Commission. Pourtant, la question posée par le Président de la Commission ne consistait nullement à demander à la Cour de dicter à la Commission des comportements donnés, mais de l'éclairer sur des points de droit. Le juge ne semble en effet pas tenir compte du fait qu'il est sollicité, comme l'écrit le Président de la Commission dans sa lettre, dans la perspective de « la révision des textes régissant la gestion et le fonctionnement courants de la Commission ». Il lui était donc simplement demandé de donner une opinion de type juridique, de se faire l'« aiguilleur » de la Commission pour lui indiquer les voies et moyens de réformer les textes.

[108] Conclusions jointes à l'arrêt.

[109] Dans l'affaire « Tassembedo T. Ludociv c. BRVM » (arrêt du 2 juillet 2003), la position de l'avocat général, dans ses conclusions, semble se situer quelque peu en retrait de la jurisprudence de la Cour. Il écrit que les mesures dont se plaint le requérant *« paraissent manifestement exagérées et très sévères par leur nature et leur cumul »*.

La deuxième affaire porte sur l'unique renvoi préjudiciel porté devant la Cour depuis qu'elle existe, et qui a donné lieu à l'arrêt du 12 janvier 2005, « Compagnie Air France et Syndicat des Agents de voyage et de tourisme du Sénégal ». La décision rendue sera une déclaration d'incompétence de la Cour elle-même, au motif que « la décision de la Commission nationale de la concurrence du Sénégal étant intervenue et ayant fait l'objet d'un recours avant l'entrée en vigueur du Règlement du 23 mai 2002, les instances de l'UEMOA ne peuvent statuer sur cette affaire ». Si l'on se souvient des circonstances de la saisine[110], on se rend vite compte que cette déclaration d'incompétence n'était nullement une fatalité. Que la formulation de la question par la juridiction sénégalaise ait incité à cette approche restrictive est sans doute un élément à prendre en compte, mais aurait-on trouvé à redire si la Cour, après avoir « redressé » la question posée, ainsi qu'elle s'en est expressément reconnu le droit, avait simplement déclaré que les actes communautaires qui fondent la compétence de l'Union n'étant pas en vigueur au moment de la saisine d'une juridiction nationale, celle-ci devait continuer son office et vider précisément sa saisine ?

N'aurait-ce pas été, là aussi, une « interprétation » d'une norme communautaire, finalité de la procédure de renvoi préjudiciel, la Cour de justice ayant elle-même admis que « la question à elle posée peut s'entendre comme une demande d'interprétation des dispositions de la directive n° 02/2002/CM/UEMOA du 23 mai 2002, en son article 7-2 concernant les affaires en instance d'instruction ou de décision » ?Pourquoi, dès lors, ne pas avoir pris ce parti- là, qui entre parfaitement dans les compétences de l'organe judiciaire de l'UEMOA ?

L'affaire « Yaï » est la troisième dans laquelle le juge de l'UEMOA se trace lui-même des limites à ne pas dépasser. Il est vrai qu'on pouvait le comprendre, appelé qu'il était à arbitrer un différend dans lequel les organes politiques étaient en première ligne, et où des considérations personnelles, voire « subjectives » ont certainement joué. L'on sait que six décisions ont été

---

[110] On rappelle que la Cour de justice de l'UEMOA a été saisie par le Conseil d'Etat du Sénégal le 25 septembre 2003. A l'occasion d'un litige ayant opposé la Compagnie aérienne Air France et le Syndicat des agents de voyage et de tourisme du Sénégal, le Conseil d'Etat avait été saisi – par la Compagnie Air France - aux fins de cassation d'une décision rendue par une autorité administrative indépendante, la Commission nationale de la concurrence du Sénégal (décision du 27 décembre 2002). Or, au moment où le Conseil d'Etat devait statuer, s'était posée la question même de sa compétence, le doute sur celle-ci provenant du nouvel état de droit créé par deux actes communautaires. Ces deux actes sont un règlement et une directive, tous deux datés du 23 mai 2002, le premier étant entré en vigueur le 1er janvier 2003 et le second beaucoup plus tôt, le 1er juillet 2002. Les dispositions transitoires de ce dernier acte prévoyaient qu'au 31 décembre 2002, toutes les Commissions nationales de la concurrence devaient avoir vidé les affaires pendantes devant elles, et qu'à partir du 1er janvier 2003, ce type de contentieux devait être porté devant la Commission de l'UEMOA. Quelque peu désemparé, le Conseil d'Etat du Sénégal a donc saisi la Cour pour savoir quelle était l'instance compétente *« pour statuer sur le recours introduit le 17 février 2003 et tendant à faire casser et annuler la décision de la Commission nationale de la concurrence du Sénégal en date du 27 décembre 2002 ».*

à ce sujet rendues par la Cour, dans des circonstances où le Président en exercice de la Conférence des chefs d'Etat et de Gouvernement a transgressé le droit de façon presque impudente, en nommant un « nouveau » membre de la Commission à la place d'un autre, dont le mandat était en cours et qui n'entrait dans aucun des cas de « démission anticipée ». Curieusement, à aucun moment, dans aucune des sentences rendues, la Cour ne rappelle, ne serait-ce que de manière « diplomatique », à la Conférence des chefs d'Etat son devoir de se plier aux règles de l'organisation. Il est même advenu que le bon vouloir de l'autorité politique prévale, au motif que « la volonté de la Conférence des chefs d'Etat et de Gouvernement de remplacer M. Yaï » est « manifeste »[111]. Clairement donc, une volonté politique a prévalu sur le respect des textes[112].

Des réflexions analogues peuvent, mutatis mutandis, être faites au sujet de la Cour de la CEDEAO, à travers trois espèces.

A vrai dire, dans la première affaire, une critique de la Cour pourrait paraître excessive, puisque le juge se contente de renvoyer à l'accomplissement d'un préalable fixé par les textes : la recherche d'une solution « amiable ». Toutefois, la conception que la juridiction se fait d'un tel préliminaire semble trahir une conception assez minimaliste de son office. La Cour était saisie par le Parlement de la CEDEAO – par l'intermédiaire de son Président -, qui exprimait un certain nombre de griefs à l'encontre d'un règlement adopté par le Conseil des ministres et qui portait, de manière générale, sur l'organisation et le fonctionnement du Parlement. Le Conseil des ministres y définissait les rapports entre le Président du Parlement et le bureau de celui-ci, ainsi que certaines règles applicables au personnel de l'institution parlementaire. D'autre part, le Conseil des ministres avait conféré au Secrétaire exécutif de la CEDEAO un pouvoir de surveillance sur la manière dont le Parlement appliquerait ces dispositions. En application d'un tel pouvoir de supervision, le Secrétaire exécutif a fait injonction au Parlement de « restructurer » son personnel, près d'un mois après l'adoption du Règlement par l'instance ministérielle de la Communauté. Les actes qui étaient litigieux consacraient ainsi une double « dévalorisation » du Parlement : vis-à-vis de l'organe intergouvernemental que constitue le Conseil des ministres d'abord, et vis-à-vis de l'organe intégré que représente le Secrétariat exécutif ensuite.

La configuration du litige était intéressante : elle mettait en scène des « Institutions » de la CEDEAO, et renvoyait, en définitive, à des enjeux de pouvoir et à l' « équilibre institutionnel » instauré par le Traité révisé en 1993. L'occasion était assurément belle pour réaliser ces échafaudages qui « marquent » la jurisprudence des Cours, belle pour dire en termes solennels la place des protagonistes dans le dispositif institutionnel de la CEDEAO, belle pour énoncer des « principes » qui gouvernent l'intégration.

---

111 Ordonnance du 2 juin 2005.

112 Pour une sévère critique de la « jurisprudence Yaï », v. YOUGBARE R., Op cit.

Malheureusement, la Cour n'aura pas l'occasion de se prononcer sur le fond de l'affaire. Elle demandera au requérant de se plier scrupuleusement aux dispositions de l'article 76 alinéa 1er, qui pose, avant toute saisine de la Cour, le préalable d'une tentative de règlement amiable entre les parties. Faut-il voir dans cette solution la résurgence de cette prévention des Etats africains en particulier à soumettre les différends à un règlement juridictionnel au profit de modes de solution plus « souples », plus « personnalisés » et moins rigides ? La manière dont la Cour renvoie le requérant à « mieux se pourvoir » le laisse penser. Si tel était effectivement le cas, il y aurait lieu d'exprimer des regrets, pour au moins deux raisons. L'une est « générale », et tient à la place que les rédacteurs du Traité révisé ont entendu conférer à l'organe judiciaire de l'organisation dans la « nouvelle » CEDEAO, l'espèce de pari sur le droit qui a été fait par ceux-là, et qui aurait dû donner lieu à l'émission d'une parole judiciaire dans ce conflit inter-institutionnel. Il y aurait une seconde raison de déplorer cette dilection pour le mode de règlement « informel ».

En effet, autant on peut comprendre qu'il soit souhaitable qu'un différend inter étatique soit réglé « en famille », autant il est décisif que dans des processus institutionnalisés d'intégration - où il ne s'agit pas de régler un litige ponctuel entre Etats mais d'instaurer un ordre juridique ayant vocation à perdurer, où les justiciables ne sont pas seulement des Etats mais des personnes privées - , le juge assume totalement sa mission de dire le droit parce qu'il participe, à proprement parler, au fonctionnement de l'organisation internationale.

En d'autres termes, il existe une différence fondamentale entre le juge chargé d'arbitrer un conflit précis entre Etats qu'aucun « cadre » pré établi ne lie, et le juge qui doit dire le droit en vertu de son insertion dans une structure institutionnalisée, de son appartenance à une organisation internationale. Si l'autolimitation du premier se conçoit parce que le duel judiciaire se déroule entre des souverainetés qui se tiennent sur leurs gardes et requièrent pour cela qu'on les ménage, le silence ou l'effacement du second se comprend moins parce que la « susceptibilité » des Etats doit nécessairement être « bornée », parce qu'au-delà de ces Etats, il y a un ordre supérieur que l'on veut bâtir, un projet commun que l'on veut réaliser. Dans les organisations internationales, l'intervention juridictionnelle revêt un caractère plus bénin, moins pathologique que dans une société internationale « décentralisée » ou « éclatée », elle s'insère dans le fonctionnement régulier de l'organisation.

Dans la deuxième affaire, la Cour était invitée à dire si des agissements relevés dans le cadre d'une procédure pénale dont le requérant avait fait l'objet étaient constitutifs de « violations de droits de l'homme ». Dans l'arrêt rendu le 28 juin 2007[113] , la Cour énonce qu'elle n'a pas à rejuger ou à infirmer des décisions rendues par des juridictions internes d'Etats membres. L'on ne peut qu'approuver la Cour d'Abuja lorsqu'elle rappelle cette évidence procédurale, tant il est vrai que bien des saisines tendent à l'amener à porter un jugement sur des actes,

---

113 Affaire « Al Hadj Hammani Tijani c. République fédérale du Nigéria, République du Mali, République du Bénin, Procureur général de l'Etat de Lagos, Procureur général de l'Etat d'Ogun ».

notamment juridictionnels, posés par des juridictions nationales. Dans l'affaire en question, il est pourtant permis de se demander s'il n'était pas possible de poser le problème en d'autres termes.

D'une part, l'instance engagée à Abuja n'avait pas le même objet que celle soumise à la juridiction nationale : devant la Cour, il s'agit d'apprécier si un Etat, ou un de ses organes, a méconnu un droit garanti aux individus et figurant dans un instrument auquel il est partie. Cela ne revient nullement à « rejuger » une affaire ; ni l'objet du litige, ni les parties aux deux procès ne sont les mêmes.

D'autre part, on sait que la Cour peut parfaitement déclarer un Etat responsable en raison des agissements de ses organes judiciaires, sans pour autant qu'une telle déclaration n'équivale à une « infirmation » d'une décision que ces organes auraient éventuellement rendue. Dans la vie internationale, il est arrivé, notamment devant la Cour de Justice de La Haye, que des Etats soient déclarés responsables du fait de leurs juridictions internes[114].

Le souci de ne pas « froisser la susceptibilité » d'un Etat – souci que l'on peut certes comprendre de la part d'un juge international - transparaît enfin du dispositif de l'arrêt « Dame Hadijatou Mani Koraou », rendu le 27 octobre 2008. La Cour, on le sait, va donner raison à la requérante en admettant qu'il existe bien des pratiques relevant d'une certaine forme d' « esclavage » dans certaines régions du Niger. Elle va condamner cet Etat à payer une indemnité réparatrice à la requérante mais elle assortit son verdict d'une précision que ne peut expliquer que le souci de ménager l' « amour propre » de l'Etat nigérien : elle précise en effet, d'une part, que « la discrimination dont a été l'objet Dame Hadijatou Mani Koraou n'est pas imputable à la République du Niger » puis, presque aussitôt après, que la requérante « a été victime d'esclavage et que la République du Niger en est responsable par l'inaction de ses autorités administratives »…

Dans toutes ces affaires, auxquelles d'autres s'apparentent[115], le juge s'est assigné des bornes, ce qui, en soi, n'est pas toujours blâmable. Il est certain qu'une autolimitation excessive d'un organe chargé de donner une réalité à l'intégration ne contribue pas à l'essor de celui-ci. Doit-on, pour autant, encourager une témérité systématique du juge ouest-africain ? Est-il nécessaire, pour connaître cet essor judiciaire du droit de l'intégration que tout le monde souhaite, que le juge outrepasse les textes qui gouvernent sa compétence au motif qu'ils constitueraient un corset ? Tel n'est certainement pas notre sentiment. La place due au juge ne peut être conquise que par un travail patient, alliant audace interprétative judicieuse et bonne intelligence des contraintes qui pèsent, nécessairement, sur un organe dérivant de la volonté des Etats.

---

114 La CIJ en a laissé apparaître la possibilité dans l'affaire de la « Barcelona Traction » (CIJ *Rec.*1970 p.3) et dans l'affaire du « Mandat d'arrêt international » lancé contre un ministre congolais (CIJ, *ILM* 2002 p 536).

115 C'est le cas des espèces dans lesquelles un Etat, attrait devant la Cour, fait défaut. Le juge aurait pu, dans de tels cas, au moins rappeler les règles qui gouvernent son attitude, sans nécessairement « faire la leçon » à ces Etats.

Cette limite objective de la fonction juridictionnelle doit en principe conduire les Cours de justice à interpréter leurs pouvoirs de manière circonspecte. Il est pourtant arrivé, au rebours de l'autolimitation, que le juge ouest-africain aille relativement loin dans l'usage de ce pouvoir interprétatif, faisant alors craindre, non le risque de l'infra petita, mais celui de l'ultra petita, non les démons de l'autolimitation, mais les sortilèges du « gouvernement des juges ».

De curieuses coïncidences peuvent à cet égard être relevées dans la pratique de ces juridictions. Dans un certain nombre d'affaires, elles se sont déclarées aptes à en connaître, au terme d'une « sollicitation » assez poussée des textes.

Dans l'Avis du 10 décembre 1996, la Cour de l'UEMOA avait été saisie par une autorité incompétente pour ce faire, le « Directeur des affaires juridiques de la BCEAO », qui n'est pas visé par l'article 15 §7 du Règlement de procédures, relatif aux autorités aptes à solliciter un avis consultatif. La Cour, en toute connaissance de cause, va néanmoins exercer son office, au nom, écrit-elle, d'une « fonction purement administrative d'assistance juridique »[116]. Le juge décline ainsi très clairement la conception qu'il se fait de son rôle, conception assurément ambitieuse, à l'avenant du projet politique dans lequel sa juridiction s'insère, mais était-il justifié à aller jusqu'à accueillir une demande indue ?

Dans l'affaire « Yaï », le juge de l'UEMOA était confronté à la question de la justiciabilité des « actes additionnels », catégorie non comprise dans les actes énumérés à l'article 27 du Protocole portant Statuts de la Cour[117]. En dépit de cette dernière donnée, le juge va se déclarer compétent et, en fin de compte, sanctionner de nullité l'acte litigieux. La Cour, pour justifier sa compétence, se fonde sur un « objectif », plutôt que sur un texte.

> *Le recours en annulation, énonce-t-elle, tend à assurer le respect du droit dans l'interprétation et l'application du Traité. Il serait contraire à cet objectif d'interpréter restrictivement les conditions de recevabilité du recours en limitant sa portée aux seules catégories d'actes visées par l'article 15-2 du Règlement de procédures de la Cour de justice.*

Elle ajoute un autre argument de texte, mais qui reste tout aussi « général », tiré de l'article 1er du Protocole additionnel n°1 : « La Cour veille au respect du droit quant à l'interprétation et à l'application du Traité de l'Union ». Sur la

---

116 En forme d'avertissement pour l'avenir, elle écrit cependant qu'elle *« a jugé utile de faire droit à la présente demande d'avis, quand bien même elle émane d'un organe de l'Union autre que ceux précités ; elle attire toutefois l'attention de ce dernier sur l'importance attachée par la Cour à la qualité du représentant de l'organe habilité à la saisir en consultation »*. « J'accepte de violer aujourd'hui le droit, mais je ne serai pas forcément dans les mêmes dispositions à l'avenir », semble dire la Cour.

117 Cet article pose que les recours en annulation ne sont admis que pour les règlements, les directives et les décisions des organes de l'UEMOA.

base de ces énonciations, la Cour va se déclarer compétente pour juger l'affaire.

L'audace du juge, redisons-le, est dans une certaine mesure justifiée par le contexte institutionnel dans lequel il agit. L'interprétation choisie est de type finaliste, téléologique. En l'espèce pourtant, la question est de savoir si, pour fonder une compétence, l'interprétation des textes doit être stricte ou non. Or, les arguments sur lesquels la Cour se fonde restent, encore une fois, de l'ordre de la visée, ils restent assez « vagues ». La détermination d'une compétence est une affaire sérieuse car il s'agit d'une question qui met en jeu les piliers de l'ordre juridique en cause, ce n'est pas pour rien que les problèmes y afférents sont des questions d' « ordre public », susceptibles d'être « soulevées d'office » par le juge saisi. Cette importance des enjeux doit entraîner une interprétation « serrée » des textes, un souci d'approcher le plus près possible de la « ratio legis », de l'intention du législateur, et donc, d'évincer les interprétations trop « libres ». Bref, il est souhaitable que le juge tire directement du texte – et non de déduire ou d'inférer de lui- le titre de compétence dont il se prévaut.

Dans deux autres affaires enfin, le juge de l'UEMOA interprète la notion d'« organe » de manière très extensive, pour les besoins de l'établissement de sa compétence. Il s'agit des jurisprudences « Tassembedo T Ludovic c. Banque Régionale des Valeurs Mobilières (BRVM)» du 2 juillet 2003 et « Mamadou G Lalou et Centre Africain d'Etudes Supérieures en Gestion (CESAG) » du 23 novembre 2005.

Il s'agissait, dans les deux cas, de savoir si l'organisme attrait devant le juge constituait bien un « organe » de l'Union, condition de la justiciabilité de ses actes devant la Cour.

Dans les deux cas, le juge conclut à l'affirmative, par le biais d'un raisonnement qui reste le même. Il revient, en substance, à énoncer que le fait de « dériver » d'un organe de l'UEMOA suffit à transmettre la qualité d' « organe », et donc, à rendre justiciables devant la Cour des actes pris. La qualité d' « organe » se transmettrait ainsi par une sorte de contagion, de reproduction de type biologique – qui n'est pas sans rappeler le phénomène de la « scissiparité »[118] - le fait d' « émaner » d'une institution donnée conférant automatiquement à l'entité « générée » la même nature juridique ou le même statut que l'entité « génitrice ».

[118] La scissiparité est un mode de génération asexué de certains organismes, par lequel ceux-ci se reproduisent en se divisant. Ici, la qualité d' « organe » ou d' « institution » est transmise par l'organe créateur, du fait qu'il est lui-même qualifié tel.

La Cour déclare ainsi, pour la première affaire, que le statut d' « institution financière spécialisée et bénéficiaire d'une concession de service public attribuée par les Etats signataires du Traité de l'UEMOA » implique que la BRVM « peut être assimilée à un organe de l'Union ». Et dans la deuxième espèce, elle écrit que le CESAG est « une institution de la BCEAO, qui est elle-même une institution spécialisée de l'Union » ; dès lors, le Centre peut être considéré comme un « organe » de l'Union.

Ce mode de raisonnement peut ne pas être partagé. Tout d'abord, il n'est pas dit qu'un organe « second » doive nécessairement acquérir le même statut qu'un organe « premier », il n'est pas acquis que l' « accessoire » doive suivre le « principal » ; ce n'est pas parce qu'un « organisme » a été créé par une « institution » qu'il est forcément une « institution ». Cette façon de voir devient encore plus sujette à caution lorsque, comme c'est le cas pour l'UEMOA, la notion d' « organe » est prédéterminée par le Traité.

C'est en effet l'article 16 qui énumère, sans doute limitativement,- faute d'indication pouvant laisser supposer le contraire -, les « organes » de l'Union. Que l'on veuille fonder la compétence de la Cour sur la disposition aussi « générale » que celle qui énonce qu'elle est juge de « tout acte d'un organe de l'Union lui faisant grief » (article 8 alinéa 2 du Protocole additionnel n°1), passe encore. Mais l'on est tout de même tenu, dans cette hypothèse, de rester fidèle à la détermination textuelle desdits « organes », c'est-à-dire à l'article 16 du Traité. Or, ni la BRVM ni le CESAG ne figurent parmi ces « organes »...

Du côté de l'organe judicaire de la CEDEAO, cette tendance s'observe également de temps à autre. Dans l'arrêt du 4 octobre 2005, rendu à la requête du Parlement de la Communauté, le juge devait statuer sur le point de savoir si cet organe était apte à le saisir. Il conclut à l'affirmative, sur la base de l'article 76 du Traité, qui ne le cite pourtant pas parmi les saisissants possibles. La Cour pose que « l'examen minutieux » de cet article « fait ressortir que l'expression « l'une des parties » inclut non seulement les Etats membres ou la Conférence, mais aussi les institutions de la Communauté telles que prévues dans l'article 6 du Traité révisé », lequel évoque le Parlement. Il est bien sûr permis d'objecter à cette manière d'interpréter les textes[119].

D'autre part, le fait que les décisions judiciaires « lient » le Parlement en tant qu' « Institution », ne suffit certainement pas à conférer à cet organe la qualité de saisissant. Il faut le redire : l'établissement d'une telle qualité devrait, à notre sens, résulter non d'une « déduction », mais d'une disposition

---

119 Tout d'abord, c'est de manière quelque peu « libre » que la Cour considère que l'expression « l'une des parties » englobe le Parlement. On ne voit pas pourquoi, en effet, l'article 76 cite expressément certains organes (la Conférence des chefs d'Etat notamment) et en omet d'autres (comme le Parlement). Si l'intention de reconnaître au Parlement le droit de saisir la Cour était si claire que cela, le Traité l'aurait tout simplement cité parmi les organes habilités pour ce faire.

claire et expresse. Faute d'une telle spécification, le Parlement ne devrait pas être admis à faire valoir ses droits devant la Cour[120].

Dans l'affaire « Dame Koraou », le désir d'établir sa compétence amène la Cour à suggérer des liens, voulus par les rédacteurs des traités, entre l'institution de la Charte africaine des droits de l'homme et des peuples et la mise en place de la juridiction qu'elle est, compétente en matière de droits de l'homme précisément. Il est permis, sur ce point également, d'être dubitatif[121].

---

[120] Une chose est d'interpréter les textes, une autre est de se prononcer sur les choix de principe que recèlent ces textes. L'on peut bien entendu regretter que le Parlement ne soit pas « valorisé » par les textes de la CEDEAO, qui vont ainsi à contre-courant d'un mouvement de renforcement des institutions parlementaires internationales.

[121] Lorsque les Etats parties à la Charte ont entendu assortir le mécanisme de Banjul d'une sauvegarde judiciaire, ils ont tout simplement créé la Cour africaine des droits de l'homme et des peuples, à travers le Protocole de Ouagadougou de 1998. Dans le même esprit, il est permis de s'interroger sur la tendance des deux juridictions à évaluer le préjudice subi par ceux qui les saisissent sur une base parfaitement arbitraire, l'allocation d'un montant donné au titre de dommages et intérêts ne faisant l'objet d'aucune explication. Dans l'affaire Laubhouet Serge c. Commission de l'UEMOA, la Cour écrit seulement que la demande est *« exagérée en son quantum »* et fixe d'autorité et *« toutes causes confondues »* la somme de sept millions au titre de la réparation du préjudice subi. Dans l'arrêt « Haoua Touré c. Commission de l'UEMOA », elle considère péremptoirement que la somme demandée est *« excessive »* et choisit alors de la porter au cinquième. La Cour de la CEDEAO procède de la même manière dans l'affaire « Chief Ebrimah Manneh c. République de Gambie » : après avoir critiqué le montant excessif de la somme demandée, elle réduit celle-ci mais n'indique aucune justification de la somme qu'elle-même a finalement retenue.

Pour finir, il faut souhaiter que dans la quête de leur perfectionnement, les juridictions de l'intégration soient attentives aux conditions dans lesquelles les arrêts qu'elles rendent sont rédigés. Il est vrai que le défi d'un nivellement des pratiques des juges peut se révéler de taille, la conception même des jugements rendus étant aussi une affaire de traditions nationales (notamment devant la Cour de la CEDEAO, qui réunit des juges aux traditions juridiques différentes). Des décisions écrites sur un modèle invariable, pour chaque juridiction, seraient certainement bienvenues. Une présentation plus succinte des arguments des parties, une éviction plus systématique des questions « non relevantes », seraient également du meilleur effet. De même, une réflexion sur les méthodes de travail des juges, sur l'organisation de la procédure devant les Cours, inspirée de ce qui a pu par exemple être fait à la CIJ, pourrait s'avérer utile. Ce qui est en cause ici va au-delà d'une simple esthétique de la décision judiciaire, c'est l'intelligibilité et la crédibilité de la fonction juridictionnelle qui sont en cause. V. à cet égard l'édifiant article de M. BEDJAOUI « La « fabrication » des arrêts de la CIJ », *Mélanges Virally- Le droit international au service de la paix, de la justice et du développement,* Paris, Pédone 1991, pp 87 et s. L'auteur écrit que *« les plaidoiries les plus heureuses sont celles qui ont su faire une chasse impitoyable aux arguments inutiles. C'est après une longue et parfois pénible expérience de plaidoiries trop prolongées sur des points négligeables que la Cour, en 1978, a introduit »* un nouvel article 60 à son Règlement intérieur. Cet article dispose dans son paragraphe 1er : *« Les exposés oraux prononcés au nom de chaque partie sont aussi succints que possible eu égard à ce qui est nécessaire pour une bonne présentation des thèses à l'audience. A cet effet, ils portent sur les points qui divisent encore les parties, ne reprennent pas tout ce qui est traité dans les pièces de procédure, et ne répètent pas simplement les faits et arguments qui y sont déjà évoqués ».*

Au total, il existe donc plusieurs facteurs qui expliquent que la jurisprudence rendue par les deux Cours ouest-africaines ne s'inscrit pas tout à fait, aujourd'hui, dans la logique de la promotion du droit de l'intégration. A vrai dire, il serait déplacé d'imputer la responsabilité de cet état de fait aux seules instances chargées de dire le droit. D'autre part, les facteurs qui jouent dans cette situation ne pèsent pas tous du même poids dans l'explication de la faiblesse de ce droit, telle qu'elle ressort de la jurisprudence. Il est certain, par exemple, que des questions comme l' « intériorisation » des procédures de collaboration avec les juridictions sous-régionales, ou la définition même d'une politique interprétative stabilisée ne pourront s'acquérir qu'avec le temps et qu'il convient, sur ces sujets-là, de ne pas être alarmiste outre mesure.

Les Cours de justice ouest-africaines ont encore, si l'on ose dire, de l'expérience à acquérir et il n y a pas de raison, sur ce plan, de ne pas nourrir de l'espoir. Il convient, plus généralement, de ne pas oublier qu'une œuvre jurisprudentielle ne se bâtit pas du jour au lendemain, et que le juge de l'intégration en Afrique de l'ouest reste encore, à l'aune de ses homologues d'autres parties du monde, un juge « jeune », dont la marge d'évolution est importante[122].

Sur d'autres points en revanche, une politique volontariste de changement mériterait d'être menée. Dans cette perspective, la pédagogie du droit de l'intégration, qui passe par sa « vulgarisation », est une tâche d'une certaine urgence, que l'on ne peut pas se permettre d'ignorer en comptant que le temps y pourvoie. Faire connaître ce droit, à travers son inscription dans les programmes universitaires ou dans le cadre de la formation des « gens de justice » constitue une nécessité impérieuse. C'est la condition de la découverte des virtualités bénéfiques de celui-ci, pour tous les plaideurs, découverte qui conditionne son invocation en justice.

La publication des décisions que rendent les juridictions sous-régionales – ne serait-ce que dans leurs « sites » respectifs - constitue, de ce point de vue, un impératif catégorique. Cette exigence mémorielle est au principe même de la jurisprudence, de son existence ou de sa constitution. On sait ce que la publication de recueils d'arrêts doit au phénomène jurisprudentiel, dans des contextes nationaux[123] ; on devine également l'importance d'une diffusion des décisions judiciaires dans le contexte de processus d'intégration censés profiter à des personnes privées. La juridictionnalisation du processus d'intégration implique certainement la « vulgarisation » des normes auxquelles celui-ci s'adosse.

---

122 SOREL J.M., op. cit., p. 307.

123 V. à cet égard SERVERIN E. *De la jurisprudence en droit privé. Théorie d'une pratique*, Lyon, Presses Universitaires de Lyon, 1985, pp 21 et s.

Derrière cette exigence d'accessibilité, se profile au demeurant un autre aspect de l'intelligibilité même du droit de l'intégration, tel que les Cours ouest-africaines le pratiquent. On veut par-là suggérer l'aiguillon doctrinal que cette « mémorisation » induirait, la réflexion théorique qui naîtrait immanquablement d'une connaissance systématisée des arrêts rendus.

La doctrine est en effet nécessaire à l'éclosion de la jurisprudence, c'est elle qui informe, au sens fort du terme, l'activité des juges, établit la cohérence de celle-ci et atteste, en définitive, son existence même[124]. Le travail du juge ne forme un « corps » et n'acquiert une « autorité » qu'au terme d'un effort de synthèse, de systématisation opéré par la doctrine[125].

Au demeurant, aussi bien la Cour de la CEDEAO que celle de l'UEMOA ont entrepris, depuis quelque temps, une politique d'ouverture à l'égard des milieux académiques, preuve d'une bienveillance et d'un esprit de dialogue qu'il convient de saluer et d'encourager[126]. Les juridictions ouest-africaines n'ont donc pas à être « frileuses », elles ont tout à gagner d'un dialogue critique avec d'autres « travailleurs du droit » tant il est vrai que l'ouvrage auquel elles se dévouent – la « jurisprudence » - ne se réduit pas au froid exercice d'un « imperium » soustrait au regard d'autrui ou enserré dans une « Tour d'ivoire », mais appelle bien un « assentiment »[127] ou une « commune reconnaissance »[128].

---

[124] *« L'aboutissement est que la doctrine puisse elle aussi être partie prenante dans l'opération de production normative du droit communautaire, en même temps qu'elle contribue à répandre le savoir sur ce droit »,* écrit le Pr MELEDJE DJEDJRO (Op cit, pp. 16-17).

[125] V. notamment JESTAZ Ph. Et JAMIN Ch. *La doctrine*, Paris, Dalloz, 2004 et notamment pp. 104 et s., 115 et s. ; HECQUART-THERON M. (dir.) *Les Facultés de droit, inspiratrices du droit ?*, Actes du colloque des 28_29 octobre 2004, Travaux de l'IFR, mutations des normes juridiques n°3, Toulouse, Presses de l'Université des Sciences sociales de Toulouse, 2005.

[126] La Cour de la CEDEAO a ainsi *« pris contact avec les Facultés de droit »* d'un certain nombre d'universités d'Etats membres (*Rapport annuel d'activités 2008* de la Commission précité, p.165). Quant à la Cour de l'UEMOA, on a évoqué les *« rencontres inter juridictionnelles »* qu'elle a pris coutume d'organiser depuis un certain temps et auxquelles des universitaires sont aimablement conviés.

[127] Le mot est de J. MAURY (cité par DEGUERGUE M., *in* ALLAND D. et RIALS St., *Dictionnaire de la culture juridique*, Paris, PUF, 2003, p.887.

[128] L'expression est utilisée par Ph.JESTAZ, ibid.

Tableaux et graphiques de l'activité des cours de justice de la CEDEAO et de l'UEMOA

Tableau de l'activité de la Cour de Justice de la CEDEAO depuis 2003 (début de son fonctionnement)

Année	Nelles Affaires	Arrêts rendus	Audiences tenues	Observations
2003	01		00	
2004	01	01	05	
2005	05	04	26	
2006	21	04	31	
2007	12	05	44	
2008	09	06	25	
2009	12	02	39	

Graphique de l'activité de la Cour de Justice de la CEDEAO depuis 2003 (début de son fonctionnement)

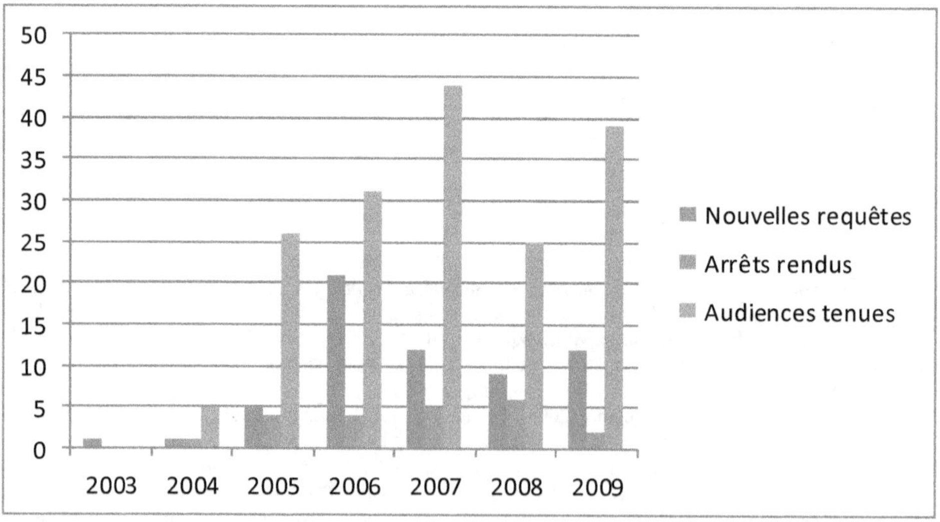

Tableau et graphique de l'activité de la Cour de Justice de l'UEMOA depuis 1996 (début de son fonctionnement)

ANNEE	DECISIONS ET AVIS RENDUS
1996	1
1997	3
1998	4
1999	1
2000	4
2001	2
2002	3
2003	5
2004	2
2005	5
2006	1
2007	1
2008	2

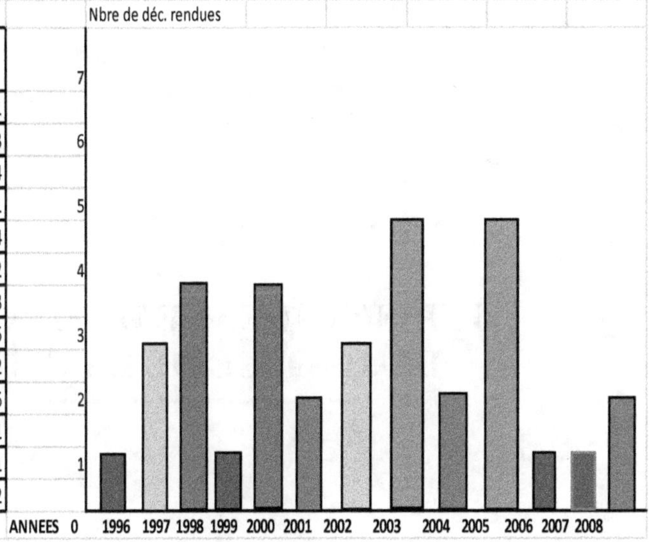

JURISPRUDENCE DE LA COUR DE JUSTICE DE L'UEMOA

AVIS N° 1/96 DU 10 DÉCEMBRE 1996

***

Demande d'avis de la BCEAO sur le projet d'agrément unique pour les banques et les établissements financiers

---

Saisie en vertu des dispositions de l'article 16 alinéa 4 de l'Acte additionnel n° 10/96 portant Statuts de la Cour de Justice de l'UEMOA par le Directeur des Affaires Juridiques de la BCEAO suivant lettre n° 3955/ADJ/PER/408 du 19 août 1996, enregistrée au Secrétariat de la Cour sous le n° 62 du 4 septembre 1996 et dont la teneur suit :

En vue de redéfinir le nouveau cadre institutionnel dans lequel s'exercera l'activité bancaire, les Chefs d'Etat et de Gouvernement de l'Union Économique et Monétaire Ouest Africaine ont décidé de mettre en place le grand marché unique régional de l'UEMOA. Ce nouvel espace économique sera marqué essentiellement par une libre circulation des marchandises, des services, des hommes et des capitaux.

Pour atteindre ce but, il a été décidé la mise en place d'un agrément unique par lequel tout Etablissement de crédit, dûment agréé pour exercer une activité bancaire ou financière dans un Etat membre, peut s'établir ou offrir en libre prestation des services dans toute l'Union sans demander un nouvel agrément. Dans ce cadre, nous avons l'honneur de solliciter de la Cour de Justice un avis juridique sur le projet d'agrément unique et sur les implications éventuelles de son adoption pour les autorités monétaires et de contrôle ainsi que pour les Banques et Etablissements financiers.

Nous vous communiquons, à toutes fins utiles, des propositions faites sur la base des avis juridiques formulés par le Professeur Sourang de l'Université de Dakar et la Direction des Affaires Juridiques de la BCEAO.

Nous vous prions de croire, Monsieur en l'assurance de notre parfaite considération.

Le Directeur des Affaires Juridiques
Elisabeth Diaw Potin

La Cour, siégeant en Assemblée Générale Consultative, sous la présidence de Monsieur Yves Yehouessi, Président de la Cour de Justice de l'UEMOA, sur le rapport de Monsieur Mouhamadou Moctar Mbacké, Juge à ladite Cour et en présence de Messieurs :

- Youssouf Any Mahaman, Juge à la Cour
- Martin Dobo Zonou, Juge à la Cour
- Arégba Polo, Premier Avocat Général
- Malet Diakité Avocat Général

A examiné en sa séance du 10 décembre 1996 la demande d'avis précitée en date du 19 août 1996.

L'assemblée générale consultative

Vu le Traité de l'Union Monétaire Ouest Africaine (UEMOA), signé le 14 novembre 1973 ;

Vu le Traité de l'Union Économique et Monétaire Ouest Africaine (UEMOA) signé le 10 janvier 1994 ;

Vu l'Acte additionnel n° 10/96 portant Statuts de la Cour de Justice de l'UEMOA ;

Vu la Convention portant création de la Commission Bancaire de l'UEMOA ;

Vu le Règlement n° 01/96 portant Règlement de Procédures de la Cour de Justice de l'UEMOA ;

Vu la Loi Uniforme portant Loi Bancaire de l'UEMOA ;

Vu le Règlement administratif en date du 9 décembre 1996 de la Cour de Justice de l'UEMOA.

I – Sur la forme

En l'état de la législation communautaire en matière de consultation juridique de la Cour, l'article 15, paragraphe 7, premier alinéa du Règlement de Procédures, donne compétence à la Commission, au Conseil des Ministres et aux Etats membres de l'Union pour saisir la Cour en consultation pour avis sur un texte au stade de projet : aux termes de l'article 16, alinéa 4 des Statuts de la Cour, cette dernière doit, en la matière, être saisie par un organe compétent ; cependant, la présente demande d'avis émane du Directeur des Affaires Juridiques de la BCEAO et non du représentant de l'organe de l'Union compétent pour agir en son nom dans ses rapports avec les autres organes de l'Union.

Ces deux moyens auraient pu suffire à la Cour pour décliner l'examen de la demande d'avis. Au moment où la Cour a été saisie de la demande d'avis, à savoir le 4 septembre 1996, seul l'Acte additionnel n° 10/96 portant Statuts de la Cour a été publié au Bulletin officiel de l'UEMOA, que même le Règlement administratif de la Cour était en cours d'élaboration.

En outre, dans sa compétence consultative où elle est appelée à statuer en matière gracieuse et assure une fonction purement administrative d'assistance juridique eu sein de l'Union, la Cour ne peut, au risque de compromettre l'efficacité de la mission, faire montre d'une rigueur absolue ans certaines conditions de sa saisie.

En conséquence, c'est compte tenu contexte juridique sus indiqué et de la nature de la compétence de la Cour en question, que la Cour a jugé utile de faire droit à la présente demande d'avis, quand bien même elle émane d'un organe de l'Union autre que ceux précités ; elle attitre toutefois l'attention de ce dernier sur l'importance attachée par la Cour à la qualité du représentant de l'Organe habilité à la saisir en consultation.

II – Sur le fond

Il convient de relever, de prime abord, que la demande soumise, relative au principe de l'agrément unique des Banques et Établissements financiers au sein de l'UEMOA, porte sur un avis juridique relatif à un projet d'agrément unique et ses implications éventuelles, qui ont fait l'objet d'études contenues dans deux documents intitulés : l'un « Principe de l'agrément unique dans le cadre du Traité de l'UEMOA » et l'autre « Fiche complémentaire sur le projet de l'agrément unique » sans que pour autant des points précis de ces études et avis aient fait l'objet de questions précises à soumettre à la Cour.

Dans ces conditions, la Cour est tentée d'interpréter la demande soumise en une consultation globale sur le contenu, les conclusions et recommandations des études soumises, ce qui revient en somme à émettre un avis sur des avis.

A – L'économie du contenu des documents précités produits peut se présenter ainsi qu'il suit

Dans sa vocation de réalisation d'un marché régional unique, l'UEMOA est amenée à assurer à l'intérieur de ses frontières certains préalables dont notamment la liberté d'établissement et la liberté de prestations de services ainsi que la liberté de mouvement des personnes, des biens et des capitaux, mises en évidence par les articles 1 et 94 du Traité instituant l'UEMOA ;

Toutefois, en ce qui concerne les établissements de crédit à savoir Banques et Établissements financiers, il est remarquable que si le contrôle de leurs activités professionnelles relève d'un organe communautaire, à savoir la Commission Bancaire, il reste que, s'agissant de la délivrance des agréments autorisant l'établissement de ces entités, c'est le droit interne qui est applicable en ce sens que l'agrément est matérialisé par une décision ministérielle soumise à l'avis conforme de la Commission Bancaire, ce qui limite aux frontières nationales la validité des agréments délivrés.

Ainsi, les Établissements de crédit de droit national ne peuvent créer des succursales ou des filiales dans les Etats membres que sur la base d'un nouvel agrément émanant de l'Etat d'accueil, ce qui constitue un handicap sérieux à l'exercice de la liberté d'établissement qui implique la faculté pour les organismes financiers sus indiqués d'ouvrir de nouvelles filiales ou succursales, sans autorisation préalable dans tous les Etats membres :

- *La liberté de prestations de services pour ces établissements et aux particuliers pour recourir aux services d'une Banque ou d'un Établissement financier même si celui-ci n'est pas établi dans l'Etat de résidence du particulier et réciproquement la faculté pour les Banques et Établissements financiers de proposer leurs services à la clientèle d'un Etat membre, où qu'elle se trouve, même sans succursale ou filiale dans cet Etat ;*
- *La liberté de mouvements de capitaux à savoir la liberté pour ces établissements de placer leurs capitaux là où ils le souhaitent dans les Etats de l'Union.*

Pour remédier à une telle situation contraire à l'objectif intégrationniste de l'Union, il est proposé en faveur des Etablissements de crédit l'adoption d'un agrément unique dont le principe consiste « en la faculté pour tout Etablissement de crédit, dûment agréé pour exercer une activité bancaire ou financière dans son pays d'origine (membre de l'Union) de s'établir ou d'offrir en libre prestation, des services dans toute l'Union sans demander un second agrément ».

Ce principe de « l'agrément unique » aura pour effet de favoriser notamment un marché bancaire sous régional unifié où, sans discrimination de nationalité, les Banques et les Etablissements financiers des Etats membres pourront, dans un milieu compétitif assaini, mener leurs activités librement en créant le cas échéant des succursales ou en fournissant directement des services, en recevant des dépôts provenant de l'étendue du territoire de l'Union sans considération de l'origine de la clientèle de l'Etat membre d'implantation de la Banque. Quant à la procédure d'octroi de l'agrément unique, elle consistera à maintenir les formes et conditions actuelles en vigueur telles que prévues par les dispositions de l'article 9 de la loi bancaire et des articles 12 e 32 de la Convention portant création de la Commission Bancaire, à savoir l'autorisation par arrêté ministériel, après avis conforme de la Commission Bancaire, laquelle instruit au préalable les demandes d'agrément.

Une nuance est toutefois apportée lorsque l'Etablissement, une fois titulaire d'un agrément unique dans un Etat membre, entend étendre ses activités en créant une succursale dans un ou plusieurs Etats membres ; dans ce dernier cas, le projet d'agrément unique prévoit à la charge de l'Etablissement la formalité de la « déclaration d'activité » adressé à l'Etat membre d'accueil qui saisit la Commission Bancaire aux fins d'instruction et avis, laquelle peut s'opposer à l'extension de l'activité dans un délai imparti de deux (2) mois à compter de la date de dépôt de la déclaration (lorsque l'Etablissement laisse apparaître une insuffisance des structures financières et organisationnelles).

Il est entendu que, passé ce délai impératif de deux (2) mois sans réaction de la Commission Bancaire, l'Etablissement est supposé être légalement admis à mener ses nouvelles activités. Il importe de souligner en outre que le projet soumis n'exclut pas comme hypothèse l'alternative de la compétence exclusive de la Commission Bancaire pour accorder l'Agrément Unique.

S'agissant des Etablissements de crédit ressortissant des Etats non-membres de l'UEMOA ou plutôt ayant leur siège dans un Etat non-membre de l'Union, il a été proposé comme condition de recevabilité de la demande d'agrément unique la forme de filiale, cette dernière, une fois agréée, pourra, sous forme de succursale, s'implanter dans les mêmes conditions que les Etablissements des Etats membres. L'instrument juridique privilégié par les auteurs du projet d'agrément pour formaliser le principe de l'agrément unique est le règlement tel que défini par l'article 92 alinéa 4 du Traité de l'UEMOA libellé en ces termes : « Le Conseil des Ministres statuant à la majorité des deux tiers de ses membres et sur proposition de la Commission, arrête dès l'entrée en vigueur du présent Traité, par voie de règlement ou de directive, les dispositions utiles pour faciliter l'usage effectif du droit d'établissement ».

L'étude du projet n'a pas manqué de relever les conséquences économiques, financières voire juridiques qu'implique l'adoption de ce principe de l'agrément unique notamment en ce qui concerne :

1. *L'épargne dans les différents Etats ; en effet seule une harmonisation des législations fiscales comme mesure d'accompagnement pourra éviter le drainage de l'épargne des Etats à fiscalité moins attrayante vers les Etats à fiscalité plus attrayante ;*
2. *Les monopoles bancaires ; pour éviter la domination quasi monopolistique de certaines grandes Banques dans ce marché bancaire élargi, il est suggéré de faire appel aux dispositions pertinentes du Traité de l'UEMOA en matière de concurrence, lesquelles prohibent les pratiques d'abus de position dominante ;*
3. *La surveillance des Etablissements de crédit où il conviendra, à l'avènement de l'agrément unique, de mettre en place un système de contrôle interne adéquat des Etablissements agréés et de renforcer la coopération des autorités de tutelle bancaire dans un cadre juridique plus opérationnel parce que plus vigilant ;*

4. *La gestion des Etablissements en difficulté notamment en ce qui concerne leur faillite, la responsabilité de la société mère voire de l'Etat de son siège principal, parce qu'il y a insuffisance d'actif ou absence de mécanisme de solidarité entre Etablissements, pour indemniser les déposants recensés dans les différentes succursales, objet de l'agrément unique. Dans ce cas de figure, on semble tendre, en attendant une étude plus approfondie de la Commission bancaire, vers la responsabilité de la société mère comme débitrice principale des déposants, avec la garantie de l'Etat du siège de ladite société, en cas de défaillance de cette dernière pour survenance de conditions sus-indiquées. Quant aux remboursements des montants des refinancements par la Banque Centrale, la responsabilité est déterminée en fonction des montants accordés dans chaque Etat ;*
5. *Le régime juridique de liquidation des Etablissements de crédit bénéficiaires d'un agrément unique et possédant des succursales dans différents Etats membres. Ce cas de figure compte tenu du fait que les succursales n'ont pas de personnalité morale ni de capacité juridique, laisse entrevoir que seule la société mère pourra être déclarée en faillite devant les instances compétentes de son Etat de siège à charge pour le liquidateur désigné, d'organiser la liquidation des succursales dans le contexte légal des Etats d'accueil.*

La fiche complémentaire sur le projet d'agrément unique jointe à la demande d'avis conforte les propositions et suggestions contenues dans le projet soumis et les complète par un exposé sur le régime juridique relatif à l'agrément dans le marché bancaire européen où, après harmonisation de leur législation respective en la matière, il a été contenu entre les Etats membres une reconnaissance réciproque des lois nationales harmonisées, si bien que chaque Etablissement agréé dans un Etat membre peut exercer ou s'établir dans les autres Etats sous réserve de notification à l'autorité (de tutelle de son Etat d'origine qui saisit les autorités de tutelle de l'Etat d'accueil pour indiquer les conditions d'exercice des activités dans un délai imparti : à défaut, la succursale peut s'établir ou commencer ses activités. Lorsqu'il s'agira de l'implantation d'une filiale, le préalable en droit communautaire européen est la concertation des autorités de tutelle des Etats concernés.

B – Observations et recommandations

Le principe de l'agrément unique ainsi exposé et analysé dans ses différents aspects a suscité les observations et recommandations suivantes :

1. Sur le principe de l'agrément unique

L'agrément unique constitue un moyen fondamental de constitution d'un marché bancaire intégré qui consolide le marché financier, ce qui, avec la bourse régionale de l'UEMOA, constitue le socle sur lequel repose tout le processus économique et monétaire de l'organisation d'intégration que constitue l'UEMOA. Par l'ouverture qu'il permet, cet instrument juridique est une avancée par rapport au droit antérieurement en vigueur confiné qu'il était dans une gestion nationale des activités bancaires. Toutefois, l'établissement de l'agrément théorique, qui consacre la libéralisation du marché bancaire, appelle l'application effective des libertés de circulation des biens, des services et des personnes, notamment la liberté d'établissement des professions, commerciales et libérales dont les principes sont solennellement annoncés dans le Traité constitutif de l'UEMOA, mais sans que les dispositions pertinentes d'application ne soient prises ; en principe, l'exercice de ces libertés, essentielles dans le marché économique de l'Union, précède la création du marché bancaire ; lequel constitue de simples mesures d'appoint et de facilitation des activités d'affaires. En tout état de cause, l'adoption d'un agrément unique qui libère les activités bancaires et financières dans l'espace aménagé de l'Union, constitue un acte d'intégration indispensable dans l'élaboration des politiques communes de l'organisation.

2. Sur la procédure d'octroi de l'agrément unique

Il convient tout d'abord de relever que la réglementation actuelle en vigueur en matière d'agrément, fondée à la fois sur la loi bancaire et la Convention portant création de la Commission bancaire, demande déjà d'être conçue de façon juridiquement plus homogène et notamment plus coordonnée. En effet, si l'on se réfère aux dispositions disparates de l'article 9 de la loi bancaire, loi interne même si elle est uniforme et des articles 12, 24 et 32 de la Convention précitée relative à la Commission Bancaire, organe non personnalisé de la BCEAO et partant sous organe de l'UEMOA, il apparaît que l'agrément est délivré par l'autorité de tutelle nationale à savoir le Ministre chargé des Finances de l'Etat d'accueil de l'Etablissement demandeur, après instruction du dossier par la BCEAO dont l'avis conforme est requis. En revanche, lorsqu'il s'agit du retrait de l'agrément, le parallélisme des formes n'est plus de rigueur, c'est la Commission Bancaire qui statue seule après avoir instruit le dossier disciplinaire, mieux, l'Etablissement mis en cause, après décision de la Commission, ne dispose d'aucune voie de recours aux termes des deux textes sus indiqués, puisque seul l'organe de tutelle peut exercer un recours politique devant le Conseil des Ministres de l'UEMOA, la notification de la sanction de la Commission à l'intéressé valant décision irrévocable pour l'intéressé. S'agissant du refus d'agrément par arrêté ministériel, acte administratif de droit national, il est à se demander s'il n'est pas de nature à poser des problèmes d'ordre constitutionnel à certains Etats comme le Sénégal dont la loi fondamentale consacre le recours pour excès de pouvoir devant le Conseil d'Etat comme principe constitutionnel.

Autrement dit, contrairement aux décisions de retrait prises par l'organe supranational qu'est la Commission Bancaire, les arrêtés ministériels de refus d'agrément sont-ils attaquables devant les juridictions nationales compétentes des Etats membres ? Apparemment, en l'état du droit interne des Etats, rien ne s'y oppose.

Du reste, les dispositions de la Convention portant création de la Commission Bancaire bloquant les recours contre ses décisions au niveau du Conseil des Ministres sont devenues illusoires dès lors que l'article 8 du Protocole additionnel n° 1 relatif aux organes de contrôle de l'UEMOA donne compétence à la Cour de Justice de l'UEMOA pour statuer sur la légalité des décisions du Conseils des Ministres sur recours des autres organes et même des particuliers, personnes physiques ou morales, c'est-à-dire donc qu'en cas de recours politiques des organes de tutelle devant le Conseil des Ministres, la décision obtenue de cette instance reste attaquable devant l'organe de contrôle juridictionnel de l'UEMOA.

Les appréciations qui précèdent, relatives à la réglementation de l'agrément, démontrent si besoin en était, la nécessité de modifier la législation en la matière notamment lorsqu'il vient s'y ajouter la nécessité de l'adoption d'un agrément unique à caractère sous-régional pour assurer les contours d'un marché bancaire de l'UEMOA.

Il paraît plus indiqué de privilégier l'octroi de l'agrément tonique par acte de la Commission Bancaire bien qu'il s'agisse d'un organe de contrôle, cette compétence par un organe supranational pouvant évacuer toutes les considérations de droit interne sus-relatées, ce d'autant plus que les tutelles ministérielles n'exercent en réalité aucun pouvoir significatif en la matière, le dossier étant instruit par la Commission Bancaire dont l'intervention est déterminante sauf recours arbitral devant le Conseil des Ministres, il s'y ajoute que la décision de la Commission Bancaire en droit communautaire, peut être directement attaquée devant l'instance juridictionnelle de l'Union, aux termes de l'article 8, alinéa 2 du Protocole n° 1 sus-indiqué.

En dehors de l'option de l'octroi de l'agrément unique par décision de la Commission Bancaire, il peut également être envisagé tout mode contractuel de délivrance de l'agrément unique, contrat assorti d'un cahier des charges qui traitera des prescriptions d'ordre gestionnel et organisationnel exigées de l'attributaire de l'agrément.

Quant à la procédure de la déclaration d'activité en cas de demande d'extension par création de succursale dans un autre Etat membre sous réserve de non-opposition de la Commission Bancaire, elle paraît remettre en cause la substance de l'agrément unique et s'interprète en quelque sorte en un « droit de veto » de ladite commission, une déclaration en droit étant un simple acte d'information, est en principe insusceptible d'opposition.

3. Sur le régime applicable aux Etablissements de crédit d'Etats non-membres de l'UEMOA

En ce qui concerne ces Etablissements ressortissants d'Etats non-membres de l'UEMOA, l'octroi de l'agrément unique sous la condition qu'ils constituent une ou des filiales paraît judicieux. Toutefois, il convient peut-être de retenir le critère de la nationalité de l'Etablissement, le critère du lieu du siège social peut paraître à lui seul insuffisant. En général, la nationalité de la société commerciale est déterminée par le lieu de son siège social et les nationaux qui la contrôlent.

4. Sur la nature juridique de l'acte portant agrément unique

Se fondant sur les dispositions de l'article 92, alinéa 4 du Traité constitutif de l'UEMOA donnant compétence au Conseil des Ministres de l'UEMOA pour prendre les dispositions utiles en vue de faciliter l'usage effectif du droit d'établissement par la voie du règlement ou de la directive, le projet de texte a retenu la réglementation de l'agrément unique par acte de règlement de droit communautaire. Il importe cependant d'observer que l'Union Economique et Monétaire Ouest Africaine repose juridiquement sur les deux Traités. Cadres juridiques autonomes distincts et même s'ils sont complémentaires disposant de compétences et de pouvoirs propres à chaque Traité, il s'agit en l'occurrence de :

a. *L'UEMOA qui couvre principalement l'intégration dans ses aspects financiers et monétaires et*

b. *L'UEMOA qui couvre l'intégration dans ses aspects complémentaires à caractère essentiellement économique.*

C'est pourquoi, aussi longtemps que le Traité de l'UEMOA n'aura pas consacré par acte additionnel des Chefs d'Etat et de Gouvernement, la fusion des deux Traités précités mettant ainsi fin à la coexistence et l'autonomie respective de ces deux cadres juridiques, l'instrumentalisation juridique dans les domaines respectifs des deux Traités restera distincte. C'est ainsi que l'article 22 du Traité de l'UEMOA prévoyant d'adopter la réglementation sous forme de loi uniforme pour tout ce qui concerne les règles générales d'exercice de la profession bancaire et les activités s'y rattachant, il ne paraît pas conforme à ce texte de recourir au droit communautaire dérivé de l'UEMOA, en l'espèce le règlement du Conseil des Ministres, pour légiférer sur les conditions d'exercice du droit bancaire au sein de l'Union, les dispositions de l'article 92, alinéa 4 du Traité de l'UEMOA visé ne pouvant s'interpréter que comme régissant les activités y compris le droit d'établissement, des professions autres que les Banques et Etablissements financiers dont les conditions et modalités d'exercice de la profession relèvent exclusivement du Traité de l'UEMOA comme précisé par les dispositions de l'article 22 de ce Traité, à moins que l'introduction de l'agrément unique ne soit faite par la voie de modification des dispositions de la Convention portant création de la Commission Bancaire relative à l'agrément des Banques et Etablissements financier.

5. *Sur le régime juridique en cas de crise dans la gestion des Etablissements bénéficiaires d'un agrément unique*

Sous réserve d'une étude approfondie, la responsabilité de la société mère pour rembourser les déposants en cas de liquidation d'une succursale paraît acceptable ; en revanche, la responsabilité de l'Etat siège de la maison mère en cas d'insuffisance d'actif peut prêter à contestation surtout dans un contexte d'intégration économique et financière ; dans ce cas, l'élaboration d'un mécanisme de solidarité paraît plus judicieuse même en ce qui concerne le remboursement du montant des crédits de refinancement de la Banque Centrale.

Quant à la procédure de liquidation des Etablissements de crédit bénéficiaires d'un agrément unique, l'ouverture dans l'Etat siège de la maison mère dont le droit est applicable sous réserve du respect, le cas échéant, de la législation de l'Etat d'accueil de la succursale, est préconisée à bon droit encore qu'un tel régime juridique comporte des pesanteurs de fait et de droit non négligeables. C'est pourquoi, la création et la promotion, comme mesures d'accompagnement, avec l'avènement au sein de l'UEMOA, de la liberté d'établissement des professions industrielles, commerciales, artisanales voire libérales des sociétés civiles et commerciales de droit communautaire, personnes morales régies par ce droit communautaire, dans leurs règles de constitution, de fonctionnement et de dissolution et évoluant dans le cadre territorial et institutionnel de l'Union, paraît constituer, à plus ou moins brève échéance, la solution appropriée qui pourrait assurer de façon efficiente un marché bancaire intégré à l'UEMA.

Ainsi, il apparaîtra au sein de l'Union, à côté des sociétés de droit national même uniforme, titulaires d'agrément national dont les activités se limitent au territoire de l'Etat membre, des sociétés de droit communautaire à vocation sous régionale auxquelles est réservé l'agrément unique.

III– Conclusion

En conséquence, la Cour statuant en Assemblée Générale consultative, est d'avis que :

La Cour de Justice considère que tout organe de l'Union peut la saisir en matière de demande d'avis juridique pourvu que le recours soit introduit par l'autorité compétente pour le représenter dans ses relations avec les autres organes de l'Union. Le principe de l'agrément unique est de nature à favoriser la création d'un marché bancaire voire financier sous-régional, en assurant la liberté d'établissement de succursales dans les Etats membres et la liberté de prestations de services des Etablissements de crédit qui pourront librement recevoir des dépôts et fournir des crédits à partir d'un Etat membre. La réalisation de cet objectif suppose cependant que soient réalisées simultanément la liberté d'établissement, la liberté de prestation de services et la liberté de mouvement de capitaux ;

La compétence de la Commission Bancaire pour décider en matière d'octroi et de retrait d'agrément permettrait d'élaborer une législation plus homogène, moins dispersée et plus conséquente. Il peut également être envisagé une forme contractuelle de l'agrément unique accompagnée d'un cahier des charges ;

Le régime juridique réservé en matière d'agrément aux Etablissements de crédit des Etats non-membres de l'UEMOA mériterait d'être parfait par la typologie de ces Etablissements selon les critères de la nationalité des sociétés commerciales ;

En raison de l'application des dispositions pertinentes de l'article 22 du Traité de l'UEMOA, la norme prévue en droit pour l'élaboration de l'agrément unique est la loi uniforme ou la Convention inter-Etat, les dispositions de l'article 92, alinéa 4 du Traité de l'UEMOA relatives au règlement du Conseil des Ministres visent plutôt les Etablissements autres que ceux relevant de l'Union Monétaire ;

Par-delà les dispositions faisant appel au droit international privé dans la gestion des Etablissements bénéficiaires de l'agrément unique possédant des succursales dans un autre Etat membre et objet de mesures de liquidation, les solutions préconisées notamment la responsabilité en matière d'indemnisation des déposants et en cas d'insuffisance d'actif et d'absence de mécanisme de solidarité ainsi que le principe de remboursement des montants des crédits de refinancement de la Banque Centrale, ne peuvent constituer en l'état que des pistes de recherche qu'une étude approfondie ultérieure gagnerait à confirmer ou infirmer.

En somme, toutes les considérations évoquées ci-dessus, plaident en faveur :

1. *De la nécessité de la fusion des deux Traités constitutifs de l'UMOA et de l'UEMOA pour permettre aux autorités de l'UMOA de recourir aux instruments juridiques de législation plus opérantes de l'UEMOA parce que normes dotées de l'effet direct et ayant primauté sur le droit interne des Etats membres. En effet, ce régime juridique à deux vitesses n'est pas de nature à promouvoir un droit homogène de l'Union ;*
2. *De l'importance à attacher à l'élaboration, à bref délai, d'un droit communautaire des sociétés civiles et commerciales de l'UEMOA dont le champ d'application s'étendra à toutes les activités de ces entités économiques, de leur création à leur dissolution.*

OBSERVATIONS

Dans ce premier avis, rendu par la Cour de Justice de l'UEMOA le 10 décembre 1996, la juridiction communautaire était saisie sur la pertinence juridique de la mise en place d'un « agrément unique » par lequel, comme l'écrit l'autorité saisissante, le Directeur des Affaires juridiques de la BCEAO :

> *Tout établissement de crédit, dûment agréé pour exercer une activité bancaire ou financière dans un Etat membre,* (pourrait) *s'établir ou offrir en libre prestation des services dans toute l'union sans demander un nouvel agrément.*

Il s'agissait, en d'autres termes, de savoir s'il était concevable, du point de vue du droit de l'Union et de la spécificité de l'activité en cause, que l'agrément délivré par un Etat membre pût valoir dans n'importe quel autre Etat membre de l'UEMOA. La décision même de mettre en place une telle formule, arrêtée par la Conférence des chefs d'Etat et de gouvernement de l'Union, était présentée comme s'inscrivant dans le sillage de la libre circulation des hommes, des marchandises et des capitaux.

La Cour va conclure à la possibilité, pour les organes de l'Union, de mettre en place cet agrément unique et d'en organiser les modalités. Pour elle donc, rien, dans le droit de l'UEMOA, ne s'oppose à la réforme inspirée par la Conférence des chefs d'Etat et de gouvernement. Mieux, dans une perspective « constructiviste », elle établit une corrélation entre la réalisation des libertés postulées par l'Union économique et monétaire –libertés de circulation des personnes, des biens, des capitaux – et la mise en place de l' « agrément unique ». Dès lors, celle-ci devient une sorte de nécessité, un pouvoir implicitement conféré aux autorités de l'Union.

Cet Avis est intéressant à plusieurs égards.

Il l'est d'abord dans la mesure où la démarche jurisprudentielle, comme cela vient d'être dit, se caractérise par une interprétation assez poussée des textes, au point que le juge consacre, il n'est pas déplacé de le dire, la théorie des pouvoirs implicites : le droit de mettre en place l'agrément unique est nécessairement dérivé des libertés consacrées par le Traité. Cette émanation repose sur une démarche adossée à la théorie de l' « effet utile » : pour une « application effective » des libertés, il est nécessaire de mettre en place l'agrément unique. Dès sa première intervention, la Cour recourt donc à des techniques d'interprétation dont le résultat est de lui conférer une certaine liberté d'appréciation : théorie des « pouvoirs implicites », « effet utile », interprétation téléologique (l'agrément unique est un moyen au service d'un but, d'une finalité : la réalisation des libertés dans un espace économique unifié). Le contexte institutionnel dans lequel s'exerce cette juridiction appelait le recours à de telles techniques, tant il est vrai que la manière de concevoir la fonction juridictionnelle dans un cadre institutionnalisé comme celui des organisations internationales, se ressent, nécessairement, du type même d'organisation mis en place.

Il s'agissait, d'autre part, de la première jurisprudence de la Cour. C'est toujours avec attention que l'on guette les premiers pas d'une juridiction, notamment internationale, parce que la manière d'inaugurer son office donne le ton sur la façon dont elle entend, pour l'avenir, s'acquitter de sa mission. De ce point de vue, l'Avis du 10 décembre 1996 est certainement instructif.

Il convient d'abord de remarquer, comme la Cour l'a fait elle-même, que la saisine est intervenue dans des conditions plutôt bizarres, puisque d'une part, elle avait été le fait d'une autorité inapte à la saisir – le Directeur des Affaires juridiques de la BCEAO – et que, d'autre part, ceci expliquant sans doute cela, au moment où cette saisine a lieu, tous les textes qui régissent l'organisation et le fonctionnement de la Cour n'ont pas encore fait l'objet d'une publication. Plus précisément, seul l'Acte additionnel portant Statuts de la Cour a été publié au Bulletin officiel de l'UEMOA, l'Acte portant règlement de procédures, bien que pris le 5 juillet 1996, n'a pas été publié au 4 septembre 1996, date à laquelle la Cour a été saisie de la demande d'avis. Cette question relative à la publication des actes est évidemment importante, puisque dans le système de l'UEMOA, c'est la publication au Bulletin officiel de l'Union qui conditionne l'entrée en vigueur des actes. Aux termes de l'article 45 du Traité en effet, ces actes « entrent en vigueur après leur publication à la date qu'ils fixent ».

En d'autres termes, au moment où la Cour est saisie, où elle a donc commencé à fonctionner, les textes qui la régissent ne sont pas tous entrés en vigueur. Ce premier constat traduit assurément des carences au plan administratif. Les autorités qui auraient dû se charger de cette publication ne semblent pas avoir fait diligence. Confrontée donc à un tel problème – la saisine d'une autorité inapte pour ce faire, mais dont le texte qui énonce l'incompétence n'est pas encore entré en vigueur -, la Cour a choisi de se saisir néanmoins de l'affaire, et de vider sa saisine.

De prime abord, l'on pourrait être tenté d'applaudir une telle hardiesse. D'un point de vue « militant » d'abord, elle pourrait traduire la volonté de la Cour d'attraire à son prétoire toute question relative à l'intégration des Etats membres, de proclamer, pour ainsi dire à la face du monde, que l'intégration a désormais son juge, et que l'accès à celui-ci est dorénavant ouvert. On comprend, d'autre part, qu'une juridiction soit, au moment où elle commence à fonctionner, soucieuse d'exercer un attrait sur les justiciables, de rendre attractif son prétoire. Le prestige et l'attractivité d'une juridiction sont aussi cela : une affaire de « relations publiques », l'aptitude à se rendre désirable.

Ces raisons, sont-elles cependant suffisantes pour justifier que la Cour accepte d'examiner une demande émanant d'une autorité qui n'a pas qualité pour la saisir ?

Les règles touchant la compétence sont en effet des règles d'ordre public, dont la méconnaissance, dans tout ordre juridique, entraîne des conséquences drastiques. La Cour en a bien conscience. Les faits relevés, admet-elle elle-même, « auraient pu suffire à la Cour pour décliner l'examen de la demande d'avis ». Néanmoins, elle se reconnaît compétente en vertu d'une « fonction purement administrative d'assistance juridique ».

On aurait pourtant pu s'attendre, de la part d'une juridiction internationale, à une conception un peu plus stricte de sa compétence. Selon l'article 15 § 7 du Règlement de procédures, c'est seulement lorsqu'elle est saisie « par la Commission, le Conseil des ministres, la Conférence des chefs d'Etats et de Gouvernement » que la Cour « peut émettre un avis, sur toute difficulté rencontrée dans l'application ou dans l'interprétation des actes relevant du droit communautaire ».

La Cour de Ouagadougou a donc pris un parti assez clair, audacieux mais sans doute discutable et elle semble bien en avoir pris conscience. Comme si elle lançait un avertissement pour l'avenir, elle écrit en effet qu'elle :

> *A jugé utile de faire droit à la présente demande d'avis, quand bien même elle émane d'un organe de l'Union autre que ceux précités ; elle attire toutefois l'attention de ce dernier sur l'importance attachée par la Cour à la qualité du représentant de l'organe habilité à la saisir en consultation.*

« J'accepte de violer aujourd'hui le droit, mais je ne serai pas forcément dans les mêmes dispositions à l'avenir », semble dire la Cour.

Sur le fond, la Cour va se livrer à l'examen de plusieurs aspects de la question qui lui était soumise. Il est vrai que celle-ci était assez « générale » car au-delà de la pertinence juridique du projet d'agrément unique, la Haute juridiction était invitée à se pencher sur « les implications éventuelles de son adoption pour les autorités monétaires et de contrôle ainsi que pour les Banques et Etablissements financiers ».

Sur la base d'une mission aussi large, la Cour va donc se pencher sur une question comme celle de la procédure d'octroi de l'agrément unique, celle du régime applicable aux Etablissements de crédit d'Etats non membres de l'UEMOA, celle de la nature juridique de l'acte portant agrément unique ou encore sur ce qu'elle appelle « le régime juridique en cas de crise dans la gestion des Etablissements bénéficiaires d'un agrément unique ».

Ces développements appellent au moins deux remarques.

Tout d'abord, il est certain que la Cour a eu un souci pédagogique assez poussé, qui l'a conduit, par exemple, à amorcer une réflexion sur des questions comme la « nature juridique » de l'acte portant agrément unique ou au « régime juridique en cas de crise dans la gestion des Etablissements bénéficiaires » de cet agrément. Il convient pourtant de rappeler que si le désir de l'autorité qui saisit la Cour pour avis est sans nul doute d'être éclairé sur l'ensemble des aspects de la question qui la préoccupe, il faut, pour le juge, de toujours garder à l'esprit qu'un « Avis » n'est pas un « point de vue » sur tous les aspects d'un sujet. Il convient de se rappeler que même dans le cadre de la procédure consultative, le juge est saisi pour, en dernière analyse, aider le saisissant à surmonter une difficulté, à contourner un obstacle juridique. Pour le bon usage de ses lumières par le justiciable, il importe donc que ce juge soit « topique », soit « pratique » dans toute la mesure du possible, qu'il évite des digressions qui procèdent certainement d'un louable désir de bien se faire comprendre, mais qui comporte aussi le risque, quand il est poussé, d'embrouiller son oracle ou de dériver vers des « développements » qui peuvent finir par introduire l'équivoque dans son propos.

En second lieu, on ne peut manquer de relever la présence, dans le raisonnement qui conduit à l'admission de l' « agrément unique », de considérations non juridiques. Que la Cour estime que la possibilité de recourir à cet agrément se trouve « en germe » dans l'énonciation des « libertés » procède, incontestablement, d'un raisonnement juridique. La Cour a adopté cette manière de voir, et il paraît difficile de lui adresser un quelconque reproche sur ce point. Mais précisément, un raisonnement de cette nature ne se trouve que dans le point 1) des « observations », relatif au « principe de l'agrément unique ».

Sur d'autres points, le raisonnement est moins appuyé sur le droit. La Cour se place sur le terrain de l'opportunité plutôt que sur celui de la légalité proprement dite. Il est vrai qu'elle a bien pris soin d'intituler cette partie « Observations et recommandations ». Les termes mêmes qu'elle utilise en disent long :

> *Il est plus indiqué de privilégier l'octroi de l'agrément unique par acte de la Commission bancaire... », « il peut également être envisagé tout mode contractuel de délivrance de l'agrément unique... », « L'octroi de l'agrément unique ...paraît judicieux », « toutefois, il convient peut-être de retenir le critère de la nationalité de l'Etablissement », « la création et la promotion ...de la liberté d'établissement des professions industrielles...paraît constituer ...la solution appropriée...*

Autant de tournures qui trahissent un pari sur l'avenir, voire un jugement de valeur mal dissimulé, mais sa fonction d'organe judiciaire d'une organisation d'intégration, ne l'autorisait-elle pas à délivrer sa conception de sa mission ?

On pourra, pour finir, regretter que la place important occupée par ce que la Cour appelle « l'économie du contenu des documents précités produits » - plus du quart de la décision rendue - . En tous les cas, on ne retrouve pas cette « rubrique » dans d'autres Avis ou arrêts rendus par la Cour. Il faut espérer qu'à l'avenir la rédaction des décisions se plie à un standard formel, à une unité de présentation.

ARRÊT DE LA COUR DU 29 MAI 1998

***

Entre Monsieur Laubhouet Serge et la Commission de l'UEMOA

La Cour composée de M. Yves D. Yehouessi, Président ; M. Moctar Mbacké, Juge rapporteur ; M. Youssouf Any Mahaman, Juge ; M. Malet Diakité, Avocat Général ; Raphaël P. Ouattara, Greffier.

Rend le présent arrêt :

Considérant que par requête en date du 23 avril 1997 enregistrée au Greffe de la Cour le 24 avril 1997, sous le n° 01/97, le sieur Serge Laubhouet, par la voie de ses avocats-conseils Mes Dabiré, Sorgho et Toe régulièrement inscrits au Barreau de Ouagadougou, demande à la Cour d'engager la responsabilité de l'UEMOA et la condamner en conséquence à réparer le préjudice qui lui a été causé par l'intervention de la décision entachée d'irrégularité n° 97/047/SP/PC du 23 avril 1997 mettant fin à ses fonctions, sur la base de ses états de service, décision prise à l'expiration de la période probatoire d'un an fixée par le Statut des fonctionnaires de l'UEMOA ;

Considérant que le requérant avait été recruté en qualité d'Auditeur interne, classé à l'échelon n° 1 du grade B2 par décision n° 034/96/PCOM du 19 février 1996, et nommé Auditeur interne par décision n° 105/96/PCOM du 24 octobre 1996 ; qu'à l'expiration de la période probatoire statutaire, il s'est vu notifier la décision sus-indiquée mettant fin à ses fonctions ;

Considérant que la requête gracieuse introduite le 10 mars 1997 a fait l'objet de la lettre n° 97-101/SP du 7 avril 1997 qui n'a pas donné une suite favorable à sa demande ;

Considérant que le sieur Serge Laubhouet soutient à l'appui de ses prétentions, que la décision mise en cause a violé :

1. *Les dispositions du Règlement d'exécution n° 05/96/COM/UEMOA du 1er février 1996 fixant la durée de la période probatoire, en ce qu'il n'a pas été procédé à l'évaluation de ses performances sur la base de son dossier assorti des notes et appréciations de ses supérieurs hiérarchiques conformément au Règlement précité ;*
2. *Qu'il n'a pas été procédé à la consultation pour avis du Comité Consultatif de Recrutement et d'Avancement tel que cela est prévu par le Règlement d'exécution n° 08/96/COM/UEMOA du 8 juillet 1996 ;*
3. *Qu'enfin la décision attaquée procède d'une appréciation inexacte des faits et manque de motifs sérieux. En effet, il a toujours exercé*

ses fonctions correctement sans reproches ni sanctions de ses supérieurs hiérarchiques.

Considérant que se fondant sur les moyens précités, le requérant a demandé :

Au principal :

- *Sa réintégration dans ses fonctions dans les services de l'UEMOA ;*
- *Le paiement des échéances échues du prêt contracté auprès de la BICIA-B du 27 février 1997 à la date de sa réintégration ;*
- *Le paiement de 5.000.000 Frs à titre de dommages-intérêts pour le préjudice matériel ;*
- *Le paiement du franc symbolique pour le préjudice moral souffert.*

A titre subsidiaire :

La condamnation de l'UEMOA a lui payer au total pour les préjudices divers 219.928.918 frs (deux cent dix-neuf millions neuf cent vingt-huit mille neuf cent dix-huit francs) ;

Considérant que par l'organe de son agent, Monsieur Alioune Senghor, la Commission, par mémoire en défense en date du 24 juillet 1997, soutient au principal l'irrecevabilité du recours du sieur Serge Laubhouet en se fondant sur les dispositions de l'article 8 du Protocole additionnel n° 1 relatif au recours en annulation des actes des organes de l'Union et de l'article 72 du Règlement de Procédures qui subordonnent le recours en responsabilité extra contractuelle basé sur un acte obligatoire, à l'intervention d'une décision juridictionnelle annulant l'acte mis en cause, ce qui n'a pas été le cas d'espèce ;

Qu'en effet, le recours en annulation et celui en pleine juridiction ne peuvent être confondus dans la même instance et se distinguent par l'objet de chaque recours, l'un étant dirigé contre un acte, tend à l'annuler, l'autre relatif au droit subjectif, tend à la réparation d'un préjudice avec ses liens de causalité à établir entre le comportement matériel ou juridique fautif et le dommage ;

Considérant, à titre subsidiaire, que la Commission soutient que si une telle requête devrait être déclarée recevable, il reste que les prétentions de Serge Laubhouet sont mal fondées en ce sens que :

Contrairement à ses affirmations, tous les fonctionnaires de l'Union en fin de période probatoire ont fait l'objet d'une évaluation comme l'atteste la fiche d'évaluation en date du 20 février 1997 jointe au dossier concernant le cas spécifique du requérant dont le supérieur hiérarchique a conclu à son inaptitude professionnelle à exercer les fonctions d'auditeur interne.

Considérant que s'agissant du défaut d'avis du Comité Consultatif de Recrutement et d'Avancement, la Commission objecte qu'elle s'est trouvée comme au stade du recrutement devant une formalité impossible parce que tous les agents y compris les membres éventuels du comité, étaient en voie de titularisation.

Sur la recevabilité du recours

Considérant qu'il y a lieu de souligner que le recours en annulation de l'article 8 du Traité constitutif de l'Union et le recours en responsabilité des articles 15 et 16 du Traité constituent des actions indépendantes l'une de l'autre, l'action en responsabilité extracontractuelle ne pouvant être considérée en tout état de cause comme un recours subsidiaire à l'action en annulation. Ces recours n'ont ni le même fondement, ni le même objet, ni les mêmes moyens de droit invocable, que le recours en annulation permet au Juge saisi de se prononcer sur la validité de l'acte attaqué qu'il peut annuler sans pour autant en tirer les conséquences de droit quant aux conséquences dommageables résultant de l'irrégularité de l'acte, tandis que le recours en responsabilité ou en indemnité comme son nom l'indique permet au Juge de l'indemnisation de tirer conséquence de l'imperfection de tout acte matériel ou juridique pour en apprécier les dommages qui en résultent en vue de la réparation des préjudices qu'il a causés ;

Considérant qu'en matière de litige opposant l'Union et ses agents, le contentieux est réputé de nature mixte parce que pouvant porter soit sur le recours en annulation d'un ace communautaire faisant grief, soit sur le recours en indemnité pour acte dommageable de l'autorité communautaire. Que si l'examen de la requête ne permet pas d'affirmer que Laubhouet a entendu se placer sur le plan du recours en annulation, il reste toutefois que ses conclusions mettent en évidence ses prétentions certaines à être indemnisé ;

Considérant que la négation de l'autonomie de l'action en responsabilité aboutirait à réduire le délai de prescription de 3 ans du recours en indemnité au délai de forclusion de 2 mois du recours en annulation. En effet, lorsque le justiciable n'a pas agi dans les délais de 2 mois à compter de la publication ou, selon le cas la notification de l'acte, impartis par l'article 8 du Protocole additionnel pour attacher en annulation un acte communautaire, il se trouve dans l'impossibilité d'agir en responsabilité malgré le délai plus long de 3 ans que lui accorde l'article 15, paragraphe 5 du Règlement de Procédures ;

Considérant en conséquence que seule l'adoption du principe de l'autonomie du recours en responsabilité extracontractuelle est de nature à préserver les droits des Justiciables tels qu'accordés par les textes communautaires tout en préservant l'indépendance fonctionnel de ce recours par rapport au recours en excès de pouvoir ;

Considérant que pour ce faire, il y a lieu de considérer que la mise en évidence du comportement irrégulier de l'autorité administrative dans ses actes juridiques non soumis à annulation doit pouvoir suffire pour la condamner à réparer le préjudice soufferts dès lors qu'il y a lien de causalité entre ce comportement et le dommage causé ;

Considérant dès lors qu'il y a lieu de déclarer le recours de Serge Laubhouet recevable pour avoir respecté les formes et délais de la procédure communautaire même si son chef de demande tendant à sa réintégration s'avère irrecevables sinon mal fondé sur la base du recours en indemnisation, sur lequel il a entendu fonder son action. Qu'en effet, la réintégration suppose ou implique l'annulation de l'acte de licenciement et viole le principe de droit qui veut que par respect de la séparation des compétences juridictionnelles et des compétences administratives, la Cour de Justice ne peut imposer à un organe de l'Union une obligation de faire.

Sur les moyens soulevés au fond

En ce qu'il y a :

- *Violation des dispositions de l'article 2 du Règlement d'exécution n° 05/96/COM du 1er février 1996 fixant la durée de la période probatoire et prescrivant l'évaluation des performances de l'agent avant de décider de sa titularisation ;*
- *Violation de l'article premier du Règlement d'exécution n° 08/96/COM du 8 juillet 1996 en ce que l'avis consultatif préalable du Comité Consultatif de Recrutement et d'Avancement n'a pas été recueilli ;*

Considérant qu'il y a lieu, de prime abord, de constater que le Règlement d'exécution n° 05/96/COM/UEMOA du 1er février 1996 fixant la période probatoire, et le Règlement d'exécution n° 8/96/COM/UEMOA du 8 juillet 1996 fixant la composition et les règles de fonctionnement du Comité Consultatif de Recrutement et d'Avancement, n'ont fait l'objet de publication par la Commission au Bulletin Officiel de l'UEMOA conformément aux dispositions de l'article 45 du Traité constitutif aux termes desquelles « les actes additionnels, les règlements, les directives et les décisions sont publiés au Bulletin Officiel de l'Union. Ils entrent en vigueur après leur publication à la date qu'ils fixent » ;

Considérant que ces actes précités n'étant pas encore entrés en vigueur sont en conséquence inopposables et sans effet juridique avant cette mise en vigueur ;

Considérant que si le principe d'autonomie du recours en indemnisation ne permet pas d'attaquer l'acte juridique d'éviction de Laubhouet aux fins d'annulation, il reste que le requérant est fondé à se prévaloir des irrégularités qui affectent ledit acte, lesquelles peuvent être de nature à lui causer un dommage réparable ;

Considérant qu'à cet effet, il est remarquable qu'en omettant de procéder à la mise en vigueur des Règlements d'exécution n° 05/96/UEMOA du 1er février 1996 fixant la période probatoire et n° 08/96/COM/UEMOA du 8 juillet 1996 fixant la composition du Comité Consultatif de Recrutement et d'Avancement, l'Administration de la Commission a commis des irrégularités assimilables à un fonctionnement défectueux de l'organe, préjudiciable à l'administré Laubhouet, ce d'autant plus que la Commission a pensé à tort que cette abstention de requérir l'avis du CCRA était fondé sur le fait que les membres qu'il y a nommés n'étaient pas, eux non plus, encore titularisés, une telle composition n'étant du reste interdite par aucun texte de l'organisation.

Considérant par ailleurs que la Cour estime qu'à défaut d'une erreur manifeste sur l'exactitude des faits, elle ne saurait exercer un contrôle sur l'appréciation faite par une autorité administrative d'un organe de l'Union sur l'état de service d'un agent.

Sur la réparation du préjudice

Considérant que l'acte d'éviction de Laubhouet n'étant pas annulé ni annulable sur le fondement du recours en indemnisation ainsi soumis, le préjudice causé au requérant ne peut être fondé sur les chefs de demande tels qu'il les a présentés mais plutôt sur le préjudice né exclusivement des dysfonctionnements administratifs sus indiqués ;

Considérant que si la demande en indemnisation est fondée, elle est cependant exagérée en son quantum ; que la Cour évalue le préjudice subi, toutes causes confondues, à sept millions de francs (7.000.000 F).

Par ces motifs :

La Cour, statuant publiquement, contradictoirement en matière de contentieux de la fonction publique communautaire :

En la forme :

Déclare recevable le recours en indemnisation du sieur Serge Laubhouet.

Au fond :

- *Déclare l'UEMOA responsable du préjudice subi par Serge Laubhouet tel qu'il résulte des motifs du présent arrêt ;*
- *Lui alloue toutes causes de préjudice confondues la somme de sept millions (7.000.000) francs ;*
- *Condamne l'UEMOA à lui payer ladite somme ;*
- *Déclare sa demande de réintégration dans ses fonctions mal fondée ;*
- *Dit que les dépens seront partagés par moitié entre les parties.*

OBSERVATIONS

M. Serge LAUBHOUET a été recruté par la Commission de l'UEMOA le 19 février 1996 et nommé auditeur interne le 24 octobre 1996.

Il a été soumis à une période probatoire de 12 mois à compter du 1er mars 1996. Le 24 février 1997, le Président de la Commission de l'UEMOA a mis fin à ses fonctions par une décision ainsi libellée :

> *A l'issue de cette période (probatoire), en application des dispositions précitées du statut des fonctionnaires de l'UEMOA, et sur la base de vos états de service, je vous notifie qu'il ne m'est pas possible de vous admettre en qualité de fonctionnaire de l'UEMOA.*
>
> *En conséquence, et en application des dispositions de l'article 29 alinéa 2 du Statut des fonctionnaires de l'UEMOA, il sera mis fin à vos fonctions le 28 février 1997.*

Le 23 avril 1997, le sieur LAUBHOUET contestait cette décision du Président de la Commission devant la Cour.

Il estimait d'abord que la décision attaquée avait été prise en violation de la procédure légale, plus précisément, de l'article 2 du Règlement d'exécution n° 05/06/COM du 14 février 1996 qui indique que le Président de la Commission ne peut mettre fin aux fonctions d'un fonctionnaire qu'après avoir considéré les performances de celui-ci, sur la base d'un dossier comportant les appréciations de ses supérieurs hiérarchiques.

Le demandeur estimait que la décision attaquée avait également violé les dispositions de l'article 1er du Règlement d'exécution n°08/96 du 8 juillet 1996 de la Commission de l'UEMOA en ayant omis de recueillir préalablement l'avis du Comité Consultatif de Recrutement et d'Avancement (CCRA), avant de mettre fin à ses fonctions.

Enfin, M. LAUBHOUET a avancé que les « fautes » ou manquements qui lui ont été imputés ne l'ont été qu'en cours d'instance, jamais avant, et qu'il faut voir dans cette tardiveté l'impossibilité ou le malaise de l'autorité communautaire à trouver des motifs sérieux à son congédiement.

Sur la base de tous ces éléments, le sieur LAUBHOUET a fait état de préjudices de divers ordres qu'il aurait subis, et qui nécessitent, de son point de vue, l'allocation de dommages et intérêts à hauteur de 5 millions de F CFA, sans préjudice du remboursement d'autres sommes d'argent, correspondant, par exemple, au reliquat d'une dette contractée auprès d'une banque et motivée, estime-t-il, par une expectative raisonnable d'emploi stable. En outre, il sollicitait de la Cour qu'elle ordonnât sa réintégration dans l'Administration de la Commission.

La Commission, défenderesse en la cause, conteste bien entendu ces affirmations. Elle considère d'abord que l'action entreprise repose, de la part du demandeur, sur une confusion entre la procédure d'annulation d'un acte –celui qui le frappe- et celle qui relève du plein contentieux, dans laquelle il s'agit de reconnaître une responsabilité -et d'allouer des dommages et intérêts-. Plus précisément, la Commission estime que l'action est irrecevable car M. LAUBHOUET a directement agi en responsabilité (demande de dommages et intérêts), sans avoir au préalable fait constater l'illégalité de l'acte pris et obtenu son annulation. Une telle action aurait dû, toujours selon la Commission, intervenir dans un premier temps, avant que la Cour ne soit saisie sur le terrain de la responsabilité.

Sur la question de la consultation préalable du CCRA, la Commission, qui reconnaît n'avoir pas procédé à cette formalité, argue qu'elle se trouvait dans l'impossibilité de réunir cette instance dans la mesure où les personnes qui la composent étaient, au moment des faits, en « stage » et n'étaient pas encore « titularisées ».

Invitée à trancher le litige, la Cour va d'abord, comme il se doit, statuer sur la recevabilité du recours. C'est pour souligner, en des termes solennels, que l'objection soulevée par la Commission quant au « chevauchement » du recours en responsabilité et du recours en annulation ne tient pas :

> *Considérant qu'il y a lieu », écrit-elle, « de souligner que le recours en annulation de l'article 8 du Traité constitutif de l'Union et le recours en responsabilité des articles 15 et 16 du Traité constituent des actions indépendantes l'une de l'autre, l'action en responsabilité extra contractuelle ne pouvant être considérée en tout état de cause comme un recours subsidiaire à l'action en annulation.*

Une telle assertion va de soi, et l'on a à vrai dire quelque peine à saisir le sens de l'argument de la Commission, partie au procès, suivant lequel il existerait une sorte de « continuité » ou de « conditionnement mutuel » entre ces deux actions. Il s'agit donc bien de deux actions rigoureusement distinctes, pouvant se dérouler sans interférences. Dira-t-on, pour autant, comme le fait la Cour - et comme le fait également le Juge rapporteur dans son rapport[129] - que l'on est en présence d'un « contentieux de nature mixte » ? Plutôt que d'un contentieux « mixte », ne s'agit-il pas d'un contentieux susceptible de se dérouler sur deux plans – recours en responsabilité ou recours en annulation - mais deux plans alternatifs, et non cumulatifs ? L'action aurait pu avoir une nature « mixte » si elle pouvait, cumulativement, simultanément, relever de la responsabilité et de la légalité. Or, une telle possibilité est exclue, par la Cour elle –même comme on l'a vu. La « mixité », c'est la réunion concomitante et continue de deux « qualités » ; or ici, cette réunion n'est pas « continue », elle n'existe qu' « au repos », dans l'absolu, et non lorsque la procédure est déclenchée. Dès lors que l'action en justice est menée, dès lors que se noue l'instance, elle perd, forcément, l'une de ses qualités car le requérant a « choisi », c'est-à-dire qu'il a « exclu ».

Sur le fond, la Cour va faire droit à la demande de M. LAUBHOUET. Les moyens de défense soulevés par la défenderesse vont en effet s'avérer inopérants. La Cour retient notamment qu'en n'ayant pas réuni le CCRA, l'Administration de la Commission a commis une erreur d'appréciation. Le fait, ajoute la Cour, que les membres de ce Comité n'étaient pas encore « titularisés » ne change rien à l'affaire, nul texte n'exigeant que cette condition de la « titularisation » soit satisfaite pour que l'organe puisse se réunir valablement.

Au passage, la Cour revient sur un fait sur lequel le juge rapporteur avait insisté : la non- entrée en vigueur, faute de publication, de toute une série d'actes qui auraient pu aider à trancher le litige. L'on apprend notamment que les Règlements d'exécution fixant la période probatoire et déterminant la composition du CCRA n'ont pas été publiés. Pour la Cour, l'Administration de la Commission a bien « commis des irrégularités assimilables à un fonctionnement défectueux de

---

[129] Ce rapport n'est pas reproduit dans le présent ouvrage, on le trouve cependant, annexé à l'arrêt, dans le recueil de jurisprudence de la Cour publié par les éditions « GIRAF », sous les auspices de l'Agence intergouvernementale de la Francophonie, et intitulé *UEMOA- COUR DE JUSTICE- Textes fondamentaux et jurisprudence »*, paru en septembre 2003 (pp 90 à 98).

l'organe ». Dans une affaire déjà étudiée (Avis du 10 décembre 1996 sur le projet d'agrément unique), le défaut de publication d'actes essentiels au fonctionnement de la Cour avait également été relevé. Le fait est préoccupant pour une organisation internationale qui ambitionne de réaliser l'intégration et qui a la prétention de conférer des droits directement des droits aux citoyens des Etats membres. Rappelons que la publication des actes est, dans le cadre de l'UEMOA, une condition de leur entrée en vigueur et de leur opposabilité.

En définitive, la Cour accueille la demande qui lui est soumise, mais elle procède à une véritable substitution de motifs :

> *Considérant que l'acte d'éviction de Laubhouet n'étant pas annulé ni annulable sur le fondement du recours en indemnisation ainsi soumis, le préjudice causé au requérant ne peut être fondé sur les chefs de demande tels qu'il les a présentés mais plutôt sur le préjudice né exclusivement des dysfonctionnements administratifs sus indiqués.*

La démarche de la Cour suscite la réflexion à un autre titre. Ayant reconnu la responsabilité de l'organe de l'Union, elle est en effet appelée à se prononcer sur le quantum des dommages et intérêts. La détermination de celui-ci, telle qu'elle résulte de l'arrêt rendu, relève pourtant d'un certain impressionnisme. Le juge, dans une formule quelque peu sommaire, expose que « si la demande en indemnisation est fondée, elle est cependant exagérée en son quantum ; que la Cour évalue le préjudice subi, toutes causes confondues, à sept millions de francs ».Cette évaluation du dommage subi peut être sujette à caution. Aucun élément objectif, aucune justification, ne paraît l'étayer. On peut penser que le juge avait le devoir d'aller plus loin, et de procéder à une évaluation circonstanciée du préjudice, d'en décomposer éventuellement les éléments et de spécifier les bases de cette évaluation.

ARRÊT DE LA COUR DU 29 MAI 1998

***

Entre Monsieur Sacko Abdourahmane et la Commission de l'UEMOA

La Cour composée de M. Yves D. Yehouessi, Président ; M. Dobo Martin Zonou, Juge rapporteur ; M. Moctar Mbacké, Juge ; M. Malet Diakité, Premier Avocat Général ; Raphaël P. Ouattara, Greffier.

Rend le présent arrêt :

Considérant que par requête en date du 25 avril 1997, enregistrée au Greffe de la Cour de Justice de l'UEMOA le 7 mai 1997 sous le n° 03/97, Monsieur Sacko Abdourahmane, par l'entremise de son Conseil Me Antoinette Ouedraogo, Avocat à la Cour de Ouagadougou (Burkina Faso), a introduit un recours en annulation de la Décision n° 97-048/SP/PC du 27 février 1997 par laquelle le Président de la Commission de l'UEMOA a mis fin à ses fonctions au sein de ladite Commission à l'issue de son stage probatoire ;

Qu'il expose que recruté à l'UEMOA en qualité de Cadre Supérieur classé à l'échelon 10 du Grade B2 par Décision n° 40/96/PCOM du 19/02 :1996 du Président de la Commission, il devait être titularisé après une période probatoire de douze (12) mois si à l'issue de cette période ses prestations étaient jugées satisfaisantes ;

Que ce stage a effectivement débuté le 1er mars 1996 ; que huit (8) mois après, soit le 24 octobre 1996, il a été nommé Chef de la Division de la Communication et de la Documentation par décision n° 109/96/PCOM du Président de la Commission ;

Que le 27 février 1997, il lui a été notifié par lettre n° 97-048/SP/PC du Président de la Commission la fin de sa période probatoire et celle de ses fonctions à compter du 28 février 1997, ses prestations n'ayant pas été jugées satisfaisantes ;

Que le 2 avril 1997, il a introduit auprès du Président de la Commission un recours gracieux qui s'est soldé par un échec ; que c'est pourquoi il a saisi la Cour aux fins de voir :

1. *Annuler la décision du Président de la Commission en date du 27 février 1997 mettant fin à ses fonctions ;*
2. *Ordonner sa réintégration dans les services de la Commission en qualité de Chef de Service de la Communication et de la Documentation avec toutes les conséquences de droit ;*
3. *Mettre les dépens à la charge de la Commission ;*

Considérant qu'au soutien de son recours, le requérant fait valoir que la décision attaquée est entachée d'illégalité tant en la forme qu'au fond ;

Qu'en ce qui concerne la forme, il indique d'une part que la décision de titularisation ou de licenciement d'un stagiaire est prise en principe après un rapport circonstancié comme cela ressort des termes de l'article 2 du règlement d'exécution n° 5 :96/COM/UEMOA fixant la durée de la période probatoire et précisant que « sur la base du dossier d'évaluation assorti des notes et appréciations des supérieurs hiérarchiques de l'intéressé, le Président de la Commission prend, soit une décision confirmant l'engagement, ... soit une décision mettant fin aux fonctions de l'intéressé » ;qu'apparemment, ce dossier d'évaluation n'a pas été constitué ;

Que d'autre part, cette décision doit être précédée d'une consultation du Comité Consultatif de Recrutement et d'Avancement de l'UEMOA, institué par l'article 18 du règlement n° 1 :95 portant statut des fonctionnaires de l'UEMOA ; qu'en l'espèce, ce Comité n'a pas été consulté ;

Que sur le fond, la décision en cause a été prise sur la base d'une erreur manifeste d'appréciation dans la mesure où depuis son recrutement, il n'a ménagé aucun effort pour mener à bien les missions qui lui étaient confiées ; qu'il n'a jamais fait l'objet d'aucune lettre d'observation, d'aucun reproche ni d'aucune sanction de la part de ses supérieurs hiérarchiques ; qu'au contraire, ses prestations semblent avoir été bien appréciées puisque huit (8) mois après le début de son stage, il a été nommé Chef de la Division de la Communication et de la Documentation ;

Considérant qu'en réplique à ces moyens, le défendeur a fait valoir que :

1. *En ce qui concerne la forme, l'évaluation du requérant a bien et bien été faite, la preuve en étant une fiche jointe au mémoire, comportant à la fois la notation de l'intéressé et les appréciations de ses supérieurs hiérarchiques ; quant au défaut de consultation du Comité Consultatif de Recrutement et d'Avancement, il s'est agi d'une impossibilité de fait de réunir cette structure dans la mesure où tous les membres permanents et non permanents de celle-ci se trouvaient eux-mêmes en fin de période probatoire, ce qui a amené le Président à consulter en lieu et place les membres de la Commission qu'il a réunis à cet effet ;*

2. *Sur le fond, les conditions de légalité de la décision ont été réunies, le Président s'étant conformé aux prescriptions de l'article 29 du statut des fonctionnaires et celles du règlement d'exécution n° 5 :96 du 1er février 1996 ; qu'il en a été ainsi pour l'ensemble des fonctionnaires de l'Union.*

Considérant qu'à ces réfutations le requérant a répliqué le 29 août 1997 pour indiquer que l'argument tiré de l'impossibilité de fait de réunir le C.C.R.A. ne saurait prospérer puisque au moment de la désignation des membres dudit Comité, la Commission n'ignorait pas qu'ils seraient en fin de stage probatoire en même temps que les fonctionnaires dont ils auraient à examiner les dossiers ; que du reste, des fonctionnaires en fin de période probatoire ont été amenés à formuler des appréciations sur des stagiaires ; qu'en tout état de cause, en l'absence de texte, la Commission ne peut être substituée au C.C.R.A., les deux structures ayant des attributions différentes et n'offrant pas les mêmes garanties d'impartialité ;

Que par ailleurs, la fiche d'évaluation ayant servi de base à la décision querellée le présente comme un agent « sans esprit d'initiative et incapable de faire des propositions concrètes et cohérentes dans son domaine de compétence » alors que durant toute la période de son stage, il n'a cessé de prendre des initiatives et de faire des propositions concrètes d'action dont :

- *Une proposition de programme ;*
- *Un programme de communication détaillée comportant une série d'actions à court, moyen et long terme avec des objectifs précis ;*
- *Une proposition d'actions particulières ;*

Qu'en dépit de ce que tout cela est resté sans suite, il a réalisé :

- *Une revue de presse hebdomadaire à l'intention du personnel ;*
- *Des points de presse et articles.*

Que ses supérieurs hiérarchiques qui étaient le Directeur du Secrétariat Général, lui-même stagiaire, et le Président de la Commission ne l'ont ni dirigé, ni conseillé, ni encouragé au cours de son stage comme il leur incombait de le faire ;

Que c'est donc sans objectivité que son travail a été jugé ;

Considérant qu'à ses conclusions initiales, le requérant a ajouté un nouveau point pour demander qu'à défaut de sa réintégration, le défendeur soit condamné à lui payer la somme de dix millions de francs (10.000.000 F) à titre de dommages et intérêts ;

Considérant que dans un mémoire en duplique du 30 septembre 1997, le défendeur a soutenu que la consultation du Collège des Commissaires en l'espèce offrait plus de garanties d'impartialité, les Commissaires étant mieux placés que tous autres pour apprécier leurs agents ; qu'en outre, ils ont solennellement prêté serment d'exercer leur mission en toute indépendance et impartialité ;

Qu'en ce qui concerne l'appréciation des services du requérant, il y a lieu de rappeler que celui-ci, bien que rattaché à la Direction du Secrétariat, relevait directement pour l'essentiel de son travail, du Président de la Commission ; qu'il ne peut alors y avoir eu erreur d'appréciation ;

Considérant que plus tard, et sur autorisation du Président de la Cour en référence à l'article 31 du Règlement de Procédures, le requérant a présenté un mémoire additionnel daté du 30 mars 1998 par lequel il portait à soixante-dix millions de Francs -70.000.000 F) la somme qu'il réclamait au titre des dommages et intérêts, au motif que son préjudice s'est aggravé du fait qu'il est toujours sans emploi, son ancien employeur ayant refusé de le réintégrer en lui opposant le détachement qu'il avait obtenu pour une période de cinq ans ;

Que s'il a été amené en son temps à demander un détachement d'une si longue durée, c'est parce qu'il était alors convaincu de faire carrière à l'UEMOA, étant donné que la lettre d'embauche qui lui a été remise lors de son recrutement ne comportait pas la condition de stage probatoire préalable ;

Qu'en outre, il vainement cherché un nouvel emploi, les employeurs potentiels attendant d'être instruits sur les motifs réels de son licenciement ;

Considérant que le défendeur, qui avait éludé ce chef de demande du requérant dans ses écritures antérieures, a répliqué le 15 avril 1998 pour indiquer que, la Cour ayant été principalement saisie d'une requête en annulation, il ne peut lui être demandé de prononcer une condamnation à des dommages et intérêts contre l'auteur de l'acte contesté, ni toutes autres injonctions ; que cette affaire relève du contentieux de la légalité dans lequel le pouvoir du juge consiste exclusivement à apprécier la conformité de l'acte au droit et, selon le cas, à en constater la validité ou en prononcer l'annulation totale ou partielle ; qu'il y a lieu en conséquence de déclarer irrecevable ce chef de demande ;

Que si cependant, la Cour en décidait autrement, elle conclurait aisément à son rejet quant au fond ; qu'en effet, l'argument tiré par le requérant de ce qu'il n'aurait pas été informé au moment de son recrutement de la période probatoire est inopérant dans la mesure où la lettre à lui adressée pour lui spécifier les conditions de son embauche indiquait bien que son engagement s'effectuerait conformément aux dispositions du règlement n° 01/95/CM portant statut des fonctionnaires de l'UEMOA ; que l'article 29 de ce règlement indique sans ambiguïté cette obligation ; qu'en personne moyennement prudente, le requérant aurait dû prendre connaissance de ces dispositions avant de demander son détachement dont les conséquences présentes ne peuvent être imputées à l'UEMOA ;

Considérant qu'à ce propos, le requérant a indiqué lors des débats à l'audience qu'il s'agit d'une disponibilité et non d'un détachement ;

Considérant que la Cour doit d'abord statuer sur sa compétence à connaître de cette affaire, sur la recevabilité du recours ensuite, avant d'examiner les moyens des parties après avoir fixé les questions auxquelles elle est appelée à répondre ainsi que le cadre juridique de l'affaire ;

Considérant que la compétence de la Cour en l'espèce est consacrée par les articles 16 du Protocole Additionnel n° 1 relatif aux organes de contrôle de l'UEMOA et 112 du Règlement n° 1/95/CM du 1er août 1995 portant statut des fonctionnaires de l'UEMOA et n'appelle en conséquence aucun commentaire particulier ;

Que pour ce qui est de la recevabilité du recours, il y a lieu de relever tout d'abord :

- *que la requête a été présentée conformément aux prescriptions de l'article 26 du Règlement de Procédures ;*
- *que le requérant s'est acquitté de l'obligation de cautionnement le 2 juin 1997.*

Ensuite, en ce qui concerne les délais, qu'il apparaît que :

1. *La décision attaquée datant du 27 février 1997 et sa notification faite le même jour, le requérant avait jusqu'au 28 avril suivant pour saisir la Cour ; qu'il a préféré introduire un recours gracieux le 2 avril, soit 26 jours avant l'expiration du délai du recours contentieux, ce qui a pour effet de suspendre celui-ci qui n'a recommencé à courir qu'à compter du 7 avril 1997, date à laquelle lui avait été notifié le rejet de sa demande gracieuse ;*
2. *Que le recours ayant été enregistré au greffe de la Cour le 7 mai 1997, se trouve largement dans le délai prescrit.*

Qu'au regard de ce qui précède, le recours de Monsieur Sacko tel qu'initialement introduit doit être déclaré recevable en la forme ;

Que s'agissant en revanche du volet des conclusions du requérant tendant à faire condamner le défendeur à lui payer la somme de 10.000.000, portée par la suite à 70.000.000 F à défaut de sa réintégration, il convient d'indiquer qu'à l'analyse, ce point de conclusions n'apparaît pas comme une simple extension des conclusions initiales, ni même de conclusions nouvelles dans leur acception habituelle comme on pourrait le percevoir à première vue ; qu'en effet, bien que présenté sous une formule supplétive laissant supposer un lien de connexité avec les conclusions initiales tenant au rapport d'équivalence suggéré entre la réintégration et l'indemnisation, ce chef de demande introduit de fait, de manière indirecte et implicite, une action en responsabilité contre le défendeur ; que si cette manière de procéder est admise devant certaines juridictions internationales, c'est parce que celles-ci sont expressément habilitées par les dispositions de leurs statuts à prononcer des mesures de substitution à la réintégration ;

Considérant que tant ses Statuts que son Règlement de Procédures ne confèrent pas à la Cour le pouvoir d'ordonner en cas d'annulation de l'acte attaqué la réintégration et/ou une compensation pécuniaire ;

Considérant, en définitive, que cette action ne peut avoir d'autre fondement que dans l'hypothèse où la suite de l'annulation de la décision attaquée, le défendeur refuserait la réintégration du requérant ; qu'en tant que se rapportant à un acte seulement possible, la Cour ne peut en être valablement saisie ; qu'il y a lieu de la déclarer irrecevable en l'état ;

Considérant que sur le fond, la Cour est appelée à répondre aux questions ci-après, étant entendu qu'une réponse affirmative à la première dispense de répondre à la seconde :

1. *Le défaut de consultation du Comité Consultatif de Recrutement et d'Avancement (C.C.R.A.) par le Président de la Commission avant la prise de la décision attaquée constitue-t-elle un vice de procédure de nature à entraîner la nullité de celle-ci ?*

2. *La décision querellée a-t-elle été fondée sur une erreur manifeste d'appréciation des services du requérant ?*

Qu'à cette fin, il s'impose de préciser préalablement le cadre juridique de cette affaire constitué par :

- *l'article 33 al. 2 du Traité de l'UEMOA conférant le pouvoir de nomination aux emplois de l'Union au Président de la Commission et l'article 17 du Statut des fonctionnaires de l'Union qui y renvoie ;*
- *les articles 18 e 29 relatifs respectivement à l'institution d'un Comité Consultatif de Recrutement et d'Avancement et au stage obligatoire avant titularisation des fonctionnaires de l'UEMOA ;*
- *le Règlement d'exécution n° 5/96 fixant la durée et les modalités de la période probatoire ;*
- *le Règlement d'exécution n° 8/96 fixant la composition et le fonctionnement du C.C.R.A.*

Qu'il faut indiquer en outre que le régime juridique des fonctionnaires de l'UEMOA apparaît beaucoup devoir à ceux de nos fonctions publiques nationales, eux-mêmes largement inspirés de celui de la fonction publique française dont les Etats membres de l'Union, à l'exception de la Guinée-Bissau, se sont appropriés les principes comme héritage de la raison écrite ;

Que cela explique, au-delà du cadre juridique ci-dessus fixé, que l'analyse des questions posées puisse être appuyée sur la doctrine et la jurisprudence francophones ou d'inspiration française, en ce qui pourra être considéré comme universel, de même que sur la jurisprudence des tribunaux administratifs internationaux relative à la matière, mais en particulier celle de la Cour de Justice des Communautés Européennes qui présente quant au fond, de fortes similitudes avec le contentieux français de la fonction publique ;

Considérant que sur le moyen tiré de la non consultation du CCRA, il y a lieu d'indiquer que le vice de procédure est en général constitué par la violation des règles relatives à l'élaboration d'un acte administratif, celui-ci n'étant régulier que si les formalités légales prescrites ont été observées par son auteur ;

Que les juridictions administratives tant nationales qu'internationales l'apprécient en s'appuyant sur les éléments suivants de la formalité en cause :

- *La formalité concernée est-elle prescrite par un texte ou non ?*
- *Si elle ne l'est pas, elle est considérée comme facultative et ne lie pas l'autorité administrative ;*
- *Si elle l'est, son accomplissement est alors obligatoire.*

La formalité, lorsqu'elle est obligatoire, peut être substantielle ou non :

Elle est dite substantielle lorsqu'elle est susceptible d'influer sur la décision à intervenir en raison des garanties qu'elle est censée offrir ; il en est ainsi lorsque la formalité est prévue dans l'intérêt des administrés ou des agents ; son inobservation entraîne en principe la nullité de l'acte ;

En revanche, lorsqu'elle n'est pas substantielle, l'omission de la formalité ne suffit pas seule à entraîner la nullité de l'acte ; il en est ainsi des formalités directes prévues dans l'intérêt de l'administration elle-même ou de l'organisme dans le processus de prise de décision sou de mesures d'ordre interne ;

Considérant qu'en l'espèce, la consultation du CCRA, en ce qu'il est formellement institué par l'article 18 du Statut des fonctionnaires de l'UEMOA, s'imposait au Président de la Commission avant la prise de la décision incriminé ; qu'il n'apparaît d'ailleurs pas des mémoires du défendeur que celui-ci l'ait contesté, s'étant borné à se prévaloir de l'impossibilité de fait qu'il y aurait d'y procéder ;

Considérant par ailleurs que le CCRA a été institué et son rôle fixé par le Statut des fonctionnaires de l'UEMOA ; que ce faisant, le législateur a entendu le placer au même rang que les autres garanties statutaires offertes aux fonctionnaires ; qu'il suit de là que l'obligation faite à l'autorité de nomination de le consulter préalablement aux décisions ressortissant de sa sphère d'attribution, constitue une formalité substantielle dont l'omission entraîne la nullité de l'acte concerné ; que cela non plus n'a pas été contesté par le défendeur ; que la question reste de savoir si la consultation du CCRA était impossible comme le soutient le défendeur, puisqu'en ce cas, la décision attaquée conserverait sa validité ;

Considérant que l'impossibilité de fait dont il est argué ne tient pas en l'inexistence du Comité, ni au fait qu'il n'était pas possible d'en réunir les membres, ni pour autre cause non imputable à l'auteur de la décision ; que le Comité était bel et bien en état de se réunir ; que c'est délibérément que le Président de la Commission a choisi de ne pas le consulter ; que l'argument tiré de la qualité de stagiaire des membres du Comité est inopérant dans la mesure où la Commission qui a pris les règlements d'application du Statut des fonctionnaires, n'ignorait pas ce fait ; qu'il lui appartenait de prendre toutes mesures transitoires appropriées afin d'y pallier ; que la consultation du Collège des Commissaires n'est pas moins inopérante, aucun texte ne l'ayant prévue, ne serait-ce que précisément à titre transitoire ; qu'il suit de tout ce qui précède que la décision attaquée encourt annulation sans qu'il soit besoin d'examiner les autres moyens du recours ;

Considérant que, s'agissant d'un recours pour excès de pouvoir, la Cour, en l'absence d'un texte l'y autorisant, ne peut prononcer au-delà de l'annulation ; qu'il y a lieu en conséquence de rejeter les conclusions du requérant tendant à ce que la Cour ordonne sa réintégration ;

Par ces motifs :

Statuant publiquement, contradictoirement, en matière de Fonction Publique Communautaire :

- *Reçoit la demande de M. Sacko Abdourahmane telle qu'initialement présentée.*
- *Annule la décision n° 97/048/SP/PC du 27 février 1997.*
- *Met les dépens à la charge de l'UEMOA.*

OBSERVATIONS

Dans cet arrêt, également relatif au droit de la fonction publique communautaire, le juge était appelé à se prononcer sur la légalité d'une mesure de licenciement prise par le Président de la Commission de l'UEMOA à l'encontre de M. SACKO Abdourahmane, recruté par décision datée du 19 février 1996 en qualité de Cadre supérieur, plus tard nommé chef de la Division de la Communication et de la Documentation, ces nouvelles responsabilités lui ayant été confiées au terme d'un « stage » de huit mois.

Le 27 février 1997, il était notifié au requérant par lettre du Président de la Commission, qu'il était mis fin à ses fonctions pour compter du 28 février 1997.

Le 2 avril 1997, M. SACKO introduisait un recours gracieux auprès du Président de la Commission, mais sans succès. C'est alors qu'il décidait de saisir la Cour pour demander l'annulation de la décision du Président de la Commission mettant fin à ses fonctions, et pour voir la Haute juridiction ordonner sa réintégration.

Au plan de l'argumentation proprement dite, le requérant soutient d'abord que la décision querellée a été prise en violation de l'article 2 du Règlement d'exécution fixant la durée de la période probatoire et énonçant que :

> *Sur la base du dossier d'évaluation assorti des notes et appréciations des supérieurs hiérarchiques de l'intéressé, le Président de la Commission prend, soit une décision confirmant l'engagement..., soit une décision mettant fin aux fonctions de l'intéressé.*

Le requérant avance que ce dossier d'évaluation n'a jamais été constitué.

Il ajoute, toujours au titre de ce qu'il considère comme des « vices de procédure », le fait que le Comité Consultatif de Recrutement et d'Avancement de l'UEMOA (CCRA), institué par l'article 18 du Règlement portant statut des fonctionnaires (datant de 1995), n'a pas été consulté préalablement à son licenciement, et qu'une telle omission est de nature à entraîner la nullité de la décision en cause.

Au plan de l'argumentation « de fond », le requérant remet en cause l'appréciation qui a pu être portée sur ses prestations, la preuve la plus éclatante de la qualité de son travail ayant été sa nomination comme Chef de la Division de la Communication et de la Documentation, huit mois seulement après son recrutement. A cet égard, il parle même d' « erreur manifeste d'appréciation ».

En réplique, la défenderesse avance d'abord, dans des conditions qui rappellent quelque peu la jurisprudence « LAUBHOUET », déjà évoquée, qu'il ne peut être demandé à la Cour l'annulation d'un acte *et,* simultanément, une réparation pécuniaire. Le contentieux de la légalité exclut toute condamnation à des dommages et intérêts. En effet, au cours de l'instance, le requérant a évolué dans ses demandes. Il a notamment présenté un mémoire additionnel daté du 30 mars 1998, dans lequel il portait le montant des dommages et intérêts à soixante-dix millions de FCFA. Il fondait ses nouvelles exigences sur le fait que le préjudice dont il souffre s'était aggravé, du fait notamment qu'il n'arrivait toujours pas à retrouver du travail.

Rejoignant le requérant sur son propre terrain si l'on ose dire, la défenderesse réplique d'abord que le dossier d'évaluation dont le requérant conteste l'existence existe bel et bien. Elle la désigne comme étant « une fiche jointe au mémoire, comportant à la fois la notation de l'intéressé et les appréciations de ses supérieurs hiérarchiques ». Sur le second point relatif à la « procédure », la Commission fait valoir que le CCRA n'a pu être convoqué, du fait que les membres, permanents et non permanents de cet organisme, se trouvaient eux-mêmes en fin de période probatoire, ce qui a conduit le Président de la Commission à recourir à une formule de substitution : une réunion, en lieu et place, des membres de la Commission elle-même. Devant la Cour, la défenderesse a même soutenu que l'instance réunie « offrait plus de garanties, les Commissaires étant mieux placés que tous les autres pour apprécier leurs agents ; qu'en outre, ils ont solennellement prêté serment d'exercer leur mission en toute indépendance et impartialité ».

Dans un certain souci pédagogique, la Cour prend d'abord le soin de délimiter son office, en posant, après une longue présentation des faits et arguments, les questions auxquelles elle est en fait invitée à répondre : sur la « procédure » d'abord – le défaut de consultation du CCRA vicie-t-il la décision querellée ?- et sur le « fond » ensuite – la mesure de licenciement, est-elle fondée sur une erreur d'appréciation de la qualité du travail du requérant ? -.

En fait, la décision rendue l'a été sur la base d'un seul élément, que la Cour a considéré comme décisif : la non consultation du Comité Consultatif de Recrutement et d'Avancement. Le fait, pour le Président de la Commission, de ne pas avoir réuni cette instance, est considéré comme l'omission d'une formalité substantielle, ce qui entraîne la nullité de l'acte litigieux.

Il convient, sur ce point, d'approuver la décision rendue. La Cour rappelle de manière solennelle que les garanties statutaires offertes aux fonctionnaires sont importantes, et qu'il ne saurait en être fait fi. Pour éluder la réunion du CCRA, il faut de bonnes raisons, il faut être confronté à une nécessité presque insurmontable. De telles conditions n'existaient pas en l'espèce. Contre la défenderesse, la Cour affirme même que le Comité « était bel et bien en état de se réunir ». Quant à la formule de substitution qui a été trouvée, elle est inopérante selon la Cour.

L'arrêt rendu a incontestablement une valeur pédagogique. Il met bien l'accent sur la nécessité de respecter les « procédures », particulièrement lorsqu'il est question de licenciement d'un fonctionnaire. Dans beaucoup d'autres affaires, qui concernent précisément le contentieux de la fonction publique communautaire, la consultation du CCRA est au cœur des débats judiciaires. Cette donnée est bien le signe d'une certaine forme de « mal administration », une organisation de l'envergure de l'UEMOA aurait pu éviter de s'exposer à de tels errements. Le palliatif trouvé en l'espèce – la réunion, en lieu et place du CCRA, du Collège de Commissaires- n'y change évidemment rien, comme la Cour l'affirme.

La pratique s'apparente même à une forme de subterfuge, de désinvolture à l'égard des contraintes textuelles ou procédurales. Une telle incurie ne peut qu'horripiler le juge, provoquer la prévention de la sentinelle du droit qu'il est. L'amertume de celui-ci éclate à travers les termes qu'il utilise, qui confinent à la mise en cause « ad hominem » : « c'est délibérément », écrit la Cour, « que le Président de la Commission a choisi de ne pas consulter » le CCRA…

Le requérant a obtenu gain de cause, puisque la décision qu'il contestait a été annulée. Au passage, la Cour aura cependant rejeté deux de ses prétentions.

L'une est la réintégration. Comme dans l'affaire « LAUBHOUET contre Commission », la Cour répond que ni ses propres Statuts, ni son Règlement de procédures ne l'autorisent à ordonner en cas d'annulation d'un acte la réintégration dans des fonctions dont on a été évincé.

L'autre est l'allocation de dommages et intérêts. Suivant sur ce point la partie qui a succombé, le juge communautaire affirme, effectivement, l'autonomie des deux types de recours. Une requête en annulation est un procès fait seulement à un acte, elle ne tend pas à réparer un préjudice. Telle est bien la seule raison pour laquelle la demande du requérant a été rejetée. Elle n'est nullement liée, contrairement à ce qu'on peut lire dans les conclusions de l'Avocat général, à « l'interdiction de la production de moyens nouveaux », question traitée à l'article 31 du Règlement de procédures. Outre que la disposition n'interdit pas à proprement parler une telle « production »- le Président de la Cour pouvant, sous certaines conditions, autoriser la partie adverse à répondre à ce « nouveau moyen » aux termes mêmes de l'article 31-, la modification du quantum des dommages et intérêts ne peut pas s'analyser en un « moyen », lequel peut être défini comme un « axe » du débat juridique.

On aurait tout de même aimé voir la juridiction communautaire se prononcer sur la question de fond, celle de l'évaluation de la qualité du travail fourni par le requérant, et donc celle du bien-fondé de la mesure de licenciement. Un vice de procédure ayant affecté la décision litigieuse, ce débat de fond n'a pas eu lieu. Mais il était souhaitable de le voir se dérouler devant la Cour, ce qui nous aurait édifié sur l'existence et l'étendue d'un éventuel pouvoir d'appréciation du Président de la Commission sur le travail accompli par les fonctionnaires rattachés à cet organe. Le doute subsiste en effet, après la lecture des rapports du juge rapporteur et de l'Avocat général. La conception qui se dégage de ces écrits est, de fait, celle d'une autorité hiérarchique toute puissante, ayant la latitude, sans que le juge y puisse quoi que ce soit, d'introduire des éléments proprement subjectifs dans l'appréciation qu'il peut porter sur les prestations des fonctionnaires.

Au-delà de l'espèce soumise à la Cour, ce débat est important car le Président de la Commission est bien le chef d'une « Administration », il « détermine l'organigramme des services de la Commission… ;il nomme aux différents emplois » (article 33 al 2 du Traité de l'UEMOA). Or, le juge rapporteur écrit que même s'il existe un CCRA chargé de faire des propositions au Président sur le recrutement et l'avancement des fonctionnaires de l'Union, ce dernier :

> *dispose d'un pouvoir d'appréciation finale qui, s'il n'implique pas une immunité de juridiction, parce qu'il doit s'exercer dans le seul intérêt de l'Union, ne peut faire l'objet d'un contrôle total de la part du juge...* (qui) *...ne peut en aucun cas porter un jugement de valeur sur les éléments subjectifs que comporte nécessairement cette appréciation dans son volet discrétionnaire.*

De manière un peu plus nuancée, l'Avocat général fait valoir pour sa part que : Le juge…n'a pas compétence à apprécier l'opportunité d'une décision ressortant du pouvoir exclusif de l'Administration.

Cette opinion a de quoi surprendre. Que l'autorité hiérarchique soit la seule à pouvoir porter une appréciation sur les prestations d'un subordonné ne fait pas de doute, qu'une instance chargée de dire le droit aille jusqu'à affirmer qu'une telle appréciation est *« nécessairement »* subjective laisse quelque peu songeur. La décision même d'instituer un recours du personnel de l'Union devant la Cour procède d'une volonté de conformer, autant que possible, l'exercice du pouvoir hiérarchique à des impératifs élémentaires du droit. C'est pour vérifier que certaines garanties accordées au subordonné ont été respectées qu'un tel recours a été mis en place. Mais il serait erroné, pensons-nous, de croire que ces garanties sont uniquement d'ordre « formel » ou procédural. Le contrôle judiciaire exercé sur un pouvoir hiérarchique peut connaître des baisses de pression, être sujet à des éclipses plus ou moins nettes, mais il ne peut se saborder. Il suffit, pour se rendre compte de sa nécessité, de songer au « désert juridique » que son absence ou sa trop forte évanescence créerait, songer par exemple à la situation qui naîtrait d'une décision de licenciement prise sur des bases purement fantaisistes ou manifestement infondées, au sentiment de déréliction du justiciable ainsi sacrifié sur l'autel d'une conception tyrannique du « pouvoir discrétionnaire »…

ARRÊT DE LA COUR DU 29 MAI 1998

***

Entre Monsieur Dieng Ababacar et la Commission de l'UEMOA

La Cour composée de M. Yves D. Yehouessi, Président ; M.Youssouf any Mahaman, Juge rapporteur ; M. Dobo Martin Zonou, Juge ; M. Malet Diakité, Premier Avocat Général ; Raphaël P. Ouattara, Greffier.

Rend le présent arrêt :

Considérant que par requête en date du 6 juin 1997, enregistrée au Greffe de la Cour de Justice de l'UEMOA le 9 juin 1997 sous le n° 05/97, Maître Mamadou Sawadogo, Avocat à la Cour de Ouagadougou (Burkina Faso), agissant pour le compte de Monsieur Dieng Ababacar, a introduit un recours tendant à l'annulation de la décision n° 97/046/SP/PC du 27 février 1997 par laquelle le Président de la Commission de l'UEMOA a mis fin à ses fonctions ;

Qu'il expose que, recruté à l'UEMOA en qualité de cadre supérieur, chargé de l'administration générale par décision du 19 février 1996 du Président de la Commission, il devait être titularisé après une période probatoire de douze mois si ses prestations étaient satisfaisantes ;

Que, quelques mois le début de ce stage, il a été nommé Directeur des Affaires Administratives et Financières par décision n° 107/96/P/COM du Président de la Commission ;

Que le 27 février 1997, il lui a été notifié par lettre n° 97-046/SP/PC du Président de la Commission la fin de sa période probatoire et celle de ses fonctions, ses prestations ayant été jugées non satisfaisantes ;

Que le 14 mars 1997, il a introduit auprès du Président de la Commission un recours gracieux qui a été rejeté ; que c'est pourquoi il a saisi la Cour de Justice de l'UEMOA aux fins de voir :

1. *Annuler la décision du Président de la Commission en date du 27 février 1997 mettant fin à ses fonctions ;*
2. *Remettre en cause et les parties dans l'état où elles étaient avant la décision.*

Considérant qu'au soutien de son recours, le requérant fait valoir que la décision attaquée est entachée d'illégalité ;

Que, d'une part, il fait valoir que la décision de titularisation ou de licenciement d'un stagiaire est prise en principe sur la base d'un dossier d'évaluation assorti de notes et appréciations des supérieurs hiérarchiques de l'intéressé comme cela ressort des termes de l'article 2 du règlement d'exécution n° 5/96/COM/UEMOA fixant la durée de la période probatoire ;

Que ce dossier d'évaluation ne semble pas avoir été constitué ;

Que, d'autre part, cette décision a été prise sans l'avis du Comité Consultatif de Recrutement et d'Avancement de l'UEMOA ;

Considérant qu'en réplique à ces moyens, le défendeur verse au dossier de la procédure une fiche d'évaluation comportant la notation et les appréciations faites sur l'intéressé par le Président de la Commission pour soutenir que l'évaluation a été faite, mais que le défaut de consultation du Comité Consultatif de Recrutement et d'Avancement résulterait d'une impossibilité de fait à réunir cette structure dans la mesure où les membres se trouvaient tous en fin de période probatoire, ce qui a conduit le Président à consulter les Membres de la Commission de l'UEMOA ;

Considérant que le requérant a répliqué à ces réfutations le 27 août 1997, pour indiquer que l'article 2 du Règlement n° 5/96 prescrit au Président de la Commission de prendre sa décision sur la base d'un dossier d'évaluation assorti de notes et appréciations des supérieurs hiérarchiques de l'intéressé ; que la fiche versée au dossier ne peut pas remplacer le dossier d'évaluation tel que prévu par l'article précité ;

Que par ailleurs, le dossier d'évaluation n'a jamais été porté à sa connaissance ;

Que, quant à l'argument tiré de l'impossibilité de réunir le Comité Consultatif de Recrutement et d'Avancement, le requérant estime qu'il est inopérant, car son inexistence avait pour conséquence d'empêcher le Président de prendre une mesure de licenciement au risque d'enfreindre les dispositions réglementaires de l'institution ;

Considérant que la Cour doit d'abord statuer sur sa compétence à connaître de cette affaire, sur la recevabilité du recours ensuite, avant d'examiner les moyens des parties ;

Considérant que la compétence de la Cour est consacrée, en l'espèce par les articles 16 du Protocole additionnel n° 1 relatif aux organes de contrôle de l'UEMOA et 112 du Règlement n° 1/95/CM du 1er août 1995 portant Statut des fonctionnaires de l'UEMOA et ne requiert aucun commentaire particulier ;

Qu'en ce qui concerne la recevabilité du recours, il y a lieu de relever tout d'abord :

- *que la requête a été présentée conformément aux prescriptions de l'article 26 du Règlement de procédures ;*
- *que le requérant s'est acquitté de l'obligation de cautionnement le 12 juin 1997.*

Que pour les délais, il résulte du dossier que :

1. *La décision attaquée datant du 27 février 1997 et sa notification faite le même jour, le requérant a introduit un recours gracieux le 14 mars 1997, soit largement avant l'expiration du délai de recours contentieux qui est de deux mois, ce qui a eu pour effet de le suspendre pour ne commencer à courir qu'à compter du 19 mai 1997, date à laquelle lui a été notifié le rejet de sa demande gracieuse ;*
2. *Que le recours ayant été enregistré au Greffe de la Cour le 9 juin 1997, se trouve dans les délais prescrits.*

Qu'au regard de ce qui précède, le recours de Monsieur Dieng Ababacar doit être déclaré recevable en la forme ;

Considérant que sur le fond, la Cour est appelée à répondre aux questions ci-après :

1. *La fiche d'évaluation faite par le Président de la Commission sur l'activité de Dieng Ababacar est-elle conforme aux prescriptions de l'article 2 du règlement d'exécution n° 5/96 précité ?*
2. *Le défaut de consultation du Comité Consultatif de Recrutement et d'Avancement par le Président de la Commission avant la prise de la décision attaquée, constitue-t-il un vice de procédure de nature à entraîner la nullité de celle-ci ?*

Qu'à cette fin, il importe de préciser que le cadre juridique de cette affaire est défini par l'article 33 alinéa 2 du Traité de l'UEMOA qui confère un pouvoir de nomination aux emplois de l'Union au Président de la Commission, les articles 17, 18 et 29 du Statut des fonctionnaires de l'UEMOA, le règlement d'exécution n° 5/96 fixant la durée et les modalités de la période probatoire et le règlement d'exécution n° 8/96 fixant la composition et le fonctionnement du CCRA ;

Considérant que sur le moyen tiré de la non-conformité de la fiche d'évaluation aux prescriptions de l'article 2 du règlement d'exécution n° 5/96, il y a lieu de préciser qu'un dossier d'évaluation doit être complet et refléter une appréciation effective et raisonnable de l'activité professionnelle de l'intéressé, qu'il doit en effet être jugé sur ses résultats, ses aptitudes intellectuelles et professionnelles par ses supérieurs hiérarchiques ;

Qu'en l'espèce, la fiche d'évaluation versée au dossier a pris en compte toute l'activité de Monsieur Dieng, notamment l'assiduité et la ponctualité, les connaissances professionnelles , le sens de l'organisation et des responsabilités, la tenue et le comportement, pour lui attribuer une note de 8/20 avant de conclure qu'il n'a pas fait montre de dispositions à la hauteur des charges qui lui ont été confiées ;

Qu'étant de par ses fonctions de Directeur Administratif et Financier placé sous l'autorité directe du Président de la Commission, Monsieur Dieng est mal fondé à soutenir que cette appréciation est erronée ;

Qu'il convient dès lors de rejeter ce premier moyen inopérant ;

Considérant que sur le moyen tiré de la non consultation du CCRA, il y a lieu d'indiquer que le vice de procédure est en général constitué par la violation des règles relatives à l'élaboration d'un acte administratif unilatéral ; celui-ci n'étant régulier que si les formalités légales prescrites ont été observées par son auteur ;

Que les juridictions administratives tant nationales qu'internationales, retiennent la formalité substantielle, c'est-à-dire susceptible d'influer sur la décision à intervenir en raison des garanties qu'elle est censée offrir. Il en est ainsi lorsque la formalité est prévue dans l'intérêt des administrés ou des agents. Son inobservation entraîne en principe la nullité de l'acte ;

Considérant qu'en l'espèce, la consultation du CCFA, en ce qu'il est formellement institué par l'article 18 du Statut des fonctionnaires de l'UEMOA, s'imposait au Président de la Commission avant la prise de la décision incriminée ; qu'il n'apparaît pas que celui-ci l'ait contestée, s'étant borné à se prévaloir de l'impossibilité qu'il y aurait à y procéder ;

Considérant par ailleurs que le CCRA ayant été institué et son rôle fixé par le Statut des fonctionnaires de l'UEMOA, le législateur a entendu le placer au même rang que les autres garanties statutaires offertes aux fonctionnaires ; qu'il suit de là que l'obligation faite à l'autorité de nomination de le consulter préalablement aux décisions ressortissant de ses attributions constitue une formalité substantielle dont l'omission entraîne la nullité de l'acte concerné ;

Considérant que l'impossibilité de fait dont il est argué en tient pas à l'inexistence du comité, ni au fait qu'il n'était pas possible d'en réunir les membres ; que c'est délibérément que le Président de la Commission a choisi de ne pas le consulter ; que l'argument tiré de la qualité des stagiaires des membres du Comité est inopérant dans la mesure où la Commission qui a pris les règlements d'application n'ignorait pas cet état de fait ; et qu'elle n'a pris aucune mesure transitoire pour y pallier ;

Qu'il suit de tout ce qui précède que la décision attaquée encourt annulation de ce chef.

Par ces motifs :

Statuant publiquement, contradictoirement en matière de fonction publique communautaire :

- *Reçoit la demande de Monsieur Ababacar Dieng.*
- *Annule la décision n° 97/046/SP/PC du 27 février 1997.*
- *Met les dépens à la charge de l'UEMOA.*

OBSERVATIONS

M. Ababacar DIENG a été recruté par la Commission de l'UEMOA en qualité de cadre supérieur, chargé de l'Administration générale dans les services de l'organisation internationale, par une décision datée du 19 février 1996 signée par la Président de la Commission. Par la suite, il a été nommé Directeur administratif et financier, et soumis à une période probatoire d'une année. Le 27 février 1997, le Président de la Commission prenait une décision mettant fin à ses fonctions, motif pris de ce qu'il ne s'était pas révélé à la hauteur des responsabilités qui lui avaient été confiées.

M. DIENG a alors saisi le Président de la Commission d'un recours gracieux, mais celui-ci a été rejeté le 19 mai 1997. C'est alors que M. DIENG a saisi la Cour, aux fins de la voir annuler la décision prise par le Président de la Commission le 27 février 1997, en arguant qu'elle a été prise au mépris des dispositions du Règlement d'exécution qui exigent qu'une décision de « titularisation » ou de « remerciement » soit prise sur la base d'un dossier d'évaluation comprenant les notes et appréciations du travail de l'intéressé. Le requérant reproche d'autre part à la décision intervenue d'avoir été prise sans l'intervention du Comité Consultatif de Recrutement et d'Avancement de l'UEMOA, dont l'avis aurait donc dû être préalablement pris.

Pour sa part, par la voix de son conseil, la Commission de l'UEMOA estimait d'une part que la note d'évaluation des prestations du requérant a bien été jointe au dossier – même si elle n'a pas été communiquée à l'intéressé, ce qu'aucun texte n'exige, se défend – t-elle – et, d'autre part, que le CCRA ne pouvait être réuni, du fait que ses membres étaient eux-mêmes en fin de période probatoire. L'incertitude qui entourait leur statut, au moment des faits, aurait mis le Président de la Commission dans l'impossibilité de réunir l'instance.

Le cas présente donc de fortes analogies avec l'affaire « SACKO Abdourahmane », et dans une moindre mesure, avec l'affaire « LAUBHOUET ». La démarche de la Cour n'en a été que facilitée. L'arrêt rendu n'a pas la longueur des décisions qui l'ont précédé, et l'on remarquera que le juge, par moments, se contente de reprendre des passages de sa jurisprudence antérieure (notamment sur l'impossibilité prétendue de réunir le CCRA). On remarquera surtout que les trois arrêts ont tous été rendus le même jour – le 29 mai 1998-, les juges avaient donc gardé intacte, si l'on ose dire, la mémoire de leur jurisprudence. De sorte qu'ils vont réitérer ce qui avait été dit au sujet du vice de procédure que constitue la non-consultation du CCRA. La Cour considère qu'il n'y avait aucun obstacle sérieux à la réunion du Comité, et conclut qu'en n'ayant pas respecté cette formalité, le Président de la Commission a violé le droit. La décision prise est donc annulée. Les juges suivent, sur ce point, les conclusions de l'Avocat général.

L'arrêt rendu suscite un certain nombre de réflexions.

Sur le plan de la méthode d'abord. La Cour, pour vider sa saisine, nous indique, dans un souci didactique qu'il faut derechef saluer, les deux questions sur lesquelles elle doit se prononcer, dans l'ordre :

- *La fiche d'évaluation établie par le Président de la Commission, est-elle conforme aux indications de l'article 2 du Règlement d'exécution de 1996 ?*
- *Le défaut de consultation du CCRA constitue-t-il un vice de procédure propre à entraîner la nullité de la décision ?*

Il est cependant permis de se demander si, en bonne logique, l'ordre des questions n'aurait pas dû être inversé. En principe en effet, c'est sur des points de procédure que l'on se penche avant d'examiner le débat de fond, qui correspond ici – les développements de l'arrêt le montreront – à la première question posée. En fait, derrière une formulation sans doute perfectible, il était question de voir si la décision de licenciement était bien fondée, ce à quoi la Cour répondra du reste par l'affirmative. Bref, tel qu'il est structuré, l'arrêt tranche une question de fond avant de se pencher sur un problème de procédure, ce qui pose problème. Il faut se souvenir que le même souci pédagogique a habité la Cour dans l'affaire « SACKO Abdourahmane », et que dans celle-ci, le juge avait correctement indiqué l'ordre des questions à traiter : le défaut de consultation du CCRA d'abord, et le bien fondé, c'est-à-dire la motivation de la mesure querellée ensuite.

La méprise a cependant au moins l'avantage d'aborder une question escamotée – à raison - dans l'arrêt « SACKO Abdourahmane » : celle de l'étendue du pouvoir d'appréciation du supérieur hiérarchique du requérant.

L'arrêt rendu semble avoir de ce pouvoir une conception assez large puisque, sans véritablement tenter d'entrer dans l'appréciation du Président de la Commission, il pose :

> *Qu'étant de par ses fonctions de Directeur administratif et financier placé sous l'autorité directe du Président de la Commission, Monsieur DIENG est mal fondé à soutenir que cette appréciation est erronée.*

Nous persistons pourtant à croire qu'une relation de subordination ne donne pas à un « supérieur » un droit arbitraire à congédier un employé, et il est souhaitable que le juge saisi, sans bien entendu se substituer à l'auteur de l'acte, s'attache à trouver des « traces » de raisons objectives à la mesure contestée. Il ne peut se contenter de répondre à un justiciable que, de par sa position, il a nécessairement tort, que son contradicteur a nécessairement raison. Dans le cas présent, la Cour relève certes des griefs articulés à l'encontre du requérant, qui tiennent à la ponctualité, à l'assiduité, aux connaissances professionnelles etc. Rien n'empêchait cependant la juridiction d'aller plus au fond des choses, de relever des faits précis propres à étayer les reproches faits. On suppose que le dossier recelait des éléments factuels propres à nourrir un débat, ou à susciter une position sur ce point.Curieusement du reste, le juge rapporteur a semblé prendre ses distances contre une conception aussi arbitraire du pouvoir hiérarchique. Après avoir évoqué la fiche d'évaluation versée au dossier, il souligne :

Mais cette évaluation semble être l'œuvre du seul Président de la Commission. Si M. Ababacar DIENG, qui était directeur des affaires administratives et financières, a, dans le cadre de ses activités d'autres supérieurs hiérarchiques que le Président de la Commission, il aurait été souhaitable que son travail soit également apprécié par ceux-ci.

Une telle position nous semble en effet sage et équilibrée. Elle se recommande de l'office du juge, qui est de dire le droit en toute impartialité.

AVIS N° 001/98 DU 10 SEPTEMBRE 1998

***

Sur la conformité de la délégation de signature donnée par le Président de la Commission a son Directeur de Cabinet avec les textes de l'UEMOA

Sommaire de l'avis

Il y a délégation de signature lorsqu'une autorité administrative charge un agent de signer pour son compte, en ses lieu et place, certains actes administratifs de sa compétence.

Pour qu'un acte administratif signé par délégation soit légal, trois conditions doivent être remplies :

1. *Il faut que la délégation ait été autorisée par une norme juridique de base ;*
2. *Il faut qu'un acte valable de délégation soit pris en application de la norme de base ;*
3. *Les limites fixées par l'acte d'autorisation de délégation doivent avoir été respectées.*

Avis n° 001/98 du 10 septembre 1998

Demande d'avis de Monsieur Moussa Touré, Président de la Commission de l'UEMOA sur la décision n° 90/96/PCOM du 11 septembre 1996 par laquelle celui-ci a donné à son Directeur de cabinet, Monsieur Antoine Sarr, délégation de signature portant sur une catégorie d'actes, de documents et de pièces.

Le Président de la Commission a saisi la Cour de Justice en application des dispositions de l'article 16 alinéa 4 de l'Acte additionnel n° 10/96 portant Statuts de la Cour de Justice de l'UEMOA par lettre n° 98-035/PC/CJ du 30 avril 1998 enregistrée au Greffe de ladite Cour le 4 mai 1998 sous le n° 1/98 dont la teneur suit :

Par décision n° 90/96/PCOM en date du 11 septembre 1996, dont vous voudrez bien trouver copie, ci-joint, j'ai donné délégation à Monsieur Antoine Sarr, mon Directeur de Cabinet, à l'effet de signer, en mon nom, les actes, documents et pièces ci-après :

- *ordres de mission relatifs aux déplacements des fonctionnaires et agents contractuels de la Commission ;*
- *correspondances à caractère administratif ou financier, à l'exception de celles adressées aux Organes de l'Union et aux membres de la Commission ;*
- *demandes d'achat : *bons de commande ; *fiches d'engagement de dépense ; *fiches de liquidation de dépense.*

Il s'agit, en l'occurrence, d'actes de gestion courante limitativement énumérés, pour la signature desquels il m'a paru indiqué de recourir à l'appui de l'un de mes plus proches collaborateurs, sans pour autant me dessaisir, ni ma propre compétence, ni de mon pouvoir de contrôle.

C'est pourquoi, la décision précitée, qui ne réalise qu'une simple délégation de signature et non une délégation de pouvoir, spécifie que la signature de Monsieur Sarr doit être précédée de la mention « Pour le Président de la Commission et par délégation, le Directeur de Cabinet ».

Toutefois, ayant enregistré des réactions selon lesquelles, Monsieur Sarr ne saurait signer certains des actes mentionnés dans ladite décision, et me situant dans le cadre de l'article 27, in fine, des Statuts de la Cour, je voudrais la soumettre à l'avis de votre juridiction.

Je reste à la disposition de la Cour pour tous renseignements complémentaires qu'elle jugera utiles à son information.

Veuillez agréer, Monsieur le Président, l'assurance de ma parfaite considération.

Moussa Touré

La Cour, siégeant en Assemblée Générale Consultative sous la Présidence de Monsieur Yves D. Yehouessi, Président de la Cour de Justice de l'UEMOA, sur le rapport de M. Kalédji Afangbedji, Avocat Général à ladite Cour, et en présence celui-ci et de Messieurs :

- Arsène Assouan Usher — Juge à la Cour
- Mouhamadou Moctar Mbacké — Juge à la Cour
- Martin Dobo Zonou — Juge à la Cour
- Youssouf Any Mahaman — Juge à la Cour
- Malet Diakité — Premier avocat Général

A examiné en sa séance du 10 septembre 1998 la demande d'avis sus indiquée en date du 30 avril 1998.

L'assemblée générale consultative :

Vu le Traité de l'Union Économique et Monétaire Ouest Africaine (UEMOA) signé le 10 janvier 1994 ;

Vu l'Acte additionnel n° 10/96 portant Statuts de la Cour de Justice de l'UEMOA ;

Vu le Règlement n° 01/96 portant Règlement de Procédures de la Cour de Justice de l'UEMOA ;

Vu le Règlement Administratif de la Cour de Justice de l'UEMOA en date du 09 décembre 1996 ;

Vu la demande d'avis n° 98-035/PC/CJ du 30 avril 1998 du Président de la Commission de l'UEMOA.

I – Sur la forme

Le Règlement de Procédures de la Cour de Justice énonce en son article 15-7 (3e) que « lorsqu'elle est saisie par la Commission, le Conseil des Ministres, la Conférence des Chefs d'Etat et de Gouvernement, ou un Etat membre, la Cour peut émettre un avis sur toute difficulté rencontrée dans l'application ou l'interprétation des actes relevant du droit communautaire » ;

La requête ayant rempli toutes les conditions de forme prescrites par le Règlement de Procédures et le Règlement Administratif de la Cour est donc recevable.

II – Sur le fond

Appréciation critique de la délégation de signature, objet de la Décision n° 90/96/PCOM en date du 11 septembre 1996 ;

En droit administratif français, il y a délégation de signature lorsqu'une autorité administrative charge un agent administratif de signer pour son compte, en ses lieu et place, certains actes administratifs relevant de sa compétence ;

La délégation opère simplement substitution de signature sans que l'acte soit modifié formellement ;

L'autorité délégante conserve d'ailleurs le pouvoir de signer elle-même les actes pour lesquels elle a donné délégation de signature ;

Pour qu'un acte administratif signé par délégation soit légal, trois conditions doivent être remplies :

1. *Il faut, tout d'abord, que la délégation ait été autorisée par une norme juridique de base ;*
2. *Il faut, en second lieu, qu'un acte valable de délégation soit pris en application de la norme de base ;*
3. *Enfin, les limites données par l'acte d'autorisation de délégation doivent avoir été respectées.*

La première condition signifie que la délégation doit avoir été autorisée par la loi.

Toutefois, le Chef de l'Etat peut, sans autorisation législative, autoriser par décret les Ministres et les Secrétaires d'Etat à déléguer leur signature.

C'est dire donc qu'une délégation de signature doit être toujours autorisée par la loi ou, à titre exceptionnel, par décret.

Par la deuxième condition, la loi autorise la délégation de signature en déterminant les bénéficiaires, les matières ou actes sur lesquels elle porte.

La troisième condition exige le strict respect des limites dans lesquelles l'autorisation de délégation de signature a été donnée.

La délégation de signature, telle que définie en droit administratif français, est contenue dans les principes de droit administratif qui régissent le fonctionnement des services publics des Etats membres de l'Union, principes dont les règlements administratifs ou financiers des organes de l'Union sont l'émanation ;

A la lecture de la décision par laquelle le Président de la Commission a donné délégation de signature à son Directeur de Cabinet, on s'aperçoit que cette délégation porte sur des actes qui sont du groupe de ceux dont il se sert pour effectuer les opérations de dépense du budget en vertu des pouvoirs que lui confèrent l'article 23 et l'article 28 alinéa 1 du Règlement n° 03-95/CM/UEMOA portant Règlement Financier des Organes de l'Union, lesquels articles disposent respectivement :

> *Le Président de la Commission engage et liquide les dépenses du budget et en ordonne le payement ;*
>
> *« Aucune dépense ne peut faire l'objet de payement si elle n'a été au préalable engagée, liquidée et ordonnancée par le Président de la Commission.*

L'examen de ce Règlement Financier permet de constater qu'aucune disposition de ce texte n'autorise le Président de la Commission à donner délégation de signature à un agent quelconque placé sous son autorité ;

Il s'en suit que l'acte de délégation de signature pris par le Président de la Commission n'a pas, faute d'autorisation, rempli les conditions exigées par les règles du droit communautaire de l'UEMOA ;

S'agissant des correspondances à caractère purement administratif dont les destinataires sont des personnes physiques ou morales autres que les Organes de l'Union et les Membres de la Commission, aucune disposition du Règlement Intérieur ou de tout autre règlement de la Commission n'autorise le Président de celle-ci à donner délégation de signature à son Directeur de Cabinet ou à un agent quelconque placé sous son autorité.

En conséquence,

En ce qui concerne :

- *Les ordres de mission relatifs aux déplacements des fonctionnaires et agents contractuels de la Commission ;*
- *Les correspondances à caractère financier à l'exception de celles adressées aux organes de l'Union et aux Membres de la Commission ;*
- *Les demandes d'achat ;*

- *Les bons de commande ;*
- *Les fiches d'engagement de dépense ;*
- *Les ordonnances et mandats de payement ;*
- *Les ordonnances et mandats de payement.*

Le Règlement n° 03-95/CM/UEMOA portant Règlement Financier des organes de l'Union qui est applicable en l'espèce, n'a pas prévu la délégation de signature ;

En ce qui concerne :

Les correspondances à caractère purement administratif dont les destinataires sont des personnes physiques ou morales autres que les Organes de l'Union et les Membres de la Commission, la délégation de signature n'est pas prévue par le Règlement Intérieur ou tout autre règlement de la Commission.

III – Conclusion

La Cour est d'avis que :

En l'état actuel des textes de droit communautaire de l'UEMOA, le Président de la Commission n'est pas autorisé à déléguer sa signature à son Directeur de Cabinet.

OBSERVATIONS

Par décision du 11 septembre 1996, le Président de la Commission de l'UEMOA a donné délégation à son Directeur de cabinet, à l'effet de signer, en son nom, une série d'actes et de documents cités par la lettre saisit la Cour pour avis. Celle-ci était chargée de dire si les textes qui régissent l'UEMOA autorisaient une telle délégation.

Son avis est négatif. La Haute juridiction considère en effet qu'aucune disposition ne permet au Président de la Commission d'opérer une telle délégation, et qu'en conséquence, il est malvenu à agir comme il l'a fait.

Le raisonnement tenu par la Cour est relativement simple, et s'il était permis de résumer l'avis rendu, on dirait tout simplement que pour les juges, il ne peut y avoir délégation de signature sans texte, qu'une opération juridique comme celle-là doit avoir une base textuelle.

L'arrêt rendu pose d'abord la question de …sa longueur. Il est souhaitable, pour la saine compréhension du point de vue judiciaire, que le juge soit économe dans son raisonnement, et s'épargne, à lui et au lecteur, certains développements que justifient sans doute des énonciations de la requête, mais qui peuvent nuire à une intelligence aisée de son verdict. Il n'est jamais bon, à cet égard, qu'un arrêt rendu donne le sentiment que c'est par un « long détour » que le juge s'est prononcé. Ce sont alors des exigences de clarté et de concision qui se retrouvent sacrifiées.

L'Avis du 10 septembre 1998 fait également une large place à des considérations de droit administratif interne. Cette inclination, que l'on peut relever dans d'autres décisions, pose un certain nombre de problèmes. On retiendra seulement que s'il pas question de nier au juge le droit de s'inspirer de solutions rendues dans d'autres cadres ou par d'autres instances juridictionnelles, une juridiction a le devoir de ne jamais donner l'impression qu'il s'appuie sur des « précédents » exprimés par ses homologues pour se dispenser d'un travail d'interrogation critique des textes, d'une juris-dictio d'abord solitaire. Les vérités venues d'autres juges sont des sources d'inspiration, elles ne sont pas « paroles d'Evangile ».

Il faut aussi insister sur le fait que toutes les fois que le juge international s'appuie sur des mécanismes de droit national pour résoudre des problèmes, il doit *justifier* ce rapprochement : soit le droit international a repris la règle de droit interne ou s'en est inspiré, soit il existe un « vide juridique » et la juridiction se trouve, *de facto,* dans l'obligation de raisonner, par exemple, par analogie. Une explication de cette nature a peut-être manqué dans l'Avis rendu. La Cour s'est directement référée au « droit administratif français », sans autre forme de procès, serait-on tenté de dire.

Il est possible que cet état de fait tienne aussi, comme on l'a fait remarquer plus haut, à la « tournure d'esprit » des juges de l'intégration, à leurs « réflexes ». Venant pour l'essentiel de la « magistrature judiciaire », incontestablement rompus aux arcanes de ce monde et aux subtilités de la justice qu'on y rend, ils pourraient éprouver à quelque malaise à trancher des questions de droit international public, domaine qui a aussi ses spécificités et son « génie propre ». Dans cette perspective, il serait souhaitable de diversifier l' « origine » et le « profil » des juges désignés dans les organes judiciaires des organisations internationales. La présence de juristes spécialistes du droit international public y serait incontestablement salutaire.

On doit, pour finir, évoquer un point qui aurait pu passer inaperçu : celui de l'autorité apte à saisir la Cour de Justice pour avis. Deux textes sont alors pertinents : l'article 16 alinéa 4 de l'Acte additionnel portant statuts de la Cour de Justice de l'UEMOA et l'article 17 § 7 du Règlement de procédures –plus précisément le troisième alinéa de ce paragraphe -.

Ces textes énoncent les différentes instances habilitées à saisir la Cour pour avis. Il convient de les rappeler :

- *Article 16 alinéa 4 de l'Acte additionnel portant statuts de la Cour :* « l'Assemblée générale consultative comprend l'ensemble des membres de la Cour, le secrétariat étant assuré par le Greffier. Dans cette formation, la Cour, sur rapport d'un membre désigné par le Président, émet des avis, des recommandations, lorsqu'elle est saisie par un organe compétent de l'UEMOA »
- *Article 17§7 alinéa 3 du Règlement de procédures :* « Lorsqu'elle est saisie par la Commission, le Conseil des ministres, la Conférence des chefs d'Etat et de Gouvernement, ou un Etat membre, la Cour peut

émettre un avis, sur toute difficulté rencontrée dans l'application ou l'interprétation des actes relevant du droit communautaire ».

Il résulte de ces textes que c'est bien la Commission qui peut saisir la Cour pour avis. Or, curieusement, dans plusieurs avis rendus, il est indiqué que la Cour a été saisie par le « Président de la Commission ». Deux hypothèses sont alors concevables : ou bien il s'agit d'une méprise, car « le Président de la Commission » n'est pas « la Commission », ou bien l'assimilation est fondée, dans la mesure où le Président représente, au sens juridique du terme, la Commission. Mais alors, il est souhaitable que les Avis que rend la Cour se réfèrent de manière très précise au (x) texte (s) qui confèrent éventuellement cette qualité au Président de la Commission. Une formule rituelle ou sacramentelle pourrait par exemple être consacrée dans tous les Avis rendus. Elle pourrait consister à énoncer que c'est *« au nom »* de la Commission que le Président a saisi la Cour, ou qu'il a agi en *« délégataire »* de la Commission.

De telles précisions ne tiennent pas de la coquetterie, elles renvoient au contraire à de vraies questions de droit, au respect des textes. L'on pourrait même, pour être plus complet, exiger que l'Avis fasse référence à la délibération collective par laquelle le Président a été autorisé à saisir la Cour. Une telle délibération pourrait alors « enrichir » les « visas » de l'Avis, et lever l'hypothèque de la compétence à saisir la Cour. En effet, celle-ci a le devoir de vérifier qu'elle a été correctement saisie, notamment par un organe habilité pour ce faire. Or, s'il s'avère que la demande d'avis a émané du Président et non de la Commission elle-même, la Haute juridiction serait dans l'obligation de décliner sa compétence. L'affaire ne concerne donc pas la seule Commission, son administration interne et ses méthodes de travail. Elle touche la régularité même de l'avis rendu, les questions de compétence étant, on le sait, des moyens d'« ordre public ».

AVIS N° 001/99 DU 22 MARS 1999

***

Demande d'avis complémentaire du Président de la Commission de l'UEMOA par rapport à l'avis n° 001/98 de la Cour de justice de l'UEMOA en date du 10 septembre 1998.

Le Président de la Commission de l'UEMOA a saisi la Cour de Justice de l'Union par lettre n° 98-095/PC/CJ en date du 27 novembre 1998, enregistrée au Greffe de la Cour le 30 suivant sous le n° 02 :98 et ainsi libellée :

Par son avis n° 001/98 du 10 sept. 98, la Cour de Justice de l'UEMOA a estimé que « l'acte de délégation de signature pris par le Président de la Commission, n'a pas, faute d'autorisation, rempli les conditions exigées par les règles du droit communautaire de l'UEMOA.

Et *qu'en l'état actuel des textes de droit communautaire de l'UEMOA, le Président de la Commission n'est pas autorisé à déléguer sa signature à son Directeur de Cabinet.*

Souhaitant tirer, au maximum, profit de cet avis, je souhaite qu'il place à la Cour de m'éclairer sur les points connexes suivants :

1. *Application de ma décision n° 90/96/PCOM en date du 11 septembre 1996, portant délégation de signature à Monsieur Antoine Sarr, mon Directeur de Cabinet, celui-ci, dans le cadre fixé par la décision, a signé des actes entrant dans les domaines pour lesquels je lui ai donné délégation. Quel est le sort juridique des actes ainsi signés par Monsieur Sarr, en application de ma décision précitée, celle-ci n'étant ni annulée, ni encore rapportée ?*
2. *Par ailleurs, souhaitant initier la révision des textes régissant la gestion et le fonctionnement courants de la Commission, je saurai gré à la Cour de l'éclairage qu'elle me donnera sur les précautions juridiques à prendre, selon le droit communautaire de l'UEMOA, pour que je puisse, dans ces domaines, consentir des délégations de pouvoirs et de signature, aux Membres de la Commission, à des Présidents d'organe et à des fonctionnaires et agents de l'Union.*
3. *Le règlement financier des organes de l'Union a autorisé le Président de la Commission à opérer des délégations de pouvoirs aux Commissaires et aux Présidents d'organe.*

Je souhaite qu'il plaise à la Cour de m'éclairer sur la procédure, conforme au droit communautaire de l'UEMOA, pour mettre effectivement et légalement en œuvre cette délégation.

Le règlement intérieur de la Commission, adopté par celle-ci, organise l'intérim du Président de la Commission.

Dans la perspective évoquée plus haut, de révision de textes de gestion et de fonctionnement courants de la Commission, je souhaite qu'il plaise à la Cour de m'indiquer si, pour une organisation de cet intérim tant dans sa procédure que pour son étendue, conforme au droit communautaire de l'UEMOA, les dispositions actuelles sont juridiquement suffisantes et, le cas échéant, de m'indiquer les voies et moyens pour se conformer à la réglementation communautaire.

Restant à la disposition de la Cour pour toutes informations ou précisions qu'elle estimera nécessaires à l'étude de la présente demande d'avis complémentaire, je vous prie d'agréer, Monsieur le Président, l'assurance de ma parfaite considération.

Moussa Touré

La Cour de Justice de l'UEMOA, siégeant en Assemblée Générale Consultative, sous la présidence de Monsieur Yves D. Yehouessi, son Président, sur le rapport de Monsieur Youssouf Any, Juge à ladite Cour, et en présence de Messieurs :

- Mouhamadou Moctar Mbacké — Juge à la Cour
- Martin Dobo Zonou — Juge à la Cour
- Malet Diakité — Premier avocat Général
- Kalédji Afangbedji — Avocat Général

A examiné en sa séance du 22 mars 1999, la demande sus-indiquée.

La Cour

Vu le Traité de l'Union Economique et Monétaire Ouest Africaine (UEMOA) signé le 10 janvier 1994 ;

Vu le Protocole additionnel n° 1 relatif aux organes de contrôle de l'UEMOA ;

Vu l'Acte additionnel n° 10/96 portant Statuts de la Cour de Justice de l'UEMOA ;

Vu le Règlement n° 01 :96/CM portant Règlement de Procédures de la Cour de Justice de l'UEMOA ;

Vu le Règlement Administratif de la Cour de Justice de l'UEMOA en date du 9 décembre 1996 ;

Vu le Règlement n° 03/95/CM portant Règlement Financier des organes de l'Union ;

Vu le Règlement intérieur de la Commission de l'UEMOA ;

Vu la demande d'avis complémentaire n° 98-095/PC/CI du 27 novembre 1998 du Président de la Commission de l'UEMOA.

Sur la forme

La requête ayant été introduite conformément à l'article 15-7 (3e) du Règlement de Procédures de la Cour de Justice qui dispose que « lorsqu'elle est saisie par la Commission, le Conseil des Ministres, la Conférence des Chefs d'Etat et de Gouvernement, ou un Etat membre, la Cour peut émettre un avis sur toute difficulté rencontrée dans l'application ou l'interprétation des actes relevant du droit communautaire », elle est donc recevable en la forme.

Sur le fond

Cette demande d'avis vient en complément d'une première par laquelle le Président de la Commission a voulu savoir la position de la Cour par rapport à sa décision n° 90/96/PCOM du 11 septembre 1996 donnant délégation de signature à son Directeur de Cabinet, Monsieur Antoine Sarr ;

A cet égard, par avis n° 001/98 du 10 septembre 1998, la Cour avait indiqué que la délégation de signature était l'acte par lequel une autorité administrative charge un agent de signer pour son compte, en ses lieu et place, certains actes administratifs relevant de sa compétence, et précisé que trois conditions étaient nécessaires pour que cette délégation soit légale :

1. *Il faut que la délégation ait été autorisée par une norme juridique de base ;*
2. *Il faut qu'un acte valable de délégation soit pris en application de la norme de base ;*
3. *Les limites fixées par l'acte de délégation doivent avoir été respectées par le délégataire ;*

Que faute d'avoir été légalement autorisée, la délégation de signature en cause était irrégulière.

1. La première question du Président de la Commission dans la présente demande est de savoir le sort réservé aux actes pris par son Directeur de Cabinet en vertu de cette délégation.

En principe, l'illégalité d'une délégation de pouvoir ou de signature entache d'illégalité les actes subséquemment pris par le délégataire ;

Cependant, et en vertu du principe du privilège du préalable qui sous-tend l'efficacité et la continuité de l'action administrative, ces actes demeurent exécutoires pour autant qu'ils n'ont pas été annulés par voie gracieuse ou contentieuse ; il s'ensuit en l'espèce, que, tant que la délégation consentie à Monsieur Sarr demeurera en vigueur, les actes accomplis dans ce cadre par celui-ci seront exécutoires ; ils restent néanmoins sous la menace d'une éventuelle action en annulation, jusqu'à expiration du délai du recours contentieux pour chacun d'eux.

2. Par la deuxième question, le Président de la commission demande à la Cour de l'éclairer sur les précautions juridiques à prendre pour consentir des délégations de pouvoir et de signature aux Membres de la Commission, à des Présidents d'organes et à des fonctionnaires et agents de l'Union, dans le cadre de la révision des textes régissant la gestion et le fonctionnement de l'Union qu'il souhaite initier.

A cet égard, il convient de souligner que la délégation de pouvoir (ou délégation de compétence stricto sensu) opère un véritable transfert de compétence de l'autorité délégante ou délégataire. Tant qu'elle dure, l'autorité qui a délégué est dessaisie ; la délégation est faite d'autorité à autorité ; le titulaire de chacun des postes peut changer, la délégation subsiste tant qu'elle n'a pas été abrogée. En revanche, en ce qui concerne la délégation de signature, l'autorité délégante n'est pas dessaisie, mais secondée dans sa tâche ; et il suffit que l'une des deux autorités change (déléguant ou délégataire) pour que la délégation de signature devienne caduque.

La Cour ne peut aller au-delà de cette indication en l'état de la demande. En effet, les précautions juridiques à prendre dans le cadre de la révision projetée des textes relèvent de la catégorie des actes préparatoires des projets relatifs à ces textes et partant, des seules compétence et expertise de l'administration de la Commission. La Cour ferait acte d'ingérence en se substituant aux fonctionnaires ou agents de la Commission qualifiés pour ce faire.

3. Le Président de la Commission demande à la Cour de « l'éclairer sur la procédure, conforme au droit communautaire de l'UEMOA, pour mettre effectivement et légalement en œuvre » les dispositions du Règlement financier des Organes de l'Union qui l'autorisent à opérer des délégations de pouvoirs aux Commissaires et aux Présidents des Organes.

Pour le motif indiqué ci-dessus, et en l'absence de difficulté précise et actuelle soumise à son appréciation, la Cour estime qu'elle outrepasserait sa compétence telle que prévue par l'article 15-7 de son Règlement de Procédures en essayant d'y faire droit.

En tout état de cause, les articles 12 et 19 du Règlement Financier des Organes de l'Union ne laissent entrevoir aucune difficulté pratique quant à leur application.

4. Le Président de la Commission pose le problème de son intérim et demande à la Cour de dire si les dispositions actuelles du Règlement intérieur de la Commission y relatives sont juridiquement suffisantes et, le cas échéant, lui indiquer les voies et moyens pour se conformer à la réglementation communautaire.

L'article 26 de ce Règlement stipule que « l'intérim du Président est exercé, en cas d'absence ou d'empêchement, par le Membre présent de la Commission le plus ancien dans la fonction et à ancienneté égale, le plus âgé ;

Une décision du Président de la Commission déterminera les actes pouvant être accomplis par l'intérimaire dans l'exercice de ses fonction » ;

Il y a lieu de rappeler que le but de l'intérim étant d'assurer la continuité de l'action administrative, il peut être organisé même en l'absence de texte le prévoyant ;

La décision attribuant à une autorité la fonction d'intérimaire peut préciser l'étendue des attributions concernées ; dans le cas contraire l'intérimaire exerce la plénitude des attributions du titulaire. Le choix de l'une ou l'autre formule est souverain à la seule condition de n'être guidé que par les nécessités d'une bonne administration.

En conclusion

La Cour est d'avis que :

1. *En vertu du principe du privilège du préalable, les actes signés par Monsieur Sarr demeurent exécutoires tant qu'ils n'ont pas été annulés.*

2. *Elle ferait acte d'ingérence en se substituant aux fonctionnaires et agents de la Commission en indiquant au Président de la Commission les précautions à prendre dans la préparation de tout projet de texte.*

3. *La réponse à la question n° 2 est valable pour la troisième.*

4. *L'intérim, tel qu'organisé par l'article 26 du Règlement intérieur de la Commission, ne présente aucune insuffisance juridique apparente.*

OBSERVATIONS

Comme son intitulé l'indique, l'Avis que voilà, rendu le 22 mars 1999, s'inscrit dans la suite de l'Avis du 10 septembre 1998 relatif au pouvoir du Président de la Commission de donner délégation de signature à son Directeur de cabinet. On se souvient que la Cour avait conclu par la négative, et s'en était tenue à ce constat. Quelque temps après, le Président de la Commission la saisit à nouveau, aux fins qu'elle se prononce sur le sort des actes accomplis en vertu de cette délégation.

La demande du Président de la Commission ne s'arrête pas à ce seul point. Souhaitant entamer des démarches pour que les textes de l'UEMOA puissent être modifiés, afin de lui permettre précisément de pouvoir opérer la délégation de signature, le Président de la Commission demande à la Cour de lui indiquer les « précautions juridiques » à prendre à cette fin.

En troisième lieu, le saisissant s'enquiert des conditions de mise en œuvre concrètes du pouvoir qu'il a, qui ne fait pas de doute cette fois, et qu'il tient du Règlement financier des organes de l'Union, de déléguer des pouvoirs aux Commissaires et aux « Présidents d'organe ».

Enfin, la requête interroge la Cour sur l'organisation de l'intérim du Président de la Commission : quelle est la procédure et l'étendue –en termes de prérogatives pour celui qui en bénéficie - de cet intérim ?

La succession des questions présentées, le souci de réponses précises qui transparaît des interrogations, presque « angoissantes » du requérant, laissent deviner que la question de la délégation de pouvoirs préoccupait au plus haut point la Commission au moment où la Cour est saisie. Le besoin d'une « mise en ordre » se ressent du ton de la lettre.

Il faut relever un autre fait, plutôt bizarre, et qui tient à la chronologie. La Cour, on le sait, avait été saisie une première fois en septembre 1998, et une seconde fois – celle-ci – en février 1999. Il est curieux que la Commission – ou son Président, si c'est lui qui *proprio motu*, a saisi la Haute juridiction- ait attendu cinq mois pour s'enquérir du sort d'actes pris en vertu d'une délégation que rien n'autorisait. On peut penser que le réflexe de saisir de nouveau la Cour aurait pu se manifester plus tôt.

Le fait autorise deux conjectures, deux hypothèses que rien ne confirme dans la décision rendue, mais qui se sont, selon toute vraisemblance, produites.

La première est que le délégataire de signature, Directeur de cabinet du Président de la Commission, a pris des actes avant même que la Cour ne se soit prononcée sur la validité de la délégation consentie, sans doute parce qu'il demeurait optimiste sur la réponse de la Cour. En tous les cas, l' « action » - c'est-à-dire la prise de décision - a quelque peu précédé la « réflexion » -c'est-à-dire l'interrogation sur la conformité au droit-.

La seconde hypothèse est que ces actes pris en violation du droit se sont sans doute vu contestés, ou menacés de contestation, en tous cas qu'un débat a eu lieu, *ex post,* sur leur régularité. D'un point de vue technique et procédural, la cause était pourtant entendue : le délai de recours en annulation de ces actes, qui est de deux mois, était largement dépassé, et, sauf si lesdits actes n'avaient pas encore été publiés ou notifiés, il n'était plus possible de les contester judiciairement.

Tel est le contexte dans lequel la saisine de la Cour a sans doute eu lieu. On voudra bien excuser la part de supposition que l'évocation de celui-ci comporte.

Sur le fond, la Cour reprend l'une après l'autre les questions posées et y répond.

Sur le sort des actes pris en vertu de la délégation irrégulière, le juge est clair : de tels actes restent irréguliers et encourent l'annulation. La réponse est limpide, sa justification peut cependant donner lieu à une discussion. Pour expliquer la subsistance desdits actes, la Cour évoque en effet le *« privilège du préalable »*, qui a cours en droit administratif – qui exerce décidément une forte attraction sur le mode de raisonnement judiciaire -, et que l'on pourrait exprimer ainsi : les décisions prises par l'Administration sont immédiatement exécutoires, leur contestation ne peut en principe précéder leur exécution, en raison de la nécessité de la continuité et de l'efficacité de l'action administrative.

Cette justification peut toutefois être discutée dans la mesure où le « privilège du préalable » a un sens dans le contexte d'un Etat, où les nécessités du service public impliquent la reconnaissance au profit de cet Etat, d'une certaine puissance – « une puissance publique »-, et des prérogatives exorbitantes du droit commun, - des « prérogatives de puissance publique »-. Le principe du préalable dérive directement de la puissance de l'Etat, de sa suprématie dans l'ordre interne. Mais une organisation internationale n'est pas un Etat, elle n'en a ni la « puissance », ni la généralité de compétence. Elle n'est qu'une entité dotée de compétences d'attribution, assujettie au « principe de spécialité » et n'ayant de prérogatives que « fonctionnelles ». Il n y a pas, dans la théorie des organisations internationales, de « privilège du préalable » parce que l'action d'une organisation internationale ne revêt pas le même degré d'impérativité, de nécessité, que celle de l'Etat. L'organisation, qui résulte de la volonté même des Etats, ne peut pas avoir autant de puissance que ces Etats. La justification par le « privilège du préalable » nous semble donc contestable. Nous voilà renvoyés à une observation précédente : le droit international n'est pas le droit interne, leurs logiques propres et leurs « ressorts » sont différents.

Une autre curiosité peut encore être relevée à ce stade. La Cour note en effet que les actes litigieux « restent néanmoins sous la menace d'une éventuelle action en annulation, jusqu'à l'expiration du délai du recours contentieux pour chacun d'eux ». N'était-il pas possible pour la Cour, au moment même où elle se prononçait, de s'enquérir de ces délais contentieux ? Si les actes ont été publiés ou notifiés peu après leur édiction, toute possibilité de les annuler était exclue au moment où l'Avis est rendu. Dans l'hypothèse inverse – absence de publication ou de notification-, la précision de la Cour est, certes, utile.

Répondant à la deuxième question – « quelles précautions juridiques prendre pour consentir des délégations de pouvoirs et de signature aux membres de la Commission, à des Présidents d'organe et à des fonctionnaires et agents de l'Union » ?-, la Cour s' « autolimite », elle déclare ne pouvoir satisfaire la demande d'avis, au risque de s'ingérer dans le fonctionnement de la Commission. Elle considère en effet que les « précautions juridiques » dont il est question « relèvent de la catégorie des actes préparatoires… » et touchent l'organisation et le fonctionnement internes de la Commission.

On peut comprendre et même approuver le scrupule du juge, sur une question aussi cruciale que celle de la compétence. Au-delà des considérations rigoureusement juridiques, la prudence de la Cour, cette attention particulière à ne pas s'ingérer dans une rationalité de type politique – qui est celle de la Commission ici – tient à une forme de courtoisie et de retenue qu'il serait déplacé de lui reprocher. Il est pourtant possible de ne pas partager sa réponse.

En effet, la question posée par le Président de la Commission ne consistait nullement à demander à la Cour de dicter à la Commission des comportements donnés, mais de l'éclairer sur des points de droit. Le juge est sollicité, comme l'écrit le Président de la Commission dans sa lettre, dans la perspective de « la révision des textes régissant la gestion et le fonctionnement courants de la Commission ». Il lui donc était demandé de donner une opinion de type juridique, de se faire l'« aiguilleur » de la Commission pour lui indiquer les voies et moyens de réformer les textes.

Il est vrai qu'aux termes de l'article 15 de ses statuts, la Cour délivre un avis « sur toute difficulté rencontrée dans l'application ou l'interprétation des actes relevant du droit communautaire ». Une compréhension rigoureuse de cette disposition peut conduire le juge à cantonner son office à la seule « interprétation » du droit, et à ne jamais aller au-delà, par exemple indiquer des voies et moyens de surmonter une difficulté. Mais justement, rien n'empêche d'adopter une conception moins rigide, plus utilitaire, de la mission du juge dans le cadre de la procédure consultative. Après tout, il s'agit, en dernière analyse, de surmonter la « difficulté rencontrée dans l'application ou l'interprétation des actes » de droit communautaire, et il est attendu de l'intervention judiciaire qu'elle lève cette difficulté.

Ajoutons que la Cour nous a, dans le passé, livré une conception moins rigoriste de son office, dans cette même matière consultative. On se souvient en effet que dans son premier Avis – qui est sa première « intervention » -, celui du 10 décembre 1996, elle avait accepté de s'exprimer en dépit de l'incompétence de l'organe qui l'avait saisie et ce, en vertu de sa « fonction purement administrative d'assistance juridique ».

Il reste qu'il est possible d'expliquer la réticence de la Cour par une certaine équivoque recelée par la lettre du Président de la Commission. A vrai dire, la formulation de la deuxième posée est quelque peu alambiquée, et il était possible de la rendre plus simple. La notion même de « précautions juridiques » a dû, d'autre part, quelque peu « impressionner » le juge, et « dramatiser » pour ainsi dire l'enjeu. N'était-il pas seulement question, dans la deuxième comme dans la troisième question – qui donne en effet lieu à la même réponse -, de solliciter du juge qu'il indique les voies et procédures propres à permettre au Président de la Commission de consentir des délégations de pouvoirs et de signature ? Somme toute, la Cour a pour rôle de dire le droit, d'en éclairer le sens. En dehors d'elle, aucun autre organe n'est habilité pour cela. Dans l'Avis du 22 mars 1999, elle aura fait preuve d'un tel état d'esprit au sujet de la quatrième question posée - « les dispositions actuelles du Règlement intérieur de la Commission, sont-elles juridiquement suffisantes » pour régler la question de l'intérim ? -, à laquelle elle consent effectivement à répondre.

AVIS N° 002/2000 DU 22 MARS 1999

***

Demande d'avis complémentaire du Président de la Commission de l'UEMOA relative à l'interprétation de l'article 84 du Traité de l'UEMOA

Le Président de la Commission a saisi la Cour de Justice de l'UEMOA par lettre n° 99-145/PC/CJ en date du 19 novembre 1999, dont la teneur suit :

Monsieur le Président,

L'article premier du Protocole additionnel n° 1 relatif aux Organes de contrôle de l'UEMOA, charge la Cour de Justice de veiller « au respect du droit quant à l'interprétation et à l'application du Traité de l'Union ».

A l'occasion des discussions sur des projets d'accords commerciaux et/ou d'investissement entre l'Union et des Etats tiers, est apparue une divergence, devenue persistante, entre la Commission et le Comité des Experts, institué par l'article 25 du Traité pour réparer les délibérations du Conseil des Ministres.

La divergence est relative à la portée de l'article 84 du Traité aux termes duquel « l'Union conclut des accords internationaux dans le cadre de la politique commerciale commune... ».

Au sens de la Commission, cette disposition confère compétence exclusive à l'Union pour conclure les accords visés par ledit article pour, entre autres, éviter que la mise en œuvre de la politique commerciale commune ne soit rendue difficile, voire impossible, du fait d'accords bilatéraux conclus par les Etats membres avec des Etats tiers.

Selon le Comité des Experts, la rédaction de l'article ne permet pas de soutenir une telle position. Pour lui, l'usage de l'article « des », à la place de « les », devant « accords internationaux » laisse subsister, à côté de celui de l'Union, un champ de compétence des Etats membres, qui devront conformer les accords qu'ils auront à conclure à la politique commerciale de l'Union.

La Commission ayant maintenu sa position quant à la compétence exclusive de l'Union de conclure les accords prévus par l'article 84, le Conseil des Ministres a invité la Commission a saisir la Cour de Justice en vue d'obtenir une interprétation de cet article, pour qu'une compréhension unique de ses dispositions puisse être arrêtée au sein de l'Union.

C'est pourquoi, je saurais gré à la Cour de dire le droit sur la portée de l'article 84 du Traité, en matière de compétence à conclure les accords internationaux dans le cadre de la politique commerciale commune.

Veuillez agréer, Monsieur le Président, l'assurance de ma parfaite considération.

Moussa Touré

La Cour, siégeant en Assemblée Générale Consultative, sous la présidence de Monsieur Yves Yehouessi, Président de la Cour de Justice de l'UEMOA, sur le rapport de Monsieur Kalédji Afangbedji, Avocat Général à ladite Cour, en présence de Messieurs :

- Mouhamadou Moctar Mbacké,	Juge à la Cour
- Youssouf Any Mahaman,	Juge à la Cour
- Martin Dobo Zonou,	Juge à la Cour
- Malet Diakité,	Premier Avocat Général à la Cour

Et assistée de Monsieur Raphaël P. Ouattara, Greffier de la Cour, a examiné en sa séance du 2 février 2000, la demande ci-dessus exposée.

La Cour :

Vu le Traité de l'Union Economique et Monétaire Ouest Africaine (UEMOA en date du 10 janvier 1994 ;

Vu le Protocole additionnel n° 1 relatif aux organes de contrôle de l'UEMOA ;

Vu l'Acte Additionnel n° 10/96 portant Statuts de la Cour de Justice de l'UEMOA ;

Vu le Règlement n° 01/96/CM portant Règlement de Procédures de la Cour de Justice de l'UEMOA ;

Vu le Règlement Administratif de la Cour de Justice de l'UEMOA en date du 9 décembre 1996 ;

Vu la demande n° 99-145/PC/CJ du 19 novembre 1999 du Président de la Commission de l'UEMOA.

Sur la forme

S'agissant d'une requête qui vise à obtenir de la cour son avis sur le sens exact de l'article 84 du Traité de l'Union à la suite des difficultés nées du fait que la Commission et le Comité des Experts n'avaient pas la même lecture dudit article, il y a lieu de considérer cette requête comme étant celle du type prévu à l'article 27 alinéa 4 de l'Acte Additionnel n° 10/96 portant Statuts de la Cour ou à l'article 15-7e du Règlement de Procédures de ladite Cour pour la Conférence des Chefs d'Etat et de Gouvernement, le Conseil des Ministres et la Commission de l'UEMOA lorsque ceux-ci viennent à rencontrer toute difficulté dans l'application et l'interprétation des actes relevant du droit communautaire.

Sur le fond

Il est demandé à la Cour de dire si l'Union a compétence exclusive à conclure des accords internationaux avec des pays tiers ou des organisations internationales dans le cadre de la politique commerciale commune instituée par le Traité.

Aux termes des articles 9 qui la dote de la personnalité juridique, 13 alinéa 2 du Traité qui l'habilite à conclure des accords de coopération et d'assistance avec des Etats tiers ou des organisations internationales, l'UEMOA comme les Etats membres ont la capacité de conclure des accords internationaux en tant que sujets de droit international, l'accord international pouvant être défini comme tout engagement ayant force obligatoire pris par un sujet de droit international.

Toutefois, le régime conventionnel communautaire comprend en général plusieurs catégories d'accords dont la typologie préside aux effets juridiques propres à ces accords et même au processus de négociation et de conclusion de ces conventions. Ainsi donc on peut distinguer :

1. *Les accords externes, c'est-à-dire ceux que la Communauté peut conclure avec des pays tiers, seule et représentée par la Commission agissant sous les directives du Conseil (cf. article 12 du Traité) ou conjointement avec les États membres (accords communément appelés « accords mixtes ») ;*

2. *Les accords inter-étatiques auxquels l'union n'est pas partie mais qui sont conclus par les États membres soit avec des États tiers, soit entre eux-mêmes.*

Ces accords inter-étatiques peuvent avoir été conclus avant l'entrée en vigueur du Traité de l'Union ou peuvent l'être après cette entrée en vigueur. Leurs effets juridiques vis-à-vis de la Communauté et vis-à-vis des cocontractants varieront en fonction des situations sus-décrites et conformément aux dispositions pertinentes des articles 14 et 15 du Traité constitutif de l'UEMOA.

L'objet de la consultation portant exclusivement sur les accords externes, il convient d'en examiner la portée, à savoir quels sont les cas où la Communauté est habilitée à conclure seule des accords et selon quelle procédure.

Il importe de souligner tout d'abord que l'Union constitue en droit une organisation de durée illimitée, dotée d'institutions propres, de la personnalité et de la capacité juridique et surtout de pouvoirs issus d'une limitation de compétences et d'un transfert d'attributions des États membres qui lui ont délibérément concédé une partie de leurs droits souverains pour créer un ordre juridique autonome qui leur est applicable ainsi qu'à leurs ressortissants.

C'est ainsi qu'à côté des compétences retenues des États membres dont l'exercice est garanti par leur autonomie institutionnelle, il existe avec le même principe d'autonomie institutionnelle une compétence exclusive de l'Union mise en évidence par des dispositions parfaitement indentifiables dont celles des articles 82, 83 et 84 du Traité relatif à la politique commerciale qui prescrivent en vue de la réalisation des objectifs du Traité une politique commerciale commune comprenant notamment la détermination par actes juridiques communautaires du Tarif Extérieur Commun, de mesures de défense commerciale, de politique d'exportation, de négociation et de conclusion d'accords commerciaux bilatéraux ou multilatéraux avec des États ou organisations internationales.

Ces dispositions d'ordre externe sont mises en œuvre dans les termes non équivoques de l'article 84 du Traité qui n'envisage en aucun cas l'intervention des États membres au stade de la négociation, ces derniers ne pouvant intervenir qu'au stade de l'élaboration des recommandations du Conseil à la Commission et éventuellement en tant que membres du comité ad hoc constitué par le Conseil des Ministres.

Les seules exceptions admises par le Traité quant à l'exercice de la compétence exclusive de l'Union dans ce domaine de la politique commerciale commune sont :

1. *Celles de l'article 85 où l'Union ne peut disposer de représentants propres au sein d'une organisation internationale (certaines organisations internationales n'admettant pas d'autres organisations comme membres), ce qui fait tomber le cas dans la catégorie des accords interétatiques ;*

2. *Celles relatives aux accords dits mixtes où coexistent l'Union et les États membres. Ces cas ne sont pas prédéfinis par les Traités et relèvent plutôt de pratiques communautaires ;*

Ces cas d'accords mixtes dépendent en principe de compétences partagées entre les États membres et l'Union ; ils sont donc exclusifs des compétences réservées de l'Union et des compétences retenues des États membres. Il s'agit d'accords dont l'objet dépasse en quelque sorte la compétence de la Communauté et empiète sur la compétence des États membres. On peut citer à titre d'exemples européens les Accores ACP/CEE de Yaoundé et de Lomé qui ont pour objet une coopération au développement, la Convention des Nations Unies sur le Droit de la Mer qui englobe toute la politique économique relative à l'exploitation de la mer ; quant à l'Accord du GATT (accord portant sur les politiques commerciales) dont la mixité s'explique par son antériorité au Traité d'intégration économique européenne, il est en principe de compétences exclusives de l'Union ; c'est pourquoi la CEE s'est a posteriori totalement substituée aux États membres aussi bien dans leurs droits que ans leurs obligations respectifs.

Ces accords mixtes, comme tous les accords communautaires, ne peuvent en aucun cas affecter le Traité constitutif et les actes pris en son application.

En résumé, on peut dire que l'hypothèse de compétences exclusives où pour la mise en œuvre d'une politique commune, l'Union a pris, par actes communautaires, des dispositions communes, les États membres ne sont plus en droit ni individuellement, ni collectivement, de contracter, encore moins de négocier avec des États tiers des obligations portant sur ce domaine. En effet, les dispositions de l'article 7 du Traité prescrivent aux États membres l'obligation de s'abstenir de prendre toute mesure de nature à compromettre l'application du Traité.

Tel est le cas de la négociation et de la conclusion d'accords relevant de la politique commerciale commune de l'Union dont le régime, aux termes de l'article 82 du Traité, est fixé par voie de règlement communautaire, la conclusion relevant du Conseil des Ministres de l'Union et la négociation, elle, de la Commission ; ce, en vertu des dispositions de l'article 84du Traité. Ces accords de compétences exclusives, une fois entrés en vigueur, acquièrent un effet obligatoire vis-à-vis des États membres en vertu de leur nature d'actes communautaires dérivés à caractère conventionnel.

Ils sont en principe classés, dans la hiérarchie de normes communautaires, au-dessus des actes communautaires unilatéraux tels que les règlements et les directives et les décisions.

L'utilisation de l'article « des » au lieu de « les » ne peut en aucun cas remettre en cause le fondement juridique de la compétence exclusive de l'Union en cette matière de politique commune, tel qu'il (le fondement) ressort des articles 13 alinéa 2, 14, 15, 82,83 et 84 du Traité constitutif de l'Union.

En conclusion

La Cour est d'avis qu'en vertu des dispositions des articles précités du Traité de l'UEMOA :

- *La politique commerciale commune tant intérieure qu'extérieure de l'Union relève de la compétence exclusive de cette dernière ;*
- *Sous peine de violation des dispositions de l'article 7 du Traité, les États membres ne peuvent ni individuellement, ni collectivement négocier ou conclure des accords internationaux en matière commerciale, sauf dans le cas prévu à l'article 85 du Traité ou dans celui relevant d'accords dits mixtes couvrant à la fois des domaines relevant des compétences exclusives respectives de l'Union et des États membres.*

OBSERVATIONS

Le présent Avis a été rendu le 22 mars 1999, il fait suite à une demande du Président de la Commission de l'UEMOA, relative à l'interprétation de l'article 84 du Traité fondateur. Cet article dispose en effet, entre autres, que « l'Union conclut des accords internationaux dans le cadre de la politique commerciale commune ».

Une divergence d'interprétation s'est élevée à ce sujet entre la Commission et le « Comité des Experts », organe chargé, aux termes de l'article 25 du Traité, de préparer les délibérations du Conseil des ministres, et qui regroupe des représentants des États membres.

Pour la Commission, la disposition litigieuse signifiait que la compétence de l'Union en matière de « politique commerciale » excluait celle des États membres, et tel était bien le sens de l'article 84. Pour le Comité des Experts au contraire, la compétence de ces États membres n'est nullement abolie, elle subsiste, et l'usage de l'article *« des »* à la place de *« les »* dans la phrase discutée en atteste, entre autres.

C'est la Commission qui a saisi le juge de l'UEMOA pour lui demander un Avis, sur « invitation » du Conseil des ministres. Remarquons toutefois que rien n'empêche, en droit, l'instance ministérielle, de faire usage de la procédure consultative. Le Conseil des ministres fait bien partie des organes habilités à demander un avis de droit à la Cour de Justice. Le fait qu'elle « se décharge » sur la Commission ne s'explique, sans doute, que par des commodités pratiques : siégeant dans la même ville que l'organe judiciaire, étant elle-même un organe permanent et non intermittent, comme l'est le Conseil des ministres, ayant enfin l' « habitude » de saisir la Cour, la Commission était sans conteste plus disposée à effectuer cette diligence.

La juridiction communautaire était donc saisie pour trancher le différend interprétatif. De prime abord, la configuration de l'affaire était « classique », les thèses juridiques défendues de part et d'autre étaient « attendues ». Il est en effet courant, dans les organisations internationales, que l'organe intégré de celles-ci, chargé d'incarner la personne morale autonome que le regroupement des États constitue, ait tendance, dans sa « lecture » des textes, à incliner pour l'accroissement ou la consolidation des compétences de l'organisation, alors qu'un organe intergouvernemental comme le « Comité des Experts », qui regroupe donc des représentants des États membres, et n'ayant, de surcroît, aucune légitimité ou prétention de nature « politique », n'étant qu'un organe d'appui « technique », ait au contraire tendance à privilégier la compétence des États membres.

La Cour commence, dans son raisonnement, par présenter le droit communautaire pertinent en matière de conclusion de traités. Le régime se caractérise par une tripartition selon le juge.

Il existe d'abord des « accords externes », pour lesquels seule la Commission est compétente, et qui excluent donc toute intervention des États membres. C'est donc l'Union, en tant que telle, qui est partie à de telles conventions.
Et le processus conventionnel, tel qu'il est décrit dans le traité de l'UEMOA, ne laisse « paraître » que les organes de celle-ci, jamais les États membres. C'est la Commission qui négocie, et représente l'UEMOA, elle agit sous les directives du Conseil des ministres.

Il existe une deuxième catégorie de conventions, qui sont négociées par la Commission, mais dans le processus de négociation desquelles il n'est pas exclu que les États membres interviennent. Ces accords, la Cour les qualifie d' « accords mixtes ». Ils postulent en fait une concurrence des compétences entre l'organisation et les États membres.

La dernière catégorie d'accords est celle que les États membres concluent sans l'intervention d'un quelconque organe communautaire. Il s'agit bien, dit l'Avis, d' « accords inter étatiques, auxquels l'Union n'est pas partie mais qui sont conclus par les États membres soit avec des États tiers, soit entre eux-mêmes ».

La Cour va arriver à la conclusion que :

> *La politique commerciale commune ...de l'Union relève de la compétence exclusive de cette dernière » et que « sous peine de violation des dispositions de l'article 7 du Traité, les États membres ne peuvent ni individuellement ni collectivement négocier ou conclure des accords internationaux en matière commerciale...*

En d'autres termes, la Cour suit, dans l'affaire qui lui est soumise, l'interprétation de la Commission plutôt que celle du comité des Experts. Elle a cru pouvoir fonder son opinion sur des éléments tenant au « système » même du Traité, et sur d'autres, qui résulteraient des textes eux-mêmes. Par une interprétation à la fois « systémique » et « exégétique », elle parvient donc à cette conclusion.

La justification « systémique » est la suivante :

> *L'Union constitue en droit une organisation de durée illimitée, dotée d'institutions propres, de la personnalité et de la capacité juridique et surtout de pouvoirs issus d'une limitation de compétences et d'un transfert d'attributions des États membres...*

Elle repose donc, autant sur les caractéristiques intrinsèques de l'organisation internationale, sur son « être » ou son « allure », que sur l'intensité des transferts de compétences consentis par les États. A vrai dire, cette justification n'est pas nouvelle ou « originale ». La méthode autant que les mots utilisés rappellent d'abord l'Avis rendu par la Cour Internationale de Justice de la Haye le 11 avril 1949, au sujet de la personnalité et des compétences de l'Organisation des Nations Unies. Ils rappellent d'autre part des décisions rendues par la Cour de Justice des Communautés européennes, coutumière, on le sait, de ce type de raisonnement. Manifestement, la Cour de Ouagadougou a été influencée par ces jurisprudences-là. On ne la critiquera certainement pas pour cela, ces réponses-là étant, compte tenu d'une certaine similarité des contextes, attendues.

Quant à la justification à partir des textes, elle repose sur le « complexe » que forment les articles 82, 83 et 84 du Traité. Le premier évoque des sujets divers, en laissant clairement paraître la compétence communautaire à leur sujet : harmonisation des législations et réglementations nationales relatives à l'union douanière, tarif extérieur commun, politique commerciale extérieure de l'Union notamment. L'article 83 suggère que l'Union est bien un acteur de la politique internationale, en rappelant les principes auxquels son action en la matière est assujettie. Enfin, l'article 84 décrit, au sein même de l'organisation internationale que constitue l'UEMOA, les modalités de la conclusion d'accords internationaux. Celles-ci font apparaître les interventions de deux organes de l'Union : la Commission et le Conseil. Pour la Cour, cette exclusion implicite de toute intervention nationale atteste que sur au moins certains sujets, l'UEMOA est un acteur autonome des relations commerciales internationales, acteur détenant alors une « compétence exclusive ».

Relativement à la « politique commerciale commune », la compétence de principe – compétence exclusive- échoit donc à l'Union ; les seules exceptions à cet égard sont le cas dans lequel l'UEMOA ne dispose pas de représentation dans le cadre où se déroulent les négociations commerciales, et celui dans lequel, en raison de la « matière » en cause, l'Union et les États membres disposent de compétences concurrentes. On parle alors, dans ce dernier cas, d' « accords mixtes » selon la Cour.

Une lecture attentive de l'Avis du 22 mars 1999 permet de fonder la solution apportée par la Cour sur un autre élément : une espèce d'irréversibilité, ou d'irrévocabilité, des compétences transférées. Cette donnée, il faut bien le constater également, se retrouve aussi dans les décisions des autres juridictions internationales qui ont certainement inspiré la Cour. Si les États membres tentaient, de manière directe ou indirecte, de « revenir sur » les compétences ainsi concédées, ils méconnaîtraient l'obligation qui leur est faite à l'article 7 du Traité de s'abstenir de tout acte de nature à compromettre la mise en œuvre du Traité, obligation générale de bonne foi pesant, au demeurant, sur tout État partie à une convention, que celle-ci le stipule ou non.

Tels sont les éléments sur lesquels la Haute juridiction se fonde pour conclure à l'exclusivité de la compétence de l'Union en matière de politique commerciale. On regrettera toutefois la présence, dans l'Avis rendu, de concepts comme celui d' « accords de compétences exclusives », ou d' « actes communautaires dérivés à caractère conventionnel », dont on ne trouve pas nécessairement trace dans les textes de l'Union et qui pourraient, de ce fait, poser des problèmes de compréhension.

AVIS N° 003/2000 DU 27 JUIN 1999

***

Demande d'avis de la Commission de l'UEMOA relative à l'interprétation des articles 88, 89 et 90 du traité relatifs aux règles de la concurrence dans l'Union

---

Le Président de la Commission a saisi la Cour de Justice de l'UEMOA par lettre n° 1886/PC/DPCD/DCC/499, du 26 mai 2000 dont la teneur suit :

Monsieur le Président,

L'article premier du Protocole additionnel n° 1 relatif aux Organes de contrôle de l'UEMOA, charge la Cour de Justice de veiller « au respect du droit quant à l'interprétation et à l'application du Traité de l'Union ».

Lors des travaux de l'atelier sur le projet de législation communautaire de la concurrence à l'intérieur de l'Union, qui s'est tenu au siège de la Commission du 10 au 14 avril 2000, des divergences de vues sont apparues entre la Commission et les Experts des Etats membres, quant à l'interprétation des dispositions du Traité, relatives aux règles de concurrence, en ce qui concerne la coexistence des législations nationales et de la législation communautaire en matière de concurrence.

Sur cette question, la Commission considère qu'aux termes des articles 88, 89 et 90 du Traité, l'Union a compétence exclusive pour légiférer dans les trois domaines couverts par le Traité en matière de concurrence, à savoir les ententes, les abus de position dominante et les aides d'Etat. Pour elle, les législations nationales ne peuvent porter que sur les autres domaines de la concurrence non couverts par le Traité, la concurrence déloyale par exemple.

Quant aux Experts des Etats membres, ils estiment que la législation communautaire doit coexister avec les législations nationales, pourvu que les dispositions de ces dernières soient conformes au Droit communautaire ; en cas de conflit, la primauté va à la législation communautaire.

Aussi, saurais-je gré à la Cour de Justice de dire le droit, sur la portée des articles 88, 89 et 90 du Traité de l'Union, relativement à ce point de divergence, afin de permettre à la Commission de finaliser le projet de législation communautaire de la concurrence.

Veuillez agréer, Monsieur le Président, l'assurance de ma parfaite considération.

Moussa Touré

La Cour, siégeant en Assemblée Générale Consultative, sous la présidence de Monsieur Mouhamadou Moctar Mbacké, assurant l'intérim du Président de la Cour de Justice de l'UEMOA, sur son rapport, en présence de Messieurs :

- Youssouf Any Mahaman,	Juge à la Cour
- Martin Dobo Zonou,	Juge à la Cour
- Daniel Lopes Ferreira,	Juge à la Cour
- Malet Diakité,	Premier Avocat Général à la Cour
- Kalédji Afangbedji,	Avocat Général

Et assistée de Monsieur Raphaël P. Ouattara, Greffier de la Cour, a examiné en sa séance du 27 juin 2000, la demande ci-dessus exposée.

La Cour

Vu le Traité de l'Union Economique et Monétaire Ouest Africaine (UEMOA) en date du 10 janvier 1994 ;

Vu le Protocole additionnel n° 1 relatif aux organes de contrôle de l'UEMOA ;

Vu l'Acte additionnel n° 10/96 portant Statuts de la Cour de Justice de l'UEMOA ;

Vu le Règlement n° 01/96/CM portant Règlement de Procédures de la Cour de Justice de l'UEMOA ;

Vu le Règlement n° 01/2000/CDJ abrogeant et remplaçant le règlement n° 1/96/CDJ relatif au Règlement Administratif de la Cour de Justice de l'UEMOA en date du 6 juin 2000 ;

Vu la demande n° 1886/PC/DPCD/DCC du 26 mai 2000, peut être considéré comme fondé sur les dispositions de l'article 27, dernier alinéa de l'Acte Additionnel n° 10/96 portant statuts de la Cour de Justice et de l'article 15-7e du Règlement de Procédures de ladite Cour, relatifs à la compétence consultative de la Cour saisie par les organes de l'Union, lorsque ces derniers rencontrent des difficultés dans l'application ou l'interprétation des actes relevant du Droit communautaire.

Cette requête peut donc valablement être examinée, toutes les conditions de recevabilité prescrites par les articles précités ayant été dûment remplies.

I – Expose de l'objet de la consultation

Si l'on se réfère aux termes de la lettre précitée du Président de la Commission, il s'agit en substance d'une divergence d'interprétation des articles 88, 89 et 90 du Traité et plus précisément des dispositions des paragraphes a), b) et c) de l'article 88 du Traité de l'UEMOA.

En effet, se fondant sur les termes des articles 88, 89 et 90, la Commission soutient sans du reste en administrer la preuve, que l'Union a compétence exclusive pour légiférer dans les trois domaines visés par le Traité en matière de concurrence, à savoir :

- *88 a) : Les ententes, associations et pratiques concertées ;*
- *88 b) : Les abus de position dominante*
- *88 c) : Les aides d'Etat.*

Les domaines non régis par les régimes juridiques susvisés, relèvent, selon l'interprétation de la Commission, de la compétence résiduelle des Etats, et tel serait le cas de la concurrence déloyale par exemple.

Quant aux experts des Etats, toujours selon la Commission, leur avis consiste à affirmer que :

1. *La législation communautaire ne remet pas en cause l'existence et l'application du droit interne des Etats en matière de Droit de la concurrence qui va subsister ;*
2. *Cette coexistence ne peut souffrir d'exception que lorsqu'il y a conflit entre les deux Droits, ce qui va entraîner l'application du principe de primauté du Droit communautaire devant lequel le Droit national va s'effacer ;*

II – Discussions

Pour dégager un avis motivé sur l'objet de la consultation, il conviendrait au préalable, sur le plan méthodologique, de :

a. *Procéder, pour en appréhender les similitudes et les différences qui fondent leur sens et leur protée, à un examen comparatif de la rédaction des textes d'interdiction en matière de concurrence dans le Traité de Rome par rapport à ceux sus indiqués du Traité de Dakar, qui s'est, du reste, profondément inspiré du droit européen.*

Car aussi bien dans le Traité de Rome que dans le Traité de Dakar, ces règles sur les atteintes à la concurrence par ententes, associations et pratiques concertées ou abus de domination ou aides d'Etat constituent les principes de base du Droit de la concurrence auxquels on se réfère pour caractériser tout acte anticoncurrentiel ;

b. *Circonscrire la notion de compétence en Droit institutionnel communautaire : que recouvre cette notion ? Quel est son contenu et ses différents aspects ? C'est une fois ces préalables levés par la consolidation de leur fondement, que l'adaptabilité à ce canevas, des interprétations divergentes sus exposées, laissera entrevoir l'option juridique qui paraîtrait la plus compatible avec les dispositions des articles 88 a), b) et c) du Traité de l'Union,*

A – De l'examen comparatif des dispositions des deux Traités précités en matière d'actes collectifs anticoncurrentiels et d'abus de position dominante

Les dispositions des articles 85 et 86 du Traité de Rome (81 et 82 du Traité de Maastricht) sont ainsi libellées :

Article 85 – « Sont incompatibles avec le Marché Commun et interdits, tous accords entre entreprises, toutes décisions d'associations d'entreprises et toutes pratiques concertées qui sont susceptibles d'affecter le commerce entre Etats membres et qui ont pour objet ou pour effet d'empêcher de restreindre ou de fausser le jeu de la concurrence à l'intérieur du Marché Commun… » ;

Article 86 – « Est incompatible avec le Marché Commun et interdit dans la mesure où le commerce entre Etats membres est susceptible d'être affecté, le fait pour une ou plusieurs entreprises d'exploiter de façon abusive une position dominante sur le Marché Commun ou dans une partie substantielle de celui-ci » ;

Selon ce Traité, il y a donc deux conditions cumulatives pour que l'interdiction communautaire s'applique :

1. *La restriction volontaire ou effective de la concurrence à l'intérieur du Marché Commun européen vu dans les limites géographiques de l'Union ;*
2. *La susceptibilité d'affecter le commerce intercommunautaire, c'est-à-dire entre les Etats membres de l'Union. L'accord, la décision ou la pratique concerté ou l'abus doit pouvoir exercer une influence directe ou indirecte actuelle ou potentielle sur les courants d'échanges entre les Etats membres.*

C'est l'association de ces deux critères qui matériellement limitent le champ d'application du Droit communautaire de la concurrence selon le Traité de Rome.

En revanche, si l'on se réfère au texte du Traité de Dakar, dont les articles 88 a) et b) contrairement aux articles 85 et 86 du Traité de Rome, sont ainsi libellés :

> *« Sont interdits de plein droit :*
>
> *a. Les accords, associations et pratiques concertes entre entreprises, ayant pour objet ou pour effet de restreindre ou de fausser le jeu de la concurrence à l'intérieur de l'Union ;*
>
> *b. Toutes pratiques d'une ou de plusieurs entreprises assimilables à un abus de position dominante sur le Marché Commun ou dans une partie significative de celui-ci ».*

L'interdiction faite selon ce Traité diffère fondamentalement de celle édictée par le Traité de Rome en ce sens qu'en l'espèce, il suffit que les accords, associations ou pratiques concertées ou l'abus de domination aient pour but ou pour effet de restreindre le jeu de la concurrence à l'intérieur de l'Union, autrement dit, du Marché Commun dans ses limites géographiques et pue importe qu'ils affectent ou pas les échanges entre les Etats, pour que le Droit communautaire s'applique. Le seul fait de restreindre la concurrence à l'intérieur de l'Union et quel que soit le marché en cause et ses limites, constitue selon le Traité de l'UEMOA, une infraction communautaire au Droit de la concurrence.

Au regard de ce qui précède, on constate que les Etats membres de l'Union Européenne peuvent être régis par deux Droits de la concurrence :

> *1. Celui communautaire qui suppose non seulement une restriction de la concurrence à l'intérieur de l'Union mais encore une modification structurelle de l'état des relations commerciales entre Etats membres ;*
>
> *2. Celui national qui n'est appliqué que dans le cadre des limites territoriale et de souveraineté, de l'Etat membre et qui, à cause de son caractère infra communautaire, est soumis en cas de conflit entre les deux Droits au principe de primauté sous l'emprise duquel il est tenu d'évoluer.*

En ce qui concerne les Etats membres du Traité de Dakar, l'analyse exégétique des dispositions, laisse entendre que le Droit communautaire de l'UEMOA est un droit à vocation centralisateur en ce sens qu'il intègre dans son champ d'action tous accords, associations ou pratiques concertées ou abus de domination ayant pour objet ou pour effet de restreindre ou de fausser le jeu de la concurrence dans l'espèce communautaire. Le Traité de Dakar consacre ainsi un nivellement par le haut du marché de l'Union où les différents marchés nationaux sont confondus dans un marché unique qui ignore toute stratification des marchés nationaux et communautaires ; en somme, il s'est produit en quelque sorte un processus de phagocytose du Droit national de la concurrence par le Droit communautaire qui exerce la plénitude de sa primauté par pure substitution.

Le contexte conceptuel de ce droit vient renforcer l'option non équivoque des rédacteurs du Traité de Dakar, qui ont entendu manifestement se détacher de la conception de la double barrière adoptée par le droit européen. C'est ainsi que contrairement à l'article 92 du Traité de Rome, relatif aux aides d'Etat qui reprend la notion constitutive « d'affection du commerce entre Etats », l'article 88 c) du Traité de l'UEMOA quant à lui, parle simplement « d'aides susceptibles de fausser la concurrence » ; de même le Traité de Dakar, contrairement à ce qui est prévu à l'article 87, paragraphe 2e) du Traité de Rome, n'a pas cru devoir charger la Commission de définir les rapports entre les législations nationales et le Droit communautaire de la concurrence, sans doute à cause de la compétence exclusive réservée à l'Union en matière de Droit de la concurrence compris comme partie intégrante du Marché Commun de l'UEMOA.

Il est certain qu'une telle conception du Droit communautaire de la concurrence peut comporter des avantages appréciables. Elle est de nature à simplifier les rapports qui pourraient naître entre les autorités communautaires chargées de la mise en œuvre du Droit de la concurrence et les autorités nationales des Etats membres dans l'éventualité d'une application du droit de la concurrence sur le territoire national.

Le sens et la portée de deux Droits pourraient être différemment interprétés par les différentes autorités qui les appliquent. En outre, la primauté du Droit communautaire et surtout les décisions d'exemption de la Commission pourraient faire peser des incertitudes sur l'efficacité réelle des activités des autorités administratives nationales appelées à appliquer voire interpréter séparément le Droit national et le Droit communautaire dont les limites ne sont pas toujours précises.

En effet, la manipulation de la notion d'atteinte au Droit de la concurrence réputée de géométrie variable, avec sa dimension nationale et sa dimension communautaire concernant un même objet, peut être source de confusion voire de dissension d'interprétation, toute chose préjudiciable à la bonne marche des affaires dont les premières victimes sont les entreprises, exposées qu'elles sont à un double contrôle opéré par des administrations différentes tant dans les buts poursuivis que dans leur manière d'opérer surtout lorsque les sanctions qui résultent de ces contrôles peuvent se cumuler.

Les rédacteurs du Traité de Dakar, ont, sans doute, tiré les leçons des difficultés rencontrées dans l'expérience européenne de l'application de la théorie de la double barrière qui a été consacrée judiciairement par un Arrêt de la Cour de Justice du Luxembourg dans l'affaire 14/68 WALT WILHEM c/ BUNDESKARTELLANT du 13 février 1961, Rec. 1.

Dans cette décision, la Cour de Justice du Luxembourg tolère que les autorités nationales puissent appliquer leur loi interne de la concurrence « sous réserve que cette mise en œuvre du Droit national ne puisse porter préjudice à l'application pleine et uniforme du Droit communautaire et à l'effet des actes d'exécution de celui-ci ». Dans ce droit, la compétence de l'Union se limite au Droit de la concurrence, comprenant dans sa définition comme élément constitutif, l'affectation du flux des échanges entre Etats membres.

Il convient de relever que ces autorités nationales, aux termes de l'article 9 du règlement n° 17 du 6 février 1962 du Conseil, exercent à titre transitoire une compétence précaire et révocable en matière d'application du Droit communautaire de la concurrence, compétence qu'elles perdent, dès que la Commission prend une décision d'engagement d'instruire une affaire. C'est donc dire que l'application de cette double barrière par ses subtilités dans son fonctionnement paraît poser plus de problèmes qu'elle n'en résout, même sur le plan judiciaire où les juridictions nationales sont en même temps juges de droit commun du Droit communautaire de la concurrence en raison de l'effet direct de ses dispositions. L'existence ou l'éventualité de l'intervention d'exemptions par décisions de la Commission, lesquelles peuvent avoir pour effet de « légitimer », même en cours de procédure judiciaire, certains comportements anticoncurrentiels viennent s'ajouter aux difficultés indiquées plus haut. Assurément, l'application du Droit communautaire de la concurrence présente une certaine originalité qui peut dérouter les autorités administratives et les juges nationaux. C'est pourquoi une certaine simplification voire homogénéisation du Droit de la concurrence pour rendre sa lecture plus limpide et sa pratique plus aisée, ne peut être que souhaitable surtout à ce stade initiatique où même en droit interne, règne un certain syncrétisme dans la conception et l'application de ce droit au niveau des Etats membres.

B – De la compétence respective de l'Union et des Etats membres en droit institutionnel de l'UEMOA

Les dispositions du Traité de l'UEMOA ne sont pas très explicites en matière de répartition des compétences entre l'Union et les Etats qui ont entendu transférer partie de droits souverains au profit de la Communauté. Les principes en ce domaine sont dégagés de l'esprit et de la lettre des différentes propositions du Traité, qui en effet, s'est en général contenté de mettre en évidence certains principes de base, de fixer des objectifs précis à l'Union dont notamment la réalisation de l'union douanière, plus précisément le Marché Commun, l'union économique dans un marché ouvert et concurrentiel, etc.

Pour ce faire, le Traité a mis à la disposition des organes de l'Union, des instruments juridiques appropriés et des techniques juridiques comme les directives et les prescriptions minimales pour l'accomplissement de ces missions, tout en prescrivant aux organes d'agir dans les limites des attributions à eux conférées et aux Etats d'apporter leur concours à la réalisation des objectifs définis et surtout de s'abstenir de prendre des mesures inhibitives de l'application du Traité et des actes pris en son application. C'est de l'appréciation de l'ensemble de ces dispositions qu'il a pu être déduit que le Traité constitutif, Charte constitutionnelle de l'Union, a reconnu à la

Communauté, des compétences d'attribution, à côté des compétences retenues des Etats membres.

Ces compétences d'attribution peuvent coexister avec des compétences portant sur le même objet reconnues aux Etats membres mais, exercées à l'échelle nationale parce que basées sur des faits juridiques et des techniques juridiques comme les directives et les prescriptions minimales, réputées n'avoir aucun objet communautaire ni d'effet susceptible d'influer sur les relations entre les Etats membres, en somme, il s'agit de domaines strictement et purement nationaux qui laissent indifférentes les autorités communautaires.

C'est ce principe de coexistence du Droit communautaire et du Droit national qui est d'application subsidiaire et interne que le droit européen a consacré en matière de Droit de la concurrence.

Quant à la compétence exclusive de l'Union, elle peut se lire à travers les dispositions du Traité notamment à l'exemple des articles 89 et 90 lorsque ces dernières instituent un régime juridique propre à la compétence attribuée, détermine les actes juridiques utilisables à cette fin, organise les mécanismes de l'exercice de la compétence qu'il délimite en définissant la matière sur laquelle elle porte et désigne les organes, de l'Union, chargés de la mise en œuvre de cette compétence voire leurs conditions de fonctionnement en la matière.

Il y a donc compétence exclusive, lorsque la connaissance d'un certain domaine normatif d'intervention est réservée et aménagée pour un organe ou une organisation, seule habilitée à l'exercer dans un intérêt collectif. Elle a un caractère exceptionnel notamment dans le cadre communautaire où elle s'impose toutes les fois que le fait de laisser aux Etats, une capacité d'initiative dans le même domaine est incompatible avec l'unité du Marché Commun et l'application uniforme du Droit communautaire. Elle retirer ainsi aux Etats membres tout droit de légiférer ou réglementer dans la matière faisant l'objet de la compétence exclusif sauf s'ils ont été dûment investis de ce pouvoir par l'Union. A l'analyse, l'organisation du Marché Commun apparaît comme le domaine privilégié de la compétence exclusive aux termes du Traité constitutif de l'UEMOA, le Droit de la concurrence en tant qu'élément constitutif du Marché Commun ne peut que lui emprunter son caractère de domaine relevant de la compétence exclusive de l'Union.

III – Conclusions

Si l'on part de ce principe de la simple barrière qui correspondrait à l'option du Traité de Dakar, il faudra en tirer toutes les conséquences de droit notamment en ce qui concerne les rapports entre les Droits nationaux de la concurrence existants et le Droit communautaire émergent. Ce principe exclusiviste de la compétence ne permet pas aux Etats membres de légiférer de plein droit dans les matières de l'article 88 du Traité surtout lorsqu'il a pour objet ou effet quelconque de restreindre ou de fausser le jeu de la concurrence dans le Marché Commun de l'Union, exception faite de prescriptions formelles des autorités communautaires les associant à l'exercice de cette compétence qui lui est dévolue. La concurrence déloyale, entendue comme agissements fautifs dans l'exercice d'une profession commerciale ou non, tendant soit à attirer la clientèle, soit à la détourner d'un ou plusieurs concurrents, entre dans ce cadre, lorsqu'elle prend des formes qui tombent sous le coup de l'article 88 a.b.

Les Etats membres restent somme toute, compétents en toute exclusivité, pour prendre toutes dispositions pénales réprimant les pratiques anticoncurrentielles, les infractions aux règles de transparence du marché et même à l'organisation de la concurrence.

Dans cette perspective de la compétence exclusive retenue par le Traité de Dakar, deux hypothèses peuvent se présenter :

1. *Celle où il a préexisté un Droit national, civil ou commercial de la concurrence dans l'Etat membre, antérieur à la mise en vigueur du Droit communautaire :*

Dans ce cas de figure, ce Droit de la concurrence devient inapplicable même s'il subsiste matériellement, il se produit donc un mécanisme de substitution en faveur du Droit communautaire applicable de façon uniforme dans tous les Etats membres ;

Le Droit pénal de la concurrence de ces Etats qui ont la compétence retenue en cette matière, devra en conséquence s'adapter au Droit communautaire pour caractériser les infractions pénales punissables ;

Désormais, toute initiative de ces Etats en matière de Droit de la concurrence devient en raison de la compétence exclusive de l'Union dans cette matière du droit de la concurrence en tant que partie intégrante du Marché Commun, contraire aux engagements de l'Etat membre qui, aux termes de l'article 7 du Traité, prescrivent aux Etats de s'abstenir de toutes mesures faisant obstacle à l'application du Traité de l'Union.

2. *Celle où le Droit national, civil ou commercial de la concurrence, n'existe pas ou est en cours d'élaboration :*

Dans ce cas de figure, il n'y a aucune raison ni de droit ni de fait d'envisager ou de poursuivre l'élaboration d'un tel droit, dès lorsque le

Droit communautaire en vigueur est venu régir de façon impérative et uniforme ce domaine devenu, du reste, de la compétence exclusive de l'Union. Toutefois, la répression pénale d'actes anticoncurrentiels reste de la compétence des Etats pourvu qu'elle soit compatible au Droit de la concurrence communautaire de l'Union ;

En résumé, si selon le principe de la double barrière, c'est le régime juridique de la coexistence des Droits nationaux et communautaires agissant sur un même objet mais dans des champs d'actions différents, qui prévaut, en revanche le principe de la simple barrière exclut la coexistence des deux Droits en faveur du régime de la substitution qui privilégie l'existence solidaire du Droit communautaire qui absorbe le Droit national de la concurrence dans son application uniforme. En tout état de cause, dans ce dernier cas, les services administratifs de la concurrence des Etats membres auront certainement une vocation à opérer une conversion dans l'objet et les modalités d'exécution de leurs nouvelles missions de coopération avec les autorités communautaires.

Compte tenu des considérations qui précèdent, la Cour est d'avis :

- *Que les dispositions des articles 88, 89 et 90 du Traité constitutif de l'UEMOA relèvent de la compétence exclusive de l'Union.*
- *Qu'en conséquence, les Etats membres ne peuvent exercer une partie de la compétence en ce domaine de la concurrence.*

OBSERVATIONS

La Cour de Justice de l'UEMOA a été, dans cette affaire, encore saisie par le Président de la Commission, pour éclairage sur l'interprétation des articles 88, 89 et 90 du Traité. Là également, la saisine a été rendue nécessaire par une divergence de vues entre la Commission elle-même et le Comité des experts, chargé de préparer les délibérations du Conseil des ministres. Il est en effet apparu, au cours des travaux d'un atelier sur le projet de législation communautaire de la concurrence, que les deux instances avaient des lectures divergentes des dispositions du Traité. Comme dans l'affaire, précédemment étudiée, des accords susceptibles d'être conclus en matière commerciale par les Etats membres, l'espèce mettait face à face une Commission, pour qui les Etats membres avaient perdu toute compétence pour légiférer dans les domaines couverts par les trois articles précités (ententes entre entreprises, abus de position dominante et aides d'Etat), et un Comité des experts qui était d'avis que la législation communautaire n'abolit nullement le pouvoir des Etats, et que les deux ordres de réglementation pouvaient parfaitement coexister. La lettre saisissant la Cour est datée du 26 mai 2000, et l'Avis rendu du 27 juin de la même année.

Toute la logique de la jurisprudence du 27 juin 2000 est fondée sur une comparaison entre des dispositions du Traité de Rome instituant le Marché commun européen (articles 81 et 82 du Traité de Maastricht) et celles contenues dans le Traité de l'UEMOA. Au terme d'une longue analyse, d'un long « parallèle » entre les deux traités, la Cour conclut, comme pour les accords relatifs à la politique commerciale (Avis du 2 février 2000), à l'exclusivité de la compétence communautaire dans les matières visées par les articles litigieux.

L'un des points sur lesquels on peut tomber d'accord avec la Cour dans son analyse est le fait que, contrairement au traité de Rome, le Traité de Dakar « n'a pas cru devoir charger la Commission de définir les rapports entre les législations nationales et le droit communautaire de la concurrence », ce qui constitue, non une preuve irréfutable, mais un indice propre à faire penser la compétence de l'Union est exclusive en matière de concurrence.

Pourtant, le mode de raisonnement utilisé est en effet plutôt rare dans une décision de justice. D'emblée, le juge estime qu'il va résoudre le problème posé en procédant à une comparaison des textes de l'Union Européenne et ceux de l'UEMOA :

> *Pour dégager un avis motivé sur l'objet de la consultation, il conviendrait au préalable, sur le plan méthodologique, de (...) procéder, pour en appréhender les similitudes et les différences qui fondent leur sens et leur portée, à un examen comparatif de la rédaction des textes d'interdiction en matière de concurrence dans le Traité de Rome par rapport à ceux sus indiqués du Traité de Dakar, qui s'est du reste, profondément inspiré du droit européen.*

Sans nier la pertinence d'une approche comparative de textes ayant, *grosso modo,* le même objet, on peut penser qu'il était de bonne méthode, au moins, de commencer par interpréter les textes mêmes de l'UEMOA, avant de voir dans quelle mesure la comparaison avec d'autres corrobore les tendances dégagées par cette interprétation. Car dans la perspective de la solution à un problème juridique, un texte ne s'interprète pas, de manière immédiate et a priori, par comparaison à un autre, la confrontation ne vient qu'après le décryptage que l'exégète a fait du texte, intrinsèquement pris. En d'autres termes, en matière interprétative, la méthode comparative n'est jamais première, elle est toujours seconde- ce qui ne veut pas dire qu'elle est « secondaire »-. Elle est le second moment d'une démarche, le test possible d'une thèse pour laquelle on aura d'abord incliné. L'on a ici le sentiment que le droit européen est une espèce de « béquille » sur laquelle s'appuie le juge, une sorte de facilité qui lui permet de faire l'économie d'un travail autonome et « solitaire » d'interrogation du texte, un travail « en vase clos », excluant le recours à des méthodes d'interprétation qui postulent un rapprochement ou une confrontation : interprétation par analogie, a contrario, a fortiori etc. De ce point de vue, on peut encore dire qu'une comparaison est comme une citation : elle n'est pas un moyen de démonstration mais d'illustration, elle ne se substitue pas à l'argumentation mais elle l'appuie, elle vient à son secours.

La discussion peut ensuite porter sur les différences mêmes entre les textes soumis à comparaison. Les articles 85 et 86 du Traité de Rome posent tous deux conditions, qui s'appliquent respectivement aux pratiques anticoncurrentielles et à l'abus de position dominante : que la pratique répréhensible ait lieu à l'intérieur du Marché commun, et que ces pratiques soient susceptibles d'affecter le commerce intra communautaire. Sur ce point, l'appréciation de la Cour nous semble pertinente et il n y a sans doute rien à y ajouter.

Passant ensuite aux textes de l'UEMOA, elle analyse l'article 88, qui interdit :

> *a. Les accords, associations et pratiques concertées entre entreprises, ayant pour objet ou pour effet de restreindre ou de fausser le jeu de la concurrence à l'intérieur de l'Union ;*
>
> *b. Toutes pratiques d'une ou de plusieurs entreprises assimilables à un abus de position dominante sur le Marché commun ou dans une partie significative de celui-ci ».*

A partir de là, la Cour va dépister, dit- elle, des différences entre les deux textes, différences qu'elle qualifie de « fondamentales ». Or, à la réflexion, le seul élément qu'on trouve dans le texte européen et qui est absent dans celui de l'UEMOA est l'exigence d'une « affectation » des échanges :

> *Il est nécessaire, en droit européen, pour que la pratique anticoncurrentielle ou l'abus de position dominante soit constituée, qu'elle « affecte » les échanges entre les Etats.*

Ce seul élément, suffit-il à dire que le Traité de Dakar « diffère fondamentalement » de celui de Rome sur le point en question, au point d'en déduire que la compétence de l'organisation internationale dans les matières en cause serait « exclusive » dans le cas africain, et « partagée » dans le cadre européen ? Rien n'est, à notre sens, moins sûr.

Au demeurant, l'idée que le Traité de l'UEMOA aurait délibérément « fait l'impasse » sur la question de l'« affectation » des échanges intra communautaires, ou sur l'espace dans lequel ces pratiques manifesteraient leurs effets est une idée qu'on peut ne pas partager. L'on peut en effet parfaitement supposer que la nécessité de l'impact ou l'influence des pratiques anticoncurrentielles – sens du mot « affecter » ici – est implicite dans le cas de l'article 88 de l'UEMOA, que cette influence est une condition sous-entendue. Certes, le Traité de l'UEMOA aurait pu être explicite, et le texte européen est certainement plus précis à cet égard, mais doit-on en déduire que dans le cadre de l'organisation ouest-africaine, on a entendu sanctionner toute pratique anticoncurrentielle, abstraction faite de ses effets, c'est-à-dire même lorsque, par exemple, lesdits effets sont « nuls » ?

Ce point de vue formaliste, d'inspiration excessivement légaliste, est possible, et c'est celui que la Cour adopte. Il ne correspond pas cependant à l'approche habituelle du droit international économique, ou du droit économique tout court, approche plus « réaliste » que « légaliste », qui consiste à attacher une importance aux *effets*, aux conséquences pratiques des écarts de conduite, voire de soumettre la punissabilité de ceux-ci à la réalité de leur impact, en fait. En tous les cas, l'idée même que l'abus de position dominante, par exemple, se rapporte à « une partie significative » du Marché commun (article 88 b) du Traité de l'UEMOA), atteste, au rebours de ce semble opiner la Cour, que les préoccupations « quantitatives » - et pas seulement « qualitatives », liées au respect formel de la norme – ne sont pas absentes de l'Union. Le volume du flux d'échanges affecté semble ainsi bien pris en compte.

Dans le même ordre d'idées, le débat est permis la Cour avance que :

> *Le seul fait de restreindre la concurrence à l'intérieur de l'Union, quel que soit le marché en cause et ses limites, constitue selon le Traité de l'UEMOA, une infraction communautaire au droit de la concurrence.*

Cette interprétation, est-elle fidèle au texte lui-même, qui parle de « l'Union » (article 88 a) et du « Marché commun » (article 88 b) ? Le domaine de validité spatiale de la norme communautaire reste bien le territoire économique du Marché commun, il est difficile de prétendre qu'elle s'applique « quel que soit le marché en cause ».

ARRÊT DE LA COUR DU 26 JANVIER 2000

***

Entre Monsieur Dieng Ababacar et la Commission de l'UEMOA

La Cour composée de M. Yves D. Yehouessi, Président ; M.Youssouf any Mahaman, Juge rapporteur ; Monsieur Moctar Mbacké, Juge ; M. Malet Diakité, Premier Avocat Général ; Raphaël P. Ouattara, Greffier ;

Rend le présent arrêt :

Considérant que Monsieur Ababacar Dieng expose qu'à la fin de son stage probatoire, le Président de la Commission de l'UEMOA a mis fin à ses fonctions par Décision n° 97-046/SP/PC du 27/02/1997 ;

Que suite à son recours en annulation en date du 06/06 :1997, la Cour de Justice de l'UEMOA a, par arrêt n° 3 du 29/05/1998, annulé la décision attaquée, les formalités légales de son éviction n'ayant pas été observées ;

Que tirant les conséquences de l'arrêt de la Cour, le Président de la Commission de l'UEMOA mit fin aux fonctions de Monsieur Ababacar Dieng par Décision n° 238/98/PCOM du 31/07/1998, dans le respect des textes en vigueur à l'UEMOA ;

Que cette même décision lui attribuait une allocation spéciale correspondant pour chaque mois de la période du 1er mars 1997 au 31 juillet 1998 au traitement de base augmenté de l'indemnité de logement ;

Considérant que par requête en date du 1er octobre 1998, enregistré au Greffe de la Cour de Justice de l'UEMOA le 2 octobre 1998 sous le n° 4, la SCPA Conseil et Défense agissant pour le compte de Monsieur Ababacar Dieng, a introduit un recours tendant à voir la Cour condamner la Commission de l'UEMOA à lui payer la somme de trente-huit millions huit cent quatre-vingt-onze mille six cent quatre-vingt-quinze francs (38.891.695) francs CFA en réparation du préjudice que lui aurait causé la Décision n° 97-046/SP/PC du 27/02/1997 ;

Qu'au soutien de son recours, le requérant expose que la Décision n° 97-046/SP/PC du 27/02/199 lui a causé un préjudice moral et matériel par le fait qu'elle a été prise en l'absence de l'avis du Comité consultatif de Recrutement et d'Avancement ; il ajoute qu'elle lui fait perdre toute chance de trouver un autre emploi et qu'elle l'a contraint à s'endetter ; il conclut à ce qu'il plaise à la Cour condamner la Commission à réparer l'entier préjudice qu'il a subi ;

Considérant que par conclusions en défense en date du 28/04/1999, la Commission de l'UEMOA, représentée par Monsieur Alioune Senghor, Agent de la Commission, assisté de maître Harouna Sawadogo, Avocat à la Cour, demande à la Cour de déclarer le recours introduit par Monsieur Ababacar Dieng irrecevable en la forme, pour défaut de recours préalable et mal fondé quant au fond ;

Considérant que la compétence de la Cour est consacrée par les articles 16 du Protocole additionnel n° 1 relatif aux organes de contrôle de l'UEMOA, 27 de l'Acte Additionnel ;

Considérant que par conclusions en défense en date du 28 :04 :1999, la Commission de l'UEMOA, représentée par Monsieur Alioune Senghor, Agent de la Commission, assisté de Maître Harouna Sawadogo, Avocat à la Cour, demande à la Cour de déclarer le recours introduit par Monsieur Ababacar Dieng irrecevable en la forme, pour défaut de recours préalable et mal fondé quant au fond ;

Considérant que la compétence de la Cour est consacrée par les articles 16 du Protocole additionnel n° 1 relatif aux organes de contrôle de l'UEMOA, 27 de l'Acte additionnel n° 10 :96 portant Statuts de la Cour de Justice de l'UEMOA, et 15, 5° du Règlement de Procédures, Additionnel n° 10/96 portant Statuts de la Cour de Justice de l'UEMOA et 15, 5e du Règlement de Procédures.

I – Sur la recevabilité

Considérant que l'action diligentée par Monsieur Dieng tend à voir la Cour de Justice condamner la Commission de l'UEMOA à lui réparer le préjudice qu'il aurait subi du fait de la décision n° 97-046/SP/PC du 27 février 1997 qui a mis fin à ses fonctions ;

Considérant que, si conformément aux dispositions de l'article 112 du Règlement n° 01/95/CM portant Statut des Fonctionnaires de l'UEMOA, il est spécifié que tout recours d'un agent fonctionnaire dans l'exercice de ses fonctions exercé contre l'Union est soumis à un recours administratif préalable, le requérant fait observer que cette disposition concerne uniquement les fonctionnaires de l'Union, et qu'elle ne saurait lui être applicable du fait qu'il n'a plus cette qualité ;

Considérant que, sans qu'il soit besoin de statuer sur les moyens de recevabilité soulevés, il importe de souligner que la condition fondamentale d'un recours en contentieux administratif est l'existence d'une décision implicite ou explicite ; que dans le cas d'espèce, la Commission de l'UEMOA, sans attendre un recours préalable du requérant, a pris la décision n° 238/98/PCOM du 31 juillet 1998 qui a, en son article 2, accordé une allocation spéciale à Monsieur Dieng, à titre de régularisation suite à l'arrêt n° 3 du 29 mai 1998 de la Cour de Justice de l'UEMOA portant annulation de la décision n° 87-046/SP/PC du 27 février 1997 ;

Considérant que dans ces conditions, la Commission a rendu sans objet le recours administratif préalable de Monsieur Dieng et a ainsi lié le contentieux ; il y a lieu, dès lors, de déclarer son recours recevable.

II – Sur la réparation

Considérant que le sieur Dieng réclame pour la réparation de son préjudice global la somme de 38.891.695 FCFA (trente-huit millions huit cent quatre-vingt-onze mille six cent quatre-vingt-onze Francs CFA) aux titres divers, d'allocations familiales, de cotisations de retrait impayées, de perte de chance, de remboursement de solde débiteur bancaire, de frais d'avocats, etc. ;

Considérant qu'il y a lieu de préciser que le préjudice subi par Monsieur Dieng se situe entre la date de son licenciement définitif, à savoir le 31 juillet 1998 et la date de l'arrêt d'annulation de l'acte de son premier licenciement intervenu le 27 février 1997, l'effet rétroactif courant à compter de cette dernière date ;

Considérant que le préjudice souffert pendant cette période où Monsieur Dieng n'a ni justifié d'un service fait, ni perçu un salaire, ne peut se traduire par des prestations salariales, mais s'apprécie en une indemnisation forfaitaire. Il convient toutefois de tenir compte non seulement de la circonstance que la décision d'annulation sur laquelle il fonde son préjudice a exclusivement été modifiée par un vice de forme mais encore que son licenciement définitif après régularisation en date du 31 juillet 1998, a laissé entiers les griefs articulés contre lui, à savoir les insuffisances professionnelles reprochées à l'issue de l'expiration de sa période probatoire ;

Considérant en conséquence, que Monsieur Dieng a concouru à la réalisation du préjudice souffert en ce qu'il lui a été constamment reproché les insuffisances professionnelles reprises dans l'acte définitif de son licenciement ;

Considérant, en somme, que l'appréciation de ce préjudice comparé aux allocations à lui faites par la Commission, laisse à l'évidence apparaître une compensation assez large au détriment de la Commission entre la somme de 13.171.300 FCFA à lui versée par la Commission et le préjudice réellement souffert en tenant compte des considérations sus indiquées ;

Que compte tenu de la compensation opérée entre le préjudice souffert et la somme allouée par la Commission de l'UEMOA, il n'y a pas lieu de condamner la Commission au paiement d'une quelconque indemnité complémentaire ;

Considérant que conformément à l'article 60 alinéa 2 du Règlement de Procédures de la Cour de Justice de l'UEMOA, toute partie qui succombe est condamnée aux dépens ; la demande de Monsieur Ababacar Dieng ayant été écartée, il y a lieu de le condamner aux dépens ;

Par ces motifs :

En la forme :

Déclare recevable la demande en réparation de Monsieur Ababacar DIENG.

Au fond

- *Dit qu'il n'y a pas lieu de condamner la Commission au paiement d'une indemnité complémentaire ;*
- *Condamne Monsieur Ababacar Dieng aux dépens.*

OBSERVATIONS

Cet arrêt, rendu le 26 janvier 2000, est la « seconde » affaire opposant les deux parties, un premier arrêt les concernant ayant été rendu le 29 mai 1998. On se souvient que M. Ababacar DIENG, cadre supérieur chargé de l'administration générale, avait été nommé Directeur des affaires administratives et financières de la Commission de l'UEMOA. Le 27 février 1997, le Président de la Commission mettait fin à ses fonctions. Le 6 juin 1997, M. DIENG demandait à la Cour de Justice d'annuler cette décision aux motifs, entre autres, que celle-ci violait les dispositions des articles 1 et 2 du Règlement d'exécution de l'UEMOA, daté du 8 juillet 1996, en ce que la mesure de licenciement a été prise sans l'avis préalable du Comité Consultatif de Recrutement et d'Avancement. La Cour fit droit à cette demande et annula la décision.

Une nouvelle mesure de licenciement fut alors prise le 31 juillet 1998, en conformité cette fois avec les textes de l'UEMOA. Le même jour, la Commission accordait une allocation spéciale à M. DIENG, correspondant, de la période du 1er mars 1997 au 31 juillet 1998, au traitement de base de celui-ci, augmenté de l'indemnité de logement.

M. DIENG saisit alors de nouveau la Cour le 2 octobre 1998, aux fins de voir condamner la Commission de l'UEMOA à lui payer une somme de trente-huit millions huit cent quatre-vingt-onze mille six cent quatre-vingt-quinze francs (38.891.695 F), en réparation du préjudice moral et matériel que lui aurait causé la première décision de licenciement, datant de 1997. En d'autres termes, après avoir porté le débat sur le terrain de la légalité – et obtenu gain de cause à travers l'annulation de la décision-, le demandeur a souhaité, dans un second temps, débattre de la responsabilité de la Commission, en sollicitant l'allocation de dommages et intérêts.

La Cour devait d'abord se pencher sur une question de recevabilité de la demande. En effet, aux termes de l'article 112 du Règlement portant Statut des fonctionnaires de l'UEMOA, tout recours d'un agent fonctionnaire exercé contre l'Union, est soumis à un recours administratif préalable, formalité que M. DIENG n'aurait pas, selon la Commission, remplie. La Cour écarte cette objection du défendeur en affirmant que la condition même d'un recours, *« en contentieux administratif »*, qui est l'existence d'une décision implicite ou explicite, n'est pas satisfaite ici. Elle considère en fait qu'il n y a pas eu de « décision » litigieuse, de décision faisant débat, du fait que la Commission a opéré la « régularisation » en allouant à M. DIENG les sommes qu'elle lui devait.

On ne sait cependant pas si pour la Cour c'est la décision même de licenciement qui doit faire l'objet d'un recours gracieux – que M. DIENG avait bel et bien exercé au premier procès – ou si c'est la décision d'allouer les sommes dues qui doit faire l'objet d'un recours gracieux, dans le cadre du second procès. Si tel est le cas, la question ne se pose pas en effet, puisque la Commission a spontanément versé la somme en question. Mais le problème est qu'une seconde décision de licenciement est intervenue, et que pour celle-là, tout semble indiquer qu'un recours administratif préalable n'a pas eu lieu. Au demeurant, dans ses conclusions, l'Avocat général insiste sur ce point, et estime irrecevable, de ce chef, la demande. L'affaire prête à vrai dire à équivoque et l'arrêt rendu n'a pas démêlé l'écheveau des prétentions successives et croisées des parties, ce qui fait que sur cette question de la recevabilité, il reste un peu confus.

Examinant le fond, c'est-à-dire le bien-fondé de la demande de réparation, le juge se montre plus clair en rappelant, en effet, que si la première décision prise par le Président de la Commission a été annulée, c'est en raison d'un vice de forme, et non parce qu'elle serait mal fondée. Contrairement à ce qui semble être la croyance du demandeur, l'annulation ne signifie pas automatiquement que la décision de licenciement ne se justifie pas *sur le fond.* C'est donc à raison que la Haute juridiction rappelle cette vérité. Il n'était pas dit, au moment où M. DIENG saisissait à nouveau la Cour, que la Cour le suivrait nécessairement dans sa prétention à la réparation, motif pris de ce que la décision litigieuse a été annulée. Bref, la nullité n'emporte pas la « responsabilité », attendu que celle-ci se résout en dommages et intérêts.

Une chose est cependant de faire cette précision capitale, une autre est d'examiner le bien-fondé proprement dit de la mesure de licenciement. Cet « examen » est une introspection, elle consiste à « entrer » dans les faits allégués, à en vérifier l'exactitude matérielle, et éventuellement la qualification juridique. Ce travail d'analyse, au sens premier et presque médical du terme, c'est-à-dire de « dissection » des faits sur lesquels repose la décision n'a malheureusement pas eu lieu. Le débat sur la motivation de l'acte, qui est pourtant presque systématiquement au cœur du contentieux des licenciements, a été escamoté. L'arrêt du 26 janvier 2000 illustre une tendance relevée au sujet d'autres décisions rendues en matière de licenciement. A aucun moment, le juge ne soumet au test de la vérité les faits allégués par l'autorité hiérarchique, auteur de la mesure. La chose était pourtant souhaitable dans la mesure où dans cette affaire comme dans d'autres, deux paroles s'opposaient, deux versions étaient en contradiction. On ne voit pas au nom de quoi l'une d'elles échapperait à l'épreuve de la contradiction – par la partie adverse- ou de la vérification – par le juge-. En l'espèce, la Cour pose seulement que « le licenciement définitif après régularisation …a laissé entiers les griefs articulés contre » le demandeur, « à savoir les insuffisances professionnelles reprochées à l'issue de l'expiration de sa période probatoire ». De ces « griefs » et de leur véracité, le lecteur ne saura rien…

ARRÊT DE LA COUR DU 20 JUIN 2001

***

Entre Akakpo Tobi Edoe et la Commission de l'UEMOA

La Cour composée de M. Yves D. Yehouessi, Président ; M. Youssouf Any Mahaman, Juge Rapporteur ; Ramata Fofana, Juge ; M. Malet Diakité, Avocat Général ; Raphaël P. Ouattara, Greffier ;

Rend le présent arrêt :

Considérant que par requête en date du 4 octobre 2000, enregistrée au Greffe de la Cour de Justice de l'UEMOA le même jour, sous le n° 02/2000, Monsieur Akakpo Tobi Idoe, par l'entremise de son Conseil, Maître Hamidou Savadogo, Avocat à la Cour de Ouagadougou (Burkina Faso), a introduit un recours en annulation de la Décision n° 00-06/PC/DAAF du 28 avril 2000 par laquelle le Président de la Commission de l'UEMOA l'a informé du non renouvellement de son contrat de travail, à l'échéance du 31 juillet 2000 ;

Qu'il expose qu'il a été recruté à l'UEMOA en qualité de planton suivant contrat de travail à durée déterminée en date du 26 juillet 1996, pour une période initiale de six mois renouvelable ;

Que ce contrat a été renouvelé, pour une nouvelle période de six mois qui a couru du 1er février 1997 au 31 juillet 1997, par avenant n° 1 en date du 14 février 1997 ;

Qu'après deux autres modifications du contrat suivant avenants n° 2 et 3 pour une durée de cinq ans et sept mois, il est conclu entre les deux parties un autre contrat à durée déterminée pour une période de deux ans renouvelable, allant du 1er août 1998 au 31 juillet 2000 ;

Que le 5 mai 2000, il lui a été notifié par Décision n° 00-06/PC/DAAF du 28 avril 2000 du Président de la Commission de l'UEMOA que son contrat ne sera pas renouvelé à l'échéance du 31 juillet 2000 ;

Que le 3 juin 2000, il a introduit auprès du Président de la Commission un recours gracieux qui s'est soldé par un échec ; que c'est pourquoi il a saisi la Cour le 4 octobre 2000 aux fins de voir :

1. *Déclarer son action recevable et bien fondée ;*
2. *Annuler la Décision n° 00-06/PC/DAAF du 28 avril 2000 et en tirer toutes les conséquences de droit ;*
3. *Mettre les dépens à la charge de la Commission.*

Considérant qu'au soutien de son recours, le requérant fait valoir que la décision attaquée a été prise en violation des articles 19 et 20 alinéa 7 du Règlement n0 02/95/CM du 1er août 1995 portant régime applicable au personnel non permanent de l'UEMOA ;

Que d'une part, le contrat a durée déterminée qui le lie à la Commission s'est transformé en contrat à durée indéterminée (pour avoir été renouvelé à plus de deux reprises) dont la résiliation est soumise à l'observation d'un délai de préavis de trois mois et doit être consécutive à une faute lourde ;

Que d'autre part, cette décision qu'il considère comme une sanction, doit être précédée d'une proposition de l'autorité chargée de la gestion des ressources humaines et d'un avis du Comité consultatif de discipline des fonctionnaires ; ce qui n'a pas été fait ;

Considérant qu'en réplique à ces moyens, le défendeur a fait valoir que :

1. *En ce qui concerne la forme, le recours introduit par requête en date du 4 octobre 2000 est irrecevable car intervenu dans hors délai ;*
2. *Sur le fond, les conditions de légalité de la décision ont été réunies, le Président de la Commission s'étant conformé aux prescriptions de l'article 45 du Règlement n° 02/95.CM portant régime applicable au personnel non permanent de l'UEMOA.*

Considérant qu'à ces réfutations, le requérant a répliqué le 10 avril 2001 pour indiquer que l'argument tiré de la forclusion ne saurait prospérer car d'une part, à la suite d'une plainte déposée contre lui par l'UEMOA pour vol de mobilier de bureau, il a été arrêté, maltraité et torturé avant d'être relâché sans aucune charge ;

Que la découverte, d'autre part, de sa maladie a revêtu pour lui les caractères de la force majeure ;

Considérant que la Cour doit d'abord statuer sur sa compétence à connaître de cette affaire, sur la recevabilité du recours ensuite, avant d'examiner les moyens des parties après avoir fixé les questions auxquelles elle est appelée à répondre ainsi que le cadre juridique de l'affaire ;

Considérant que la compétence de la Cour en l'espèce est consacrée par les articles 16 du Protocole Additionnel n° 1 relatif aux organes de contrôle de l'UEMOA et 61 du Règlement n° 02/95/CM du 1er août 1995 portant régime applicable au personnel non permanent de l'UEMOA, et n'appelle en conséquence aucun commentaire particulier ;

Qu'en ce qui concerne la recevabilité du recours, il y a lieu de relever tout d'abord :

- *Que la requête a été présentée conformément aux prescriptions de l'article 26 du Règlement de Procédures et que le requérant s'est acquitté de l'obligation de cautionnement le 12 décembre 2000 ;*

- *Mais pour ce qui est des délais, il apparaît qu'ils doivent respecter les prescriptions de l'article 61 du Règlement n° 02/95/CM portant régime applicable au personnel non permanent de l'UEMOA qui dispose que :*

« La Cour de Justice de l'UEMOA est compétente pour connaître de tout litige opposant l'Union à l'un de ses agents contractuels.

Toutefois, le recours n'est valablement formé, devant la Cour, que :
- Si l'autorité investie du pouvoir de recrutement a été préalablement saisie d'une demande, au sens de l'article 59 ;
- Si cette demande a abouti) une décision implicite de rejet, partiel ou total, de l'autorité investie du pouvoir de recrutement.

Le recours doit être introduit, devant la Cour, dans un délai de deux mois, courant à compter :
- De la date de la publication de la décision ;
- De la date de sa notification à l'agent concerné ;
- Du jour où l'intéressé en eu connaissance ;
- De la date d'expiration du délai de réponse, lorsque le recours porte sur une décision implicite de rejet »

Qu'en l'espèce, la décision attaquée datant du 28 avril 2000 et sa notification faite le 5 mai 2000, le requérant a valablement introduit son recours gracieux le 30 juin 2000 ;

Qu'eu égard au silence de l'autorité investie du pouvoir de recrutement, le délai de deux mois pour saisir la Cour commençait à courir à compter du 4 juillet 2000 ;

Que le recours ayant été enregistré au Greffe de la Cour le 4 octobre 2000, au lieu du 4 septembre se trouve introduit largement hors du délai prescrit ;

Qu'au regard de ce qui précède, le recours de Monsieur Akakpo tel qu'initialement introduit doit être déclaré irrecevable ;

Considérant que M. Akakpo demande néanmoins à la Cour de le relever de sa forclusion et de déclarer son recours recevable, bien qu'introduit hors délai, pour cas de force majeure : la découverte de sa maladie ;

Que la question qu'il convient dès lors de se poser est de savoir si, en l'espèce, les conditions de la force majeure étaient réunies ;

Qu'il y a lieu de constater que le délai de recours revêt un caractère strict et qu'il ne peut être prolongé au titre des délais de distance prévus à l'article 69 paragraphe e alinéa 3 du Règlement de Procédures ; quand bien même cet article ne prévoit pas expressément le cas de force majeure, il résulte des principes généraux de droit constamment admis par notre Cour, qu'une déchéance tirée de l'expiration des délais ne peut être opposée lorsqu'est établie l'existence d'un cas fortuit ou de force majeure ;

Que la notion de force majeure vise essentiellement des circonstances étrangères rendant impossible la réalisation du fait en cause ; même si elle ne présuppose pas une impossibilité absolue, elle exige toutefois qu'il s'agisse de difficultés anormales, indépendantes de la volonté de la personne et apparaissant inévitables même si toutes les diligences utiles sont mises en œuvre ;

Considérant qu'il résulte du dossier et des débats à l'audience que M. Akakpo n'a eu connaissance de sa maladie qu'en décembre 2000, c'est-à-dire trois mois après l'expiration du délai du recours ; qu'il a introduit son recours gracieux dans les délais requis et qu'il a constitué avocat en août, mais qu'il n'a pas fait preuve de toute la diligence requis d'un justiciable normalement averti pour saisir la Cour dans les délais requis ;

Qu'en conséquence, il convient de constater qu'en l'espèce, il n'y a ni difficultés anormales et inévitables, ni événements extérieurs indépendants de la volonté de M.Akakpo qui auraient pu justifier que sa requête soit introduite hors délai ;

Qu'en tout état de cause, il en résulte que l'introduction tardive du recours n'est pas imputable à un cas de force majeure et que le recours est irrecevable ;

Considérant que s'agissant d'un litige entre l'Union et son agent, il y a lieu conformément aux dispositions de l'article 61 du Règlement de Procédures de mettre les dépens à la charge de l'UEMOA.

Par ces motifs :

La Cour, statuant publiquement, contradictoirement, en matière de Fonction Publique Communautaire :

- *Déclare le recours de M. Akakpo irrecevable ;*
- *Met les dépens à la charge de l'UEMOA.*

OBSERVATIONS

Dans cet arrêt rendu le 20 juin 2001, la Cour se penche, de nouveau pourrait-on dire, sur une affaire opposant un employé de l'Union à la Commission. Il n y a pas eu de débat de fond, la requête ayant été jugée irrecevable pour forclusion.

L'intérêt de la décision se trouve seulement dans la notion de force majeure telle que l'entend la Cour, puisque le requérant, qui ne contestait pas avoir agi hors délai, demandait à être relevé de sa forclusion du fait de la découverte « tardive » d'une maladie dont il souffrait, circonstance qu'il présente comme étant constitutive d'une « force majeure ».

L'allégation avait toutes chances de ne pas être accueillie favorablement. D'une part en effet, la Cour rappelle que les délais institués dans son Règlement de procédures sont d'interprétation stricte. D'autre part et surtout, l'article 69 § e) al 3 de ce Règlement ne prévoit nullement la « force majeure » comme circonstance propre à opérer relevé de forclusion. La Cour elle-même livre sa conception de la force majeure, qui apparaît alors comme une notion très sévèrement appréciée. Les termes qu'elle utilise à cet égard sont édifiants :

> *La notion de force majeure vise essentiellement des circonstances étrangères rendant impossible la réalisation du fait en cause ; même si elle ne présuppose pas une impossibilité absolue, elle exige toutefois qu'il s'agisse de difficultés anormales, indépendantes de la volonté de la personne et apparaissant inévitables même si toutes les diligences utiles sont mises en œuvre.*

Dès lors, la requête présentée par M. Akakpo ne pouvait être examinée par la Cour.

La Cour constate d'autre part que la maladie dont la « découverte » est présentée comme un cas de force majeure n'a effectivement été connue du requérant lui-même qu'au mois de décembre 2000, c'est-à-dire bien après l'expiration du délai pour agir (qui était fixé au 4 septembre). Cet événement n'a donc eu aucune incidence sur les délais de procédure et sur la capacité du demandeur à saisir la Cour.

ARRÊT DE LA COUR DU 20 JUIN 2001

***

Entre Société des Ciments du Togo, S.A. et la Commission de l'UEMOA

La Cour composée de M. Yves D. Yehouessi, Président ; M. Daniel Ferreira, Juge Rapporteur, Mouhamadou Ngom, Juge ; M. Malet Diakité, Premier Avocat Général ; Raphaël P. Ouattara, Greffier ;

Rend le présent arrêt :

Considérant que par requête en date du 5 septembre 2000 parvenue à la Cour le 6 septembre 2000 et enregistrée au greffe de ladite Cour sous le numéro 01/2000, la Société des Ciments du Togo, par l'organe de son Conseil Maître G.K. Amegadjie, Avocat à la Cour d'Appel de Lomé, Togo, a introduit un recours en annulation de la décision n° 1467/DPCD/DC/547 du 7 juillet 2000 de la Commission de l'UEMOA qui s'est déclarée incompétente pour enjoindre aux Etats membres de prendre les mesures nécessaires pour le respect des règles de commerce et de concurrence régissant l'Union ;

Considérant que la requérante expose qu'en décembre 1998, une société dénommée West African Cimento (WACEM) a été agréée par la République Togolaise comme entreprise de zone franche et qui y effectue ses activités, est une entreprise en réalité étrangère à l'économie et au territoire géographique du Togo et par conséquent de l'UEMOA ;

Que c'est pourquoi :

- *D'une part, aux termes de l'article 27 de l'article 27 de ladite loi togolaise, les ventes réalisées par les entreprises installées sur le territoire togolais à destination des entreprises de la zone franche, sont des exportations ;*
- *D'autre part, aux termes de l'article 26 de la même loi, les produits d'une entreprise de la zone franche mis à la consommation sur le territoire douanier des pays de l'UEMOA, sont des exportations, lesquelles ne peuvent être effectuées que par une tierce société importatrice régulièrement installée sur le territoire douanier du Togo.*

Considérant que la requérante soutient en outre que, se prévalant de l'agrément que lui aurait donné le Secrétariat Exécutif de la CEDEAO, la Société WACEM exporte sa production de ciment sur les territoires des Etats membres de l'UEMOA ;

Qu'elle fait observer que ces agissements de la Société WACEM, constituent des violations graves des dispositions des articles 76 et suivants du Traité de l'UEMOA instituant un marché commun des Etats membres et établissant le principe d'un Tarif Extérieur Commun au bénéfice des seules entreprises ressortissantes des territoires douaniers de chacun des Etats membres ;

Qu'elle estime dès lors que c'est en violation des dispositions du Traité de l'UEMOA que la Commission s'est refusée à enjoindre à la République Togolaise de prendre les mesures adéquates pour faire cesser les agissements de la Société WACEM, gravement préjudiciables aux intérêts des opérateurs économiques régulièrement installés sur les territoires douaniers ;

Qu'elle sollicite en conséquence l'annulation de la décision de la Commission comme entachée d'illégalité ;

Considérant qu'à l'audience du 13 juin 2001, après lecture du rapport final par le juge rapporteur, la requérante a fait observer dans le cadre de la procédure orale :

- *Qu'après avoir saisi la Cour par télécopie, elle a été invitée par le greffier, par téléphone, à régulariser sa procédure ;*
- *Qu'elle n'a jamais été mise en demeure de régulariser son recours conformément aux dispositions de l'article 32 des Statuts de la Cour ;*
- *Qu'elle sollicite que la Cour lui donne acte de ce qu'elle renonce aux demandes nouvelles contenues dans son mémoire ampliatif.*

Qu'elle a conclu enfin à ce qu'il plaise à la Cour :

- *Déclarer son recours recevable en la forme ;*
- *Annuler la décision de la Commission du 7 juillet 2000.*

Considérant que la Commission a conclu à titre principal à l'irrecevabilité du recours en annulation de la requérante et à titre subsidiaire, au fond au débouté de la requérante ;

Considérant que la Cour doit d'abord statuer sur sa compétence à connaître de cette affaire, sur la recevabilité du recours ensuite, avant d'examiner s'il y a lieu les moyens des parties quant au fon d ;

Considérant que la compétence de la Cour en l'espèce, est consacrée par les articles 1, 8 et 9 du Protocole additionnel n° 1 relatif aux organes de contrôle de l'UEMOA et n'appelle en conséquence aucun commentaire particulier ;

Que pour ce qui est de la recevabilité du recours, il y a lieu de relever tout d'abord, que la requérante s'est acquittée de l'obligation de cautionnement le 5 décembre 2000 ;

Que cependant, pour ce qui est du respect des prescriptions de l'article 26 du Règlement de Procédures et de la nature juridique de la décision attaquée, il convient de rappeler que la Commission soulève deux exceptions d'irrecevabilité qui doivent être examinées ;

Considérant que, contre ce recours, la Commission :

- *D'une part, fait valoir par mémoire en défense en date du 16 février 2001, que la copie certifie conforme de la télécopie de la requête ayant saisi la Cour de céans ne saurait être assimilée en un original au sens de l'article au sens de l'article 26 alinéa 3 du Règlement de Procédures ;*
- *D'autre part, estime que la décision attaquée n'est pas de nature à créer une quelconque modification dans l'ordonnancement juridique préexistant ; la décision qui n'est ni un règlement, ni une directive, n'est pas susceptible de produire des effets de droit.*

Considérant que par mémoire en réplique en date du 26 mars 2001, la requérante soutient au contraire :

- *Que d'une part, même s'il est certain que l'alinéa 3 de l'article 26 du Règlement de Procédures, énonce que la requête est établie, outre l'original, en autant d'exemplaires certifiés conformes qu'il y a de parties en cause, il n'est nulle part écrit dans ce texte que les dispositions/ de l'aliéna 3 sont faites ad validitatem de la saisine de la Cour ;*
- *Que d'autre part, il n'est dit nulle part que ce sont les originaux des actes (requête ou compromis) qui sont seuls de nature à saisir la Cour ; que c'est un principe général de droit qu'il n'y a ni irrecevabilité ni nullité sans texte.*

Qu'elle ajoute que par pli DHL en date du 10 novembre 2000, elle a fait tenir à Monsieur le Greffier de la Cour, l'original et deux exemplaires de sa requête ; que c'est ce dernier qui a trouvé suffisant de notifier à la Commission une copie certifiée conforme de la télécopie de la requête ;

Considérant que la requérante a par ailleurs fait observer qu'elle a fondé son recours sur l'article 8 alinéa 2 du Protocole additionnel n°1 qui dispose que le recours en appréciation de la légalité est ouvert, en outre, à toute personne physique ou morale contre tout acte de l'Union lui faisant grief ;

Que toujours selon la requérante, la décision attaquée, signée par un Commissaire, est un acte de la Commission qui lui cause un préjudice ;

Qu'elle estime enfin que l'affirmation de la Commission selon laquelle pour être passible de recours en annulation, l'acte doit être de nature à créer une modification dans l'ordonnancement juridique préexistant, constitue un rajout illégal aux conditions légales d'exercice du recours ;

Considérant qu'il y a lieu d'abord de donner acte à la requérante de ce qu'elle renonce à ses demandes nouvelles contenues dans son mémoire ampliatif ;

Considérant qu'il convient ensuite de préciser que la décision attaquée constitue bien un acte d'un organe de l'Union au sens de l'alinéa 2 de l'article 8 du Protocole additionnel n° 1 relatif aux organes de contrôle ;

Qu'aux termes de cette disposition, « le recours en appréciation de la légalité est ouvert, en outre, à toute personne physique ou morale, contre tout acte d'un organe de l'Union lui faisant grief » ;

Considérant que les termes de la lettre de la Commission constituent une prise de position sur la réclamation de la société des ciments du Togo ;

Considérant que par cette lettre la Commission a arrêté de manière non équivoque, une mesure comportant des effets juridiques affectant les intérêts de la société des ciments du Togo et s'imposant obligatoirement à elle ;

Qu'au regard de ces observations, c'est en vain que la Commission tente de faire plaider que la décision n'est pas susceptible de recours en annulation ;

Considérant cependant qu'il y a lieu de constater que l'article 26 du Règlement de Procédures, qui n'est qu'une reprise de l'article 31 de l'Acte additionnel n° 10 :96 portant Statuts de la Cour de Justice, dispose, en son alinéa 2, que la requête est établie, outre l'original, en autant d'exemplaires certifiés conformes qu'il y a de parties en cause ;

Que l'article 32 dudit acte additionnel dispose que, dans le cas où la requête n'est pas conforme aux dispositions de l'article 31, le Greffier invite la requérante à régulariser son recours dans un délai qui ne peut excéder deux mois ;

Considérant que la question qu'il convient dès lors de se poser est celle de savoir si ces dernières dispositions ont été respectées ;

Considérant qu'il résulte des débats que la requérante a déclaré avoir été invitée par le Greffier, par téléphone, à régulariser son recours avant de se dédire par la suite pour affirmer qu'elle n'a jamais été mise en demeure de régulariser sa requête ;

Qu'en cet état d'incertitude et de contradiction qui demeure, c'est en vain que la requérante tente de soutenir que les dispositions de l'article 32 n'ont pas été respectées ;

Considérant que la requête n'a transmis l'original de sa requête à la Cour que le 04 avril 2001 soit plus de deux mois après l'expiration du délai légal d'introduction de la requête ;

Considérant qu'il s'y ajoute qu'il est de règle que le dépôt de l'original de la requête dans les délais, s'impose particulièrement lors de l'introduction du recours en annulation ;

Considérant qu'il résulte donc de tout ce qui précède, que la recevabilité du recours dépend uniquement de la saisine régulière de la Cour par l'original de la requête dans le délai de deux (2) mois ;

Que par ailleurs, les délais de l'article 32 des Statuts de la Cour de Justice et de l'article 15 du Règlement de Procédures sont d'ordre public ; qu'il n'appartient pas au juge ni aux parties d'en disposer à leur gré parce qu'ayant été institués en vue d'assurer la clarté et la sécurité des situations juridiques ;

Qu'en conséquence, le recours tardif fait par la société des Ciments du Togo par télécopie non régularisé dans les délais prévus par l'article 3 des Statuts, doit être déclaré irrecevable ;

Considérant qu'aux termes de l'article 60 du Règlement de Procédures, toute partie qui succombe est donnée aux dépens ;

Considérant que la requête a succombé en ses moyens ; qu'il y a lieu de la condamner aux dépens ;

Par ces motifs :

Statuant publiquement, contradictoirement, en matière de recours en annulation :

- *Donne acte à la requérante de ce qu'elle renonce aux demandes nouvelles contenues dans son mémoire ampliatif ;*
- *Déclare le recours irrecevable pour inobservation des dispositions de l'article 31 alinéa 3 de l'Acte additionnel n° 10/96 portant Statuts de la Cour de Justice ;*
- *Condamne la Société des Ciments du Togo aux dépens.*

OBSERVATIONS

L'affaire « Ciments du Togo » a failli donner lieu à un véritable conflit de normes entre les deux organisations d'intégration de l'Afrique de l'Ouest, la CEDEAO et l'UEMOA. D'aucuns s'inquiètent, à ce sujet, de la coexistence de ces deux cadres d'intégration, et des potentialités de conflit que cette coexistence pourrait faire naître. L'espèce que voilà témoigne bien que ce risque n'est pas chimérique.

Ce débat central n'a pas eu lieu et il ya fort à parier que les autorités des deux organisations – à commencer par la Cour elle-même, qui avait sans doute perçu les redoutables implications d'un débat de fond- ont dû éprouver un grand sentiment de soulagement lorsque le juge a trouvé une raison pour ne pas avoir à résoudre une question à certains égards « politique ». En effet, c'est en considération de questions de procédure, plus précisément de présentation de la requête introductive d'instance que la Cour a rendu une décision d'irrecevabilité. La « régularisation » de la requête n'étant pas intervenue dans le délai requis de deux mois, la demande de la société « Ciments du Togo » a été déclarée irrecevable. L'original de la requête, dit la Cour, aurait dû être transmis bien avant la date à laquelle elle l'a été. La société requérante se retrouve ainsi sanctionnée pour son incurie, pour son ignorance des règles de la procédure devant la Cour. Certes, à un moment donné, deux versions des faits se sont affrontées, portées par les deux parties au procès. Mais si l'on peut reprocher à la Cour de « croire sur parole son Greffe », on peut tout autant blâmer le requérant pour son ignorance des règles en vigueur devant la juridiction de l'Union. Pour cette raison, il est difficile de critiquer la position adoptée par le juge.

Les amateurs de débats de droit seront donc déçus dans leur attente. La franche explication n'est pas venue, la guerre des organisations internationales n'a pas eu lieu, le conflit de normes, épineuse question de droit international conventionnel, ne sera pas tranché. Un débat de fond aurait en effet inéluctablement évoqué le problème de l'incidence de cet agrément, donné par un organe de l'organisation « rivale », la CEDEAO, et sur lequel se fonde la société concurrente des « Ciments du Togo » pour exporter sa production dans les Etats membres de l'UEMOA. L'idée sous jacente à la requête est que cette société concurrente, la « WACEM » bénéficie d'une sorte de traitement de faveur quand, d'un côté, elle bénéficie de l'accès à une « zone franche » (dans le cadre de la législation togolaise) et que, d'un autre côté, elle peut prétendre au tarif extérieur commun en vigueur dans l'UEMOA, sur la base d'un agrément octroyé par les institutions de la CEDEAO. A vrai dire, l'arrêt rendu ne s'épanche pas sur le préjudice que le requérant, concurrent de la WACEM, prétend subir de ce fait. L'on aurait aimé voir le juge mieux décrire le préjudice en question, ne serait-ce que par fidélité aux écritures des parties. Le mécanisme par lequel la société « Ciments du Togo » serait lésée par le statut de la société « WACEM » aurait pu être mieux dépeint.

Ce n'est pas le seul problème que cette affaire pose. Dans sa description des faits et de la procédure, il suscite d'autres interrogations.

L'une d'elles est relative à l'attitude de la société requérante. On sait qu'elle a d'abord demandé à la Commission *« d'enjoindre »* à la République du Togo de se conformer au droit de l'Union, en faisant cesser le traitement fait à la société « WACEM ». La question est alors de savoir pourquoi les « Ciments du Togo » n'ont pas directement attrait le Gouvernement togolais devant le juge national pour non-respect de ses obligations d'Etat membre, obligations qui, selon le traité même de l'UEMOA, priment sur tous les engagements « nationaux ». La chose était parfaitement concevable. Devant des tribunaux togolais, le Gouvernement aurait pu être assigné pour non-respect de ses obligations internationales.

La démarche des « Ciments du Togo » étonne encore par le fait que celles-ci ont demandé à la Commission d'agir auprès des autorités togolaises pour qu'elles se conforment au droit de l'Union. Le « détour » est évidemment long et l'on se demande pourquoi la société requérante n'a pas, par exemple, directement assigné la société « WACEM » pour non-respect du droit de l'UEMOA devant au moins le juge togolais. Sans doute est-il permis de penser que la société « Ciments du Togo » avait son idée sur les responsabilités dans l'état de fait qu'elle déplore et que, tant qu'à faire, elle a choisi de nouer le débat au niveau suprême, celui de l'Etat même, responsable sans doute selon elle de cette situation. Voilà peut-être pourquoi l'on peut avoir le sentiment que dans son « combat », elle avait besoin d'un « allié » puissant, comme la Commission de l'UEMOA, qui avait les moyens, si l'on ose dire, d'amener l'Etat togolais à résipiscence.

La réaction de la Commission est elle-même surprenante. A la demande formulée par la société « Ciments du Togo », elle répond qu'elle est incompétente. Cette attitude est curieuse. Il est permis de penser que l'organe intégré de l'UEMOA a esquivé le problème en considération du fait que des normes de la CEDEAO, l'autre organisation, étaient en cause sur le fond. Il est également permis de penser qu'elle a pu faire preuve de « juridisme » pour ne pas répondre. En effet, la demande qui lui est adressée tendait à l'amener à *« enjoindre »* à l'Etat togolais de mettre fin à la situation critiquée par la requérante. La Commission a alors rétorqué qu'aucun texte ne lui conférant un « pouvoir d'injonction » *stricto sensu*, elle ne pouvait accéder à la demande qui lui était faite. « Juridisme », avons-nous dit, car c'est un peu jouer sur les mots pour ne pas répondre. Rien n'empêche en effet la Commission de rappeler aux Etats membres le devoir de respecter leurs engagements pris dans le cadre de l'Union, et c'est uniquement à cela que tendait la demande de la société « Ciments du Togo ». La Commission est bien la gardienne de l'intérêt de l'Union, et c'est à ce titre qu'elle peut par exemple exercer un recours en manquement contre un Etat membre irrespectueux des normes de l'UEMOA. Elle aurait parfaitement pu accéder à la demande de la société requérante.

En réalité, les tergiversations de la société « Ciments du Togo » - tergiversations à porter directement l'affaire devant un juge, soit contre l'Etat togolais, soit contre la société « WACEM » - , de même que le refus de la Commission ne serait-ce que de rappeler aux Etats leurs devoirs de membres de l'organisation traduisent une forme de persistance de l'écran étatique, qui se dresse entre les personnes privées justiciables et l'Union elle-même, dont les normes doivent pourtant bénéficier directement à ces particuliers. L'on saisit ici aussi une traduction de cette psychologie assez particulière, qui consiste à penser que le droit élaboré dans l'Union reste inaccessible aux personnes privées et que, pour en tirer bénéfice, celles-ci ont besoin de l'entremise d'un organe de l'UEMOA – ici la Commission – ou des Etats eux-mêmes. Il y a donc une forme larvée de scepticisme à l'égard de ce droit ; tout se passe comme si le justiciable pensait que ces normes sont trop majestueuses pour lui être directement appliquées, l'écran de l'Etat persiste alors même que la vocation de l'intégration est de le briser. Assurément, c'est la question de la pédagogie du droit de l'intégration qu'une telle réalité, déjà observée, pose.

ARRÊT DE LA COUR DU 27 MARS 2002

***

Entre Monsieur Adamou Moumouni Djermakoye et le Comité Parlementaire de l'UEMOA (C.I.P.)

La Cour composée de M. Yves D. Yehouessi, Président et rapporteur ; Mme Ramata Fofana, Juge ; M. Mouhamadou Ngom, Juge ; M. Malet Diakité, Premier Avocat Général ; M. Raphaël P. Ouattara, Greffier ;

Rend le présent arrêt :

Considérant que par requête en date du 19 septembre 2001 parvenue et enregistrée au Greffe de la Cour le 04 octobre 2001 sous le n° 02/2001, Monsieur Adamou Moumouni Djermakoye, Député à l'Assemblée nationale du Niger, résidant à Niamey, sans autres précisions, sollicite de la Cour son rétablissement dans ses fonctions de Député membre du Comité Interparlementaire de l'UEMOA (CIP) ;

Considérant que le requérant, ressortissant de la République du Niger, était Député membre du Comité Interparlementaire en 1997 ;

Que, selon lui, après la dissolution de l'Assemblée nationale du Niger en 1998, il a été réélu Député en décembre 1999 ; qu'en conséquence, il a demandé au Président du CIP de lui permettre de reprendre son titre de Député membre du CIP ainsi que les droits y afférents ;

Que le Président du CIP l'a invité, par lettre en date du 08 juin 2001, à s'adresser à l'Assemblée nationale du Niger en vue du règlement de sa requête ; ce qu'il fit par lettre du 05 juillet 2001, apparemment sans obtenir une suite favorable ;

Considérant que Monsieur Adamou Moumouni Djermakoye soutient que sa réélection en décembre 1999 en qualité de Député à l'Assemblée nationale du Niger, après la dissolution de celle-ci en 1998, devrait entraîner « automatiquement » sa reconduction dans ses fonctions de Député membre du CIP qu'il occupait, ce « conformément aux textes en vigueur » ;

Considérant qu'en application des articles 31 et 32 des Statuts de la Cour de Justice, le Greffier de ladite Cour a invité, par lettre en date du 26 octobre 2001, le requérant à régulariser sa requête en se conformant au délai de deux (2) mois prévu à cette fin ; que cette lettre, réceptionnée le 29 octobre 2001 par Madame Ibrahim pour le compte du requérant, n'a reçu aucune suite, passé le délai fixé ;

Considérant que la Cour doit d'abord statuer sur sa compétence à connaître de cette affaire avant d'examiner la recevabilité de la requête de Monsieur Adamou Moumouni Djermakoye ;

Considérant que la compétence de la cour de Justice est déterminée par les articles 1, 5 à 17 du Protocole additionnel n° 1 relatif aux organes de contrôle et les articles 14 et 15 du Règlement de Procédures de la Cour ;

Qu'aucune des dispositions sus indiquées ne donne compétence à la Cour pour connaître d'un recours du genre de celui formulé et dont la nature n'est d'ailleurs pas précisée par le requérant ;

Considérant qu'aux termes de l'article 16 du Traité de l'UEMOA, « ...les organes agissent dans la limite des attributions qui leur sont conférées par le Traité de l'UEMOA et le présent Traité et dans les conditions prévues par ces Traités... » ;

Considérant que l'article 78 du Règlement de Procédures de la Cour dispose que « lorsque la Cour est manifestement incompétente pour connaître d'une requête ou lorsque celle-ci est manifestement irrecevable, la Cour, l'Avocat Général entendu, peut statuer sans autre forme de procédure... » ;

Qu'aux termes de l'article 14 du Règlement n° 1/2000/CDJ abrogeant et remplaçant le Règlement n° 1/96/CDJ relatif au Règlement administratif de la Cour de Justice, celle-ci peut statuer même avant la signification de la requête au défendeur ;

Considérant que l'objet du recours de Monsieur Adamou Moumouni Djermakoye est manifestement en dehors des attributions conférées à la Cour par les textes sus spécifiés ;

Qu'en conséquence, la Cour est incompétente pour connaître dudit recours ;

Considérant qu'il y a lieu de condamner le requérant aux dépens compte tenu de ce qui précède.

Par ces motifs :

Statuant publiquement, en matière de Droit communautaire :

- *Se déclare incompétente pour connaître du recours de Monsieur Adamou Moumouni Djermakoye.*
- *Le condamne aux dépens.*

Observations

La Cour, dans cette affaire, avait été saisie par M. DJERMAKOYE, député à l'Assemblée nationale du Niger et membre, dans un premier temps, du « Comité Interparlementaire » de l'UEMOA.

Ce « Comité », mis en place *« en attendant la création d'un Parlement de l'Union »* (article 35 du Traité de l'UEMOA), *« est composé de cinq membres par Etat, désignés par l'organe législatif de chaque Etat membre »*. A la suite de la dissolution de l'Assemblée nationale nigérienne en 1998, et à l'organisation consécutive d'élections, M. DJERMAKOYE a été de nouveau élu, mais n'a pas été désigné par la nouvelle Assemblée pour représenter son pays au Comité

Interparlementaire. C'est cette non reconduction qu'il a décidé de contester, en déposant une requête auprès de la Cour.

A vrai dire, l'arrêt rendu le 27 mars 2002 n'est pas surprenant et l'on ne peut qu'approuver le verdict rendu par les juges de Ouagadougou. La Cour décline toute compétence à statuer sur la prétention qui lui est soumise, tendant à la « réintégration » du requérant dans l'organe parlementaire de l'Union. Le verdict était attendu, tant la requête excédait les compétences de la Cour. D'une part en effet, la question posée n'est susceptible d'être rattachée à aucune des compétences de la Cour –au sens de la «compétence matérielle »- ; d'autre part, le recours lui-même n'entre dans aucune des voies contentieuses ouvertes devant la juridiction communautaire. Une difficulté de fond – inexistence d'une réglementation communautaire sur le point litigieux – se superposait donc à une difficulté de procédure – la requête ne se rattachant à aucun des recours prévus-. Dans ces conditions, la réponse de la Cour ne pouvait être favorable ; plus précisément, celle-ci ne pouvait se pencher sur l'affaire qui lui était soumise. Elle s'est donc déclarée incompétente.

Les conditions dans lesquelles les parlementaires des différents Etats membres sont désignés ne sont en effet pas réglées par le droit communautaire, l'article 35 du Traité renvoyant simplement cette compétence aux organes législatifs nationaux. Or, la nécessité s'impose, pour tout plaideur devant la Cour, de fonder sa prétention sur une ou plusieurs normes communautaires, d'articuler des griefs répréhensibles en vertu du droit, originaire ou dérivé, de l'UEMOA. Il ne suffit donc pas d'éprouver un sentiment d'injustice plus ou moins « vague », plus ou moins confus, pour se pourvoir devant la Cour. Celle-ci veillant au respect du droit de l'organisation internationale, c'est bien à ce droit qu'il faut se référer pour toute demande qu'on lui soumet. La requête n'est évidemment pas reproduite ou « citée » dans l'arrêt, mais il y a fort à parier qu'elle ne renfermait aucune référence au droit communautaire, qu'elle ne citait aucun texte à l'appui de la demande formulée.

L'arrêt du 27 mars 2002 vient rappeler une vérité d'évidence procédurale, une règle fondamentale du contentieux judiciaire, qui est l'exigence de la compétence de l'organe juridictionnel saisi. La Cour de l'UEMOA ne détient pas une compétence « générale », qui lui permettrait de se prononcer sur tout « problème » apparu dans l'organisation ou le fonctionnement des organes de l'Union. Elle n'a que des compétences précises, adossées à un texte.

L'hypothèse dans laquelle nous sommes, avec une telle demande, est donc bien celle d'une « incompétence manifeste » de la Cour, évoquée à l'article 78 du Règlement de procédures. Selon cette disposition, « lorsque la Cour est manifestement incompétente pour connaître d'une requête, ou lorsque celle-ci est manifestement irrecevable, la Cour, l'avocat général entendu, peut statuer sans autre forme de procédure… ». La locution « sans autre forme de procédure » renvoie à une économie des formalités, elle autorise la Cour, par exemple, à statuer sans même signifier le recours à la partie défenderesse. Telle est son attitude dans la présente affaire.

On ajoutera une autre donnée, qui a sans doute contribué à affaiblir la crédibilité de la requête. Invité à « régulariser » celle-ci, conformément à l'article 32 des Statuts de la Cour, le requérant n'a pas déféré à cette demande.

ARRÊT DE LA COUR 08 MAI 2002

***

Entre Monsieur Jean-Baptiste Tavares et le Comité Parlementaire de l'UEMOA (C.I.P.)

La Cour composée de M. Yves D. Yehouessi, Président ; Mme Ramata Fofana, Juge rapporteur ; M. Mouhamadou Ngom, Juge ; M. Kalédji Afangbedji, Avocat Général ; M. Raphaël P. Ouattara, Greffier ;

Rend le présent arrêt :

Considérant que par requête en date du 10 septembre 2001, enregistrée au greffe de la Cour de Justice de l'UEMOA sous le n° 01/2001 du 10 septembre 2001, Monsieur Jean-Baptiste Tavares, agent contractuel, Macro Economiste au Département des Politiques Economiques de la Commission de l'UEMOA, par l'entremise de son Conseil Maître Bénéwendé S. Sankara, Avocat à la Cour d'Appel de Ouagadougou, Burkina Faso, a introduit un recours en annulation de la décision n° 01/27/SP/PC du 15 mars 2001 qui lui a infligé une mise à pied de sept (7) jours pour absence non justifiée ;

Considérant que le requérant expose qu'il a bénéficié d'une autorisation d'absence du 22 au 26 décembre 2000 pour se rendre à Abidjan en Côte d'Ivoire ;

Qu'il devait reprendre son service le 27 décembre 2000, mais qu'il a contracté une maladie et a été suivi par le Docteur Michel Bosson à Abidjan ;

Qu'il n'a repris le travail que le 8 janvier 2001, soit douze (12) jours plus tard ; qu'à sa reprise, il a tenté vainement de rencontrer son supérieur hiérarchique pour lui expliquer son absence ;

Que le 11 janvier 2001, il a reçu une demande d'explication écrite du Commissaire chargé du Département des Politiques Economiques (DPE) sur son absence à son poste ;

Qu'en réponse à cette demande d'explication, il a transmis le 16 janvier 2001 deux (2) certificats médicaux datés des 28 décembre 2000 et 02 janvier 2001 pour justifier son absence ;

Que le 15 mars 2001, par lettre n° 01-27/SP/PC, le Président de la Commission de l'UEMOA lui a fait notifier une décision de mise à pied de sept (7) jours pour absence non autorisée du 27 décembre 2000 au 8 janvier 2001 ;

Que le 04 mai 2001, il a introduit un recours gracieux en annulation de la sanction disciplinaire auprès du Président de la Commission qui, par lettre en date du 22 mai 2001, a rejeté ledit recours ;

Que le 11 juin 2001, il a introduit à nouveau une demande d'annulation de la décision, mais cette deuxième demande est restée sans suite ;

Que c'est pourquoi il a saisi la Cour de Justice le 10 septembre 2001 aux fins de voir celle-ci :

1. *Annuler purement et simplement la décision de sanction de mise à pied qui lui est infligée pour incompétence de son auteur au principal et subsidiairement, annuler la décision pour absence de faute ;*
2. *Ordonner la restitution du reliquat de son salaire de sept -7) jours retenu arbitrairement ;*
3. *Condamner la Commission de l'UEMOA à lui payer un (1) franc symbolique à titre de dommages et intérêts ;*
4. *Condamner la Commission de l'UEMOA aux entiers dépens.*

Considérant qu'au soutien de son recours, Monsieur Tavares fait valoir que la décision du Président de la Commission est illégale parce qu'elle viole l'article 38 du règlement n° 02/95/CM du 1er août 1995 portant régime applicable au personnel non permanent de l'Union ;

Qu'il fait observer que d'une part il ne peut y avoir sanction pour des faits justifiés, et que d'autre part l'auteur de la décision dont l'annulation est demandée n'avait pas compétence pour la prendre ;

Considérant qu'en réplique à ces moyens, le défendeur a fait valoir que les arguments de Monsieur Tavares ne pouvaient pas résister à la rigueur de l'analyse juridique tant dans la forme que dans le fond ;

Que dans la forme, le recours introduit le 10 septembre 2001 est irrecevable parce que le recours pré contentieux a été introduit hors délai ;

Que si par impossible la Cour déclarait la requête recevable, elle devrait la rejeter dans le fond comme étant mal fondée, parce que d'une part les dispositions de l'article 38 invoquées permettent de se convaincre de la légalité de la décision et qu'il est en outre un principe fondamental selon lequel qui peut le plus peut le moins ; et que d'autre part, le requérant lui-même reconnaît que son absence du 05 janvier 2001 est injustifiée ;

Que cet aveu de la justification partielle de son absence légitime la sanction prise ;

Considérant qu'à ces réfutations, le requérant a répliqué le 27 décembre 2001 pour confirmer ses arguments contenus dans sa requête et pour ajouter un nouveau point fondé sur l'illégalité de la double sanction ;

Qu'il précise que selon un principe élémentaire de droit, une seule faute ne peut donner lieu à une sanction double, alors qu'il s'est vu infliger une mise à pied et une retenue de salaire de trois cent un mille huit cent cinquante-trois (301.853) Francs CFA ;

Considérant qu'à l'audience du 27 mars 2002 au cours de la procédure orale, le défendeur a fait observer après la lecture du rapport final par le juge rapporteur, qu'il a été fait état d'une lettre en date du 4 mai 2001 dont il n'a pas eu connaissance, celle-ci ne figurant pas au dossier qui lui a été transmis ;

Considérant que cette lettre, celle du 22 mai 2001, ainsi que les copies des certificats médicaux demandées par le juge rapporteur en cours de procédure n'ont pas été communiquées au défendeur conformément aux prescriptions de l'article 26 du Règlement de Procédures ;

Que le requérant entendant se prévaloir de la lettre du 04 mai 2001 ainsi que les copies des certificats médicaux demandées par le juge rapporteur en cours de procédure, n'ont pas été communiquées au défendeur conformément aux prescriptions de l'article 26 du Règlement de Procédures ;

Que le requérant entendant se prévaloir de la lettre du 04 mai 2001, il est apparu nécessaire de renvoyer le dossier pour communication de pièces au défendeur ;

Considérant que par lettre en date du 27 mars 2002, le greffier de la Cour notifiait à Maître Harouna Sawadogo, Avocat de la Commission, les pièces demandées par le juge rapporteur et à Maître Bénéwendé Sankara les copies intégrales des certificats médicaux ;

Considérant que par mémoire additif en date du 02 avril 2002, le défendeur a demandé à la Cour de déclarer irrecevable le recours en annulation du 10 septembre 2001 de Monsieur Tavares pour cause de forclusion, au motif que le requérant n'a pas respecté le préalable de la saisine du Comité Consultatif Paritaire d'Arbitrage prévu par les articles 108 et 112 du Règlement n° 01/95/CM du 1er août 1995 portant statut des fonctionnaires de l'Union ;

Considérant que le 05 avril 2002, le requérant a répliqué à ce mémoire additif en indiquant à bon droit qu'il n'est pas fonctionnaire et ne relève pas de ce fait des dispositions du Règlement n° 01/95/CM du 1er août 1995 portant statut des fonctionnaires de l'UEMOA ; qu'en effet, il ressort du dossier que le requérant a été recruté comme agent non permanent relevant des seules dispositions du Règlement n° 02/95/CM ;

Considérant qu'en tout état de cause, il convient de faire observer que le moyen invoqué par le défendeur et fondé sur le non respect des dispositions des articles 108 et 112 du Règlement n° 01/95/CM du 1er août 1995 portant statut des fonctionnaires de l'union est nouveau et doit être déclaré irrecevable par application des dispositions de l'article 31 alinéas 2 et 3 du Règlement de Procédures ;

Considérant que la Cour doit statuer sur sa compétence à connaître de cette affaire et sur la recevabilité du recours avant d'examiner les moyens des parties après avoir posé les questions auxquelles elle est appelée à répondre ;

Considérant que la compétence de la Cour est consacrée en l'espèce par les articles 16 du Protocole additionnel n° 01, 15 du Règlement de Procédures, 61 du Règlement n° 02 :95/CM du 1er août 1995 portant régime applicable aux agents non permanents de l'Union ;

Que Monsieur Jean-Baptiste Tavares est un agent contractuel ; qu'il relève du régime applicable aux agents non permanents de l'Union, régime aménagé par le règlement n° 02 :95/CM du 1er août 1995 ;

Considérant qu'en ce qui concerne la recevabilité du recours, il y a lieu de relever que :

- *Le recours a été introduit conformément aux prescriptions de l'article 26 du Règlement de Procédures et que le requérant a versé un cautionnement de vingt mille (20.000) francs suivant ordonnance n° 01/2001 du 03 octobre 2001 fixant cautionnement ;*
- *Pour ce qui est du délai de saisine par contre, l'article 61 du Règlement n° 02/95/CM portant régime applicable au personnel non permanent de l'UEMOA n'a pas été respecté notamment en son troisième alinéa qui dispose :*

« Le recours doit être introduit devant la Cour, dans un délai de deux mois, courant à compter :

- de la date de la publication de la décision ;
- de la date de sa notification à l'agent concerné ;
- du jour où l'intéressé en a eu connaissance ;
- de la date d'expiration du délai de réponse, lorsque le recours porte sur une décision implicite de rejet ».

Considérant que la requête a été introduite le 10 septembre 2001, contre une décision prise le 15 mars 2001 qui a fait l'objet d'un recours gracieux le 04 mai 2001, recours qui a reçu une réponse négative le 22 mai 2001 ;

Que Monsieur Tavares avait deux (2) mois à partir de la date du 22 mai 2001 pour introduire son recours ;

Considérant cependant qu'à partir de cette date, il a plutôt introduit un deuxième recours gracieux le 11 juin 2001, resté sans réponse ;

Considérant que ni les règles régissant la compétence de la Cour, ni celles organisant sa saisine, et celles portant statut des agents de l'Union n'ont prévu un deuxième recours hiérarchique ; que par ailleurs, il est un principe de droit constant qu'un recours administratif ne conserve le délai du recours contentieux qu'une seule fois ;

Considérant que contrairement aux affirmations du requérant, la demande du 04 mai 2001 est bien un recours gracieux et non un exposé des faits ;

Que Monsieur Tavares a par cette demande, clairement sollicité l'annulation de la décision de mise à pied qui lui a été infligée le 15 mars 2001 ;

Que la réponse du Président de la Commission du 22 mai 2001 est une décision explicite de rejet, ouvrant droit à un recours contentieux dans le délai de deux (2) mois, conformément aux dispositions de l'article 59 du Règlement n° 02/95, soit au plus tard le 23 juillet 2001 ;

Que le recours ayant été introduit le 10 septembre 2001, soit plus de 27 jours après, Monsieur Tavares est forclos et sa requête doit être déclarée irrecevable ;

Considérant que même si la réponse du 22 mai 2001 n'a pas été notifiée au requérant à la même date, elle l'a été avant le 11 juin 2001, puisque l'intéressé a exercé son deuxième recours gracieux par lettre du 11 juin 2001 ;

Que cette lettre faisant référence à la réponse donnée par le Président de la Commission le 22 mai 2001 laisse supposer que Tavares en a en connaissance ce jour ;

Qu'il avait par conséquent deux (2) mois à partir du 11 juin 2001 pour introduire sa requête, soit au plus tard le 12 août 2001 ;

Qu'en saisissant la Cour le 10 septembre 2001, Monsieur Tavares encourt la forclusion, et son recours est irrecevable ;

Considérant que s'agissant d'un litige entre l'Union et son agent, il y a lieu conformément aux dispositions de l'article 61 du Règlement de Procédures de mettre les dépens à la charge de l'UEMOA.

Par ces motifs, La Cour :

Statuant publiquement, contradictoirement, en matière de Fonction Publique Communautaire :

- *Déclare le recours de Monsieur Jean-Baptiste Tavares irrecevable ;*
- *Met les dépens à la charge de l'UEMOA.*

OBSERVATIONS

L'arrêt rendu par la Cour de Justice de l'UEMOA, dans cette affaire, repose sur une motivation simple : le recours introduit par M. TAVAREZ est déclaré irrecevable du fait de la forclusion de celui-ci.

A vrai dire, la présentation des choses, telle qu'elle résulte aussi bien du dossier établi par le juge rapporteur que des conclusions de l'avocat général, et même de quelques passages de la décision rendue, donne une autre impression : celle d'une affaire entortillée, complexe, alors qu'il n'en est rien.

Le requérant, M. Jean Baptiste TAVAREZ, avait été recruté comme économiste au Département des politiques économiques de la Commission de l'UEMOA. Bénéficiant d'une autorisation d'absence couvrant la période du 22 au 26 décembre 2000, il n'a toutefois repris son service que le 8 janvier 2001.

Le 11 janvier 2001, son supérieur hiérarchique, le Commissaire chargé du Département des politiques économiques, lui adresse une demande d'explication sur les raisons de ce retard.

Le 15 janvier, M. TAVAREZ répondait, en joignant à sa correspondance – de *« deux lignes »*, indique l'avocat général dans ses conclusions – deux certificats médicaux prescrivant, chacun, un repos de trois jours.

Apparemment peu satisfait de cette réponse, le Commissaire, le 23 janvier, en informe le Président de la Commission lequel, le 15 mars, inflige à M. TAVAREZ une mise à pied d'une durée de sept jours, pour compter du 2 avril. Le Président de la Commission indiquait par ailleurs qu'il avait pris cette décision après avis du Comité consultatif de discipline.

Le 4 mai, le requérant saisit l'auteur de la sanction d'un recours gracieux, par lequel il demandait donc l'annulation de la décision lui faisant grief. Par ailleurs, M. TAVAREZ contestait le bien-fondé de la mesure prise à son encontre.

Le 22 mai, le Président de la Commission rejette le recours gracieux. Ce rejet est même motivé, son auteur relevant, notamment, que les certificats médicaux produits ne couvrent pas toute la période d'absence, que M. TAVAREZ aurait dû informer son supérieur hiérarchique de son indisponibilité, par voie téléphonique ou télégraphique.

Le 11 juin, M. TAVAREZ revenait, si l'on ose dire, à la charge, en saisissant à nouveau le Président de la Commission d'un recours gracieux, deuxième recours non prévu par les textes, et qui ne donne du reste lieu à aucune réaction de son destinataire.

Le 10 septembre 2001, M. TAVAREZ saisit la Cour de Justice de son différend avec l'UEMOA.

La solution donnée au différend est simple, en dépit des apparences. Elle repose sur une considération fondamentale : il n y a pas, dans le droit de l'UEMOA, de « deuxième recours » gracieux prévu, mais un seul, dont le sort détermine l'ouverture du délai de recours de deux mois. Plus précisément, le rejet de ce recours gracieux ouvre droit à un recours contentieux, devant la Cour, dans les deux mois. Il en résulte que M. TAVAREZ est forclos à saisir le juge, car il aurait dû agir deux mois après le rejet explicite de sa première demande gracieuse, la première et la seule possible. Rapportée à l'affaire, la règle signifie que c'est au plus tard le 22 juillet que l'acte introductif d'instance aurait dû être déposé. Rappelons que c'est le 10 septembre que la Cour a été saisie.

Telle est donc la solution adoptée par la Cour, et on ne peut que l'approuver, même si elle aurait pu raccourcir son raisonnement pour parvenir à ce résultat. Dans une affaire où il était question de forclusion, et où l'action était donc irrecevable, l'arrêt a occupé ...sept pages. Il faut rappeler que la préoccupation pédagogique de la Cour ne doit pas sacrifier l' « exploitabilité » de la décision judiciaire, que la vocation d'une telle décision est de régler un problème concret et qu'il faut donc qu'au terme de son analyse, la juridiction, si elle est compétente, délivre une vérité qui a prise sur la réalité, et qui soit « exploitable » par les plaideurs. Faute de ce souci du réel, l'activité juridictionnelle peut tourner à l'exercice ludique.

ARRÊT DE LA COUR DU 18 DÉCEMBRE 2002

***

Entre Monsieur Kossi Mawuli Agokla et la Commission de l'UEMOA

La Cour composée de M. Yves D. Yehouessi, Président ; M. Mouhamadou Ngom, Juge rapporteur ; Mme Paulette Badjo Ezouehu, Juge ; M. Malet Diakité, Premier Avocat Général ; Raphaël P. Ouattara, Greffier ;

Rend le présent arrêt :

Considérant que par requête en date du 07 janvier 2002, enregistrée au Greffe de la Cour de Justice de l'UEMOA le 9 janvier 2002 sous le n° 01/2002, Monsieur Kossi Mawuli Agokla, précédemment Directeur du Secrétariat de la Commission de l'UEMOA, par l'organe de ses conseils Mes Dabiré, Sorgho et Toé et Me Mamadou Ouattara, Avocats à la Cour de Ouagadougou, Burkina Faso, a introduit un recours en appréciation de la légalité de la Décision n° 053/2001/PC/UEMOA en date du 16 juillet 2001, mettant fin à ses fonctions au sein de la Commission et en paiement des sommes de :

- *171.424.475 Francs au titre du préjudice de carrière ;*
- *193.475.000 Francs au titre du préjudice moral ;*

Soit au total la somme de 364.899.411 Francs ;

En fait :

I – Faits et procédure

Considérant que les faits et les arguments des parties développés au cours de la procédure écrite peuvent être résumés comme suit :

- *Recruté en qualité de cadre supérieur chargé du Secrétariat de la Commission, par Décision n° 16/96/PCOM du 19 février 1996, M. Kossi Mawuli Agokla a été nommé par la suite Directeur du Secrétariat de la Commission par Décision n° 106/96/PCOM du 24 octobre 1996 ;*
- *Le 16 juillet 2001, par Décision n° 503/2001/PC/UEMOA, M. Kossi Mawuli Agokla a été licencié pour faute grave constituée par la communication à des tiers, sans autorisation, de correspondances et renseignements dont il a eu connaissance en sa qualité de fonctionnaire de l'Union et qui n'ont pas été rendus publics ;*
- *Le 18 juillet 2001, conformément à l'article 107 du Règlement n° 01 :95/CM du 1er août 1995 portant statut des fonctionnaires de l'UEMOA, M. Agokla a adressé un recours gracieux au Président de la*

Commission, recours tendant à voir rapporter la décision relative à son licenciement. N'ayant reçu aucune réponse à son recours gracieux, il décida de saisir la Cour de céans du litige l'opposant à la Commission. Le recours a été signifié au Président de la Commission par lettre en date du 18 février 2002 ;

- *Par lettres en date du 28 février 2002, ce dernier informa la Cour de la désignation de son agent en la personne de M. Eugène Kpota, Conseiller Juridique de la Commission et de la constitution de Me Harouna Sawadogo, Avocat, pour le représenter.*

II – Conclusions des parties

M. Agokla conclut à ce qu'il plaise à la Cour :

- *Dire et juger que la Décision n° 503/2001/PC/UEMOA en date du 16 juillet 2001 portant son licenciement et illégale ;*
- *Déclarer en tout état de cause ladite décision non fondée ;*
- *Condamner en conséquence l'UEMOA à lui payer la somme totale de 364.889.412 Francs à titre de réparation du préjudice subi ;*
- *Mettre les dépens à la charge de l'UEMOA.*

La Commission conclut à ce qu'il plaise à la Cour :

En la forme

Au principal :

Dire et juger que le recours de M. Agokla n'a pas satisfait aux exigences des articles 108 et 112 du Règlement n° 01/95/CM portant statuts des fonctionnaires de l'UEMOA.

En conséquence :

Déclarer ledit recours irrecevable.

Subsidiairement :

Donner acte au requérant de ce qu'il sollicite de la Cour de céans de constater l'illégalité de la décision et d'en tirer les conséquences de droit en même temps que la condamnation de la Commission au paiement d'indemnités réparatrices de préjudices subis.

En conséquence :

Déclarer ledit recours irrecevable pour défaut de fondement.

Au fond

Subsidiairement :

Rejeter les moyens invoqués par le requérant

En conséquence :

- *Le débouter de tous ses chefs de demande comme étant mal fondés ;*
- *Le condamner aux entiers dépens.*

III – Moyens et arguments des parties

Sur la recevabilité

a) Moyens et arguments de la Commission de l'UEMOA

Dans son mémoire en date du 16 avril 2002, la Commission de l'UEMOA qui conclut à l'irrecevabilité tant du recours en plein contentieux que du recours en indemnisation fait valoir :

- *D'une part que le requérant a opéré une mauvaise application des dispositions des articles 107 et 112 du Règlement n° 01/95/CM portant statuts des fonctionnaires de l'UEMOA en visant malencontreusement l'article 107 qui n'impose pas un recours préalable obligatoire régi par les dispositions de l'article 108 dudit règlement ;*
- *D'autre part que le recours gracieux du 18 juillet 2001 de M. Agokla tendant à voir rapporter la décision de licenciement, devait être adressé au Comité consultatif paritaire d'arbitrage et non à l'autorité investie du pouvoir de nomination qui est le Président de la Commission de l'UEMOA.*

La Commission ajoute que le recours préalable de l'article 107 concerne le cas du fonctionnaire qui n'a pas de décision et qui veut en susciter, la saisine irrégulière et inopportune du Président de la Commission ne dispensant pas M. Agokla du recours préalable de l'article 108 ;

Elle fait observer que le requérant s'est placé sur le terrain du recours en appréciation de légalité, tout en expliquant par ailleurs que la conséquence tirée de l'illégalité d'un acte étant son annulation, il demeure évident que la juridiction de céans est saisie en même temps d'un recours en annulation et d'un recours en indemnisation.

Elle estime enfin que tant ses statuts que son Règlement de Procédures ne confèrent à la Cour le pouvoir d'ordonner dans le même temps, en cas d'annulation d'un acte, le paiement de sommes d'argent en réparation du préjudice subi du fait de l'intervention de l'acte incriminé.

b) *Moyens et arguments du requérant*

Le requérant qui conclut au rejet de tous les moyens de la Commission, fait d'abord remarquer dans son mémoire en réplique en date du 14 mai 2002, qu'il n'est pas exact d'affirmer, comme le fait la Commission, que le recours de l'article 107 du Règlement n° 01/95/CM ne concerne que le cas du fonctionnaire qui n'a pas de décision et qui veut en susciter. Pareille interprétation n'est pas celle de la Cour de céans qui, dans des affaires déjà jugées, avait déclaré recevable les requêtes des fonctionnaires concernés et dont les recours gracieux avaient été adressés au Président de la Commission de l'UEMOA et non au comité consultatif paritaire d'arbitrage.

Il ajoute que ledit Comité n'a pas à ce jour été mis en place et que la Commission est mal venue à lui reprocher de n'avoir pas saisi un organe inexistant par sa faute.

Le requérant précise qu'il a bien saisi la Cour d'un recours en plein contentieux dont l'objet est de rechercher si son licenciement est abusif et, dans l'affirmative, de fixer le montant de son indemnisation.

Il estime à cet égard qu'il ne peut être nié au juge de l'indemnisation de tirer conséquence de l'imperfection de tout acte matériel ou juridique pour en apprécier les dommages qui en résultent en vue de la réparation des préjudices causés. La réparation est justifiée toutes les fois qu'il y a un lien de causalité entre l'imperfection de l'acte en cause et le dommage causé.

c) *Réponse de la Commission*

Dans son mémoire en duplique en date du 8 juin 2002, la Commission considère qu'accepter l'application de l'article 107 du Règlement n° 01/95/CM/UEMOA du 1er août 1995, en l'espèce, reviendrait à opérer un double emploi avec les dispositions des articles 108 et 112 du même règlement.

Elle précise qu'en l'absence d'un recours gracieux portant sur un quelconque paiement de sommes d'argent à titre de réparation, préalable obligatoire et incontournable, l'action en indemnisation du requérant doit encore être déclarée recevable.

Elle constate par ailleurs que le requérant n'a fait montre d'aucune diligence effectuée pour saisir le Comité consultatif paritaire d'arbitrage alors que l'article 112 du Règlement précité impose comme condition de la saisine régulière de la Cour de céans l'accomplissement de ce préalable.

Elle estime qu'il est de jurisprudence constante qu'un recours en plein contentieux ne peut être reçu en l'état par la Cour de céans et que l'autonomie entre le recours en annulation et le recours en indemnisation exclut tout amalgame procédural entre ces deux actions et entraîne l'irrecevabilité de tout recours introduit sur les deux fondements.

Au fond

Le requérant soutient que la décision de licenciement intervenue à titre de sanction disciplinaire n'a pas été précédée d'une proposition de l'autorité chargé de la gestion des ressources humaines, en l'occurrence le Directeur des Affaires Administratives et Financières ;

Il souligne que même si le Président du Comité consultatif de discipline a été saisi, il n'en demeure pas moins que cette saisine a été faite en violation de l'article 78 du Règlement n° 01/95/CM qui dispose que le Comité visé à l'article 70 est saisi par un rapport de l'autorité compétente indiquant les faits reprochés au fonctionnaire et la sanction envisagée à son égard ;

Le requérant précise que son licenciement est d'autant plus irrégulier, injustifié et abusif que le Président de la Commission n'a jamais été en mesure de rapporter la preuve de sa responsabilité dans les faits qui lui sont reprochés ;

Passant à l'examen du fond, la Commission répond d'abord que la Cour ne saurait exercer un contrôle sur l'appréciation faite par une autorité administrative d'un organe de l'Union sur l'état de service d'un agent ;

Pour établir la faute grave du requérant et justifier le bien fondé de sa décision de licenciement, la Commission de l'UEMOA invoque les éléments suivants :

- *L'article de presse dans lequel il a été fait expressément mention des nom et ancienne fonction de M. Agokla ;*
- *La reproduction entre guillemets dans ledit article de presse, des passages de la réponse de M. Agokla à la demande d'explication qui lui avait été adressée à propos du vol de meubles intervenu dans les locaux de la Commission, réponse que ce dernier et le Président de la Commission de l'UEMOA étaient seuls censés détenir ;*
- *Le caractère strictement confidentiel de l'échange desdites correspondances entre les parties ;*
- *La relation dans ledit article de presse d'autres faits précis relatifs au dossiers des « 20.000 litres de carburant » soumis frauduleusement à la signature du Président de la Commission, avec des précisions sur le circuit suivi par les dossiers de la Direction du Secrétariat de la Commission et la manière détaillée dont M. Agloka a été relevé de ses fonctions.*

La Commission estime qu'en tout état de cause, M. Agokla qui a réservé une réponse lapidaire à la demande d'explication et qui n'a pas contesté être à l'origine de la communication des informations à l'organe de presse, a ainsi commis une violation manifeste de l'article 8 du Règlement n° 01/95/CM.UEMOA du 1er août 1995 portant statut des fonctionnaires et relatif à l'obligation de réserve et au secret professionnel ;

Considérant qu'à l'audience du 30 octobre 2002, les parties ont développé les arguments exposés au cours de la procédure écrite ;

Considérant que Monsieur le Premier Avocat Général a présenté ses conclusions au cours de la même audience.

En droit

Considérant que la Cour doit d'abord statuer sur sa compétence à connaître de cette affaire, sur la recevabilité du recours ensuite, avant d'examiner s'il y a lieu les moyens des parties quant au fond ;

Considérant que la compétence de la Cour en l'espèce est consacrée par les articles 15 alinéa 5 du Règlement n° 01/96/CM portant Règlement de procédure de la Cour de Justice et 112 du Règlement n° 01/95/CM portant statut des fonctionnaires de l'UEMOA et n'appelle en conséquence aucun commentaire particulier.

Sur la recevabilité

Considérant qu'il importe d'emblée, de préciser qu'il ressort de la requête que le requérant fonde son droit à réparation sur la prétendue illégalité de la décision de licenciement et reconnaît ainsi que la constatation de cette illégalité et sa demande en indemnisation forment ensemble l'objet du litige ;

Considérant qu'il est de règle que le recours en indemnisation constitue une voie de droit autonome par rapport au recours en annulation ;

Que dès lors, il était loisible au requérant, en raison de l'autonomie des différentes voies de droit, de choisir soit l'une, soit l'autre, soit les deux conjointement ;

Qu'en tout cas tant l'examen de la requête que les débats permettent d'affirmer que M. Agokla n'entend maintenant se placer que sur le seul plan du recours en indemnisation ;

Considérant qu'il importe ensuite de déterminer, en vue de juger de sa recevabilité, sur quelles dispositions le recours de Monsieur Agokla doit être fondé ;

Considérant qu'il est constant que M. Agokla qui a reçu une décision de licenciement a entendu ne devoir fonder son recours que sur les seules dispositions de l'article 107 du Règlement n° 01/95/CM, dispositions qui ne sont applicables que dans le cas du fonctionnaire qui souhaite que l'autorité investie du pouvoir de nomination prenne une décision à son égard ;

Qu'en égard à ces observations, le recours ne pouvait être introduit que sur le fondement de l'article 108,

Considérant par ailleurs qu'il résulte des dispositions de l'article 112 du Règlement n° 01/95/CM :

> *Que la Cour de Justice de l'UEMOA est compétente pour connaître de tout litige opposant l'Union à l'un de ses fonctionnaires ; que toutefois, le recours n'est valablement formé devant la Cour que : ...si le Comité consultatif paritaire a été préalablement saisi d'une réclamation de l'intéressé...*

Qu'au regard de ces dispositions, il y a lieu de dire que le recours contentieux de M. Agloka n'est pas régulièrement formé ; qu'il doit dès lors être rejeté comme irrecevable, l'introduction d'un recours contentieux étant conditionnée par l'exercice d'une procédure précontentieuse conforme aux dispositions statutaires, cette formalité étant substantiellek ;

Considérant qu'au surplus et à titre surabondant, il importe de faire remarquer que même si le Comité consultatif paritaire d'arbitrage n'est pas encore matériellement mis en place par la Commission de l'UEMOA, il n'en demeure pas moins qu'il a déjà été institué par l'article 106 du Règlement n° 01/95/CM ;

Que dans ces conditions, M. Agloka, qui n'ignorait pas l'existence de cette instance et sa non mise en place, aurait dû cependant la saisir par l'organe du Président de la Commission de l'UEMOA comme l'avaient fait les fonctionnaires dont il cite les affaires à titre de jurisprudence, puis attendre l'expiration du délai de quatre (4) mois avant de saisir la Cour de céans ;

Considérant qu'il y a lieu de préciser en outre que dans lesdites affaires citées à titre de jurisprudence constante par le requérant et précédemment jugées par la Cour de céans, il n'avait jamais été question de recevabilité des recours formés par les fonctionnaires mais de non-respect d'une formalité substantielle par le Président de la Commission ;

Considérant enfin qu'il importe de rappeler qu'il est de règle que les conclusions des recours des fonctionnaires doivent avoir le même objet que celles exposées dans la réclamation administrative et contenir des chefs d'accusation reposant sur la même cause que celle de la réclamation ;

Que cette conformité est d'ordre public dans la mesure où elle se rapporte à la régularité de la procédure administrative qui constitue une formalité substantielle, l'examen d'office de cette question se justifiant en particulier au regard de la finalité même de la procédure administrative qui consiste à permettre un règlement amiable des différends surgis entre le fonctionnaire ou agent et l'administration ;

Qu'eu égard à ces observations, même si M. Agloka avait préalablement saisi le Comité consultatif paritaire d'arbitrage, son recours contentieux serait encore déclaré irrecevable pour défaut de concordance entre ledit recours et la réclamation administrative ;

Considérant donc que le recours en indemnisation du requérant ne satisfait pas aux conditions préalables ci-dessus indiquées, il doit être rejeté dans son intégralité.

Sur les dépens

Considérant que le requérant a succombé en ses moyens ;

Qu'aux termes de l'article 60 du Règlement de procédure, toute partie qui succombe est condamnée aux dépens ;

Que, toutefois, s'agissant d'un litige entre la Commission et son agent, il y a lieu conformément aux dispositions de l'article 61 du même règlement, de mettre les dépens à la charge de l'UEMOA.

Par ces motifs

La Cour, statuant publiquement, contradictoirement, en matière de fonction publique communautaire :

- *Déclare le recours de M. Kossi Mawyli Agokla irrecevable ;*
- *Met les dépens à la charge de l'UEMOA.*

OBSERVATIONS

Le requérant, M. AGOKLA, a été recruté en 1996 en qualité de cadre supérieur chargé du secrétariat de la Commission de l'UEMOA, puis nommé, quelques mois après son recrutement, Directeur de ce secrétariat.

Le 11 avril 2001, le Président de la Commission lui demandait de s'expliquer sur une demande d'exonération de droits et taxes relative à l'acquisition de vingt mille litres de carburant. Dans sa réponse, M. AGOKLA niait toute responsabilité qu'il aurait dans cette affaire.

Deux mois plus tard, le requérant était à nouveau invité à s'expliquer sur une autre affaire : la divulgation, dans le journal « L'indépendant », de faits relatifs au fonctionnement interne de la Commission, et dans lesquels il était lui-même impliqué. La demande d'explication émanait du Président de la Commission, qui, quelques jours plus tard, saisissait le Président du Comité consultatif de discipline des mêmes faits. Puis, par décision datée du 16 juillet 2001, il licenciait M. AGOKLA pour faute grave, « constituée par la communication à des tiers, sans autorisation, de correspondances dont il a eu connaissance, en sa qualité de fonctionnaire de l'Union, et qui n'ont pas été rendus publics ».

Deux jours plus tard, le requérant exerçait un recours gracieux devant le Président de la Commission, mais aucune suite ne fut donnée à cette demande. C'est alors que M. AGOKLA a décidé de saisir la Cour.

Le requérant estime que cette décision est entachée d'irrégularités de forme et de fond.

Sur la forme, il argue que la décision litigieuse étant une « sanction disciplinaire de second degré », elle aurait dû, avant d'être prise, faire l'objet d'une proposition émanant de l'autorité chargée de la gestion des ressources humaines. D'autre part, le rapport fait par la Président de la Commission au Comité consultatif de discipline n'aurait pas, comme il se doit, porté mention d'une sanction contre le requérant.

Sur le fond, M. AGOKLA estime que les motifs de son licenciement ne sont pas fondés, que celui-ci est l'aboutissement d'une volonté délibérée de lui nuire, qui ressort de plusieurs griefs articulés à son encontre par le Président de la Commission.

A l'opposé, la Commission de l'UEMOA fait valoir, quant à la « forme », l'irrecevabilité du recours intenté. Elle considère que le requérant aurait dû préalablement saisir le « Comité consultatif paritaire d'arbitrage » (CCPA), conformément, estime-t-elle, à l'article 108 du Règlement portant statut des fonctionnaires de l'Union.

D'autre part, comme elle l'a fait dans un certain nombre d'affaires déjà jugées, la défenderesse estime que la Cour ne peut être valablement saisie, comme elle l'est en l'espèce, de manière simultanée, d'une demande en annulation d'une décision et d'une demande d'indemnisation.

Sur le fond, elle soutient bien entendu la validité de la décision de licenciement, et considère, au passage, que « la Cour ne saurait exercer un contrôle sur l'appréciation faite par une autorité administrative d'un organe de l'Union sur l'état de service d'un agent ».

La Cour ne va pas trancher le différend sur le fond. Elle va déclarer la requête irrecevable, suivant ainsi un argument de la Commission. M. AGOKLA aurait omis de saisir le Comité consultatif paritaire d'arbitrage, ainsi que l'article 112 du Règlement portant statut des fonctionnaires lui en fait obligation. Cette « procédure pré contentieuse » est un préalable obligatoire, une condition même de la recevabilité de tout recours contentieux, une « formalité substantielle » dit encore la Haute juridiction.

Certes, le requérant a déjà répondu à cet argument de la Commission. Il a estimé, dans ses écritures, que ledit Comité n'était pas encore mis en place, ne fonctionnait pas effectivement, et qu'il était donc dans l'impossibilité de le saisir. A cela toutefois, la Cour répond que le Comité, même s'il n'était pas encore « matériellement mis en place par la Commission », a néanmoins été « institué », et qu'il était loisible à M. AGOKLA de le saisir « par l'organe du Président de la Commission, comme l'avaient fait les fonctionnaires dont il cite les affaires ».

La Cour ajoute un autre élément pour déclarer la requête irrecevable, mais à vrai dire, ce point reste confus : elle avance que « même si M. AGOKLA avait préalablement saisi le Comité consultatif paritaire d'arbitrage, son recours contentieux serait encore déclaré irrecevable pour défaut de concordance entre ledit recours et la réclamation administrative ».

L'arrêt rendu inspire plusieurs remarques.

On s'interrogera, pour commencer, sur l'usage, qui est tant celui de la Cour que des parties, que du juge rapporteur et de l'avocat général, de l'expression « juridiction de Céans » pour désigner la Cour de justice de l'UEMOA. Quand on sait que l'expression, courante en droit interne, désigne la juridiction du cru, celle qui est saisie en raison d'une compétence « territoriale », il est permis de se demander si son usage est pertinent au sujet de l'organe judiciaire d'une organisation internationale. La spécification géographique, la « localisation » de la juridiction, à laquelle renvoie l'expression « Cour de céans », n'a de sens que dans le contexte d'une répartition géographique des compétences, d'une spécialisation territoriale ou spatiale des juridictions. L'expression a donc un sens dans un contexte national, contexte de « maillage » du territoire par des juridictions, par des instances ayant précisément un « ressort territorial ». Or, si la Cour siège bien à Ouagadougou, on admettra que cette localisation n'est pas synonyme de « ressort territorial », la Cour étant compétente, pour ainsi dire, à l'échelle d'une sous-région. La Cour de justice de l'UEMOA n'est pas, à proprement parler, la « juridiction de Ouagadougou », mais celle d'une organisation internationale, l'usage même d'une expression à connotation spatiale et « exclusive » n'est pas approprié à son cas.

L'arrêt rendu pose aussi deux autres problèmes, mais « en filigrane » seulement, puisqu'ils n'interfèrent pas dans la solution retenue en définitive par la Cour.

Le premier problème est celui du contrôle susceptible d'être exercé par la Cour sur l'appréciation que l'autorité de tutelle porte sur les prestations de l'employé, en l'espèce, le jugement que la Commission porte sur le travail accompli par le requérant. Se fondant sans doute sur une jurisprudence passée, sur laquelle il a été dit un mot, la défenderesse avance, dans ses écritures, que « la Cour ne saurait exercer un contrôle sur l'appréciation faite par une autorité administrative d'un organe de l'Union sur l'état de service d'un agent ». La consécration d'un tel principe serait à notre sens dangereuse. Comme il a été relevé plus haut, la mission du juge est, dans un tel cas de figure, de procéder à une véritable introspection de la motivation de la décision, de vérifier, pour reprendre une expression connue, « l'exactitude matérielle et la qualification juridique » des faits invoqués au soutien de la mesure querellée. Une juridiction qui pose le principe qu'elle n'a pas à exercer un contrôle sur les éléments qui ont motivé un licenciement signe une véritable abdication et méconnaît dangereusement sa mission. Autant se déclarer incompétent, et refuser, tout simplement, d'assumer une fonction que le juge tient de textes. Si la Cour persistait dans cette voie, elle commettrait un véritable déni de justice.

Le second problème, apparu en filigrane également, est la fonctionnalité même de l'organe qui aurait dû être saisi, le Comité consultatif paritaire. Les développements relatifs à cet organe ne donnent pas toujours une très claire idée sur celui-ci, puisqu'on apprend que ledit Comité a été « institué », mais « n'est pas encore matériellement mis en place », et que le requérant « aurait dû cependant le saisir par l'organe du Président de la Commission ».

A vrai dire, la situation créée par la non fonctionnalité du Comité introduit un certain malaise. Il est toujours fâcheux qu'un décalage se crée entre la pratique et les textes, qu'une organisation internationale de l'envergure de l'UEMOA, ou, plus précisément, qu'un organe aussi important que la Commission néglige de mettre en place un organisme dont la saisine est une condition de recevabilité même de recours portés devant la Cour. Rappelons que l'arrêt date de décembre 2002, c'est-à-dire près de neuf ans après la signature du Traité de l'UEMOA, et près de sept ans après la mise en place des institutions – le Comité a été créé par un Règlement de 1995-. L'on se met alors à songer à une certaine hypothèse : et si le juge, pour sanctionner ce qui ressemble à une incurie, considérait que le Comité étant inexistant du fait de la Commission, il devrait refuser de suivre celle-ci dans son argumentation, et lui faire supporter le prix de sa négligence en déclarant recevable la requête ? Et si l'arrêt, se voulant pédagogique et exigeant, considérait que l'inertie de la Commission était une entrave à la réalisation, c'est-à-dire à l'effectivité, du droit de l'Union ? L'option n'aurait alors rien d'extravagant. Le juge aurait pu, par l'une de ces incises qui sont des « semonces », chapitrer l'indolence coupable de l'organe intégré de l'UEMOA. Il est regrettable que celui-ci « s'en sorte » à si bon compte.

On se félicitera, de la « structuration » de l'arrêt, qu'on ne retrouve ni dans les deux décisions qui le précèdent, ni dans d'autres qui suivent. Le texte de cette décision-ci fait mieux apparaître les différentes parties du raisonnement judiciaire, ses étapes et articulations. L'on aurait aimé voir la Cour s'en tenir à une seule ligne de conduite rédactionnelle.

AVIS N° 001/2003 DU 18 MARS 2003

***

Demande d'avis de la Commission de l'UEMOA relative à la création d'une Cour des Comptes au Mali

Le Président de la Commission de l'UEMOA a saisi la Cour de Justice de l'UEMOA par lettre n° 829/PC/CJ du 7 février 2003 enregistrée sous le n° 01/03 dont la teneur suit :

Monsieur le Président,

J'ai l'honneur de vous faire connaître que par lettre datée du 7 janvier 2003, dont copie ci-jointe, le Ministre de l'Economie et des finances de la République du Mali a sollicité l'avis juridique de la Commission, sur la création d'une Cour des Comptes dans cet Etat.

La requête précise qu'un projet de révision constitutionnelle, initié en ce sens, par le Gouvernement malien, en 2002, n'a pas abouti.

Les préoccupations des Autorités maliennes trouvent leur fondement dans la contradiction apparente qui existe entre les normes constitutionnelles de leur pays et les dispositions du droit positif de l'UEMOA, qui commandent la mise en place de Cours des Comptes autonomes dans les Etats membres de l'Union.

La Constitution du Mali institue, en effet, en son article 83, une Cour suprême comprenant une Section Judiciaire, une Section Administrative et une Section des Comptes.

Or, le Traité de l'UEMOA dispose en son article 68 que :

« 1) afin d'assurer la fiabilité des données budgétaires nécessaires à l'organisation de la surveillance multilatérale des politiques budgétaires, chaque Etat membre prend, au besoin, les dispositions nécessaires pour qu'au plus tard un (1) an après l'entrée en vigueur du présent Traité, l'ensemble de ses comptes puisse être contrôlé selon les procédures offrant les garanties de transparence et d'indépendance requises.

Ces procédures doivent notamment permettre de certifier la fiabilité des données figurant dans les Lois de Finances initiales et rectificatives, ainsi que dans les Lois de Règlement.

2) Les procédures ouvertes à cet effet au choix de chaque Etat membre sont les suivantes :

- Recourir au contrôle de la Cour des Comptes de l'Union ;
- Instituer une Cour des Comptes nationale qui pourra, le cas échéant, faire appel à un système d'audit externe. Cette Cour transmettra ses observations à la Cour des Comptes de l'Union… ».

Ces dispositions sont confortées par celles de la Directive n° 02/200/CM/UEMOA du 29 juin 2000, portant adoption du code de transparence dans la gestion des finances publiques au sein de l'UEMOA, dont l'article E-2-2 précise que « Les Etats membres devront créer des Cours des Comptes autonomes au plus tard le 31 décembre 2002 », après avoir souligné « qu'il n'y a pas de bonne gestion de finances publiques sans un contrôle a posteriori efficace dévolu à une juridiction financière indépendante et dotée de pouvoirs et de capacité d'investigation étendus ».

L'attention des Gouvernements des Etats membres de l'UEMOA a été appelée à diverses occasions, sur la nécessité d'une mise en œuvre diligente des normes susvisées du droit communautaire.

Le principe de la création des Cours des Comptes autonomes dans lesdits Etats a été ainsi évoqué lors de la Session du Conseil des Ministres de l'UEMOA qui s'est tenue le 23 mai 2002 et de diverses réunions organisées par les Présidents des Juridictions financières et les Conseillers à la Cour des Comptes de l'Union.

Il a également fait l'objet d'une correspondance adressée par la Commission au Ministre de l'Economie et des Finances de la République du Mali, le 08 mai 2002.

Ces diverses démarches ont abouti au projet infructueux de révision constitutionnelle mentionné par ledit Ministre dans sa lettre du 7 janvier 2003.

Aussi, me situant dans le cadre des articles 27, in fine, des Statuts de la Cour et 15-7e de son Règlement de Procédures, voudrais-je demander l'avis de votre Juridiction sur la question de la création d'une Cour des Comptes au Mali.

Veuillez agréer, Monsieur le Président, l'assurance de ma parfaite considération.

Moussa TOURE

La Cour, siégeant en Assemblée Générale Consultative sous la Présidence de Monsieur Yves D. Yehouessi, Président de la Cour de Justice de l'UEMOA, sur le rapport de M. Youssouf Any Mahaman, Juge à ladite Cour, en présence de Mesdames et Messieurs :

- Ramata Fofana née Ouedraogo, Juge à la Cour
- Paulette Badjo Ezouehu, Juge à la Cour
- Daniel Lopes Ferreira, Juge à la Cour
- Mouhamadou Ngom, Juge à la Cour
- Malet Diakité, Premier avocat Général
- Kalédji Afangbedji, Avocat Général

Et assistée de Monsieur Raphaël P. Ouattara, Greffier de la Cour, a examiné en sa séance du 18 mars 2003, la demande précitée.

L'Assemble Générale Consultative

Vu le Traité de l'Union économique et Monétaire Ouest Africaine (UEMOA) en date du 10 janvier 1994 ;

Vu le Protocole additionnel n° 1 relatif aux organes de contrôle de l'UEMOA ;

Vu l'Acte additionnel n° 10/96 portant Statuts de la Cour de Justice de l'UEMOA en date du 10 mai 1996 ;

Vu le règlement n° 01/96/CM portant Règlement de Procédures de la Cour de Justice de l'UEMOA en date du 5 juillet 1996 ;

Vu le Règlement n° 01/2000/CDJ abrogeant et remplaçant le règlement n° 1/96/CDJ relatif au Règlement administratif de la Cour de Justice de l'UEMOA en date du 6 juin 2000 ;

Vu la demande d'avis n° 829/PC/CJ du 7 février 2003 du Président de la Commission de l'UEMOA.

I – sur la forme

Les articles 27 dernier alinéa des Statuts de la Cour de Justice et 15-7e alinéa 3 du Règlement de Procédures disposent que :

Lorsqu'elle est saisie par la Commission, le Conseil des Ministres, la Conférence des Chefs d'Etat et de Gouvernement, ou un Etat membre, la Cour peut émettre un avis sur toute difficulté rencontrées dans l'application ou l'interprétation des actes relevant du droit communautaire.

La requête du Président de la Commission tendant d'une part à résoudre les difficultés liées à l'application de l'article 68 du Traité de l'UEMOA, et d'autre part remplissant les conditions de forme des articles précités, il y a lieu de la déclarer recevable.

II – sur le fond

Il convient de prime abord de relever que la question posée par la requête est relative à l'introduction dans l'ordre juridique de l'Etat malien de la Directive n° 02/2000/CM/UEMOA du 29 juin 2000 du Conseil des Ministres de l'UEMOA concernant la mie en œuvre des dispositions prescrites par l'article 68 du Traité de l'Union ;

En effet, cet article dispose :

1) Afin d'assurer la fiabilité des données budgétaires nécessaires à l'organisation de la surveillance multilatérale des politiques budgétaires, chaque Etat membre prend, au besoin, les dispositions nécessaires pour qu'au plus tard un (1) an après l'entrée en vigueur du présent Traité, l'ensemble de ses comptes puisse être contrôlé selon les procédures offrant les garanties de transparence et d'indépendance requises. Ces procédures doivent notamment permettre de certifier la fiabilité des données figurant dans les Lois de Finances initiales et rectificatives, ainsi que dans les Lois de Règlement.

2) Les procédures ouvertes à cet effet au choix de chaque Etat membre sont les suivantes :

- *Recourir au contrôle de la Cour des Comptes de l'Union ;*
- *Instituer une Cour des Comptes nationale qui pourra, le cas échéant, faire appel à un système d'audit externe. Cette Cour transmettra ses observations à la Cour des Comptes de l'Union.*

3) Les Etats membres tiennent le Conseil et la Commission informés des dispositions qu'ils ont prises pour se conformer sans délai à cette obligation. La Commission vérifie que les garanties d'efficacité des procédures choisies sont réunies.

4) Le Conseil adopte à la majorité des deux tiers (2/3) de ses membres les règlements et directives nécessaires à la mise en œuvre de ces dispositions.

C'est en vertu de cette disposition que fut prise la Directive n° 02/2000/CM/UEMOA du 29 juin 2000 qui demande à chaque Etat membre de créer une Cour des Comptes autonome au plus tard le 31 décembre 2002.

Pour ce faire, le Mali avait décidé de réviser sa Constitution notamment en ses articles 81 et suivants sur l'organisation judiciaire.

En droit positif malien, les conditions d'applicabilité en droit interne des normes internationales et au sein de celles-ci des normes communautaires ainsi que leur autorité vis-à-vis des normes nationales sont définies par la Constitution.

La primauté du Traité de l'UEMOA et des normes dérivées trouve sa consécration expresse non seulement en son article 6, mais aussi dans l'article 116 de la Constitution de la République du Mali qui dispose :

> *Les traités ou accords régulièrement ratifiés ou approuvés ont dès leur publication, une autorité supérieure à celle des lois, sous réserve pour chaque traité ou accord de son application par l'autre partie.*

Aux termes de cet article, les conditions d'introduction des normes internationales en droit interne malien sont au nombre de trois. Ainsi, une convention doit avoir été régulièrement ratifiée ou approuvée ou avoir fait l'objet d'une publication au Journal officiel de la République ; enfin, elle ne sera applicable en droit interne que dans la mesure où elle est appliquée par l'autre part.

En outre l'Etat du Mali a adhéré en 1994 à l'UEMOA dont le Traité a défini les rapports entre le droit communautaire et les droits nationaux des Etats membres, en disposant en son article 43 :

> *Les règlements ont une portée générale. Ils sont obligatoires dans tous leurs éléments et sont directement applicables dans tout Etat membre.*
>
> *Les directives lient tout Etat membre quant aux résultats à atteindre.*
>
> *Les décisions sont obligatoires dans tous leurs éléments pour les destinataires qu'elles désigneront.*
>
> *Les recommandations et les avis n'ont pas de force exécutoire.*

La primauté bénéficie à toutes les normes communautaires, primaires comme dérivées, immédiatement applicables ou non, et s'exerce à l'encontre de toutes les normes nationales administratives, législatives, juridictionnelles et, même constitutionnelles parce que l'ordre juridique communautaire l'emporte dans son intégralité sur les ordres juridiques nationaux.

Les Etats ont le devoir de veiller à ce qu'une norme de droit national incompatible avec une norme de droit communautaire qui répond aux engagements qu'ils ont pris, ne puisse pas être valablement opposée à celle-ci ; cette obligation est le corollaire de la supériorité de la norme communautaire sur la norme interne.

Ainsi, le juge national, en présence d'une contrariété entre le droit communautaire et une règle de droit interne, devra faire prévaloir le premier sur la seconde en appliquant l'un et en écartant l'autre.

En conclusion

La Cour est d'avis que :

- *Le Traité de l'UEMOA consacre la primauté de la législation communautaire sur celle des Etats membres.*
- *A ce titre la Directive n° 02/2000/CM/UEMOA du 29 juin 2000 portant adoption du Code de transparence dans la gestion des finances publiques au sein de l'UEMOA doit, dès son entrée en vigueur, être pleinement appliquée en République du Mali.*
- *Il appartient donc à l'Etat malien de prendre toutes les dispositions nécessaires à l'application de cette directive en la transposant immédiatement dans son droit positif interne, le délai de transposition prévu étant épuisé, au risque d'encourir un recours en manquement.*

OBSERVATIONS

L'Avis rendu le 18 mars 2003 par la Cour de Justice de l'UEMOA l'a été à la suite d'une sollicitation de la Commission, elle-même saisie par le Gouvernement de la République du Mali, au sujet de l'obligation, pesant sur cet Etat membre, de mettre en place une « Cour des comptes autonome au plus tard le 31 décembre 2002».

Le Gouvernement du Mali s'interrogeait en raison, apparemment, sur deux difficultés auxquelles il était confronté. D'une part, sa Constitution instituait, en son article 83, une Cour suprême comprenant une Section judiciaire, une Section administrative et une Section des comptes. De prime abord donc, il y avait une distorsion entre l'engagement communautaire – créer une Cour des comptes autonome – et la norme constitutionnelle – la plus haute dans l'ordre interne, rappelons-le -, laquelle avait mis en place un dispositif différent de celui qu'exigeait l'UEMOA. Le second problème, sur lequel à vrai dire l'Avis ne s'épanche pas, est la difficulté de réviser la Constitution malienne, compte tenu de la nécessité de recourir, pour cela, à un référendum. Apparemment, le Gouvernement malien était dans une certaine mesure désemparé devant cette situation, et semblait solliciter de la Cour une solution.

La réponse de la Cour se situe presque exclusivement sur le terrain des rapports entre le droit national – Constitution comprise – et le droit de l'Union. Comme on s'y attendait, elle a mis l'accent sur la supériorité du second, et la nécessité pour le premier de s'y conformer. Après avoir beaucoup insisté sur ce rapport de supériorité, la Cour conclut à la nécessité de respecter la directive du 29 juin 2000 portant l'obligation, pour les Etats membres, de mettre en place des Cours des comptes autonomes. Le Gouvernement malien doit, en vertu de sa qualité de membre de l'organisation, se plier à cette règle. Au moment où la Cour se prononçait, les délais prescrits pour se conformer à l'obligation internationale étant épuisés, la République du Mali s'exposait à une sanction pour « manquement ».

L'affaire que voilà pose un premier problème, qui pourrait facilement passer inaperçu au lecteur. Il s'agit de la saisine même de la Cour par la Commission, sur sollicitation du Gouvernement malien. Le procédé suscite l'interrogation parce que ce dernier avait lui-même la latitude de saisir directement la Cour et de demander l'éclairage souhaité. En effet, les Gouvernements des Etats membres ont le droit, au même titre que les organes de l'Union, de saisir la Cour pour avis (article 27 dernier alinéa des Statuts de la Cour). L'on se demande alors pourquoi les autorités maliennes ont requis les services de la Commission, pour accéder à un éclairage qu'elles auraient elles-mêmes pu susciter.

La question peut paraître anodine, mais elle est à notre avis sérieuse. Dans le pire des cas, elle pose le problème de la connaissance même que les Etats ont de leurs droits. Il peut paraître quelque peu déplacé de suggérer que ceux-ci pourraient ne pas nécessairement « connaître leurs droits ». La démarche qui a été accomplie dans cette affaire laisse pourtant planer le doute.

Il existe une autre explication de cette démarche, explication moins « pessimiste », mais tout aussi préoccupante. Elle consisterait à supposer que, tout en étant au fait de leurs droits, les autorités de l'Etat membre auraient pour ainsi dire considéré que la saisine de la Cour est « une affaire qui se déroule à Ouagadougou », une affaire quelque peu « lointaine », pour le traitement de laquelle elles auraient opéré une espèce de délégation de leur pouvoir, ou requis de la Commission, interlocutrice immédiate des Etats membres, l'accomplissement d'un « service ». La chose serait alors moins « infamante », mais elle n'en serait pas moins préoccupante. En effet, elle attesterait une forme de désintérêt pour le droit, ou, plus précisément, l'idée que le droit « n'est pas à leur portée ». Or, tout le système de sanction du droit de l'Union, tout le dispositif contentieux, traduit une volonté de réaliser l'intégration par le droit. Si un tel état d'esprit était bien celui des Etats membres, il traduirait l'échec, au moins actuel, de ce pari sur le droit. L'idée même d'intégration, l'existence de principes comme celui de la supériorité du droit de l'Union – droit originaire et droit dérivé- sur l'ordre juridique des Etats membres, le droit reconnu aux personnes privées d'accéder immédiatement au juge communautaire, sont autant d'options qui renvoient, en définitive, à l'idée d'accessibilité du droit.

C'est l'occasion de regretter que les Etats membres eux-mêmes ne saisissent pas assez la Cour, que leurs propres organes judiciaires n'usent pas de la faculté, qui leur est reconnue par l'article 15 §6 du Règlement de procédures de la Cour, de saisir le juge de Ouagadougou dans le cadre du « recours préjudiciel ». Si les autorités politiques et administratives des Etats saisissaient plus souvent la Cour, si les juges nationaux la sollicitaient, le droit de l'Union paraîtrait moins « lointain », plus proche des justiciables, et l'intégration aurait plus de chances d'être vécue « au quotidien ». Force est de constater que, pour l'heure, l'intégration par le droit reste une simple virtualité, insuffisamment mise en œuvre.

S'agissant plus spécifiquement de l'Avis rendu, on notera une autre curiosité. Elle tient à la question même posée à la juridiction, ou plutôt, à sa relative imprécision –d'où notre allusion, plus haut, relative aux questions « apparemment » posées à la Cour-. L'on constate en effet que ni le Gouvernement malien, ni le Président de la Commission dans sa lettre adressée à la Cour, ne posent à celle-ci une question claire et précise. Dans ladite lettre, le Président demande seulement « l'avis de (la) juridiction sur la question de la création d'une Cour des comptes au Mali ». La question, il faut bien l'avouer, reste assez « vague ». Or, une instance chargée de dire le droit, dans la perspective réaliste, pragmatique, qui doit être la sienne et que nous avons soulignée plus haut, pourrait refuser de connaître de demandes aussi « générales ».

D'où, sans doute, le caractère quelque peu évanescent de la réponse judiciaire. A une question assez brumeuse, il n'a pas été donné une réponse extrêmement nette, le juge n'indiquant pas, de manière précise et concrète, ce que le Gouvernement malien devait désormais faire. Certes, on déduit du principe de la supériorité du droit de l'Union, l'obligation, pour le Gouvernement du Mali, de procéder sans tarder à la mise en place de la Cour des comptes. Mais le raisonnement pour en arriver là n'est pas très clair, faute d'éléments de « problématisation », faute d'une présentation correcte de la difficulté même à laquelle les autorités maliennes étaient confrontées. Cet état de fait n'est certainement pas imputable aux juges.

Pourtant, on se doute bien que les autorités maliennes étaient au fait du principe de supériorité de la norme de l'Union sur celle de l'Etat. On se doute qu'elles savaient, au moment où elles saisissaient la Cour, que le droit international en général est supérieur au droit interne, et que si, dans l'ordre interne, la question de la hiérarchie entre un engagement international et la Constitution peut éventuellement se poser, il est toujours acquis, dans l'ordre international cette fois, que le droit international l'emporte sur n'importe quelle source de droit interne. Se recommandant d'abord d'un principe de sécurité des relations internationales, cette règle est consacrée, notamment, à l'article 27 de la Convention de Vienne de 1969 sur le droit des traités (impossibilité de se prévaloir des données du droit national pour se dérober à des obligations internationales).

Sur la question des rapports entre le droit national malien et le droit de l'Union, il ne pouvait donc y avoir de controverses ou de difficultés majeures. En revanche, un axe de débat pouvait être relatif au fait, qui n'est pas bien spécifié ici, que le Mali avait déjà l'équivalent d'une « Cour des comptes », qui était la Section des comptes de la Cour suprême. Etait-il astreint, dans ces conditions, à mettre en place une « Cour des comptes » ? Si l'on considère que celle-ci doit être *« autonome »*, conformément aux prescriptions de la directive du 29 juin 2000, on peut soutenir que le législateur communautaire vise une juridiction détachée de la Cour suprême, un véritable organisme juridictionnel et non une « Section » ou une « Chambre » d'une juridiction. Telle est l'interprétation de la Cour, qui rappelle au Gouvernement malien la nécessité de procéder au plus vite à la réforme demandée, et le point de vue se défend parfaitement. Mais l'on peut aussi soutenir que ce qui importe pour le législateur de l'Union, c'est la fonction, et pas nécessairement l'organe, et que l'application de la directive pourrait s'avérer superflue dès lors qu'un organe faisant office de juge de la transparence des finances publiques existe déjà dans l'Etat. A vrai dire, si dans l'absolu un tel point de vue se défend, il nous paraît moins convaincant que l'autre optique, celle à laquelle la Cour se rallie. En d'autres termes, la notion d' « autonomie » de la Cour à créer nous semble être fondamentale ici.

Plus généralement, on soulignera la tournure générale du raisonnement de la Cour. Il est en effet remarquable que sur la quasi-totalité de l'Avis rendu, la Cour se focalise sur un point : le rapport entre le droit national et le droit de l'Union. Le principe de supériorité est quasiment décliné sous toutes ses formes, et c'est exclusivement en vertu de ce principe que le juge répond à la question posée. Il est vrai, redisons –le, que cette question n'était pas claire, et qu'il était permis, dès lors, de la comprendre de diverses manières.

Qu'il nous soit permis de penser que cette prépondérance des considérations relatives à la hiérarchie des normes n'est pas étrangère à la fascination du modèle européen, à l'attraction que celui-ci exerce sur le juge ouest-africain. On sait en effet que c'est autour de la problématique des relations entre le droit communautaire européen et les droits nationaux que celui-ci a « bâti sa légende », et préparé la sécrétion, par l'ordre juridique européen, de principes dérogatoires à certaines règles du droit international général.

L'on surprend même le juge de l'UEMOA reprenant, quasiment littéralement, un « attendu » qui a fait date dans la jurisprudence de la Cour des Communautés européennes. On lit dans l'Avis que :

> *La primauté bénéficie à toutes les normes communautaires, primaires comme dérivées, immédiatement applicables ou non, et s'exerce à l'encontre de toutes les normes nationales administratives, législatives, juridictionnelles, et même constitutionnelles parce que l'ordre juridique communautaire l'emporte dans on intégralité sur les ordres juridiques nationaux.*

La comparaison avec les célèbres jurisprudences « Costa c. Enel », « Simmenthal » ou encore « Internationalehandelsgeselschatf », rendues par la

Cour de Luxembourg, est révélatrice : elle atteste cette forme d'attraction du modèle européen.

AVIS N° 002/2003 DU 20 JUIN 2003

***

Demande d'avis de la Commission de l'UEMOA relative au renouvellement du mandat des Conseillers de la Cour des Comptes

---

Par lettre n° 03-005/PC/CJ en date du 22 mai 2003, le Président de la Commission de l'UEMOA a saisi la Cour de Justice d'une demande dont la teneur suit :

> *Comme vous le savez, la composition de la Cour des Comptes de l'UEMOA et les modalités de désignation des membres de cette Juridiction sont régies par le Protocole additionnel n° 1 relatif aux Organes de contrôle de l'Union et l'Acte additionnel n° 09/96 du 10 mai 1996.*
>
> *Le Protocole additionnel susvisé dispose, en son article 24, que la* « Cour des Comptes est composée de trois (03) Conseillers. Les Conseillers sont nommés pour un mandat de six (06) ans, renouvelable une (1) seule fois, par la Conférence des Chefs d'Etat et de Gouvernement, parmi des personnalités proposées par le Conseil et offrant toutes les garanties de compétence et d'indépendance requises ».
>
> *Quant à l'Acte additionnel n° 09/96 du 10 mai 1996, il précise :*
>
> - *En son article 1er, que* « les Conseillers de la Cour des Comptes de l'UEMOA sont désignés suivant l'ordre alphabétique des Etats membres, de manière à appeler, successivement aux fonctions de Conseillers, des ressortissants de l'ensemble des Etats membres » ; et,
> - en son article 2, que « le renouvellement des Conseillers de la Cour des Comptes s'effectue, à la fin de chaque mandat, aux deux tiers (2/3) des membres de la Cour, suivant l'ordre alphabétique des Etats membres ».
>
> *En application de ces dispositions, le Bénin, le Burkina Faso et la Côte d'Ivoire ont été les premiers Etats à soumettre des candidatures aux fonctions de Conseillers à la Cour des Comptes de l'UEMOA.*
>
> *Aussi, cette Cour a-t-elle démarré ses activités, le 30 mars 1998, avec des Conseillers ressortissants des trois Etats précités.*
>
> *Les intéressés ont été nommés par Acte additionnel n° 02/98 du 27 février 1998, sur recommandation du Conseil des Ministres de l'Union.*

L'interprétation de la Commission, sur la base des principes définis par les articles 1 et 2 de l'Acte additionnel n° 09/96 du 10 mai 1996 susvisé, est que pour le renouvellement en 2004 des mandats des Conseillers à la Cour des Comptes de l'UEMOA, la Guinée-Bissau et le Mali devraient proposer des candidatures en remplacement des actuels Conseillers représentant le Bénin et le Burkina Faso.

Dans cette perspective, les prochaines propositions de candidatures devraient émaner de la Côte d'Ivoire, de la Guinée-Bissau et du Mali.

Je voudrais – en me situant dans le cadre des articles 27 in fine, des Statuts de la Cour de Justice de l'UEMOA et le 15-7e de son Règlement de Procédures – demander l'avis de votre Juridiction sur l'interprétation à retenir des divers textes précités.

Vous voudrez bien me faire connaître, le cas échéant, toutes autres formes d'interprétation desdits textes, susceptibles selon votre Cour, de prévaloir, en l'espèce.

Veuillez agréer, Monsieur le Président, l'assurance de ma parfaite considération.

Le Président de la Commission explique que dans la perspective des prochaines propositions de candidatures, la Commission voudrait connaître l'avis de la Cour de Justice sur l'interprétation à retenir des divers textes cités dans la requête.

La Cour, siégeant en Assemblée générale consultative sous la Présidence de Monsieur Yves D. Yehouessi, Président de la Cour de Justice de l'UEMOA, sur le rapport de Madame Ramata Fofana Ouedraogo, Juge à ladite Cour, en présence de Mesdames et Messieurs :

- Paulette Badjo Ezouehu	Juge à la Cour
- Youssouf Any Mahaman	Juge à la Cour
- Daniel Lopes Ferreira	Juge à la Cour
- Mouhamadou Ngom	Juge à la Cour
- Malet Diakité	Premier avocat Général à la Cour
- Kalédji Afangbedji	Avocat Général

Et assistée de Monsieur Raphaël P. Ouattara, Greffier à la Cour, a examiné en sa séance du 20 juin 2003, la demande précitée.

L'Assemblée Générale Consultative

Vu le Traité de l'Union économique et Monétaire Ouest Africaine (UEMOA) en date du 10 janvier 1994 ;

Vu le Protocole additionnel n° 1 relatif aux organes de contrôle de l'UEMOA ;

Vu l'Acte additionnel n° 10/96 portant Statuts de la Cour de Justice de l'UEMOA en date du 10 mai 1996 ;

Vu le règlement n° 01/96/CM portant Règlement de Procédures de la Cour de Justice de l'UEMOA en date du 5 juillet 1996 ;

Vu le Règlement n° 01/2000/CDJ abrogeant et remplaçant le règlement n° 1/96/CDJ relatif au Règlement administratif de la Cour de Justice de l'UEMOA en date du 6 juin 2000 ;

Vu la demande d'avis n° 036005/PC/CJ du 22 mai 2003 du Président de la Commission de l'UEMOA.

I – Sur la forme

S'agissant de la forme, il y a lieu de noter que la Cour est saisie conformément aux dispositions des articles 27 des Statuts de la Cour de Justice et 15-7 paragraphe 3 du Règlement n° 1/96 portant Règlement de Procédures qui disposent que :

> *Lorsqu'elle est saisie par la Commission, le Conseil des Ministres, la Conférence des Chefs d'Etat et de Gouvernement ou un Etat membre, la Cour peut émettre un avis sur toute difficulté rencontrée dans l'application ou l'interprétation des actes relevant du droit communautaire.*

La requête du Président de la Commission est une demande d'avis portant sur l'interprétation des dispositions régissant la composition et les modalités de renouvellement des mandats des membres de la Cour des Comptes de l'Union.

Il est joint à cette requête des copies des pièces suivantes :

- *Le protocole additionnel n° 1 relatif aux organes de contrôle de l'UEMOA ;*
- *L'Acte additionnel n° 09/96 du 10 mai 1996 fixant les modalités de désignation des Conseillers de la Cour des Comptes de l'UEMOA ;*
- *L'Acte additionnel n° 02/98 du 17 février 1998 portant nomination des Conseillers de la Cour des Comptes ;*
- *La Recommandation n° 09/97 du 16 décembre 1997 du Conseil des Ministres relatives à la nomination des Conseillers de la Cour des Comptes.*

Il ressort de ce qui précède que la requête remplit toutes les conditions de formes prescrites par le Règlement de Procédures et le Règlement administratif de la Cour.

Elle peut donc être examinée.

II – Au fond

La requête du Président de la Commission tend à demander à la Cour d'émettre un avis sur l'interprétation qu'il faut avoir des textes suivants :

- *L'article 24 du Protocole additionnel n° 1 relatif aux organes de contrôle de l'UEMOA qui dispose que* : « La Cour des Comptes est composée de trois (3) Conseillers. Les Conseillers sont nommés pour un mandat de six (6) ans renouvelable une seule foi par la Conférence des Chefs d'Etat et de Gouvernement, parmi des personnalités proposées par le Conseil et offrant toutes les garanties de compétence et d'indépendance requises » ;
- *l'Article 1er de l'Acte additionnel n° 09/96 du 10 mai 1996 qui dispose que* « des Conseillers de la Cour des Comptes de l'UEMOA sont désignés suivant l'ordre alphabétique des Etats membres, de manière à appeler, successivement aux fonctions de conseiller, des ressortissants de l'ensemble des Etats membres » ;
- *L'article 2 du même Acte qui dispose que* « le renouvellement des Conseillers de la Cour des Comptes s'effectue à la fin de chaque mandat, au 2/3 des membres de la Cour suivant l'ordre alphabétique des Etats membres ».

La Commission explique que selon elle, les mandats des Conseillers nommés le 17 février 1998 sur proposition des trois (3) premiers Etats membres de l'Union (Bénin, Burkina Faso, Côte d'Ivoire) arrivant à expiration en 2004, le renouvellement additionnel précité, c'est-à-dire au 2/3 des membres et suivant l'ordre alphabétique des Etats. Ainsi c'est à la Côte d'ivoire, à la Guinée-Bissau et au Mali qu'il revient de faire des propositions pour les prochaines candidatures.

Cette interprétation n'est confrontée à aucune autre interprétation ou avis contraire qui puisse justifier une demande d'intervention de la Cour de Justice. Il faut supposer donc que la Commission veut simplement connaître comment la Cour comprend et interprète ces dispositions.

III – Avis

Avant d'aborder la question posée, il convient de préciser ce qui suit :

Aux termes de l'article 19 du Traité, les actes additionnels complètent le Traité sans toutefois le modifier ; ils sont annexés au Traité ;

L'Acte additionnel n° 09/96 du 10 mai 1996 remplit-il ces conditions ?

Le Protocole additionnel n° 1, en son article 24 relatif à la Cour des Comptes, précise la composition de cette Cour, la Durée du mandat des membres, les critères de leur désignation, l'organe de désignation qui est la Conférence des Chefs d'Etat et de Gouvernement ;

Toutefois, le Protocole additionnel n° 1 est muet sur les modalités de désignation des membres ; ce qui poserait des problèmes dans la mesure où la Cour des Comptes est composée de trois (3) membres alors que l'UEMOA est constituée de huit (8) Etats membres.

Comment seraient alors désignés les trois membres ?

C'est à cette interrogation qu'est venu répondre l'Acte additionnel n° 09/96 qui ne fait que compléter donc le Protocole additionnel n° 1 sans en modifier la consistance.

Aux termes de l'article 2 de l'Acte additionnel n° 09/96 du 10 mai 1996, le renouvellement des Conseillers de la Cour des Comptes s'effectue à la fin de chaque mandat aux 2/3 des membres de la Cour, suivant l'ordre alphabétique.

Ce mode de renouvellement a été prévu pour la désignation des membres de la Cour des Comptes et pas pour ceux de la Cour de Justice, autre organe de contrôle juridictionnel créé par le Protocole additionnel n° 1.

Pendant que les Juges de la Cour de Justice sont nommés pour un mandat de six (6) ans renouvelable sur proposition de tous les Etats membres, les Conseillers à la Cour des Comptes, au nombre de trois (3), sont nommés pour un mandat de six (6) ans renouvelable une seule fois. Cette nomination doit se faire suivant l'ordre alphabétique des Etats et elle doit se faire de telle sorte que des ressortissants de l'ensemble des Etats puissent remplir les fonctions de conseiller.

Ces dispositions, bien qu'édictant des conditions plus complexes que celles régissant la Cour de Justice, ne sont pas moins aisées à interpréter tant dans l'esprit que dans la lettre. Si l'on considère donc que le protocole additionne, norme de droit primaire, est au sommet de la hiérarchie des normes communautaires et qu'il forme avec le Traité la constitution de la communauté, il s'entend que les dispositions qu'il énonce servent de fondement aux institutions et à l'élaboration des autres normes juridiques communautaires, comme l'Acte additionnel. L'Acte additionnel ne peut que compléter le Traité ou le Protocole additionnel, dans un processus vertical d'application allant du général au particulier (Cf. Avis n° 003/99 du 25/11/1999).

Ainsi, si l'article 24 du Protocole additionnel n° 1 édicte que les Conseillers à la Cour des Comptes sont nommés pour un mandat de six (6) ans renouvelable une fois, l'Acte additionnel en ses articles 1er et 2 apporte des précisions sur les modalités pratiques de la désignation de ces Conseillers et du renouvellement de leur mandat.

En effet, en application stricte de ces textes, les trois premiers Etats membres ont proposé des candidats ; trois (3) Conseillers ont été retenus et nommés suivant Acte additionnel n° 02/98 du 17 février 1998.

En février 2004, ces Conseillers auront épuisé leur mandat et devront être remplacés ou devront voir leur mandat reconduit une unique et dernière fois ;

Mais ce renouvellement s'effectue aux 2/3 des membres. La Cour n'étant composée que de trois (3) Conseillers, ce renouvellement ne concernera que deux (2) membres.

Si l'on se réfère aux dispositions précitées, il apparaît évident que les deux (2) Conseillers du Bénin et du Burkina Faso, ressortissants des deux premiers pays sur la liste alphabétique des Etats membres, ne peuvent voir leurs mandats reconduits, puisqu'ils font partie des 2/3 des membres à renouveler. Seule la Côte d'Ivoire dont le ressortissant constitue le 1/3 restant peut éventuellement reconduire la candidature de son ancien représentant dont le mandat est renouvelable une seule fois ou proposer un nouveau candidat. Les autres candidatures devront émaner des pays suivants, selon l'ordre alphabétique, à savoir la Guinée-Bissau et le mali.

C'est la seule compréhension que l'on peut avoir des dispositions régissant le renouvellement des membres de la Cour des Comptes, tant que les textes ne seront pas modifiés. Ainsi, après la Côte d'ivoire, la Guinée-Bissau et le mali, le renouvellement se fera après les six (6) ans d'exercice de ces trois pays, aux 2 :3. La Côte d'Ivoire et la Guinée-Bissau ne pourront plus présenter de candidats. Il appartiendra au Mali, au Niger et au Sénégal d'en proposer ; le Mali pouvant reconduire le mandat de son ancien représentant ou proposer un autre candidat.

Au troisième renouvellement, après six (6) autres années, les représentants du Mali et du Niger s'en iront, et le Sénégal, le Togo et le Bénin devront proposer de nouveaux candidats. Le Sénégal pouvant, à son tour, reconduire le mandat de son ancien représentant ou proposer un autre candidat.

Ce mode de renouvellement est courant dans les institutions ou organismes où les membres sont élus ou nommés pour des mandats à durée déterminée, que ce soit au niveau national ou international.

A titre d'exemple, l'article 4 du Protocole A/P-1/7/91 relatif à la Cour de Justice de la CEDEAO prévoit que les membres de la Cour de Justice sont nommés pour cinq (5) ans renouvelable une fois. Toutefois, pour les membres de la Cour nommés pour la première fois, le mandat de trois (3) membres expire au bout de trois (3) ans et celui des quatre autres au bout de cinq (5) ans.

Les membres de la Cour dont le mandat arrive à expiration à l fin des périodes initiales de 3 ans et 5 ans sont choisis par tirage au sort par le Président de la Conférence, immédiatement après la première nomination (la Cour de Justice de la CEDEAO est composée de 7 juges).

On peut donc dire que le système de renouvellement, par tiers ou par une autre portion définie des membres des institutions, est une pratique courante dont le mécanisme de mise en œuvre fonctionne sans obstacle majeur.

La difficulté qui pourrait apparaître dans le cas d'espèce proviendrait du fait qu'au lieu d'être tirés au sort les 2/3 des Conseillers soient choisis selon l'ordre alphabétique de leurs Etats.

Ce qui laisse supposer que le renouvellement ne concerne pas le conseiller de façon intuitu personae, mais ès qualité de représentant de son pays.

Ce choix ne constitue pas en réalité une difficulté mais plutôt un moyen efficace d'assurer une rotation et une alternance au sein de l'institution, afin de permettre à tous les Etats membres d'avoir un ressortissant qui exerce la fonction de Conseiller au moins une fois.

IV – Conclusion

En conséquence, la Cour est d'avis que les prochaines propositions de candidatures pour le renouvellement des Conseillers de la Cour des Comptes en 2004 devraient émaner de la Côte d'Ivoire (1/3 restant) de la Guinée-Bissau et du Mali (2/3 renouvelés).

OBSERVATIONS

L'Avis rendu le 20 juin 2003 ne pose pas de problèmes juridiques particuliers. Il était relatif à l'interprétation des textes qui organisent l'élection et le renouvellement du mandat des membres de la Cour des comptes de l'UEMOA.

Les textes en question étaient les suivants.

D'une part, le Protocole additionnel n°1, relatif aux organes de contrôle de l'Union, dont l'article 24 dispose :

> *La Cour des comptes est composée de trois (03) Conseillers. Les Conseillers sont nommés pour un mandat de six (06) ans, renouvelable une (1) seule fois, par la Conférence des Chefs d'Etat et de Gouvernement, parmi des personnalités proposées par le Conseil et offrant toutes les garanties de compétence et d'indépendance requise.*

L'autre texte pertinent est l'Acte additionnel du 10 mai 1996, dont les deux premiers articles énoncent, respectivement, que :

> *Les Conseillers de la Cour des comptes de l'UEMOA sont désignés suivant l'ordre alphabétique des Etats membres, de manière à appeler, successivement aux fonctions de Conseillers, des ressortissants de l'ensemble des Etats membres, puis, que le renouvellement des Conseillers de la Cour des comptes s'effectue, à la fin de chaque mandat, aux deux tiers (2/3) des membres de la Cour, suivant l'ordre alphabétique des Etats membres.*

Sur cette base, les trois premiers Etats ont désigné des juges : le Bénin, le Burkina Faso et la Côte d'Ivoire, et la Cour a commencé à fonctionner en 1998. C'est donc au cours de l'année 2004 que devait s'opérer le renouvellement. Dans cette perspective, la Commission a livré, dans la lettre par laquelle il saisit la Cour, son interprétation des textes. Cette interprétation est corroborée par le juge communautaire, qui estime également qu'à la date échue, ce sont les deux « premiers » juges (ceux désignés par le Bénin et le Burkina Faso) qui devront partir, le troisième (celui qui a été désigné par la Côte d'Ivoire) restant à la Cour. Les juges « partants » devraient être remplacés par des candidats de la Guinée Bissau et du Mali. Le système de rotation repose donc, on l'aura perçu, sur un ordre alphabétique.

ARRÊT DE LA COUR DU 25 JUIN 2003

***

Entre Madame Haoua Touré et la Commission de l'UEMOA

La Cour composée de M. Yves D. Yehouessi, Président ; M. Daniel Lopes Ferreira, Juge rapporteur ; Mme Ramata Fofana, Juge ; M. Malet Diakité, Premier Avocat Général ; M. Raphaël P. Ouattara, Greffier ;

Rend le présent arrêt :

Considérant que par requête en date du 19 août 2002, registrée au Greffe de la Cour de Justice de l'UEMOA le 20 août 2002 sous le n° 03 :2002, Madame Haoua Touré, ancienne secrétaire dactylographe à la Présidence de la Commission de l'UEMOA, par l'entremise de ses Conseils Mes Moumouny Kopiho et Mamadou Coulibaly, Avocats à la Cour de Ouagadougou, Burkina Faso, a introduit un recours contre la Décision n° 449-2001/PC/UEMOA en date du 28 juin 2001 par laquelle le Président de la Commission de l'UEMOA l'a licenciée de ses fonctions, pour faute grave constituée par des manœuvres tendant à bénéficier d'avantages non justifiés et a sollicité le paiement de la somme de 100.000 Francs ;

En fait :

I – Faits et procédure

La requérante avait été recrutée en qualité de secrétaire dactylographe à la Commission de l'UEMOA, par Décision n° 016/2000/PC/UEMOA, du 4 janvier 2000.

Par décision n° 449/2001/PC/UEMOA du 28 juin 2001, Madame Haoua Touré a été licenciée pour faute grave constituée par des manœuvres tendant à bénéficier d'avantages non justifiés.

Le 06 août 2001, se fondant sur l'article 107 du règlement n° 01 :95/CM du 1er août 1995 portant Statut des fonctionnaires de l'UEMOA, Madame Haoua Touré a introduit en vain auprès du Président de la Commission un recours gracieux en annulation de la Décision n° 449-2001/PC/UEMOA portant son licenciement.

Elle saisissait le 20 février 2002, d'une réclamation le Comité Consultatif Paritaire d'Arbitrage qui ne donna aucune suite à sa demande ; c'est pourquoi elle a adressé un recours à la Cour de Justice de l'UEMOA.

Le recours a été notifié le 04 septembre 2002 au Président de la Commission qui, par lettres n° 3849/PC/CJ et n° 3850/PC/CJ du 13 septembre 2002, informa la Cour respectivement de la désignation de son agent en la personne de M. Eugène Kpota, Conseiller juridique de la Commission, et de la constitution de Maître Harouna Sawadogo, Avocat à la Cour, pour représenter M. Kpota devant la Cour.

La requérante demande à ce qu'il plaise à la Cour :

- *Déclarer son recours recevable en la forme ;*
- *Au fond, déclarer son licenciement abusif et condamner la Commission à lui payer une indemnité de cent (100.000.000) millions de Francs CFA en réparation des préjudices professionnel, matériel et moral qu'elle a subis ;*

La défenderesse conclut à ce qu'il plaise à la Cour :

En la forme

Au principal

- *Dire et juger que le recours introduit le 20 août 2002 par Madame Haoua Touré n'a pas satisfait aux exigences des articles 107, 108 et 112 du Règlement n° 01/95/CM portant Statut des fonctionnaires de l'UEMOA.*

En conséquence :

- *Déclarer ledit recours irrecevable.*

Subsidiairement :

- *Donner acte à la requérante de ce qu'elle sollicite de la Cour de céans de constater l'illégalité de la décision attaquée et d'en tirer en même temps les conséquences pécuniaires par la condamnation de la Commission au paiement d'indemnités réparatrices de préjudices subis.*

En conséquence :

- *Déclarer ledit recours irrecevable pour défaut de fondement.*

Au fond, subsidiairement :

- *Rejeter les moyens invoqués par la requérante.*

En conséquence :

- *La débouter de tous ses chefs de demande comme étant mal fondés ;*
- *La condamner aux dépens.*

III – Moyen et arguments des parties

1 – Sur la recevabilité

a- Moyens et arguments de la Commission de l'UEMOA

La Commission de l'UEMOA dans son mémoire en défense en date du 03 octobre 2002, a conclu à l'irrecevabilité de la requête de Madame Haoua Touré, en faisant valoir :

- *Qu'en invoquant les dispositions des articles 107, 108 et 112 du Règlement n° 01 :95/CM portant Statut des fonctionnaires de l'UEMOA, la demanderesse a fait une mauvaise application des dispositions susvisées ; le recours préalable obligatoire imposé en l'espèce étant celui édicté à l'article 108 du Règlement n° 01 :95/CM et non celui de l'article 107 malencontreusement visé par la demanderesse ;*
- *Que le recours introduit visait à rapporter la Décision de caractère individuel n° 449-2001/PC/UEMOA ;*
- *Qu'il est dès lors évident que le recours préalable obligatoire qui sied en l'espèce est celui prévu à l'article 108 du Règlement n° 01/95/CM et qui concerne les réclamations visant un acte de l'autorité investie du pouvoir de nomination ;*
- *Qu'en conséquence, la prétendue saisine du Comité Consultatif Paritaire d'Arbitrage quatre mois après la notification de la décision de licenciement est intervenue hors délai.*

Toujours selon la Commission, le recours préalable à la saisine directe du Comité Consultatif Paritaire d'Arbitrage avant celle de l'autorité hiérarchique, ne peut durer plus de sept mois si l'on additionne tous les délais. En l'espèce, ce délai de sept mois expirait le 28 février 2002.

Elle fait en outre remarquer que l'article 112 du Règlement n° 01/95/CM a imparti un délai de deux mois à compter de la date d'expiration du délai de réponse, lorsque le recours porte sur une décision implicite de rejet. La requérante avait alors jusqu'au 28 avril 2002 pour introduire son recours. En ayant fait son recours le 20 août 2002, Madame Haoua Touré a encouru la forclusion en agissant hors délai ; ce qui entraîne l'irrecevabilité du présent recours.

b- Moyens et arguments de la requérante

La requérante dans son mémoire en réponse du 12 novembre 2002, soutient que c'est à bon droit qu'elle a entrepris le recours préalable imposé à l'article 107 du Règlement n° 01/95/CM ;

Toujours selon la requérante, ce recours préalable trouve son fondement dans les dispositions de l'article 76 du statut précité, l'autorité habilitée à prononcer les sanctions du second degré et investie du pouvoir de nomination, doit logiquement être compétente pour connaître d'un recours gracieux par voie hiérarchique.

Elle ajoute qu'en tout état de cause, les dispositions de l'article 107 ne prévoient pas une procédure autre que celle qui a été suivie en prescrivant que « tout fonctionnaire peut saisir, en respectant la voie hiérarchique, l'autorité investie du pouvoir de nomination, d'une requête l'invitant à prendre, à son égard, une décision ».

Elle estime que l'autorité investie du pouvoir de nomination prend sa décision, après avoir, le cas échéant, recueilli l'avis du Comité Consultatif Paritaire d'Arbitrage. Elle notifie sa décision motivée au fonctionnaire intéressé, dans un délai maximum de quatre mois courant à compter du jour de l'introduction de la demande ; à l'expiration de ce délai, le silence de l'autorité investie du pouvoir de nomination vaut décision implicite de rejet, susceptible de donner lieu à une réclamation, au sens de l'article 108 du Règlement n° 01/95/CM.

Elle conclut en conséquence au rejet des moyens de la Commission et à la recevabilité de son recours.

c- Réponse de la Commission

Par mémoire en duplique en date du 26 novembre 2002, la Commission de l'UEMOA soutient que l'article 107 du Règlement n° 01 :95/CM/UEMOA du 1er août 1995, ne concerne que le cas du fonctionnaire qui n'a pas de décision et qui veut en susciter.

Elle ajoute que le recours gracieux introduit par la requérante le 06 août 2001 visait à rapporter la Décision de licenciement n° 449/2001/PC/UEMOA du 28 juin 2001, et ne pouvait valablement que s'adresser au Comité Consultatif Paritaire d'Arbitrage.

Qu'en saisissant le Président de la Commission de l'UEMOA, puis le Comité Consultatif Paritaire d'Arbitrage d'une réclamation visant à rapporter l'acte de l'autorité investie du pouvoir de nomination, la requérante a opéré un double emploi du recours gracieux, ayant pour conséquence de fausser le point de départ du délai du recours contentieux.

Elle fait encore remarquer que le recours préalable introduit par la demanderesse le 06 août 2001 auprès du Président de la Commission de l'UEMOA concerne uniquement l'annulation de la décision de licenciement. Ni le Président de la Commission de l'UEMOA ni le Comité Consultatif Paritaire d'Arbitrage n'ont été saisis d'un recours gracieux en indemnisation.

Enfin, la Commission souligne que ces recours gracieux, préalables à toute saisine régulière de la Cour, n'ayant porté sur une quelconque paiement de somme d'argent à titre de réparation de préjudices subis, l'action en indemnisation introduite par la requérante doit être déclarée irrecevable.

2 – Au fond

La requérante estime que la Décision n° 449-2001/PC/UEMOA en date du 28 juin 2001 du Président de la Commission de l'UEMOA mettant fin à ses fonctions, à titre de sanction disciplinaire, a été prise en violation de l'article 77 du Règlement n° 01 :95/CM du 1er août 1995 portant Statut des Fonctionnaires de l'UEMOA, parce qu'elle n'a pas été invitée à s'expliquer par écrit préalablement sur les faits qui lui sont reprochés.

Elle fait observer que son licenciement, sanction disciplinaire, n'a pas respecté les dispositions des articles 86 et 76 du Règlement précité.

Elle précise que la sanction prise à son encontre est du second degré et qu'aux termes dudit article 76, « les sanctions du second degré sont prononcées par l'autorité investie du pouvoir de nomination, sur proposition de l'autorité chargée de la gestion des ressources humaines et après avis du Comité Consultatif de Discipline ».

Elle souligne que la Décision n° 449-2001/PC/UEMOA portant son licenciement vise l'avis du Comité Consultatif de Discipline mais nullement une quelconque proposition de l'autorité chargée de la gestion des ressources humaines ; que cette proposition n'a jamais été faite.

Elle estime que la décision relative à son licenciement est entachée de vices de forme, qu'elle est irrégulière et abusive, raison pour laquelle aux termes de l'article 107 du Règlement n° 01/95/CM elle a saisi, par requête en date du 06 août 2002, l'autorité investie du pouvoir de nomination aux fins de rapporter la Décision n° 449/2001 portant son licenciement.

Pour toutes ces raisons invoquées, Madame Haoua Touré demande à la Cour de déclarer son licenciement abusif et de condamner la Commission de l'UEMOA à lui payer la somme de cent millions (100.000.000) de Francs CFA à titre de réparation des graves préjudices professionnel, matériel et moral qu'elle a subis du fait de ce licenciement abusif.

Quant à la Commission de l'UEMOA, elle fait observer que le licenciement de Madame Haoua Touré n'étant pas annulé ni annulable sur le fondement du recours en indemnisation, le préjudice causé à la requérante ne peut être fondé sur les chefs de demande tels qu'elle les a présentés, mais sur le préjudice né exclusivement du dysfonctionnement administratif de la Commission.

Elle précise que ni l'absence de proposition de sanction de l'autorité chargée de la gestion des ressources humaines ni l'absence d'explication écrite de la demanderesse ne sauraient être assimilables à un fonctionnement défectueux des organes de l'Union susceptible de causer préjudice.

Elle ajoute que la prise de la sanction de licenciement a été précédée d'un conseil de discipline au cours duquel la requérante a fourni les explications nécessaires aux faits à elle reprochés.

Toujours selon la Commission, en sa qualité de premier responsable chargé de la gestion du personnel de l'Union, le Président de la Commission de l'UEMOA n'a commis aucune irrégularité assimilable à un dysfonctionnement des organes de l'Union en prenant la Décision n° 449-2001/PC/UEMOA en dehors de toute proposition de « l'autorité chargée de la gestion des ressources humaines ».

Enfin, la Commission estime qu'en tout état de case, le recours introduit par la demanderesse n'ayant pas pour objet d'annuler la Décision n° 449-2001/PC/UEMOA, les griefs soulevés tant dans sa requête que dans son mémoire en réplique demeurent totalement inopérants en l'espèce.

En droit

Par requête déposée au greffe de la Cour le 20 août 2002, Mme Haoua Touré, ancienne secrétaire dactylographe à la Présidence de la Commission de l'UEMOA, a introduit un recours visant, d'une part, à faire déclarer son licenciement abusif et, d'autre part, la condamnation de cette dernière à lui payer la somme de cent millions (100.000.000) Francs en réparation des préjudices professionnel, matériel et moral que ce licenciement lui aurait causés.

La Commission de l'UEMOA avance trois moyens à l'appui de son exception d'irrecevabilité du recours de la dame Touré. Le premier moyen est tiré selon la Commission de la violation des dispositions des articles 107, 108 et 112 du Statut ; le deuxième moyen de l'incompétence de la Cour de céans à connaître simultanément d'un recours en indemnisation et d'un recours en appréciation de la légalité d'un acte communautaire ; le troisième moyen est tiré du défaut d'identité de cause et d'objet entre la réclamation administrative et le recours contentieux.

Sur le premier moyen tiré de la violation des dispositions des articles 107, 108 et 112 du Statut des Fonctionnaires de l'UEMOA

La Commission soutient que le recours de la dame Touré n'a pas satisfait aux exigences des articles 107, 108 et 112 du Règlement n° 01/95/CM portant Statut des Fonctionnaires de l'UEMOA. Elle ajoute que la prétendue saisine du Comité Consultatif Paritaire d'Arbitrage, quatre mois après la notification de la décision de licenciement, est intervenue hors délai. Elle précise que la requérante avait jusqu'au 28 avril 2001 pour introduire son recours et qu'en saisissant la Cour le 20 août 2002, elle a agi hors délai. Elle déclare enfin que ni le Comité Consultatif Paritaire d'Arbitrage ni le Président de la Commission n'ont été saisis d'un recours gracieux en indemnisation.

La requérante qui conteste l'ensemble des moyens soulevés par la Commission et qui conclut à la recevabilité de son recours, fait valoir qu'elle a légitimement et préalablement exercé son recours gracieux par voie hiérarchique en s'adressant à l'autorité investie du pouvoir de nomination d'une part, et d'autre part au Comité Consultatif Paritaire d'Arbitrage, dans les délais de la loi.

Il est constant que suite à la décision de licenciement intervenue le 28 juin 2001, la dame Touré en se fondant d'abord à bon droit sur les dispositions de l'article 107 alinéa 1 du Statut, a régulièrement saisi le Président de la Commission de l'UEMOA, autorité investie du pouvoir de nomination, d'un recours administratif en date du 06 août 2001, pour solliciter l'annulation de ladite décision pour absence de motif, ainsi que sa réhabilitation administrative.

L'autorité investie du pouvoir de nomination ne donna aucune suite à la requête de dame Touré dans le délai de quatre mois courant du 06 août 2001 au 06 décembre 2001, date d'expiration du délai de réponse.

Face à cette décision implicite de rejet, la dame Touré, par autre requête en date du 20 février 2002, saisissait, régulièrement, conformément aux dispositions de l'article 108 alinéa 1 du Statut des Fonctionnaires de l'UEMOA dans le délai de trois mois, le Président du Comité Consultatif Paritaire d'Arbitrage de l'UEMOA pour solliciter le sursis à exécution de la décision portant son licenciement.

Ledit Comité qui devait statuer dans le délai d'un mois à compter de sa saisine, ne réagi pas et n'émet aucun avis à destination de l'autorité investie du pouvoir de nomination qui, à son tour, disposait d'un délai maximum de trois mois pour notifier sa décision par écrit à la requérante.

Devant l'inertie aussi bien de l'autorité investie d pouvoir de nomination que du Comité Consultatif Paritaire d'Arbitrage, la requérante qui avait exécuté correctement toutes les formalités s'imposant à elle à son niveau, avait toute la latitude de saisir la Cour, après la décision implicite de rejet, dans le délai compris entre le 20 juin 2002 et le 20 août 2002. C'est ce qu'elle a fait.

Dans ces conditions, il y a lieu de rejeter le moyen tiré de la violation des articles 107 et 108 du Statut des Fonctionnaires de l'UEMOA.

Sur le moyen tiré de l'incompétence de la Cour à connaître simultanément d'un recours en indemnisation et d'un recours en appréciation de légalité

La Commission de l'UEMOA soutient que la Cour de céans ne peut connaître simultanément d'un recours en indemnisation et d'un recours en appréciation de la légalité d'un acte communautaire.

La requérante souligne que l'article 112 du Règlement n° 01 :95/CM du 1er août 1995 ne limite nullement le type de demandes dont les agents de l'UEMOA peuvent saisir la Cour. Elle précise qu'elle n'a jamais saisi la Cour d'un recours pour excès de pouvoir.

Il ressort tant de l'examen de la requête que des pièces versées aux débats par la requérante, que cette dernière n'a jamais entendu saisir la Cour de céans aussi bien d'un recours en appréciation de légalité que d'un recours en indemnisation.

Même si tel était le cas, rien n'interdit à la requérante de saisir la Cour d'une requête à la fois en appréciation de légalité et en indemnisation et il lui était même loisible, en raison de l'autonomie des différentes voies de droit, de choisir soit le recours en annulation, soit le recours en indemnisation.

Dans ces conditions, le moyen tiré de l'incompétence de la Cour de connaître simultanément d'un double recours doit être rejeté, la Cour étant toujours compétente.

Sur le moyen tiré du défaut d'identité d'objet et de cause de la réclamation administrative et du recours contentieux

La Commission de l'UEMOA fait valoir qu'il n'existe aucune identité de cause et d'objet entre les réclamations administratives et le recours contentieux de la dame Touré.

La requérante demande à la Cour de céans de passer sous silence cet argument de la Commission dénué de tout fondement en droit.

Il est constant que la dame Touré a aussi bien dans ses recours préalables que dans son recours contentieux, développé les mêmes moyens. Il s'y ajoute que son recours contentieux ne modifie ni la cause ni l'objet de sa réclamation préalable.

Par ailleurs, il est de règle qu'est recevable la demande d'indemnisation formulée pour la première fois devant la Cour, alors que la réclamation administrative ne visait que l'annulation de la décision prétendument dommageable, une telle demande d'annulation pouvant impliquer une demande de réparation du préjudice causé par ladite décision.

En conséquence, il convient de rejeter le grief tiré du défaut d'identité de cause et d'objet entre les réclamations et le recours contentieux.

Il découle de tout ce qui précède que l'ensemble des trois moyens doivent êtr rejetés et le recours contentieux de la dame Touré, déclaré recevable en la forme.

Au fond

Sur la demande en réparation de préjudices

La requérante soutient que la décision mettant fin à ses fonctions, à titre de sanction disciplinaire, a été prise en violation de l'article 77 du Règlement portant Statut des Fonctionnaires. Elle ajoute qu'elle n'a jamais été invitée à s'expliquer par écrit préalablement, sur les faits reprochés.

Toujours, selon la requérante, son licenciement n'a pas respecté les dispositions des articles 86 et 76 du Règlement précité. Elle estime que la décision portant son licenciement est entachée de vices de forme ; qu'elle est irrégulière et abusive.

Pour toutes ces raisons, la requérante demande la condamnation de la Commission de l'UEMOA au paiement de la somme de 100.000.000 F à titre de dommages-intérêts pour les préjudices professionnel, matériel et moral subis du fait de la décision du Président de la Commission de l'UEMOA.

La Commission de l'UEMOA qui conclut au débouté de la demanderesse fait observer que ni l'absence de proposition de sanction de l'autorité chargée de la gestion des ressources humaines, ni l'absence d'explication écrite de la part de la requérante ne sauraient être assimilables à un fonctionnement défectueux des organes de l'UEMOA susceptibles de causer préjudice.

Elle précise que la prise de sanction a été précédée d'un Conseil de discipline au cours duquel la requérante a fourni les explications nécessaires.

Toujours selon la Commission, en sa qualité de première responsable chargé de la gestion du personnel de l'Union, le Président de la Commission n'a commis aucune irrégularité assimilable à un dysfonctionnement des organes en prenant la décision de licenciement en dehors de toute proposition de l'autorité chargée de la gestion des ressources humaines.

Il est de règle que l'engagement de la responsabilité de la Commission suppose la réunion d'un ensemble de conditions en ce qui concerne l'illégalité du comportement reproché à l'institution, la réalité du dommage et l'existence d'un lien de causalité entre le comportement et le préjudice invoqué.

La Commission de l'UEMOA a-t-elle commis une illégalité ?

En tout cas, aux termes de l'article 77 du Règlement, « le fonctionnaire doit être entendu par écrit, avant toute sanction disciplinaire, sauf si celle-ci est un avertissement ».

A cet égard, « l'article 76 prescrit à l'autorité investie du pouvoir de nomination de consulter préalablement à toute sanction du second degré l'autorité chargée des ressources humaines ».

Il en résulte que cette formalité instituée par le texte communautaire, est substantielle eu égard aux dispositions de l'article 86 qui énoncent que « le licenciement doit respecter les règles prescrites à l'article 76 lorsqu'il est envisagé à titre de sanction disciplinaire ».

En tout état de cause, la Commission qui reconnaît n'avoir pas respecté ces dispositions qui s'imposaient à elle, a commis un ensemble d'irrégularités susceptibles d'engager sa responsabilité à l'égard de la requérante.

En outre, la Commission qui prétend que la réclamation d'avantages non justifiés de la requérante est frauduleuse n'a pas caractérisé cette faute.

En effet, la sanction infligée à la requérante du seul fait de la réclamation par celle-ci, des frais occasionnés par des consultations médicales avérées, alors que les manœuvres frauduleuses alléguées ne sont pas rapportées, la prolongation du séjour constitutif d'une absence non autorisée n'étant pas en cause au regard des motifs de la décision de licenciement, celle-ci n'est pas justifiée.

Le licenciement est donc abusif et la réclamation de la requérante bien fondée.

Dans ce contexte, la condition relative à l'existence d'un comportement fautif de la part de la Commission, étant suffisamment établie et l'inexistence d'aucune cause d'atténuation ou d'exonération de la responsabilité de la Commission s'y ajoutant, la décision attaquée est génératrice du dommage invoqué par la requérante ; il y a lieu de faire droit à sa demande en réparation des préjudices subis par elle.

Cependant, la somme de 100.000.000 F demandée est excessive eu égard au salaire que percevait la requérante ; la Cour dispose d'éléments suffisants pour ramener le montant à 20.000.000 Francs.

En conséquence, il convient de condamner la Commission de l'UEMOA à payer à la dame Touré, la somme de vingt millions (20.000.000) Francs à titre de dommages et intérêts toutes causes de préjudices confondues.

Sur les dépens

S'agissant d'un litige entre l'Union et son agent, il y a lieu, conformément aux dispositions de l'article 61 du Règlement de Procédures, de mettre les dépens à la charge de l'UEMOA.

Par ces motifs

La Cour, statuant publiquement, contradictoirement, en matière de fonction publique communautaire ;

Déclare et arrête :

- *Le recours est recevable ;*
- *Le licenciement est abusif.*
- *Condamne en conséquence, la Commission de l'UEMOA à payer à la dame Haoua Touré la somme de vingt millions (20.000.000) Francs à titre de dommages-intérêts toutes causes de préjudices confondues ;*
- *Condamne la Commission de l'UEMOA aux dépens.*

OBSERVATIONS

L'arrêt du 25 juin 2003 a été rendu à la requête de Mme TOURE Haoua.

Celle-ci a été recrutée le 14 janvier 2000 par la Commission, en qualité de secrétaire dactylographe. A la suite d'un déplacement en France, déplacement lié à des raisons médicales, elle sollicitait du Président de la Commission, le 30 mai 2001, le remboursement de frais supplémentaires qu'elle avait supportés au cours de son séjour en France.

Le 8 juin 2001, le Président de la Commission saisit le Comité consultatif de discipline, à l'effet de lui faire constater une absence non autorisée, ainsi que le caractère, qu'il tenait pour frauduleux, de la réclamation de la requérante.

Le Comité a, le 19 juin suivant, rendu un avis dans lequel, au rebours de l'appréciation du Président de la Commission, il estimait qu'aucune manœuvre frauduleuse ne pouvait être imputée à Mme TOURE.

En dépit de cet avis, le Président de la Commission signifiait à celle-ci, par lettre datée du 28 juin, son licenciement « pour faute grave constituée par des manœuvres tendant à bénéficier d'avantages non justifiés ».

Le 6 août, Mme TOURE saisit l'auteur de la mesure litigieuse, en sollicitant sa « réhabilitation administrative ». Dans cette lettre, elle contestait les motifs de son licenciement et demandait à être réintégrée dans ses fonctions. Aucune réponse ne fut apportée à cette demande.

Le 20 février 2002, Mme TOURE saisit le Comité Consultatif Paritaire d'Arbitrage (CCPA) et sollicitait de celui-ci un sursis à l'exécution de la décision de licenciement, qui aurait été prise en violation des dispositions de l'article 76 du Règlement de 1995 portant statut des fonctionnaires de l'Union. Le CCPA ne donna non plus aucune suite à cette démarche.

C'est alors que la requérante, le 20 août 2002, saisit la Cour.

Dans l'acte introductif d'instance, la demanderesse estime que la mesure qui la frappe est illégale, compte tenu du fait que l'auteur de celle-ci n'a pas pris le soin de l'entendre, que pareille mesure aurait dû être d'abord proposée à l'autorité chargée des ressources humaines, que, sur le fond, elle avait pris la précaution de s'enquérir, auprès du directeur de cabinet du Président de la Commission même, des éventuelles conséquences d'une prolongation, pour raisons de santé, de son séjour parisien, et que des propos rassurants lui auraient alors été tenus.

Pour sa part, la Commission argue d'abord l'irrecevabilité de la requête, la procédure pré contentieuse requise dans un tel cas n'ayant pas été correctement suivie. D'autre part, la défenderesse considère que la requête, en visant l'annulation d'une mesure et, dans le même temps, l'allocation d'indemnités, aurait méconnu les règles qui gouvernent la compétence de la Cour, celle-ci ne pouvant être concomitamment saisie de ces deux demandes. Enfin, pour toujours appuyer l'irrecevabilité de la demande, la Commission brandit le défaut d'identité d'objet et de cause qu'il y aurait, entre la réclamation administrative et le recours contentieux.

La Cour rejette, un à un, les arguments de la Commission tendant à faire déclarer la requête irrecevable.

Sur l'articulation des différentes démarches pré contentieuses, elle relève que la requérante a agi en parfaite conformité avec les règles pertinentes : saisine du Président de la Commission sur la base de l'article 107 alinéa 1er du Statut des fonctionnaires, aux fins d'annulation de la mesure de licenciement, puis, devant le silence de cette autorité investie du pouvoir de nomination, saisine du Président du CCPA dans le délai prescrit – trois mois- et en conformité avec l'article 108 alinéa 1er du Statut des fonctionnaires. Or, aucune de ces autorités n'a daigné répondre à Mme TOURE, le CCPA n'ayant adressé aucun avis à destination du Président de la Commission. Dans ces conditions, Mme TOURE a, comme il se doit, saisi la Cour et noué le contentieux. La Commission est malvenue, à cet égard, de soulever la forclusion de la demande, tous les délais ayant été respectés- c'est entre le 20 juin et le 20 août que la requête contentieuse devait être déposée- .

Sur la question de la prétendue simultanéité du recours en annulation et du recours en indemnisation, la Cour se prononce dans la ligne de sa jurisprudence antérieure. Elle le fait cependant en des termes plus fermes, on serait tenté de dire « en des termes définitifs », tant l'affirmation est claire :

> *Il ressort tant de l'examen de la requête que des pièces versées aux débats par la requérante, que cette dernière n'a jamais entendu saisir la Cour de céans aussi bien d'un recours en appréciation de légalité que d'un recours en indemnisation. Même si tel était le cas, rien n'interdit à la requérante de saisir la Cour d'une requête à la fois en appréciation de légalité et en indemnisation et il lui était même loisible, en raison de l'autonomie des différentes voies de droit, de choisir soit le recours en annulation, soit le recours en indemnisation.*

Le moyen tiré du défaut d'identité d'objet et de cause de la réclamation administrative et du recours contentieux est également balayé d'un revers de la main par le juge. La requérante a, tout au long de la procédure, développé les mêmes moyens.

Après avoir rejeté les arguments de la Commission, la Cour s'emploie à relever les « vices de procédure » que l'autorité qui a pris la mesure contestée aurait commis.

Tout d'abord, relève-t-elle, l'article 77 du Règlement a été méconnu. Procédant de la simple exigence du respect du principe du contradictoire, il énonce la nécessité d'entendre, par écrit, tout fonctionnaire qui encourt une sanction. Ce principe élémentaire n'a pas été respecté en l'occurrence.

De la même manière, l'article 76 du Règlement, qui oblige l'autorité investie du pouvoir de nomination de consulter préalablement à « toute sanction du second degré l'autorité chargée des ressources humaines » n'a pas été respecté.

Sur la base de ces constats, la Cour conclut à l'irrégularité du licenciement, et donc à la responsabilité de la Commission. La question de l'évaluation du préjudice se posait donc fatalement. Rejetant la prétention pécuniaire de la requérante - cent millions de Francs (100.000.000 F)-, le juge ramène celle-ci à vingt millions de francs – 20.000.000 F-, « eu égard au salaire de la requérante » et des « éléments » dont il dispose.

La Cour a donc fait droit à la demande qui lui a été adressée, au moins sur le plan de la « répartition des torts ». Ce n'est cependant pas à l'issue d'un examen de fond, d'une appréciation de la légitimité des motifs du licenciement qu'elle parvient à cette solution. La Commission a été simplement condamnée sur la base de la violation d'un certain nombre de « principes généraux », qui touchent plus la « procédure » que le « fond ». Le lecteur, soucieux de voir comment la Cour contrôle l'exercice du pouvoir hiérarchique quand il se traduit par la drastique mesure de licenciement, restera donc sur sa faim. Nous avons vu plus haut que la Cour semblait à cet égard exercer avec réticence son pouvoir de contrôle. Dans l'espèce soumise pourtant, elle paraît un peu moins timorée, l'iniquité de la mesure contestée lui paraît claire, mais peut-on parier qu'en l'absence des errements relevés de la Commission, elle aurait effectivement contrôlé les motifs du licenciement ? Et si l'évocation de ces « vices de procédure » n'était qu'un biais, le moyen d'annuler une décision tout en évitant, précisément, d'opérer un contrôle sur elle ? Et si l'arrêt se parait de la « forme » pour justement éviter le « fond » ?

Pour toutes ces raisons, on ne peut dire que la présente décision marque un revirement dans la doctrine du « contrôle minimum » de la Cour. Il faut attendre d'autres affaires pour être édifié, pour savoir si le juge s'est départi d'une ligne de conduite dont le principe même, nous l'avons dit, nous semble être aux antipodes de sa mission de surveillant de la légalité et de modérateur des pouvoirs.

Un autre aspect de la décision rendue peut également donner lieu à controverse. Il est relatif à l'évaluation du préjudice de la requérante. D'autorité, le juge considère en effet que la somme demandée est *« excessive »*, et il choisit de la porter au cinquième. Que cette réévaluation soit son apanage va de soi, qu'elle s'opère sans justification explicite est plutôt étonnant. Certes, pour « objectiver » son appréciation, la Cour évoque le salaire de la requérante, ainsi que des *« éléments »* dont elle dispose. De tels « éléments » auraient dû ne pas faire l'objet d'une évocation subreptice, mais figurer bel et bien dans la décision de justice. Le soupçon d'arbitraire n'est pas loin. L'on échappe difficilement au sentiment qu'un « argument d'autorité » a prévalu, que la Cour a substitué, sur des bases qu'elle seule connait, une évaluation à une autre. Le chiffrage d'un préjudice n'est pas une opération anodine ou négligeable, il constitue un élément essentiel d'une décision de justice, et il doit se plier au même impératif de rigueur, de rationalité et d'intelligibilité que le raisonnement qui a conduit à l'admission de son principe.

Pour finir, on peut s'interroger sur l'usage qui est fait de la notion d'autonomie, à propos de la « concurrence » des recours en annulation et en indemnisation. Pour justifier leur possible cumul, la Cour a parlé de leur « autonomie ». Or, la notion d'autonomie pourrait plutôt suggérer l'idée contraire : que les deux actions ne se cumulent justement jamais, qu'elles se déploient dans des sphères étanches l'une à l'autre, qu'il n'y a pas de possibilité qu'elles « se touchent »ou se « chevauchent ». Il serait sans doute préférable que la Cour abandonne ce concept d' « autonomie », et admette tout simplement la « rencontre » possible de ces différentes voies contentieuses.

ARRÊT DE LA COUR DU 02 JUILLET 2003

***

Entre Monsieur Tassembedo T. Ludovic et la Bourse Régionale des Valeurs Mobilières (BRVM)

La Cour composée de M. Yves D. Yehouessi, Président ; Mme Paulette Badjo Ezouehu, Juge rapporteur ; M. Youssouf Any Mahaman, Juge ; M. Kalédji Abangbedji, Avocat Général ; M. Raphaël P. Ouattara, Greffier ;

Rend le présent arrêt :

Par requête en date du 30 juillet 2002n enregistrée au Greffe de la Cour de Justice de l'UEMOA le 02 août 200 sous le numéro 02/2002, M. Tassembedo T. Ludovic, ingénieur informaticien, précédemment chargé des réseaux au service des Technologies de la Bour Régionale des Valeurs Mobilières (BRVM), par l'organe de son conseil, Maître Mamadou Savadogo, Avocat à la Cour de

Ouagadougou, Burkina Faso, a introduit un recours en indemnisation à l'effet d'obtenir la condamnation de la BVRM au paiement de la somme de 43.550.496 Francs CFA à titre de droits conventionnels et de réparation du préjudice subi ;

Il a en outre sollicité la délivrance par la BVRM d'un certificat de travail à son profit.

Par mémoire en réplique en date du 9 décembre 2002, le requérant modifiant le quantum de sa demande, ne réclame plus que la somme de 37.674.486 Francs CFA.

Les faits de la cause, le déroulement de la procédure, les moyens et arguments des parties développés au cours de la procédure écrite peuvent être résumés comme suit :

I – Faits et procédure

Recruté le 15 septembre 1997 à la BVRM en qualité d'ingénieur informaticien, puis confirmé responsable du service informatique, M. Tassembedo soutient avoir exercé ses fonctions sans percevoir l'intégralité de la rémunération convenue entre lui et son employeur. A la suite de nombreuses réclamations, il s'était vu interdire l'accès de son bureau et des locaux de la BVRM à la date du 30 octobre 2000. Après constat de cet état de fait par voie d'huissier, il fut réintégré dans son emploi par son employeur qui lui notifia par la suite une mise à pied de deux mois prenant effet à compter du 3 novembre 2000. Le 7 novembre 2000, il saisit en vain son Directeur Général d'un recours administratif.

Ce dernier, le 22 décembre 2000, lui infligeait une nouvelle sanction, blâme pour insubordination, relativement aux mêmes faits.

M. Tassembedo engagea une autre procédure de recours administratif auprès de son supérieur hiérarchique, en vain.

A l'expiration du délai de la première sanction, il réoccupa son emploi le 2 janvier 2001, mais le badge électronique lui permettant d'accéder à la salle informatique lui fut retiré. Le 5 février 2001, une nouvelle note émanant de son chef de service lui précisait des mesures restrictives supplémentaires prises à son encontre.

Il saisit à nouveau le 30 mars 2001, le Directeur Général qui, en retour, lui adressa un courrier lui fixant une période probatoire de trois mois devant expirer le 25 avril 2001, et comportant en outre des termes « injurieux ».

A l'expiration de la période probatoire, M. Tassembedo adressa une lettre à son chef de service pour savoir la conduite à tenir. Pour toute réponse, il s'entendit dire que non seulement les mesures restrictives étaient maintenues, mais encore une action disciplinaire était ouverte à son encontre.

Le requérant fait remarquer que devant ce harcèlement forcené qui s'est traduit par deux sanctions disciplinaires sans conseil de discipline, et par des mesures visant à rendre insupportable l'atmosphère de travail, outre un échange de plus de quinze courriers en un an, tous orientés vers une complication de sa situation administrative, il devait finir par démissionner de la BRVM suivant lettre en date du 23 mai 2001.

Il ajoute qu'à la lecture des faits et au regard du rapport du Conseil de discipline, il apparaît qu'un certain nombre de comportements, de mesures et d'attitudes ont eu pour effet de rendre ses conditions de travail impossibles et l'ont ainsi amené à démissionner.

Il estime qu'il y a eu licenciement abusif déguisé et selon une jurisprudence constante, l'auteur de la rupture en pareilles circonstances est l'employeur et non le travailleur qui n'a fait que céder à une pression, la volonté de rupture se trouvant au niveau de l'employeur et non du travailleur.

Il précise en outre que la rupture étant intervenue sans faute justifiée de sa part, il est en droit de réclamer non seulement la somme de 24.554.034 Francs CFA à titre de dommages et intérêts, mais aussi celles de :

- *5.456.452 Francs CFA au titre de l'indemnité de licenciement,*
- *7.200.000 Francs CFA au titre de l'indemnité de responsabilité*
- *6.340.000 Francs CFA au titre des frais de séjour supplémentaire.*

Soit au total la somme de 43.550.486 Francs CFA.

Le recours a été signifié au Directeur Général de la Bourse Régionale Mobilières par lettre au greffier de la Cour en date du 21 août 2002.

Par lettre en date du 4 novembre 2002, Me Harouna Sawadogo a informé la Cour de sa constitution pour la défense des intérêts de la BRVM.

II – Conclusions des parties

Monsieur Tassembedo conclut à ce qu'il plaise à la Cour :

- ***En la forme***

Rejeter les exceptions d'incompétence et d'irrecevabilité soulevées par la BRVM ;

En conséquence :

- *Se déclarer incompétente ;*
- *Déclarer le requérant recevable en son action ;*

- ***Au fond***

- *Dire que la démission du concluant a été provoquée et obtenue grâce à la contrainte, et s'analyse en réalité en un licenciement ;*
- *Dire que le licenciement est abusif ;*
- *Condamner la BRVM à payer au concluant la somme totale de 37.674.486 Francs CFA ;*

- *La condamner aux dépens dont distraction a profit de Me Mamadou Sawadogo aux offres de droit.*

La BRVM conclut à ce qu'il plaise à la Cour :

- ***In limine litis***

Au principal

Se déclarer incompétente à examiner le recours introduit par M. Tassembedo T. Ludovic sur le fondement des articles 27 de l'Acte additionnel n° 10/96 portant Statuts de la Cour de Justice de l'UEMOA et 15 du Règlement n° 01/96/CM portant Règlement de Procédures de la Cour de Justice de l'UEMOA.

Subsidiairement

Dire et juger que le recours introduit le 2 août 2002 par M. Tassembedo T. Ludovic l'a été en violation de l'article 2401 du statut du personnel et de l'article 6105 du règlement d'application du statut du personnel en ce que M. Tassembedo n'a pas exercé le recours à un comité d'arbitrage prescrit avant toute saisine de la Cour.

En conséquence

- *Débouter M. Tassembedo T. Ludovic de toutes ses demandes mal fondées ;*
- *Le condamner aux entiers dépens.*

III – Moyens et arguments des parties

A. Sur la compétence

1 – Moyens et arguments de la BRVM

Par mémoire en date du 5 novembre 2002, la BRVM qui conclut à l'incompétence de la Cour de céans à connaître du recours exercé par M. Tassembedo T. Ludovic, fait observer qu'aucun des textes sur lesquels le requérant fonde sa requête en indemnisation, ne donne compétence à la Cour de Justice de l'UEMOA pour le règlement des litiges suite à la rupture du contrat ayant lié les parties. Elle soutient, à titre surabondant, que le recours en réparation de dommages, n'est ouvert que contre les organes de l'Union.

Elle estime qu'en tout état de cause, la compétence de la Cour ne saurait s'apprécier par rapport aux textes de la BRVM mais sur le fondement du Protocole additionnel n° 10/96 portant statuts de la cour de Justice de l'UEMOA, et du Règlement n° 01/96/CM portant Règlement de Procédures de la Cour de Justice de l'UEMOA.

Elle précise en outre que la requête de M. Tassembedo n'entre dans aucun des domaines de compétence de la Cour.

2 – Moyens et arguments du requérant

Par mémoire en réplique en date du 9 décembre 2002, le requérant qui conclut par l'organe de son conseil au rejet de l'exception d'incompétence fait remarquer que la titre 6 du règlement du personnel dans lequel est contenu l'article 6105, s'intitule : *« Sécurité de l'emploi »*. Il ajoute qu'il n'est pas nécessaire de revenir sur l'article 2401 du statut du personnel dans la mesure où le règlement d'application n'est que la définition pratique dudit statut du personnel qu'il *« ne peut ni contredire ni modifier (en) aucune disposition »*. Il soutient qu'il ressort du chapitre 1 du titre 6 du règlement d'application du statut que la sécurité de l'emploi au sein de la BRVM est assurée en dernier ressort par la juridiction de céans. Toujours selon le requérant, il ne voit pas en quoi la juridiction chargée de contrôler la sécurité de son emploi ne pourrait pas apprécier les circonstances dans lesquelles il l'a perdu.

Pour le requérant, l'article 6101 du statut du personnel relatif à la sécurité de l'emploi traite bien du licenciement.

Le requérant précise qu'aucune instance juridictionnelle autre que la Cour de céans n'a été reconnue par la BRVM pour se prononcer sur les litiges pouvant l'opposer à ses agents.

Il fait noter qu'après avoir elle-même indiqué à ses agents de porter les litiges qu'ils pourraient avoir contre elle devant la juridiction de céans, la BRVM soutient aujourd'hui que la compétence de la Cour ne saurait s'apprécier par rapport aux textes de la BRVM.

Il souligne que la question soulevée est celle de savoir si la définition de la compétence de la cour de la Justice de l'UEMOA est limitative et exclusive de toute attribution conventionnelle de compétence.

Il estime qu'aucune disposition des Statuts ou du Règlement de Procédures de la Cour n'institue l'exclusivité ni le caractère limitatif du champ de compétence de la Cour qui n'est pas une juridiction d'exception mais bien une juridiction de droit commun à vocation supranationale. Il précise que tant qu'une clause d'élection de juridiction lui attribuant compétence n'est pas contraire à sa vocation supranationale ou à l'ordre public, elle ne peut être tenue de décliner sa compétence, surtout pas à la demande de la partie qui lui a été dévolue.

3 - Réponse de la BRVM aux arguments du requérant

Par mémoire en duplique en date du 9 janvier 2003, la BRVM fait plaider que le requérant a dénaturé en les interprétant, les dispositions des articles 2401 du statut du personnel et 6105 du règlement d'application. Elle soutient que ces dispositions régissent les relations de travail au sein de la BRVM avec pour objectif principal d'éviter le plus possible la rupture des relations de travail.

A cet égard, elle souligne qu'aux termes de l'article 2401 du statut du personnel, tout litige entre elle et un de ses agents relatif à l'application du statut, est soumis à l'arbitrage du comité de trois membres.

Elle précise qu'il s'agit là en réalité du recours préalable à une conciliation entre les parties. C'est seulement en cas d'échec de cette procédure que l'une ou l'autre partie peut porter le litige devant la Cour de Justice de l'UEMOA. Or, constate-t-elle, le recours préalable au comité d'arbitrage n'a jamais été observé avant sa démission par le requérant.

La BVRM a par ailleurs fait observer que M. Tassembedo T. Ludovic a démissionné et n'est donc plus agent de la BRVM. Elle ajoute qu'aucun des textes invoqués par M. Tassembedo à l'appui de sa demande n'attribue compétence à la Cour de Justice de l'UEMOA pour la rupture des relations de travail. Elle précise qu'elle n'a fait aucune attribution de juridiction à la Cour de céans concernant le licenciement ou la démission.

B. Sur la recevabilité du recours de M. Tassembedo T. Ludovic

Dans son mémoire en défense, la BRVM rappelle qu'aux termes de l'article 2401 du statut du personnel :

> *Tout litige entre la BRVM et un ou plusieurs agents concernant l'application du présent statut est soumis à l'arbitrage d'un comité de trois membres nommés l'un par le Directeur et l'autre par le ou les agents concernés parmi les agents. Le troisième arbitre est un juriste choisi d'un commun accord par les deux parties au sein ou en dehors de la BRVM et qui préside les travaux du comité ;*
>
> *Lorsque la proposition de solution du litige émise par le comité n'est pas acceptée par l'une des parties, celle-ci peut saisir la Cour de Justice de l'UEMOA. La décision de la Cour s'impose aux deux parties et elle est sans appel*

La BRVM en déduit que la présente procédure a été introduite à l'occasion d'une rupture du contrat de travail et non de l'application des statuts. Pour la BRVM, le recours manque de base légale.

Elle souligne qu'à supposer que le présent recours concerne l'application des statuts, aussi bien l'article 2401 du statut que l'article 6104 du règlement, prescrivent avant toute saisine de la Cour, le recours préalable obligatoire à un comité d'arbitrage ou un recours administratif. M. Tassembedo n'a respecté ni l'un ni l'autre.

Dans son mémoire en réplique, le requérant qui conclut au rejet de l'exception d'irrecevabilité soulevée par la BRVM, produit les différents recours administratifs préalables initiés par lui ainsi que certaines réponses.

Il s'agit :

- *Du recours du 12 septembre 2001 adressé au chef hiérarchique suivi d'une réponse en date du 4 octobre 2001 ;*
- *Du recours du 17 octobre 2001 adressé au responsable du service des technologies de l'information suivi d'une réponse en date du 31 octobre 2001 ;*
- *Du recours du 15 novembre 2001 adressé au Directeur Général de la BRVM, resté sans réponse.*

Dans son mémoire en duplique, la BRVM qui conclut à l'irrecevabilité du recours de M. Tassembedo pour inobservation des dispositions des articles 2.401 du statut du personnel et 6105 du règlement d'application dudit statut, fait remarquer par ailleurs qu'aucun des recours produits aux débats n'est conforme à la lettre ou à l'esprit même de l'article 6105 invoqué.

La BRVM soutient que l'objet du recours visé à cet article est le déferrement d'une décision contestée et la dénonciation du harcèlement dont l'agent est l'objet.

Elle rappelle qu'au moment où le requérant adressait les lettres aux responsables de la BRVM, il n'était plus agent de la BRVM, et c'est d'ailleurs la raison pour laquelle la même lettre a eu successivement trois destinataires.

C. Sur le fond

1 – Moyens et arguments du requérant

Le demandeur soutient que le seul problème juridique posé par cette affaire est celui de savoir si la démission provoquée par des mesures de harcèlement de la part de l'employeur constitue en réalité un licenciement ou non.

Il fait remarquer que la réponse de la jurisprudence est sans appel depuis plusieurs décennies et dans toutes les législations nationales des Etats africains et même au-delà de l'Afrique.

Il précise que de l'appréciation des faits, la Cour s'apercevra que la volonté de rupture des relations de travail émane non de lui mais de la BRVM.

Il ajoute que la contrainte, la pression et le harcèlement ont été à l'origine de sa démission.

Tout en réclamant le paiement d'une indemnité de licenciement, d'une indemnité de responsabilité outre une prime de fin d'année, il estime que le caractère abusif du licenciement et les différents préjudices qui en ont résulté, justifient amplement que lui soient accordés des dommages et intérêts correspondants à un an et demi de salaires.

2 – Moyens et arguments de la BRVM

La BRVM soutient dans son mémoire en défense que ni les Statuts, ni le Règlement de Procédures de la Cour ne confèrent à cette juridiction le pouvoir de convertir une démission en licenciement.

Elle ajoute que l'action en indemnisation a pour fondement la responsabilité du défendeur qui, par un acte matériel ou juridique, cause préjudice à autrui.

Elle rappelle que dans le cas d'espèce, il s'agit d'une rupture des relations de travail dont l'initiative émane du requérant lui-même.

La BRVM concluant au débouté du requérant fait observer que ce dernier n'a pas été en mesure de dire le préjudice pour lequel les dommages et intérêts sont demandés. Elle estime que la nature des réclamations est incompatible avec l'action en indemnisation. Elle précise que les réclamations telles que formulées ne seraient que la conséquence pécuniaire de l'annulation d'une décision de licenciement.

Selon la BRVM, en l'espèce, la cour de céans n'est saisie d'aucun recours en annulation ; il n'y a eu aucune décision à attaquer.

Toujours selon la BRVM, le recours en indemnisation a pour fondement essentiel le fonctionnement défectueux de l'administration, consacré par un acte illégal lequel causerait préjudice au destinataire, et que l'agent victime de harcèlement a d'autres voies de recours que la démission.

Elle fait par ailleurs observer que les décisions de justice versées aux débats sont isolées et ne sauraient constituer une jurisprudence.

Elle déclare que M. Tassembedo n'apporte pas la moindre preuve d'une quelconque contrainte, et qu'à aucun moment il n'a soutenu que la lettre de démission adressée à son employeur a été rédigée et soumise à sa signature par ce dernier.

La BRVM a enfin fait remarquer la non-conformité de la demande initiale formulée à travers la requête en indemnisation et celle contenue dans le mémoire en réplique du requérant, ainsi que l'inexistence d'une demande de prime de fin d'année dans la requête ; elle estime par voie de conséquence que la Cour de céans n'est pas valablement saisie de ce chef de demande.

A l'audience du 30 avril 2003, les parties ont développé les arguments exposés au cours de la procédure écrite.

Cependant, le requérant a déclaré renoncer aux modifications de sa demande telles que résultant de ses conclusions en réplique et s'en tenir aux montants réclamés dans sa requête introductive ; qu'il convient de lui en donner acte.

Monsieur l'Avocat Général a présenté ses conclusions au cours de la même audience.

D. En droit

La Cour devra d'abord statuer sur sa compétence à connaître de cette affaire, sur la recevabilité du recours ensuite, avant d'examiner s'il y a lieu les moyens des parties quant au fond.

Sur l'exception d'incompétence

La BRVM fait valoir qu'aucun des textes sur lesquels le requérant fonde son action, ne donne compétence à la Cour de céans pour le règlement des litiges suite à la rupture du contrat ayant lié les parties.

Selon la BRVM, le recours en réparation de dommages n'est ouvert que contre les organes de l'Union. Elle estime que la compétence de la Cour ne saurait s'apprécier par rapport aux textes de la BRVM, mais sur le fondement du Protocole additionnel n° 10 :96 portant Statuts de la Cour de Justice de l'UEMOA et du Règlement de Procédures.

Elle précise qu'elle n'a fait aucune attribution de juridiction à la Cour de céans s'agissant du licenciement ou de la démission.

Monsieur M. Tassembedo qui conclut au rejet de l'exception soutient qu'il résulte du chapitre 1 du titre 6 du Règlement d'application du statut du personnel que la sécurité de l'emploi au sein de la BRVM est assurée en dernier ressort par la juridiction de céans. Il ajoute qu'il ne voit pas en quoi la juridiction chargée de contrôler la sécurité de son emploi ne pourrait pas apprécier les circonstances dans lesquelles il l'a perdu.

Toujours, selon le requérant, le texte de la BRVM sur lequel il fonde son action, traite bien du licenciement et aucune instance juridictionnelle autre que la Cour de céans n'a été reconnue par la BRVM pour se prononcer sur les litiges pouvant opposer cette dernière à ses agents.

Il convient d'abord de faire remarquer qu'il résulte des dispositions de l'article 3 des statuts de la BRVM « qu'à compter de son agrément par le Conseil Régional de l'Epargne Publique et des Marchés financiers, la Bourse Régionale des Valeurs Mobilières est dotée du statut d'Institution Financière Spécialisée et bénéficiaire d'une concession de service public attribuée par les Etats signataires du Traité de l'UEMOA ».

Au regard de ces dispositions, on peut affirmer que la BRVM peut être assimilée à un organe de l'Union.

Par ailleurs, aux termes des dispositions de l'alinéa 2 de l'article 2401 du statut du personnel de la BRVM, « lorsque la proposition de solution du litige émise par le comité n'est pas acceptée par l'une des parties, celle-ci peut saisir la Cour de Justice de l'UEMOA. La décision de la Cour s'impose aux deux partis et elle est sans appel ».

Il résulte aussi des dispositions de l'alinéa 3 de l'article 6105 du règlement d'application du statut du personnel de la BRVM, que « la réponse du Directeur Général est sans appel au sein de la BRVM. Toutefois, l'agent qui n'est pas satisfait de cette réponse, peut porter plainte contre la BRVM devant la Cour de Justice de l'UEMOA ».

L'on constate que, tant pour le règlement de tout litige entre la BRVM et un ou plusieurs agents concernant l'application du statut, que pour la sécurité de l'emploi, compétence est toujours données à la Cour de céans qui statue en dernier ressort.

En outre, il convient de faire observer qu'il est de règle que le juge de l'action est aussi le juge de l'exception, et que la compétence de la Cour de céans, dans ces conditions, se justifie par des raisons pratiques, de logique judiciaire et de simple bon sens.

En application de cette règle, si en l'espèce le litige devait être scindé ou démembré en plusieurs instances devant deux juridictions différentes – la Cour de céans, compétente pour connaître de l'action du requérant d'une part, une autre juridiction non encore désignée par la BRVM pour connaître du moyen de défense soulevée par cette dernière d'autre part – cela pourrait entraîner non seulement des divergences d'appréciation, mais aussi un risque de contrariétés de décision.

Eu égard à ce qui précède, la compétence de la Cour de céans pour le tout s'impose de façon naturelle. Il y a lieu en conséquence de rejeter l'exception soulevée par la BRVM et de déclarer la Cour de céans compétente pour statuer sur le différend qui oppose les parties.

Sur l'exception d'irrecevabilité

La BRVM fait observer que M. Tassembedo n'a respecté avant la saisine de la Cour de céans, ni le recours préalable obligatoire à un Comité d'arbitrage, ni le recours administratif. Elle souligne qu'au moment où le requérant adressait les lettres aux responsables de la BRVM, il n'était plus agent de la BRVM et c'est la raison pour laquelle la même lettre a eu successivement trois destinataires.

Le requérant qui conclut au rejet de l'exception et à la recevabilité de son recours, soutient avoir produit aux débats les différents recours administratifs préalables initiés par lui ainsi que les réponses à ces recours.

Il convient de rappeler qu'aux termes des dispositions de l'article 2401 du statut du personnel, tout litige entre la BRVM et un ou plusieurs agents concernant l'application du présent statut est soumis à l'arbitrage d'un comité de trois membres nommés l'un par le Directeur Général et l'autre choisi par le ou les agents concernés parmi les agents. Le troisième arbitre est un juriste choisi d'un commun accord par les deux parties au sein ou en dehors de la BRVM et qui préside les travaux du comité.

Les articles 6101 et suivants du règlement d'application disposent « qu'il est établi une procédure de recours administratif applicable aux plaintes formées par les agents contre les évaluations des performances et les décisions administratives ainsi que contre les harcèlements de toutes sortes. La procédure de recours administratif se déroule en 3 phases :

- *La première phase se situe au niveau du chef hiérarchique direct ou de l'auteur de la décision contestée ;*
- *La deuxième phase se situe au niveau du responsable de service ;*
- *La troisième phase se situe au niveau du Directeur Général.*

La réponse du Directeur Général est sans appel au sein de la BRVM. Toutefois, l'agent qui n'est pas satisfait de cette réponse peut porter plainte contre la BRVM devant la Cour de Justice de l'UEMOA ».

Il convient de faire remarquer que c'est en vain que le requérant tente de faire admettre qu'il s'est conformé à ces dispositions.

En effet, Monsieur Tassembedo Ludovic a, par le canal de son conseil, Maître Jouvenance Sery, adressé trois lettres respectivement à Monsieur Abdel Kader Ndiaye, en sa qualité de chef hiérarchique et de responsable du service des Technologies de l'Information, puis à Monsieur le Directeur Général de la BRVM.

Or ces lettres dont l'objet était « recours administratif avant saisine de la Cour de Justice de l'UEMOA » auraient dû précéder la démission de Monsieur Tassembedo et se situer dans le cadre de la procédure de recours administratif défini par l'article 6101 du règlement du personnel de la BRVM.

Il s'y ajoute que le Comité d'arbitrage institué par l'article 2401 du statut du personnel n'a jamais été saisi avant l'introduction de la requête devant la Cour de céans.

Or il est de règle que la conformité aux dispositions statutaires est d'ordre public dans la mesure où elle se rapporte à la régularité de la procédure administrative qui constitue une formalité substantielle.

En cet état, il sied de constater que le recours contentieux initié par Monsieur Tassembedo ne satisfit pas aux conditions préalables ci-dessus.

Il y a lieu en conséquence de le déclarer irrecevable.

Sur les dépens

Considérant que le requérant a succombé en ses moyens ;

Qu'aux termes de l'article 60 du Règlement de Procédures, toute partie qui succombe est condamnée aux dépens ;

Que, toutefois, s'agissant d'un litige entre une institution de l'Union et son agent, il y a lieu conformément aux dispositions de l'article 61 du même règlement, de mettre les dépens à la charge de l'UEMOA.

Par ces motifs

La Cour, statuant publiquement, contradictoirement, en matière de fonction publique communautaire :

Décide :

1. *L'exception d'incompétence soulevée par la Bourse Régionale des Valeurs Mobilières (BRVM) est rejetée.*
2. *La Cour de Justice de l'UEMOA est compétente pour statuer sur le litige entre la BRVM et Monsieur Tassembedo T. Ludovic.*
3. *Le recours de M. Tassembedo est irrecevable en la forme.*
4. *La BRVM est condamnée aux dépens.*

OBSERVATIONS

M. TASSEMBEDO Ludovic est ingénieur informaticien, cadre supérieur en service à Abidjan (Côte d'Ivoire) au siège de la Bourse Régionale des Valeurs Mobilières (BRVM) de l'UEMOA.

Le 3 novembre 2000, il lui est notifié une sanction disciplinaire de mise à pied d'une durée de deux mois, avec prise d'effet immédiate. La sanction a été décidée par le Directeur général de la BRVM, et elle se fondait sur des « actes d'indiscipline caractérisée, entre autres, un manquement grave à l'autorité supérieure qu'est la Direction générale par son refus de réceptionner une note du 30 octobre 2000 du Directeur général, qui l'invitait à accepter l'organisation du Service des Technologies de l'Information de la BRVM ».

Par lettre datée du 7 novembre 2000, M. TASSEMBEDO donnait sa version des faits, et demandait au Directeur général de la BRVM de rapporter la décision litigieuse. Par la même occasion, il révélait avoir eu deux entretiens avec cette autorité hiérarchique, les 20 et 30 octobre 2000, au cours desquels le Directeur général lui avait fait savoir, verbalement bien entendu, le désir de la BRVM de se séparer de lui.

Le « conflit » entre le requérant et son supérieur ne semblait pas s'apaiser puisque par lettre du 22 décembre 2000, ce dernier lui signifiait une nouvelle sanction disciplinaire, consistant cette fois en un « blâme ». Il était précisé que cette décision avait été prise contre M. TASSEMBEDO pour insubordination, et qu'elle l'avait été après avis du Comité de discipline de la BRVM. Cette lettre subordonnait également la reprise du travail par M. TASSEMBEDO, au respect d'un certain nombre de conditions, qui sont autant d'obligations auxquelles celui-ci devait se soumettre. Parmi ces sujétions, on retiendra la restriction à l'accès aux systèmes informatiques importants de la BRVM, disposition que la lettre qu'il a reçue rattache à des préoccupations *« sécuritaires »*.

En dépit de l'observation des mesures restrictives prises à son encontre, M. TASSEMBEDO devait à nouveau subir des sanctions, contenues dans une lettre du 5 février 2001.

Le 30 mars suivant, M. TASSEMBEDO reprenait sa plume et sollicitait du Directeur général des explications sur le silence qui avait suivi son premier recours, celui du 7 novembre 2000, ainsi que la levée de la totalité des sanctions dont il faisait l'objet. Après un nouvel échange épistolaire d'où il ressort que les sanctions étaient maintenues, et après un avis du Conseil de discipline de la BRVM estimant, au rebours de l'appréciation du Directeur général, qu'aucune insubordination ne pouvait être relevée à l'encontre de M. TASSEMBO, celui-ci finit par présenter une lettre de démission, le 23 mai 2001. Puis, par requête reçue à la Cour le 1er août 2002, il sollicitait la condamnation pécuniaire de la BRVM, pour une somme totale d'un peu plus de 43 millions de F.

La Cour se prononce, dans cet arrêt, sur deux points, soulevés par la BRVM, deux « exceptions », l'une d' « incompétence », l'autre d' « irrecevabilité ».

La première consistait à soutenir que la Cour de l'UEMOA est incompétente pour connaître de la « requête en indemnisation » qui lui est soumise car il n'existe aucun texte lui attribuant une telle compétence. Plus précisément, la BRVM considère que les seuls textes pertinents pour apprécier la compétence de la Cour sont le Protocole additionnel de 1996 portant statuts de la Haute juridiction, et le Règlement de procédures de celle-ci. Elle ajoute que le recours en réparation, qui est bien celui de M. TASSEMBO, n'est ouvert, devant la Cour, que contre les organes de l'Union.

Un tel argument, avancé par la BRVM, est curieux, et surprenant. Au mieux, il traduit une mauvaise connaissance des textes, au pire, une forme de manœuvre dilatoire, consistant à multiplier les « exceptions » pour « impressionner » le juge et le conduire à se déclarer incompétent. Quoi qu'il en soit, il est difficilement concevable que la BRVM n'ait pas pris connaissance des textes organisant le contentieux dans lequel la Bourse pourrait être impliquée. La Cour n'a aucune peine à rejeter cette exception d'incompétence. Elle se réfère simplement, pour cela, aux textes, et notamment à l'alinéa 2 de l'article 2401 du Statut du personnel de la BRVM, aux termes duquel « lorsque la proposition de solution du litige émise par le Comité (de discipline) n'est pas acceptée par l'une des parties, celle-ci peut saisir la Cour de Justice de l'UEMOA. La décision de la Cour s'impose aux deux parties, et elle est sans appel ». La Cour ajoute un autre argument de texte, tiré de l'alinéa 3 de l'article 6105 du Règlement d'application du Statut du personnel de la BRVM : « la réponse du Directeur général est sans appel au sein de la BRVM. Toutefois, l'agent qui n'est pas satisfait de cette réponse peut porter plainte contre la BRVM devant la Cour de Justice de l'UEMOA ».

La seconde exception soulevée par la BRVM tenait à l' « irrecevabilité » de la requête de M. TASSEMBEDO. Ce dernier n'aurait pas, comme il se doit, préalablement saisi le « Comité d'arbitrage » évoqué par l'article 2401 du statut du personnel de la Banque. D'autre part, les trois étapes qui « composent » le recours administratif, tel qu'organisé par les articles 6101 et suivants du Règlement d'application, n'auraient pas non plus été respectées par le requérant.

Sur cette seconde exception, la Cour va se ranger aux arguments de la défenderesse. Elle observe que le « recours administratif » -exercé auprès du Directeur général – ne s'est pas rigoureusement conformé aux étapes évoquées, et que, sur le point qui précède également – « saisine » du Comité d'arbitrage-, le requérant a failli. Dès lors, sa requête doit être déclarée irrecevable.

La décision que voilà ne peut que susciter l'adhésion. Certains aspects de son contenu peuvent cependant être discutés.

Il en est ainsi, d'abord, de la notion d' « organe », importante pour savoir si la Cour est compétente ou non. Après avoir cité les dispositions de l'article 3 des Statuts de la BRVM, faisant de la Banque une « Institution financière spécialisée et bénéficiaire d'une concession de service public attribuée par les Etats signataires du Traité de l'UMOA », le juge conclut qu' « au regard de ces dispositions, on peut affirmer que la BRVM peut être assimilée à un organe de l'Union ».

L'on a pourtant comme l'impression qu'un léger doute hante le juge, et que s'il conclut ainsi, c'est sur la base de la méthode du « faisceau d'indices », de la conjonction d'éléments divers, permettant d'affirmer que nous sommes bien en présence d'un « organe ». Le problème reste toutefois que la notion même d' « organe » fait l'objet d'une définition dans le Traité de l'UEMOA - plus précisément, les « organes » sont énumérés - , et que l'on ne peut nullement déduire, sur la base du Traité d'une part, et des caractéristiques dégagées par le juge d'autre part, que la BRVM est un « organe ». Aux termes de l'article 1er du Traité de Dakar en effet, les « organes » sont « les différents organes de l'Union visés à l'article 16 du présent Traité ». Or, l'article 16 cite, comme « organes » : la Conférence des chefs d'Etat et de gouvernement, « telle que définie à l'article 5 du Traité de l'UMOA » ; le Conseil des ministres, « tel que défini à l'article 6 du Traité de l'UMOA » ; la Commission, la Cour de Justice, et la Cour des comptes. Dans ces conditions, il est permis de se demander sur quelles bases la Cour estime que la BRVM est un « organe » de l'Union.

En vérité, le juge s'est quelque peu laissé entraîner par la défenderesse, par la logique du raisonnement de celle-ci. Comme la BRVM arguait qu'un « recours en réparation » ne pouvait être dirigé que contre un « organe de l'Union », le juge s'est considéré comme tenu de démontrer que la Banque était un « organe » de l'Union. Or, l'on peut certes avoir de ce concept d' « organe » une compréhension « générale », quelque peu « impressionniste » donc, mais ce relativisme, déjà contestable en soi, doit rapidement s'estomper devant une définition textuelle du concept, comme c'est le cas ici. L'argument « exégétique » suffisait donc. Quant à justifier la cohérence de ces « actes », c'est-à-dire à « prouver » que les Statuts de la Banque sont en harmonie ou en adéquation avec ceux de l'UEMOA, elle n'avait pas à le faire, n'étant pas comptable d'une telle articulation.

L'arrêt rendu ne se prononce pas, on l'a vu, sur le fond, c'est-à-dire sur l'appréciation même de la « légalité » de la mesure litigieuse. L'occasion, là encore, est manquée. Il aurait été intéressant de savoir si le juge communautaire continue à s'en tenir à une doctrine qu'elle a déjà exprimée, et sur laquelle nous avons exprimé des réserves : celle de l'impossibilité d'un contrôle du caractère sérieux d'une sanction émanée de l'autorité hiérarchique. On remarquera que dans ses conclusions, l'avocat général semble se démarquer d'une telle opinion. Ce qu'il écrit se situe manifestement aux antipodes de la position de la Cour, puisqu'il avance que les mesures dont se plaint le requérant « paraissent manifestement exagérées et très sévères par leur nature et leur cumul. Les faits reprochés à M. TASSEMBO ne méritent pas cette série de mesures ». Le sens de l'appréciation est clair : une juridiction ne peut pas refuser de contrôler une mesure dont elle est, de par les textes, habilitée à juger de la régularité.

AVIS N° 003/2003 DU 22 OCTOBRE 2003

***

Demande d'avis de la Commission de l'UEMOA relative à l'interprétation des articles 48, 55 et 57 du règlement n° 01/95/cm

Le Président de la Commission de l'UEMOA a saisi la Cour de Justice de l'UEMOA par lettre n° 03/163/PC/CJ du 18 juin 2003 enregistrée sous le n° 04/03 dont la teneur suit :

Monsieur le Président,

Les modalités de mise en œuvre du droit au congé annuel et des avantages y afférents,, au sein de l'UEMOA, sont notamment régies par les articles 48, 55 et 57 du Règlement n° 01/:95/CM du 1er août 1995, portant statut des fonctionnaires de l'Union.

L'article 55 qui fixe les principes de base applicables en la matière, prévoit que « les fonctionnaires dont la résidence habituelle n'est pas située dans le pays du lieu d'emploi et qui ne sont pas ressortissants de ce pays, ont droit à un congé annuel payé, à raison de deux jours ouvrables et demi par mois.

Les fonctionnaires en activité dans l'Etat dont ils sont ressortissants, ont droit à un congé payé, à raison de deux jours ouvrables par moi.

Le droit au congé est acquis prorata temporis, chaque période annuelle, après une durée effective de service de dix mois. Les dates de départ en congé sont fixées en fonction des nécessités de service ».

Quant à l'article 57, il dispose qu'à « l'occasion du congé payé, l'Union prend en charge, à raison d'un voyage aller-retour, tous les deux ans, les frais de transport du fonctionnaire visé à l'article 55, alinéa 1, et des membres de sa famille, tels que définis à l'article 48 ci-dessus, ainsi que ceux afférents aux bagages, et ce, dans les conditions prévues par les règlements portant modalités d'application du présent statut ».

L'article 48 précise, enfin, que « pour l'application du présent statut, sont considérés comme membres de la famille, un conjoint, et les enfants à charge, dans la limite de six enfants par famille »

Des divergences de vues sont apparues dans l'interprétation de ces diverses dispositions, entre la Commission et l'un de ses cadres féminins, non-ressortissant du Burkina Faso, dont l''époux est membre d'un autre Organe de l'Union.

L'intéressée, qui a bénéficié d'un congé administratif de trente (30) jours en 2003, a réclamé des titres de transport aérien pour elle-même, ainsi que pour son époux et ses enfants.

Or le conjoint en question avait bénéficié des mêmes titres de voyage pour l'ensemble des membres de la famille concernée lors de son congé de l'année 2002.

Au sens de la Commission, la délivrance de billets d'avion à l'époux, en application des dispositions susvisées, notamment de l'article 48 du Règlement n° 01/95/CM du 1er août 1995, devrait ôter toutes prétentions à des titres de transport à l'épouse.

Cette dernière a toutefois soutenu à l'appui de ses réclamations, un point de vue contraire tenant au fait qu'elle et son époux appartiennent à deux organes distincts de l'Union et que ce dernier exerce un mandat statutaire qui le place dans une situation différente de celle d'un fonctionnaire ordinaire.

Aussi voudrais-je, en me situant dans le cadre des articles 27 in fine, des statuts de la Cour de Justice de l'UEMOA et 15-7e de son Règlement de Procédures, demander l'avis de votre juridiction, sur l'interprétation à retenir des dispositions précitées.

Veuillez agréer, Monsieur le Président, l'assurance de ma parfaite considération.

Moussa Touré

La Cour, siégeant en Assemblée Générale Consultative sous la Présidence de Monsieur Yves D. Yehouessi, Président de la Cour de Justice de l'UEMOA, sur le rapport de M. Mouhamadou Ngom, Juge rapporteur, en présence de Mesdames et Messieurs :

- Youssouf Any Mahaman, Juge à la Cour
- Ramata Fofana née Ouedraogo, Juge à la Cour
- Paulette Badjo Ezouehu, Juge à la Cour
- Malet Diakité, Premier avocat Général à la Cour
- Kalédji Afangbedji, Avocat Général

Et assistée de Monsieur Raphaël P. Ouattara, Greffier de la Cour, a examiné en sa séance du 22 octobre 2003, la demande ci-dessus exposée.

L'Assemble Générale onsultative

Vu le Traité de l'Union économique et Monétaire Ouest Africaine (UEMOA) en date du 10 janvier 1994 ;

Vu le Protocole additionnel n° 1 relatif aux organes de contrôle de l'UEMOA ;

Vu l'Acte additionnel n° 10/96 portant Statuts de la Cour de Justice de l'UEMOA en date du 10 mai 1996 ;

Vu le règlement n° 01/96/CM portant Règlement de Procédures de la Cour de Justice de l'UEMOA en date du 5 juillet 1996 ;

Vu le Règlement n° 01/2000/CDJ abrogeant et remplaçant le règlement n° 1/96/CDJ relatif au Règlement administratif de la Cour de Justice de l'UEMOA en date du 6 juin 2000 ;

Vu le Règlement n° 01/95/CM portant statut des fonctionnaires de l'Union, en ses articles 48, 55, 56 et 57 ;

Vu le Règlement n° 02/95/CM portant régime applicable au personnel non-permanent de l'UEMOA, en ses articles 27 et 32 ;

Vu la décision n° 257/99/COM/UEMOA fixant les modalités de jouissance des congés accordés aux membres et au personnel des organes de l'UEMOA ;

Vu la demande d'avis n° 03/163/PC/CJ du 18 juin 2003 du Président de la Commission de l'UEMOA.

La demande d'avis adressée à la Cour de Justice telle qu'elle résulte de la lettre du Président de la Commission de l'UEMOA, est fondée sur les dispositions des articles 27 in fine, des statuts de ladite Cour et 15-7e du Règlement de Procédures de la Cour de Justice de l'UEMOA.

Cette demande régulièrement introduite est recevable en la forme.

I – Objet de la consultation

Il résulte des termes de la lettre du Président de la Commission, qu'il existe une divergence d'interprétation des dispositions de l'article 57 du Règlement n° 01/95/CM du 1er août 1995 portant statut des fonctionnaires de l'Union.

Selon la Commission de l'uemoa, la délivrance de billets d'avion à la famille lors du congé de l'époux en 2002, devrait ôter toutes prétentions à des titres de voyage à l'épouse qui bénéficie de son congé en 2003.

Quant à l'épouse en question, cadre à la Commission, elle estime qu'elle et son époux appartiennent à deux organes distincts de l'Union, et que ce dernier exerce un mandat statutaire le plaçant dans une situation différente.

Quelle interprétation faire des dispositions de l'article 57 du Règlement n° 01/95/CM du 1er août 1995 portant statut des fonctionnaires de l'Union ?

II – Discussion

Il s'agira de déterminer d'abord les sources juridiques de la réglementation communautaire relative au droit aux congés annuels et aux avantages y afférents, avant d'examiner le champ d'application et le principe directeur.

A – La législation applicable

Les textes normatifs régissant le droit au congé annuel des membres des organes, des fonctionnaires et du personnel non-permanent de l'UEMOA sont :

- *Le Règlement n° 01/95/CM du 1er août 1995 portant statut des fonctionnaires de l'Union, en ses articles 48, 55, 56, 57 et suivants ;*
- *Le Règlement n° 02/95/CM portant régime applicable au personnel non permanent de l'UEMOA en ses articles 27 et 32 ;*
- *La décision n° 257/99/COM/UEMOA fixant les modalités de jouissance des congés accordés aux membres et au personnel des Organes de l'UEMOA ;*

Aux termes de l'article premier de ladite décision, les droits à congé des membres et du personnel des Organes de l'Union, sont constatés au bout de chaque période d'activité de douze (12) mois.

L'article 2 dispose que la jouissance du congé administratif sur la base des droits constatés a lieu chaque année, sur demande de l'intéressé et en tenant compte des nécessités de service.

Toutefois, l'agent retenu ou rappelé de congé exceptionnellement, pour nécessité de service, conserve ses droits ou reliquats de droits pendant une durée de trois (3) ans à partir de la date de leur constatation.

Il résulte de ces dispositions que la législation communautaire applicable aussi bien aux membres des organes, qu'aux fonctionnaires et au personnel non-permanent de l'Union, en matière de congé, est la même. Dès lors peu importe l'appartenance de l'agent à tel ou tel autre organe de l'Union et peu importe aussi son statut. Quel est le champ d'application de ces règles communautaires de droit à congé ?

B – Champ d'application

Aux termes de l'article 57 du Règlement 01/95/CM du 1er août 1995 portant statut des fonctionnaires, « à l'occasion du congé payé, l'Union prend en charge, à raison d'un voyage aller-retour, tous les deux ans, les frais de transport du fonctionnaire visé à l'article 55, alinéa 1, et des membres de sa famille, tels que définis à l'article 48 ci-dessus, ainsi que ceux afférents aux bagages, et ce, dans les conditions prévues par les règlements portant modalités d'application du présent statut ».

Il convient de relever que les textes communautaires en matière de droit au congé définissent deux catégories de destinataires :

- *Les membres, les fonctionnaires, le personnel non-permanent des Organes de l'Union ;*
- *Les membres de leurs familles ;*

Pour pouvoir relever de la législation communautaire en matière de droit au congé, en tant qu'agent de l'Union, il suffit d'être membre d'un Organe, fonctionnaire, ou personnel non-permanent. Aucune autre condition ne semble être exigée. Qu'en est-l du membre de la famille ?

Les règlements définissent avec précision le terme « membre de la famille ».

C'est ainsi qu'aux termes aussi bien des articles 48 du Règlement 01/95 que 27 du Règlement 02/95, sont considérés comme membres de la famille, le conjoint, et les enfants à charge, dans la limite de six enfants par famille.

Il ressort de l'examen de ces dispositions que seul un conjoint peut être bénéficiaire. Il s'en suit que pour le travailleur polygame, un problème peut se poser pour la seconde, troisième ou quatrième épouse qui voudrait prétendre bénéficier de la prestation. La législation actuelle semble l'exclure.

En ce qui concerne les enfants, les textes applicables ne parlent que d'enfants à charge, dans la limite de six (6) par famille.

Aucune précision n'est faite sur la filiation.

S'agit-il seulement des enfants vivant dans le ménage ?

Quid des enfants majeurs encore à la charge des parents ?

En tout cas, la condition d'enfant à charge semble remplie toutes les fois que l'enfant en cause est principalement à la charge du membre, du fonctionnaire ou de l'agent qui en assure de manière générale la garde.

Quel est le principe directeur de cette législation communautaire du droit au congé ?

C – Le principe directeur

Il convient d'abord de faire remarquer que le législateur communautaire n'a pas envisagé l'hypothèse du couple dont le mari et la femme sont tous les deux agents au sein de l'Union. Quoi qu'il en soit, le seul principe directeur de la législation communautaire en matière de prise en charge du voyage aller-retour du fonctionnaire tel que visé à l'article 55 alinéa 1er du Règlement n° 1/95/CM du 1er août 1995, portant statut des fonctionnaires de l'Union, c'est le principe d'égalité ou principe de non-discrimination.

L'article 57 qui s'impose avec évidence parce que ne contenant aucun doute, précise que l'Union ne prend en charge le voyage aller-retour du fonctionnaire qu'une fois tous les deux ans.

Au regard de cette disposition, le cadre féminin non-ressortissant du Burkina Faso et dont l'époux est membre d'un autre organe de l'Union, ne saurait bénéficier annuellement de la prise en charge offerte par l'article 57 du règlement ;

Toute autre interprétation de cette disposition la viderait de sa substance et serait contraire au principe d'égalité.

En tout état de cause, adopter le point de vue du cadre féminin non-ressortissant du Burkina Faso, dont l'époux est membre d'un autre organe de l'Union, reviendrait à accorder chaque année une prise en charge au couple et à leurs enfants, et partant à remettre en cause le principe d'égalité et de non-discrimination entre les agents, ce qui n'est ni la lettre ni l'esprit de la réglementation.

Au regard des observations qui précèdent, la Cour est d'avis que :

> *Un membre d'organe, un fonctionnaire ou un agent du personnel non-permanent de l'Union et les membres de leur famille ne peuvent bénéficier d'une prise en charge à raison d'un voyage aller-retour, à l'occasion de leurs congés payés, qu'une fois tous les deux (2) ans et ce, quelle que soit la situation personnelle du conjoint.*

Observations

La Cour a été saisie par la Commission le 18 juin 2003, à l'effet de délivrer une interprétation des articles 48, 55 et 57 du Règlement du 1er août 1995 portant statut des fonctionnaires.

En substance, le bénéfice de ces dispositions était revendiqué par l'une des cadres de la Commission, n'ayant pas la même nationalité que son époux, ressortissant du Burkina Faso, et également employé de l'UEMOA. Ce dernier a eu à bénéficier des avantages afférents au congé annuel (vacances et délivrance de titres de transport aérien pour les membres de sa famille) au cours de l'année 2002. L'année suivante, c'est-à-dire en 2003, son épouse sollicitait le même traitement, en raison de sa qualité propre d'employée de l'Union. Or, de l'avis de la Commission, ce « cumul des avantages » ne se conçoit pas, l'un seul des époux pouvant, dans le cas d'espèce, prétendre aux avantages en question. Elle fonde son opinion sur l'article 48 du statut des fonctionnaires, qui dispose que « pour l'application du présent statut, sont considérés comme membres de la famille, un conjoint, et les enfants à charge, dans la limite de six enfants par famille ».

La Cour admet, après un long raisonnement, que « le législateur communautaire n'a pas envisagé l'hypothèse du couple dont le mari et la femme sont tous les deux agents au sein de l'Union ». Par cette précision importante, elle exclut donc tout recours à une argumentation de type exégétique, les textes dont l'interprétation est sollicitée ne paraissant, a priori, d'aucun secours. Très curieusement cependant, la Cour revient sur l'article 57 du statut, pour en déduire que « l'Union ne prend en charge le voyage aller-retour qu'une seule fois tous les deux ans ». Il résulte d'une telle appréciation que l'épouse ne peut, pour l'année 2003, bénéficier des dispositions relatives au congé annuel, et notamment, de la délivrance de titres de transport pour les membres de sa famille.

L'interprétation fournie par la Cour peut certainement ne pas être partagée. La manière même de poser le problème peut être une première raison de désaccord avec le juge. Il s'agissait en effet simplement de savoir si chacun des conjoints pouvait, en sa qualité propre d'agent de l'UEMOA, c'est-à-dire de façon autonome, réclamer le bénéfice des avantages en question. Contrairement à ce qu'avance la Cour, l'épouse ne se prévaut nullement de la qualité de « membre de la famille » de l'époux, mais bien d'un droit qu'elle tiendrait de sa qualité d'employée de la Commission. Tous les développements relatifs au « membre de la famille » peuvent donc être remis en question, si l'on considère que ce n'est pas à ce titre que la requérante agissait.

Sur le fond même, l'on voit en effet difficilement au nom de quoi la Cour estime que le conjoint employé de l'UEMOA perdrait le droit de bénéficier d'avantages donnés, sous prétexte que son époux, également employé, en aurait « déjà » bénéficié. Rien, en droit comme en logique pure, n'autorise une telle interprétation. On peut même aller plus loin, et s'interroger sur le point de vue de la Cour relativement au principe d'égalité. A priori au moins, l'opinion de la Cour est aux antipodes de ce principe d'égalité, l'égalité des fonctionnaires de l'UEMOA devant la « loi » de celle-ci. En statuant comme elle l'a fait, la Cour paraît subordonner l'application du droit aux particularités des situations individuelles, elle a écarté un principe – l'unité d'application de la règle - au nom de données plus ou moins aléatoires – la situation, « personnelle » et forcément contingente, de l'employé de l'organisation internationale-.

Ce n'est donc pas, contrairement à ce que dit la décision rendue, le principe d'égalité qui a été promu. Curieusement en effet, la Cour a posé en principe qu'en l'absence de solution susceptible d'être tirée des textes, son approche devait être guidée par *« le principe d'égalité ou principe de non-discrimination ».* Or, quoi de plus discriminant que de faire valoir des spécificités relevant, d'une certaine manière, de la sphère de la vie privée ? Aurait-on crié au scandale si la Cour avait décidé que l'épouse avait droit aux avantages en cause, sur la seule base de sa qualité d'employée de l'UEMOA, toute autre considération étant superflue ? N'eût-ce pas été, là, la manière la plus ferme et la plus claire de faire prévaloir le droit ?

ARRÊT DE LA COUR DU 18 FÉVRIER 2004

***

Entre Monsieur Bayon Bako et la Commission de l'UEMOA

La Cour composée de M. Yves D. Yehouessi, Président ; M. Youssouf Any Mahaman, Juge rapporteur ; M. Daniel Lopes Ferreira, Juge ; M. Kaalédji Afangbeji, Avocat Général ; Raphaël P. Ouattara, Greffier ;

Rend le présent arrêt :

Considérant que par requête en date du 24 février 2003, enregistrée au greffe de la Cour de Justice de l'UEMOA, le 26 février sous le numéro 02/03, Monsieur Bayon Bako, précédemment manœuvre à la Commission de l'UEMOA, a, par l'organe de Maître Issa Diallo du Cabinet Sankara-Diallo, avocat à la Cour, Ouagadougou, Burkina Faso, introduit un recours en paiement de la somme de cinq millions (5.000.000) de Francs à titre de dommages et intérêts pour licenciement abusif ;

Considérant que le requérant a été engagé en qualité de manœuvre au siège de la Commission de l'UEMOA suivant un contrat à durée déterminée intervenu le 16 avril 1997 entre le Président de la Commission et lui, conformément au Règlement n° 02/95/CM du 1er août 1995 portant régime applicable au personnel non permanent de l'UEMOA ;

Que le 28 novembre 2001, il a reçu une demande d'explication écrite du directeur par intérim du secrétariat de la Commission de l'UEMOA sur ses retards répétés au service ;

Qu'en réponse à cette demande d'explication, Monsieur Bayon Bako a, par lettre en date du 28 novembre 2001, fait observer que les retards qui lui étaient reprochés étaient faux sinon exagérés ou trouvaient leur justification dans le fait que le service l'envoyait, dans certaines circonstances, chercher des titres de transport dans les agences de voyage ;

Que le 6 février 2002, le Président de la Commission de l'UEMOA lui fait notifier une décision de licenciement pour une faute grave constituée de retards répétés au service et prenant effet à compter du 8 février 2002 ;

Que par lettre en date du 3 avril 2002, Bayon Bako, représenté par son conseil Maître Issa H. Diallo, a saisi le Président de la Commission de l'UEMOA d'un recours gracieux ;

Considérant que par une première requête en date du 25 septembre 2002, Bayon Bako, représenté par Maître Issa H. Diallo, avait introduit un recours contre la Commission de l'UEMOA aux fins de la voir condamnée à lui payer la somme de cinq millions (5.000.000) de Francs à titre de dommages et intérêts pour licenciement abusif ;

Qu'en cours de procédure et à la demande du requérant, le Président de la Cour de Justice de l'UEMOA a rendu une ordonnance de radiation le 19 février 2003 pour désistement d'instance ;

Que l 26 février 2003, il a de nouveau saisi la Cour de Justice aux mêmes fins pour licenciement abusif ;

Considérant qu'au soutien de son recours, Monsieur Bayon Bako fait valoir que le nombre de retards qui lui étaient reprochés était exagéré et s'expliquerait par les mauvaises relations entre l'agent de sécurité chargé de relever les retards et lui ;

Que seul les retards qu'il reconnaît étaient justifiés et que son licenciement sans fondement réel et sérieux est abusif et lui donne droit à réparation ;

Considérant qu'en réplique à ces moyens, la Commission de l'UEMOA, par l'organe de son conseil, Maître Harouna Sawadogo, avocat à la Cour, estime que la requête de Monsieur Bayon Bako doit être déclarée irrecevable motif pris de ce que le recours a été fait par un avocat en violation des articles 107 et suivants du Règlement n° 01/95/CM du 1er août 1995 portant statut des fonctionnaires de l'UEMOA, qui lui confèrent un caractère personnel et, pour non-respect de la voie hiérarchique ;

Qu'elle fait observer, en outre, que le requérant n'a pas déterminé l'objet de la demande et n'a pas permis à ses structures compétentes d'analyser objectivement son recours gracieux ;

Considérant qu'à ses réfutations, le requérant estime que sa requête est recevable en vertu du principe général de droit selon lequel « l'avocat a qualité pour représenter toute personne devant les instances juridictionnelles et administratives » ;

Qu'il soutient qu'il y a bien concordance entre son recours gracieux et son recours contentieux car tous deux portent sur la réparation du préjudice qu'il a subi du fait de son licenciement abusif par la Commission ;

Considérant que la Cour doit statuer sur sa compétence à connaître de cette affaire et sur la recevabilité du recours avant d'examiner les moyens des parties après avoir posé les questions auxquelles elle est appelée à répondre ;

Considérant que la compétence de la Cour est consacrée en l'espèce par les articles 16 du Protocole additionnel n° 01 relatif aux organes de contrôle de l'UEMOA, 15 (4°) du Règlement de Procédures et 61 du Règlement n° 01/95/CM du 1er août 1995 portant régime applicable au personnel non permanent de l'Union ;

Considérant que Monsieur Bayo Bakon est un agent contractuel ; qu'il relève, à ce titre du régime applicable aux agents non permanents de l'Union, un régime aménagé par le Règlement n° 02/95/CM du 1er août 1995 ;

Considérant qu'en ce qui concerne la recevabilité du recours, il y a lieu de relever que :

- *Le recours a été introduit conformément aux prescriptions de l'article 26 du Règlement de Procédures et que le requérant a versé le cautionnement de vingt mille (20.000) Francs CFA fixé par l'ordonnance n° 01 :03 du 18 mars 2003 ;*
- *Pour ce qui est du délai de saisine par contre, l'article 61 du Règlement n° 02/95/CM portant régime applicable au personnel non permanent de l'UEMOA n'a pas été respecté notamment en son alinéa 3 qui dispose : « Le recours doit être introduit devant la Cour, dans un délai de deux (2) mois, courant à compter :*
    - *-de la date de publication de la décision,*
    - *-de la date de sa notification à l'agent concerné,*
    - *-du jour où l'intéressé en a eu connaissance,*
- *De la date d'expiration du délai de réponse, lorsque le recours porte sur une décision implicite de rejet ».*

Considérant que la décision de licenciement de Bayon Bako en date du 6 février 2002 a pris effet à compter du 8 février 2002 ;

Que le 3 avril 2002, il a introduit un recours gracieux auprès de la Commission qui n'a pas répondu ;

Que le recours ayant été introduit le 26 février 2003, Monsieur Bayon Bako est forclos et sa requête doit être déclarée irrecevable nonobstant l'intervention entre temps de son désistement d'instance ;

Considérant, en effet, que le désistement d'instance est une offre faite par le demandeur au défendeur qui l'accepte, d'arrêter le procès sans attendre le jugement ou l'arrêt ;

Qu'une fois accepté, le désistement produit irrévocablement son effet, qui consiste à remettre les parties dans la situation où elles étaient avant le procès ;

Que par conséquent, la prescription est considérée comme n'ayant jamais été interrompue ;

Que quatre mois après le 3 avril 2002, il y a eu décision implicite de rejet à partir de laquelle le requérant avait deux mois pour saisir la Cour ;

Qu'en saisissant la Cour le 26 février 2003, Monsieur Bayon Bako encourt la forclusion ; son recours est irrecevable en conséquence ;

Considérant que, s'agissant d'un litige entre l'Union et son agent, il y a lieu, conformément aux dispositions de l'article 61 du Règlement de Procédures, de mettre les dépens à la charge de l'UEMOA ;

Par ces motifs

La Cour, statuant publiquement, contradictoirement, en matière de Fonction publique communautaire :

- *Déclare le recours de Monsieur Bayon Bako irrecevable.*
- *Met les dépens à la charge de l'UEMOA.*

OBSERVATIONS

L'arrêt du 18 février 2004 portait sur une affaire relativement simple. Le requérant, M. BAKO, a été recruté en qualité de manœuvre au siège de la Commission, sur la base d'un contrat conclu en 1997. Le 28 septembre 2001, il reçoit une demande d'explication sur ses retards répétés. En dépit des explications qu'il a fournies dans sa réponse du 28 novembre 2001, il finit par faire l'objet d'une mesure de licenciement, notifiée par lettre du Président de la Commission datée du 6 février 2002. Un recours gracieux fut alors adressé à celui-ci le 3 avril 2002, par les soins de l'avocat de M.BAKO, mais elle ne connut apparemment aucune suite.

Le 25 septembre 2002, M. BAKO introduit un recours contentieux, contre la mesure de licenciement qui le frappe. Le 19 février 2003, alors que l'instance était engagée, il se désiste, et une ordonnance de radiation est rendue par le Président de la Cour. Très curieusement, quelques jours plus tard, le 26 février 2003, M. BAKO réintroduisait, si l'on ose dire, une action devant la Cour.

La question posée était de savoir si le requérant, après avoir apparemment hésité entre plusieurs stratégies, était encore « dans les délais » pour agir, n'était pas forclos.

La Cour répond par l'affirmative, et déclare le recours irrecevable. Le raisonnement sur lequel elle s'appuie est simple : le recours gracieux ayant été introduit le 3 avril 2002, M. BAKO avait le loisir de saisir la Cour depuis l'expiration du délai de 4 mois exigé, et au terme duquel on considère qu'il y a décision implicite de rejet. Plus précisément, cette décision implicite pouvait être considérée comme acquise dès le 8 août 2002. A partir de là, le saisissant disposait de deux mois- soit jusqu'au 3 octobre 2002 – pour porter le contentieux devant la Cour. En ne saisissant celle-ci que le 26 février 2003, M. BAKO s'est retrouvé forclos.

De prime abord, on peut s'interroger sur une forme d'incurie manifestée par le demandeur. A l'irrésolution à aller au contentieux, exprimée par le désistement d'instance, s'ajoute, à son passif, l'ignorance des délais en vigueur. La chose est d'autant plus surprenante que le demandeur a semblé, dès le début, avoir bénéficié des services d'un avocat, lequel aurait du reste écrit et présenté le recours gracieux adressé dans un premier temps au Président de la Commission.

En réalité, il semble que l'erreur du demandeur – et de son conseil- soit due à la compréhension des effets du désistement d'instance. Tout porte à croire que pour ces derniers, celui-ci avait un effet interruptif des délais, et qu'une action contentieuse pouvait, du moins jusqu'en février 2003, être reprise devant la Cour. Or, assure la juridiction, le désistement n'opère nullement interruption de délai, et s'il est loisible au justiciable d'entamer ultérieurement une « nouvelle » action contentieuse sur les mêmes bases – définition stricto sensu du désistement d'instance- , cette action doit être justifiée « ratione temporis », elle doit satisfaire des conditions de délai toujours exigées par la loi.

Si l'on peut suivre le juge dans cette interprétation du désistement d'instance, ou plus précisément de ses effets, on se permettra d'objecter à la définition même qu'il donne de la notion. « Le désistement d'instance, avance-t-il, est une offre faite par le demandeur au défendeur qui l'accepte, d'arrêter le procès sans attendre le jugement ou l'arrêt ». Pourtant, le désistement d'instance n'est pas, dans la rigueur des termes, « une offre ». Avant de s'inscrire sur le registre de l'intersubjectivité – offre ou invite adressée à une autre personne-, il s'enracine dans une subjectivité – volonté d'un sujet de droit-. On doit penser qu'il s'agit là d'une malencontreuse erreur d'expression, qui a abouti à mêler ici une notion et sa finalité, à substituer un critère pratique ou fonctionnel – la visée ou la fonction du désistement – à un critère formel ou conceptuel – la définition même de la notion, cette appréhension abstraite d'une essence-. Le désistement n'est pas « une offre », mais une renonciation, une volonté de ne pas poursuivre le procès. D'autre part, rien n'empêche, dans l'absolu, qu'il y ait désistement sans « offre ». Le demandeur à une action peut, pour des raisons qui lui sont presque intimes, décider d'arrêter l'action en justice entreprise. Dans ce cas, il y a bien renonciation, mais celle-ci ne s'inscrit dans aucune perspective de rapprochement avec la partie adverse.

ARRÊT N° 02/2005 DU 12 JANVIER 2005

***

Entre Compagnie Air France représentée par Maîtres Géni, Sankalé et Faye,Avocats à la Cour – B.P…

et le Syndicat des Agents de Voyage et de Tourisme du Sénégal, Représenté par Maîtres Tounkara et Associés

---

Composition de la Cour :

M. Yves D. Yehouessi, Président ;

M. Daniel Lopes Ferreira, Juge Rapporteur ;

Mme Ramata Fofana, Juge

M. Malet Diakité, Premier Avocat Général ;

M. Raphaël P. Ouattara, Greffer

Recours préjudiciel

La cour

Vu La décision n° 12 en date du 25 septembre 2003 enregistrée à la Cour le 10 novembre 2003, par laquelle le Conseil d'Etat du Sénégal a posé, en application de l'article 12 du Protocole additionnel n° 1 relatif aux organes de contrôle de l'UEMOA, une question préjudicielle portant sur l'interprétation de l'article 7-2° de la Directive n° 02/2002/CM/UEMOA du 23 mai 2002 relative à la Commission et les structures nationales de concurrence des Etats membres pour l'application des articles 88, 89 et 90 du Traité de l'UEMOA ;

Vu La lettre en date du 30 décembre 2003 portant désignation de Monsieur Eugène Kpota, en qualité d'agent de la Commission de l'UEMOA dans l'affaire ;

Vu La lettre en date du 30 décembre 2003 constituant Maître Harouna Sawadogo pour représenter Monsieur Eugène Kpota devant la Cour ;

Vu Les observations écrites de la Commission en date du 23 ùars 2004 ;

Vu Les observations écrites de la Compagnie Air France, représentée par Mes Gabriel Géni, Sylvain Sankalé et Christian Faye, Avocats à la Cour, B.P. 14 392 – Dakar, Sénégal, en date du 31 mai 2004 ;

Vu Les autres pièces produites et jointes au dossier ;

Vu Le Traité de l'UEMOA, notamment en son article 38 ;

Vu Le Protocole additionnel n° 1 relatif aux organes de contrôle de l'UEMOA notamment en ses articles 1, 8, 12, 20 ;

Vu L'Acte additionnel n° 10/96 du 10 mai 1996 portant Statuts de la Cour de Justice de l'UEMOA ;

Vu Le Règlement n° 01/96/CM portant Règlement de Procédures de la Cour de Justice de l'UEMOA ;

Ouï Monsieur Daniel Lopes Ferreira, Juge-Rapporteur, en son rapport ;

Ouï Maître Issouf Baadhio substituant Maître Sylvain Sankalé, Avocat de la Compagnie Air France en ses observations orales ;

Ouï Maître Issa Sama substituant Maître Harouna Sawadogo, Avocat de la Commission de l'UEMOA en ses observations orales ;

Ouï Le Premier Avocat Général, Monsieur Malet Diakité en ses conclusions.

Après en avoir délibéré conformément au droit communautaire ;

Par arrêt du 25 septembre 2003 parvenu à la Cour de Justice de l'UEMOA le 10 novembre de la même année et enregistré sous le n° 06/2003, le Conseil d'Etat du Sénégal a posé, en application de l'article 12 du Protocole additionnel n° 1, une question préjudicielle portant sur l'interprétation de l'article 7-2° de la Directive n° 02/2002/CM/UEMOA du 23 mai 2002 relative à la coopération entre la Commission et les structures nationales de concurrence des Etats membres pour l'application des articles 88, 89 et 90 du Traité de l'UEMOA.

Cette question préjudicielle a été posée dans le cadre du litige opposant la Compagnie Air France au Syndicat des Agents de Voyage et de Tourisme du Sénégal, suite au pourvoi en cassation formé par la Compagnie Air France devant le Conseil d'Etat.

Cadre juridique :

Aux termes de l'article 88 du Traité de l'UEMOA, « un (1) ans après l'entrée en vigueur du présent Traité, sont interdits de plein droit :

- *Les accords, associations et pratiques concertées entre entreprises, ayant pour objet ou pour effet de restreindre ou de fausser le jeu de la concurrence à l'intérieur de l'Union ;*
- *Toutes pratiques d'une ou de plusieurs entreprises, assimilables à un abus de position dominante sur le marché commun ou dans une partie significative de celui-ci ;*
- *Les aides publiques susceptibles de fausser la concurrence en favorisant certaines entreprises ou certaines productions ».*

Conformément à l'article 89 du Traité, le Conseil des Ministres de l'UEMOA a, sur proposition de la Commission de l'UEMOA, arrêté par voie de règlement les dispositions utiles pour faciliter l'application des interdictions énoncées à l'article 88.

Lesdites dispositions sont contenues dans le règlement n° 02/2002/CM/UEMOA du 23 mai 2002 sus indiqué. Ce règlement est entré en vigueur le 1er janvier 2003.

Selon l'article 90 du Traité, « La Commission est chargée, sous le contrôle de la Cour de Justice, de l'application des règles de concurrence prescrites par les articles 88 et 89. Dans le cadre de cette mission, elle dispose du pouvoir de prendre des décisions ».

Le Conseil des Ministres de l'UEMOA a édicté la Directive n° 02/2002/CM/UEMOA du 23 mai 2002 par laquelle il a défini les domaines d'intervention de la Commission de l'UEMOA et ceux des structures nationales de la concurrence.

Cette Directive énonce dans ses dispositions transitoires, à son article 7-2, que « Les affaires en instance d'instruction ou de décision doivent être closes au plus tard, le 30 décembre 2002 sous peine de prescription ».

I – Faits du litige au principal

Par décision en date du 5 février 2001, la Compagnie Air France a réduit à 7% à compter du 1er janvier 2002, le montant de la commission à verser aux agents de voyage.

Sur recours du syndicat des Agents de Voyage et de Tourisme du Sénégal, la Commission Nationale de la Concurrence du Sénégal a, par décision n° 02-D-02 en date du 27 décembre 2002, estimé que la Compagnie Air France a violé les dispositions de l'article 27 de la loi sénégalaise n° 94-63 du 22 août 1994 sur le prix, la concurrence et le contentieux économique et lui a enjoint de faire cesser ces pratiques dans un délai d'un mois, après la notification de la décision, sous peine d'une amende de 20.000.000 Francs.

En réaction, la Compagnie Air France a introduit un recours en annulation de la Décision n° 02-D-02 de la Commission Nationale de la Concurrence devant le Conseil d'Etat.

Selon Air France, la Commission Nationale de la Concurrence a violé l'article 10 de la loi n° 94-63, en ce qu'elle a retenu sa compétence et jugé, alors qu'elle ne pouvait pas être saisie par le Syndicat des Agents de Voyage et de Tourisme du Sénégal, parce que ce dernier n'aurait pas la capacité juridique et par conséquent la capacité pour agir.

Toujours selon Air France, aux termes de l'article 10 de la loi sénégalaise n° 94-63 précitée, la Commission Nationale de la Concurrence peut se saisir d'office ou être saisie par le Ministre chargé du Commerce ou par les entreprises ou, pour toute affaire qui concerne les intérêts dont celles-ci ont la charge, par les organisations de consommateurs agréés par le Ministre chargé du Commerce dans les conditions fixées par décret.

Air France ajoute que la saisine de la Commission Nationale de la Concurrence qui n'a été faite ni d'office, ni par le Ministre du Commerce Intérieur, ni par les entreprises concernées non parties au procès, ni par les associations professionnelles des consommateurs ayant une existence légale ; la décision de la Commission Nationale de la Concurrence qui s'en est suivie est donc entachée de vice de procédure et nulle en conséquence.

Air France estime que la Commission Nationale de la Concurrence n'a pas établi, d'une part qu'elle occupait une position dominante sur le marché intérieur ou partie substantielle de celui-ci et qu'elle en a fait une exploitation abusive, que d'autre part les agents de voyage étaient dans un état de dépendance économique et ne disposaient pas de solution équivalente.

Air France fait en outre observer que la modification du taux des commissions est la conséquence d'une décision collective d'une instance internationale à laquelle toutes les parties en cause ont volontairement adhéré et accepté de se soumettre aux règles édictées. Cette modification ne concerne ni la seule Compagnie Air France ni le seul Sénégal et qu'elle est antérieure à la prétendue position dominante de la Compagnie Air France et la dépendance économique des agences de voyage.

Air France estime enfin que la Commission Nationale en ignorant ou en contournant ces éléments objectifs, a manifestement dénaturé les faits soumis à son appréciation et sa décision encourt en conséquence l'annulation.

Le Conseil d'Etat du Sénégal, juridiction de renvoi, a relevé que la Directive n° 02/2002/CM/UEMOA, relative à la coopération entre la Commission de l'UEMOA et les structures nationales de concurrence des Etats membres pour l'application des articles 88, 89 et 90 du Traité de l'UEMOA, entrée en vigueur le 1er juillet 2002, prévoit, en son article 7-2°, des dispositions transitoires desquelles il ressort que les affaires en cours d'instruction ou de décision dans les Etats membres doivent être closes au plus tard le 30 décembre 2002 sous peine de prescription.

La juridiction de renvoi fait remarquer que la présente affaire échappe à la prescription édictée par le texte précité pour avoir été jugée au fond et dans la période transitoire ; qu'en outre cette décision a régulièrement fait l'objet d'un pourvoi en cassation le 17 février 2003, postérieurement à la date d'entrée en vigueur du Règlement n° 02/2002/CM/UEMOA, le 1er janvier 2006.

C'est pourquoi le Conseil d'Etat du Sénégal a saisi la Cour de Justice de lUEMOA aux fins de « désignation de la juridiction compétente pour statuer sur le recours introduit le 17 février 2003 et tendant à faire casser et annuler la décision n° 02/D-02 de la Commission Nationale de la Concurrence du Sénégal en date du 27 décembre 2002.

Avant de répondre à la question posée par le Conseil d'Etat du Sénégal à la Cour, il convient de faire remarquer que conformément à l'article 86 alinéa 2 du Règlement de Procédures de la Cour de Justice de l'UEMOA et à l'article 16 alinéa 4 et suivants du Règlement n° 01/2000/CDJ portant Règlement administratif de la Cour, les parties au litige, la Commission et les membres de l'UEMOA, ont reçu notification de l'arrêt de renvoi et ont té invités à présenter leurs observations écrites, mais les Etats membres et le Syndicat des Agents de Voyage et de Tourisme du Sénégal n'ont présenté aucune observation.

II – Résume des observations écrites présentées à la cour

La Compagnie Air France, représentée par Maîtres Geni, Sankalé & Faye, fait observer que cette affaire a été jugée en instance, par la Commission Nationale de la Concurrence du Sénégal, sous l'empire de la loi sénégalaise n° 94-63 du 22 août 1994 et en application de son article14. Le seul recours possible à l'encontre des décisions de cette Commission Nationale de la Concurrence est le recours en annulation devant le Conseil d'Etat.

Selon Air France, depuis le 1er janvier 2003, la Commission Nationale de la Concurrence a été supprimée et ses compétences attribuées à la Commission de l'UEMOA en application des dispositions combinées des Règlements n° 02/2002/CM/UEMOA et n° 03/2002/CM/UEMOA.

Pour Air France, le mécanisme institué par la nouvelle réglementation communautaire est totalement différent de celui qui précédait et qui ne contenait aucune disposition transitoire ; que la réglementation communautaire n'a pas prévu d'instance de second degré dans la procédure relative aux pratiques anticoncurrentielles et qu'elle ne pouvait faire appel devant une instance communautaire d'une décision rendue par une instance nationale antérieurement à l'entrée en vigueur d'une nouvelle réglementation communautaire, sou peine de violer les règles de compétence nationale.

Air France demande enfin de lui donner acte de ce qu'elle 'en rapporte à la sagesse de la Cour de céans sur la question qui lui est soumise.

Le Syndicat des Agents de Voyage et de Tourisme du Sénégal (SAVTS) et les Etats membres n'ont pas présenté leurs observations écrites.

La Commission de l'UEMOA, par l'organe de son conseil, estime qu'à la lecture des dispositions transitoires, l'objectif était à terme qu'elle puisse effectivement, pour compter du 30 décembre 2002, exercer en toute plénitude sa compétence exclusive en matière de concurrence conformément à l'article 90 du Traité de l'UEMOA.

Toujours selon la Commission, le Traité aussi bien que les textes subséquents, lui permettent d'exercer un pouvoir d'enquête et de décision pouvant être assorti d'amendes ou d'astreintes.

Elle fait enfin observer qu'elle prend le relai sans délai pour les enquêtes en cours d'exécution tandis que les Commissions Nationales se voyaient imposer le délai du 30 décembre 2002 pour vider les affaires en instance d'instruction ou de décision ; que la Cour de Justice doit retenir sa compétence et déclarer recevable la question préjudicielle posée par le Conseil d'Etat du Sénégal qui doit se déclarer incompétent et renvoyer les parties à se pourvoir autrement devant les organes de l'UEMOA.

III – Réponse à la question posée à la cour

La Cour doit d'abord statuer sur sa compétence avant de répondre à la question posée par le Conseil d'Etat du Sénégal.

La Cour tire sa compétence des dispositions de l'article 12 du Protocole additionnel n° 1 relatif aux organes de contrôle de l'UEMOA.

Elle est compétente pour statuer sur un recours préjudiciel introduit par une juridiction nationale statuant en dernier ressort. Mais la question telle qu'elle a été posée n'est pas une question préjudicielle de type classique » prévue par l'article 12 du Protocole additionnel n° 1. Cependant la Cour peut se réserver la possibilité de compléter la question posée ou la modifier pour déterminer ce qui est de sa compétence afin de pouvoir donner la réponse attendue d'elle.

Quelle est la question posée par le Conseil d'Etat ?

Le Conseil d'Etat du Sénégal estime que ni le Règlement n° 02/2002/CM/UEMOA du 23 mai 2002, ni la Directive n° 02/2002/CM/UEMOA de la même date ne prévoient, en l'absence de relations fonctionnelles entre les Commissions Nationales de la Concurrence des Etats membres et la Cour de Justice de l'UEMOA, des dispositions propres à habiliter les juridictions nationales à juger les pourvois entrepris postérieurement à la date d'entrée en vigueur du règlement et dirigés contre les décisions des Commissions Nationales de la Concurrence relatives aux affaires non prescrites pour avoir té définitivement jugées avant le 30 décembre 2002, dans la période transitoire.

Le Conseil d'Etat en déduit que les juges nationaux peuvent avoir à déterminer, comme en l'espèce, la juridiction compétente pour statuer sur lesdits recours.

Le Conseil d'Etat fait observer que les risques de contrariété ne peuvent être totalement exclus que par une application extensive de l'article 12 du Protocole additionnel n° 1 relatif aux organes de contrôle de l'UEMOA.

Il décide de « saisir la Cour de Justice de l'UEMOA pour la désignation de la juridiction compétente pour statuer sur le recours introduit le 17 février 2003 et tendant à faire casser et annuler la décision de la Commission Nationale de la Concurrence du Sénégal en date du 27 décembre 2002.

La Cour de céans est-elle compétente pour répondre à la question telle qu'elle a été formulée par le Conseil d'Etat ?

La réponse à cette question est négative.

En effet, aux termes de l'article 12 du Protocole additionnel n° 1 relatif aux organes de contrôle :

> *« La Cour de Justice statue à titre préjudiciel sur l'interprétation du Traité de l'Union, sur la légalité et l'interprétation des actes pris par les organes de l'Union, sur la légalité et l'interprétation des statuts des organismes créés par un acte du Conseil, quand une juridiction nationale ou une autorité à fonction juridictionnelle est appelée à en connaître à l'occasion d'un litige.*
>
> *Les juridictions nationales statuant en dernier ressort sont tenues de saisir la Cour de Justice.*
>
> *La saisine de la Cour de Justice par les autres juridictions nationales ou les autorités à fonction juridictionnelle est facultative ».*

L'article 15-6 du Règlement n° 01/96/CM portant Règlement de Procédures de la Cour de Justice reprend textuellement les dispositions de l'article 12 précité.

Il résulte de l'examen de ces différents textes que le Conseil d'Etat ne peut demander à la Cour de céans qu'une interprétation des dispositions de droit communautaire, ou qu'une appréciation de validité ; que la question à elle posée peut s'entendre comme une demande d'interprétation des dispositions de la Directive n° 02/2002/CM/UEMOA du 23 mai 2002, en son article 7-2 concernant les affaires en instance d'instruction ou de décision .

La compétence que le Traité de l'UEMOA attribue à la Cour de Justice dans le cadre de la procédure de renvoi est expressément celle de statuer à « titre préjudiciel ». La question qui est ainsi posée par le Conseil d'Etat à la Cour de Justice peut être examinée par elle. Mais en l'espèce, il n'appartient pas à la Cour de Justice de l'UEMOA de désigner une quelconque juridiction pour statuer sur le recours tendant à faire annuler la décision de la Commission Nationale de la Concurrence du Sénégal du 27 décembre 2002. En effet, la décision de la Commission Nationale de la concurrence du Sénégal étant intervenue et ayant fait l'objet d'un recours avant l'entrée en vigueur du Règlement n° 02/2002/CM du 23 mai 2002, les instances de l'UEMOA ne peuvent statuer sur cette affaire.

En conséquence, il y a lieu de se déclarer incompétente pour désigner la juridiction qui doit statuer sur le recours tendant à faire casser et annuler la décision n° 02/D-02 de la Commission Nationale de la Concurrence du Sénégal du 27 décembre 2002.

IV – Sur les dépens

La procédure préjudicielle revêtant le caractère d'un incident de procédure, il appartient au Conseil d'Etat de statuer sur les dépens, conformément aux dispositions de l'article 86 in fine du Règlement de Procédures de la Cour.

La Compagnie Air France et la Commission de l'UEMOA qui ont soumis des observations à la Cour, doivent supporter chacune ses propres dépens.

Par ces motifs

La Cour

Statuant sur la question préjudicielle à elle soumise par le Conseil d'Etat du Sénégal par arrêt du 25 septembre 2003, dit pour droit que :

1. *La Cour de Justice de l'UEMOA déclare recevable le recours préjudiciel introduit par le conseil d'Etat du Sénégal le 10 novembre 2003.*
2. *La Cour de Justice de l'UEMOA n'est pas compétente pour désigner la juridiction nationale devant connaître du pourvoi formé par la Compagnie Air France.*
3. *Le Conseil d'Etat devra statuer sur les dépens de la procédure de recours préjudiciel.*

En ce qui concerne la présente procédure, Air France et la Commission supporteront leurs propres dépens.

OBSERVATIONS

Cette affaire a une première particularité : elle est en effet la première dans laquelle a été mise en œuvre la procédure dite du « renvoi préjudiciel », évoquée par l'article 12 du Protocole additionnel n°1 relatif aux organes de contrôle de l'UEMOA. Cette disposition est la suivante :

> *La Cour de justice statue à titre préjudiciel sur l'interprétation du Traité de l'Union, sur la légalité et l'interprétation des actes pris par les organes de l'Union, sur la légalité et l'interprétation des statuts des organismes créés par un acte du Conseil, quand une juridiction nationale ou une autorité à fonction juridictionnelle est appelée à en connaître à l'occasion d'un litige.*
>
> *Les juridictions nationales statuant en dernier ressort sont tenues de saisir la Cour de justice. La saisine de la Cour de justice par les autres juridictions nationales ou les autorités à fonction juridictionnelles est facultative.*

Une juridiction nationale, confrontée à une question de droit communautaire, c'est-à-dire de l'application d'une norme produite par les organes de l'UEMOA, peut donc s'adresser aux juges de Ouagadougou pour obtenir un éclairage sur le point discuté.

L'utilité et la portée d'une telle procédure sont importantes, dans la perspective de l'intégration. L'institution de ce véritable mécanisme de collaboration entre les juridictions nationales et le juge de l'Union traduit, au plan judiciaire, l'imbrication recherchée des deux ordres juridiques. Il s'agit là d'une importation institutionnelle : le renvoi préjudiciel constitue en effet une des spécificités du droit de l'Union européenne. Dès 1957, dans le cadre du Traité de la CEE, était en effet instituée cette procédure (article 177 du Traité de Rome) qui tendrait à accréditer l'idée, outre que le juge national est un juge « naturel » du droit communautaire, que la Cour internationale est une sorte de Cour suprême, relativement à l'application du droit de l'organisation.

L'UEMOA est cependant allée plus loin que la CEE. Elle a en effet mis en place une sorte de mécanisme de surveillance de la pleine efficacité du droit qu'elle produit, puisque, de manière inédite, l'article 14 du même Protocole relatif aux organes de contrôle dispose que :

> *Si, à la requête de la Commission, la Cour de justice constate que, dans un Etat membre, le fonctionnement insuffisant de la procédure de recours préjudiciel permet la mise en œuvre d'interprétations erronées du Traité de l'Union, des actes pris par les organes de l'Union ou des statuts des organismes créés par un acte du Conseil, elle notifie à la juridiction supérieure de l'Etat membre un arrêt établissant les interprétations exactes. Ces interprétations s'imposent à toutes les autorités administratives et juridictionnelles dans l'Etat concerné.*

Le dispositif est assurément ambitieux, même si sa mise en œuvre – qui, à notre connaissance, n'a encore jamais eu lieu- peut soulever beaucoup de problèmes (que faut-il entendre par « fonctionnement insuffisant » ? Comment la Commission est elle-même informée de cette carence etc) ?

En l'espèce, la Cour de justice de l'UEMOA a été saisie par le Conseil d'Etat du Sénégal le 25 septembre 2003. A l'occasion d'un litige ayant opposé la Compagnie aérienne Air France et le Syndicat des agents de voyage et de tourisme du Sénégal, le Conseil d'Etat avait été saisi – par la Compagnie Air France - aux fins de cassation d'une décision rendue par une autorité administrative indépendante, la Commission nationale de la concurrence du Sénégal (décision du 27 décembre 2002). Or, au moment où le Conseil d'Etat devait statuer, s'était posée la question même de sa compétence, le doute sur celle-ci provenant du nouvel état de droit créé par deux actes communautaires.

Ces deux actes sont un règlement et une directive, tous deux datés du 23 mai 2002, le premier étant entré en vigueur le 1er janvier 2003 et le second beaucoup plus tôt, le 1er juillet 2002. Les dispositions transitoires de ce dernier acte prévoyaient qu'au 31 décembre 2002, toutes les Commissions nationales de la concurrence devaient avoir vidé les affaires pendantes devant elles, et qu'à partir du 1er janvier 2003, ce type de contentieux devait être porté devant la Commission de l'UEMOA. Quelque peu désemparé, le Conseil d'Etat du Sénégal a donc saisi la Cour pour savoir quelle était l'instance compétente « pour statuer sur le recours introduit le 17 février 2003 et tendant à faire casser et annuler la décision de la Commission nationale de la concurrence du Sénégal en date du 27 décembre 2002 ».

La réponse de la Cour de justice est assez curieuse. Elle va s'estimer « incompétente » pour répondre à la question posée, motif pris de ce que :

> *La décision de la Commission nationale de la concurrence du Sénégal étant intervenue et ayant fait l'objet d'un recours avant l'entrée en vigueur du Règlement du 23 mai 2002, les instances de l'UEMOA ne peuvent statuer sur cette affaire.*

Plusieurs remarques peuvent être faites après lecture de cette décision.

Il convient d'abord de se souvenir qu'il n'y avait pas, à proprement parler, de procès devant la Cour supra nationale. Pourtant, celle-ci cède par moments à la tentation de reposer les arguments des parties puisque sur la dizaine de pages dans laquelle la Cour déploie un raisonnement, cinq sont consacrés à la présentation de ces arguments relatifs au litige principal, arguments développés devant le Conseil d'Etat du Sénégal. Or, dans la mesure où le renvoi préjudiciel consiste en une question, il est nécessaire que la décision subséquente consiste seulement en une réponse à la question posée. Saisie par voie de renvoi préjudiciel, une juridiction n'a pas de pouvoir d'évocation de l'affaire.

Est-il juste d'imputer cette dérive à la seule Cour de Ouagadougou ? L'objectivité oblige à reconnaître qu'elle y était quelque peu poussée par la formulation de la question par le Conseil d'Etat. Cette formulation paraît en effet « générale » et a peut-être pu donner au juge communautaire l'impression qu'on lui « en demandait trop ». Plutôt que de solliciter d'elle qu'elle *« désigne la juridiction compétente »,* le Conseil d'Etat sénégalais aurait pu l'interroger sur le sens à donner à des normes, lui demander, par exemple, si telles dispositions devraient s'interpréter comme signifiant que telle juridiction est compétente – ou non-. Certes, concrètement, le résultat aurait été le même, l'opinion délivrée par la Cour aurait conduit, comme dans la question effectivement posée, à désigner une juridiction compétente. Mais rien n'interdisait au Conseil d'Etat de penser que la Cour a une conception restrictive de sa compétence, et qu'il importe, lorsqu'on la sollicite, de rester dans l'orthodoxie du renvoi préjudiciel en lui posant littéralement une question sur une norme communautaire nommément indiquée. Cette approche scrupuleuse, tatillonne même, aurait eu l'avantage, non seulement de ne pas « effrayer » la Cour, mais d' « enfermer » en quelque sorte celle-ci, pour l' « obliger » à répondre.

Il est permis de penser que les juridictions nationales ne sont pas nécessairement rompues à cette technique du « renvoi préjudiciel », l'indigence du contentieux y donnant lieu ne les disposant pas à se familiariser aux arcanes d'une procédure plus subtile qu'il n'y paraît. Au demeurant, la Cour elle-même semble se référer à l'hétérodoxie de la demande du Conseil d'Etat du Sénégal lorsqu'elle estime que « la question telle qu'elle a été posée n'est pas une question préjudicielle de type classique prévue par l'article 12 du Protocole additionnel n°1 ».

Et d'ailleurs, une déclaration d'incompétence, toutes choses bien considérées, était-elle une fatalité dans la présente affaire ? Que la formulation de la question par la juridiction sénégalaise ait incité à cette extrême prudence du juge de l'Union est sans doute un élément à prendre en compte, mais aurait-on trouvé à redire si la Cour, après avoir « redressé » la question posée, ainsi qu'elle s'en est expressément reconnue le droit, avait simplement déclaré que les actes communautaires qui fondent la compétence de l'Union n'étant pas en vigueur au moment de la saisine d'une juridiction nationale, cette dernière devait continuer son office et vider précisément sa saisine ? N'est-ce- pas, là aussi, une « interprétation » d'une norme communautaire, finalité de la procédure de renvoi préjudiciel, la Cour de justice ayant admis que « la question à elle posée peut s'entendre comme une demande d'interprétation des dispositions de la directive n° 02/2002/CM/UEMOA du 23 mai 2002, en son article 7-2 concernant les affaires en instance d'instruction ou de décision » ? Pourquoi, dès lors, ne pas avoir pris ce parti là, qui entre parfaitement dans les compétences de l'organe judiciaire de l'UEMOA ?

ARRÊT N° 03/2005 DU 27 AVRIL 2005

***

Entre Eugène Yaï, la Conférence des Chefs d'Etat et de Gouvernement, et la Commission de l'UEMOA

Composition de la Cour :

- M. Yves D. Yehouessi, Président ;
- M. Mouhamadou Ngom, Juge Rapporteur ;
- M. Youssouf Any Mahaman, Juge
- Daniel Lopes Ferreira, Juge ;
- Mme Ramata Fofana née Oudraogo, Juge ;
- M. Malet Diakité, Premier Avocat Général ;
- M. Raphaël P. Ouattara, Greffier

Recours en annulation de l'Acte additionnel n° 06-2004 du 15 novembre 2004.

La Cour

Vu la requête en date du 22 novembre 2004, présentée pour le compte de Monsieur Eugène Yaï, Commissaire à l'UEMOA, de nationalité ivoirienne, ayant élu domicile en l'étude de Maître Issouf Baadhio, Avocat à la Cour, requête enregistrée au Greffe de la Cour le 22 novembre 2004 sous le numéro 03/2004 et tendant à ce qu'il plaise à la Cour, annuler l'Acte additionnel n° 06/2004 pris par le Président en exercice de la Conférence des Chefs d'Etat et de Gouvernement de l'UEMOA ;

Vu L'Acte additionnel n° 06/2004 du 15 novembre 2004 portant nomination de Monsieur Jérôme Bro Grebe en qualité de membre de la Commission de l'UEMOA ;

Vu la lettre du 19 novembre 2004 portant notification par Monsieur le Président de la Commission à Monsieur Eugène Yaï de l'Acte additionnel n° 06/2004 ;

Vu les lettres en date du 25 novembre 2004 portant signification de la requête à Monsieur le Président de la Commission et à la Conférence des Chefs d'Etat et de Gouvernement de l'UEMOA prise en la personne de son représentant légal ;

Vu la lettre du 29 novembre 2004 de Monsieur le Président de la Commission, portant constitution de Maîtres Harouna Sawadogo et Abdoul Wahab Berthé, respectivement avocats à la Cour de Ouagadougou et à la Cour de Bamako (Mali) ;

Vu le mémoire en défense en date du 24 décembre 2004, des défenderesses ;

Vu le mémoire en réplique du requérant en date du 24 janvier 2005 ;

Vu la lettre en date du 25 janvier 2005 de Monsieur le Greffier de la Cour, accordant un délai à maître Harouna Sawadogo, Conseil des défenderesses ;

Vu le mémoire en duplique du 24 février 2005 de Maître Harouna Sawadogo ;

Vu le mémoire en réponse du 10 mars 2005 de Maître Issouf Baadhio ;

Vu les autres pièces produites et jointes au dossier ;

Vu le traité de l'UEMOA, notamment en son article 38 ;

Vu le Protocole additionnel n° 1 relatif aux organes de contrôle de l'UEMOA ;

Vu l'Acte additionnel n° 10/96 du 10 mai 1996 de la Conférence des Chefs d'Etat et de Gouvernement portant Statuts de la Cour de Justice de l'UEMOA ;

Vu le Règlement n° 01/96/CM Règlement de Procédures de la Cour de Justice de l'UEMOA ;

Vu l'Ordonnance n° 01/2005/CDJ du 5 avril 2005, portant composition de la formation plénière devant connaître de l'affaire Eugène Yaï contre la Conférence des Chefs d'Etat et de Gouvernement et la Commission de l'UEMOA ;

Ouï Monsieur Mouhamadou Ngom, Juge-Rapporteur, en son rapport ;

Ouï Maître Issou Baadhio, Avocat de Monsieur Eugène Yaï, en ses observations orales ;

Ouï Maître Issa Sama substituant Maître Harouna Sawadogo, Avocat des défenderesses, en ses observations orales ;

Ouï Monsieur Eugène Kpota, Agent de la Commission, en ses observations orales ;

Ouï Maîtres Harouna Sawadogo et Abdoul Wahab Berthé, Avocats des défenderesses, en leurs observations orales ;

[2]Ouï le Premier Avocat Général, Monsieur Malet Diakité en ses conclusions

Après en avoir délibéré conformément au Droit communautaire ;

La Cour rend le présent arrêt :

I – Expose des faits

Les faits de la cause, tels qu'exposés par le requérant et non contestés par les défenderesses, se présentent ainsi qu'il suit :

Par requête en date du 22 novembre 2004, enregistrée au Greffe de la Cour de Justice de l'UEMOA le même jour sous le numéro 03/04, Monsieur Eugène Yaï, Commissaire à la Commission de l'UEMOA, de nationalité ivoirienne, demeurant à Ouagadougou, a, par l'organe de son conseil, maître Issouf Baddhio, Avocat à la Cour de Ouagadougou, Burkina Faso, introduit un recours en appréciation de la légalité de l'Acte additionnel n° 06/04, pris par le Président en exercice de la Conférence des Chefs d'Etat et de Gouvernement de l'UEMOA.

Le requérant déclare que le vendredi 19 novembre 2004, en début d'après-midi, il lui a été signifié, par pli confidentiel, un Acte additionnel n° 06/04 portant nomination de Monsieur Jérôme Bro Grebe en qualité de membre de la Commission de l'UEMOA en remplacement de Monsieur Eugène Yaï.

Il fait observer que l'Acte additionnel daté du 15 novembre 2004 est signé de Monsieur Amadou Tandja, Président de la République du Niger, en qualité de Présidence de la Conférence des Chefs d'Etat et de Gouvernement de l'UEMOA qui, aux termes des articles 17, 18 et 19 du Traité du 10 janvier 1994, ne détient aucun pouvoir propre.

Pour Monsieur Yaï, la dernière Conférence des Chefs d'Etat et de Gouvernement (avant la prise d'Acte additionnel attaqué) est un sommet convoqué de manière extraordinaire à Niamey pour faire le point sur la démonétisation, et l'ordre du jour de cette conférence ne comportait nullement le renouvellement des membres de la Commission de l'UEMOA à titre individuel ou collectif.

Monsieur Yaï ajoute que son mandat est en cours d'exécution ; qu'il na jamais démissionné ; qu'aucune procédure n'a été engagée devant la Cour de Justice pour obtenir sa révocation.

Il estime dès lors, que la Conférence des Chefs d'Etat et de Gouvernement ne peut pourvoir à on remplacement, et qu'en l'espèce, l'Acte additionnel constitue une révocation pure et simple et une voie de fait doublement caractérisée.

Il sollicite l'annulation de l'Acte additionnel n° 06/2004 pour violation des articles 18, 19, 27 et 30 du Traité.

Le recours a été signifié aux défenderesses le 25 novembre 2004 par lettres du Greffier de la Cour.

Par lettre en date du 29 novembre 2004, le Président de la Commission de l'UEMOA a informé la Cour de la désignation de son Agent en la personne de Monsieur Eugène Kpota, Conseiller juridique de la Commission.

Par une autre lettre du 29 novembre 2004, Me Harouna Sawadogo informa la Cour de sa constitution pour la défense des intérêts des défenderesses.

Sur rapport du Juge Rapporteur, le Premier Avocat général entendu, la Cour a décidé d'ouvrir la procédure orale sans mesures d'instruction préalables.

II – Conclusions des parties

Le requérant conclut à ce qu'il plaise à la Cour :

En la forme

- Se déclarer incompétente ;
- Recevoir Monsieur Eugène Yaï en son action.

Au fon

- Ecarter la note relative au comportement de M. Eugène Yaï, produite par les défenderesses, en ce qu'elle est non signée de son auteur et ne peut être analysée autrement qu'en un tract ;
- Dire et juger l'action de M. Eugène Yaï bien fondée, en conséquence annuler l'Acte additionnel n° 06/2004 :
  - Au principal : pour défaut de pouvoir du Président de la Conférence des Chefs d'Etat et de Gouvernement ;

- Subsidiairement : pour défaut de pouvoir de la Conférence des Chefs d'Etat et de Gouvernement ;
- Très subsidiairement : pour violation des articles 27, 28 et 30 du Traité de l'UEMOA.

- Condamner les défenderesses aux entiers dépens.

Les défenderesses concluent à ce qu'il plaise à la Cour :

Au principal et en la forme

- S'entendre *in limine litis* déclarer la Cour de Justice de l'UEMOA incompétente pour apprécier la légalité de l'Acte additionnel n° 06/2004 du 15 novembre 2004 portant nomination de M. Jérôme Bro Grebe en qualité de membre de la Commission de l'UEMOA.

Subsidiairement au fond

- S'entendre déclarer le recours en appréciation de la légalité mal fondé ;

En conséquence

- Débouter Monsieur Eugène Yaï de toutes ses prétentions, fins et moyens ;
- S'entendre le condamner aux entiers dépens.

III – Moyens et arguments des parties

A. Sur la compétence de la Cour de Justice de l'UEMOA

1. Moyens et arguments des défenderesses

Par mémoire en défense en date du 24 novembre 2004, les défenderesses font observer que le recours en appréciation de légalité contre l'Acte additionnel échappe à la compétence de la Cour de céans dès lors qu'il 'impose à elle au sens de l'article 19 du Traité. L'Acte additionnel s'analyse comme un acte relevant du pouvoir discrétionnaire de la Conférence des Chefs d'Etat et de Gouvernement de l'Union.

Selon les défenderesses, l'Acte additionnel s'impose à la Cour de céans aux termes de l'article 19 du Traité de l'UEMOA qui dispose que le respect des actes additionnels s'impose aux organes de l'Union ainsi qu'aux autorités des Etats membres.

Toujours pour les défenderesses, la Cour ne saurait apprécier la légalité d'un acte qui a autorité sur elle, ans courir le risque de violer le Traité de l'UEMOA.

Elles affirment en outre que l'Acte additionnel relève du pouvoir discrétionnaire de la Conférence des Chefs d'Etat et de Gouvernement, et qu'il est exclu du domaine des actes soumis au recours en appréciation de légalité.

Elles précisent que les actes attaquables devant la juridiction de céans sont « les règlements, les directives et décisions d'un organe de l'Union » et que selon l'ancien Juge à la Cour de Justice de l'UEMOA, Mouhamadou Moctar Mbacké, dan son ouvrage sur la Cour de Justice de l'UEMOA, « il est remarquable que les Actes additionnels de la Conférence ne sont pas inclus dans les actes attaquables ».

Les défenderesses estiment enfin que si la Cour veille au respect du droit quant à l'interprétation et à l'application du Traité de l'Union, c'est sous la réserve qu'elle ne soit amenée elle-même à violer le Traité de l'UEMOA.

2. *Moyens et arguments du requérant*

Monsieur Eugène Yaï qui conclut à la compétence de la Cour de Justice, fait observer que cette dernière est chargée d'appliquer les règles de droit lorsqu'un litige est porté devant sa juridiction.

Il soutient que c'est la substance de l'article 9 du Traité de l'UEMOA qui dispose que lorsqu'elle est saisie d'un recours en appréciation de légalité, la Cour de Justice prononce la nullité totale ou partielle des actes entachés de vices de forme, d'incompétence, de détournement de pouvoir, de violation du Traité de l'Union ou des actes pris en application de celui-ci ».

Il ajoute que tout acte non-conforme au Traité est susceptible d'être annulé ou déclaré invalide et qu'affirmer avec force que les Actes additionnels s'imposent aux organes de l'Union, donc à la Cour, ne confère aucune immunité juridictionnelle à ces actes.

Selon Monsieur Eugène Yaï, les affirmations selon lesquelles les actes additionnels relèvent du pouvoir discrétionnaire de la Conférence des Chefs d'Etat et de Gouvernement et qu'ils ont un régime similaire à celui des actes de Gouvernement, sont totalement erronées. La Conférence des Chefs d'Etat et de Gouvernement a une règle de conduite à tenir, dictée par l'l'article 19 du Traité, à avoir celle de ne pas modifier le Traité. Cette restriction exclut toute idée de pouvoir discrétionnaire.

M. Eugène Yaï précise par ailleurs qu'il n'existe aucun texte de l'UEMOA disposant sur l'incompétence de la Cour. Pour Monsieur Yaï, le texte le plus important définissant la compétence de la Cour de Justice est le Protocole additionnel n° 1 relatif aux organes de contrôle de l'UEMOA ; ce texte fait partie intégrante du Traité.

Aux termes de l'article premier dudit Protocole additionnel, « la Cour de Justice veille au respect du droit quant à l'interprétation et à l'application du Traité de l'Union ».

M. Eugène Yaï estime que cette disposition suffit à justifier la compétence de la Cour dès lors qu'il 'agit de vérifier la légalité d'un texte au regard du Traité de l'UEMOA.

Toujours selon M. Eugène Yaï, l'article 8 alinéa 2 du Protocole additionnel n° 1 dispose que « le recours en appréciation de légalité est ouvert, en outre, à toute personne physique ou morale contre tout acte d'un organe de l'Union lui faisant grief ».

M. Eugène Yaï ajoute que tant sur les textes définissant la compétence de la Cour, que sur le fondement de l'article 19 du Traité, l'Acte additionnel ne peut échapper à la juridiction de la Cour de Justice.

Ensuite, il se pose la question de savoir qui devrait vérifier la conformité de l'Acte additionnel au Traité ?

Pour M. Eugène Yaï, la réponse s'impose d'elle-même ; c'est le gardien de l'interprétation et de l'application du Traité, lequel aux termes de l'article premier du Protocole additionnel n° 1 est la Cour de Justice.

M. Eugène Yaï fait remarquer que 'agissant de l'Acte attaqué, il y a lieu de constater qu'il s'agit d'un Acte individuel, l'Acte individuel s'opposant à l'Acte réglementaire.

Il estime qu'il est de principe général commun à tous les Etats de l'UEMOA que tout acte individuel faisant grief peut être déféré à la censure des juridictions administratives. C'est le recours pour excès de pouvoir.

Il précise qu'en vertu de ce principe, tout acte d'un organe faisant grief à une personne peut être déféré à la Cour de Justice de l'UEMOA.

M. Eugène Yaï estime que de droit et pour le droit, la Cour de Justice est compétente pour connaître et annuler l'Acte additionnel n° 06/2004 pour les motifs de droit subséquents.

B. Sur le fond

1. Moyens et arguments du requérant

M. Eugène Yaï sollicite d'abord de la Cour d'écarter purement et simplement la note relative à son comportement, document non signé.

Ensuite à titre principal, il fait observer que l'Acte attaqué est signé de Monsieur Mamadou Tandja, Président de la République du Niger « Pour la Conférence des Chefs d'Etat ».

Il soutient qu'aux termes de l'article 19 du Traité de l'UEMOA, les Actes additionnels sont pris par la Conférence des Chefs d'Etat. Il en déduit que le Président de la Conférence des Chefs d'Etat ne détient donc pas le pouvoir de prendre un Acte additionnel.

Il ajoute qu'il ne constitue pas du seul fait de son existence et de sa qualité de membre de la Commission, un péril en la demeure justifiant sa révocation dans des conditions hautement contestables tant du point de vue de la forme que du fond.

Il précise que sa révocation manque de base légale et l'acte qui la constate est entaché d'une nullité absolue.

Pour M. Eugène Yaï, il appartient aux défenderesses de justifier d'une délibération des Chefs d'Etat et de Gouvernement de l'UEMOA pour l'adoption de l'Acte additionnel n° 06/2004.

Il ajoute, avant de solliciter l'annulation de l'Acte additionnel pour défaut de pouvoir de son auteur, que ce dernier, ni à titre personnel, ni à titre de Président de la Conférence des Chefs d'Etat, n'a reçu compétence pour l'édiction d'un Acte additionnel.

Par ailleurs, il fait remarquer que la Conférence des Chefs d'Etat ne détient pas de pouvoir à l'effet de révoquer un Commissaire de l'UEMOA.

Selon M. Eugène Yaï, aux termes de l'article 27 alinéa 2 du Traité, « le mandat des membres de la Commission est de quatre années renouvelable, les membres de la Commission sont irrévocables, sauf en cas de faute lourde ou d'incapacité ».

Toujours selon le requérant, le terme normal de son mandat n'est pas atteint. Il déclare en outre qu'il n'est pas démissionnaire, ni incapable et ne fait l'objet d'aucune procédure disciplinaire basée sur une faute lourde, que l'acte additionnel n° 06/2004 n'est ni plus ni moins qu'un acte de révocation.

Il se dit surpris de découvrir dans le mémoire des défenderesses le grief d'incapacité professionnelle qui résulterait de son comportement. Il affirme que dans cette hypothèse, la Conférence des Chefs d'Etat et de Gouvernement n'a aucune qualité pour le révoquer, cette attribution appartenant en vertu de l'article 30 du Traité, à la Cour de Justice, saisie par le Conseil des Ministres.

Il estime que la Conférence des Chefs d'Etat a outrepassé ses pouvoirs en révoquant un Commissaire, et que son pays d'origine ne peut valablement demander sa révocation sans violer les articles 27, 28 et 30 du Traité.

Il sollicite en conséquence de constater et de déclarer nul et nul d'effet, l'Acte additionnel n° 06/2004 du 15 novembre 2004, portant sa révocation de ses fonctions de Commissaire de l'UEMOA.

2. Moyens et arguments des défenderesses

Dans leur mémoire en défense en date du 24 décembre 2004, les défenderesses qui concluent au rejet des prétentions du requérant, font en outre remarquer que l'Acte additionnel attaqué, a été adopté dans le strict respect du Traité de l'UEMOA.

Elles déclarent que contrairement aux allégations du requérant, il n'est pas nécessaire que se tienne une session formelle de la Conférence pour l'adoption d'un Acte additionnel et pour que celui-ci soit signé par l'ensemble des Chefs d'Etat et de Gouvernement.

Elles soutiennent que les dispositions des articles 27 et 30 du Traité prévoient en réalité deux motifs de révocation fonds l'un sur la faute lourde, l'autre sur l'incapacité.

Elles affirment que dans le silence de l'article 30 du Traité, l'incapacité doit s'analyser comme un motif de révocation laissé à l'appréciation de la Conférence des Chefs d'Etat et de Gouvernement.

Elles estiment qu'en l'espèce, M. Yaï s'est trouvé dans une situation d'incapacité professionnelle.

Cette incapacité est attestée par la note jointe en annexe ainsi que les pièces qui l'accompagnent.

Elles précisent qu'il est avéré que par son comportement, M. Yaï entrave le bon fonctionnement de la Commission. Il manque de sens de responsabilité et d'esprit d'équipe et possède une maîtrise insuffisante de ses dossiers tout en entretenant des rapports difficiles avec ses collaborateurs.

Toujours selon les défenderesses, il était indispensable que la Conférence des Chefs d'Etat qui l'a désigné puisse mettre fin à son mandat pour permettre un fonctionnement normal de la Commission.

Elles estiment, qu'en l'espèce, la Conférence a entériné une proposition de révocation des Autorités politiques du pays d'origine de M. Yaï, comme par ailleurs, elle l'avait fait lors de sa nomination, respectant ainsi le principe du parallélisme des formes.

Elles sollicitent enfin le débouté de M. Yaï de toutes ses demandes, moyens et prétentions.

Par mémoire en réponse en date du 10 mars 2005, le requérant reprend les moyens déjà développés dans son mémoire en réplique du 24 janvier 2005.

IV – Motifs de l'arrêt

A. En la forme

1. Sur la compétence de la Cour de Justice

Les défenderesses font observer que le recours en appréciation de légalité contre l'Acte additionnel échappe à la compétence de la Cour de céans dès lors qu'il s'impose à elle au sens de l'article 19 du Traité de l'UEMOA qui dispose que le respect des actes additionnels s'impose aux organes de l'Union ainsi qu'aux autorités des Etats membres.

Elles ajoutent que l'Acte additionnel est exclu du domaine des actes soumis au recours en appréciation de légalité.

Le requérant soutient par contre que tout acte non-conforme au Traité est susceptible d'être annulé ou déclaré invalide. Il précise que l'acte attaqué est un acte individuel s'opposant à l'acte réglementaire.

D'abord, il y a lieu de rappeler que Monsieur Eugène Yaï avait saisi la Cour d'une requête aux fins de sursis à exécution à la suite du recours en annulation de l'Acte additionnel n° 06/2004 du 15 novembre 2004.

Le Président de la Cour de céans avait fait remarquer dans l'Ordonnance n° 12 en date du 3 décembre 2004, portant sursis à exécution de l'Acte additionnel n° 06/2004, que « la Cour de Justice veille au respect du droit quant à l'interprétation et à l'application du Traité de l'Union.

A ce titre, la Cour de Justice, organe de contrôle juridictionnel, a pour mission fondamentale de veiller à la conformité avec le Traité de l'UEMOA des actes communautaires qui lui sont déférés ».

Le Président de la Cour s'était donc déclaré compétent pour connaître de la demande de sursis à exécution de l'Acte additionnel n° 06/2004 du 15 novembre 2004.

Ce rappel étant fait, il y a lieu de se poser les questions de savoir si d'une part quelle est la nature juridique de l'Acte additionnel et d'autre part si ledit acte fait ou non partie de la catégorie des actes attaquables ?

Appréciant la nature de l'Acte additionnel, il convient de noter que seul le droit communautaire de l'UEMOA connaît cette dénomination d'Acte additionnel.

Autrement dit, c'est un acte communautaire spécifique au droit communautaire de l'UEMOA pris par la Conférence des Chefs d'Etat et de Gouvernement en vue de compléter le Traité sans toutefois le modifier.

Il s'impose aux organes de l'Union. Toutefois, il convient de souligner qu'en exigeant de l'Acte additionnel de ne pas modifier le Traité qu'il complète, le législateur communautaire a entendu le soumettre à la conformité à celui-ci.

Par ailleurs, le respect dû à l'Acte additionnel tant par les organes que par les autorités des Etats membres, ne le dispense pas de la conformité au Traité, Acte fondamental de l'Union.

Enfin, l'article 6 du Traité qui proclame la primauté du droit communautaire sur toute législation nationale, exige que **« les actes arrêtés par les organes de l'Union, pour la réalisation des objectifs du Traité, le soient conformément aux règles et procédures instituées par celui-ci ».**

S'agissant de l'Acte additionnel attaqué, c'est un acte à portée individuelle. Il s'agit de l'Acte de nomination de Monsieur Jérôme Bro Grebe en qualité de Commissaire. L'article 3 dudit acte précise que toutes dispositions antérieures contraires, notamment celles de l'Acte additionnel n° 01/2003 en date du 29 janvier 2003, relatives à Monsieur Eugène Yaï, sont abrogées.

Pour la Cour de céans, il s'agit donc de distinguer deux catégories d'Actes additionnels :

- *Les Actes additionnels à portée généralement ou réglementaire (statuts de la Cour, textes relatifs aux politiques sectorielles, par exemple...) ;*
- *Les Actes additionnels individuels (nomination des Membres de la Cour de Justice ou des Commissaires...).*

Par ailleurs, aux termes du second alinéa de l'article 8 du Protocole additionnel n° 1 relatif aux organes de contrôle, « le recours en appréciation de légalité est ouvert, en outre, à toute personne physique ou morale, contre tout acte d'un organe de l'Union lui faisant grief ».

Il résulte également de l'article 15-2e du Règlement de Procédures de la Cour de Justice, que « ... ce recours en appréciation de la légalité est ouvert à toute personne physique ou morale contre tout acte d'un organe de l'Union faisant grief ».

Le recours en annulation tend à assurer le respect du droit dans l'interprétation et l'application du Traité. Il serait contraire à cet objectif d'interpréter restrictivement les conditons de recevabilité du recours en limitant sa portée aux seules catégories d'actes par l'article 15-2e du Règlement de Procédures de la Cour de Justice.

La Cour a l'obligation d'assurer le respect de la légalité communautaire ainsi qu'il résulte de l'article 1er du Protocole additionnel n° 1 : **« La Cour veille au respect du droit quant à l'interprétation et à l'application du Traité de l'Union ».**

Il y a donc lieu d'affirmer, au regard de ces dispositions tant du Protocole additionnel n° 1 que du Règlement de Procédures, que la légalité de l'Acte additionnel en question, peut être contrôlée par le juge communautaire.

La Conférence des Chefs d'Etat et de Gouvernement est un organe de l'Union. Les Actes additionnels à portée individuelle de la Conférence qui font grief sont attaquables devant la Cour de Justice de l'UEMOA.

Il est de doctrine et de jurisprudence que « le recours en annulation peut être dirigé de manière générale, contre tous les actes ayant des effets juridiques obligatoires de nature à affecter les intérêts du requérant, en modifiant de façon caractérisée, la situation juridique de celui-ci, quelle que soit leur dénomination ».

Il faut dans tous les cas, une atteinte particulière à la situation juridique personnelle du requérant.

En l'espèce, il est évident que la nomination de Monsieur Jérôme Bro Grebe est de nature à porter grief à Monsieur Eugène Yaï et qu'il a eu pour conséquence sa révocation.

En tout état de cause, la compétence de la Cour en matière de contrôle de légalité ne saurait se limiter aux seuls actes cités par le Protocole additionnel n° 1 et par le Règlement de Procédures.

Enfin, il résulte de l'ensemble de ces considérations, que la Cour de Justice est compétente pour apprécier la légalité de l'Acte additionnel n° 06/2004 du 15 novembre 2004.

2. *Sur la recevabilité du recours*

Pour ce qui est de la recevabilité du recours, il y a lieu de relever tout d'abord :

- *Que la requête a été présentée conformément aux prescriptions de l'article 26 du Règlement de Procédures ;*
- *Que le requérant s'est acquitté de l'obligation de cautionnement fixé par l'Ordonnance n° 11/2004 du 30 novembre 2004.*

En ce qui concerne ensuite le délai, le recours a été enregistré au greffe de la Cour le 22 novembre 2004 ; il se trouve largement dans le délai prescrit par l'article 8 alinéa 3 du Protocole additionnel n° 1 relatif aux organes de contrôle de l'UEMOA.

Au regard de ce qui précède, le recours du requérant tel qu'introduit, doit être déclaré recevable en la forme.

A. Au fond

1. Sur la note relative au comportement de Monsieur Yaï

Monsieur Eugène Yaï sollicite d'abord de la Cour d'écarter la note relative son comportement, document non signé.

Les défenderesses qui résistent à cette demande font remarquer qu'en l'espèce, le requérant s'est trouvé dans une situation d'incapacité professionnelle attestée par la note jointe en annexe.

Il convient de faire remarquer qu'en l'état actuel de la procédure, Monsieur Yaï n'est pas traduit devant la Cour de Justice suite à une demande du Conseil des Ministres, pour sanctionner la méconnaissance des devoirs liés à l'exercice des fonctions de membre de la Commission.

En cet état, il y a lieu de faire droit à sa demande en écartant la note relative à son comportement.

2. Sur le pouvoir de l'auteur de l'Acte attaqué

Le requérant soutient que l'Acte additionnel attaqué est signé de Monsieur Mamadou Tandja, Président de la République du Niger « Pour la Conférence des Chefs d'Etat », alors que l'organe compétent était la Conférence elle-même.

Il résulte de l'Acte, les mentions qui suivent :

> « Pour la Conférence des Chefs d'Etat et de Gouvernement
> Le Président
> Mamadou Tandja »

Il résulte également de l'acte attaqué que c'est la Conférence des Chefs d'Etat et de Gouvernement de l'UEMOA qui en est l'auteur et non son Président.

Au regard de ces observations, le moyen soulevé manque de pertinence et doit être rejeté.

3. Sur le défaut de pouvoir de la Conférence des Chefs d'Etat et de Gouvernement et la violation des articles 16, 27, 28 et 30 du Traité

Le requérant soutient d'abord que la Conférence des Chefs d'Etat ne détient pas de pouvoir à l'effet de révoquer un Commissaire de l'UEMOA.

Il ajoute qu'aux termes de l'article 27 alinéa 2 du Traité, « Le mandat des membres de la Commission est de quatre (4) années renouvelable. Durant leur mandat, les membres de la Commission sont irrévocables, sauf en cas de faute lourde ou d'incapacité ».

Il précise que le terme normal de son mandat n'étant pas atteint, l'Acte additionnel n'est ni plus ni moins qu'un acte de révocation.

Les défenderesses qui concluent au rejet des prétentions du requérant, font observer que l'Acte additionnel attaqué a été adopté dans le strict respect du Traité de l'UEMOA.

Elles estiment qu'en l'espèce, Monsieur Yaï s'est trouvé dans une situation d'incapacité professionnelle attestée par la note jointe en annexe.

Selon les défenderesses, la Conférence des Chefs d'Etat et de Gouvernement a entériné une proposition de révocation des Autorités politiques du pays d'origine de Monsieur Eugène Yaï, comme par ailleurs, elle l'avait fait lors de sa nomination en respectant ainsi le parallélisme des formes.

Sur ce moyen, il convient de noter qu'il ne résulte d'aucun texte de l'UEMOA que la Conférence des Chefs d'Etat et de Gouvernement déteint le pouvoir de révoquer un Commissaire.

Il s'y ajoute qu'aux termes des dispositions de l'article 16 du Traité, les organes de l'Union **« agissent dans la limite des attributions qui leur sont conférées par le Traité de l'UMOA et le présent Traité de l'UEMOA et dans les conditions prévues par ces Traités ».**

Eu égard à ces dispositions, il y a lieu d'affirmer que l'Acte additionnel attaqué n'est pas conforme au droit du Traité.

Ensuite, le requérant fait observer que les défenderesses déclarent formellement l'avoir révoqué à la demande de l'Etat ivoirien.

Il soutient qu'en tant que Commissaire de l'UEMOA, il est, aux termes de l'article 28 du Traité, indépendant de son pays d'origine.

Il estime que les Etats membres, y compris son pays d'origine, sont tenus de respecter son indépendance, et que son pays d'origine ne peut valablement demander sa révocation avant la fin de son mandat.

En effet, il résulte des termes du premier considérant de l'acte attaqué que par lettre datée du 28 octobre 2004, la Côte d'Ivoire a proposé la nomination de Monsieur Jérôme Bro Grebe en qualité de membre de la Commission de l'UEMOA, en remplacement de Monsieur Eugène Yaï.

Or aux termes des dispositions de l'article 27 alinéa 2 du Traité, « **durant leur mandat, les membres de la Commission sont irrévocables sauf en cas de faute lourde ou d'incapacité** ».

L'article 30 dispose que « **la révocation est prononcée par la Cour de Justice à la demande du Conseil, pour sanctionner la méconnaissance des devoirs liés à l'exercice des fonctions de membre de la Commission** ».

En l'espèce, le mandat de Monsieur Eugène Yaï n'est pas encore arrivé à son terme, il n'a pas démissionné.

En l'état actuel de la procédure, ni le Conseil, ni la Cour de céans n'ont été saisis pour se prononcer sur la révocation de Monsieur Yaï.

En tout état de cause, Monsieur Yaï ne peut être révoqué ni par les autorités de son pays d'origine, ni par la Conférence des Chefs d'Etat et de Gouvernement.

En conséquence, il y a lieu de dire que l'Acte additionnel attaqué ne respecte pas les dispositions du Traité et qu'il doit être annulé pour violation de la loi.

V - Sur les dépens

Il ressort des dispositions de l'article 60 du Règlement de Procédures de la Cour, que toute partie qui succombe est condamnée aux dépens.

Toutefois, aux termes de l'article 61 dudit Règlement, dans les litiges entre l'Union et ses agents, les frais exposés par les organes de l'union restent à la charge de ceux-ci, sans préjudice des dispositions de l'alinéa 5 de l'article 60 du Règlement précité.

Les défenderesses ayant succombé en leurs moyens, il y a lieu, en application des dispositions ci-dessus, de les condamner aux entiers dépens.

Par ces motifs ;

En la forme :

- *Se déclare compétente pour apprécier la légalité de l'Acte additionnel n° 06/2004 du 15 novembre 2004 ;*
- *Déclare l'action de Monsieur Eugène Yaï recevable.*

Sur le fond :

- *Ecarte des débats la notion non signée sur le comportement de Monsieur Eugène Yaï ;*
- *Dit que l'Acte additionnel n° 06/2004 du 15 novembre 2004 portant nomination de Monsieur Jérôme Bro Grebe a été pris en violation des articles 16, 27, 28 et 30 du Traité de l'UEMOA ;*
- *En conséquence, le déclare nul et de nul effet ;*
- *Condamne les défenderesses aux entiers dépens.*

OBSERVATIONS

L' « affaire Eugène YAÏ » est intéressante à plusieurs égards. D'un point de vue strictement contentieux, elle va en effet donner l'occasion à la Cour, par six fois[130], de se prononcer sur des questions de droit. Mais au-delà du seul contentieux soulevé devant la Cour, elle pose une série de problèmes qui touchent la philosophie et le fonctionnement des organisations internationales africaines en général.

Les faits sont assez simples. M. Eugène YAÏ, de nationalité ivoirienne, avait été désigné par son Etat comme Commissaire à l'UEMOA. Alors que son mandat n'était pas encore terminé, il faisait l'objet d'une mesure équivalent à une éviction puisque, sur autorisation de la Conférence des chefs d'Etat et de Gouvernement, le Président en exercice de celle-ci prit un « Acte additionnel » portant nomination d'un autre Commissaire de nationalité ivoirienne, M. Jérôme Bro GREBE. Comme on devait s'y attendre, M. YAÏ saisit la Cour de justice de l'UEMOA, aux fins d'annulation de l'Acte additionnel précité. Il s'appuyait, pour cela, sur les différents textes qui régissent le statut des Commissaires, et qui prévoient, en substance, qu'ils sont nommés par Acte additionnel pris par la Conférence des chefs d'Etat et de Gouvernement (articles 19 et 27 du Traité) , qu'ils sont en principe irrévocables au cours de leur mandat (article 27 alinéa 2), celui-ci ne pouvant être abrégé qu'en cas de faute lourde ou d'incapacité, sur décision de la Cour de justice de l'Union saisie par le Conseil des ministres (article 30).

La Cour va faire droit aux arguments du demandeur, et, après avoir reconnu sa compétence, annuler l'Acte additionnel litigieux, celui du 15 novembre 2004 portant nomination de M. Jérôme Bro GREBE.

La jurisprudence du 27 avril 2005 posait plusieurs questions, excitantes pour l'esprit juridique : d'une part, un problème de compétence même de la Cour, de l'autre une question de fond, celle du bien-fondé de l'Acte additionnel opérant congédiement du demandeur.

Sur le premier point, le débat se nouait autour de la justiciabilité des « Actes additionnels », cette catégorie normative prévue à l'article 19 du Traité, dans les termes suivants :

> *La Conférence des chefs d'Etat prend, en tant que de besoin, des actes additionnels au Traité de l'Union.*
>
> *Les actes additionnels sont annexés au Traité. Ils complètent celui-ci sans toutefois le modifier. Leur respect s'impose aux organes de l'Union ainsi qu'aux autorités des Etats membres.*

---

[130] Arrêts du 27 avril 2005, du 5 avril 2006, du 30 avril 2008 et ordonnances du 3 décembre 2004, du 2 juin 2005 et du 6 mars 2008.

Aux termes de l'article 42, relatif à la nomenclature des actes de l'UEMOA, les « actes additionnels » sont la seule catégorie de norme que peut prendre la Conférence des chefs d'Etat et de Gouvernement.

D'autre part, ces « actes additionnels » ne figurent pas parmi les actes de l'organisation susceptibles de faire l'objet d'un recours en annulation. Selon l'article 27 du Protocole portant statuts de la Cour en effet, « la Cour est compétente pour connaître notamment (...) des recours en annulation des règlements, directives et décisions des organes de l'UEMOA tels que prévus aux articles 8 et suivants du Protocole additionnel n°1 ».

La première question sur laquelle la Cour devait se pencher était donc celui de sa compétence. Avec quelque bon sens, les défendeurs – Conférence des chefs d'Etat et Commission – estimaient que le recours contre les « actes additionnels » n'étant prévu nulle part, la Cour devait se déclarer incompétente. A l'inverse, le demandeur, recourant à des arguments plus « généraux », considérait que certaines dispositions du Protocole additionnel prescrivaient la compétence de la Cour, notamment l'article 8 alinéa 2 de celui-ci, qui énonce que « tout acte de l'Union faisant grief » peut faire l'objet d'un recours.

Ce débat sur la justiciabilité des actes pris par la Conférence des chefs d'Etat et de Gouvernement renvoie à une réflexion sur plusieurs autres problèmes.

Le premier n'est pas d'ordre contentieux à proprement parler mais porte sur l'exclusivité de ce mode d'édiction de normes par la Conférence des chefs d'Etat et de Gouvernement. L'article 42, rappelons-le, indique que les chefs d'Etat et de Gouvernement ne s'expriment que par « acte additionnel ». On se demande alors pourquoi cette instance ne légifère que sous l'unique mode de la solennité, puisque les « actes additionnels », il convient de le rappeler, « complètent le Traité » auquel ils sont « annexés ». Tous les actes que la Conférence des chefs d'Etat peut être amenée à prendre ne méritent certainement pas une telle majesté. L'observation vaut d'abord pour le cas qui nous concerne ici : la nomination d'un membre de la Commission, acte somme toute banal dans la vie d'une organisation internationale, n'a pas besoin de faire l'objet d'un acte qui sera « annexé » au Traité. Plus généralement d'ailleurs, la Conférence peut éprouver la nécessité d'adopter des normes dont la nature se prête mal à cette lourdeur. Il suffit de penser aux actes portant prise de position sur des situations données, ou à des actes de nature exhortative, de portée recommandatoire. Les chefs d'Etat et de Gouvernement eux-mêmes peuvent, de propos délibéré, choisir de conférer à leur « message » un cachet simplement incitatif, et non impératif ou solennel. Dans une telle hypothèse, on voit mal comment un « acte additionnel », avec les caractéristiques qui sont les siennes et les implications d'ordre procédural qu'il comporte, pourrait s'avérer approprié.

Il est permis de voir dans ce formalisme de mauvais aloi la persistance du préjugé présidentialiste, l'inclination à transposer dans les organisations internationales le modèle constitutionnel partagé par la quasi totalité des Etats membres de l'Union – et bien d'autres - , et qui se caractérise par une prépondérance indue du chef de l'Etat. Il suffit de songer, à cet égard, que dans nombre d'organisations internationales africaines, l'instance qui réunit les chefs d'Etat et de Gouvernement est souvent qualifiée de « suprême », épithète juste flatteur, mais dont on a du mal à saisir les véritables implications juridiques.

Le second problème posé par le débat sur les actes additionnels touche le cœur de la question posée à la Cour : ces actes, peuvent-ils faire l'objet d'un recours en annulation ?

La Cour et le demandeur ont justifié cette compétence à partir d'arguments très généraux. Pour M. YAÏ, cette compétence pourrait ainsi être défendue sur la base de l'article 8 alinéa 2 du Protocole additionnel n°1 relatif aux organes de contrôle de l'Union. Cet article prévoit qu'un recours peut être exercé *« contre tout acte de l'Union faisant grief »*. Le requérant avance un autre argument, encore plus « général », mais dont la pertinence et le bon sens ne sont pas contestables : si la Cour s'estime incompétente, il n'y aura pas de juge de la conformité des actes additionnels au Traité ; la mission générale de juge du Traité, qui est celle de la Cour, exige que celle-ci puisse examiner la régularité des actes additionnels. Bref, il faut bien qu'il y ait un juge du Traité, c'est-à-dire un juge de la « légalité » des actes additionnels par rapport au Traité.

La Cour, pour justifier sa compétence, recourt à des arguments du même type. Elle se fonde sur un « objectif », plutôt que sur un texte.

> *Le recours en annulation,* énonce-t-elle, *tend à assurer le respect du droit dans l'interprétation et l'application du Traité. Il serait contraire à cet objectif d'interpréter restrictivement les conditions de recevabilité du recours en limitant sa portée aux seules catégories d'actes visées par l'article 15-2 du Règlement de procédures de la Cour de justice.*

Elle ajoute un autre argument de texte, mais qui reste tout aussi « général », tiré de l'article 1er du Protocole additionnel n°1 : « La Cour veille au respect du droit quant à l'interprétation et à l'application du Traité de l'Union ». Sur la base de ces énonciations, la Cour va se déclarer compétente pour juger l'affaire.

L'interprétation choisie est de type finaliste, téléologique. Il arrive qu'elle s'impose, il arrive également qu'elle ne soit pas appropriée. En l'espèce, la question est de savoir si, pour fonder une compétence, l'interprétation des textes doit être stricte ou non. La détermination d'une compétence est une affaire sérieuse car il s'agit d'une question qui met en jeu les piliers de l'ordre juridique en cause, ce n'est pas pour rien que les problèmes y afférents sont des questions d' « ordre public », susceptibles d'être « soulevées d'office » par le juge saisi. Cette importance de l'enjeu doit entraîner une interprétation « serrée » des textes, un souci d'approcher le plus près possible de la « ratio legis », de l'intention du législateur, et donc, d'évincer les interprétations hasardeuses ou approximatives. Bref, il est souhaitable de tirer directement du texte – et non de déduire ou d'inférer de lui- le titre de compétence dont on se prévaut. Mais peut-on légitimement reprocher à un organe judiciaire d'une organisation d'intégration de comprendre sa mission de façon ambitieuse et de se poser, pour ainsi dire en sentinelle du droit quand les textes ne sont pas d'une précision extrême à cet égard ?Disons qu'il existe au moins un facteur explicatif de l'audace du juge, c'est le contexte institutionnel, comme on l'a vu sur d'autres sujets.

Et de fait, il convient de marquer sa désapprobation à l'égard du silence des textes quant à la possibilité de « juger » des actes pris par les chefs d'Etat et de Gouvernement. Le sentiment que ce déni de justice suscite, c'est celui de l'injusticiabilité de ces actes au motif, précisément, que leurs auteurs ont cette qualité de chefs d'Etat qui, dans l'ordre interne, leur permet à peu près de faire tout. En omettant de déclarer le juge compétent, les textes de l'UEMOA accréditent en définitive l'idée que la Conférence des chefs d'Etat et de Gouvernement exerce un pouvoir de type discrétionnaire, voire arbitraire, un pouvoir dont il n'a pas à rendre compte. Les défendeurs ne s'y sont d'ailleurs pas trompés, qui ont avancé que l'incapacité, motif de révocation allégué à l'encontre de M. YAÏ, est laissée « à l'appréciation de la Conférence des chefs d'Etat et de Gouvernement », ou encore que cet organe n'a fait qu'entériner une volonté des autorités ivoiriennes, comme si la révocation d'un Commissaire n'était pas clairement organisée par l'article 30 du Protocole additionnel - qui prévoit à cet égard une intervention de la Cour sur requête du Conseil des ministres -.

On aurait donc aimé voir les textes de l'UEMOA affirmer qu'aucun acte pris dans le cadre de l'Union n'échappe à la juridiction de la Cour. L'immunité juridictionnelle des décisions adoptées par les chefs d'Etat et de Gouvernement relève d'un autre âge. Elle ne s'inscrit pas dans la logique du règne du droit, qui paraît pourtant être le credo de l'Union, si l'on en juge par d'autres signes.

Ayant résolu la question de la compétence, la Cour s'est attachée à l'examen, au fond, de l'affaire. Là également, elle devait répondre à deux questions : le Président en exercice de la Conférence, était-il compétent pour prendre l'acte additionnel contesté ? Y avait-il des raisons de congédier M. YAÏ, le Commissaire « ivoirien » en fonction ?

Le requérant estimait, à raison, que c'est la Conférence des chefs d'Etat et de Gouvernement, en tant qu'instance collective, qui était compétente pour désigner un Commissaire, et non le Président en exercice de celui-ci, qui a signé l'acte. La réponse de la Cour est simple : la décision a été prise sur habilitation de la Conférence, l'acte portant bien la mention « Pour la Conférence ».

Cette décision de la Cour est, bien entendu, juridiquement défendable. On aurait toutefois aimé voir une motivation moins elliptique, aimé voir la Cour aller plus loin que la simple référence à cette mention, et indiquer l'acte en vertu duquel la Conférence a délégué au Président en exercice le soin de désigner un nouveau Commissaire. Sa curiosité aurait pu être poussée, la vérification n'excluant pas la confiance. A la Conférence des chefs d'Etat et de Gouvernement, partie à l'instance, il aurait pu être demandé de produire l'acte validant la mesure prise par son Président en exercice.

La question de l'habilitation de celui-ci étant réglée, le juge devait se pencher sur la révocation même de M. YAÏ, car l'acte additionnel portant nomination d'un nouveau Commissaire entraînait, ipso facto, l'éviction du Commissaire en exercice. Le juge a donc eu raison de porter le débat sur le terrain de l'article 30 du Traité, relatif à cette révocation. Cet article prévoit que pour « sanctionner » un Commissaire et mettre fin à ses fonctions, la Cour se prononce sur requête du Conseil des ministres. C'est en effet l'une des particularités de cette affaire que de porter à la fois sur la nomination d'un Commissaire et, simultanément, sur la révocation d'un autre, car la mise en œuvre de l'acte discuté entraîne forcément un débat sur la révocation. La question à laquelle la Cour devait répondre était donc la suivante : les conditions d'une révocation de M. YAÏ, étaient-elles réunies ?

Elles ne le sont pas, estime le juge. D'abord, la procédure de l'article 30 n'a pas été respectée : ni le Conseil des ministres, ni la Cour n'ont été appelées à connaître de l'affaire. Sur le fond ensuite, les deux causes possibles de révocation n'ont pas été démontrées : ni la faute lourde ni l'incapacité. Certes, il est question d'une « note » faisant état de l' « incapacité professionnelle » du demandeur, mais la Cour écarte cette pièce des débats au nom, précisément, de la nécessité de se conformer d'abord à la procédure de l'article 30. Une autre motivation était également possible. La Cour aurait pu aussi écarter cette « note » au motif que non seulement elle ne revêt pas un caractère officiel – tout indique qu'il s'agit d'une pièce plus ou moins « anonyme » - , mais qu'elle n'a pas fait l'objet, comme il aurait dû, de débat contradictoire. Il est vrai qu'en dehors de cette considération, la seule violation de l'article 30 suffit à invalider l'acte additionnel.

L'on ne peut manquer, à ce stade, d'être frappé par le caractère quelque peu « grossier » de la transgression qui a eu lieu. L'on est aux confins de la « voie de fait » et la question que l'on se pose est de savoir comment pareille violation de la règle a pu être commise par un organe aussi important que la

Conférence des chefs d'Etat et de Gouvernement ; comment, sur un point aussi « élémentaire » que la nomination et la révocation des Commissaires, des méprises de cette nature ont pu être faites. Elles l'ont été soit par ignorance, soit par bravade, mais dans tous les cas, la chose est préoccupante. Il faut donc approuver la Cour quand elle se déclare compétente pour juger l'affaire, et quand elle sanctionne la désinvolture de la Conférence des chefs d'Etat et de Gouvernement.

ARRÊT N° 04/2005 DU 27 AVRIL 2005

***

Entre Mamadou G. Lallou et le Centre Africain d'Etudes Supérieures en Gestion (CESAG)

Composition de la Cour :

- M. Yves D. Yehouessi, Président ;
- M. Mouhamadou Ngom, Juge Rapporteur ;
- M. Youssouf Any Mahaman, Juge ;
- M. Kalédji Afangbedji, Juge
- M. Raphaël P. Ouattara, Greffier.

Recours en appréciation de légalité de la décision du Président du Jury du DESCOGEF

La Cour

Vu Le Traité de l'UEMOA en ses articles 16 et suivants ;

Vu Le Protocole additionnel n° 1 relatif aux organes de contrôle ;

Vu L'Acte additionnel n° 10/96 portant Statuts de la Cour de Justice de l'UEMOA ;

Vu Le Règlement n° 01/96/CM portant Règlement de Procédures de la Cour de Justice de l'UEMOA ;

Vu le Recours en annulation de Monsieur Mamadou G. Lallou en date du 07 septembre 2004, tendant à l'annulation de la décision du 27 juillet 2004 du Président du Jury du DESCOGEF du CESAG ;

Vu La lettre en date du 27 juillet 2004 du Président du Jury du DESCOGEF adressée à Monsieur Mamadou G. Lallou ;

Vu L'ordonnance de rejet de la requête tendant au sursis à statuer de la procédure de recours en annulation en date du 20 mai 2005 ;

Vu Le mémoire en défense en date du 30 mai 2005 ;

Vu Le mémoire en réplique en date du 05 juillet 2005 de Monsieur Mamadou G. Lallou ;

Vu La lettre de Maître Benoît J. Sawadogo en date du 09 août 2005 informant qu'il n'entend pas produire de mémoire en duplique ;

Vu les autres pièces produites et jointes au dossier.

Ouï Monsieur Mahamadou Ngom, Juge-Rapporteur, en son rapport ;

Ouï Maître Pascal Ouedraogo, substituant Maître Mamadou Traoré, Conseil de Mamadou G. Lallou, en ses observations orales ;

Ouï Maître Benoît J. Sawadogo, Conseil du CESAG, en ses observations orales ;

Ouï L'Avocat Général, Monsieur Kalédji R. AFANGBEDJI en ses conclusions ;

Après en avoir délibéré conformément au Droit communautaire ;

La Cour rend le présent arrêt :

I – Faits et procédure

Par requête en date du 07 septembre 2004, enregistrée le même jour au Greffe de la Cour de Justice sous le numéro 01/04, le Sieur Mamadou Georges Lallou, par l'organe de son Conseil, Maître Mamadou S. Traoré, Avocat à la Cour de Ouagadougou, Burkina Faso, a introduit un recours à l'effet :

- *D'obtenir l'annulation de la décision du 27 juillet 2004 du Président du Jury du DESCOGEF du Centre Africain d'Etudes Supérieures en Gestion (CESAG) de Dakar ;*
- *De dire et juger que le Président du Jury et le CESAG sont tenus de prendre toutes dispositions utiles afin de lui permettre de voir ses copies d'examen ;*
- *D'ordonner la recorrection de ses copies d'examen, s'il en fait la demande ;*
- *D'ordonner à cet effet, la mise en place d'un jury d'honneur pour y procéder ;*
- *De condamner le CESAG aux dépens.*

Par ordonnance n° 02/05 du 18 mai 2005, la Cour de céans a rejeté la requête tendant au sursis à statuer de la procédure de recours en annulation introduite par le CESAG. La Cour a ensuite ordonné la poursuite de la procédure du recours en annulation.

La Cour, sur rapport du Juge-Rapporteur, l'Avocat Général entendu, a décidé d'ouvrir la procédure orale sans instruction préalable. Les parties ont été entendues en leurs plaidoiries à l'audience du 23 novembre 2005.

L'avocat Général a présenté ses conclusions à la même audience.

Le CESAG a soulevé une exception d'incompétente à l'égard de la demande formulée par Mamadou G. Lallou.

Pour un plus ample exposé des faits de l'affaire et de l'argumentation des parties, il est renvoyé au rapport d'audience. Ces éléments du dossier ne sont repris ci-dessous que dans la mesure nécessaire au raisonnement de la Cour.

II – Sur la compétence de la cour

Le CESAG fait valoir que la réponse du Président du Jury de l'examen du DESCOGEF, ne saurait être considérée comme une décision d'un organe de l'Union susceptible d'être déférée à la censure du juge communautaire.

Le requérant Mamadou G. Lallou soutient que le diplôme du DESCOGEF a été institué par le Règlement n° 12/2000/CM/UEMOA du 22 novembre 2000 du Conseil des Ministres qui est un organe de l'Union.

Il ajoute que c'est ce même Conseil des Ministres qui a nommé le Président du Jury du DESCOGEF.

Il convient tout d'abord de souligner que le CESAG est une institution de la BCEAO qui elle-même est une institution spécialisée autonome de l'Union.

Il résulte ensuite du Règlement n° 12/2000/CM/UEMOA, que le Conseil des Ministres qui est aussi un organe de l'Union, a institué au sein de l'UEMOA, un ensemble coordonné d'examens, de diplômes et de stages conduisant à la délivrance du Diplôme d'Etudes Supérieures de Comptabilité et de Gestion Financière (DESCOGEF).

Il ressort en outre des dispositions de l'article 14 dudit Règlement « que les membres du Jury sont nommés pour trois (03) années par le Conseil des Ministres, sur proposition de la Commission de l'UEMOA… ».

On peut, dès lors, affirmer au regard de toute cette législation que ledit Jury est une institution de l'UEMOA.

En vertu de ce qui précède, la Cour est donc compétente pour contrôler le respect de la législation par les institutions de la Communauté, mais aussi pour statuer sur tout litige entre le CESAG et les candidats à l'examen du DESCOGEF.

III – Sur la recevabilité du recours

Pour ce qui est de la recevabilité du recours, il y a lieu de relever tout d'abord :

- *Que la requête a été présentée conformément aux prescriptions de l'article 26 du Règlement de Procédures ;*
- *Que le requérant s'est acquitté de l'obligation de cautionnement fixée par l'ordonnance n° 08/04 du 13 octobre 2004.*

En ce qui concerne ensuite le délai, le recours a été enregistré au Greffe de la Cour le 07 septembre 2004 ; il se trouve largement dans le délai prescrit par l'article 8 alinéa 3 du Protocole additionnel n° 1 relatif aux organes de contrôle de l'UEMOA.

Au regard de ce qui précède, le recours en annulation du requérant tel qu'introduit, doit être déclaré recevable en la forme.

IV – Au fond

Le requérant estime que la décision prise sans aucun motif et sans aucune base légale est nécessairement abusive et nuit à ses intérêts.

Il précise que le droit de communication et de recorrection de ses copies d'examen, fait partie des principes généraux du droit régissant l'organisation de tout examen ou concours.

Il sollicite que son recours soit déclaré bien fondé et que la décision du Président du Jury du DESCOGEF soit annulée.

Le CESAG soutient qu'aucune règle de droit de l'UEMOA, n'a été violée.

Selon le CESAG, c'est en vain qu'on cherche dans les critères du requérant le fondement de ses droits qui, au demeurant, ne sont prévus par aucun texte.

Il ajoute qu'en tout état de cause, même si par impossible un tel droit avait existé, sa violation n'aurait pu constituer une violation du Traité de l'UEMOA et encore moins celle des actes pris en application de celui-ci.

Il conclut au rejet de la demande en annulation.

Il convient de faire remarquer qu'aux termes de l'article 9 du Protocole additionnel n° 01 relatif aux Organes de contrôle, « que lorsqu'elle est saisie d'un recours en appréciation de légalité, la Cour de Justice prononce la nullité totale ou partielle des actes entachés de vice d' forme, d'incompétence, de détournement de pouvoir, de violation du Traité de l'Union ou des actes pris en application de celui-ci.

En l'espèce, il y a lieu de souligner que le requérant ne démontre pas, ni n'offre de démontrer, que la décision du Président du Jury du DESCOGEF est entachée d'un vice de forme, d'incompétence, de détournement de pouvoir ou de violation du Traité de l'Union ou des actes pris en application de celui-ci.

Il y a lieu de noter par ailleurs qu'en matière d'examen ou de concours, les Jurys sont indépendants.

En tout état de cause, la Cour de céans ne peut ni confirmer la décision attaquée, ni donner au CESAG des injonctions pour la transmission des copies d'examen, pour la recorrection des épreuves et la constitution d'un Jury d'honneur.

En conséquence, il y a lieu de rejeter le recours de Mamadou G. Lallou ;

V – Sur les dépens

Aux termes de l'article 60 alinéa 2 du Règlement de Procédures, toute partie qui succombe est condamnée aux dépens.

Mamadou G. Lallou ayant succombé en ses moyens, il y a lieu de le condamner aux dépens.

Par ces motifs

La Cour, statuant publiquement, contradictoirement en matière de droit communautaire :

- *Se déclare compétente pour apprécier la légalité de la décision du Président du Jury du DESCOGEF.*
- *Déclare le recours en annulation recevable en la forme.*
- *Au fond :*
  Le rejette comme mal fondé.
  Condamne Mamadou G. Lallou aux dépens.

OBSERVATIONS

La Cour a été saisie à la requête de M. LALOU, à l'effet d 'annuler une décision prise par le Président du jury du Diplôme d'Études Supérieures en Comptabilité et Gestion Financière (DESCOGEF) du CESAG. Dans un premier temps, M. LALOU avait saisi la Cour pour obtenir le sursis à exécution de la décision litigieuse, mais la Cour avait rejeté cette demande.

Dans la présente instance, la question de la compétence de la Cour se posait, puisque le défendeur arguait l'incompétence du juge de l'Union, au motif que l'on n'est nullement en présence d'un acte pris par « un organe de l'Union », conformément aux prescriptions textuelles.

La Cour va au contraire suivre le requérant, et considérer qu'elle est compétente pour en connaître. Pour cela, elle procède par étapes. Elle commence par observer que le CESAG, au sein duquel la formation est organisée, est « une institution de la BCEAO, qui est elle-même une institution spécialisée autonome de l'Union ». Elle fait ensuite valoir que c'est bien le Conseil des ministres de l'UEMOA qui a organisé, par une série d'actes, les examens et diplômes devant déboucher sur l'obtention du DESCOGEF, que les membres du jury à cet examen sont nommés par le Conseil des ministres, sur proposition de la Commission de l'UEMOA. Sur la base de toutes ces considérations, la Cour se déclare compétente.

Invitée, dès lors, à se pencher sur le fond du litige, la Cour va constater que le requérant n'a pas été en mesure de démontrer que la décision querellée a violé une norme quelconque du droit de l'Union, qu'il s'agisse d'une règle de droit originaire ou d'une règle de droit dérivé. Or, la mission de la Cour est de veiller à la bonne application de ce droit, elle est dès lors impuissante à juger une affaire dans laquelle la démonstration n'a pas été apportée qu'une norme intéressant l'Union a été transgressée. Le rejet de la requête, dans de telles conditions, s'impose certainement.

Ce qui est assurément frappant dans l'arrêt qui a été rendu, c'est la proximité entre les deux questions que la Cour a eu à trancher : la question de sa compétence et celle de l'identification de la norme communautaire violée. Cette proximité est logique, et c'est pourquoi la discordance des réponses pose quelque peu problème : oui à la compétence, dit la Cour, mais elle ne trouve pas la norme violée…

Une telle réponse n'aurait soulevé aucune question si le juge de l'UEMOA avait laissé entendre que la difficulté de trouver la norme communautaire applicable est une carence de la requête elle-même, mais tel ne semble pas être le cas. Dans un premier temps, la Cour semble imputer cette insuffisance à la requête elle-même, elle relève qu' « en l'espèce » ou encore qu' « en l'état actuel de la procédure », M. LALOU n'apporte nullement la preuve que la décision dont il poursuit l'annulation est entachée d'un vice de fond ou de forme. Mais plus loin, le ton devient plus impersonnel, et l'on a comme le sentiment que c'est la Cour elle-même qui n'arrive pas à trouver une norme communautaire en rapport avec la violation alléguée :

> *…la Cour des céans ne peut ni confirmer la décision attaquée, ni donner au CESAG des injonctions pour la transmission des copies d'examen, pour la recorrection des épreuves et la constitution d'un jury d'honneur.*

Cette « valse-hésitation » pose, en dernière analyse, le problème même de la compétence de la Cour. Celle-ci a répondu qu'elle était effectivement compétente, mais, comme on aura le loisir de le constater, elle ne se fonde sur aucun texte pour appuyer cette opinion. L'absence d'un texte de référence, d'une « base légale », ajoutée au « constat de carence » que semble faire la Cour quant à la norme communautaire susceptible d'être invoquée inclinent à se demander si le juge a bien eu raison de se déclarer compétent. A priori en effet, l'affirmation d'une compétence doit faire écho à l'existence d'une norme de fond, d'une règle susceptible d'être appliquée au litige. Si cette norme est introuvable, comme cela pourrait être le cas ici, c'est que, peut-être, le juge n'était pas compétent.

Les bases d'une compétence de la Cour sont loin, à notre sens, de s'imposer avec la force de l'évidence.

Le premier élément sur lequel s'appuie le juge tient aux relations qui existent entre le CESAG, la BCEAO, et l'UEMOA : le CESAG est « une institution de la BCEAO, qui elle-même est une institution spécialisée de l'Union ». La Cour renoue ici avec une démarche que l'on a déjà vue dans l'affaire « TASSEMBEDO L contre BRVM », quand il s'est agi de définir le « statut » ou la « nature juridique » de la BRVM. La démarche de la Cour consiste à déterminer ce statut en référence à une sorte de phénomène de scissiparité, ce mode de reproduction asexué, par lequel un organisme, pour se reproduire, « se divise », transmettant sa nature à la partie de lui-même qui le quitte. Le raisonnement consiste ici à dire, en substance, que le fait de « dériver » d'un organe de l'UEMOA suffit à transmettre la qualité d' « organe », et donc, à rendre justiciables devant la Cour des actes pris par l'organe « second ». La qualité d' « organe » se transmettrait ainsi par une sorte de contagion, de reproduction de type biologique, le fait d' « émaner » d'une institution donnée conférant automatiquement à l'entité « générée » la même nature juridique ou le même statut que l'entité « génitrice ».

Ce mode de raisonnement, s'il peut s'avérer parfois juste, peut dans d'autres contextes être discuté. En effet, il n'est pas dit qu'un organe « second » doive nécessairement acquérir le même statut qu'un organe « premier », il n'est pas dit que l' « accessoire » doive suivre le « principal » ; ce n'est pas parce qu'un « organisme » a été créé par une « institution » qu'il est forcément une « institution ».

Cette façon de voir devient encore plus controversable lorsque, comme c'est le cas pour l'UEMOA, la notion d' « organe » est prédéterminée par le Traité. C'est en effet l'article 16 qui énumère, sans doute limitativement - faute d'indication pouvant laisser supposer le contraire -, les « organes » de l'Union. Que l'on veuille fonder la compétence de la Cour sur la disposition aussi « générale » que celle qui énonce qu'elle est juge de « tout acte d'un organe de l'Union lui faisant grief » (article 8 alinéa 2 du Protocole additionnel n°1), passe encore. Mais l'on est tout de même tenu, dans cette hypothèse, de rester fidèle à la détermination textuelle desdits « organes », c'est-à-dire à l'article 16 du Traité. Or, le CESAG ne figure pas parmi ces « organes »…

En définitive, on échappe difficilement au sentiment que les arguments avancés pour fonder la compétence de la Cour sont tirés d'une sorte de « halo », de « nébuleuse », le tout dans une démarche qui reste fortement teintée d'impressionnisme. Mais après tout, pourra-t-on peut-être plaider, l'impressionnisme fait partie science du droit…

ARRÊT N° 05/2005 DU 2 JUIN 2005

***

Entre Eugène Yaï, la Conférence des Chefs d'Etat et de Gouvernement et la Commission de l'UEMOA

Le Président de la Cour de Justice de l'Union Economique et Monétaire Ouest Africaine (UEMOA :

Vu Le Traité de l'Union Economique et Monétaire Ouest Africaine en date du 10 janvier 1994 ;

Vu Le Protocole additionnel n° 1 relatif aux organes de contrôle de l'UEMOA ;

Vu L'Acte additionnel n° 10/96 du 10 mai 1996 portant Statuts de la Cour de Justice de l'UEMOA ;

Vu Le Règlement n° 01/96/CM du 5 juillet 1996 portant Règlement de Procédures de la Cour de Justice de l'UEMOA ;

Vu Le Règlement n° 01/2000/CDJ du 6 juin 2000 abrogeant et remplaçant le Règlement n° 1/96/CDJ relatif au Règlement administratif de la Cour de Justice de l'UEMOA ;

Vu L'Acte additionnel n° 01/2001 portant renouvellement de mandat, nomination et fin de mandat des Membres de la Cour de Justice de l'UEMOA et l'Acte additionnel n° 02/2001 portant nomination de Madame Paulette Badjo Ezouheu en qualité de Membre de la Cour de Justice ;

Vu Le Procès-verbal n° 01/2004 relatif à la désignation du Président et à la répartition des fonctions au sein de la Cour de Justice de l'UEMOA ;

Vu La requête de Monsieur Eugène Yaï, enregistrée au Greffe de la Cour le 24 mai 2005 sous le n° 04/05 ;

Vu Le mémoire en défense du 31 mai 2005 du Cabinet d'Avocats Harouna Sawadogo, représentant les défenderesses ;

Vu Le mémoire en réplique du requérant en date du 2 juin 2005 ;

Ouï Maître Zaliatou Aouba substituant Maître Harouna Sawadogo et et Maître Issou Baadhio en leurs observations orales ;

Vu Les pièces de la procédure ;

Rend la présente ordonnance.

Par requête en date du 23 mai 2005 sous le n° 03/05, Monsieur Eugène Yaï, Commissaire à l'UEMOA, a introduit par l'organe de son Conseil, Maître Issou Baadhio, Avocat à la Cour à Ouagadougou, un recours en appréciation de légalité contre l'Acte additionnel n° 01/2005 portant nomination de Monsieur Jérôme Bro Grebe en qualité de Membre de la Commission de l'UEMOA, pris le 11 mars 2005 par la Conférence des Chefs d'Etat et de Gouvernement de l'UEMOA ; ce recours visant à l'annulation de l'Acte additionnel n° 01/2005 pour violation des articles 16, 27, 28 et 30 du Traité de l'UEMOA.

Par acte séparé en date du 24 mai 2005, enregistré au Greffe de la Cour le même jour sous le n° 04/05, le requérant a, en vertu des articles 72 et suivants du Règlement de Procédures de la Cour de Justice de l'UEMOA, demandé qu'il soit ordonné le sursis à exécution de l'Acte additionnel n° 01/2005 jusqu'à décision au principal aux fins « d'interdire » et de « faire échec » à la passation de charges entre lui-même et Monsieur Jérôme Bro Grebe, laquelle aurait, à ses dires, des conséquences non seulement irréversibles, mais serait contraire à une bonne et saine administration de la justice, eu égard à une jurisprudence tirée de l'Ordonnance présidentielle n° 09 du 03 décembre 2004.

Les défenderesses ont présenté des observations écrites par mémoire en défense en date du 31 mai 2005 et le requérant a produit ses écritures en réplique le 02 juin 2005. Les deux parties ont ensuite fait leurs observations orales.

Il convient, avant d'examiner le bien-fondé de la demande de sursis, de rappeler brièvement les antécédents du litige et le cadre réglementaire dans lequel il s'inscrit.

Le Traité du 10 janvier 1994 instituant l'UEMOA prévoit en son article 27 alinéa 2 que « Le mandat des Membres de la Commission est de quatre (4) ans renouvelable. Durant leur mandat, les Membres de la Commission sont irrévocables sauf en cas de faute lourde ou d'incapacité ». L'article 30 alinéa 1er du même Traité stipule « Le mandat des Membres de la Commission peut être interrompu par la démission ou par la révocation. La révocation est prononcée par la Cour de Justice à la demande du Conseil pour sanctionner la méconnaissance des devoirs liés à l'exercice des fonctions de Membre de la Commission ».

Par Acte additionnel n° 01/2005 en date à Niamey du 11 mai 2005, la Conférence des Chefs d'Etat et de Gouvernement de l'UEMOA a nommé Monsieur Jérôme Bro Grebe en qualité de Membre de la Commission de l'UEMOA, en remplacement de Monsieur Eugène Yaï, précédemment nommé par Acte additionnel n° 01/2003 en date du 29 janvier 2003, dont le mandat court encore.

L'Acte additionnel n° 01/2005 a fait l'objet devant la Cour de Justice de céans du recours en appréciation de légalité aux fins de son annulation, précité.

C'est à la suite de ce recours que le requérant a saisi la Cour d'une demande de sursis à exécution de l'Acte additionnel querellé en attendant toute décision sur la procédure au principal.

Il y a lieu de rappeler que les mêmes parties s'étaient déjà retrouvées devant la Cour de céans pour des procédures similaires au sujet de l'Acte additionnel n° 06/2004 du 15 novembre 2004, qui ont été sanctionnées respectivement par l'ordonnance présidentielle n° 12 du 03 décembre 2004 ordonnant le sursis à exécution de l'Acte additionnel n° 06/2004 et l'arrêt n° 03/2005 en date du 27 avril 2005 de la Cour déclarant nul et de nul effet ledit Acte additionnel.

Il convient ensuite de préciser que, selon l'article 72 alinéa 2 et la jurisprudence constante de la Cour de céans, la décision ordonnant des mesures provisoires est subordonnée à l'existence de circonstances établissant l'urgence ainsi que de moyens de fait et de droit justifiant à première vue l'octroi des mesures provisoires sollicitées ; que par ailleurs, le caractère urgent d'une demande de mesures provisoires doit s'apprécier par rapport à la nécessité de statuer provisoirement afin d'éviter qu'un préjudice grave et irréparable ne soit occasionné à la partie qui sollicite les mesures provisoire s.

L'octroi de mesures provisoires, notamment du sursis à exécution, relève de l'appréciation souveraine de faits de la cause par le juge sur la réunion des conditions d'urgence et du caractère sérieux du recours principal.

En l'espèce, il est évident que le recours en appréciation de la légalité d'un deuxième Acte additionnel visant au remplacement de M. Eugène Yaï est sérieux.

Mais il ressort des circonstances factuelles de la cause que la volonté de la Conférence des Chefs d'Etat et de Gouvernement de l'UEMOA et de la Commission de remplacer M. Eugène Yaï dans ses fonctions de Commissaire est manifeste ; les preuves en sont l'Attestation de cessation de fonctions en date du 24 mai 2005, la lettre en date du 30 mai 2005 et la libération du bureau de Monsieur Yaï et son occupation par Monsieur Bro Grebe.

Il est de jurisprudence constante qu'il appartient au juge des référés d'apprécier les éléments permettant d'établir, dans les circonstances propres à chaque affaire, si l'exécution immédiate des décisions dont le sursis est demandé, serait de nature à entraîner pour le requérant un risque de dommage qui ne pourrait être réparé, même si les décisions devaient être annulées dans le cas de la procédure au principal.

Par ailleurs, même en supposant que le préjudice allégué ne puisse pas être entièrement réparé, il faudrait mettre les intérêts que le requérant vise à sauvegarder en balance avec les intérêts de l'Union en évitant de bloquer le fonctionnement d'un département d'un organe de celle-ci.

Il y a lieu de constater que la demande en référé du sursis à exécution de Monsieur Eugène Yaï ne répond pas à la condition relative à l'urgence. Il convient dès lors de la rejeter.

Par ces motifs ;

Statuant en matière de droit communautaire ;

Le Président, Ordonne :

a. *La demande de sursis à exécution de Monsieur Eugène Yaï est rejetée ;*

b. *Les dépens sont réservés.*

OBSERVATIONS

L'ordonnance du 2 juin 2005 constitue un autre épisode de ce que l'on pourrait appeler le « feuilleton YAÏ ». A ce stade, deux décisions sont déjà intervenues : l'ordonnance du 3 décembre 2004 et l'arrêt du 27 avril 2005. La première décision a fait droit à la requête de M. YAÏ, et ordonné le sursis à exécution, c'est-à-dire la « suspension » de l'exécution de l'acte additionnel nommant un nouveau Commissaire, et la seconde a déclaré nul cet acte.

Le commentaire de l'ordonnance du 2 juin 2005 nous a paru intéressant en ce que cette décision constitue une espèce d'illustration des relations entre le pouvoir politique et le pouvoir judiciaire dans le processus d'intégration. Les circonstances de la cause donnent en effet une idée de la place du droit dans ce processus.

En dépit de l'annulation de l'acte additionnel litigieux (V. le commentaire de l'arrêt du 27 avril 2005, *supra)*, le remplacement de M. YAÏ a eu lieu, ainsi qu'en témoignent une attestation de cessation de fonctions datée du 24 mai 2005, et une lettre du 30 mai 2005. Il est ensuite acquis qu'au moment où la Cour se prononce, le bureau de M. YAÏ est occupé par le «nouveau » Commissaire.

Rien, dans l'ordonnance rendue, ne laisse apparaître qu'un nouvel acte a été pris par la Conférence des chefs d'Etat et de Gouvernement. On peut donc supposer que l'état de fait de l'époque résulte d'un état de droit que la Cour a fustigé, que la situation créée dérive directement d'un acte annulé.

La Cour va refuser d'accorder le sursis, au motif que *« la condition relative à l'urgence »* n'est pas satisfaite. En effet, aux termes de l'article 72 alinéa 2 du Règlement des procédures de la Cour, la demande de sursis à exécution « spécifie l'objet du litige, les circonstances établissant l'urgence, ainsi que les moyens de fait et de droit justifiant à première vue l'octroi » du sursis. C'est cette démonstration de l'urgence qui, pour la Cour, fait défaut.

Le contexte dans lequel intervient cette ordonnance est en effet assez singulier, on l'a déjà dit. Dans un premier temps, la Cour, suivant en cela le requérant, a, aussi bien ordonné un sursis à exécution (ordonnance du 3 décembre 2004) qu'annulé l'acte additionnel (arrêt du 27 avril 2005). Or, en dépit de cette censure, l'acte pris la Conférence des chefs d'Etat et de Gouvernement a été appliqué, et c'est de cette application qu'est née la situation à laquelle la Cour était confrontée quand elle a été saisie une seconde fois.

Le rejet de la demande de sursis à exécution semble motivé par deux éléments : l'absence d'urgence d'une part, et, surtout, le caractère « manifeste » de « la volonté de la Conférence des chefs d'Etat et de Gouvernement de remplacer M. Eugène YAÏ » d'autre part. Après avoir donné l'impression, dans ses deux premières jurisprudences, de vouloir soumettre tous les actes pris dans le cadre de l'Union à un contrôle juridictionnel, après avoir paru placer assez haut la barrière du droit, la Cour de justice de l'UEMOA se rallie en quelque sorte à la réalité, accepte la volonté de l'autorité politique.

Lee rejet de la requête pose d'ailleurs, en soi, problème. Les raisons pour lesquelles le juge refuse d'y faire droit ne sont pas d'un poids écrasant. En effet, les données de l'affaire nous semblaient, objectivement, pouvoir donner lieu au sursis à exécution. La Cour, et elle n'a pas tout à fait tort sur ce point, raisonne sur des données purement factuelles, et attache une importance prépondérante à la notion d'urgence. C'est l'inexistence de cette condition posée par l'article 72 alinéa 2 du Règlement de procédures qui amène le juge à refuser la demande.

Cette approche se veut fidèle aux textes, mais elle nous semble discutable dans la mesure où l'urgence à statuer peut se fonder sur des éléments autres que strictement factuels. Or, dans le raisonnement de la Cour, ce sont ces éléments de fait qui priment, il suffit de voir comment elle insiste sur les données factuelles de l'affaire : le remplacement de M. YAÏ a effectivement eu lieu, ce dernier a donc cessé d'exercer ses fonctions, son bureau est désormais occupé par son « remplaçant », dès lors, il n y a pas urgence à statuer sur l'affaire.

Que l'on se comprenne bien : le raisonnement des juges n'est pas en soi critiquable, répétons-le, il nous paraît même adéquat dans une certaine mesure. Ce qui est critiquable, c'est l'exclusivité de l'approche factuelle, exclusivité à laquelle les textes, certes, invitent. Or, si l'urgence peut être appréciée à partir de données de fait, elle peut aussi l'être à partir de l'importance d'un trouble provoqué dans l'ordre juridique, à partir d'éléments d'ordre juridique et non factuel. On peut le dire autrement : l'octroi du sursis à exécution peut se justifier à partir de données de fait (risque de survenance d'un dommage irréparable ou de dépérissement de preuves notamment), mais aussi à partir de données strictement juridiques (grossièreté d'une violation du droit, commission d'une « voie de fait »). Cette thèse revient, on le voit bien, à affirmer que la transgression d'une norme éminente ou fondamentale peut être la source d'une urgence, urgence à mettre un terme du trouble ainsi créé, et donc, que cette transgression pourrait justifier le prononcé d'un sursis à exécution. Cette optique exigeante et rigoureusement légaliste est aussi celle de certains droits internes. Elle est marquée par la consécration du concept de « trouble manifestement illicite », auquel il peut alors devenir urgent de mettre un terme.

Dans l'« affaire YAÏ », si les textes avaient consacré cette idée de « trouble manifestement illicite », s'il était indiqué que l'urgence à statuer peut aussi découler de la nécessité de mettre un terme à une perturbation intolérable de l'ordre juridique, le juge aurait, sans doute, aisément fait droit à la demande. Mais nous estimons qu'il n'aurait pas été déraisonnable, de sa part, et en dépit de ce relatif mutisme des textes, de promouvoir la conception légaliste de l'urgence, et donc de faire droit à la requête sur cette base. Ce que l'on aurait tout au plus remarqué, c'est que la Cour se fait de l'urgence une conception « ouverte », non cantonnée à de seuls éléments de fait. Il est vrai que ce qui est préconisé aurait reposé sur des considérations de principe, et non, à proprement parler, sur des éléments textuels.

L'octroi du sursis aurait eu une vertu supplémentaire compte tenu des circonstances de la cause. Il aurait, de fait, souligné la gravité de la violation commise par la Conférence des chefs d'Etat et de Gouvernement, et rappelé celle-ci à l'ordre et à la nécessité, pour tous les organes de l'Union, quelle que soit la « dignité » dont ils peuvent se prévaloir, de se conformer au droit.

Il faut ici critiquer l'autorité politique, plus que l'autorité judiciaire du reste. Tout donne le sentiment qu'on « s'est joué » de la Cour, qu'on l'a « eue à l'usure », et qu'elle a cédé à l'ombrageux « imperium » d'une autorité politique désinvolte. L'ordonnance du 2 juin 2005 est une occasion manquée d'affirmer ou de réaffirmer l'importance de la place du droit dans le processus d'intégration, énonciation qui n'incombe pas qu'au seul juge. .

ARRÊT N° 01/2006 DU 05 AVRIL 2006

***

Entre Eugène Yaï,
la Conférence des Chefs d'Etat et de Gouvernement
et la Commission de l'UEMOA

- La Cour composée de
- M. Yves D. Yehouessi, Président ;
- M. Youssouf Any Mahaman, Juge Rapporteur ;
- Daniel Lopes Ferreira, Juge ;
- M. Mouhamadou Ngom, Juge ;
- Mme Ramata Fofana née Oudraogo, Juge ;
- M. Malet Diakité, 1er Avocat Général ;
- Mme Diénaba Winkoun née Gnanou, Greffier suppléant.

Recours en appréciation de la légalité de l'Acte additionnel n° 01/2005 du 11 mai 2005 pris à Niamey par le Président en exercice de la Conférence des Chefs d'Etat et de Gouvernement de l'UEMOA.

La Cour

Vu la requête en date du 23 mai 2005, présentée pour le compte de Monsieur Eugène Yaï, Commissaire à l'UEMOA, de nationalité ivoirienne, ayant élu domicile en l'étude de Maître Issouf Baadhio, Avocat à la Cour, enregistrée au Greffe de la Cour le 24 mai 2005 sous le n° 03 :05, et tendant à ce qu'il plaise à la Cour, annuler l'Acte additionnel n° 01/2005 du 11 mai 2005 pris par le Président en exercice de la Conférence des Chefs d'Etat et de Gouvernement ;

Vu L'Acte additionnel n° 01/2005 du 11 mai 2005 portant nomination de Monsieur Jérôme Bro Grebe en qualité de membre de la Commission de l'UEMOA ;

Vu les lettres n° 18/2005 et 19/2005 en date du 25 mai 2005 du Greffier de la Cour portant signification de la requête à Monsieur le Président de la Commission et à la Conférence des Chefs d'Etat et de Gouvernement prise en la personne de son représentant légal ;

Vu la lettre n° 2744/PC/CJ du 30 mai 2005 de Monsieur le Président de la Commission de l'UEMOA portant désignation de Monsieur Eugène Kpota comme Agent ;

Vu la lettre n° 2745/PC/CJ en date du 30 mai 2005 de Monsieur le Président de la Commission de l'UEMOA, portant constitution de Maîtres Harouna Sawadogo et Abdoul Wahab Berthé, Avocats respectivement à la Cour de Ouagadougou et à la Cour de Bamako ;

Vu le mémoire en défense de la Conférence des Chefs d'Etat et de Gouvernement de la Commission de l'UEMOA en date du 22 juillet 2005 ;

Vu le mémoire en réplique en date du 25 août 2005 ;

Vu le mémoire en duplique de Maître Harouna Sawadogo en date du 28 octobre 2005 ;

Vu les autres pièces produites et jointes au dossier ;

Vu le traité de l'UEMOA, notamment en son article 38 ;

Vu le Protocole additionnel n° 1 relatif aux organes de contrôle de l'UEMOA ;

Vu l'Acte additionnel n° 10/96 du 10 mai 1996 portant Statuts de la Cour de Justice de l'UEMOA ;

Vu le Règlement n° 01 :96/CM en date du 05 juillet 1996 portant Règlement de Procédures de la Cour de Justice de l'UEMOA ;

Ouï Monsieur Youssouf Any Mahaman, Juge-Rapporteur, en son rapport ;

Ouï Maître Issou Baadhio, Avocat de Monsieur Eugène Yaï, en ses observations orales ;

Ouï Maître Issa Sama substituant Maître Harouna Sawadogo, Avocat des défenderesses, en ses observations orales ;

Ouï Monsieur Eugène Kpota, Agent de la Commission, en ses observations orales ;

Ouï le Premier Avocat Général, Monsieur Malet Diakité en ses conclusions ;

Après en avoir délibéré conformément au Droit communautaire ;

La Cour rend le présent arrêt :

I – Faits et procédure

Les faits de la cause, tels qu'exposés par le requérant et non contestés par les défenderesses se présentent ainsi qu'il suit :

Par requête en date du 23 mai 2005, enregistrée au Greffe de la Cour le 24 mai 2005, Monsieur Eugène Yaï a, par l'organe de son avocat, Maître Issouf Baadhio, introduit un recours en appréciation de légalité contre l'acte additionnel n° 01 du 11 mai 2005 de la Conférence des Chefs d'Etat et de Gouvernement de l'Union Economique et Monétaire Ouest Africaine qui a nommé Monsieur Jérôme Bro Grebe en qualité de membre de la Commission de l'UEMOA en remplacement du requérant.

Il y a lieu de rappeler que Monsieur Eugène Yaï a été nommé Commissaire à la Commission de l'UEMOA suivant Acte additionnel n° 01 du 29 janvier 2003 de la Conférence des Chefs d'Etat et de Gouvernement.

Par acte additionnel n° 06 du 15 novembre 2004 de ce même organe, il a été mis fin à ses fonctions et il a été remplacé par Monsieur Jérôme Bro Grebe. Cet Acte a fait l'objet d'un recours en appréciation de légalité de la part du requérant et a été annulé par la Cour de Justice de l'UEMOA par arrêt n° 03 du 27 avril 2005.

Nonobstant cette décision de la Cour, la Conférence des Chefs d'Etat et de Gouvernement a une seconde fois relevé Monsieur Eugène Yaï de ses fonctions par Acte additionnel n° 01/2005 du 11 mai 2005.

A la suite de son recours en annulation, Monsieur Eugène Yaï a saisi la Cour d'une requête tendant à surseoir à l'exécution de l'Acte additionnel attaqué. Cette demande de sursis a été rejetée par ordonnance n° 05 en date du 25 juin 2005 du Président de la Cour de Justice.

Monsieur Eugène Yaï fait valoir dans son recours que son mandat est en cours d'exécution ; qu'il n'a pas démissionné et qu'aucune procédure n'a été engagée devant la Cour de Justice pour obtenir sa révocation conformément à l'article 30 du Traité. Il estime dès lors, que la Conférence des Chefs d'Etat et de Gouvernement ne peut pourvoir à son remplacement et qu'en l'espèce l'Acte additionnel attaqué constitue une révocation pure et simple et une voie de fait caractérisée.

Il sollicite l'annulation de l'Acte additionnel n° 01/2005 du 11 mai 2005 pour violation des articles 16, 27, 28 et 30 du Traité de l'UEMOA.

Le recours a été signifié aux défenderesses le 25 mai 2005 par le Greffier de la Cour.

Par lettre en date du 30 mai 2005, le Président de la Commission de l'UEMOA a informé la Cour de la désignation de son Agent en la personne de Monsieur Eugène Kpota, Conseiller juridique de la Commission.

Par lettres en date respectivement du 31 mai et 16 juin 2005, Maître Harouna Sawadogo et Maître Abdoul Wahab Berthé ont informé la Cour de leur constitution pour la défense des intérêts des défenderesses.

Sur rapport du Juge rapporteur, l'Avocat général entendu, la Cour a décidé d'ouvrir la procédure orale sans mesures d'instruction préalables.

II – Conclusions des parties

Monsieur Eugène Yaï conclut à ce qu'il plaise à la Cour :

- *En la forme :*

- *se déclarer compétente,*
- *recevoir son action.*

- *Au fond :*

- *dire et juger son action bien fondée, en conséquence annuler l'Acte additionnel n° 01/2005 en date du 11 mai 2005 pour violation des articles 16, 27, 28 et 30 du Traité de l'UEMOA ;*
- *condamner les défenderesses aux entiers dépens.*

Les défenderesses concluent à ce qu'il plaise à la Cour :

- *au principal et en la forme :*

- *s'entendre in limine litis déclarer la Cour de Justice de l'UEMOA incompétente pour apprécier la légalité de l'Acte additionnel n° 01/2005 du 11 mai 2005 portant nomination de Monsieur Jérôme Bro Grebe en qualité de membre de la Commission de l'UEMOA ;*
- *s'entendre déclarer irrecevable la requête de Monsieur Eugène Yaï pour violation des articles 9 du Traité, 26 et 29 du Règlement de Procédures de la Cour de Justice.*

- *Subsidiairement au fond :*

S'entendre déclarer le recours en appréciation de légalité mal fondé

- *En conséquence :*

- *débouter Monsieur Eugène Yaï de toutes ses prétentions, fins et moyens ;*
- *le condamner aux entiers dépens.*

III – Moyens et arguments des parties

A – Sur la compétence et sur la forme

a. . Moyens et arguments des défenderesses

Par mémoire en date du 22 juillet 2005, enregistré au Greffe de la Cour sous le n° 06/05 le même jour, la Conférence des Chefs d'Etat et de Gouvernement et la Commission de l'UEMOA font observer que le recours en appréciation de légalité contre un Acte additionnel échappe à la compétence de la Cour dès lors qu'il s'impose à elle au sens de l'article 19 du Traité. L'Acte additionnel s'analyse comme un acte relevant du pouvoir discrétionnaire de la Conférence des Chefs d'Etat et de Gouvernement qui s'impose aux organes de l'Union ainsi qu'aux autorités des Etats membres.

Les parties défenderesses estiment que la Cour ne saurait apprécier la légalité d'un acte qui a autorité sur elle, sans courir le risque de violer le Traité de l'UEMOA.

Elles affirment que l'Acte additionnel est exclu du domaine des actes soumis au recours en appréciation de légalité et que seuls « les règlements, directives et décisions d'un organe » sont susceptibles d'être attaqués devant la Cour de céans.

Elles précisent que si la Cour de Justice veille au respect du droit quant à l'interprétation du Traité de l'Union, c'est sous réserve qu'elle ne soit amenée elle-même à violer ledit Traité.

Les parties défenderesses soutiennent en outre que dans le système institutionnel de l'Union Economique et Monétaire Ouest Africaine et conformément à l'article 9 du Traité, seule l'Union a la personnalité juridique et partant la capacité juridique. En conséquence, ladite action initiée contre un organe de l'Union, doit être dirigée à titre principal contre l'UEMOA, représentée par la Commission. En ayant esté contre la Conférence des Chefs d'Etat et de Gouvernement de l'UEMOA représentée par la Commission et non contre l'Union, Monsieur Eugène Yaï n'a pas satisfait aux exigences de l'article 9 du Traité de l'UEMOA, ce qui rend sa requête irrecevable.

Elles estiment également que la requête ne comporte aucune précision sur les personnes des représentants légaux de la Conférence des Chefs d'Etat et de Gouvernement et de la Commission ; et qu'elle a de ce fait violé l'article 26 alinéa 2 du Règlement de Procédures de la Cour de Justice.

Elles font remarquer enfin que la signification de la requête à la Conférence des Chefs d'Etat et de Gouvernement n'a pas été faite à Niamey, domicile élu de son Président en exercice et que la Cour se doit de déclarer le recours irrecevable pour violation de l'article 29 du Règlement de Procédures de la Cour.

b. Moyens et arguments du requérant

Monsieur Eugène Yaï conclut à la compétence de la Cour de Justice de l'UEMOA et fait observer qu'elle est chargée d'appliquer les règles de droit lorsqu'un litige est porté devant elle. Selon lui, c'est la substance de l'article 9 du Protocole additionnel n° 1 relatif aux organes de contrôle qui dispose que « lorsqu'elle est saisie d'un recours en appréciation de légalité, la Cour de Justice prononce la saisie d'un recours en appréciation de légalité, la Cour de Justice prononce la nullité totale ou partielle des actes entachés de vices de forme, d'incompétence, de détournement de pouvoir, de violation du Traité de l'Union ou des actes pris en application de celui-ci ».

Ainsi, tout acte non-conforme au Traité est susceptible d'être annulé ou déclaré invalide ; quand bien même les Actes additionnels s'imposent aux organes de l'Union, ils ne peuvent bénéficier d'une immunité juridictionnelle.

Monsieur Eugène Yaï estime que tant sur la base des textes définissant la compétence de la Cour, que sur le fondement de l'article 19 du Traité, l'Acte additionnel ne peut échapper à la compétence de la Cour de Justice. En effet, l'Acte additionnel querellé est un acte individuel ; or il est de principe général commun à tous les Etats membres de l'UEMOA que tout acte individuel faisant grief peut être déféré à la censure des juridictions administratives ; aussi, tout acte d'un organe de l'UEMOA qui fait grief à une personne peut être déféré à la Cour de Justice de l'UEMOA.

*c. **Duplique des défenderesses***

Par mémoire en duplique en date du 28 octobre 2005, les parties défenderesses font remarquer que contrairement aux prétentions du requérant, aucune analogie ne peut être établie entre l'Acte additionnel et les autres catégories d'actes prévues par le Traité de l'UEMOA.

En effet, les prescriptions de l'article 19 du Traité selon lesquelles « les Actes additionnels sont annexés au Traité ;.., leur respect s'impose aux organes de l'Union, ainsi qu'aux autorités des Etats membres » n'ont été reprises dans aucune disposition relative aux autres actes de Organes de l'Union.

Il s'ensuit que si les Règlements, Directives et Décisions peuvent produire leurs entiers effets, tout en étant assujettis à de possibles recours en annulation devant la Cour de justice de l'UEMOA, il en va autrement de l'Acte additionnel qui est inattaquable par nature, parce que s'imposant aux Organes de l'Union, et donc à la Cour elle-même.

Les défenderesses indiquent en outre que la requête de Monsieur Eugène Yaï doit être déclarée irrecevable pour défaut de qualité de la Conférence des Chefs d'Etat et de Gouvernement, parce que les Actes additionnels étant par essence des actes de l'Union, tout recours contre de tels actes doit être dirigé contre l'Union représentée par son organe d'exécution qu'est la Commission de l'UEMOA.

Elles soutiennent que les Actes additionnels échappent à la compétence de la Cour de Justice, parce que conformément aux dispositions des articles 19 et 44 du Traité, ils s'imposent aux Organes de l'Union et aux Etats membres ; qu'ils sont assimilables aux actes de gouvernement et jouissent d'une véritable immunité juridictionnelle.

Elles affirment en outre, qu'aux termes de l'article 27 des Statuts de la Cour, « la Cour est compétente pour connaître notamment des recours en annulation des Règlements, Directives et Décisions des Organes de l'UEMOA, tels que prévus aux articles 8 et suivants du Protocole additionnel n° 1 ».

Elles estiment qu'en ne citant pas l'Acte additionnel parmi ces actes, l'article 27 des Statuts de la Cour a entendu le soustraire expressément du contrôle de légalité de la Cour de Justice de l'UEMOA.

d. Mémoire en réponse du requérant

Dans sa réplique en date du 25 août 2005, le requérant explique qu'il n'a pas attrait la Conférence des Chefs d'Etat et de Gouvernement et la Commission devant la Cour de Justice mais qu'il a plutôt attaqué l'Acte additionnel n° 01 du 11 mai 2005 pour illégalité.

Il dit avoir clairement indiqué la partie défenderesse dans sa requête et avoir aussi satisfait aux prescriptions de l'article 26 alinéa 2 du Règlement de Procédures.

Il estime que l'exception tirée du défaut de signification de la requête au domicile élu de la partie défenderesse est inopérante étant donné qu'elle incombe au Greffier de la Cour et qu'il ne peut être tenu pour responsable du ministère de celui-ci.

Il soutient que les Actes additionnels s'imposent aux organes mais sont tenus d'être conformes au Traité.

B – Sur le fond

a. Moyens et arguments du requérant

Au principal, Monsieur Eugène Yaï fait observer que l'Acte additionnel querellé viole les textes régissant la nomination et la révocation des membres de la Commission de l'UEMOA notamment les articles 27 paragraphe 2 et 30 du Traité.

Il précise qu'il n'a pas démissionné ; que son mandat n'est pas arrivé à terme et qu'il n'a fait l'objet d'aucune procédure devant la Cour pour incapacité ; qu'en le révoquant, la Conférence des Chefs d'Etat et de Gouvernement a outrepassé ses pouvoirs.

Il sollicite en conséquence de la Cour de déclarer nul et de nul effet l'Acte additionnel n° 01/2005 qui est une reconduction identique de l'Acte additionnel n° 06/2004 du 15 novembre 2004 dont le sort a été réglé par arrêt de la Cour de Justice en date du 27 avril 2005.

Dans son dernier mémoire en réponse, le requérant reprend les moyens déjà développés et demande leur application.

b. Moyens et arguments des défenderesses

Les parties défenderesses estiment que l'Acte additionnel attaqué a été pris dans le strict respect du Traité de l'UEMOA avant de conclure au rejet des prétentions du requérant.

Elles soutiennent que le Traité prévoit, en ses articles 27 et 30, deux motifs de révocation fondés l'un sur la faute lourde et l'autre sur l'incapacité.

Par ailleurs, dans leurs observations orales, elles précisent que l'article 27 du Traité permet à la Conférence des Chefs d'Etat et de Gouvernement de modifier le nombre de Commissaires.

Elles demandent enfin à la Cour d'appliquer les mêmes motifs que ceux utilisés dans l'ordonnance n° 05 du 02 juin 2005 du Président de la Cour qui a mis en balance les intérêts du requérant avec ceux de l'Union pour éviter de bloquer le fonctionnement régulier de celle-ci.

IV – Motifs de l'arrêt

A – Sur la compétence de la Cour

Les défenderesses estiment que la Cour de Justice est incompétente pour apprécier la légalité d'un Acte additionnel car l'article 19 du Traité en fait une catégorie particulière d'actes qui s'impose à l'ensemble des Organes de l'Union ainsi qu'aux Autorités des Etats membres, et donc à la Cour de Justice de l'UEMOA.

Il y a lieu de rappeler que dans son arrêt n° 3 du 27 avril 20085 qui a opposé les mêmes parties sur les mêmes prétentions, la Cour a jugé que le « recours en annulation tend à assurer le respect du droit dans l'interprétation et l'application du Traité et qu'il serait contraire à cet objectif d'interpréter restrictivement les conditions de recevabilité du recours en limitant sa portée aux Règlements, Directives et Décisions communautaires et que la Cour doit veiller au respect de la légalité communautaire à laquelle est soumis l'Acte en cause ».

La Cour a précisé que la Conférence des Chefs d'Etat et de Gouvernement est un Organe de l'UEMOA, et que les actes individuels qu'elle prend et qui font grief sont attaquables devant elle.

S'agissant de l'Acte additionnel, il y a lieu de distinguer deux catégories d'actes : l'Acte additionnel à portée générale ou réglementaire tels que les Actes portant Statuts de la Cour de Justice, et l'Acte additionnel à caractère individuel comme ceux portant nomination des Commissaires, des Juges.

L'Acte additionnel à caractère individuel doit en tout état de cause, être conforme au Traité. Et dès lors qu'il porte atteinte à la situation juridique d'un tiers, il reste soumis au contrôle de la Cour de Justice de l'UEMOA qui seule « veille au respect du droit quant à l'interprétation et à l'application du Traité de l'Union ».

Pour les mêmes motifs que ceux de l'arrêt n° 3 du 27 avril 2005 qui acquis autorité de chose jugée, la Cour juge inopérants les arguments des défenderesses.

Il y a lieu de préciser en outre que l'article 8 du Protocole additionnel n° 1 relatif aux Organes de contrôle distingue deux catégories d'initiateurs de recours en appréciation de légalité.

Ainsi, lorsque le recours est initié par un Etat membre, par le Conseil des Ministres ou par la Commission, il ne peut être formé que contre les Règlements, les Directives et les Décisions.

Tandis que dans le cas d'un recours ouvert à toute personne physique ou morale, ce recours peut être formé contre « tout acte d'un Organe » de l'Union lui faisant grief.

Par ailleurs, aux termes de l'article 8 alinéa 4 du Protocole additionnel n° 1, le législateur a assorti ce recours d'une amende de folle action à l'encontre de toute personne de droit privé physique ou morale, en cas de recours manifestement abusif ou dilatoire.

Il s'ensuit que le moyen tiré de l'incompétence est inopérant et doit être rejeté.

Dès lors, la Cour de Justice est compétente pour connaître de la légalité de l'acte querellé.

B – Sur la recevabilité du recours

Les défenderesses opposent le défaut de qualité de la Conférence des Chefs d'Etat et de Gouvernement et l'inobservation des formalités prescrites aux articles 9 du Traité, 29 et 26 du Règlement de Procédures de la Cour de Justice, à savoir le défaut d'indication des parties défenderesses, l'irrégularité de la signification et le défaut de cautionnement.

Certes l'article 9 du Traité reconnaît à l'Union une personnalité juridique dispose qu'elle est représentée en justice par la Commission ; le même article lui fait jouir dans chaque Etat membre de la capacité juridique la plus large reconnue aux pays membres par les législations nationales. A ce titre, la Commission répond de l'Union et des actes dommageables posés par les Organes de celle-ci comme le stipule l'article 15 du Protocole additionnel n° 1 sans pour autant se substituer à eux devant la Cour.

Par ailleurs, il ressort des dispositions de l'article 29 alinéa 1 des Statuts de la Cour de Justice et de l'article 22 alinéa 1 du Règlement de Procédures que les Organes de l'Union sont justiciables devant la Cour. Il en est de même des stipulations de l'article 10 du Protocole additionnel n° 1 qui oblige l'Organe dont la décision est annulée à « prendre les mesures que comporte l'exécution de l'arrêt de la Cour de Justice ».

En citant comme défenderesses la Conférence des Chefs d'Etat et de Gouvernement de l'UEMOA prise en la personne de son représentant légal et la Commission de l'UEMOA prise en la personne de son représentant légal, le demandeur n'a pas violé les dispositions de l'article 9 précité. Il convient dès lors d'écarter ce moyen inopérant.

Quant au moyen tiré de la violation de l'article 29 du Règlement de Procédures de la Cour de Justice, en ce que la requête n'a pas été signifiée au domicile élu du Président de la Conférence des Chefs d'Etat et de Gouvernement, il convient de préciser que l'acte de signification n° 19/2005 du 25 mai 2005 du Greffier de la Cour a été adressé à son destinataire sous couvert de Monsieur le Président de la Commission de l'UEMOA, appuyé d'une lettre de transmission n° 05/041 du 25 mai 2005 du Président de la Cour.

En tout état de cause, même si irrégularité il y a eu dans les formalités de signification, encore faut-il qu'il s'agisse de formalités dont le non-respect vicie la procédure écrite au point de mettre en péril les droits de la défense ; or dans le cas d'espèce, les défenderesses ont pu désigner leur Agent pour les représenter et ont pu constituer des Avocats qui ont présenté leurs moyens de défense tant dans la procédure écrite que dans la procédure orale.

Il s'ensuit que le vice de forme invoqué n'a aucune influence sur le bon déroulement de la procédure et n'a porté aucunement atteinte aux droits de la défense au point d'influencer la décision à intervenir.

Enfin, en ce qui concerne la prétendue violation de l'article 26 du Règlement de Procédures, il est établi que le requérant a déposé une caution de trente mille francs (30.000 FCFA) au Greffe de la Cour contre quittance en date du 03 juin 2005, suite à l'ordonnance n° 03/05 du 31 mai 2005 du Président de la Cour de Justice fixant ledit cautionnement.

Il résulte de tout ce qui précède que les moyens tirés de l'irrecevabilité du recours ne sont pas fondés et doivent être rejetés.

C – Au fond

Du défaut de pouvoir de la Conférence des Chefs d'Etat et de Gouvernement et de la violation des articles 16, 27, 28 et 30 du Traité.

Sur ce moyen, il convient de noter que les Commissaires sont nommés par la Conférence des Chefs d'Etat et de Gouvernement pour un mandat dont la durée est de quatre (04) ans renouvelable. Ce mandat ne peut être interrompu qu'en cas de faute lourde ou d'incapacité ou de démission.

L'article 30 du Traité précise que la révocation d'un Commissaire est prononcée par la Cour de Justice à la demande du Conseil, pour sanctionner « la méconnaissance des devoirs liés à l'exercice des fonctions de membre de la Commission ». Même en cas d'incapacité avérée d'un Commissaire, que cette incapacité soit professionnelle ou physique, la révocation de ce Commissaire doit suivre la procédure prescrite par l'article 30.

Il résulte des pièces versées au dossier que le requérant est entré en fonction le 05 mars 2003. Son mandat doit donc expirer en principe le 04 mars 2007 ; en l'interrompant unilatéralement avant terme, l'Acte additionnel de la Conférence des Chefs d'Etat et de Gouvernement a été pris en violation des dispositions des articles 16, 27, 28 et 30 du Traité.

En effet, aucune disposition du Traité ne prévoit que la Conférence des Chefs d'Etat et de Gouvernement détient le pouvoir de révoquer un Commissaire. Et l'article 27 en édictant que la Conférence des Chefs d'Etat et de Gouvernement pouvait changer le nombre de Commissaires n'y a pas ajouté le pouvoir de les révoquer.

Il ressort de tout ce qui précède que l'Acte additionnel n° 01 du 11 mai 2005, a été pris en violation des dispositions pertinentes du Traité.

S'agissant de l'argument tiré de la jurisprudence de l'ordonnance n° 05 du 02 juin 2005 sur la nécessité de mettre les intérêts du requérant en balance avec ceux de l'Union pour éviter de bloquer le fonctionnement d'un Département ou d'un Organe, il convient de préciser que cette jurisprudence n'est applicable qu'en matière de procédure d'urgence. En ce qui concerne le cas d'espèce, qui est une procédure au principal, la question relative à la préservation des intérêts de l'Union est réglée par l'article 10 du Protocole additionnel n° 1 qui dispose que :

> *L'Organe de l'Union dont émane l'acte annulé est tenu de prendre les mesures que comporte l'exécution de l'arrêt de la Cour de Justice. Celle-ci a la faculté d'indiquer les effets des actes annulés qui doivent être considérés comme définitifs.*

En conséquence, il y a lieu de dire et juger que l'Acte additionnel attaqué ne respecte pas les dispositions du Traité, et doit donc être annulé.

Mais cette annulation, si elle produisait ses entiers effets, atteindrait les actes pris par le Commissaire entrant ; aussi, conformément aux dispositions de l'article 10 précité, il convient de dire que les effets de la nullité courent à compter du présent arrêt afin de préserver les intérêts de l'Union par rapport aux actes déjà posés.

V – Sur les dépens

Il ressort des dispositions de l'article 60 du Règlement de Procédures de la Cour, que toute partie qui succombe est condamnée aux dépens.

Toutefois, aux termes de l'article 61 dudit Règlement, dans les litiges entre l'Union et ses agents, les frais exposés par les Organes de l'union restent à la charge de ceux-ci, sans préjudice des dispositions de l'alinéa 5 de l'article 60 du Règlement précité.

Les défenderesses ayant succombé en leurs moyens, il y a lieu, en application des dispositions ci-dessus, de les condamner aux entiers dépens.

Par ces motifs

La Cour, statuant publiquement, contradictoirement en matière de droit communautaire :

En la forme

- *Se déclare compétente pour apprécier la légalité de l'Acte additionnel n° 01/2005 du 11 mai 2005.*
- *En conséquence, le déclare nul et de nul effet.*
- *Dit que cette nullité prend effet à compter de la date du présent arrêt.*
- *Condamne les défenderesses aux entiers dépens.*

OBSERVATIONS

La Cour de justice de l'UEMOA, après moult péripéties évoquées plus haut, est de nouveau saisie par le Commissaire Eugène YAÏ, contre un nouvel acte additionnel pris par la Conférence des chefs d'Etat et de Gouvernement de l'UEMOA, le 11 mai 2005. Cet acte intervient, rappelons-le, après l'arrêt du 27 avril 2005, annulant l'acte litigieux. En d'autres termes, la Conférence des chefs d'Etat et de Gouvernement, par l'intermédiaire de son Président en exercice, « persiste et signe », elle fait comme si la décision d'annulation n'était pas intervenue, et elle confirme sa volonté de procéder, en dépit des exigences posées par les textes, au remplacement du Commissaire en exercice. Ce dernier saisit donc de nouveau la Cour, aux fins de voir l'acte additionnel du 11 mai 2005 subir le même sort que « le précédent », celui du 15 novembre 2004. On peut donc aisément imaginer qu'au moment où la Cour est de nouveau saisie, une certaine « tension » règne entre l'organe politique de l'UEMOA – Conférence des chefs d'Etat- et l'organe judiciaire – Cour de justice-. Une sorte de bras de fer semble engagée entre les deux organes.

Il convient également de relever qu'après l'intervention de ce deuxième acte additionnel, la Cour a été saisie pour qu'elle prononce le sursis à exécution de cet acte, mais elle avait alors rejeté la demande, dans une ordonnance du 2 juin 2005.

Sans doute est-il permis de se demander si ce refus opposé par la Cour a pu « encourager » le défendeur dans sa « fuite en avant » et dans l'idée, vénéneuse, que le pouvoir des chefs d'Etat et de Gouvernement est « discrétionnaire », que cet organe n'est pas soumis au respect du droit. C'est dans l'arrêt rendu qu'on lit en effet que les défendeurs ont demandé à la Cour d' « appliquer les mêmes motifs » que ceux évoqués dans l'ordonnance de rejet de la demande de sursis, ordonnance qui « a mis en balance les intérêts les intérêts du requérant avec ceux de l'Union pour éviter de bloquer le fonctionnement régulier de celle-ci ». Le moins que l'on puisse dire, c'est donc que la pédagogie de la Cour n'a pas opéré, et que son refus d'octroyer le sursis a été mal interprété par le défendeur. Le juge éprouve du reste le besoin de préciser sa pensée, en écrivant, plus loin, qu' « il convient de préciser que cette jurisprudence (résultant de l'ordonnance) n'est applicable qu'en matière de procédure d'urgence ».

On pourra également rester dubitatif devant cette sorte de bienveillance que le juge semble manifester à l'égard de la Conférence des chefs d'Etat et de Gouvernement quand, après avoir prononcé l'annulation de l'acte additionnel, elle restreint les effets de cette censure en posant que :

> *Cette annulation, si elle produisait ses entiers effets atteindrait les actes pris par le Commissaire entrant ; aussi (...), il convient de dire que les effets de la nullité courent à compter du présent arrêt afin de préserver les intérêts de l'Union par rapport aux actes déjà posés.*

Là encore, le « compromis » confine à l'abdication, même si, il faut le redire, l'efficacité des armes dont dispose une autorité judiciaire dépend d'abord de l'idée même que les destinataires de ses décisions se font du droit.

Cela étant, la justification que la Cour avance pour retreindre les effets de la nullité prononcée laisse quelque peu sceptique. En quoi la violation aussi énorme que celle qui a été jugée participe-t-elle de la préservation des « intérêts de l'Union », pour mériter tant d'indulgence ? Pourquoi cette hésitation à assumer les effets normaux d'une déclaration de nullité ? Une telle déclaration, avec des effets ab initio, n'aurait-elle d'ailleurs pas eu la vertu de sanctionner adéquatement la superbe ignorance dont la Conférence des chefs d'Etat fait preuve ?

En outre, la restriction des effets d'une annulation se justifie, d'ordinaire, par deux éléments : la bonne foi de l'auteur de l'acte et la divisibilité des dispositions de celui-ci. Or, aucune de ces justifications n'est avancée en l'espèce. A la place, nous avons eu droit à une justification à la juridicité problématique, un alibi au contenu mal défini : les « intérêts de l'Union ». Si l'article 10 du Protocole additionnel n°1 laisse effectivement à la Cour le soin de déterminer les effets d'une déclaration de nullité, s'il n'énonce aucune condition particulière pour l'exercice d'une telle faculté, cela ne signifie pas que c'est l'imprécision qui doit régner en la matière. Il est nécessaire que le juge justifie, de manière aussi convaincante que possible, cette dérogation aux principes.

L'on sait que l'arrêt que voilà ne signe pas, loin s'en faut, l'épilogue du « feuilleton YAÏ » devant la Cour de Justice de l'UEMOA. Une ordonnance présidentielle interviendra derechef, le 6 mars 2008, à la suite d'une requête de l'intéressé, tendant à ce qu'il soit sursis à l'exécution de l'acte additionnel litigieux (le troisième, adopté par la conférence des chefs d'Etat et de Gouvernement). La Cour rejettera la demande, au motif qu'

> *« il n y a aucun intérêt à recevoir la demande de sursis à exécution de M.Eugène YAÏ qui, au surplus, ne répond pas à la condition relative à l'urgence ».*

Qu'une telle décision ait été dictée par le fait que le « nouveau » Commissaire avait effectivement pris fonction, que le requérant n'occupait plus les bureaux qui lui avaient été affectés, est fort compréhensible. C'est un fait qu'au moment où la Cour statue pour la quatrième ou cinquième fois sur cette affaire, l'urgence s'est édulcorée. Mais le problème n'est donc pas vraiment de savoir si au moment où la Cour statue il y a urgence, mais comment les décisions antérieures de la Cour ont pu être superbement ignorées, à travers une « politique du fait accompli », traduite par la réitération d'un acte additionnel qui confine à la voie de fait. Tout indique que l'organe politique de l'Union a entendu engager une « épreuve de force » contre l'organe judiciaire, et qu'elle a remporté celle-ci. Mais y a –t-il une gloire à violer la règle que l'on s'est assignée ?

AVIS N° 01/2007 DU 19 OCTOBRE 2007
DOSSIER N° 01-2007

***

Demande d'avis du Président de la Commission de l'UEMOA relative à la possibilité pour les Etats membres de conclure individuellement des accords d'investissement avec les pays tiers

Par lettre n° 06056/PC/DMRC/DCE en date du 15 mai 2007, le Président de la Commission a saisi la Cour de Justice d'une requête dont la teneur suit :

Monsieur le Président,

Par la présente requête, la Commission souhaiterait l'Avis de la Cour de Justice de l'UEMOA sur l'étendue de la compétence de l'Union, dans le domaine de négociations et de la conclusion d'accords de promotion et de protection de l'investissement avec les pays tiers.

I – RAPPEL

L'un des objectifs du Traité de l'UEMOA est de renforcer la compétitivité des activités économiques et financières des Etats Membres, dans le cadre d'un marché ouvert et concurrentiel.

A cet effet, il dispose en son article 84 que l'Union conclut des accords internationaux, dans le cadre de sa politique commerciale commune.

La mise en œuvre de cette disposition implique que les Etats Membres ne sont plus habilités à conclure individuellement des Accords commerciaux avec des Etats tiers. De plus, avec l'entrée en vigueur de l'Union Douanière de l'UEMOA, opérationnelle depuis le 1er janvier 2000, il en a résulté une suspension de fait des accords commerciaux bilatéraux que certains Etats de l'UEMOA avaient signés avec des pays tiers. Ces derniers sont obligés désormais de s'adresser à la Commission pour entrevoir la possibilité d'établir de nouveaux cadres formels d'échanges commerciaux.

Conformément à cette disposition, le Conseil des Ministres a adopté plusieurs directives donnant mandat à la Commission pour ouvrir et conduire des négociations, en vue de la conclusion d'Accords commerciaux et d'Investissement avec :

- *Les Etats-Unis d'Amérique : Directive N° 07/98/CM/UEMOA du 22 décembre 1998, donnant mandat à la Commission pour ouvrir et conduire les négociations en vue de la conclusion d'un Accord entre les Etats-Unis d'Amérique et l'UEMOA, relatif au Développement des Relations de Commerce et d'Investissement.*

- *Le Royaume du Maroc : Directive N° 01/99/CM/UEMOA du 06 août 1999, donnant mandat à la Commission pour ouvrir et conduire les négociations en vue de la conclusion d'un Accord Commercial entre l'UEMOA et le Royaume du Maroc.*
- *La République Tunisienne : Directive N° 07/99/CM/UEMOA du 21 décembre 1999, donnant mandat à la Commission pour ouvrir et conduire les négociations en vue de la conclusion d'un Accord Commercial entre l'UEMOA et la République Tunisienne.*
- *La République Arabe d'Egypte : Directive N° 04/2003/CM/UEMOA du 26 juin 2003, donnant mandat à la Commission pour ouvrir et conduite les négociations en vue de la conclusion d'un Accord Commercial et d'Investissement entre l'UEMOA et la République Arabe d'Egypte.*
- *La République Algérienne Démocratique et Populaire : Directive N° 03/2003/CM/UEMOA du 26 juin 2003, donnant mandat à la Commission pour ouvrir et conduire les négociations en vue de la conclusion d'un Accord Commercial et d'Investissement entre l'UEMOA et la République Algérienne Démocratique et Populaire.*
- *La République du Liban : Directive N° 05/2003/CM/UEMOA du 26 juin 2003, donnant mandat à la Commission pour ouvrir et conduire les négociations en vue de la conclusion d'un Accord Commercial et d'Investissement entre l'UEMOA et la République Libanaise.*

Suite aux premiers rounds de négociation qui ont eu lieu entre l'union et le Royaume du Maroc, d'une part et la République Tunisienne d'autre part, les Etats membres de l'Union ont clairement demandé une étude d'impact desdits Accords et souhaité par la même occasion une meilleure prise en compte des aspects relatifs aux investissements.

C'est en raison de ces nouvelles doléances des Etats Membres, que les trois dernières Directives qui ont été adoptées en vue des négociations avec la République Arabe d'Egypte, la République Algérienne Démocratique et Populaire et la République Libanaise, portent sur la négociation et la conclusion d'Accords Commerciaux et d'Investissements.

Au terme du huitième round de négociation de l'Accord UEMOA-Maroc qui s'est tenu à Rabat, du 21 au 23 février 2007, la Partie Marocaine a souhaité introduire a souhaité introduire une disposition relative à la possibilité de conclure des Accords séparés, en matière de promotion et de protection des investissements entre le Maroc et chaque Etat Membre de l'UEMOA.

La Partie UEMOA a précisé que cette question ne peut être réglée que dans le cadre d'une disposition communautaire et devrait faire l'objet d'une décision de la Cour de Justice de l'UEMOA, qui se prononcerait sur la pertinence de la conclusion de tels Accords par les Etats membres individuellement.

II – PROBLEMATIQUE DES COMPETENCES DE L'UNON ET DES ETATS MEMBRES DANS LES NEGOCIATIONS PORTANT SUR LE VOLET INVESTISSEMENT

Le Traité, en son article 84, a explicitement reconnu la compétence de l'Union dans la conduite des négociations et la conclusion d'accords commerciaux bilatéraux avec les pays tiers.

Examinant en son temps la question, à la suite de contestation par certains Etats Membres de cette compétence, la Cour de Justice avait implicitement confirmé, dans son Avis N° 02/2000 du 02 février 2000, la compétence exclusive de l'Union en cette matière.

A contrario, aucune disposition du Traité ne fait mention expressément des compétences de l'Union, s'agissant de la conclusion des accords de promotion et de protection des investissements.

Interpellée à plusieurs reprises par les experts des Etats Membres sur la question, la Commission n'a pas été en mesure d'apporter une réponse définitive, sauf à faire référence au projet de Code Communautaire d'Investissement en cours d'adoption.

Néanmoins, sur recommandations expresses des Ministres Chargés du Commerce, au terme de l'une de leurs réunions, ainsi que des conclusions issues d'une session du Conseil des Ministres de l'union, la Commission a été instruite de prendre dorénavant en compte, le volet promotion et protection des investissements, dans le cadre des négociations d'accords commerciaux, en vue de faire de ces derniers, de vrais accords de partenariat et de développement.

C'est ce qui explique d'ailleurs que les mandats de négociations reçus pour l'Egypte, le Liban et l'Algérie, ont explicitement fait mention d'accords commerciaux d'investissement.

Mais si la possibilité existe ainsi, pour l'Union, de négocier et de conclure en toute compétence, pour le compte des Etats Membres, des accords commerciaux ainsi que de promotion et de protection des investissements, la question se pose de savoir si cette compétence lui est conférée de manière exclusive.

En d'autres termes, la compétence désormais octroyée à l'Union de négocier des accords de promotion et de protection des investissements, exclut-elle la possibilité pour les Etats Membres d'entreprendre individuellement de telles démarches ?

III – PORTEE DE LA REQUETE

Vu que l'Union reçoit des directives pour ouvrir et conduire des négociations en vue de la conclusion d'accords commerciaux et d'investissement avec les pays tiers, la Commission souhaite recueillir l'avis de la Cour de Justice sur la compétence de l'Union à poursuivre les négociations portant sur le volet investissement et également sur la nature de cette compétence ;

En définitive, la Commission souhaiterait qu'il plaise à la Cour de donner son avis sur les préoccupations suivantes :

- *L'Union a-t-elle une compétence exclusive pour mener des négociations en vue de la conclusion d'accords portant sur l'investissement au même titre que sur le commerce ?*
- *Les Etats Membres peuvent-ils continuer de négocier et de conclure individuellement des accords sur la promotion et la protection des investissements avec les pays tiers, parallèlement aux accords négociés par l'Union en leur nom, sur mandat du Conseil des Ministres ?*
- *Dans le cas où existerait la possibilité pour les Etats Membres d'exercer également individuellement cette compétence, est-ce l'Accord communautaire qui prévaudrait en cas de litige ou de difficulté de mise en œuvre de deux types d'accords portant sur l'investissement ?*

En cas d'adoption du Code communautaire d'investissement, quel sort serait réservé aux accords de promotion et de protection des investissements conclus individuellement par les Etats Membres ?

Veuillez agréer, Monsieur le Doyen, l'assurance de ma parfaite considération.

Pour le Président de la Commission,

Le Commissaire chargé de l'intérim

Jérôme Bro Grebe

La Cour siégeant en Assemblée Générale Consultative sous la Présidence de Monsieur Abraham D. Zinzindohoue, Président de la Cour de Justice de l'UEMOA, sur rapport de Madame Ramata Fofana Ouedraogo, Juge à ladite Cour, en présence de Messieurs :

- Daniel Lopes Ferreira, Juge à la Cour
- Salifou Hamidou Kane, Juge à la Cour
- Jérôme Konan allou, Juge à la Cour
- Dabré Gbandjaba, Premier Avocat Général,
- Madame Seynabou Ndiaye Diakhaté, Avocat Général

Et assistée de Madame Diénaba Winkoun Gnanou, Greffier suppléant de la Cour, a examiné en sa séance du 19 octobre 2007 la demande ci-dessus exposée ;

La Cour

Vu Le Traité de l'Union Economique et Monétaire Ouest Africaine (UEMOA) en date du 10 janvier 1994 ;

Vu Le Protocole Additionnel N° 1 relatif aux organes de contrôle de l'UEMOA ;

Vu l'Acte Additionnel n° 10/96 portant Statuts de la Cour de Justice de l'UEMOA en date du 10 mai 1996 ;

Vu Le Règlement N° 01/96/CM portant Règlement de Procédures de la Cour de Justice de l'UEMOA en date du 5 juillet 1996 ;

Vu La demande d'avis n° 06056/PC/DMRC/DCE en date du 15 mai 2007 du Président de la Commission de l'UEMOA ;

Vu Les observations écrites du Président du Conseil des Ministres de l'UEMOA en date du 19 juin 2007 ;

Vu Les observations écrites du Président en exercice de la Conférence des Chefs d'Etat et de Gouvernement de l'UEMOA en date du 01 août 2007.

Sur la forme

La requête vise à obtenir de la Cour de Justice son avis sur les compétences de l'Union à conclure des accords portant sur les investissements au même titre que sur le commerce et ce, conformément aux dispositions de l'article 84 du Traité.

Cette requête peut être considérée comme étant fondée sur les dispositions des articles 27 alinéa 4 de l'Acte Additionnel n° 01/96 portant Statuts de la Cour et de l'article 15-7 du Règlement de Procédures relatifs à la compétence consultative de la Cour qui édictent que lorsque les organes de l'Union viennent à rencontrer des difficultés dans l'interprétation ou l'application des dispositions relevant du droit communautaire, ils peuvent interroger la Cour pour avoir son avis.

La requête du Président de la Commission tendant à résoudre des difficultés liées à l'application de l'article 84 du Traité doit être déclarée recevable comme ayant rempli les conditions de forme prescrites par les textes précités ;

Sur le fond

A – Expose de l'objet de la consultation

A l'examen de la lettre du Président de la Commission de l'UEMOA, il apparaît qu'il existe une difficulté pour la Commission d'apprécier la possibilité pour les Etats Membres de conclure des accords séparés en matière de promotion et de protection des investissements.

En effet, au terme du huitième round de négociations de l'Accord UEMOA-Maroc qui s'est tenu à Rabat du 21 au 23 février 2007, la partie marocaine a souhaité introduire une disposition relative à la possibilité de conclure des accords séparés en matière de promotion et de protection des investissements entre le

Maroc et chaque Etat Membre de l'UEMOA. La partie UEMOA sans donner un avis, pense que cette question ne peut être réglée que dans le cadre d'une disposition communautaire et devrait faire l'objet « d'une décision » de la Cour de Justice de l'UEMOA

Il est demandé à la Cour de répondre aux questions suivantes :

1. *L'union a-t-elle une compétence exclusive pour mener des négociations en vue de la conclusion d'accords portant sur l'investissement au même titre que sur le commerce ?*
2. *Les Etats Membres peuvent-ils continuer de négocier et de conclure individuellement des accords sur la promotion et la protection des investissements avec les pays tiers, parallèlement aux accords négociés par l'Union en leur nom, sur mandat du Conseil des Ministres ?*
3. *Dans le cas où il existerait la possibilité pour les Etats Membres d'exercer également individuellement cette compétence, est-ce l'Accord communautaire qui prévaudrait en cas de litige ou de difficulté de mise en œuvre des deux types d'accords portant sur l'investissement ?*
4. *En cas d'adoption du Code communautaire d'investissement, quel sort serait réservé aux accords de promotion et de protection des investissements conclus individuellement par les Etats Membres ?*

B– Discussion

***S'agissant de la première question :* « L'Union a-t-elle une compétence exclusive pour mener des négociations en vue de la conclusion d'accords portant sur les investissements au même titre que sur le commerce ? »**

Il convient de faire observer que la Commission de l'UEMOA dispose de compétences générales exclusives en matière de construction du marché commun.

A ce sujet, il faut noter que par Avis n° 02/2000 du 2 février 2000, la Cour avait conclu sur requête de la Commission que :

- *la politique commerciale commune tant intérieure qu'extérieure de l'Union relève de la compétence exclusive de cette dernière ;*
- *sous peine de violation des dispositions de l'article 7 du Traité, les Etats Membres ne peuvent in individuellement, ni collectivement, négocier ou conclure des Accords internationaux en matière commerciale, sauf dans le cas prévu à l'article 85 du Traité ou dans celui relevant d'Accords dits mixtes couvrant à la fois des domaines relevant des compétences exclusives respectives de l'Union et des Etats membres.*

Cet avis, qui n'est que consultatif comme tous les avis émis par la Cour, a permis à la Commission de l'UEMOA de prendre des actes qui confirment l'exclusivité de sa compétence telle que prévue à l'article 84 du Traité.

Cette exclusivité en matière commerciale est-elle applicable pour les Accords portant sur les investissements ?

Pour répondre à cette question, il convient d'analyser le problème sous deux aspects :

- *d'abord sur le plan des compétences générales de l'Union ;*
- *ensuite sur le plan de ses compétences spécifiques ;*

1 – Les compétences générales de l'Union

Les Etats Membres en signant le Traité de Dakar, ont créé une entité juridique distincte de celle des Etats qui la composent et qui disposent de compétences propres.

En tant que sujet de droit international, l'UEMOA a la capacité de conclure des accords internationaux pouvant être définis comme « tout engagement ayant force obligatoire pris par un sujet de droit international », tout comme les Etats Membres peuvent également conclure des accords avec les Etats tiers ou les organismes internationaux. L'UEMOA à travers ses organes notamment la Commission, peut exercer les pouvoirs qui lui sont conférés par le Traité constitutif de l'Union (article 16 du Traité) et par les textes dérivés dans les secteurs qui touchent l'harmonisation des législations nationales, les politiques communes et les politiques sectorielles visées par le Protocole Additionnel n° II.

Tous ces domaines relèvent en principe des compétences de l'Union. Mais ces compétences sont partagées avec les Etats Membres et la répartition des domaines d'action varient selon les matières.

2 – Les compétences spécifiques

Dans les matières où l'Union bénéficie d'un transfert de souveraineté, elle dispose d'une compétence exclusive lui permettant d'agir seule à l'exclusion des Etats Membres qui se trouvent ainsi dépossédés de tout pouvoir.

C'est essentiellement en matière de politique monétaire (article 62), en matière de politique économique (articles 63 à 75), sur le Marché Commun, en matière de politique de la concurrence (articles 88, 89 et 90 du Traité) et également sur les politiques sectorielles communes qui sont définies par la Conférence des Chefs d'Etat et de Gouvernement, en vertu de l'article 24 du Protocole Additionnel N° II.

Par contre, dans les matières où l'Union dispose d'un simple pouvoir d'harmonisation ou d'orientation, elle dispose de compétences partagées avec les Etats Membres qui continuent alors d'exercer leurs prérogatives dans le respect des principes et règles communautaires.

De façon plus spécifique, en matière de politique commerciale, l'Union dispose d'une compétence exclusive édictée par l'article 84 du Traité et confirmée par l'Avis N° 02/2000 précité de la Cour pour la conclusion des Accords.

Dans le domaine de la concurrence également, les compétences exclusives de l'Union sont bien déterminées et confirmées par un avis de la Cour de Justice (Avis N° 3/2000 du 27 juin 2000).

Mais ces exclusivités légales peuvent-elles s'étendre au domaine des investissements ?

Le Traité de l'Union n'a pas consacré une disposition spécifique aux investissements. Aucun article du Traité ne prévoit un transfert de souveraineté des Etats Membres au profit des organes communautaire en matière de conclusion d'Accords portant sur les investissements. Certes, l'article 21-d du Protocole Additionnel N° II a prévu l'élaboration d'un Code Communautaire des Investissements, et dès sa première session tenue en mai 1996, la Conférence des Chefs d'Etat et de Gouvernement a défini comme priorité l'adoption d'un Code Communautaire des Investissements qui devrait régir la politique de l'Union en matière d'investissement afin de concourir à la réalisation des objectifs de l'Union. Mais le Code Communautaire des Investissements ne pouvant être qu'un acte dérivé, il ne saurait à lui seul conférer à l'Union une compétence exclusive empêchant les Etats Membres de conclure des Accords internationaux en l'absence de transfert express de souveraineté consenti par eux ; les limitations de souveraineté ne pouvant être présumées.

En outre, le fait pour le Conseil des Ministres de signer des directives qui, si elles donnent pouvoir à l'Union de conduire des négociations en vue de la conclusion d'accords en matière commerciale et en matière de promotion et de protection des Investissements, ne peut conférer la compétence exclusive qui ne peut résulter que du Traité ou d'Actes Additionnels qui relèvent du pouvoir de l'organe suprême de l'Union.

Ainsi, en vertu du transfert de souveraineté exprimé par les Etats Membres, l'Union a acquis le pouvoir de conduire la politique commune en matière commerciale et économique pour la réalisation du Marché Commun par actes juridiques communautaires. C'est ainsi qu'elle détermine notamment le Tarif Extérieur Commun (TEC), les mesures de défense commerciales (législation sur la Concurrence), l'Union Douanière, les politiques de négociation pour la conclusion d'Accords bilatéraux et multilatéraux, etc.

Au regard des différentes directives signées, l'Union en a déduit que cette compétence exclusive pouvait s'étendre logiquement au domaine des investissements, car peut-on dissocier les investissements de la politique commerciale ?

Pourtant, la prudence doit être observée dans ce domaine, car outre le fait que la matière des investissements n'ait pas fait l'objet d'une disposition spécifique du Traité, aucune autre base juridique ne peut fonder une exclusivité de la compétence de l'Union. L'article 84 du Traité a déterminé de manière non équivoque la compétence de l'Union. L'article 84 du Traité a déterminé de manière non équivoque la compétence de l'Union en matière de politique commerciale commune, mais cet article ne peut concerner *ipso facto* les investissements qui relèvent du domaine de l'industrie et embrassent aussi des secteurs très variés comme les mines et les carrières, l'agriculture, les bâtiments, etc.

Il ne peut y avoir compétence exclusive sans texte juridique, car le Traité en son article 16, a spécifié que les « organes de l'Union ne peuvent agir que dans la limite des attributions qui leur sont conférées par le Traité de l'UMOA et le Traité de l'UEMOA et ce dans les conditions prévues par ces Traités ».

Il est évident qu'il faut, pour la consolidation de l'intégration économique et la réalisation progressive d'un marché ouvert et concurrentiel dans la sous-région, accroître le rôle de l'Union et amenuiser celui des Etats Membres.

Par conséquent, dans un premier temps, il faut permettre aux Etats Membres qui le souhaitent de pouvoir mener les négociations et conclure des Accords de protection et de promotion des investissements. Mais à très court terme, l'Union devra définir les secteurs dans lesquels ils peuvent agir seuls, l'Union établira également des règles précises pour y parvenir.

En conclusion, sur le plan juridique, cette question appelle une réponse négative en l'état actuel des textes.

Il s'ensuit que l'Union n'a pas une compétence exclusive pour mener des négociations en vue de conclure des accords en matière de promotion des investissements au même titre que sur le commerce.

***Pour la deuxième question* : « Les Etats peuvent-ils continuer de négocier et de conclure individuellement des Accords de promotion et de protection des investissements avec les pays tiers parallèlement aux accords négociés par l'Union en leur nom sur mandat du Conseil des Ministres ? »**

Compte tenu de l'impératif de protection des intérêts de l'Union et face au domaine spécifique des investissements qui, s'ils concourent au développement commercial ne relèvent pas moins d'un domaine plus vaste, il faut permettre aux Etats Membres de conclure certains accords sur les investissements mais selon un cadre bien défini et suivant des directives bien précises de l'Union.

Il appartiendra à l'Union de déterminer les matières pour lesquelles les Etats Membres peuvent aller seuls aux négociations et celles pour lesquelles les Etats Membres peuvent aller seuls aux négociations et celles pour lesquelles la compétence de l'Union est requise.

Au bénéfice de ce qui précède, les domaines d'intervention de chaque partie devront être définis de façon précise et délimités par décision des organes compétences de l'Union. Ces domaines peuvent faire l'objet de réajustement au fur et à mesure de l'évolution économique des Etats et de l'avancée du processus d'intégration.

Ce qui implique que les Etats Membres, dans l'attente de la délimitation des domaines de compétences entre eux et l'Union et la définition du cadre juridique, pourront continuer à négocier et conclure individuellement des Accords en matière de promotion et de protection des investissements tout en respectant le cadre communautaire et en s'inspirant du principe de subsidiarité qui existe en droit communautaire européen à l'article 5 du Traité de Maastricht et qui consiste à réserver uniquement à l'échelon supérieur (l'Union), ce que l'échelon inférieur (les Etats membres), ne pourrait effectuer que de manière moins efficace.

En résumé, compétence partagée selon les matières et les priorités de l'Union.

Quant à la troisième question : **« Dans le cas où existerait la possibilité pour les Etats Membres d'exercer également individuellement cette compétence, est-ce que l'Accord communautaire prévaudrait en cas de litige ou de difficulté de mise en œuvre des deux types d'accords portant sur les investissements ? »**

Dans l'hypothèse où il surviendrait des contrariétés entre ces deux types d'Accords ou de difficulté de leur mise en œuvre, le principe de la primauté du droit communautaire sur le droit interne des Etats devrait s'appliquer, et les Accords conclus par l'Union prévaudraient sur ceux conclus individuellement par un Etat Membre. Il appartiendra aux Etats concernés d'harmoniser les Accords conclus par eux, avec ceux de l'Union avant leur mise en œuvre.

Enfin, la quatrième question : **« En cas d'adoption du Code Communautaire d'Investissements, quel sort serait réservé aux Accords de promotion et de protection des investissements conclus individuellement par les Etats Membres ? ».**

Le Code Communautaire d'Investissement est en chantier depuis 1997 et n'est toujours pas adopté. Ce retard traduit la difficulté qui existe dans l'harmonisation d'un domaine aussi complexe et varié que celui des investissements qui touche aux prérogatives des Etats Membres dont la souveraineté en ce domaine n'a pas été expressément confiée à l'Union.

Pour que le Code Communautaire des Investissements puisse s'appliquer de façon uniforme à chacun des Etats Membres, il faudrait qu'il soit élaboré sous forme de « Charte des Investissements » qui devrait définir le cadre juridique et les principes fondamentaux de l'Union en matière d'investissement. Ce cadre et ces principes devront servir de fondement pour tous les Etats Membres dans l'élaboration de leurs Codes nationaux, conformément aux principes communautaires. L'objectif principal du Code Communautaire d'Investissements (CCI) sera d'établir dans les Etats membres, un environnement juridique et judiciaire sécurisé afin de les doter d'économies plus compétitives sur le plan international.

En ce qui concerne les Accords conclus individuellement par les Etats Membres, le Code Communautaire des Investissements devrait prévoir des dispositions transitoires qui régleront le sort de ces Accords conclus avant son entrée en vigueur.

En conclusion

La Cour est d'avis que :

- *Compte tenu du fait qu'aucune disposition du Traité ne confère à l'Union des pouvoirs pour conduire des négociations en matière d'investissements, on ne peut pas reconnaître une compétence exclusive de négocier et de conclure des accords de promotion et de protection des investissements à l'Union au même titre que pour les accords commerciaux de l'article 84 du Traité.*
- *En attendant que ces compétences lui soient confiées par l'organe compétent, l'Union devra concéder un partage de compétences. Pour cela, elle devrait définir les domaines dans lesquels les Etats Membres doivent pouvoir négocier individuellement et ceux pour lesquels la compétence revient à l'Union ;*

  En conséquence, les Etats Membres peuvent continuer de conclure des négociations en vue de conclure des accords en matière d'investissements dans le respect des directives édictées et des Accords conclus par l'Union.
- *En cas de contrariétés de dispositions entre les Accords conclus individuellement et ceux conclus par l'Union, la priorité revient aux Accords conclus par l'Union en vertu du principe de la primauté du droit communautaire sur le droit interne, et du principe de coopération prévus respectivement aux articles 6 et 7 du Traité ;*
- *Le Code Communautaire des Investissements devra prévoit des dispositions transitoires qui régleront le sort des accords conclus antérieurement à son adoption ;*

OBSERVATIONS

La Cour de justice de l'UEMOA était invitée, dans cette affaire, à se prononcer sur la question des compétences de l'Union – et des Etats membres – dans le domaine de la politique en matière d'investissements. Plus précisément, la question posée était de savoir si, en dépit du silence des textes sur le point, on pouvait considérer que le domaine de la protection et de la promotion des investissements était un secteur dans lequel l'UEMOA avait une compétence exclusive, impliquant dès lors l'impossibilité pour les Etats membres de conclure individuellement tout accord y relatif. On sait que la Cour a eu à se pencher sur un problème analogue, touchant la politique commerciale (Avis du 2 février 2000). Elle avait conclu, on s'en souvient, au caractère exclusif de la compétence de l'Union, et donc, à l'irréversibilité des concessions faites par les Etats en la matière. La saisine de la Cour s'explique dans ce cas-ci par le fait qu'au cours de négociations entre l'Union et le Royaume du Maroc, celui-ci a souhaité garder la possibilité de conclure avec les Etats membres individuellement pris des accords particuliers, possibilité qui impliquait que ces Etats gardassent une compétence au moins résiduelle en matière de politique d'investissement.

En vérité, il n'y avait pas une, mais quatre questions soumises à la Cour. Dans sa lettre, le Président de la Commission – dont, comme on l'a souligné, il n'est curieusement pas dit dans l'Avis qu'il agit au nom et sur demande de la Commission, qui est l'organe formellement habilité à demander des avis – avait également souhaité obtenir un certain nombre d'éclairages sur l'éventualité que les Etats puissent encore conclure des accords à part. Il s'interrogeait également sur l'éventualité d'une contrariété entre un accord conclu par l'Union et un ou plusieurs accords bilatéraux, ainsi que sur l'incidence de l'adoption, dans le futur, d'un code communautaire des investissements.

Sur le premier point, qui était central, la Cour va adopter une position équilibrée, et qu'il faut certainement saluer. Partant du principe que les sacrifices de souveraineté ne se présument pas, elle relève qu'en l'absence de toute disposition de droit primaire indiquant que les Etats se sont dépossédés de leurs compétences en matière de politique d'investissement, il convient de conclure à l'inexistence de toute compétence communautaire exclusive et donc, au droit des Etats de continuer, au moins dans certains aspects de la politique d'investissement, à mener une action individuelle.

La réponse que donne la Cour mérite d'être approuvée. Le risque demeurait en effet, que le juge ne reprenne la logique qui a présidé à l'Avis du 2 février 2000, qui avait conclu à l'exclusivité de la compétence de l'UEMOA en matière de politique commerciale. L'on pouvait craindre que la Cour ne tombe dans le piège de l'interprétation systémique, que, partant d'une analyse plus ou moins « générale » ou finaliste des pouvoirs et compétences de l'Union, elle ne conclue par l'affirmation d'une compétence de l'Union, insusceptible d'être partagée avec les Etats membres. Fort heureusement, l'interprétation stricte s'est avérée judicieuse. On regrettera seulement qu'à un moment de son raisonnement, la Cour écrit que dans le débat en question, *« l'Union (...) a déduit que cette compétence exclusive pouvait s'étendre logiquement au domaine des investissements »*. En fait, ce n'est pas « l'Union » qui a parlé, mais sans doute « la Commission » seule. Or, la Cour a précisément infirmé cette manière de voir, en considérant que les Etats restaient compétents.

On se félicitera d'une autre caractéristique de l'Avis rendu : c'est le rappel de la jurisprudence du 2 février 2000. On ne redira pas ici les mérites de tels rappels : la Cour, ce faisant, se ménage une mémoire jurisprudentielle, montre qu'elle sait établir un lien entre les causes qui lui sont soumises, et qu'il y a une logique qui sous-tend ses sentences. C'est ainsi que se construit une « politique jurisprudentielle ».

A la deuxième question posée, la Cour pouvait sans doute répondre simplement, en indiquant seulement que la compétence de l'Union n'étant pas exclusive, les Etats pouvaient continuer à conclure individuellement des accords d'investissement. Elle se montre cependant un peu plus audacieuse, et il convient, là encore, de l'en féliciter. Véritable aiguilleur de l'organe politique, la Cour va dire à la Commission que la situation nécessite une intervention de l'autorité supra nationale, qu'une définition des domaines de compétence respectifs de l'UEMOA et des Etats membres s'avère impérative. Elle va même jusqu'à poser le principe qui doit gouverner cette répartition des compétences : le principe dit de subsidiarité. Celui-ci veut que l'intervention de l'UEMOA n'ait lieu qua dans la mesure où le cadre national de l'Etat membre ne s'avère pas propice ou fécond pour l'action envisagée, et que l'organisation internationale n'agisse que dans les strictes limites des compétences qui lui sont conférées par les textes. Le principe de subsidiarité, on le devine, vient donc au secours des Etats membres, il apaise leurs appréhensions éventuelles, de voir l'organisation s'arroger des pouvoirs qu'elle n'a pas. L'on aurait cependant aimé voir le juge citer un texte de l'UEMOA elle-même, et non *« l'article 5 du Traité de Maastricht »* ; on ne voit pas pourquoi un principe qui n'a rien d'absolu devrait nécessairement être appliqué ici.

De la même manière, on peut penser que le rappel des dispositions du Traité de l'UEMOA s'imposait lorsque la Cour, répondant à la troisième question, devait préciser le rapport hiérarchique entre les accords conclus par l'Union et ceux conclus par les Etats membres. Le principe de primauté des premiers est évoqué, mais sans qu'aucun texte ne soit cité.

Enfin, la Cour s'est penchée sur les incidences éventuelles de l'adoption d'un code des investissements par l'UEMOA. A bien regarder les développements sur ce point, on se rend pourtant compte qu'elle aurait pu être plus explicite, en répondant notamment de manière directe et claire à la question de savoir ce qu'il adviendrait des accords individuellement conclus par les Etats membres. Sans doute une réponse expresse aurait-elle couru le risque d'être en quelque sorte démentie par les dispositions mêmes du code en gestation, lequel aurait pu s'écarter de tels principes généraux de résolution des conflits de normes. On sait que le relativisme prévaut dans une large mesure en la matière et que, par exemple, des dispositions comme celles de la convention de Vienne sur le droit des traités ne sont, sinon dans l'absolu du moins en pratique, que supplétives de la volonté des parties. Le juge aurait pu cependant indiquer tout cela, et faire ainsi la preuve qu'il « affronte » bien la redoutable question qui lui était aussi posée.

JURISPRUDENCE DE LA COUR DE JUSTICE DE LA CEDEAO

ARRÊT N° 01/04/04

***

Dans l'affaire Mr Afolabi Olajide
Représenté par Maître Alex Ikay Molukwu, Avocat,
partie requérante
Contre République Fédérale du Nigeria
Représentée par Maître J. K. Ehicheoya
Avocat au Ministère Fédérale de la Justice,
partie défenderesse

Composition de la Cour

- Juge H.N. Donli, Présidente
- Juge Awa Daboya Nana, Membre
- Juge Aminata Mallé, Membre
- Tony Anene-Maidoh, Greffier en Chef

Arrêt

Le 09 août 2003, le sieur Afolabi Olajide, un homme d'affaires, a pris des engagements avec ses fournisseurs se trouvant en République du Bénin auprès desquels il a passé commande de marchandises, qui devraient lui être livrées à une date convenue.

Il a entrepris son voyage en direction du Bénin lorsqu'arrivé à la frontière de Sémè il trouva celle-ci fermée par un communiqué de presse du Ministère des Affaires Etrangères du Nigéria. Aux termes de ce communiqué : « La République Fédérale du Nigéria a jugé nécessaire de fermer ses frontières avec le Bénin jusqu'à nouvel ordre ».

Le Sieur Olajide Afolabi n'a pu poursuivre son voyage au Bénin, car il s'est vu empêcher l'accès par les agents de sécurité en poste à la frontière de Sémè. En dépit des explications données sur les motifs de son déplacement, notamment les engagements fermes qui le liaient à ses fournisseurs au Bénin, les agents de police ne l'ont pas autorisé à franchir la frontière.

Ayant subi des pertes énormes pour n'avoir pu honorer ses engagements, il a, en tant que citoyen de la Communauté, décidé d'introduire une requête auprès de la Cour de Justice de la Communauté, en se fondant sur les articles 9 du Protocole A/P.1/7/91 et 56 (devenu 76) du Traité Révisé.

Aux termes de l'article 15.2 du Traité Révisé, le statut, la composition, les compétences, la procédure et les autres questions concernant la Cour sont définis dans le Protocole y afférent.

Aux termes également de l'article 9 du Protocole A/P.1/7/91 précité :

(1) La Cour assure le respect du droit et des principes d'égalité dans l'interprétation et l'application des dispositions du Traité.

(2) Elle connaît outre des différends dont elle est saisie, conformément aux dispositions de l'article 56 du Traité (76 du Traité Révisé), par les Etats Membres ou par la Conférence lorsque ces différends surgissent entre les Etats Membres ou entre un ou plusieurs Etats membres et les institutions de la Communauté, à l'occasion de l'interprétation ou de l'application des dispositions du Traité.

(3) Un Etat membre peut, au nom de ses ressortissants, diligenter une procédure contre un autre Etat Membre ou une institution de la Communauté, relative à l'interprétation et à l'application des dispositions du Traité, en cas d'échec des tentatives de règlement à l'amiable.

(4) La Cour a toutes les compétences que les dispositions du présent Protocole peuvent de manière spécifique, lui conférer.

C'est en se fondant sur les dispositions de l'article 9 dudit Protocole, que le sieur Olajide Afolabi, a introduit une requête tendant à obtenir réparation du préjudice subi ; il sollicite à ce qu'il plaise à la Cour de :

(a) Déclarer que la fermeture unilatérale par le Gouvernement Fédéral du Nigéria de sa frontière avec la République du Bénin du 9 au 15 août 2003 est illégale et constitue une violation des articles 3 (2) d) (ii) et 4 (g) du Traité Révisé.

(b) Déclarer que la fermeture par la République Fédérale du Nigéria de sa frontière avec la République du Bénin intervenue du 9 au 15 août 2003 constitue une violation du droit à la libre circulation de la personne du requérant et des marchandises, du droit d'entrée et de sortie tel que garanti par le Traité Révisé de la Communauté Economique des Etats de l'Afrique de l'Ouest (CEDEAO) sur la libre circulation des personnes et des biens et de l'article 12 de la Charte Africaine des Droits de l'Homme et des Peuples adoptées par la République fédérale du Nigéria en 1990.

(c) Enjoindre à la République Fédérale du Nigéria de ne pas fermer à nouveau sa frontière avec la République du Bénin.

(d) Condamner la défenderesse, en l'occurrence, la République Fédérale du Nigéria, à lui payer la somme de N 5.000.000 (cinq millions de Nairas).

Sur l'exception préliminaire et les conclusions écrites de l'avocat de la partie défenderesse

Le défendeur en réplique, a soulevé une exception préliminaire en date du 27 novembre 2003 tendant à voir la Cour se déclarer incompétente et demande que la requête soit déclarée irrecevable.

Dans ses conclusions écrites du 27 novembre 2003, le défendeur a mis l'accent sur l'application stricte de l'article 9.3 du Protocole, confortées par les documents A et C en annexe.

Par ailleurs, il souligne que l'exception soulevée ne porte pas sur le *locus standi*, mais sur la compétence de la Cour.

Il a réitéré que le requérant n'a pas un accès direct à cette Honorable Cour car le droit d'accès suppose à la fois la qualité et l'intérêt à agir. En effet, la capacité d'être sujet de droits n'implique pas nécessairement celle de les exercer soi-même, affirme en bonne jurisprudence la CPJI dans l'Affaire Université Peter Pazmany contre Etat Tchécoslovaque. Série A/B N° 61 tout comme dans l'Affaire Faloye contre Omoseni (2001) 9 du journal NWLR (PT717) 190 ; et dans l'Affaire Lawal contre Oke (2001) 7 du journal NWLR PT (711) 88.

Il a en plus affirmé qu'aux termes de l'article 9 du Protocole, la seule circonstance qui donne un accès direct à un citoyen est lorsque son Etat diligente une procédure en son nom. Il a étayé ses arguments en affirmant qu'aucune disposition spécifique du Protocole ne confère compétence à la Cour pour connaître des requêtes introduites par les citoyens ou les particuliers en dehors des dispositions pertinentes de l'article 9 du Protocole.

En ce qui concerne la compétence propre, il a soutenu que la compétence est statutaire et est conférée de manière spécifique. Il affirme que la Cour ne peut pas sur la base de sa compétence propre, se prévaloir des compétences qui ne lui sont pas conférées de manière spécifique par le Traité ou par le Protocole. Il conclut au rejet de la requête du sieur Afolabi Olajide ainsi qu'à sa condamnation aux entiers dépens.

En réplique à l'exception préliminaire soulevée par l'Avocat du défendeur, Maître Alex Ikay Molokwu agissant pour le compte du requérant, a fait ressortir de nouveaux points à examiner en raison de la complexité de l'affaire. Il s'est opposé à l'exception préliminaire et fait valoir les moyens de droit invoqués dans ses conclusions en date du 28 novembre 2003, particulièrement l'emploi du verbe « peut » à l'article 9.3 du Protocole A/P.1/7/91. Il affirme que l'usage de ce verbe implique une faculté et non une obligation.

Il ajoute qu'au cas où un individu introduit une requête contre son propre Etat et dans la mesure où ce dernier ne peut être à la fois juge et partie, il revient alors à l'individu de saisir directement la Cour.

Par ailleurs, dans ses conclusions écrites du 12 février 2004, le conseil du requérant s'appuyant sur l'article 9.3 du Protocole, soutient que son client a le droit de comparaître devant la Cour de céans.

Il fait valoir également que la question de compétence est basée sur le *locus standi,* ou le droit de comparaître devant une juridiction. Qu'à cet égard, il est fondé à comparaître devant la présente Cour.

Selon lui, les dispositions de l'article 9.3 du Protocole sous-entendent l'interprétation du verbe « peut » dans le sens de l'extension des compétences de la Cour et que dès lors, son client est fondé à saisir la Cour. Il cite à l'appui les règles d'interprétation relatives à l'Affaire R contre Banbury (des habitants de la cité Banbury) 1834 1 A & E, pages 136 à 142 où Parke J a écrit que : « Les critères d'interprétation font en sorte que les lois signifient ce qu'elles désignent ».

Ce même point de vue est partagé par Lord Green M.R. dans l'affaire Re A Debtor No 335 de 1947-1948 2 A11 ER pages 533 à 536.

En ce référant toujours au verbe « peut », l'Avocat du requérant note qu'il a un sens permissif qui implique le droit d'ester en justice ; à cet effet, il illustre se spropos par l'Affaire BAKARE contre LE PROCUREUR GENERAL DU NIGERIA et 2 autres (1990) 5 NWLR (SECTION 152) pages 516 à 545 PARAGRAPHES E-G où il a été décidé que :

> *Bien que le mot « peut » pourrait avoir le sens de « droit », il s'agit d'une expression permissive et d'habilitation...*

Il en est de même dans l'ouvrage Halsbury Laws of England, 3ème Edition, Volume 433 où le mot « peut » signifie de prime abord que « l'instance qui a le pouvoir de faire un tel acte a le choix de le faire ou de ne pas le faire… ».

Selon toujours l'Avocat du requérant, l'interprétation donnée par le défendeur vise à empêcher son client de faire valoir ses droits légitimes devant cette Cour alors que celle-ci est tout à fait indiquée pour entendre sa cause en tant que citoyen de la Communauté.

Il poursuit en disant que la Cour ayant une compétence d'attribution elle doit se déclarer compétente pour connaître de l'affaire.

A la question de savoir si seuls les Etats membres peuvent saisir la Cour, l'Avocat a soutenu que l'article 9.3 du Protocole n'a pas mentionné de manière spécifique que seuls les Etats membres y ont accès. A cet égard, il s'est référé à l'article 34 du Statut de la Cour Internationale de Justice qui dispose de manière spécifique que « seuls les Etats membres ont accès à la Cour ».

Il demande à la Cour d'accueillir favorablement sa requête dans la mesure où l'article 9.3 du Protocole ne dispose pas aussi clairement que l'article 34 précité du Statut de la Cour Internationale de Justice.

Concernant l'application de l'article 9.1 du Protocole relatif au respect du droit et des principes d'équité dans l'interprétation et l'application des dispositions du Traité, il a mis en évidence le fait que la Cour possède une compétence propre qui lui permet de connaître de l'affaire dont elle est saisie.

Examen des questions soulevées

La Cour après examen de toutes les questions soulevées par les parties y compris les points saillants relatifs à l'exception préliminaire, estime que :

- *S'agissant de l'application de l'article 9.1 du Protocole se rapportant particulièrement à l'équité, qu'il est indéniable que l'équité suit toujours la loi et non le contraire.*
- *Cette affirmation est d'autant plus juste qu'elle signifie que l'équité ne s'applique pas là où il y a la loi. En conséquence, l'argumentation du requérant sur l'application de l'article 9.1 doit être rejetée.*

Examen des problèmes juridiques

La question qui se pose à la Cour après examen de l'exception préliminaire est de savoir si elle a compétence pour connaître du fond de l'affaire introduite par le sieur Olajide Afolabi, le requérant.

Il est un principe de droit clairement établi selon lequel une Cour n'a compétence, que lorsqu'elle est régulièrement composée et ce :

1. *eu égard au nombre et à la qualification de ses membres ;*
2. *quand l'objet de l'affaire rentre bien dans le cadre des compétences de la Cour ;*
3. *quand l'affaire a été introduite devant la Cour selon les règles de procédures prévues par la loi.*

Il demeure établi qu'en droit, le défaut de compétence dans une affaire entraîne ipso facto, la nullité de l'action et de la procédure quelle que soit la manière dont elles ont été conduites.

Dans le cas d'espèce, la requête a été introduite par le sieur Afolabi, individu ès qualité tandis que le défendeur dénie à la Cour toute compétence au motif que seul un Etat membre est habilité à ester au nom de ses ressortissants.

Ce point de discorde amène la Cour à examiner les dispositions par rapport à l'article en question, y a-t-il lieu de recourir à l'interprétation dudit article ? Si non quand est-ce que la Cour peut-elle recourir aux règles d'interprétation ?

Dans une étude menée par Fitzmaurice sur les décisions de la Cour Internationale de Justice impliquant l'interprétation des Traités, il a été décelé cinq principes d'interprétation qui sont :

4. *La réalité (ou l'interprétation textuelle) ;*
5. *Le sens naturel ou odinaire ;*
6. *L'intégration (ou l'interprétation du Traité dans son intégralité) ;*
7. *L'effectivité (ut res magis valeat quam pereat) ;*

8. *L'aspect contemporain (Interprétation des textes et des termes en fonction de leur sens normal à la date de la décision).*

S'agissant des principes 1 et 2 il est précisé à la page 70 de la 3° édition de l'ouvrage de Cross On Statutory Interpretation écrit par John Bell et George Engel dans l'Affaire Sussex Peerage page 50, que :

> *... Lorsque les mots contenus dans une loi sont clairs et sans ambiguïté, il n'est plus nécessaire de s'adonner à une autre interprétation ; mais en cas de doute sur les termes utilisés par le législateur, il y a lieu de rechercher l'esprit et la raison d'être qui fondent cette loi....*

Ce point de la question conduit la Cour à examiner les principes d'une autre méthode d'interprétation appelée la règle d'interprétation fonctionnelle ou « Mischief Rule ». Cette règle permet l'abandon de la règle littérale lorsque l'application du mot au sens littéral serait inconciliable ou incompatible avec certaines autres dispositions de la loi ou aboutirait à une absurdité. La conséquence habituelle qui découle de l'application de la règle d'interprétation fonctionnelle est la prise en considération de la finalité générale de la loi en vue d'en reconstituer l'esprit.

Hormis l'absurdité que l'interprétation de la règle de droit pourrait produire du fait de l'application de l'interprétation littérale, cela pourrait s'avérer contradictoire et insuffisant ; d'où le recours à la règle d'or. Ainsi dans l'Affaire Mitchell contre Torup (1766) Park pages 227 à 233, Parker CB disait :

> *En interprétant les textes législatifs dans lesquels des mots sont utilisés de manière simple et claire, ceux-ci doivent être compris dans leur sens propre et naturel. Toutefois en cas de contradiction ou de non-conformité qui découlerait d'une interprétation erronée du fait de l'existence de certaines clauses, on peut déduire, que l'intention du législateur était tout autre.*

L'Avocat du défendeur a souligné que les dispositions de l'article 9.3 du Protocole sont claires et sans ambiguïté ; ce qu'a reconnu le conseil du requérant même si, par ailleurs, il a mis l'accent sur le verbe « peut » qui implique une faculté et non une obligation.

Aussi note-t-il qu'au cas où il initie une procédure contre son propre Etat, donner un sens naturel au verbe « peut », conduirait à une situation où l'Etat membre serait à la fois juge et partie.

Dès lors une telle situation n'est pas admissible en droit, d'où le recours à l'équité.

Par contre, l'Avocat du défendeur a demandé à la Cour de ne pas s'adonner à une quelconque interprétation de cette disposition qui est claire en ce sens que seuls les Etats membres ont le droit de saisine directe.

A cet égard, il cite l'article 34 du Statut de la Cour Internationale de Justice aux termes duquel : « Seuls les Etats peuvent être parties pour les affaires portées devant la Cour ». Par conséquent, si cette disposition n'est pas expressément prévue à l'article 9.3 du Protocole, l'Avocat du requérant n'est pas fondé à s'en prévaloir.

En outre en se référant à l'article 9.1 du Protocole pour illustrer la fjustesse de sa cause, l'Avocat du requérant conclut qu'il serait inadmissible de la part de la Cour de ne pas faire droit à sa requête.

Or aux termes de l'article 9.1. du Protocole :

> *La Cour assure le respect du droit et des principes d'équité dans l'interprétation et l'application des dispositions du Traité.*

Décision de la cour

Attendu que l'Avocat du défendeur, Maître J.K. Ehicheoya sollicite le rejet de la requête introduite par le Sieur Afolabi au motif que ce dernier est un ressortissant de la République Fédérale du Nigéria. Qu'en d'autres termes le Sieur Afolabi, même en sa qualité de citoyen de la Communauté, n'est pas fondé à assigner son propre Etat devant cette Cour sur la base de l'article 9.3 du Protocole.

Attendu en effet que l'article précité dispose que : « Un Etat Membre peut, au nom de ses ressortissants, diligenter une procédure contre un autre Etat membre ou une institution de la Communauté… ».

Attendu que cet article met en relief trois idées principales, à savoir que :

- *Seul un, Etat membre de la Communauté peut diligenter une procédure au nom de ses ressortissants ;*
- *L'individu doit avoir la nationalité de l'Etat intervenant ;*
- *La procédure ne peut être diligentée que si et seulement si il y a échec des tentatives de règlement diplomatique ou à l'amiable du différend qui oppose le ressortissant de l'Etat intervenant contre un autre Etat ou une institution de la Communauté.*

Délibérations de la cour

Attendu que cet article ne recèle aucune ambiguïté quelconque qui nécessite le recours aux règles d'interprétation.

Attendu qu'en l'espèce les parties signataires du Protocole sont les Etats membres de la Communauté Economique des Etats de l'Afrique de l'Ouest (CEDEAO). Il incombe à la cour de rechercher la véritable intention des parties signataires.

Attendu que l'article 9.3 du Protocole consacre l'absence de saisine directe de la Cour par les individus ; que cet article clair dans sa formulation ne donne lieu à aucune interprétation possible même si l'individu en sa qualité de citoyen de la Communauté est lésé, et ne dispose en l'état actuel d'aucun droit de recours contre les Etats membres ou les institutions de la Communauté.

Attendu que le rôle de la Cour tel que prévu par le Protocole en son article 9.1 est « d'assurer le respect du droit et des principes d'équité dans l'interprétation et l'application des dispositions du Traité » ; et qu'à ce titre, elle n'a nullement vocation de légiférer.

Attendu que c'est à tort que l'Avocat du Sieur Afolabi demande à la Cour d'adopter une méthode d'interprétation extensive de l'article 9.1 du Protocole estimant qu'il s'apparente à l'article 164 du Statut de la Cour de Justice des Communautés Européennes.

En 1992, Lord Griffiths dans l'affaire Pepper contre Hart (1993), A11 ER 42 page 50 disait :

> *Il y a belle lurette que les Juges adoptaient la méthode d'interprétation ferme en se référant au sens littéral des termes. Les juges adoptent à présent une approche pragmatique basée sur une méthode fonctionnelle d'interprétation qui vise à reconstituer l'esprit du texte. Dans l'Affaire Stradling contre Morgan, une interprétation restrictive de la loi a été adoptée, alors que dans l'affaire Heydon, une interprétation élargie a été appliquée pour ouvrir la voie à d'autres interprétations.*

Dans l'affaire Beck contre Smith, Park B (comme on l'appelait auparavant) disait :

> *Il est nécessaire lors de l'élaboration d'une loi, de se conformer au sens ordinaire du mot utilisé, et à la structure grammaticale, à moins que cela ne soit en contradiction avec l'intention du législateur, pour permettre la compréhension de la loi elle-même.*

Les parties signataires du Protocole sont les Etats membres de la Communauté Economique des Etats de l'Afrique de l'Ouest (CEDEAO). Il revient à la Cour de rechercher la véritable intention des parties signataires du Protocole.

La lecture de l'article 9.3 du Protocole permet d'affirmer que les citoyens n'ont pas la possibilité de poursuivre en justice un Etat membre. Cet article clair ne donne lieu à aucune interprétation possible même si le citoyen lésé est dépourvu à l'heure actuelle de tout recours contre les Etats membres ou les institutions de la Communauté.

Le sens de l'article en question dans sa totalité étant clair, même s'il donne effet aux mots utilisés dans leur sens naturel et ordinaire, c'est-à-dire le principe de Fitzmaurice N° 2 au paragraphe susmentionné, en notre sens, les parties signataires ont seulement prévu les Etats membres malgré que cela paraisse être un tort à l'endroit des particuliers et ressortissants de la Communauté.

La Cour n'est pas là pour changer les dispositions du Protocole, mais pour les appliquer lorsqu'elles sont claires ou les interpréter lorsqu'elles sont difficiles à comprendre et ambiguës. Par sa requête, le Défendeur touche une question importante relative à son droit à la libre circulation et celui de ses biens et son droit de contester une infraction sur sa personne. La Cour a pour rôle de dire le droit et de l'interpréter mais n'a pas vocation de légiférer.

Or attendu que cette Cour s'est basée sur les dispositions dudit article 164 pour élargir ses compétences et couvrir des entités non prévues par le Traité. Aux termes de l'article 164 : « Dans l'interprétation et l'application des dispositions du Traité, la Cour assure le respect du droit et des principes d'équité ». La Cour s'est servie de cette disposition pour élargir ses compétences pour couvrir les entités qui n'ont pas été citées dans le Traité. La disposition a également été utilisée pour combler certaines lacunes figurant dans les traités mais certaines décisions ont suscité beaucoup de critiques.

Mais attendu qu'en l'espèce la Cour de céans ne saurait adopter une telle approche.

S'agissant de l'équité, attendu que le recours à l'article 9.1 n'autorise pas la correction de l'article 9.3 du Protocole qui fonde la règle de procédure de saisine de la Cour de céans par les ressortissants de la Communauté.

Concernant l'application de l'équité, nous avons fait des commentaires d'ordre général sur les points susmentionnés et nous maintenons en plus que l'application de ces principes dans le cadre du droit international n'est pas claire. Dans l'ouvrage Cases and materials on international law, de Martin Dixon & Robert McCorquodale page 45, il a été souligné que : « le fait que les tribunaux fassent souvent recours à l'équité ne veut pas dire que l'équité est une source reconnue du droit et qu'elle est nécessaire pour l'application de l'équité. Comme mentionné dans l'ouvrage Hansbury and martin sur l'Equité Modern, 6ème édition, de Jill E. Martin page 27 « l'équité peut ne pas trouver son fondement dans le droit législatif… sauf dans des circonstances exceptionnelles ».

Attendu que recourir à l'équité sous son aspect *contra legem* implique une solution contraire ou du moins totalement indépendante des dispositions du Protocole.

Les fondements de la décision

Décision de la cour

Attendu qu'ainsi dit, c'est dépasser les exigences raisonnables de l'équité que d'y recourir aveuglément.

Attendu que d'une manière générale la doctrine conteste au juge un tel pouvoir estimant que c'est une dénaturation de la fonction juridictionnelle. Au demeurant, les juges ou les arbitres répugnent à y recourir.

Qu'en effet, le juge ne peut rechercher l'équitable que dans les limites raisonnables de la règle générale et objective qu'il applique (Cf. CIJ Barcelona Traction. Rec. 1970 pp. 84-86).

Attendu en conséquence, que l'équité est inapplicable au cas d'espèce.

Attendu que la compétence de la Cour de Justice de la Communauté, est prévue par l'article 9 du Protocole lequel lui confère une compétence d'attribution ; qu'en effet, l'alinéa 4 dudit article 9 dispose : « La Cour a toutes les compétences que les dispositions du présent Protocole peuvent, de manière spécifique, lui conférer ». Qu'à ce titre, c'est à tort que le requérant affirme que la Cour est compétente en se fondant sur l'alinéa 3 dudit article 9 pour introduire une requête contre son propre Etat.

Attendu en définitive qu'au regard de toutes ces considérations, la Cour déclare que seuls les Etats membres peuvent ester en justice au nom de leurs ressortissants. Qu'en conséquence, il y a lieu de faire droit à l'exception préliminaire soulevée par la République Fédérale du Nigéria.

Attendu que le locus standi suppose à la fois une qualité et un intérêt à agir ; qu'en l'espèce, le sieur Afolabi ne justifie nullement d'une qualité pour agi. Qu'en effet, l'article 9.3 du protocole consacre l'absence de saisine directe de la Cour par les ressortissants de la Communauté.

Attendu que ledit article méconnaît l'individu commet agent juridique original. Qu'il aménage plutôt une procédure de saisine indirecte au profit de l'individu qui se trouve obligé de passer par son Etat.

Attendu qu'en conséquence, l'examen du dossier permet de conclure que le locus standi dont se prévaut le requérant n'est nullement justifié en l'espèce.

Sur les dépens

Attendu qu'aux termes de l'article 66.4 du Règlement de la Cour : « La Cour peut répartir les dépens ou décider que chaque partie supporte ses propres dépens… ».

Qu'en application de son pouvoir discrétionnaire, la Cour décide que chaque partie supporte ses propres dépens.

Par ces motifs,

La Cour statuant publiquement, contradictoirement, en dernier ressort :

La Cour ayant examiné l'affaire introduite par le Requérant Afolabi contre la République Fédérale du Nigéria, le Défendeur présentée comme suit :

a. *La requête dans laquelle le requérant demande à la Cour de déclarer que la fermeture unilatérale par le Gouvernement Fédéral du Nigéria de sa frontière avec la République du Bénin du 09 au 15 août 2003 est illégale et constitue une violation de l'Article 3 (2) (d) (iii) et l'Article 4 (g) du Traité de la Communauté Economique des Etats de l'Afrique de l'Ouest (CEDEAO) en date du 24 juillet 1993 et dont le Nigéria est signataire.*

b. *Déclarer que la fermeture par la République Fédérale du Nigéria de sa frontière avec la République du Bénin intervenue du 9 au 15 août 2003 constitue une violation du droit à la libre circulation de la personne du requérant et des marchandises, du droit d'entrée et de sortie tel que garanti par le Traité Révisé de la Communauté Economique des Etats de l'Afrique de l'Ouest (CEDEAO) sur la libre circulation des personnes et des biens et l'article 12 de la Charte Africaine des Droits de l'Homme et des Peuples adoptée par la République Fédérale du Nigéria en 1990.*

c. *Une injonction contraignant la République Fédérale du Nigéria à ne pas fermer à nouveau sa frontière avec la République du Bénin.*

d. *Demande une amende de N 5.000.000 (cinq millions de Nairas) contre le défendeur.*

En la forme uniquement

Reçoit l'exception préliminaire soulevée par la République Fédérale du Nigéria.

En conséquence, déclare irrecevable la requête de Monsieur Afolabi Olajide.

Sur les dépens

Dit que chaque partie supportera ses propres dépens.

Ainsi jugé et prononcé en audience publique à Abuja, ce jour d'hui du 27 avril 2004.

Ont pris part au délibéré :

- Juge H.N. Donli, Présidente
- Juge Awa Daboya Nana, Membre
- Juge Aminata Mallé, Membre
- Tony Anene-Maidoh, Greffier en Chef

Fait à Abuja, ce jour 27 avril 2004

OBSERVATIONS

Le premier arrêt rendu par la Cour de Justice de la CEDAEO l'a été à la suite d'une requête déposée par un citoyen nigérian, M. AFOLABI, contre une décision prise par le Gouvernement de son pays, de fermer sa frontière avec la République du Bénin. Cette décision aurait fortement porté préjudice au requérant, M. AFOLABI, dans la mesure où non seulement il n'a pu se rendre au Bénin, mais qu'il a eu à s'acquitter d'autres frais, causés précisément par l'impossibilité dans laquelle il s'est trouvé d'aller quérir ses marchandises.

Pour contester la décision des autorités nigérianes, le demandeur se fonde sur l'article 12 de la Charte africaine des droits de l'Homme, l'article 3 iii) du Traité révisé de la CEDEAO, ainsi que sur le Protocole relatif à la libre circulation des personnes dans la Communauté. M. AFOLABI réclame en conséquence une indemnisation de son préjudice, à hauteur de la somme de cinq millions de Nairas (la monnaie nigériane).

L'affaire ne sera malheureusement pas jugée sur le fond, pour une raison simple : les particuliers, personnes privées, ne sont pas admis à agir devant la Cour. La possibilité d'accès au prétoire de la juridiction communautaire est évoquée à l'article 9 § 3 du Protocole de 1991 relatif à la Cour, et elle l'est dans ces termes :

> *Un Etat membre peut, au nom de ses ressortissants, diligenter une procédure contre un autre Etat membre ou une institution de la Communauté, relative à l'interprétation et l'application des dispositions du Traité, en cas d'échec des tentatives de règlement à l'amiable.*

Pour les personnes privées, l'accès à la Cour reste donc « indirect », « médiat », il ne peut se concevoir que par le truchement de l'Etat dont elles sont ressortissantes. Le mécanisme est donc proche de celui de la « protection diplomatique », cette institution du droit international qui permet à un Etat de prendre fait et cause pour son ressortissant, dans un litige qui oppose initialement ce dernier à un autre Etat. Le mécanisme, on le voit bien, n'a vraiment de sens que lorsque, précisément, la juridiction internationale n'admet que les Etats comme plaideurs.

On devine cependant qu'une question aussi cruciale que celle de l'aptitude à saisir le juge de la CEDEAO ne pouvait manquer de retenir l'attention des conseils du requérant, et qu'il a fallu que la disposition précitée du Protocole relatif à la Cour ait été interprétée d'une certaine façon par ces avocats, dans la perspective de la saisine de la Cour. Pour le requérant en effet, l'usage du verbe « pouvoir » (« Un Etat membre peut, au nom de ses ressortissants… ») signifie que l'Etat se voit seulement reconnaître une capacité, mais cela n'exclut nullement que les personnes privées puissent directement agir devant la Cour.

Cette interprétation est rejetée sans peine par le juge, qui considère qu'en disposant comme il l'a fait, l'article 9 du Protocole tend plus à limiter l'accès des personnes privées qu'à élargir celui de l'Etat. En d'autres termes, ce n'est pas une « permission » qui est accordée par-là à l'Etat, mais bien une impossibilité qui est assignée à toute action individuelle.

Certes, le terme « peut » se prête à de multiples exégèses, et le demandeur a eu beau jeu de chercher à en infléchir le sens, mais tout indique que son interprétation est contestable. La volonté du législateur communautaire a bien été de ne pas permettre aux individus un accès direct à la Cour, et c'est à raison que le juge a donc déclaré son action irrecevable.

L'on sait cependant que sur ce point, le Protocole sera modifié une année plus tard, puisqu'aux termes du nouvel article 10 de celui-ci, « peuvent saisir la Cour (….) c) toute personne physique ou morale pour les recours en appréciation de la légalité contre tout acte de la Communauté lui faisant grief ; d) toute personne victime de violations de droits de l'homme… ».

La lecture de ce premier arrêt rendu par la Cour de Justice de la CEDEAO inspire d'autre part plusieurs remarques.

La première est relative à la requête elle-même. Parmi les normes qui auraient été méconnues par la décision des autorités nigérianes, figurent, selon la requête, les dispositions de l'article 3 du Traité – relatives à l'élimination des entraves à la libre circulation - , ainsi que la Charte africaine des droits de l'Homme et des peuples, dans ses dispositions relatives à la liberté d'aller et de venir, ainsi que le Protocole de la CEDEAO sur la libre circulation des personnes.

On regrettera que la requête n'ait pas été plus circonstanciée sur les dispositions du Protocole qui auraient été méconnues. Les références textuelles restent, à notre sens, relativement « générales ». Elles auraient pu être plus précises, si le requérant – ou son conseil – en avait un peu plus examiné les dispositions pertinentes. En vérité, cette évocation quelque peu rapide du Protocole témoigne d'une insuffisante « vulgarisation » de celui-ci. Le Traité ne contient que des dispositions « générales », d'ordre principiel le plus souvent. Pour organiser ou alimenter une discussion juridique, il est nécessaire, au moins dans ce cas-ci, d'aller au-delà du droit originaire, et d'interroger des textes de droit dérivé, des textes consécutifs au Traité constitutif. Ce sont eux qui organisent, dans le détail, l'exercice du droit en cause.

Au regret de voir le Protocole éludé par la demande, il faut ajouter celui de voir au contraire évoquée la Charte africaine des droits de l'homme et des peuples, dans cette même requête. Non point que celle-ci ne contienne pas de dispositions susceptibles d'être invoquées dans le présent procès, mais simplement parce qu'elle ne relève pas, *stricto sensu,* du droit communautaire dont la Cour a mission de veiller à l'application. L'épanouissement et le renforcement du droit communautaire passent certainement par la référence à des règes rigoureusement communautaires. La Cour – la remarque en a été faite plus haut-, n'est pas une instance chargée de dire le droit en général, elle est l'organe judiciaire d'une certaine organisation internationale. Il faut cependant préciser que la responsabilité d'un risque d'évanescence du droit communautaire, du fait de l'invocabilité de normes non strictement communautaires, n'incombe nullement au juge. C'est bien l'autorité politique, initiatrice des réformes textuelles, qui est ici en cause.

Le texte même du Protocole prête également le flanc à la critique dans la mesure où l'article 9 fait référence au « respect du droit et des principes d'équité dans l'interprétation et dans l'application des dispositions du Traité ». C'est la notion d'équité qui est susceptible de poser problème, et dans le présent litige, le requérant n'a pas manqué de s'en prévaloir pour justifier une action individuelle directe devant la Cour. Quoiqu'il en soit, l'évocation d'un concept que l'on repoussait jadis à la manière d'une malédiction[131] pourrait soulever d'importants problèmes à l'avenir.

Sur le raisonnement même de la Cour, des débats peuvent bien entendu être engagés.

La Cour pose en principe, plus d'une fois, qu'un « article clair dans sa formulation ne donne lieu à aucune interprétation possible ». Il s'agit là de l'application d'une règle interprétative bien connue, mais dont il convient de ne pas oublier les pièges. L'exégèse d'un texte est toujours susceptible de dérouter et ce qui est réputé « clair » peut bien réserver des surprises. Le travail d'interprétation, qui est en soi une quête de sens, forcément problématique, demeure une contrainte à laquelle tout juge est nécessairement soumis. Le simple fait d'appliquer une règle, procède d'une interprétation, c'est-à-dire d'un choix, d'une démarche peu ou prou complexe, même en présence de dispositions « claires ». Il ne s'agit donc pas d'une opération révélatrice d'une pathologie législative ou textuelle, mais d'une entreprise inéluctablement comprise dans l'acte de juger.

---

[131] Il est bien sûr question de l'adage de l'ancien droit français, *« Dieu nous préserve de l'équité des Parlements »*.

AFFAIRE N° EC</CCJ/AAP/03/05

***

Entre Parlement de la Communauté Economique des Etats de l'Afrique de l'Ouest, le Conseil des Ministres de la Communauté Economique des Etats de l'Afrique de l'Ouest et le Secrétariat Exécutif de la Communauté Economique des Etats de l'Afrique de l'ouest

---

Composition de la Cour

- Hon. Juge H.N. Donli, Présidente
- Hon. Juge Soumana Dirarou Sidibé, Membre
- Hon. Juge Sanogo Aminata Malle, Membre
- Tony Anene-Maidoh, Greffier en Chef

Arrêt de la cour

Par requête en date du 12 mai 2005 enregistrée au Greffe de la Cour de Justice de la Communauté le 17 mai 2005, le Parlement de la CEDEAO a attrait le Conseil des Ministres et le Secrétariat Exécutif de la CEDEAO devant la Cour aux fins de s'entendre déclarer :

- *Nul le Règlement C/REG/20/01/05 du 18 janvier 2005 pour défaut de compétence et violation du Traité révisé ;*
- *Nulles les lettres référencées ECW.INST/9.ES.28 du 18 février et ECW/REL/Desaf/012/hnb du 21 février 2005 pour excès de pouvoir et violation des dispositions du Traité révisé ;*
- *Ordonner aux défendeurs de s'abstenir de la mise ne œuvre du Règlement et des lettres susvisées ;*
- *Dire que le Parlement jouit de l'autonomie financière.*

La requête a été signifiée au Conseil des Ministres et au Secrétaire Exécutif de la CEDEAO par lettre en date du 19 mai 2005.

Les parties à l'instance, représentées par leurs Avocats respectifs Chief F. O. Offia et Okechukwu Ajunwa Esq & Co, se sont conformées à l'article 28.3 du Règlement de la Cour.

Par une seconde requête en date du 10 juin 2005, le Parlement de la Communauté a sollicité de la Cour des mesures provisoires afin de préserver le fond de l'affaire pendante devant elle, notamment en enjoignant au Conseil des

Ministres, de s'abstenir de débattre du Mémorandum relatif à la restructuration du Parlement de la Communauté.

Expose sommaire des faits

Selon le requérant, le Conseil des Ministres de la CEDEAO a adopté le Règlement C/REG/20/01/05 qui précise la relation devant exister entre le Président du Parlement et le bureau du Parlement, le mode, la nature et la structure de son personnel. A cet effet, le Conseil a demandé au Secrétaire Exécutif de la CEDEAO de faire appliquer ce Règlement, lequel confère à ce dernier des pouvoirs de supervision sur le parlement. Ainsi, le 21 février 2005, le Secrétaire Exécutif a adressé au Président du Parlement une lettre pour lui dire de restructurer le personnel du Parlement. Par ailleurs, par une autre lettre en date du 18 février, le Secrétaire Exécutif a invité le Président du Parlement à suspendre le paiement des salaires et des indemnités non autorisés.

Arguments avancés par le requérant

En effet, selon le requérant, le Conseil des Ministres n'est pas compétent pour édicter un règlement, lequel est contraire au Règlement Intérieur du Parlement. Ce faisant, le Conseil des Ministres a outrepassé les pouvoirs qui lui sont conférés par l'article 10.3 du Traité Révisé. Qu'en outre, la procédure prévue par les articles 12.2 et 3 du Traité Révisé n'a pas été suivie car le Règlement n'a pas été adopté à la majorité des 2/3 des Etats membres de la CEDEAO.

Que de surcroît, étant donné que le Parlement de la Communauté échappe à l'autorité du Conseil des Ministres, il n'appartient pas à celui-ci d'édicter des Règlements dont l'objet est relatif à l'organigramme de cette institution.

S'agissant des 2 lettres susvisés, le requérant conteste leur validité en disant que le Secrétaire Exécutif n'est pas habilité à adresser de telles correspondances au Président du Parlement ; qu'en le faisant, il excède les pouvoirs qui lui sont conférés par le Traité Révisé.

Qu'enfin, l'indépendance et l'autonomie financière de l'Institution Parlementaire interdisent toute inférence de la part du Conseil des Ministres ou du Secrétaire Exécutif dans le fonctionnement du Parlement. Ces différentes mesures prises sont perçues par le requérant comme étant des ingérences illicites, injustifiées du Conseil des Ministres et du Secrétaire Exécutif dans le fonctionnement du Parlement.

Moyens invoques par les défendeurs

Les défendeurs, représentés par leurs Avocats, ont soulevé *in limine litis,* l'exception d'incompétence de la Cour à connaître de cette affaire. L''exception des défendeurs est basé sur le *locus standi* du requérant et sur le non-respect de la condition suspensive requise pour la validité de l'action de celui-ci.

Ils fondent leurs argumentaires sur les dispositions des articles 7 (3) g h et i 10 (3) 19 (3) 76 (2) du Traité Révisé de la CEDEAO, articles 3 et 4 du Protocole additionnel.

Examen des moyens invoqués par les parties

L'Avocat du Parlement réfute l'argument des défendeurs selon lequel le texte fait obligation au requérant de tenter d'abord un règlement à l'amiable avant d'engager une action auprès de la Cour de Justice de la Communauté.

Selon lui, la question ici n'est point de savoir si oui ou non, le requérant a le droit de saisir cette Cour, parce qu'il a ce droit en vertu de l'article 15.4 du Traité R2visé qui stipule que les arrêts de la Cour le lient en tant qu'Institution de la Communauté. Pour les mêmes raisons évidentes, si ces arrêts le lient, il a aussi le droit d'accéder à cette Cour. La question en ce moment est de savoir si la Cour a compétence d'examiner la requête dont s'agit.

Il conclut que les défendeurs font une confusion entre la compétence de la Cour et le droit de saisine de la Cour. Que dès lors, leur argumentaire doit être rejeté parce que contraire à la lettre et à l'esprit du Traité Révisé et des Protocoles.

Les défendeurs à l'appui de leur exception invoquent les dispositions de l'article 88 du Règlement de la Cour.

Sur l'exception préliminaire soulevée par les défendeurs

Le Chapitre XV du Traité Révisé relatif aux Différends, dispose en son article 76 :

1. *Sans préjudice des dispositions du présent Traité et des Protocoles y afférents, tout différend au sujet de leur interprétation ou de leur application est réglé à l'amiable par un accord direct entre les parties.*
2. *A défaut, le différend est porté par l'une des parties, par tout Etat Membre ou par la Conférence, devant la Cour de Justice de la Communauté dont la décision est exécutoire et sans appel*

Cet article prévoit une condition préalable à satisfaire avant toute saisine de la Cour de Justice de la Communauté.

L'examen minutieux dudit article fait ressortir que l'expression « l'une des parties » inclut non seulement les Etats Membres ou la Conférence, mais aussi les Institutions de la Communauté tel que prévu dans l'article 6 du Traité Révisé.

Décision de la cour

L'allusion faite par l'article 76 alinéa 2 à « l'une des parties » doit être entendue au sens large et non restrictif en ce sens que parmi les justiciables qui peuvent s'adresser à la Cour, il y a les Institutions de la Communauté.

Ledit article fait obligation aux parties de recourir à la solution amiable préalablement à la saisine de la Cour de Justice de la Communauté.

En l'espèce, rien n'atteste qu'un règlement amiable a été tenté. En conséquence, il y a lieu de renvoyer le requérant à l'accomplissement de cette formalité préalable.

Par ces motifs

La Cour de Justice de la communauté, en application des dispositions légales suscitées :

Avant dire droit

Ordonne au requérant de remplir les formalités prescrites à l'article 76.1 du Traité Révisé de la CEDEAO.

Réserve les dépens.

Observations

Cet arrêt a été rendu sur requête du Parlement de la CEDEAO, le Conseil des ministres et le Secrétariat exécutif étant défendeurs.

Le requérant articulait un certain nombre de griefs à l'encontre d'un Règlement adopté par le Conseil des ministres de la CEDEAO le 18 janvier 2005, et qui portait, de manière générale sur l'organisation et le fonctionnement du Parlement de la Communauté. Le Conseil des ministres y définissait les rapports entre le Président du Parlement et le bureau de celui-ci, ainsi que certaines règles applicables au personnel de l'institution parlementaire. D'autre part, le Conseil des ministres a conféré au Secrétaire exécutif de la CEDEAO un pouvoir de surveillance sur la manière dont le Parlement appliquerait ces dispositions.

En application d'un tel pouvoir de supervision, le Secrétaire exécutif a fait injonction au Parlement de « restructurer » son personnel, près d'un mois après l'adoption du Règlement par l'instance ministérielle de la Communauté. Les actes qui étaient litigieux consacraient ainsi une double « dévalorisation » du Parlement : vis-à-vis de l'organe intergouvernemental que constitue le Conseil des ministres d'abord, et vis-à-vis de l'organe intégré que représente le Secrétariat exécutif ensuite.

La configuration du litige était intéressante : elle met en scène des « Institutions » de la CEDEAO, et renvoie, en définitive, à des enjeux de pouvoir et à l' « équilibre institutionnel » instauré par le Traité révisé en 1993. L'occasion était assurément belle pour réaliser ces échafaudages qui « marquent » la jurisprudence des Cours, belle pour dire en termes solennels la place des protagonistes dans le dispositif institutionnel de la CEDEAO, belle pour énoncer des « principes » qui gouvernent l'intégration.

Elle sera malheureusement manquée, la Cour ne se prononçant pas sur le fond de l'affaire. Elle demandera au requérant de se plier scrupuleusement aux dispositions de l'article 76 alinéa 1er, qui pose, avant toute saisine de la Cour, le préalable d'une tentative de règlement amiable entre les parties. Faut-il voir dans cette solution la résurgence de cette prévention des Etats africains en particulier à soumettre les différends à un règlement juridictionnel au profit de modes de solution plus « souples », plus « personnalisés » et moins rigides ?

La Cour a au moins les textes pour elle, force est de le reconnaître, mais si sa position procédait du préjugé évoqué plus haut, plutôt en cours dans les milieux « politiques » d'ailleurs, il y aurait lieu d'exprimer des regrets, pour au moins deux raisons. L'une est « générale », et tient à la place que les rédacteurs du Traité révisé ont entendu conférer à l'organe judiciaire de l'organisation dans la « nouvelle » CEDEAO, l'espèce de pari sur le droit qui a été fait par ceux-là, et qui se trouverait alors méconnu par les juges. La seconde raison de déplorer cette dilection pour le mode de règlement « informel » serait qu'elle se méprend sur la nature des différends.

En effet, autant on peut comprendre qu'il soit souhaitable qu'un différend inter étatique soit réglé « en famille », autant il est décisif que dans des processus institutionnalisés d'intégration - où il ne s'agit pas de régler un litige ponctuel entre Etats mais d'instaurer un ordre juridique ayant vocation à perdurer, où les justiciables ne sont pas seulement des Etats mais des personnes privées - , le juge assume totalement sa mission de dire le droit parce qu'il participe, à proprement parler, au fonctionnement de l'organisation internationale.

En d'autres termes, il y a une différence fondamentale entre le juge chargé d'arbitrer un conflit précis entre Etats qu'aucun « cadre » pré établi ne lie, et le juge qui doit dire le droit en vertu de son insertion dans une structure institutionnalisée, de son appartenance à une organisation internationale. Si l'autolimitation du premier se conçoit parce que le duel judiciaire se déroule entre des souverainetés qui se tiennent sur leurs gardes et requièrent pour cela qu'on les ménage, le silence ou l'effacement du second se comprend moins parce que la « susceptibilité » des Etats doit nécessairement être « bornée », parce qu'au-delà de ces Etats, il y a un ordre supérieur que l'on veut bâtir, un projet commun que l'on veut réaliser. Dans les organisations internationales, l'intervention juridictionnelle revêt un caractère plus bénin, moins pathologique que dans une société internationale « décentralisée » ou « éclatée », elle s'insère dans le fonctionnement régulier de l'organisation.

En l'espèce, le Parlement de la CEDEAO s'élevait contre le Règlement du Conseil des ministres, au nom de son indépendance vis-à-vis de tous les autres organes. En statuant comme il l'a fait, le Conseil des ministres aurait « oublié » que l'institution parlementaire n'est pas sous son autorité, et qu'il n'est pas de la compétence de ce Conseil de déterminer ses conditions de travail. A ce reproche de fond, le requérant ajoute quelques objections tenant à la « procédure » suivant laquelle l'acte litigieux a été adopté. Cet acte n'aurait pas, en effet, été pris à la majorité requise, celle des 2/3.

Pour leur part, les défendeurs contestaient la qualité même à agir du Parlement. Nul texte de la CEDEAO ne fait référence, pour eux, à une telle possibilité. A cet argument, le conseil du Parlement répond que la qualité à agir se déduit de la qualité d' « Institution », à laquelle, selon l'article 15 alinéa 4 du Traité révisé, les arrêts de la Cour sont toujours opposables.

La Cour va satisfaire sur ce point le requérant, puisqu'elle pose que « l'examen minutieux (de l'article 76 du Traité) fait ressortir que l'expression « l'une des parties » inclut non seulement les Etats membres ou la Conférence, mais aussi les Institutions de la Communauté telles que prévues dans l'article 6 du Traité révisé », lequel article évoque le Parlement.

Il n'est cependant pas dit que l'interprétation fournie le juge doit être partagée par tout le monde. Tout d'abord, c'est au terme d'une interprétation plutôt « personnelle » que la Cour considère que l'expression *« l'une des parties »* englobe le Parlement. On ne voit pas pourquoi, en effet, l'article 76 cite expressément certains organes (la Conférence des chefs d'Etat notamment) et en omet d'autres (comme le Parlement). Si l'intention de reconnaître au Parlement le droit de saisir la Cour était si claire que cela, le Traité aurait sans doute cité l'institution parlementaire parmi les organes habilités pour ce faire.

Une remarque faite au sujet du juge de l'UEMOA peut être également réitérée, quant à la manière dont la Cour interprète sa compétence. Elle ne s'appuie pas vraiment sur une disposition particulière, mais plutôt sur une opinion acquise au terme d'une démarche déductive. Le procédé n'est certainement illégitime, il peut même se justifier eu égard, redisons-le, au contexte institutionnel dans lequel la Cour évolue, contexte qui lui assigne une place prééminente d'instance énonciatrice d'un droit supra national, qui lie les Etats autant que les individus, de manière immédiate et directe. Mais le fait que les décisions judiciaires « lient » le Parlement en tant qu' « Institution », suffit-il à conférer à cet organe la qualité de saisissant, comme le dit la Cour ?

Le doute est d'autant plus permis que si l'on se réfère aux dispositions pertinentes du Statut de la Cour, il n'apparaît pas que le Parlement puisse porter une action devant la juridiction communautaire. L'article 10, qui évoque les personnes ou entités aptes à saisir la Cour, ne cite en effet jamais le Parlement, alors pourtant qu'il énonce des droits pour le Conseil des ministres, l'ancien Secrétariat exécutif et les Etats membres.

Cela étant, il convient de souligner, qu'une telle «capitis diminutio» est extrêmement regrettable et même injuste, quand on sait, comme l'on vient de l'indiquer, que des organes comme le Conseil des ministres ou le Secrétariat exécutif peuvent être admis à saisir la Cour (dans le cadre notamment d'une « appréciation de la légalité d'une action de la Communauté »). L'on ne peut s'empêcher de penser que le schéma constitutionnel présidentialiste, qui prévaut dans les Etats membres et qui implique une sorte de « relégation » du Parlement a joué. Or, sur ce point précis, le mouvement des idées dans l'ordre international est inverse de celui qui prévaut dans l'ordre national. Si, dans le second cas, l'heure est à une forme de marginalisation des Parlements, le temps, dans les organisations internationales, est à la valorisation des institutions parlementaires. Il est dommage que les Institutions de la CEDEAO ne l'aient pas complètement compris, n'aient pas été portées par le mouvement actuel des idées.

Les circonstances de la cause attestent surtout une sorte de dépréciation du Parlement de la CEDEAO, à un moment où pourtant les institutions parlementaires internationales apparaissent comme un élément consubstantiel aux œuvres d'intégration. A vrai dire, il serait naïf de croire que la manière dont le requérant a été « traité » par les autres organes ne procède pas d'une logique que la CEDEAO elle-même semble avoir développée. Le Parlement de la Communauté, en effet, n'a aucun pouvoir normatif, direct ou « indirect », c'est-à-dire qu'il n'est même pas « associé », aux termes du Protocole y relatif, aux actes et décisions de l'organisation internationale. Il n'a donc rien à voir avec, par exemple, un Parlement comme celui qui est prévu dans le cadre de l'UEMOA, lequel aura au moins un pouvoir de contrôle sur la Commission.

Le Parlement de la CEDEAO sera confiné à une fonction de « conseiller » tout au plus, dont les actes n'auront qu'une portée incitatrice ou recommandatoire. L'ingratitude d'une telle condition a sans doute pesé dans cette sorte de paternalisme désinvolte que les deux organes défendeurs ont affichée à son égard. De même que la logique « présidentialiste » a inspiré nombre d'organisations internationales africaines qui se croient obligées de proclamer la « suprématie » de la Conférence des chefs d'Etat et de Gouvernement, la philosophie de la « rationalisation du parlementarisme » semble avoir présidé à la mise en place d'un Parlement comme celui de la CEDEAO.

Cela étant, le fait demeure que la dévolution d'une capacité contentieuse ne doit pas souffrir d'ambiguïté. L'inexistence d'un droit à agir au profit du Parlement est déplorable, et ce sont les textes mêmes de la CEDEAO qu'il faut incriminer. L'article 76 du Traité aurait pu être plus explicite, en citant un à un les organes habilités à saisir la Cour. Cela aurait évité à la Cour d'être quasiment dans l'obligation de pratiquer une sorte d'art de la divination sur ce point.

On s'interrogera également sur cette curiosité - qui figure toujours dans les textes -, consistant à permettre à des organes non litigants de s'immiscer dans le différend en le déférant à la Cour de Justice de la CEDEAO. Selon l'article 76 alinéa 2 en effet, faute de règlement amiable, le litige est porté devant la Cour à l'initiative de l'une des parties, de tout Etat membre ou de la Conférence des chefs d'Etat et de gouvernement.

On ne sait pas, dans la rigueur des termes, si ces saisissants doivent être effectivement parties au litige. L'on pourrait alors se retrouver dans cette situation absurde où la conduite de l'instance échapperait aux parties mêmes au procès, où l'intervention d'un tiers viendrait donner au différend une tournure contentieuse que les protagonistes de l'affaire n'auraient peut-être pas souhaitée.

Il reste enfin à se demander si, face aux incertitudes qui entourent la capacité contentieuse du Parlement, celui-ci n'aurait pas pu user d'autres voies pour entendre la Cour se prononcer sur les actes qu'il critique. Le Parlement peut en effet, en tant qu' « Institution », saisir la Cour pour avis consultatif. Pourquoi n'a-t-elle pas, dès lors, choisi ce biais ? Le procédé aurait alors consisté à lui demander si le droit communautaire institue une forme de « subordination » du Parlement vis-à-vis du Conseil des ministres et du Secrétariat exécutif, et si les actes critiqués se justifient dès lors. En d'autres termes, au lieu de requérir que ces actes soient purement et simplement annulés, le Parlement aurait pu demander tout simplement si ceux-ci sont fondés au regard du droit de la Communauté. La réponse de la Cour n'aurait bien entendu pas valu annulation, mais le constat qu'elle aurait fait « mettrait » les deux organes défendeurs « devant leurs responsabilités ». Le choix de la voie consultative aurait d'autre part évité le préalable de la tentative de règlement amiable, que le juge évoque précisément pour « renvoyer » le requérant. La « consultation » de la Cour n'est en effet soumise à aucun préalable.

Il serait souhaitable, quoi qu'il en soit, que les textes de la CEDEAO soient mieux harmonisés. Il existe d'abord un problème de coordination entre le Traité fondateur – qui prévoit par exemple le droit de « consulter » la Cour pour les « Institutions » de la Communauté -, et le Protocole relatif à la Cour – qui, dans son article 10 relatif aux personnes ou organes qui peuvent saisir la Cour, omet complètement la voie consultative. Sur le fond, pourrait-on dire, il est également souhaitable que la place du Parlement dans le processus d'intégration soit revue. Pour l'heure, le Protocole relatif à cette Institution confine celle-ci dans une fonction insuffisamment décisive. Le Parlement mérite plus de dignité, si l'on veut effectivement lui donner la vocation qu'elle a. S'il ne peut peser comme il se doit dans les orientations de la politique d'intégration, il vaut mieux qu'il n'existe pas.

AFFAIRE N° ECW/CCJ/APP/02/05
DU VENDREDI 07 OCTOBRE 2005

***

Entre Hon. Dr. Jerry Ugokwe, la République Fédérale du Nigéria & Hon. Dr. Christian C. Okike et autres

---

Composition de la Cour

- Hon. Juge Hansine.N. Donli, Présidente
- Hon. Juge Awa Nana Daboya, Membre
- Hon. Juge El Mansour Tall, Membre
- Tony Anene-Maidoh, Greffier en Chef

Arrêt

Le requérant, l'Honorable Dr. Jerry Ukokwe, un Parlementaire nigérian domicilié à la Zone B – Block 22, Flat 1, Apo Législative Quarters, à Abuja – Nigéria, est représenté par son Conseil Me Adebayo Adewole, demeurant au 1st Floor, Maina Court – Plot 252 A, Herbert Maoaulay Way, Central Business District – Nigéria.

La défenderesse, la République Fédérale du Nigéria, prise en la personne de l'Honorable Procureur (Attorney) Général et Ministre de la Justice, est représentée par Monsieur Ikechukwu Maledo – Office of Attorney Général and Minister of Justice – Federal Secretariat – Maïtama, Abuja et l'Avocat Me Akande Ayodeji.

L'intervenant, Hon. Dr. Christian C. Okeke, demeurant au n° 8, Eket Close Area, 8 Garki, Abuja, Nigéria, a pour Conseil, Me Jude Okeke Esq. ayant élu domicile à l'adresse de son client, soit n° 8 Eket Close Area 8, Garki, Abuja – Nigéria.

Toutes les parties ont comparu, aux côtés de leurs Conseils respectifs et ont été régulièrement représentées ; il conviendra de statuer contradictoirement à leur égard ; de même que les Avocats de toutes les parties se sont conformés également aux dispositions de l'article 28.3 du Règlement de la Cour.

Exposé sommaire des faits

Par requête en date du 09 mai 2005, introduite au Greffe de la Cour le 12 mai 2005, et signifiée à toutes les parties, le Requérant affirme avoir été déclaré élu, membre de la Chambre des Représentants de Idemili/Nord, Circonscription Fédérale Sud du Nigéria, le 16 avril 2003, par la Commission Electorale Nationale Indépendante ; que non content de cette déclaration, le Sieur Christian C. Okoke, a introduit une pétition auprès du Tribunal de l'Assemblée Nationale des Gouverneurs et de la Chambre des Représentants (Tribunal Electoral) à Akwa, pour contester la déclaration de la Commission Electorale Nationale Indépendante, selon laquelle Jerry Ugoweke serait dûment élu.

Le Tribunal saisi, a rendu son jugement en date du 30 novembre 2004, invalidant l'élection du requérant ; ce dernier fait appel en date du 10 décembre 2004 de la Décision du Tribunal ; la Cour d'Appel par son Arrêt du 05 mai 2005, a débouté l'appelant, et confirmé la décision attaquée ; c'est pourquoi le requérant, le Sieur Jerry Ugokwe saisit la Cour de Justice de la Communauté – CEDEAO pour être entendu de manière équitable, au motif que son droit à un procès équitable a été violé et par le Tribunal des Elections, et par la Cour d'Appel Fédérale du Nigéria.

Par une 2ème requête datée le même jour, du 09 mai 2005, enregistré également le 12 mai 2005 au Greffe de la Cour, le requérant a sollicité une ordonnance de référé, portant interdiction à la Commission Electorale Nationale Indépendante prise en la personne de la République Fédérale du Nigéria, d'invalider le certificat d'attestation le déclarant élu membre de l'Assemblée Nationale de sa circonscription électorale, ou d'octroyer ledit certificat à une autre personne, jusqu'à l'issue finale de la procédure devant la Cour de Justice de la CEDEAO ; il a sollicité en outre une ordonnance empêchant l'Assemblée Nationale Fédérale, de procéder à sa destitution, en tant que membre de celle-ci, et Représentant de la Zone de Idemili/Nord de la circonscription.

Le Conseil de la défenderesse, Me Ayodeji Akande Esq. a introduit une requête incidente en date du 13 juin 2005 pour soulever l'irrecevabilité de la requête introductive d'instance, au motif d'incompétence de la Cour à connaître du cas d'espèce.

Le Conseil de l'Intervenant, Me Jude Okeke Esq., a introduit sa requête en date du 1er juin 2005, demandant à se joindre à la procédure en tant que défendeur ; il y a déclaré que les12 et 16 avril 2003, il s'est présenté aux élections des membres de la Chambre des Représentants pour Idemili/Nord, Circonscription Fédérale Sud de l'Etat d'Anambra au Nigéria ; qu'il a gagné ses élections et reçu du Responsable des Elections de la Circonscription concernée, une attestation prouvant qu'il a été élu ; mais que cette attestation a été annulée par la suite par le représentant Permanent de la Commission Electorale de l'Etat d'Anambra, qui l'a remplacé par le requérant, alors que celui-ci n'était pas candidat auxdites élections.

L'Intervenant affirme avoir formé un recours contre l'annulation de son attestation et contre son remplacement par le requérant, auprès du Tribunal des Elections ; qu'il lui a donné gain de cause en le déclarant élu ; mais que non content du jugement rendu par le Tribunal des Elections, le Requérant en a interjeté appel auprès de la Cour d'Appel du Nigéria ; que celle-ci a rendu un Arrêt confirmatif du Jugement le 05 mai 2005 ; que c'est contre ces décisions des Juridictions Nationales de la République Fédérale du Nigéria siégeant à Enugu que le requérant se présente devant la Cour de Justice de la Communauté CEDEAO pour dire que son droit fondamental à un procès équitable a été violé ; que suite à cela, le Procureur Général et Ministre de la Justice du Nigéria a adressé une lettre au Président de la Chambre des Représentants, l'invitant à ne pas recevoir la prestation de serment, jusqu'à ce que l'affaire soit tranchée par la Cour de Justice de la CEDEAO.

Mais que n'ayant pas été cité devant cette Cour, il sollicite à se joindre à la procédure en qualité d'Intervenant – Défendeur, de même que d'autres intervenants susceptibles d'être affectés par la Décision de la Cour.

Arguments des parties

L'Avocat du requérant, Me Wole Adebayo, a estimé que la Cour a été saisie sur la base de divers articles reflétés dans ses écritures et contenus dans les Protocoles relatifs à la Cour de Justice de la CEDEAO, à la Charte Africaine des Droits de l'Homme et des Peuples, à la Déclaration Universelle des Droits de l'Homme et à la Section 36 de la Constitution de la République Fédérale du Nigeria de 1999. Il a exposé les griefs suivants :

Violation par la République Fédérale du Nigéria de son droit à un procès équitable, qui est un Droit Humain garanti par l'Art. 7 de la Charte Africaine des Droits de l'Homme et des Peuples, d'une part, par la Déclaration Universelle des Droits de l'Homme, d'autre part et enfin par la Section 36 de la Constitution de la République Fédérale du Nigéria de 1999.

Selon l'Avocat, cette violation a été commise par le Tribunal et par la Cour d'Appel du Nigéria de par leur refus de reconnaître au requérant la droit à être entendu équitablement dans l'affaire Dr. C.C. Okike c/ Independent National Electoral Commission et autres, N° EPT/AN/NA/6/2003.

L'Avocat du requérant a fait valoir notamment les dispositions des Articles 9 du Protocole additionnel où il est écrit que la Cour « a compétence pour connaître des cas de violations des Droits de l'Homme qui se produisent sur le Territoire de tout Etat Membre », et 10 en son point (d) où il est écrit : « Peuvent saisir la Cour, toute personne, victime de violations des Droits de l'Homme » ; de même que les dispositions contenues dans l'Art. 7 de la Charte Africaine des Droits de l'Homme et des Peuples, ceux de la Déclaration Universelle des Droits de l'Homme et l'Art. 36 de la Constitution de 1999 du Nigéria, pour appuyer ses arguments, et demander à la Cour de Justice de la CEDEAO :

1. *De déclarer nuls et de nul effet, les procédures et arrêt rendu par le Tribunal des Elections et la Cour d'Appel du Nigéria ;*
2. *D'enjoindre à la Commission Electorale Nationale de ne pas invalider son élection en tant que membre de l'Assemblée nationale du Nigéria ;*
3. *D'enjoindre à l'Assemblée Nationale de ne pas procéder à son remplacement par une autre personne.*

Et de tout ceci, voir la Cour de Justice de la CEDEAO, constater les différentes violations des droits humains qu'il a subies et lui accorder réparations.

En réponse aux arguments du requérant, le Conseil de la défenderesse, Me Akade Avodeji, a soulevé une exception préliminaire, en qualifiant la requête d'instance d'inopportune ; il a cité les Articles 9 et 10 du Protocole additionnel et il a fait comprendre qu'il s'agit d'un litige de contentieux électoral dont une autre requête est encore pendante devant la Haute Cour du Nigéria.

Le Conseil de la République Fédérale du Nigéria a soulevé l'irrecevabilité de la requête d'instance, pour défaut de compétence de la Cour.

Le Conseil de l'Intervenant, Me Jude Okeke, a fait observer que le requérant, Jerry Ugokwe, avait pris part à toutes les procédures du Tribunal et de la Cour d'Appel ; que jamais il ne lui a été refusé d'être entendu de manière équitable ; que le Tribunal de l'Assemblée Natonale et du Gouvernorat / Chambre des Représentants est une Institution juridictionnelle légale ; il a été cité à l'appui, l'Affaire Al Haji Aminu Mohammed Dan Bauchi contre Al Haji Usman Matori, N° FHC/J.C5/68/2004. Citée également par le requérant, pour montrer sa mauvaise foi, l'Intervenant a affirmé que la requête introduite est abusive pour avoir été déposée dans le but de faire obstruction à sa Prestation de Serment ; et qu'à cet égard lui, l'Intervenant, est celui-là même qui a remporté les élections tel que confirmé par la Cour d'Appel du Nigéria, chargé de résoudre les problèmes de contentieux électoral et donc qu'à ce titre, la Cour de Justice de la Communauté n'a pas compétence pour connaître de l'Affaire.

L'Intervenant sollicite par conséquent à se joindre à la procédure en tant qu'Intervenant-Défendeur et cite à l'appui de sa demande de jonction de procédure, l'Article 10, points (c) et (d) du Protocole additionnel qui dispose que : « Peuvent saisir la Cour » :

- *(a) Toute personne physique ou morale pour les recours en appréciation de légalité contre tout acte de la communauté lui faisant grief ;*
- *(b) Toute personne victime de violations des Droits de l'Homme ; la demande soumise à cet effet :*
    - *(i) Ne sera pas anonyme ;*
    - *(ii) Ne sera pas portée devant la Cour de Justice de la Communauté, lorsqu'elle a déjà été portée devant une autre.*

Par conséquent, il demande à se joindre à la procédure, en tant que partie intéressée et sur la base du principe de l'intérêt à agir.

A l'appui de ses arguments, l'Intervenant a cité l'affaire Odeleye c/ Adepegba, 2001, 5-N W R, pt 706, p. 33 de la Cour d'Appel du Nigeria où il a été statué relativement ainsi qu'il suit :

Il y a intérêt à agir,

a- Lorsque l'examen d'un litige entre deux parties portera directement atteinte aux droits légitimes d'une partie tierce, ou à ses intérêts pécuniaires, il est du ressort de la Cour de permettre sa jonction en tant qu'intervenant ;

b- Une personne est autorisée à joindre une procédure lorsqu'elle s'estime lésée ou lorsqu'elle a été privée à tort de quelque chose, ou lorsque la décision d'une juridiction pourrait l'affecter ou lui faire grief ;

c- Une personne est supposée avoir un intérêt dans une affaire pour intervenir en tant que partie lorsqu'il est établi qu'il existe une connexion, une corrélation ou une interdépendance entre le requérant et l'affaire à laquelle se rapporte la requête ;

d- Une personne peut être autorisée à joindre la procédure en tant que défendeur contre la volonté du requérant ;

1. *Lorsque les circonstances autour de l'affaire nécessitent à ce que la partie soit autorisée à joindre la procédure pour que l'affaire soit examinée à juste titre ; ou*
2. *Lorsque la requête du requérant ou du défendeur par rapport au litige, ne peut pas être examinée de manière effective et efficace sans l'intervenant.*

Analyse de la cour

L'examen minutieux des différents moyens des parties amène à s'interroger de savoir si le contentieux électoral, objet du litige, est soumis à l'ordonnancement juridique applicable à la Communauté ? En d'autres termes, la Cour en référant au Traité, aux Conventions, aux Protocoles, et Textes annexes va dire si ces instruments juridiques propres à la CEDEAO règlent des questions électorales ou de leur contentieux ?

Les recherches permettent de répondre qu'en l'état actuel des textes juridiques applicables de la CEDEAO, aucune disposition, générale ou spécifique, n'autorise la Cour à statuer en matière électorale ou de contentieux électoral. Cependant, qu'un litige portant sur d'autres droits des parties pourrait être suscité par un autre litige interne ou connexe relatif aux questions électorales comme en l'espèce ; dans ce cas, la Cour de Justice de la CEDEAO conformément à l'article 19.1 du Protocole Initial et notamment l'article 38.1 (c) du Statut de la Cour Internationale de Justice, pourrait appliquer les principes généraux de droits reconnus par les nations civilisées.

Mais le Traité qui est la Loi Fondamentale de la CEDEAO et notamment les Protocoles relatifs à la Cour de Justice de la CEDEAO, n'investissent celle-ci que de compétences d'attribution tout en réaffirmant toujours sa mission de respect du droit dans l'interprétation et l'application.

C'est pourquoi hormis le problème électoral, il y a lieu de s'interroger en second point sur la compétence, de la Cour lorsque le requérant soulève le moyen juridique de droit à être entendu équitablement

Le droit à être entendu équitablement est un droit humain issu de la notion de Procès Equitable ; à ce titre, il s'inscrit : « non seulement comme un instrument supplémentaire de Protection des Droits de la D2fense *largo sensu*, mais également dans un contexte politique, où l'activité législative et juridictionnelle, l'organisation judiciaire et même les Institutions Juridiques de l'Etat Signataire sont passées au cribles des exigences communautaires » (Professeur Thierry Arnaux, Cour sur la Protection des Libertés et Droits Fondamentaux, Ed. Montchrestien, page 572).

22 6 Partant de cette affirmation et rapporté au cas d'espèce, le fait pour les juridictions nationales du Nigéria d'invalider l'élection du requérant constitue-t-il une violation des Droits de l'Homme ? Le Requérant argue du fait qu'il n'aurait pas été entendu devant le Tribunal des Elections, qu'ayant fait appel du jugement, et la Cour d'Appel ayant rendu un Arrêt confirmatif, son droit au procès équitable a été violé.

Dans l'Affaire Bryan c/ Royaume Uni, 22 nov. 1995, paragraphe 44, la Cour Européenne a estimé que « Le Procès équitable est un droit qui ne permet ni plus ni moins au justiciable que de saisir une Juridiction Supra Nationale, pour que soit condamné celui qui le gouverne, si la preuve d'une violation de ses droits est avérée ; la juridiction doit avoir compétence pour examiner en fait et en droit l'affaire dont elle est saisie, pour la réformer… ».

En l'espèce, la Cour a-t-elle compétence à faire droit aux réclamations du requérant lorsqu'il sollicite de déclarer nulles et de nul effet les procédures diligentées par les Juridictions Nationales de l'Etat-Membre de la Communauté qu'est le Nigéria, ou d'enjoindre à la Commission Electorale Indépendante du Nigéria à ne pas valider son élection ; ou encore d'enjoindre à l'Assemblée Nationale Fédérale du Nigéria de ne pas le destituer de son titre de Représentant Législatif ?

L'Article 76-2 du Traité et les Articles 9, 10, 11 du Protocole initial, 9 du Protocole additionnel consacrent l'extension des compétences de la Cour. Mais les dispositions de tous ces articles situent les recours possibles devant la Cour aux domaines ci-après :

a. *Les recours en appréciation de la légalité des actes…. autres décisions de la Communauté ;*

b. *Les recours en manquements aux obligations des Etats-Membres de la Communauté ;*

c. *Les contentieux de l'interprétation et de l'application du Traité et ses Textes connexes.*

Pour plus de clarification, le défendeur et l'intervenant ont soulevé une question importante relative à la compétence de la Cour de Justice pour connaître de l'affaire. Il est généralement connu en droit qu'un arrêt rendu par un Tribunal incompétent, est nul, même si la procédure est proprement respectée.

Le point de litige relatif à la compétence de la Cour est une des questions à examiner. Le Conseil du défendeur a fait valoir que l'affaire est relative aux élections et qu'elle relève de la compétence des juridictions nationales, notamment de la Cour d'Appel du Nigéria qui s'est déjà prononcée sur l'affaire. En matière électorale, la Cour d'Appel statue en dernier ressort au Nigéria. Pour sa part, le Conseil du requérant a estimé que, sur la base de l'objet du litige, et la plainte de violation du droit d'être entendu de manière équitable découlant de la pétition relative aux élections, la Cour de Justice de la Communauté est compétente pour connaître de l'affaire. Il s'est référé aux dispositions du Protocole additionnel pour étayer ses arguments et a demandé à la Cour de déclarer irrecevable l'exception préliminaire et permettre au requérant de poursuivre la procédure.

La Cour de Justice de la Communauté a examiné les documents soumis et communiqués à toutes les parties notamment le rapport d'audience de la juridiction nationale du Nigéria ayant statué sur l'affaire ; elle a examiné également les demandes formulées devant elle. L'affaire en l'espèce est sans nul doute née d'un contentieux électoral qui d'ordinaire relève de la compétence des juridictions nationales. A cet effet, et après examen minutieux de la demande du requérant qui soulève que la question à clarifier est qui est l'objet du litige porte sur son droit à être entendu de manière équitable par le Tribunal Electoral et par la Cour d'Appel du Nigéria.

Les articles 9 et 10 du Protocole additionnel énoncent les compétences et le mode de saisine de la Cour. En vertu du paragraphe 4 de l'article 9 du Protocole additionnel, la Cour est compétente pour connaître des cas de violation des Droits de l'Homme dans tout Etat-Membre ».

Le même article dispose que les personnes physiques et morales peuvent saisir la Cour pour des actes des agents de la Communauté qui violent leur droit. L'effet combiné de ces dispositions montre que toute violation des Droits de l'Homme dans l'un des Etats Membres peut être portée devant la Cour par les personnes physiques et morales. La question qui se pose est de savoir s'il y a eu violation du droit à être entendu de manière équitable.

Les articles 9 et 10 du Protocole additionnel ne spécifient, ou du moins, ne donnent pas une liste des différents types de Droits de l'Homme, mais aux termes des dispositions de l'article 4, paragraphe (g) du Traité, les Etats Membres se sont engagés à adhérer aux principes fondamentaux tels que « respect, promotion et protection des Droits de l'Homme et des Peuples conformément aux dispositions de la Charte Africaine des Droits de l'Homme et des Peuples ». Bien qu'il n'existe pas de liste des droits que les individus ou les citoyens de la CEDEAO peuvent réclamer, l'insertion de la Charte Africain au paragraphe 4 du Traité de la Communauté donne pouvoir à la Cour de Justice en vertu de l'article 19 de son Protocole de connaître des cas de violation des Droits de l'Homme énoncés dans la Charte Africaine.

Pour plus de détail, l'article 19 du Protocole relatif à la Cour dispose : « La Cour procède à l'examen du différend dont elle est saisie conformément aux dispositions du Traité et de son Règlement. Elle peut également appliquer, le cas échéant, les principes de droit, tel que définis à l'article 38 du Statut de la Cour Internationale de Justice ».

Ledit article 38 dispose :

1. *« La Cour, dont la mission est de régler conformément au droit international les différends qui lui sont soumis, applique :*

   a. *Les conventions internationales, soit générales, soit spéciales, établissant des règles expressément reconnues par les Etats en litige ;*

   b. *La coutume internationale comme preuve d'une pratique générale, acceptée comme étant le droit ;*

   c. *Les principes généraux de droit reconnus par les nations civilisées ;*

   d. *Sous réserve de la disposition de l'Article 59, les décisions judiciaires et la doctrine des publicistes les plus qualifiés des différentes nations, comme moyen auxiliaire de détermination des règles de droit ;*

2. *La présente disposition ne porte pas atteinte à la faculté pour la Cour, si les parties sont d'accord, de statuer ex aequo et bono ».*

Le paragraphe qui revêt une importance capitale est le (c) aux termes duquel la Cour applique les principes généraux de droit reconnus par les nations civilisées. Dans l'Affaire Les Verts 1998, 97 de la Cour de Justice des Communautés Européennes, R. Dehousse disait entre autres que « la Communauté Européenne est une Communauté fondée sur l'Etat de droit et qu'en conséquence les actes des Etats Membres doivent être révisés et des mesures doivent être prises conformément à la Charte constitutionnelle fondamentale, qu'est le Traité ». Dans l'Affaire Aegean Sea Continental (Grèce contre Turkey), le rapport de la CIJ de 1976, pages 15-16, la Cour a appliqué en Avant-Dire-Droit, les dispositions de l'article 38 paragraphe 1 (c) et (d) du Statut pour protéger les droits d'un individu, lorsque ces droits sont violés conformément aux principes de droit reconnus au niveau national et par la jurisprudence de la Cour. En application de la référence susmentionnée et des dispositions de l'article 38.1 (c) et (d), dudit Statut, et après examen de la disposition de la Section 36 de la Constitution de 1999 de la République Fédérale du Nigéria, la Cour a assuré la protection du droit d'être entendu de manière équitable aux individus et autres justiciables. Les références citées par les Conseils des parties comprennent l'Affaire Attorney Général et Autres c/ P.L.A. Aideyan 1989 4 N.W.L.R Part 118 PAGE 646 AT 666 où la doctrine du droit à être entendu de manière équitable a été esquissée. En dernière analyse, la Cour estime que :

Les recours contre les décisions des Juridictions Nationales des Etats Membres ne font pas partie des compétences de la Cour. La spécificité de l'ordre juridique communautaire de la CEDEAO étant qu'il consacre un monisme juridique sans nécessairement le primat du Droit Communautaire, si l'obligation de mettre en exécution les décisions de la Cour de Justice de la Communauté incombe aux juridictions nationales des Etats-Membres, cette obligation n'implique pas un ordre juridictionnel hiérarchique entre la Communauté et les Etats-Membres, mais exige un ordre juridique communautaire intégré. La Cour de Justice n'est pas une Juridiction d'Appel ou de Cassation des juridictions nationales.

Sur tous ces moyens invoqués par le requérant, à savoir connaître du contentieux électoral, ou de la violation de son droit à ne pas être invalidé de son élection, ou encore sur les injonctions sollicitées contre l'exécution de l'Arrêt de la Cour d'Appel Fédérale du Nigéria, la Cour n'a pas compétence.

Sur la demande d'intervention volontaire

L'intervenant affirme qu'il a sollicité à se joindre à la procédure devant la Cour de céans, en qualité de défendeur sur la base du principe de « l'intérêt à agri ».

En droit procédural, l'intérêt à agir consiste dans l'avantage que tire le demandeur de sa reconnaissance par le Juge de la légitimité de sa prétention ; le Protocole additionnel de la Cour de Justice de la CEDEAO, consacre également ce principe lorsqu'en son Article 10 (c et d), il dispose que « Peuvent saisir la Cour.... toute personne physique ou morale ».

En général, « l'intérêt à agir » s'apprécie par référence aux conclusions des requêtes de l'intervenant justifiant d'un intérêt à la solution du litige soumis à la Cour, et lorsque ces conclusions n'ont pas d'autre objet que le soutien des conclusions d'une partie ou leur rejet », T.A.O.I.T Jugement N° 1368, Aymon et Consorts, 77ème Session, 13 juillet 1994.

En l'espèce, l'intervenant est bien concerné par la requête du requérant, et son intérêt à l'issue du litige semble certain, puisque la validation de l'élection du requérant si elle et ordonnée entraîne ipso facto l'invalidation de cette de l'intervenant ; l'intérêt à agir de ce dernier réside dans les conséquences à tirer de l'action et son effet.

Or selon le principe « l'accessoire suit le principal » ou encore celui de la relation de cause à effet, la requête principale communique sa condition à la requérante intervenante.

Par conséquent, la Cour n'ayant pas compétence à recevoir sur la requête principale, elle ne saurait recevoir la requête intervenante.

Décision de la cour

La Cour de Justice de la Communauté, en application des dispositions légales suscitées.

Statuant publiquement, contradictoirement à l'égard de toutes les parties, en premier et dernier ressort.

En la forme

La Cour se déclare incompétente sur l'action principale introduite par Jerry Ugokwe.

En conséquence, déclare la requête en intervention de Dr. Christian Okeke et toutes autres requêtes similaires irrecevables.

Met les dépens à la charge des parties.

OBSERVATIONS

Cet arrêt est le premier qui a été rendu sous l'empire du Protocole modifié, relatif à la Cour de Justice de la CEDEAO. L'on sait en effet que le 19 janvier 2005, a été adopté par la Conférence des chefs d'Etat et de Gouvernement un « Protocole additionnel (A/SP.1/01/05) portant amendement du Préambule, des articles 1er, 2, 9, 22 et 30 du Protocole (A/P1/7/91) relatif à la Cour de Justice de la Communauté, ainsi que de l'article 4 paragraphe 1 de la version anglaise dudit Protocole ».

Le chantier de la réforme était important, mais il importe surtout d'en retenir d'abord l'accession des personnes privées à la juridiction de la Cour, et donc, la fin de la « jurisprudence AFOLABI », cette première décision que la Cour a rendue en 2004, et qui rejetait l'action entreprise par un citoyen d'un Etat membre, directement devant la Cour. Désormais, l'écran de l'Etat a disparu, et les individus peuvent directement agir devant le juge de la CEDEAO, soit par le biais du recours en appréciation de la légalité de tout acte de la Communauté leur faisant grief, soit parce qu'ils ont été victimes de « violations des droits de l'homme ». C'est ce dernier aspect de la réforme qui constitue le second apport du Protocole additionnel. Il confère en effet une large compétence à la Cour, et l'office de celle-ci se trouve subitement considérablement étendu.

Nous avons déjà dit ce qu'une telle réforme nous inspirait. Elle procède sans doute d'une volonté louable, celle d'améliorer la « productivité » de la Cour, de mieux la faire connaître, et par là même, de pratiquer la pédagogie du droit communautaire. Elle comporte cependant un risque. En élargissant les compétences du juge à la violation des droits de l'Homme d'une part, et en visant par là des instruments qui n'ont pas été élaborés dans le cadre de la CEDEAO d'autre part (comme la Charte africaine des droits de l'homme et des peuples par exemple), la réforme de 2005 risque d'avoir deux effets : l'encombrement du prétoire de la Cour en premier lieu - qui résulte déjà de l'accroissement des recours individuels désormais consacrés- , et la dilution du droit communautaire ensuite, sa relégation du fait de l'attractivité des moyens tirés de la « violation des droits de l'homme », droits énoncés dans des textes qui ne sont pas précisément ceux de la CEDEAO. Ce que la Cour va gagner en popularité, si l'on ose dire, le droit communautaire le perdra en autonomie. L'erreur a sans doute été de croire qu'en « popularisant » l'organe judiciaire de la Communauté, on « popularisait » la CEDEAO elle-même.

L'affaire jugée le 07 octobre 2005 est révélatrice, comme bien d'autres, de ce risque d'édulcoration du droit communautaire. Le juge a été saisi par un ressortissant de la République fédérale du Nigéria, dont l'élection, à la Chambre des Représentants d'une « circonscription fédérale » nigériane, a été invalidée, d'abord par un Tribunal, ensuite par une Cour d'appel. Cette invalidation est intervenue à la requête des « intervenants » au procès devant la Cour de la CEDEAO. A l'appui de sa saisine, M. UGOKWE fait essentiellement valoir que son « droit à un procès équitable » a été violé par le juge nigérian, et que par là même, un « droit de l'homme » a été méconnu. A vrai dire, on ne voit nulle part dans la requête une explicitation de ce grief. Il aurait fallu montrer, preuves à l'appui, que le requérant a vu ses droits bafoués au cours des procédures judiciaires initiées au Nigéria, mais cette exigence probatoire n'a pas été satisfaite. La faiblesse de l'argumentation sur ce point – violation du droit à un procès équitable – a eu pour résultat de faire apparaître que M. UGOKWE ne soumettait à la Cour de la CEDEAO qu'un contentieux électoral, ce qui condamnait sa requête à l'échec. Il existe en effet au moins deux raisons de rejeter une telle demande : elle tend, sous couvert, de « violation des droits de l'homme », à faire passer la Cour de Justice pour un troisième degré de juridiction – réformation implicite de la décision de la Cour d'appel nigériane – et surtout, elle soumet à la Cour un contentieux qui ne figure pas dans ses attributions, le contentieux électoral national. C'est donc à raison que le juge de la CEDEAO se déclare incompétent.

L'affaire posait d'autres problèmes. Il apparaît tout d'abord que l'axe du débat judiciaire n'a pas, du fait même de la requête, toujours été posé avec la clarté souhaitable. La demande, en effet, invoque la violation du « droit à un procès équitable » mais ne spécifie nullement une telle violation. La Cour aurait même pu stigmatiser cette carence. Le problème posé au juge n'est donc pas bien identifié, et dans son raisonnement, celui-ci oscille entre la question du contentieux électoral pur, et celle de la violation du droit à un procès équitable. Il va de soi que la Cour ne pouvait valablement discuter que de ce second point. Cette décision illustre bien les dangers de la réforme de 2005.

Le Protocole additionnel, tel qu'il est rédigé, ouvre une véritable « boîte de Pandore », crée un risque de confusion que seule une définition prétorienne rigoureuse de la notion de « droits de l'homme » peut dissiper. Or, à l'évidence, un tel travail ne se fera pas du jour au lendemain. Comme dans d'autres cas, on verra que la notion de « droits de l'homme » fait l'objet des interprétations les plus fantaisistes par ceux qui saisissent le juge, et la Cour se retrouve avec des affaires qui avaient à vrai dire vocation à être délibérées devant d'autres prétoires. Ce n'est pas lui préserver sa dignité et sa place que d'exposer ainsi son office à la « banalisation ».

AFFAIRE N° ECW/CCJ/AP/01/04
DU 05 AVRIL 2006

***

Entre Mme Tokumbo Lijadu-Oyemade, et Secrétaire Exécutif de la CEDEAO – 1er Défendeur-, M. Haruna Warkani (Représentant du personnel) – 2e Défendeur-, M. Jules Gogoua (Représentant du personnel professionnel, Secrétaire Exécutif) – 3e Défendeur

Composition :

- L'Hon. Juge H. N. Donli
- L'Hon. Juge Anthony Alfred Bénin
- L'Hon. Juge El Mansour Tall

Arrêt
Résume des faits

La requérante a saisi la Cour le 21 mars 2005 par requête introduite au Greffe de la Cour par son Conseil Me Wole Adebayo, contre le Secrétaire Exécutif de la CEDEAO, les sieurs Haruna Warkani et Juges Gogoua tous deux représentants du personnel de la CEDEAO.

Arguments de la requérante

La requérante fut employée par le Secrétariat Exécutif de la CEDEAO le 20 mars 2000 en tant que Directrice de l'Administration de ladite institution. Le 2 septembre 2004, le 1er défendeur agissant sur le rapport du Comité Consultatif Conjoint et Intérimaire de Nomination, de Promotion et de Discipline du Personnel Professionnel, ayant mené des investigations sur les allégations de faute grave lancées contre la requérante, l'a licenciée avec effet immédiat. Elle avait demandé auprès de celui-ci une révision de la décision de sanction, mais il avait refusé dans sa lettre datée du 6 octobre 2004. Cependant, le 9 février 2005, le 1er défendeur a procédé à la révision de la sanction en la remplaçant par la retraite d'office pour compter du 31 décembre 2004, assortie de la condition qu'elle soumette sa lettre de démission pour compter du 31 décembre 2004, faute de quoi la sanction de licenciement reste valable.

Non contente de la révision, elle a demandé aux 2e et 3e défendeurs d'introduire un mémorandum à la Commission de l'Administration et des Finances, à l'effet, de saisir le Conseil des Ministres par la suite. Ceux-ci ont refusé, manqué ou négligé de satisfaire cette demande. Le 1er défendeur a publié un avis de vacance du poste de la requérante aux fins de pourvoir à celui-ci tout en refusant de payer son salaire et autres émoluments.

3. Pour mieux apprécier l'affaire en l'espèce, il est nécessaire de présenter les prétentions de la requérante comme suit :

a) DECLARER que la violation par le 1er défendeur du droit de recours de la requérante garanti par l'article 65 du Règlement du personnel suite à la sanction de licenciement qu'il lui a infligée, violation due à son manquement ou son refus de surseoir à l'exécution de la décision contestée après avoir reçu notification de l'invocation du droit de recours de la requérante, est illégale et contraire au Règlement du personnel de la CEDEAO ;

b) DECLARER que la violation par les 2e et 3e défendeurs du droit de recours de la requérante garanti par l'article 65.a du Règlement du personnel, manifestée à travers leur manquement ou refus de reconnaître le droit de recours de la requérante ou d'introduire un mémorandum à la Commission de l'Administration des Finances à cet effet, est illégale et contraire aux dispositions du Règlement du personnel de la CEDEAO ;

c) DECLARER que la publication par le 1er défendeur ou par ses agents de l'avis de vacance de poste de Directeur de l'Administration opérée en violation des dispositions de l'article 65.b du Règlement du personnel, alors que le recours pour le 1er défendeur revienne sur sa sanction de licenciement est en instance, est illégale et contraire au Règlement du personnel de la CEDEAO ;

d) DECLARER que la violation du droit de la requérante à son salaire et autres émoluments rattachés au poste de Directeur de l'Administration suite à leur gel par le 1er défendeur depuis septembre 2004 à aujourd'hui alors que son recours est en instance, est illégale et contraire au Règlement du personnel de la CEDEAO ;

e) UNE INJONCTION contraignant les 2e et 3e défendeurs à assurer le respect du droit de recours de la requérante tel que garanti par l'article 65.a du Règlement du personnel en reconnaissant celui-ci et en introduisant un mémorandum à la Commission de l'Administration et des Finances à cet effet tel qu'ils sont mandatés aux termes des dispositions du même article ;

f) UNE INJONCTION au 1er défendeur d'annuler ou de faire annuler l'avis de vacance de poste de Directeur de l'Administration occupé par la requérante que lui est ses agents ont publié, alors que son recours en vue de la révision de la sanction de licenciement est en instance ;

g) UNE INJONCTION au 1er défendeur à ne pas procéder au recrutement suite à l'avis de vacance du poste de Directeur de l'Administration occupé par la requérante que lui et ses agents ont publié, alors que son en vue de la révision de la sanction de licenciement est en instance ;

h) UNE INJONCTION au 1er défendeur à payer à la requérante son salaire et autres émoluments attachés au poste de Directeur de l'Administration de septembre 2004 à la date où une décision finale interviendra sur son recours ;

i) Les dépens seront fixés par cette Honorable Cour de Justice.

Résume des arguments des défendeurs

Les défendeurs ont réagi à temps et vigoureusement à ladite requête par le biais de leur Conseil, Me F.N. Molokwu. Leur mémoire en défense déposé au Greffe le 12 avril 2005 se résume comme suit :

Le 1er défendeur est le Secrétaire Exécutif de la CEDEAO. Le 14 juillet 2004, suite à la distribution d'enveloppes diffamatoires aux participants à la 4ème réunion statutaire du Comité Ministériel Ad-hoc de sélection et d'Evaluation au Rendement des Fonctionnaires Statutaires au Secrétariat Exécutif de la CEDEAO, la requérante et d'autres membres du personnel ont reçu des demandes d'explication. Sa réponse n'ayant pas donné satisfaction, elle a été suspendue et un Comité a été mis en place, chargé d'enquêter sur l'affaire. Elle avait manqué ou refusé de comparaître devant ledit Comité. Par la suite, le 1er défendeur a mis en place un Comité Conjoint de Nomination, de Promotion et de Discipline du personnel professionnel po**ur mener des enquête sur les accusations de faute grave lancée contre la requérante**. Elle a comparu devant ce Comité, et pris part à ses délibérations, accompagnée de son Conseil ;

Le Comité a établi sa responsabilité par rapport aux allégations de faute grave et a recommandé son licenciement. Sur la base de ses recommandations, le 1er défendeur l'a licenciée pour compter du 2 septembre 2004. Elle a demandé à celui-ci de réviser sa décision, mais il a refusé dans sa lettre en date du 6 octobre 2004. Elle n'a pas fait appel auprès du conseil des Ministres à travers les 2e et 3e défendeurs conformément à l'article 65 du Règlement du personnel de la CEDEAO. A sa place, son pays, le Nigeria, a interjeté appel en son nom auprès du Conseil des Ministres lors de sa 53ème session tenue à Accra au Ghana. Le Conseil a refusé cette intervention au motif qu'elle n'a pas épuisé toutes les voies de recours dont elle dispose. Toutefois, le 9 février 2005, le 1er défendeur a révisé la sanction de licenciement qu'il a substituée par la retraite d'office assortie de la condition qu'elle rende sa démission, faute de quoi, la révision serait nulle et la sanction de licenciement valable. La requérante n'a pas donné sa lettre de démission et n'a pas demandé au 1er défendeur de réviser sa sanction de mise à la retraite.

Cependant, elle a demandé aux 2ème et 3ème défendeurs d'introduire un mémorandum à la Commission de l'Administration et des Finances qui saisira le Conseil des Ministres. Ce qu'ils n'ont pas fait. Entretemps, le 1er défendeur a lancé un avis de recrutement aux fins de pourvoir au poste de Directeur de l'Administration.

Les questions auxquelles les défendeurs doivent répondre

1. Si la requérante était toujours de service au Secrétariat Exécutif de la CEDEAO à la date du 9 février 2005, vu son licenciement par lettre n° ECW/PER/01-00018-D/ES/172 datée du 2 septembre.

2. Si la révision du licenciement de la requérante opérée le 9 février 2005, reste valable.

3. Si la requérante a droit aux prétentions formulées.

Cinq questions figuraient sur la première partie de l'exposé et les trois questions susmentionnées figuraient dans la réplique à l'exposé.

Le Conseil a confirmé le fait que la Cour, dans sa décision datée du 10 octobre 2005, a déclaré que l'emploi de la requérante obéit à un statut. Ceci est confirmé par sa lettre d'embauche qui dit clairement que les termes et conditions de son contrat sont régis par les dispositions du Règlement du personnel.

Elle affirmait qu'en règle générale, un contrat d'embauche régi par un statut, est rompu conformément audit statut et s'est référé aux « Affaires Nigérianes » de NEPA c/ ISIEVEORE (1999) 7 NWLR (pt. 511) 135 ; et (ii) BANGBOYE c/ UNIVERSITY OF ILORIN & ANOR (1999) 6 SC (PT. II) 72, 77 ainsi qu'aux statuts appropriés à l'affaire en l'espèce comme les Statut et Règlement du personnel de la CEDEAO.

Elle s'est référée à l'article 60 du Règlement du personnel et a clarifié la procédure à suivre en cas de mesures disciplinaires à l'encontre d'un membre du personnel du Secrétariat Exécutif de la CEDEAO.

Cette procédure se résume comme suit :

(i) *Il doit exister des allégations formulées contre le membre du personnel ;*

(ii) *Les allégations lui sont communiquées à travers une demande d'explication émanant de son supérieur hiérarchique ;*

(iii) *Il doit répondre dans le délai qui lui est imparti ;*

(iv) *Si le 1er défendeur estime qu'une faute grave a été commise, il suspend le membre du personnel ;*

(v) *Ensuite, le 1er défendeur met en place le Comité Consultatif Conjoint de Nomination, de Promotion et de Discipline chargé de mener des investigations sur les accusations formulées ;*

(vi) *Le Comité se réunit en invitant le membre du personnel concerné à comparaître aux fins de répondre aux accusations de faute grave formulées contre lui ;*

(vii) *Le Comité communique au membre du personnel les reproches formulés contre lui et lui donne l'occasion de se défendre ;*

(viii) *Le membre du personnel mis en cause peut comparaître devant le Comité accompagné d'un avocat qui l'assiste ;*

(ix) *A la fin des travaux, le Comité présente un rapport au 1er défendeur contenant les recommandations quant à la mesure disciplinaire à prendre ;*

(x) *Le membre du personnel concerné peut exercer son droit de recours contre la décision conformément à l'article 65 (a) du Règlement du personnel.*

La question que le Conseil a posée était de savoir si la sanction de licenciement infligée à la requérante obéit à la procédure établie ? Il disait que l'examen des arguments contenus dans les exposés des deux parties révèle que le 1er défendeur a respecté les procédures en matière disciplinaire avant le licenciement de la requérante du Secrétariat Exécutif de la CEDEAO le 2 septembre 2004. Pour étayer ses arguments, l'Avocate s'est référée aux conclusions de la requérante où elle admettait que :

(i) Elle a reçu une demande d'explication relative à l'incident malheureux intervenu au Secrétariat Exécutif de la CEDEAO le 14 juillet 2004 ;
(ii) Elle avait répondu à ladite demande d'explication ;
(iii) Elle a été suspendue ;
(iv) Elle avait comparu devant le Comité Consultatif Conjoint de Nomination, de Promotion et de Discipline pour répondre aux allégations de faute grave ;
(v) Elle était assistée de son Conseil, Me Wole Adebayo ;
(vii) Le Comité a transmis le rapport de ses travaux à qui de droit ; et
(viii) Le 1er défendeur agissant suite au rapport du Comité l'a licenciée du Secrétariat Exécutif de la CEDEAO par lettre datée du 2 septembre 2004

Le Conseil soutient que la requérante en contestait pas le non-respect par le défendeur des conditions préalables à la résiliation de son contrat, mais qu'elle s'insurge contre le non-respect de son droit à être entendue de manière équitable est un principe général de droit aux termes duquel l'accusé doit connaître les faits qui lui sont reprochés et avoir l'opportunité de se défendre, et s'est référé à l'affaire nigériane (UNIVERSITY OF MAIDUGURI c/ GARUBA (1986) 1 NWLR (pt. 18) 550 ;

Egalement dans l'affaire IGWLO c/ CBN (2000) 9 NWLR (Pt. 672) 302, la Cour Nigériane déclarait que le droit à être entendu repose sur le principe qu'aucune personne ne doit être condamnée sans que sa cause ne soit entendue ou qu'elle ait bénéficié de l'opportunité de se faire entendre, car ceci constitue l'un des piliers de la justice fondée sur les règles de droit. Le paragraphe 18 du Rapport du Comité montre clairement que le 24 août 2004, une liste des reproches formulés contre la requérante lui était présentée, accompagnée de l'ensemble des documents qui ne lui sont pas parvenus ou notifiés du fait qu'elle était restée *'incommunicado'* (au secret).

Le Conseil s'est référée au paragraphe 18 pour dire qu'il était demandé à la requérante le 24 août 2004, de prendre connaissance des accusations lancées contre elle et les documents, afin de se défendre devant le Comité le 27 août ; et s'est référée au rapport dudit Comité joint en annexe.

Le Conseil soutient que la requérante a été entendue équitablement et a eu l'occasion de connaître les faits qui lui sont reprochés pour se défendre.

S'agissant du licenciement, l'Avocate affirmait qu'il s'est opéré dans le respect strict des dispositions statutaires quant aux mesures disciplinaires prévues par les Statut et Règlement du personnel de la CEDEAO, et exécuté conformément aux textes en vigueur.

Le Conseil a réitéré le fait que lorsqu'un organisme public habilité à sanctionner son personnel, exerce ce pouvoir conformément aux règles de procédures établies et aux principes élémentaires de l'équité, la sanction qui y est infligée demeure, et s'est référée à l'Affaire Nigériane BANGBOY c/ UNIERSITE OF ILORIEN (supra).

Le Conseil fait remarquer que les Statut et Règlement du personnel de la CEDEAO offrent à un membre du personnel qi se sent lésé suite à l'application d'une sanction disciplinaire, l'opportunité d'exercer son droit de recours contre la sanction et s'est référée aux articles 27 du Statut et 60 (n) du Règlement du personnel de la CEDEAO. Quant à l'affaire en l'espèce, le Conseil s'est référé à la procédure prévue à l'article 65 (a).

Le Conseil a déclaré qu'il était évident que dans sa lettre datée du 6 octobre 2004, le 1er défendeur a confirmé le licenciement de la requérante, refusant ainsi la révision et qu'aux termes de l'article 65 (a) il a maintenu sa décision et soutenait que le recours qui reste possible pour la requérante est de saisir le Conseil des Ministres à travers le 2ème et 3ème défendeurs dans un délai de 30 jours après réception de la lettre de refus de réviser datée du 6 octobre 2004. Elle soutient que la requérante n'a pas exercé son droit de recours.

Le Conseil a fait remarquer que le pays de la requérante, en l'occurrence le Nigéria, a saisi en son nom le Conseil des Ministres lors de sa 53ème Session, qui a cependant refusé de s'ingérer dans l'affaire. Elle affirmait que l'action du Nigéria ne constituait pas un recours formé par la requérante à l'endroit du Conseil des Ministres comme prévu à l'article 65 (a) du Règlement du personnel ;

Quant au licenciement, le Conseil affirmait qu'il reste valable pour compter du 2 septembre 2004. Elle soutenait que celui-ci non seulement demeure, mais est aussi irréversible. Il s'ensuit alors qu'à compter du 9 février 2005, elle cesse d'être Directrice de l'Administration car n'étant plus de service au Secrétariat Exécutif de la CEDEAO.

En ce qui concerne la deuxième question, à savoir si la révision de la sanction de licenciement du 9 février 2005 est valable, le Conseil s'est référé à cette révision qui présuppose que la requérante est toujours de service au Secrétariat Exécutif de la CEDEAO à la date du 9 février 2005. Elle fait observer que puisque la requérante n'a pas pu faire saisir le Conseil des Ministres après réception de la lettre refusant la révision, datée du 6 octobre 2004, elle cesse d'être Directrice de l'Administration à compter du 2 septembre 2004.

Le Conseil était d'avis que, suite à l'inaction de la requérante, la révision du 9 février 2005 est nulle et de nul effet, étant *ultra vires* (un excès de pouvoir), car le 1er défendeur n'a aucun pouvoir lui permettant de mettre à la retraite après que le licenciement soit devenu effectif et que la révision était devenue nulle et de nul effet.

Elle a réitéré le principe de droit *ex nihilo nihli fit* qui veut dire que rien ne vient de rien, qui selon elle s'applique au cas d'espèce, car il n'y a rien à réviser. Elle a cité en exemple l'affaire MCFOY c/ UAC LIMITED (1961) 3 ALL ER 1169 pour étayer son argumentation.

Autrement, le Conseil soutenait que si ses prétentions sur la nullité de la révision sont rejetées, et que la requérante était toujours en service ou employée au Secrétariat Exécutif de la CEDEAO à la date du 9 février 2005, la date de révision rend sa requête inopportune pour inaction, et non-respect des conditions préalables contenues dans la lettre de révision du 9 février 2005.

Le Conseil soutient que les termes utilisés à l'article 65 (a) sont sans ambiguïté et doivent être interprétés au sens strict, même si les conséquences ne sont pas à approuver, et elle s'est référée à l'ouvrage **Maxwell on Interpreation of Statutes 12 édition p. 205**. Elle affirmait que la requérante était d'accord qu'après que la sanction de mise à la retraite ait été infligée dans la lettre de révision datée du 9 février 2005, elle n'a pas demandé au 1er défendeur, la révision de la sanction, mais a fait saisir le Conseil des Ministres à travers les 2ème et 3ème défendeurs.

Quant aux procédures prévues aux articles 27 du Statut et 65 (a) du Règlement du personnel de la CEDEAO, le Conseil a souligné que le droit de recours reconnu à la requérante est celui prévu à l'article 27 du Statut et non 65 (a) du Règlement. Elle fait observer que, puisque la requérante n'a pas pu faire saisir le Conseil des Ministres après réception de la lettre refusant la révision, son recours est inopportun et son droit de saisir le Conseil des Ministres à travers les 2ème et 3ème défendeurs est devenu sans objet, nul et de nullité absolue pour non-respect de la procédure de recours.

Quant aux conditions posées par la lettre N° ECW.PER/01-00018-D/ES/12 du 9 février 2005, le Conseil soutient que le non-respect de ces conditions rend la révision nulle. Elle exhorte la Cour à décider que la seule sanction valable contre la requérante est le licenciement pour compter du 2 septembre 2004.

Concernant la question de savoir si la requérante a droit aux prétentions formulées, elle affirme qu'il est de règle en droit que pour qu'une personne puisse bénéficier d'une réparation de préjudice, elle doit être en mesure de prouver l'existence de son droit et s'est référée à l'affaire DANTATA c/ MOHAMMED

(2000) 7 NWLR. Elle a soutenu que les prétentions formulées dans cette affaire sont équitables, ce à quoi la Cour peut faire droit si et seulement si la requérante est en mesure de prouver qu'elle est toujours de service au Secrétariat Exécutif de la CEDEAO et a réaffirmé que celle-ci a été licenciée pour compter du 2 septembre 2004.

Elle a soutenu que la Cour ne doit pas faire droit aux prétentions de la requérante contenues aux paragraphes a, b, c et d de sa requête.

Quant au point relatif à l'injonction de faire, elle affirmait que celle-ci est une ordonnance visant à garantir l'accomplissement d'un devoir statutaire. Elle est seulement applicable par celui habilité à intenter un procès suite au manquement à un devoir statutaire et s'est référée à l'affaire Glossop c/ Heston & Isleworth Local Board (1879) 12 CH.D 102, pour étayer son argumentation. Elle s'est référée à l'injonction de faire demandée par la requérante au paragraphe (e) contraignant les 2ème et 3ème défendeurs à exercer le recours en son nom auprès de la Commission de l'Administration et des Finances. Elle a réaffirmé que l'injonction de faire demandée par la requérante ne doit pas aboutir car le recours en question est contre une révision qui est déjà nulle. Il est un principe général qu'en droit, une juridiction ne prend pas une ordonnance qui serait sans effet, stérile et vaine. Elle s'est référée à l'Affaire Nigériane NNSC c/ SABANA (1988) 2 NWLR (PT 74) et a affirmé qu'étant donné que la révision est nulle, le recours contre la révision est également sans objet.

Quant au point relatif à la publication de la vacance du poste contenu au paragraphe (f), elle a soutenu qu'il constitue une violation du droit de la requérante et que le 1er défendeur a le devoir statutaire aux termes de l'article 10 (e) du Statut du personnel de la CEDEAO et l'article 19 (g) du Traité Révision de la CEDEAO de procéder à la Nomination d'un Directeur de l'Administration en cas de vacance du poste, et que celui-ci étant vacant puisque la requérante a été légalement licenciée, la publication est légale.

Elle a exhorté la Cour à débouter la requérante pour ses prétentions en vue d'une injonction de faire formulées au paragraphe (f).

En ce qui concerne les injonctions, elle affirmait qu'elles sont prises pour garantir l'exercice d'un droit et s'est référée à l'Affaire Nigériane COMMISSIONNER OF WORKS, BENUE STATE c/ DEVCON LIMITED (1988) 3 NLR (PT) 407, pour réitérer que la requérante a été licenciée légalement du Secrétariat Exécutif de la CEDEAO tout en mettant l'accent sur le fait que la publication de l'avis de vacance afin de pourvoir au poste ne constitue pas une violation du droit légal de la requérante.

Elle exhorta la Cour à ne pas faire droit à l'injonction demandée au paragraphe (g) de la requête.

S'agissant du paiement de salaire et autres émoluments, elle a cité à l'appui l'article 53 (g) du Règlement du personnel de la CEDEAO qui dispose :

> *Tout membre du personnel licencié sans préavis perd ses droits aux termes des dispositions du présent Règlement.*

Elle a réaffirmé que la requérante, ayant été licenciée du Secrétariat à compter du 2 septembre 2004, perd ses droits dès le 2 septembre 2004, conformément aux dispositions de l'article 53 (g). Elle a exhorté la Cour à débouter la requérante pour l'ordonnance recherchée au paragraphe (g) de la requête.

S'agissant des dépens, elle a cité l'article 66 du Règlement de la Cour qui prévoit le paiement de dépens à la partie gagnante, et au cas où une partie demande le paiement de dépens dans ses conclusions, la question sera tranchée par la Cour dans son arrêt. Pour conclure, elle a exhorté la Cour à déclarer irrecevable la requête.

En réponse, le Conseil de la requérante s'est référée à l'exposé écrit introduit par les défendeurs le 4 novembre 2005, après clôture des débats et réception d'autres pièces jointes des parties. Il a affirmé que les questions soulevées en dehors des débats n'ont aucune valeur et doivent être rejetées par la Cour.

Il a soutenu que les défendeurs n'ont pas droit d'intervenir sur les faits ayant admis à l'audience que ceux-ci contenus dans la requête ne font pas l'objet de controverse et que la Cour doit prendre acte, comme étant les faits invoqués par la requérante. A cet égard, il exhorte la Cour à rejeter les paragraphes 2 A et 2 B pages 3 et 4 de l'exposé écrit des défendeurs qui traitent de l'objet du litige.

Il a réaffirmé qu'il est un principe général de droit que les faits admis n'ont pas besoin d'être prouvés et s'est référé à l'affaire de la Cour suprême du Nigéria, TEMILE c/ AWANI (2001) 12 NWLR (PART 728) PAGE 726 f T 751-752 PARA (f) que la Cour a entre autres évoquée et l'avocat l'a citée en ces termes :

> *Les faits évoqués dans l'exposé de la requête non contestés par la défense, auxquels les parties n'ont pas joints d'autres questions, n'ont pas besoin d'être prouvés et aucune preuve n'est nécessaire ou recevable comme preuve supplémentaire. Dans l'affaire en l'espèce, où le Conseil de l'appelant ne conteste pas que le défendeur a reçu cadeau d'un lopin de terre, il n'est pas nécessaire de prouver ce cadeau fait au défendeur ;*
>
> *Il a également cité l'Affaire ADEYE c/ ADESANYA (2001) 6 NWLR PART 708 PAGE 1 AT PAGE 9 PARA B – D, où la Cour a déclaré : « Un défendeur ne peut pas désavouer qu'il a admis un fait débattu par le requérant, fait déjà admis, qui ne nécessite aucune preuve supplémentaire... Le défendeur y est tenu et la décision de la Cour se fondera dessus.*

Il a soutenu que les aveux qui lient plus les parties sont ceux faits lors des débats à l'audience et s'est référé à l'Affaire GBADAMOSI c/ KABO TRAVELS LTD (2000) 8 NWLR PART 668 PAGE 243 AT 276 D – E, où la Cour d'appel du Nigéria a accepté un document produit lors des débats à l'audience, admettant que le fait évoqué n'a pas besoin de preuve. Il a ajouté que dans le cas d'espèce, la lettre de l'avocat des défenseurs datée du 14 octobre 2005, admettait que l'objet du litige n'est pas sujet à controverse, base sur laquelle les parties ont convenu de ne pas présenter de témoignage oral, constitue une conclusion des faits invoqués par la requérante.

Il a ajouté que les trois questions formulées dans l'exposé écrit ne cadrent pas avec les arguments invoqués par les défendeurs dans leur mémoire en défense introduit le 13 avril 2005. Il a réaffirmé que c'est un principe général de droit qui dit que les questions à trancher qui ne se rapportent pas à l'affaire portée devant la Cour, ne doivent pas être examinées et s'est fondé sur les jurisprudences jointes à son exposé. Il a ajouté qu'un argument qui ne se rapportant pas à l'affaire portée devant la Cour est sans valeur.

Il a cité à l'appui l'Affaire OKOTIE – EBOH c/ MANAGER (2004) 118 NWLR PART 905 PAGE 242 AT PAGES 279 8-C ; G-H où la Cour a mentionné que :

> *Lorsqu'une question formulée est à trancher, il n'est pas normal pour un avocat de discuter des points qui ne cadrent pas avec la question. Dans ce cas d'espèce, même dans le cadre beaucoup plus large de la question N° 2 formulé, il n'y a pas lieu d'argumenter que l'affaire Onuhoa c/ Okafor (1983) 2 NWLR SCNLR 244 a été mal citée ou que l'appel est recevable aux termes de la sanction 21 (1) – (5) du Code Electoral, 2002 comme voulait le faire l'appelant. En conséquence, tous les paragraphes des conclusions de l'appelant ont été rejetés par la Cour suprême*

En outre, dans l'Affaire EZEMBA c/ IBENEME (2004) 14 NWLR PART 894 PAGE 611 AT PAGE 662 G-H, la Cour suprême du Nigéria a expliqué la teneur de ce principe en ces termes :

> *Une partie doit être conséquente en développant ses arguments et conséquente en les prouvant. Elle ne sera pas autorisée à prendre une position dans un exposé et changer tout d'un coup lors des débats, pour adopter une attitude nonchalante devant une juridiction d'appel cas ce n'est pas une partie de loisir.*

Il a soutenu que l'argumentation développée aux pages 5 et 6 de l'exposé écrit sur la question N° 1, à savoir « si la requérante était toujours de service au Secrétariat Exécutif de la CEDEAO à la date du 9 février 2005, vu son licenciement par lettre N° ECW/PER/01-00018 – D/ES/172, datée du 2 septembre 2004, et sur la question N° 2, à savoir si le licenciement de la requérante intervenue le 9 février 2005 est valable ou non et recevable devant cette Cour de Justice, doit être rejetée car il ne se rapporte ni à la requête ni au mémoire en défense.

Il a cité à l'appui, l'Affaire COMMISIONER FOR WORKS BENUE STATE c/ DEVCOM LTD (1988) 3 NWLR PART 83 PAGE 407 (précédemment citée par les défendeurs) AT PAGES 419-420, la Cour Suprême du Nigéria se fondant sur l'affaire qu'elle a tranchée NHDS c/ MUMUNI (1977) 2 SC 57, a déclaré :

> *C'est un principe élémentaire fondamental de résolution de différends entre les parties, que la décision doit s'en tenir aux questions soulevées par les parties.*

Il a affirmé que le Conseil des défendeurs a commis une erreur en pensant que la requête devant la Cour visait à justifier ou à condamner les travaux du Comité Consultatif Intérimaire ayant examiné les accusations formulées contre la requérante, ou à combattre la sanction infligée par le 1er défendeur.

Par ailleurs, il a soutenu que la requérante a saisi la Cour, comme l'atteste sa requête, pour faire valoir son droit de recours auprès du Conseil des Ministres et non pas combattre le mérite ou le démérite des travaux ayant conduit à la sanction, et qu'il revient au Conseil d'examiner le fond de l'affaire.

Il a ajouté que l'Affaire NEPA c/ ISIEVORE (1999) NWLR PART 511 PAGE 135 ; BAMGBOYE c/ UNIVERSITY OF ILORIN & ANOR (1999) NWLR PART 22 PAGE 590, traite de l'affaire principale qui n'a pas été traitée devant cette Cour.

Il a affirmé que les affaires UNIVERSITY OF MAIDUGURI c/ GARUBA (1986) 1 NWLR (pt 18) 550 ; IGWILO c/ CBN (2000) 9 NWLR (PT. 672) 302, traitent du droit à être entendu équitablement qui sera débattu lorsque les travaux ayant conduit à la sanction et celle-ci même seront examinés par le Conseil des Ministres qui a été saisi du recours de la requérante à travers les 2ème et 3ème défendeurs.

Il a indiqué que ce qui est devant cette Cour pour qu'elle s'y prononce est de savoir si les 2ème et 3ème défendeurs peuvent de manière unilatérale décider de refuser le recours de la requérante formé devant le Conseil des Ministres.

Il ajouta que la troisième question soulevée par les défendeurs ne doit pas aboutir, car c'est une question subsidiaire dépendant de la résolution des questions principales.

S'agissant des exposés écrits des défendeurs qui n'ont pas pu traiter des questions soulevées dans le mémoire en défense, introduit le 13 avril 2005, et leur exposé-réponse introduit le 23 mai 2005, l'Avocat soutient que la Cour doit les considérer comme étant abandonnés. Il s'est référé aux principes de droit selon lesquels, une question soulevée lors des débats d'audience, non étayée est considérée comme étant abandonnée. Il a cité l'affaire GAMBORUMA vs BORNO (1997) 3 NWLR PART 495 PAGE 530 AT 541 A-B, où la Cour d'appel du Nigéria déclarait :

> *Il est de principe en droit qu'une question à examiner sur laquelle l'appelant n'a avancé aucun argument, doit être considérée comme abandonnée. Dans l'appel en l'espèce, étant donné qu'aucun argument n'a été avancé par les appelants relativement aux 3ème et 4ème questions de l'exposé à examiner, elles sont considérées comme étant abandonnées et rejetées en conséquence.*

Il s'est référé aux pièces écrites déposées par les défenseurs le 4 novembre 2005 et a soutenu qu'ils ont abandonné les questions soulevées dans la requête introduite à la Cour.

Sur le point relatif au recours en équité, le Conseil s'est fondé sur l'affaire DANTATA c/ Mohamed (2000) 7 NWLR PART 664 PAGE 176, pour conclure que les défendeurs ont cité à tort cette jurisprudence, par rapport à la question de la nature équitable des ordonnances recherchées. Il a soutenu que cette Cour n'est ni une juridiction Anglaise, ni une juridiction d'équité Anglaise, mais détient ses compétences des Chartes internationales bien précises en l'occurrence le Traité Révisé de la CEDEAO, le Protocole de 1991, le Protocole Additionnel de 2005 et le Règlement de la Cour de Justice de la Communauté, qui autorisent un membre du personnel à saisir la Cour pour faire valoir son droit d'agent au service de la Communauté. Il a cité à l'appui l'Affaire EZEMBA c/ IBENEME (supra), et l'Affaire GAMBORUMA c/ BORNO (supra).

S'agissant de la position de la requérante en tant qu'employée, il a soutenu que son *locus* (droit de comparaître) en tant qu'agent de la Communauté de service au Secrétariat Exécutif, a déjà été tranchée par la Cour dans sa décision du 10 octobre 2005, et ajouta qu'il est indéniable que celle-ci est toujours de service, sinon le 1er défendeur ne lui aurait pas demandé de rendre sa démission. Il a cité à l'appui l'Affaire NNSC c/ SABANA (1988) 2 NWLR PART 74 citée par les défendeurs, qui, selon lui, n'est pas appropriée. Il a affirmé que l'affaire était plutôt relative à une ordonnance de faire, prise par rapport à un produit alimentaire en l'occurrence du riz qui n'existait pas. Le Conseil a comparé l'affaire à l'objet du litige de l'affaire en l'espèce, qui selon lui n'ont rien de comparable. Il a relaté que dans le cas d'espèce, les faits sont indiscutables comme l'a déclaré la requérante et la seule défense produite par les 2ème et 3ème défendeurs est relative à la question de temps pour qu'ils introduisent un mémorandum à la Commission de l'Administration et des Finances. Il a conclu que le statut de la requérante en tant qu'employé de la Communauté est indiscutable.

Il a soutenu qu'il est indéniable que l'article 65 du Règlement du personnel dispose d'une obligation statutaire à la charge des 2ème et 3ème défendeurs par rapport au recours de la requérante avec l'usage du mot « shall ». Il a cité à l'appui l'affaire GLOSOP c/ ISLEWORTH LOCAL BOARD (1870) 12 CH. D 102 qui selon lui est en faveur de la requérante. Il s'est également fondé sur l'Affaire COMMISIONER FOR WORKS BENUE STATE c/ DEVCOM LTD (supra) citée par les défendeurs pour arguer qu'elle est en faveur de la requérante sur la question d'injonction de faire, étant démontré que celle-ci a un droit légal contre les 2ème et 3ème défendeurs qui ont le devoir statutaire d'exercer son recours. Il a conclu en disant que cette Cour doit débouter les défendeurs sur leur exposé introduit le 4 novembre 2005 car n'ayant pas trait à la requête déposée à la Cour.

Il a, en outre, soutenu que cette Cour doit débouter les défendeurs sur leur mémoire en défense, et sur toutes les prétentions qui y sont formulées, introduit le 13 avril 2005, car ils n'ont pas avancé d'arguments et les ont abandonnés par leur exposé écrit. Il a exhorté la Cour à faire droit aux prétentions de la requérante.

Examen des arguments invoqués par les conseils de la requérante et des défendeurs, relatifs à l'affaire

Les défendeurs ont soulevé cinq questions soumises à l'appréciation de la Cour. Le Conseil a fait valoir que les deux lots de questions se retrouvent dans les trois questions formulées ci-dessus. Le Conseil de la requérante a soutenu que les arguments contenus aux pages 5 et 6 de l'exposé écrit, au niveau de la question N° 1, à savoir si la requérante était toujours de service au Secrétariat Exécutif de la CEDEAO à la date du 9 février 2005, vu son licenciement par lettre N° ECW/PER/01-00018 – D/ES/172, datée du 2 septembre 2004, et sur la question N° 2, à savoir si le licenciement de la requérante intervenue le 9 février 2005 demeure si la requête est recevable par cette Cour de Justice, doivent être rejetés car ils ne se rapportent ni à la requête, ni au mémoire en défense. « Il a réaffirmé que les défendeurs n'ont pas droit d'alléguer des faits ayant consenti que ceux de la cause ne sont l'objet d'aucune controverse, raison pour laquelle, les parties et notamment les défenseurs ne doivent pas alléguer de preuves orales et que les arguments que les parties et la Cour doivent prendre en considération sont ceux évoqués par la requérante ». A cet effet, il a exhorté la Cour à débouter les défendeurs quant au contenu des paragraphes 2 A et 2 B des pages 3 et 4 de leur exposé écrit qui traitent des faits de la cause.

Il a soutenu qu'il est de règle générale en droit que les faits admis n'ont pas besoin d'être prouvés et s'est référé à l'affaire de la Cour Suprême Nigériane TEMILE c/ AWANI (supra). Dans ladite affaire, la Cour déclarait que les faits contenus dans la déclaration du demandeur qui sont admis ou ne sont pas sujet à controverse, n'ont aucun effet et n'ont pas besoin d'être prouvés. Et lorsque le Conseil de l'appelant ne s'insurge pas contre les faits, il n'est pas nécessaire de les prouver.

Il existe une variété de jurisprudences relatives au fait que les faits qui n'ont été invoqués n'ont aucun effet et n'ont pas besoin d'être prouvés. De même lorsque l'avocat d'une partie admet un fait, la partie adverse n'a pas besoin de preuve pour étayer ce fait. Voir l'Affaire EZEMBA c/ IBENEME (supra) où la Cour Suprême du Nigéria a appliqué le principe.

Les défendeurs ont soulevé trois questions déposées à la Cour le 4 novembre 2005, et cinq autres le 13 avril 2005. Le Conseil de la requérante a soutenu que les questions formulées premièrement dans l'exposé écrit du 4 novembre 2005, après que les parties aient débattu des faits, n'ont aucun effet et doivent par conséquent être rejetées par la Cour.

Nous avons lu les paragraphes 2 A et 2 B des pages 3 et 4 de l'exposé des défendeurs qui traitent des « faits de la cause ». Le Conseil des défendeurs affirmait que les trois nouvelles questions sont incorporées aux premières lorsqu'on prend ensemble les deux lots de questions. Même au cas où les questions sont examinées ensemble, ceci doit se faire dans le cadre de la requête pour que la Cour puisse invoquer la jurisprudence sur EZEMBA c/ IBENEME (supra). Dans cette affaire, la décision de la Cour n'était pas acceptable aux yeux des défendeurs. Un autre aspect des arguments invoqués par le Conseil des défendeurs était que les arguments contenus aux paragraphes 5 e 16 présentent le fait que la requérante n'était pas en service au Secrétariat Exécutif de la CEDEAO à la date du 9 février 2005, puisque son licenciement remplacé le 9 février 2005, était nul.

Le Conseil de la requérante a soutenu que les défendeurs ne doivent pas être autorisés à se dédire. Dans l'affaire Oruboko & 4ors c/ Friday T. Oruene (1966) 7 NWLR PART 462 PAGE 555, la Cour a décidé que lorsque des preuves sont fournies sur un fait non invoqué, le moment idéal de soulever une exception sur la recevabilité ou le rejet de ces preuves serait pendant les débats à l'audience lorsque les témoins apportent leurs preuves, et aux pages 575-576, paragraphes (g) à (a), la Cour a décidé que selon la règle d'équité, une partie ne peut pas à la fois approuver et désapprouver. Aucun argument solide n'a été avancé contre ceux de l'Avocat de la requérante car celui-ci a dit correctement le droit. Nous sommes d'avis que les défendeurs n'ont soulevé aucune nouvelle question comme il l'a souligné. La question relative au fait que la requérante n'est pas employée était évoquée par les défendeurs dès le départ.

La question principale ou du moins importante invoquée par la requérante est relative à l'exercice de son recours auprès du Conseil des Ministres sur la sanction de licenciement ou de mise à la retraite selon le cas de figure. Le Conseil des défendeurs était d'avis que la révision de la première sanction de licenciement était assujettie à la condition que la requérante rende sa lettre de démission pour qu'elle soit remplacée par la mise à la retraite.

Il est de règle générale en droit que lorsqu'un argument comporte des conditions préalables, celles-ci doivent être remplies avant que l'événement n'intervienne. Comme dans le cas d'espèce, le Conseil des défendeurs s'est fondé sur la condition qui indique que la révision consacrera le remplacement du licenciement par la mise à la retraite, et que cette sanction soit un licenciement ou une mise à la retraite, c'est toujours une sanction, et dès que la requérante se sent lésée par une sanction prise par le Secrétaire Exécutif, l'option qui lui est permise est d'exercer son droit de recours auprès du Conseil des Ministres à travers les 2ème et 3ème défendeurs.

C'est pourquoi, non contente de la décision lui infligeant une sanction pour la deuxième fois, la requérante leur avait demandé d'introduire un mémorandum au Conseil des Ministres à travers la Commission de l'Administration et des Finances dans le cadre de son recours conformément aux dispositions de l'article 65 (a) du Règlement du personnel, mais que ceux-ci avaient refusé ou manqué d'agir jusqu'à ce qu'elle saisisse la Cour.

Les faits sont conformes aux arguments des parties que malgré la demande en vue d'exercer le recours auprès du Conseil, les 2ème et 3ème défendeurs n'ont rien entrepris en ce sens. Mme F.N. Molukwu, Conseil des défendeurs, a fait son interprétation de l'article 65 (a) du Règlement du personnel qui, selon elle, veut dire que la requérante doit écrire à nouveau au Secrétaire Exécutif pour une révision. L'usage du mot « again » « encore » montre que la requérante a fait recours après réception de la lettre de licenciement et que le Secrétaire Exécutif a révisé et remplacé celui-ci par la mise à la retraite. Quelle est l'importance de l'article 65 (a) du Règlement du personnel ?

Il est de règle générale en droit que lorsque le sens d'une loi est clair, elle s'applique, on ne l'interprète pas. L'interprétation est un processus secondaire qui n'intervient que lorsqu'il est possible de donner un sens aux termes d'une loi, ou lorsqu'ils prêtent à confusion. S'agissant de l'interprétation, il est dit dans l'ouvrage Black's Law Dictionary, 6ème édition, page 817, que : « L'art de trouver et de déterminer le sens d'une loi, d'un testament, d'un contrat et autres documents écrits.... ».

Pour raison de clarification, nous citons à la lettre l'article 65 (a) qui dispose :

> *Tout membre du personnel qui souhaite interjeter appel d'une décision de sanction prise à son encontre :*
>
> *I. Doit d'abord adresser au Secrétaire Exécutif, une lettre demandant que la révision intervenue fasse l'objet d'un nouvel examen ;*
>
> *II. Cette lettre doit être adressée par courrier recommandé dans les trente (30) jours qui suivent la date à laquelle il a reçu notification de la décision contestée lorsque le membre du personnel est hors du siège :*
>
> *(a) Si le Secrétaire Exécutif confirme la décision*
> *Ou*
> *(b) Si le membre du personnel ne reçoit pas de réponse trente (30) jours après avoir saisi le Secrétaire Exécutif, il dispose d'un nouveau délai de trente jours pour faire saisir le Conseil des Ministres par l'intermédiaire des Représentants du personnel.*

Ces deux dispositions ont été remplacées en termes identiques par celles de l'article 73 (b) du Règlement du personnel de la CEDEAO de 2005, notamment la disposition qui dit que tout membre du personnel qui souhaite faire appel d'une décision de sanction prise à son encontre doit d'abord adresser au Secrétaire Exécutif, une lettre demandant que la décision intervenue fasse l'objet d'un nouvel examen. Cette situation peut-elle perdurer éternellement ? La Cour est d'avis que même si les termes de l'article 65 (a) sont clairs, il serait illogique de croire que « l'intention derrière ces termes voulait dire qu'à chaque fois qu'une révision remplace une autre, le demandeur doit écrire pour demander une autre révision ». Il est un principe de droit clairement établi qui dit que la doctrine d'interprétation doit être évoquée pour interpréter le sens d'une loi ou d'un règlement difficiles à comprendre et privés de sens lorsqu'on considère le vrai sens des mots ». Le Conseil s'est fondé sur les principes d'interprétation pour lesquels le Conseil des défendeurs n'avait pas d'objection. Dans l'affaire Twende Brodre (1801) 4 C. Rob. 33, 35, Lord Stowell, en interprétant un trité de 1780 signé entre la Grande-Bretagne et le Danemark relatif à la contrebande, disait :

> *En donnant mon avis sur l'interprétation à donner au présent article, il serait normal d'examiner un peu l'intention des parties, les termes utilisé dans le traité, les décisions de notre juridiction et la pratique... Il a ensuite procédé à l'examen des positions des deux parties au moment de la signature du traité et y a tiré certains conclusions quant à leur intention en élaborant le traité.*

Dans l'Affaire Jonge Josias (1809) Edwards 128, 131, Lord Stowell, après référence à l'intention et au sens des parties disait :

> *Même si la Cour serait disposée à donner une interprétation favorable aux articles du traité, elle est tenue de les interpréter selon leur sens propre et juste.... Ce qui préoccupe la Cour c'est d'interpréter et d'expliquer et non de rédiger les traités initiaux.*

Dans l'affaire Daniel c/ Commisioners sur une requête contre la France (1825) 2 KNAPP 23, 49, affaire qui fait suite à des engagements de la France aux termes des traités de 1814 et 1815, d'indemniser des citoyens Britanniques dépossédés de leurs biens par la France, la question s'était posée de savoir si le Collège Anglais de Douay a droit aux avantages d'une telle entreprise.

Lord Gilford, en donnant l'avis du Conseil Privé du Souverain, disait lorsqu'il rejetait la requête :

> *Les traités, à l'instar des autres accords, doivent être interprétés conformément à l'intention des parties signataires... et en examinant le fondement et le but de ces traités, nous sommes d'avis qu'il n'était pas, et devait être, dans l'esprit des parties signataires, que le Gouvernement Britannique doit demander, et au Gouvernement Français d'accorder, l'indemnisation des biens confisqués au profit de l'Administration Française, à des fins incompatibles avec les lois Britanniques et qui sont soumis au contrôle du Gouvernement Français.*

Après examen de ces jurisprudences qui sont convaincantes pour la Cour, nous soutenons que l'intention des législateurs de l'article 65 (a) du Règlement du personnel ou de l'article 73 (b) de celui de 2005, ne visait pas à ce que le demandeur écrive pour demander une révision de la décision de sanction après la première déjà effectuée, mais de permettre au processus de se poursuivre à travers les Représentants du personnel, au cas où la sanction est maintenue. Cette disposition ne donne pas le choix aux Représentants du personnel élus de ne pas exercer le recours une fois que le demandeur ait manifesté son intention de le faire auprès du Conseil des Ministres. En examinant cette disposition et l'article 65 (b) du Règlement du personnel, la Cour est d'avis que : ne pas faire droit à la requête et ne pas offrir à la requérante l'opportunité d'exercer son recours auprès du Conseil des Ministres, constitue une entrave à ses droits garantis par ledit Règlement.

Aux termes de l'article 9 du Protocole Additionnel de 2005, relatif à la Cour de Justice de la Communauté, celle-ci a compétence pour connaître des différends entre la Communauté et ses agents et s'agissant de la saisine de la Cour telle que prévue à l'article 10 (e), celle-ci est ouverte aux agents de la Communauté de toutes les institutions, après épuisement par le membre du personnel concerné de toutes les voies de recours prévues aux termes des Statut et Règlement du personnel. Toute initiative faisant obstacle à l'application des dispositions susmentionnées constitue une violation de ses droits que cette Cour ne peut pas cautionner. A l'étape actuelle, ce qui préoccupe la Cour ce n'est pas le fond de l'affaire, mais l'exercice de son droit de recours auprès du Conseil des Ministres. Pour développer, on peut dire que le droit de recours auprès du Conseil des Ministres ne peut pas être attribué d'une main et retiré de l'autre. Dans l'intérêt d'une bonne administration de la justice, cette Cour ne peut pas permettre une injustice.

Lois de prescription extinctive

Le Conseil a fait remarquer que le pays de la requérante, en l'occurrence le Nigéria, a interjeté appel en son nom à la 53ème Session du Conseil des Ministres, contre la décision de sanction qui, cependant, a refusé d'interférer dans l'affaire. Elle a soutenu que l'action du Nigéria ne constituait pas un recours formé par la requérante à l'endroit du Conseil des Ministres comme prévu par les dispositions de l'article 65 (a) du Règlement du personnel de la CEDEAO. Elle a ajouté que puisque la requérante n'a pas pu exercer son droit de recours auprès du Conseil des Ministres à travers les Représentants du personnel, son licenciement reste bel et bien valable et que son droit de recours est prescrit aux termes de l'article 65 (a).

En réponse, le Conseil de la requérante a soutenu que la position de sa cliente en tant qu'employée de la Communauté en service au Secrétariat Exécutif, a été traitée dans la décision de la Cour datée du 10 octobre 2005, et a soutenu qu'il est indéniable que la requérante est en service au sein de l'institution, autrement, le 1er défendeur ne lui aurait pas demandé de rendre sa démission. Il a cité à l'appui l'Affaire NNSC c/ SABANA (supra), citée par les défendeurs qui, selon lui serait plus appropriée.

Pour mieux apprécier les questions relatives à l'affirmation que l'action est prescrite, il y a lieu de produire la lettre du Secrétaire exécutif datée du 9 février 2005 comme suit :

En référence à ma lettre Réf. : ECW/PER/01-00018-D/ES/172 en date du 2 septembre 2004 et à ma lettre Réf. : ECW/REL/010/111/RL/nl en date du 6 octobre 2004 sur la question en objet.

J'ai pris note du fait que toutes les voies de recours relatives à cette affaire ont été épuisées vu le délai et les procédures énoncés au terme du Règlement du personnel de la CEDEAO.

Cependant, suite aux débats sur cette affaire lors de la 53ème Session du Conseil des Ministres tenue à Accra du 16 au 18 janvier 2005.

En vertu des pouvoirs qui me sont conférés aux termes des articles 17 et 19 du Traité Révisé de la CEDEAO, des articles 10.c, 22.f, et 26.a du Statut du personnel de 1999, des articles 53.a et 60.n du Règlement du personnel de la CEDEAO de 1999, je décide de réviser la sanction en ces termes :

a. Je me trouve toujours dans l'obligation de réaffirmer que votre séjour au Secrétariat en tant que membre du personnel va à l'encontre des intérêts de la Communauté ;

b. Toutefois, je décide de réviser ma décision de renvoi sans préavis avec effet immédiat et la substituer avec la mise à la retraite à compter du 1er janvier 2005.

En conséquence, vous êtes invitée à soumettre votre lettre de démission affirmant que vous avez démissionné pour compter du 31 décembre 2004.

Pour raison de conformité, cette correspondance remplace automatiquement les correspondances précédentes en date du 2 septembre 2004 et du 6 octobre 2004 citées ci-dessus.

Veuillez accepter, Madame, mes salutations distinguées.

Signé
Dr. Mohammed Ibn Chambas
Secrétaire Exécutif.

Aux termes de la lettre suscitée, le Secrétaire Exécutif a accepté la révision de la décision de sanction de licenciement en la remplaçant par la mise à la retraite.

Ce qui amène la Cour à examiner le sens donné à la sanction tel que mentionné à l'article 63 du Règlement du personnel en rapport avec les arguments avancés par les défendeurs pour qui, si la révision effectuée comporte une sanction différente, le membre du personnel concerné doit encore écrire au Secrétaire Exécutif demandant une autre révision. L'article 63 intitulé « sanctions » décrit un certain nombre de sanctions et les conséquences de leur application. La Cour est d'avis que ces sanctions comprennent le licenciement ou la mise à la retraite, laquelle est appliquée. Vu ce qui précède, il est clair que les arguments développés par l'Avocate et les défendeurs ne tiennent pas étant donné qu'une fois que le Secrétaire Exécutif révise sa décision en infligeant une autre sanction, ceci veut dire qu'il a confirmé sa première décision de sanction et tout ce qui reste au membre du personnel concerné est de faire appel auprès du Conseil des Ministres à travers les Représentants du personnel.

Il n'est pas du ressort des représentants du personnel de refuser d'exercer le recours auprès du Conseil des Ministres. L'argument selon lequel la requérante a refusé d'écrire au Secrétaire Exécutif pour une révision de la sanction de mise à la retraite ne cadre pas du tout avec les dispositions de l'article 65 (a) du Règlement du personnel. C'est un principe général de droit reconnu que : « les traités comme les protocoles et règlements sont, de l'avis de tous les législateurs *contractus optimatae fidel*, et doivent être interprétés au sens le plus large, avec la plus grande latitude que requiert la préservation de la bonne foi, pourvu que le sens ne repose sur sa signification propre ». Voir page 388 de l'ouvrage Laws of Treaties 1961, de Lord McNair. Il est également un principe constant des jurisprudences internationales que : « tous les actes publics, ayant force d'accord dans des traités, protocoles, règlements, etc., doivent en cas de doute, être interprétés au sens large et équitable fondée sur l'examen de toutes les circonstances illustrant équitablement les intentions des parties signataires ».

Une interprétation large des dispositions de l'article 65 (a) du Règlement du personnel, donnera un sens qui soutiendra l'opinion de la Cour précédemment réitérée sur ce point. Aucun autre sens ne peut être donné, qui n'a pas de rapport avec l'article – (a) du Règlement. A cet égard, les arguments développés par le Conseil des défendeurs ne cadrent pas avec les dispositions de l'article 65 (a) du Règlement du personnel. Ils sont ainsi déboutés.

Quant au point relatif au fait que l'action de la requérante est prescrite, les arguments susmentionnés dans le résumé ont été minutieusement examinés quant à leur force probante. Le Conseil des défendeurs a mentionné le délai de trente (30) jours aux termes duquel la requérante devrait écrire pour demander une révision, ce qu'elle n'a pas fait après réception de la lettre de licenciement et les conditions préalables contenues dans la lettre de février 2005, produites mais non respectées par la requérante.

En conséquence, l'action est prescrite et ne constitue pas un intérêt à agir. Le Conseil des défendeurs a soutenu que le non-respect du délai rend le licenciement valable car la requérante n'était membre du personnel du Secrétariat Exécutif de la CEDEAO.

Le Conseil de la requérante a réagi dans ses conclusions écrites en disant que sa cliente a respecté les dispositions de l'article 65 du Règlement du personnel et que les 2ème et 3ème défendeurs ont refusé d'exercer son recours auprès du Conseil des Ministres conformément audit Règlement malgré son désir exprimé de saisir le Conseil, non contente de la sanction à elle infligée par le 1er défendeur.

Un délai de prescription est une disposition de la loi fixant une période déterminée après laquelle un recours ne peut être formé. Dans l'ouvrage « Dictionary of Law, 6ème édition, par L.B. Curzon, page 252, l'auteur disait : « Un délai de prescription est la période durant laquelle une personne ayant une requête contre une autre, peut saisir la Cour pour faire valoir ce droit ».

Ce délai de prescription a été appliqué dans beaucoup d'affaires où les circonstances le permettent. A cet égard, la Cour a lu les jurisprudences citées par les Conseils des deux parties et a trouvé que certaines sont avantageuses pour l'examen du cas d'espèce.

Dans l'Affaire Sale c/ Monguno (supra), la Cour a réitéré les principes de droits aux termes desquels, un acte nul ne produit aucun effet juridique, il est non seulement mauvais, mais aussi irréparable. Voir U.A.C. Ltd c/ Macfoy (supra). Dans le cas des délais de prescription et des actions qui y sont concernées, les conventions entre les parties peuvent ne pas avoir un effet sur l'épuisement du délai. Voir les Affaires Nwadiaro c/ Shell Petroleum (1990) 1 NWLR (PT 150) 322 ; UBA PLC c/ Alhaji Garba Abdullahi (2003) 3 NWLR 359 AT 372-373 PRAS-H-C.

Les arguments acceptés par les parties dans le cas d'espèce disaient que la requérante au lieu d'exercer son droit de recours, a fait plutôt recours à son pays, le Nigéria, pour négocier en ses lieu et place, et celui-ci a saisi le Conseil des Ministres à Accra au Ghana lors de sa 53ème Session, mais que celui-ci a refusé d'examiner l'affaire. Cependant, la Cour a remarqué que l'affaire serait déjà close si la requérante s'était arrêtée là, ou si le 1er défendeur n'a rien entrepris. « Ce qui est apparent, le 1er défendeur a écrit le 9 février 2005, à la requérante, révisant sa sanction de licenciement qu'il a remplacé par la mise à la retraite assujettie de la condition qu'à moins qu'elle ne rende sa lettre de démission, le licenciement reste valable. Cette lettre a pour effet de repousser le délai de trente jours prescrit qui doit courir pour compter du 9 février 2005 ».

Il n'y a pas de doute qu'après cette date, la requérante a demandé aux 2èmes et 3èmes défendeurs d'exercer son recours auprès du Conseil des Ministres à travers la Commission de l'Administration et des Finances, ce qu'ils ont refusé de faire. Ils ont à tort cité la lettre du Secrétaire Exécutif qui s'est fondé sur les articles 17 et 19 du Traité Révisé de la CEDEAO, les articles 10 (c), 22 (f) et 26 (a) du Statut du personnel de la CEDEAO de 1999, les articles 53 (a) et 60 (n) du Règlement du personnel lui donnant pouvoir de réviser sa décision et qu'on ne peut pas perdre de vue dans l'examen du cas d'espèce. On ne peut pas permettre aux défendeurs de se dédire comme indiqué dans l'Affaire EZEMBA (...)

Les principales questions contestées

La question qui se pose à ce niveau est de savoir si la requérante non contente de la sanction à elle infligée par le 1er défendeur peut demander aux 2ème et 3ème défendeurs de saisir en son nom le Conseil des Ministres conformément aux dispositions de l'article 65 (a) du Règlement du personnel remplacé par l'article 73 de celui de 2005. Comme la Cour l'a déjà mentionné, les défendeurs ne peuvent pas remettre en cause la demande et le devoir qu'ils ont d'exercer le recours en son nom. Ce que demande la requérante se rapporte à ce seul point, pas plus. Aux termes de l'article 27 du Statut du personnel de la CEDEAO, une fois que le recours est enclenché et suit son cours, toute action relative à l'embauche concernant le poste de la requérante doit attendre. Cette Cour de Justice est d'avis que toute action tendant à étouffer les dispositions de l'article 65 (b) constitue une violation des dispositions du Règlement du personnel et attirera la prise d'une ordonnance de faire rétablissant la requérante dans ses fonctions au Secrétariat Exécutif jusqu'à la fin du processus d'appel et au-delà, conformément aux Statut et Règlement de la Communauté.

Décisions

La requérante a formulé cinq prétentions relatives à l'action des défendeurs visant à la licencier ou à la mettre en retraite des fonctions qu'elle occupait au Secrétariat Exécutif de la CEDEAO.

Après examen des faits invoqués dans sa requête introduite à la Cour et les arguments des Conseils des parties, la Cour déclare que :

a. *La violation par le 1er défendeur du droit de recours de la requérante garanti par l'article 65 (a) du Règlement du personnel suite à la sanction de licenciement qu'il lui a infligée, violation due à son manquement ou son refus de surseoir à l'exécution de la décision contestée après avoir reçu notification de l'invocation de son droit de recours, est illégale et contraire au Règlement du personnel de la CEDEAO ;*

b. *La violation par les 2ème et 3ème défendeurs du droit de recours de la requérante garanti par l'article 65 (a) du Règlement du personnel, manifestée à travers leur manquement ou refus de le lui reconnaître ou d'introduire un mémorandum à la Commission de l'administration et des Finances à cet effet, est illégale et contraire aux dispositions du Règlement du personnel de la CEDEAO ;*

c. *La publication par le 1er défendeur ou par ses agents de l'avis de vacance du poste de Directeur de l'Administration opérée contrairement aux dispositions de l'article 65 (b) du Règlement du personnel, alors que le recours pour que le 1er défendeur revienne sur sa sanction de licenciement est en instance, est illégale et contraire au Règlement du personnel de la CEDEAO ;*

d. La violation du droit de la requérante à son salaire et autres émoluments rattachés au poste de Directeur de l'Administration suite à leur gel par le 1er défendeur depuis septembre 2004 à aujourd'hui alors que son recours est en instance, est illégale et contraire aux dispositions de l'article 65 (b) du Règlement du personnel de la CEDEAO.

La cour, statuant publiquement, contradictoirement à l'égard des parties et en dernier ressort, ordonne :

a. Aux 2ème et 3ème défendeurs d'exercer le droit de recours de la requérante tel que garanti par l'article 65 (a) / 73 du Règlement du personnel en reconnaissant celui-ci et en introduisant un mémorandum à la Commission de l'Administration et des Finances à cet effet tel qu'ils sont mandatés aux termes des dispositions du même article ;

b. Au 1er défendeur à ne pas procéder au recrutement pour pourvoir au poste de Directeur de l'Administration occupé par la requérante, jusqu'à l'issue finale de son recours conformément au Règlement du personnel de la CEDEAO de 2005 ;

d. Au 1er défendeur de payer à la requérante son salaire et autres émoluments attachés au poste de Directeur de l'Administration de septembre 2004 à la date où le Conseil des Ministres se prononcera définitivement sur son recours ;

Les dépens

Dit que les défendeurs verseront des dépens qui s'élèvent à la somme de trois mille dollars américains ($ 3000) au profit de la requérante.

OBSERVATIONS

L'arrêt du 05 février 2006 est relatif au contentieux de la fonction publique communautaire, contentieux plutôt rare dans la jurisprudence de la Cour de Justice – par opposition, par exemple, avec la jurisprudence de l'organe judiciaire de l'UEMOA- .

Il s'agit d'une décision assurément prolixe. On comprend le juge lorsqu'il reste habité par un souci de se faire comprendre, lorsqu'il ne lésine pas sur les moyens pour expliquer ou expliciter sa démarche et la décision qu'il rend. Il convient cependant que les décisions de justice restent d'un syncrétisme de bon aloi, que le désir de se faire comprendre ne conduise pas l'arrêtiste à s'astreindre à un travail de « recomposition » logique ou discursif. La brièveté peut aussi être une vertu pour quiconque rend la justice, ou veut bien se faire comprendre.

La requérante, employée au Secrétariat exécutif de la CEDEAO, avait été licenciée pour faute, consistant ici, si l'on comprend bien, en des propos diffamatoires diffusés par voie de « lettres » au cours de la réunion statutaire du Comité ministériel ad-hoc de sélection et d'évaluation du rendement des fonctionnaires statutaires, au Secrétariat exécutif de la CEDEAO.

A la suite de cet agissement, la requérante a reçu une « demande d'explication ». Sa réponse n'ayant pas été jugée satisfaisante, elle a été suspendue dans un premier temps, avant que le Comité spécialement mis en place pour enquêter sur les événements en cause ait conclu à sa responsabilité, et recommandé qu'elle soit licenciée. Le 2 septembre 2004, cette mesure de licenciement est intervenue.

Devant la Cour, Mme TOKUMBO LIJADU-OYEMADE prétend que son droit à « être entendue de manière équitable » a été violé. Plus concrètement cependant, son recours s'appuie sur le fait que son droit à exercer un recours devant la Commission de l'Administration et des Finances, puis, de saisir éventuellement le Conseil des ministres, a été méconnu. En effet, elle avait souhaité, par l'intermédiaire des deux représentants du personnel – cités comme défendeurs - porter l'affaire devant le premier organisme cité, mais ceux-ci ont « refusé, manqué ou négligé » de le faire (la Cour n'est pas plus précise sur ce point).

C'est la violation de ce droit au recours que la Cour va en définitive sanctionner. Par voie de conséquence, la déclaration de vacance du poste occupé par la requérante, déclaration faite par le Secrétariat exécutif, a été invalidée par le juge. L'arrêt rendu sanctionne, on peut le dire, la transgression d'une règle de procédure énoncée par l'article 65 du Règlement du personnel de la CEDEAO.

L'arrêt rendu aurait sans doute pu être moins disert sur la présentation des arguments. Sa structuration en aurait certainement gagné en clarté et en simplicité.

RÔLE GÉNÉRAL N° ECW/CCJ/APP/05/06
ARRÊT N° ECW/CCJ/APP/03/07
DU 22 MARS 2007

***

Entre Sieur Moussa Léo Keïta, requérant et Etat du Mali, Défendeur, représenté par la Direction Générale du Contentieux de l'Etat prise en la personne de M. Moussa Kodio (Magistrat)

Composition de la Cour

- Hon. Juge Hansine Donli, Présidente
- Hon. Juge Awa Nana Daboya, Membre
- Hon. Juge Dirarou S. Sidibé, Membre,

Assistés de : Maître Athanase Atannon, Greffier

Arrêt de la cour

Le 15 mai 2006, Moussa Léo Keïta, fonctionnaire à la retraite, B.P. 757, Bamako, Mali, adressa une requête à la Cour de Justice de la CEDEAO, requête enregistrée le 12 juillet 2006 par le Greffe de ladite Cour.

Cette requête était accompagnée des pièces suivantes :

- *Un extrait du Journal « The Washington Post » du 11 mai 1969 contenant quelques spécimens des œuvres d'art appartenant au requérant et une estimation des œuvres d'un montant de 65.960 £ par James M. Silberman ;*
- *Une attestation N° 9/Dir.R./MN du 24 novembre 1972 du Musée National du Mali relative à la collection des œuvres d'art détenue par Moussa Léo Keïta ;*
- *Une lettre de Moussa Léo Keïta en date du 4 septembre 1972 adressée au Ministre des Affaires Etrangères et de la Coopération du Mali ; une autre du 9 janvier 1978 adressée à la même autorité, puis du 3 août 1989 aux mêmes fins, lettres à travers lesquelles le requérant réclamait sa collection.*

La requête et les pièces qui l'accompagnent ont été signifiées au Secrétariat de la Direction Générale du Contentieux de l'Etat le 11 septembre 2006 par l'Etude de Maître Diawoye kanté, Huissier de Justice à Bamako.

Dans cette requête, Moussa Léo Keïta explique qu'il était propriétaire d'une collection d'œuvres d'art de son pays qu'il avait fait exposer à l'Ambassade du Mali pour faire connaître le mai aux Américains au moment où il y représentait son pays en qualité d'Ambassadeur Extraordinaire et Plénipotentiaire et ce, de 1965 à 1969. La collection contenait 110 pièces provenant de toutes les régions du Mali, selon le Requérant, ces œuvres d'art avaient été évaluées en 1965 à 65.960 dollars US par l'Expert Silberman du Smithsanian Institue, USA.

Affecté en Egypte en cette même qualité en 1969, il dut laisser ses effets à l'Ambassade. En 1972, il réclama ses objets et se heurta au refus du Gouvernement du Mali qui conteste la propriété des objets.

Après plusieurs réclamations en 1972, 1978 et 1989, le Gouvernement du Mali consentit, enfin, à lui reconnaître la propriété de ces œuvres et à les lui restituer.

Mais, entre-temps, elles furent détériorées par les intempéries dues à l'exposition dans la cave de l'Ambassade.

C'est pourquoi il sollicita un dédommagement de la part de l'Etat du Mali. Celui-ci garda un mutisme total et ne donna pas suite à sa demande. Aussi, il dut se résoudre à s'adresser à la Justice de son pays afin d'obtenir réparation du préjudice subi.

Ayant constaté la détérioration de ses effets et face au refus implicite du Gouvernement du Mali de le dédommager, Moussa Léo Keïta décida de saisir la Chambre Administrative de la Cour suprême par requête en date du 19 avril 1999.

L'Etat du Mali crut devoir ne pas se présenter devant cette juridiction au cours de cette première procédure et fut condamné par Arrêt du 8 mars 2001 à la somme de 30.000.000 de dommages-intérêts au profit du Requérant. Quatre ans après cette condamnation, le Mali n'a pas payé le montant de la condamnation.

Mieux, il invoqua avoir introduit un recours en révision de l'arrêt de condamnation le 9 avril 2001 devant la même Chambre Administrative qui, par un autre Arrêt du 21 octobre 2005, réduisit le montant initial de 3 millions à la somme de sept (7) millions aux motifs :

- *Que le Mali qui disposait de sa propre monnaie a rejoint la zone CFA en 1985 ;*
- *Qu'il y a eu également dévaluation du FCFA en 1994.*

Cependant, même ce dernier montant ne fut pas payé au Requérant ; lequel crut devoir saisir la Cour de Justice de la Communauté CEDEAO aux fins de redressement des torts qui lui sont causés.

Réagissant à la requête de Moussa Léo Keïta, le Contentieux de l'Etat du Mali rejette les allégations du Requérant, en prétendant que si les effets sont restés dans la cave de l'Ambassade du Mali aux USA, c'est parce que Moussa Léo Keïta ne disposait d'aucun document officiel de l'Etat du Mali pour rapatrier sa collection, alors que la législation américaine exigeait ce document pour la circulation des œuvres d'art sur son territoire.

En outre, il explique qu'en réalité, le Requérant avait abandonné sa collection dans la cave de l'Ambassade et ne l'a confié à personne, même pas à son successeur.

Que c'est par un pur effet du hasard, que cette collection fut découverte en 1971 lors d'une mission de l'Inspection Générale des Affaires Administratives, Financières et Economiques à Washington.

Qu'ainsi, après vérification, les autorités administratives ont remis lesdits objets au Requérant contre décharge.

Par rapport à la requête, le Contentieux de l'Etat du Mali conclut à son rejet pur et simple aux motifs que :

- *La Cour de Justice de la CEDEAO est incompétente pour statuer sur le cas au regard des articles 9 et 10 du Protocole Additionnel de 2005 portant texte organique de ladite Cour ;*
- *Le défaut de qualité du Requérant.*

Une première audience foraine de la Cour sur cette affaire eut lieu à Bamako le 12 octobre 2006. Se posa la question préjudicielle de la compétence de la Cour par le Contentieux de l'Etat Malien lequel exigeait une réplique écrite du Requérant. Ce dernier demanda un renvoi à cette fin. Ainsi, l'affaire fut renvoyée au 4 octobre 2006 pour duplique du Requérant qui a constitué Avocat à cette date.

De la requête initiale fondée sur le redressement de torts à lui causés par l'Etat du Mali, la duplique opta pour la violation des Droits de l'Homme qu'aurait commis l'Etat du Mali à l'égard du Requérant.

Appréciation des arguments des parties

Dans sa requête introductive d'instance, Moussa Léo Keïta ne fonde pas ses prétentions sur un texte de loi précis ni sur le droit positif de la Communauté. Il invoque simplement des torts à lui causés par un Etat qu'il a loyalement servi pendant toute la durée de sa vie active. Il s'estime victime d'une injustice à lui causée par cet Etat et en demandait la réparation.

La réplique de l'Etat du Mali pose, pour la première fois, des problèmes de droit en ce qu'il soulève l'incompétence de la Cour à connaître du contentieux dont elle est saisie et en ce qu'il dénie à Moussa Léo Keïta la qualité d'ester devant cette juridiction communautaire.

La duplique du Requérant (qui a constitué Avocat lors de la première audience de la Cour) a invoqué la violation des Droits de l'Homme telle que prévue par les articles 9 et 10 du Protocole amendée de 2005.

A – Sur la compétence de la Cour de Justice de la CEDEAO

La requête introductive d'instance ne traite pas de la compétence personnelle ou matérielle de la Cour. Seules la réplique, la duplique et la tri plique en font état. Dès lors, se pose la question de savoir si la Cour de Justice de la CEDEAO peut statuer sur la requête ainsi présentée ou si elle doit tenir compte de la requête supplémentaire versée à l'audience du 4 octobre 2006 sous forme de duplique du Requérant ?

La réponse à cette question se trouve dans l'article 37 du Règlement de la Cour de Justice lequel dispose :

a. *Les parties peuvent encore faire des offres de preuve dans la réplique et dans la duplique à l'appui de leur argumentation. Elles motivent le retard accusé dans la présentation de leurs offres de preuve ;*

b. *La production de moyens nouveaux en cours d'instance est interdite à moins que ces moyens ne se fondent sur des éléments de droit et de fait qui se sont révélés pendant la procédure... ». Il se trouve qu'aucun élément de droit et de fait ne s'est révélé au cours de cette procédure. Toutefois, la Cour devra répondre à cette question aux regards de la réplique du défendeur et de sa tri plique.*

La république et la tri plique du défendeur concluent à l'irrecevabilité du recours de Moussa Léo Keïta tiré de l'incompétence de la Cour au sens des articles 9 et 10 du Protocole amendé de 2005, lesquels disposent :

ARTICLE 9 NOUVEAU : COMPETENCE DE LA COUR

I. La Cour a compétence sur tous les différends qui lui sont soumis et qui ont pour objet :

a. L'interprétation et l'application du Traité, des Conventions et Protocoles de la Communauté ;

b. L'interprétation et l'application des règlements, des directives, des décisions et de tous autres instruments juridiques subsidiaires adoptés dans le cadre de la CEDEAO ;

c. L'appréciation de la légalité des règlements, des directives, des décisions et de tous autres instruments juridiques subsidiaires adoptés dans le cadre de la CEDEAO ;

d. L'examen des manquements des Etats Membres aux obligations qui leur incombent en vertu du Traité, des Conventions et Protocoles, des Règlements, des Décisions et des Directives ;

e. L'application des dispositions du Traité, Conventions et Protocoles, des Règlements, des Directives ou des Décisions de la CEDEAO ;

f. L'examen des litiges entre la Communauté et ses agents ;

g. Les actions en réparation des dommages causés par une institution de la Communauté ou un agent de celle-ci pour tout acte commis ou toute omission dans l'exercice de ses fonctions ;

II. La Cour est compétente pour déclarer engagée la responsabilité non contractuelle et condamner la Communauté à la réparation du préjudice causé soit par des agissements matériels, soit par des actes normatifs des Institutions de la Communauté ou de ses agents dans l'exercice ou à l'occasion de l'exercice de leurs fonction s ;

III. L'action en responsabilité contre la Communauté ou celle de la Communauté contre des tiers ou ses agents se prescrivent par trois (3) ans à compter de la réalisation des dommages ;

IV. La Cour est compétente pour connaître des cas de violation des Droits de l'Homme dans tout Etat Membre ;

V. En attendant la mise ne place du Tribunal Arbitral, prévu par l'Article 16 du Traité Révisé, la Cour remplit également des fonctions d'arbitre ;

VI. La Cour peut avoir compétence sur toutes les questions prévues dans tout accord que les Etats Membres pourraient conclure entre eux, ou avec la CEDEAO et qui lui donne compétence ;

VII. La Cour a toutes les compétences que les dispositions du présent Protocole lui confèrent ainsi que toutes autres compétences que pourraient lui confier des Protocoles et Décisions ultérieures de la Communauté ;

VIII. La Conférence des Chefs d'Etat et de Gouvernement a le pouvoir de saisir la Cour pour connaître des litiges autres que ceux visés dans le présent article.

ARTICLE 10 : SAISINE DE LA COUR

Peuvent saisir la Cour :

a. Toute personne victime de violations des Droits de l'Homme ; la demande soumise à cet effet :

(i) ne sera pas anonyme ;

(ii) ne sera pas portée devant la Cour de Justice de la Communauté lorsqu'elle a déjà été portée devant une Cour Internationale compétente.

Ainsi, par rapport à la compétence matérielle, les textes applicables sont les textes de la Communauté élaborés pour les besoins de son fonctionnement à fin d'atteindre l'intégration économique ; ce sont le Traité Révisé, les Protocoles, les Conventions et Règlements y annexés, les Décisions et les Directives, adoptés par les Instances suprêmes de la CEDEAO. C'est donc l'inobservation de ces textes qui justifie et fonde toute action en justice devant la Cour. De ce point de vue, celle-ci doit déterminer en quoi la requête en l'espèce appelle l'application de ces textes ? En réalité, elle ne fait appel à aucun texte de la Communauté. Moussa Léo Keïta (...)

Toutefois, le fait pour une Juridiction de statuer à travers deux décisions contradictoires accordant des dédommagements à une partie, puis de les réduire par la suite, ne constitue pas un motif suffisant pour rechercher une juste et équitable réparation ? C'est ce que l'Avocat du Requérant, Me Amadou Kouaté, affirme rechercher lorsqu'il évoque dans sa république au mémoire en défense, la question de violation des Droits de l'Homme ;

B – Compétence de la Cour quant aux moyens tirés de la violation des Droits de l'Homme

Le Protocole Additionnel de 2005 de la Cour de Justice de la Communauté CEDEAO, en ses articles 9 (4) et 10 (d) consacre la compétence de la Cour à connaître des questions de violation des Droits de l'Homme (Cf. supra).

L'article 19 du Protocole de 1991 relatif à la Cour de Justice de la CEDEAO dispose que :

- *... La Cour procède à l'examen du différend dont elle est saisie conformément aux dispositions du Traité et de son Règlement ;*

L'article 4 (g) du Traité Révisé stipule :

- *Les Hautes Parties contractantes, dans la poursuite des objectifs énoncés affirment et déclare solennellement leur adhésion aux principes fondamentaux suivants :*

Respect, promotion et protection des Droits de l'Homme et des Peuples, conformément aux dispositions de la Charte Africaine des Droits de l'Homme et des Peuples.

La Cour par conséquent réaffirme sa compétence à connaître des questions de violations des Droits de l'Homme.

Cependant, faudrait-il préciser quel Droit de l'Homme a été violé ? La Charte Africaine des Droits de l'Homme et des Peuples, tout comme la Déclaration Universelle des Droits de l'Homme, consacre les droits que la Communauté Internationale s'accorde aujourd'hui à classifier en droits civils et politiques, d'une part ou en droits économiques, sociaux et culturels, d'autre part sans oublier d'autres droits dits de troisième ou quatrième génération ; chacun de ces droits étant décrit de manière à saisir le contenu, et la teneur ainsi que les limites possibles de leur jouissance de telle sorte que tout acte y portant atteinte puisse être qualifié ou non de violation des Droits de l'Homme.

En l'espèce, le Conseil du Requérant ne cible pas un droit donné ; il ne spécifie pas les droits dont la violation aura été commise par l'Etat du Mali ; tout au plus il parle de comportement et d'attitude dudit Etat.

Toutefois, la Cour retient plutôt de la décision rendue par la Cour suprême du Mali qu'il s'agit de dommages subis par le Requérant sur ses œuvres d'art et auxquels il a été accordé réparation ; que cette réparation octroyée par la Cour suprême du Mali, ne satisfasse pas le Requérant, constitue un autre problème. Dans tous les cas, la Cour a déjà répondu qu'elle n'a pas pour compétence de statuer sur des décisions rendues par les Juridictions des Etats Membres de la Communauté.

Par conséquent, même si la Cour de Justice de la Communauté est compétente pour se prononcer sur la violation des Droits de l'Homme, aucune preuve de violation caractérisée d'un droit fondamental de l'homme n'est rapportée par le Requérant ; et en l'absence d'une telle violation, la requête doit être déclarée irrecevable.

Toutefois, la situation du Requérant en tant que fonctionnaire en retraite permet à la Cour de le dispenser du paiement des dépens.

Par ces motifs

La Cour de Justice de la Communauté, CEDEAO, statuant publiquement, contradictoirement, en dernier ressort ;

- Vu le Traité Révisé de la CEDEAO ;
- Vu le Protocole AP1/7/91 relatif à la Cour ;
- Vu le Protocole Additionnel de janvier 2005 ;
- Vu le Règlement de la Cour d'août 2003 ;
- Vu la Déclaration Universelle des Droits de l'Homme et des Peuples de 1948 ;
- Vu la Charte Africaine des Droits de l'Homme et des Peuples de 1981 ;

La Cour se déclare incompétente pour statuer sur la décision rendue par la Cour suprême du Mali.

- Sur la Violation des Droits de l'Hommes ;
- Déclare la requête irrecevable quant à la violation caractérisée d'un droit fondamental de l'homme ;
- Dispense le Requérant des dépens.

OBSERVATIONS

Cet arrêt a été rendu le 22 mars 2007, et il pose un certain nombre de problèmes dont quelques-uns ont déjà été abordés. Le plus important parmi ceux-ci est sans doute la définition du concept, désormais central depuis la réforme de 2005, de « droit de l'homme ».

Les faits sont les suivants :

Le requérant, ancien représentant diplomatique de l'Etat du Mali aux Etats Unis, avait entreposé, dans les locaux de l'Ambassade, des œuvres d'art dont il était propriétaire. Appelé à changer de pays dans le cadre de l'exercice de ses fonctions d'Ambassadeur, il dut laisser à New York lesdites œuvres, avant, bien plus tard, de les « récupérer ». C'est alors qu'il constata l'état de dégradation de celles-ci, après s'être au demeurant battu pour que l'Etat malien lui reconnaisse la propriété de ces pièces d'art. Après avoir vainement tenté d'obtenir de cet Etat la réparation du préjudice résultant de cette détérioration, M. KEITA se résout à engager une action judiciaire, et finit par obtenir dans un premier temps gain de cause devant la Chambre administrative de la Cour suprême du Mali, par un arrêt du 8 mars 2001. Alors qu'elles ne s'étaient pas présentées à l'époque devant le juge, les autorités maliennes décidèrent d'introduire un recours contre la décision que voilà. Par un autre arrêt de 2005, la Cour suprême décida de réduire le montant de la réparation allouée dans un premier temps. Mais cette dernière condamnation ne fut pas exécutée par l'Etat malien, et c'est devant cette inertie que M. KEITA a décidé de saisir la Cour de Justice de la CEDEAO, en alléguant, en définitive, de « la violation d'un droit de l'homme » dont il aurait été victime. Après s'être longuement attardé sur les dispositions du Protocole relatif à la Cour, le juge communautaire va conclure à son « incompétence pour statuer sur la décision rendue par la Cour suprême du Mali » et à l' « irrecevabilité » de la requête quant à la violation caractérisée d'un droit fondamental de l'homme ».

Les « circonstances mêmes de la cause » sont un premier motif d'interrogations pour l'analyste. Il est en effet apparu, même au stade de la saisine de la Cour de la CEDEAO, que l'Etat du Mali ne conteste pas que les œuvres d'art en question appartiennent au requérant, qu'elles sont sa propriété personnelle. Ce n'est pas tant le fait qu'il les « prête » à l'Ambassade, que l'absence de document formalisant ce « prêt » qui étonne.

Après tout, il est en effet parfaitement concevable qu'une individualité, pour les besoins d'une manifestation de type culturel plus ou moins étalée dans le temps, prête de bonne grâce des éléments dont il est le propriétaire à l'institution organisatrice des cérémonies. En l'occurrence, il s'agissait, nous dit-on, « de faire connaître » l'art du Mali auprès du public étatsunien. Nul doute que si les parties à l'affaire avaient pris le soin de consigner les termes de leur entente dans un écrit, même sommaire, le différend, ou tout au moins son prolongement, aurait été évité.

Une deuxième curiosité est liée aux conditions dans lesquelles la première décision rendue par le juge malien – arrêt de la Chambre administrative de la Cour suprême du 8 mars 2001- a été censurée. Par un arrêt du 21 octobre 2005, obtenu dans le cadre d'une procédure curieusement qualifiée de « recours en révision », la même juridiction est revenue sur son évaluation de 2001, en ne retenant plus, comme montant du préjudice, que la somme de sept (7) millions – contre trente (30) dans un premier temps - . A l'appui de cette réformation, le juge invoque notamment le fait que la monnaie en cours, le « franc CFA », a été dévalué. La prise en compte de cet aléa de politique monétaire ne résulte pourtant pas, c'est le moins que l'on puisse dire, d'une prescription juridique de principe. L'on peut même dire que c'est l'inverse qui a classiquement cours : le principe dit du « nominalisme monétaire » s'oppose en effet à toute prise en considération des variations monétaires, « un franc » d'il y a quinze ou vingt-cinq ans reste en principe toujours « un franc ». Plus surprenant encore, il est difficile percevoir, dans l'arrêt rendu par le juge national, ce qu'une décision politique de l'année 1994 – la dévaluation du « franc CFA » - « vient faire » dans une instance introduite en 1999, et dont les péripéties ont donné lieu à un jugement « en révision » en 2005. La dévaluation relève, dans ces conditions, de la « préhistoire » du litige, et l'on a de la peine, a priori, à saisir son influence sur cette affaire. Il était sans doute plus simple, pour un juge souhaitant « réviser à la baisse » un dédommagement, d'arguer que celui-ci avait été « surévalué » dans un premier temps.

Il est également permis de s'interroger sur la notion de « qualité à agir », telle qu'elle a été abordée par la « Direction Générale du Contentieux », qui représente à l'instance l'Etat malien. Selon celle-ci, le requérant n'a pas qualité à agir devant la Cour. On a du mal à saisir, du moins si on lit l'arrêt, sur quelles bases se fonde l'Etat défendeur pour contester un tel droit. La Cour ne règle pas clairement ce point de débat. En tous les cas, quand elle rejette la requête, dans le dispositif de l'arrêt, elle ne spécifie nullement que c'est par défaut de qualité à agir du requérant.

L'arrêt du 22 mars 2007 pose aussi la question de la définition du concept de « droit de l'homme », dont la violation peut, aux termes de la réforme de 2005, entraîner une saisine de la Cour. Il a été longuement question de cette réforme, et l'on ne reviendra pas sur tout ce qui a été dit. Remarquons seulement que l'espèce illustre, une fois de plus, les effets pervers de la réforme. Le requérant, comme la Cour le relève avec pertinence, ne se réfère à aucune disposition spéciale du droit de la CEDEAO, il argue, « vaguement » pourrait-on dire, de la violation d'un « droit de l'homme ». Or, on a du mal à saisir dans quelle mesure le fait de n'avoir pas eu gain de cause devant les juridictions nationales du Mali constitue la transgression d'un « droit de l'homme ». L'inconsistance d'une telle imputation a sans doute joué dans le rejet de la demande. Mais force est d'admettre que c'est la réforme opérée en 2005 qui porte une telle dynamique pernicieuse. Dans ces conditions, il ne faut pas s'étonner de continuer à voir des requêtes imprécises, voire « fantaisistes ».

Au reste, la « généralité » des « droits de l'homme » a aussi des effets sur l'office du juge lui-même, sur son raisonnement. La généralité de l'imputation alléguée devant la Cour peut, par une sorte de pente naturelle, conduire celui-ci à des développements qui ne se rapportent pas nécessairement à son office « in casu ». Ainsi, la requête donne parfois à penser qu'elle invite le juge de la CEDEAO à « statuer sur la décision rendue par la Cour suprême du Mali ». Or, une telle demande est forcément extravagante, le juge de la Communauté n'étant certainement pas une « Cour de cassation » ou un « troisième degré de juridiction ». Il semble que la Cour ait sérieusement pensé qu'elle était effectivement saisie pour opérer une telle censure, puisqu'en d'autres passages de l'arrêt, elle rappelle qu' « elle n'a pas compétence de statuer sur des décisions rendues par les juridictions des Etats membres de la Communauté » (paragraphe 35 in fine).

Il faut en tous les cas redire, devant le risque généré par l'introduction d'un chef de compétence aux contours mal définis par les textes – « violation des droits de l'homme » - , que la saisine du juge international n'est pas la continuation de l'instance interne par d'autres moyens, qu' elle ne peut, éventuellement, que constituer un autre débat, posant d'autres problèmes, mettant en jeu d'autres références – et notamment la Convention internationale qui renferme les droits dont se prévaut le saisissant - . Sur la base de ces nouveaux éléments, un Etat, ou ses organes judiciaires peuvent éventuellement être désapprouvés par la Cour de la Communauté. Mais alors, on ne dira pas que la décision de la juridiction nationale a été « cassée » ou « informée », on dira que l'Etat ou sa juridiction a été condamné pour méconnaissance d'une disposition figurant dans un instrument de préservation des droits de l'homme.

Ne dissimulons pas, pour finir, le plaisir de lire un texte découpé en paragraphes. Cette innovation de l'arrêt du 22 mars 2007 facilite le renvoi à tel ou tel passage. Il faut souhaiter que cette précaution participe d'une véritable « politique rédactionnelle », d'une conception même de l'écriture des arrêts de la Cour, souci « de forme » propre à faciliter l'intelligence de la démarche du juge et, peut-être, un jour, d'une « politique jurisprudentielle » dont tous désirent l'esquisse.

AFFAIRE N° ECW/CCJ/APP/01/06
JEUDI 28 JUIN 2007
***

Entre Alhaji Hammani Tidjani et La République Fédérale du Nigéria, la République du Mali, la République du Bénin, le Procureur Général de l'Etat de Labos, le Procureur Général de l'Etat d'Ogun

Composition de la Cour

- Hon. Juge Anthony A. Bénin, Président
- Hon. Juge Barthélémie Toe, Membre
- Hon. Juge El Mansour Tall, Membre

Assistés de : Maître Tony Anene-Maidoh, Greffier en Chef

Arrêt de la cour

Le Requérant est un citoyen de la Communauté, de nationalité nigérienne.

Les trois premiers Défendeurs sont des Etats membres de la Communauté Economqiue des Etats de l'Afrique de l'Ouest (CEDEAO). Les quatrième et cinquième Défendeurs sont respectivement les représentants de l'Etat de Lagos et de l'Etat d'Oguin, en République Fédérale du Nigéria.

Le Requérant est représenté par Me Tunji Abayomi, Me S.A. Alao, Me Thelma Baba, Me nancy Magomya, Me Compfort Emessiri et Me Bintu Bwala.

Le premier Défendeur est représenté par Me K.O. Olodeoku.

Le deuxième Défendeur est représenté par Me Coulibal Seydou Sikiki.

Le troisième Défendeur est représenté par Me Léopold Olory-Togbé, Me Hyppolyte Yede et Me Prosper Ahounou.

Le Quatrième Défendeur est représenté par Me J.E. Gbadebo et Me O.O. Rotimi.

Le cinquième Défendeur est représenté par Me B.A. Adebayo .

Les Défendeurs demandent à la Cour de rejeter la requête introductive d'instance pour cause d'incompétence et d'abus de procédures judiciaires. Pour sa part, le Requérant demande à la Cour de se déclarer compétente pour statuer sur sa requête contre les Défendeurs.

Les parties ont été entendues et ont eu l'opportunité de présenter leurs arguments par l'organe de leurs Conseils.

Expose des faits

Le Requérant, qui résidait au Bénin, est de nationalité nigérienne. Il menait différentes activités commerciales dans la sous-région francophone, en particulier au Bénin.

Ces activités commerciales comprenaient la vente de voitures. Il déclare que le 22 juillet 2003, aux environs de 5 H 30, des policiers béninois ont visité son appartenant sis au Lot 117, Zone Ambassade, pour faire des enquêtes sur une Mercédès 500 SEL, qui était soupçonnée d'être en possession. Le Requérant a confirmé que la Mercédès Benz dont s'agit est effectivement en sa possession et qu'il l'a achetée chez un homme d'affaires nigérian, Alhadji Bello Mohamed. La voiture en cause lui a été retirée et conduite au Commissariat de Police. Par la suite, le domicile du Requérant a fait l'objet d'une perquisition et les autres voitures qui s'y trouvaient ont été conduites au Commissariat à la demande de policiers nigérians qu'il y a rencontrés.

Il a été arrêté par la suite et traduit en justice devant un Tribunal à Cotonou pour recel de la Mercédès 500 SEL. Le Requérant a déclaré avoir produit devant le Tribunal tous les originaux des documents relatifs à la vente. Le 24 juillet 2003, le Tribunal a décidé qu'il est un acheteur de bonne foi. Il a ordonné la saisie de la voiture et décidé que les autorités de la Police nigériane ne la restituent qu'après remboursement du montant par Alhaji Bello Mohamed. Le Requérant s'est rendu en voyage d'affaires au Mali où il a été convoqué par le Président malien qui l'a fait retourner au Bénin par vol spécial. Il a été retenu pendant deux semaines dans la Résidence officielle du Président de la République du Bénin pour ensuite prendre un vol à destination du Nigéria.

Le Requérant déclare avoir été conduit au siège de la Police nigériane où il a été détenu et interrogé pendant plus de trois semaines. Il déclare n'avoir bénéficié ni des services d'un Conseil, ni de ceux d'un interprète français bien que les autorités de la Police nigériane sachent qu'il est francophone. Par ailleurs, il aurait été ridiculisé et menacé de mort pour signer plusieurs documents qui étaient tous écrits en anglais. Plus tard, on a mis à sa disposition un interprète haoussa car il comprend un peu l'haoussa. L'interprète ne lui a jamais expliqué les déclarations écrites, étant donné qu'il s'adressait toujours à lui en présence de ses supérieurs.

Le Requérant déclare qu'au moins sept de ses voitures ont été saisies et se trouvent sous la garde de la Police nigériane, bien que leur propriété ne soit pas contestée. Par ailleurs, ses comptes en République du Bénin ont été gelés à la demande du Nigéria, sans aucun fondement juridique, le mettant ainsi dans une situation financière difficile.

Le Requérant déclare avoir été ensuite traduit en justice devant un Tribunal pour cause de recel. La Haute Cour de l'Etat de Lagos, présidée par le Juge Kayode Oyewole, l'a relaxé le 20 décembre 2004, après s'être rendue compte qu'elle n'a pas compétence pour le juger. Le requérant déclare que, nonobstant la décision de la Haute Cour de l'Etat de Lagos, il est toujours en train d'être jugé pour le même crime par des Tribunaux de Labos, d'Abeokuta et d'Ijebu.

Le Requérant a formé une requête introductive d'instance devant cette Cour contre la République Fédérale du Nigéria, la République du Mali, la République du Bénin, le Procureur Général de l'Etat de Labos et le Procureur général de l'Etat d'Ogun aux fins ci-après :

a) Déclarer qu'un tribunal nigérian n'a pas compétence pour juger le Requérant ou pour juger tout citoyen d'un Etat membre pour recel commis dans un Etat membre autre que le Nigéria ;

b) Déclarer que l'arrestation, la détention et le jugement du Requérant par les Défendeurs est une violation de son droit à un jugement équitable et impartial faute de preuves palpables du crime dont il est accusé ;

c) Déclarer que l'arrestation et la détention continues du Requérant depuis le 25 septembre 2003 sont illégales et constituent une violation de la Charte Africaine des Droits de l'Homme et des Peuples, adoptée par la République Fédérale du Nigéria en 1990 ;

d) Déclarer que la saisie illégale des voitures du Requérant par les Défendeurs sans qu'ils n'ordonnent la mainlevée alors qu'elles ne font l'objet d'aucun litige dans les Etats membres, constitue une violation de son droit de propriété ;

e) Rendre une ordonnance exécutoire par la force, enjoignant à la République Fédérale du Nigéria de libérer le Requérant ainsi que ses voitures saisies qui ne font l'objet d'aucune plainte ;

f) Ordonner à la République Fédérale du Nigéria et à plusieurs de ses Etats, la cessation de l'arrestation, de la détention et du jugement du Requérant.

Les Défendeurs ont soulevé une exception préliminaire contre la requête du demandeur pour deux raisons :

i) La requête du demandeur est un abus de procédures judiciaires ;

ii). Cette Cour n'a pas compétence pour statuer sur cette affaire ;

Question n° 1 : De l'abus de procédures judiciaires

Les Défendeurs soutiennent que la requête introductive d'instance formée par le demandeur doit être rejetée car elle constitue un abus de procédures judiciaires. Cet argument comprend deux parties, à savoir : (i) le Requérant a soulevé une exception d'incompétence des Tribunaux nigérians, laquelle exception a été rejetée. Par la suite, il a interjeté appel contre la décision de rejet de l'exception d'incompétence des Tribunaux nigérians pour le juger qu'il a soulevée, et cet appel est toujours pendant devant la Cour ; et (ii) en 2003, lorsque le Requérant a été arrêté, trouvant son intérêt à agir, il n'avait aucune qualité pour saisir cette Cour en tant que personne physique. Conformément à l'article 9 du Protocole relatif à la Cour de Justice de la

Communauté, les personnes physiques n'ont pas le droit de saisine directe de la Cour. Cet article dispose :

1. *La Cour assure le respect du droit et des principes d'équité dans l'interprétation et l'application des dispositions du Traité ;*
2. *Elle connaît en outre des différends dont elle est saisie, conformément aux dispositions de l'Article 56 du Traité, par les Etats Membres ou entre un ou plusieurs Etats Membres et les Institutions de la Communauté, à l'occasion de l'interprétation ou de l'application des dispositions du Traité ;*
3. *Un Etat membre peut, au nom de ses ressortissants, diligenter une procédure contre un autre Etat Membre ou une Institution de la Communauté, relative à l'interprétation et à l'application des dispositions du Traité ;*
4. *La Cour a toutes les compétences que les dispositions du présent Protocole peuvent, de manière spécifique, lui conférer.*

Cette Cour a affirmé et expliqué dans l'affaire Afolabi Olajide c/ la République Fédérale du Nigéria (2004/ECW/CCJ/04) qu'elle ne reçoit pas directement de requête émanant des personnes physiques.

(i) La première partie de l'argument des défendeurs est valable en ce sens que la question de la compétence des Tribunaux de la République Fédérale du Nigéria ayant été déjà soulevée par le Requérant et réglée par les Tribunaux nationaux, elle soulève ce que nous appelons en droit la question de la chose jugée, et cette décision est exécutoire pour toutes les parties. Le seul recours pour le Requérant est d'interjeter appel de la décision, et il l'a fait. Toute décision contraire de la présente Cour reviendrait à s'ériger en juridiction d'appel. Cette Cour est incompétente pour cela et elle ne le fera en aucun cas en raison du principe de l'autorité de la chose jugée. Puisque le Requérant a soulevé la question et a succombé, l'on ne peut permettre que l'argument soit soulevé de nouveau devant une autre Juridiction. Il est clair qu'il s'agit d'un abus de procédures judiciaires.

(ii) Les Défendeurs soutiennent que l'intérêt à agir du Requérant est né en 2003 lors de son arrestation et, par conséquent, le Protocole additionnel qui permet aux personnes physiques de saisir directement la Cour ne peut être appliqué comme s'il était en vigueur en 2003.

Le Protocole additionnel est entré en vigueur en 2005. Le Requérant soutient qu'au moment où il introduisait sa requête devant la Cour en 2006, le Protocole additionnel était en vigueur et que, par conséquent, il pouvait saisir directement cette Cour.

Le Requérant a été arrêté et détenu en 2003. Il était toujours en détention au moment où il introduisait sa requête devant cette Cour en 2006. La violation prétendue continuait au moment où il saisissait cette Cour. La détention arbitraire est un acte délictuel et, par conséquent, un intérêt à agir peut naître à tout moment tant que le délit prétendu continue. En pareille circonstance, la victime du délit prétendu continuera d'avoir un intérêt à agir jusqu'à ce que le tort dont elle se plaint soit réparé.

Ce qui précède montre clairement que dire que l'intérêt à agir du Requérant a été suscité en 2003 et que, par conséquent, il n'avait aucun intérêt à agir en 2006, est sans fondement. Le Requérant avait un intérêt à agir en 2006 lorsqu'il introduisait sa requête devant cette Cour. Comme il avait un intérêt à agir en 2006, le Protocole additionnel relatif à cette Cour lui a donné le droit de saisine directe de la Cour.

Par ailleurs, l'article 9 (3) du Protocole additionnel fixe le délai de prescription de toute action par ou contre une Institution ou tout Etat Membre de la Communauté. Cet article dispose :

> *L'action en responsabilité contre la Communauté ou celle de la Communauté contre des tiers ou ses agents, se prescrit par trois (3) ans à compter de la réalisation des dommages. Sur la base de la disposition susmentionnée, même s'il est vrai que l'intérêt à agir a été suscité le 25 septembre 2003, date de l'arrestation du Requérant par les autorités nigérianes, il ne se prescrit que le 24 septembre 2006 et dans la mesure où au moment de l'introduction de cette requête le 8 mars 2006, le Protocole additionnel était en vigueur, cela a donné au requérant le droit de saisine directe de cette Cour.*

Question n° 2 : De la compétence de la cour

Les Défendeurs soutiennent que cette Cour n'a pas compétence pour statuer sur la présente affaire. Ils déclarent que le Requérant est suspecté par la Police nigériane d'être l'auteur principal de vols transfrontaliers à main armée au Nigéria, en particulier dans les Etats de Lagos et d'Ogun. Les investigations policières ont révélé que les véhicules votés au Nigéria étaient reçus par le Requérant à son domicile à Cotonou, République du Bénin. Par conséquent, un agent des services secrets a été chargé de le surveiller ainsi que sa résidence. Ce dernier a confirmé qu'en effet, le requérant avait en sa possession plusieurs voitures portant des plaques d'immatriculation nigériane, dont une Nissan Suny immatriculée sous le n° FV.873 KJA et une autre voiture dont le numéro d'immatriculation est AY 651 APP.

En conséquence, le gouvernement de la République du Bénin a remis le Requérant et les véhicules trouvés en sa possession à la Police nigériane pour des enquêtes plus approfondies et des poursuites judiciaires si nécessaire. Il a été accusé de délits par le Gouvernement des Etats de Lagos et d'Ogun. Son jugement par les différents Tribunaux est en cours et ses droits n'ont été violés en aucun cas au sens de la Charte Africaine des Droits de l'Homme et des Peuples, à laquelle référence est faite au Chapitre 10 des lois de la Fédération du Nigéria, édition de 1990 ; Ils avouent que le Requérant lui-même ne s'est plain d'aucune partialité des Tribunaux.

Dans le cas d'espèce, la compétence de la Cour découle de l'article 9 (4) de son Protocole amendé : *La Cour est compétente pour connaître des cas de violation des Droits de l'Homme dans tout Etat Membre.* Au regard de cette disposition, les personnes physiques ne peuvent saisir directement la Cour que lorsque leurs droits humains sont violés. Le Requérant a cherché à établir que son droit protégé par la Charte Africaine des Droits de l'Homme et des Peuples (CADHP) a été violé par les Défendeurs qui sont tous membres de la Communauté Economique des Etats de l'Afrique de l'Ouest (CEDEAO) et sont soumis, par conséquent, au Traité révisé et à toutes autres lois et conventions communautaires.

La requête du demandeur est fondée essentiellement sur l'Article 6 de la Charte Africaine des Droits de l'Homme et des Peuples qui dispose :

> *Tout individu a droit à la liberté et à la sécurité de sa personne. Nul ne peut être privé de sa liberté sauf pour des motifs et dans des conditions* ***préalablement déterminés par la loi*** *; en particulier nul ne peut être ou détenu arbitrairement (l'emphase est un rajout) ;*

Le Requérant s'est également fondé sur les articles 2, 4, 7, 12 et 14 de la Charte Africaine des Droits de l'Homme et des Peuples, bien que son Conseil se soit à peine prononcé sur lesdits articles.

L'article 4 (g) du Traité Révisé de la Communauté Economique des Etats de l'Afrique de l'Ouest (CEDEAO) prévoit la reconnaissance, la promotion et la protection des Droits de l'Homme et des Peuples conformément aux dispositions de la Charte Africaine des Droits de l'Homme et des Peuples.

L'effet de l'article 6 de la Charte Africaine des Droits de l'Homme et des Peuples tel qu'indiqué ci-dessus est que le droit à la liberté d'aucun individu ne doit être limité ou restreint, à moins que la restriction ne soit conforme à une loi précédemment promulguée. En d'autres termes, la loi sous l'empire de laquelle une personne est arrêtée et/ou détenue doit être en vigueur avant ou au moment de cette arrestation et/ou détention.

L'effet conjugué des articles 9 (4) du protocole amendé de la Cour, 4 (g) du Traité Révisé et 6 de la Charte Africaine des Droits de l'Homme et des Peuples est que le Requérant doit invoquer la compétence de la Cour en établissant (i) qu'il y a un droit reconnu par l'article 6 de la Charte Africaine des Droits de l'Homme et des Peuples ; (ii) que ce droit a été violé par les Défendeurs ou l'un d'eux ; (iii) qu'aucune affaire n'est pendante devant une autre Cour internationale concernant la prétendue violation de son droit ; et (iv) qu'aucune loi précédemment promulguée n'a conduit à la prétendue violation ou abus de ses droits.

Comme indiqué plus haut, la requête introductive d'instance est fondée sur l'article 6 de la Charte Africaine des Droits de l'Homme et des Peuples qui garantit le droit de chaque individu à la liberté et le protège contre toutes arrestations et détentions arbitraires. Ainsi, le droit dont le Requérant se plaint de la violation est un droit reconnu par la Charte africaine des Droits de l'Homme et des Peuples et a fortiori par le Traité Révisé de la Communauté Economique des Etats de l'Afrique de l'Ouest (CEDEAO).

Le Requérant a été arrêté par les autorités de la Police nigériane le 25 septembre 2003. Il a été gardé en détention, interrogé et par la suite poursuivi au pénal par le Gouvernement des Etats de Labos et d'Ogun. Les affaires qui lui sont reprochées sont toujours en instance pendant qu'il est en détention. Il déclare que le procès intenté contre lui constitue une violation de son droit protégé par l'article 6 de la Charte Africaine des Droits de l'Homme et des Peuples.

Les Défendeurs soutiennent que l'arrestation, la détention et le jugement du Requérant sont en conformité avec la loi en vigueur et ils ont cité la loi pertinente en vertu de laquelle il a été arrêté et poursuivi. Il ne peut invoquer la compétence de cette Cour à moins qu'il ne puisse la convaincre que de telles lois n'existaient pas au moment de son arrestation. L'article 6 de la Charte Africaine des Droits de l'Homme et des Peuples sur lequel le Requérant se fonde montre clairement que le droit d'un individu à la liberté pourrait être dénié pour des raisons et dans des conditions précédemment définies par la loi.

Dans l'exposé des faits en appui à sa requête, le requérant a déclaré que les événements qui ont conduit à son arrestation et à sa poursuite par les tribunaux nigérians ont commencé le 22 juillet 2003 lorsque des policiers béninois sont entrés dans sa résidence à la recherche d'une Mercédès 500 SEL. Il a par ailleurs déclaré qu'il a affirmé que la voiture en question était en sa possession. En conséquence, elle a été enlevée de sa résidence.

Par la suite, une autre perquisition a été opérée dans sa résidence et plusieurs autres voitures ont été saisies. Le 1er Défendeur affirme que plusieurs autres voitures portant des plaques d'immatriculation nigérianes ont été enlevées de la résidence du Requérant dont une Nissan Sunny immatriculée sous le numéro TV.873 KJA et une autre voiture dont le numéro d'immatriculation est AY 651 APP. La Police nigériane avait connaissance de faits qui lui permettaient de l'arrêter et de le poursuivre en justice.

Après l'arrestation du Requérant par la Police nigériane, il a été conduit au siège de la Police où il est resté en détention pendant une période au cours de laquelle il a subi un interrogatoire. Il a été conduit dans un endroit où sont gardées des personnes suspectées d'avoir commis des infractions pénales. Il y est resté en détention et a été interrogé. Le Requérant lui-même admet qu'il a été interrogé plusieurs fois pendant sa période de détention. Il était ainsi détenu aux fins d'interrogatoire. En conséquence, il a été accusé d'infractions pénales à l'issue de son interrogatoire. Il a été jugé par un Tribunal dûment constitué, créé en vertu de la loi et existant au moment de son arrestation. Les délits dont il était accusé étaient des délits prévus par la loi en vigueur au moment de son arrestation. Cela n'a pas été contesté.

L'on sait que le Requérant est représenté par un Conseil dans les affaires pendantes devant les Tribunaux nigérians. Il n'a pas déclaré que son Conseil n'est pas de son choix conformément à la loi. Il s'est plaint de partialité ou d'injustice à son égard. Mais il est clair que la partialité ou l'injustice qu'il allègue résulte de sa croyance que les autorités veulent l'incarcérer à tout prix. Sa peur est alimentée par le fait que les Tribunaux nigérians sont indépendants, ce qui, à lui seul représente une garantie d'équité pour lui. Il n'a pas déclaré que les Tribunaux nigérians ne lui donnent pas suffisamment d'opportunité pour se défendre.

Il n'a ni été empêché de quelque manière que ce soit de présenter sa version des faits, ni déclaré que la Cour admet des preuves irrecevables contre lui. Il n'a pas allégué qu'on l'a empêché de présenter ses témoins et n'a pas non plus déclaré qu'on a refusé de soumettre à un contre-interrogatoire les témoins présentés par l'accusation.

Le Requérant n'a pas été déclaré coupable sans jugement. La question de savoir s'il est coupable ou non est du ressort du Tribunal qui le juge. Il a soulevé une exception d'incompétence des Tribunaux nigérians pour le juger, qui a été rejetée.

La faculté lui a été offerte d'interjeter appel de cette décision devant les instances compétentes conformément à la procédure définie par la loi. Par conséquent, il est clair que la procédure légale est garantie. Et même si les procédures sont défectueuses ou font l'objet d'un abus d'une certaine manière, il a toujours la possibilité de chercher réparation dans le cadre des lois et procédures existantes et reconnues dans la hiérarchie des Juridictions de la République Fédérale du Nigéria. C'est ce que dit exactement l'article 6 de la Charte Africaine des Droits de l'Homme et des Peuples : la situation dans laquelle l'arrestation et la détention peuvent être justifiées conformément à la loi antérieurement promulguée.

L'article 6 de la Charte Africaine des Droits de l'Homme et des Peuples reconnaît dûment le droit des Etats de poursuivre des personnes suspectées d'infractions pénales et il ne cherche pas à s'y ingérer sauf lorsque le suspect a été arrêté, détenu et/ou jugé en l'absence de loi ou en vertu d'une loi promulgué spécifiquement après son arrestation ou sa détention ou pour un délit qui n'avait pas été commis au moment de son arrestation ou de sa détention.

Le Requérant aurait pu invoquer la compétence de cette Cour en établissant que certains de ses droits protégés par la Charte Africaine des Droits de l'Homme et des Peuples ont été violés sans les garanties d'une procédure régulière. Les faits susmentionnés montrent que l'arrestation du Requérant n'était pas arbitraire.

Sa détention et par la suite son jugement, n'ont pas été sans les garanties d'une procédure légale. La procédure était conforme aux lois et règlements précédemment en vigueur. Le fait que les Tribunaux qui le jugent ont refusé de la libérer sous caution en attendant son procès ne constitue pas une violation de son droit au sens de l'article 6 de la Charte Africaine des Droits de l'Homme et des Peuples. En conséquence, la requête du demandeur ne peut pas prospérer, étant donné que cette Cour n'a pas compétence pour statuer sur cette affaire.

Il ressort de l'examen des articles 2, 4, 7, 12 et 14 de la Charte Africaine des Droits de l'Homme et des Peuples qui ont été cités par le Requérant dans sa requête amendée, que celui-ci ne peut se fonder sur aucune de ces dispositions, étant donné que toutes les mesures prises à son encontre par les Défendeurs visent à le poursuivre au pénal. La saisie de ses voitures dont il se plaint a été opérée dans le même sens. Il incombe aux Tribunaux qui le jugent de déterminer celles qui ne font pas l'objet d'un crime et, le cas échéant, d'en autoriser la restitution.

Il est vain de demander à cette Cour qui n'est pas saisie de l'affaire et qui n'a pas ordonné la saisie de ces voitures, d'ordonner la mainlevée alors qu'elle n'est pas compétente pour connaître de cette affaire. Quoi qu'il en soit, si, comme le disent les Défendeurs, la saisie des voitures est fondée sur des indices convaincants prouvant qu'elles font l'objet de vol et d'autres infractions pénales, la nécessité publique autorise que les Tribunaux les saisissent jusqu'à l'issue de l'affaire et la détermination de leur propriété.

Dans sa requête devant cette Cour, le Requérant a visé la République Fédérale du Nigéria, les Etats d'Ogun et de Lagos en République Fédérale du Nigéria ainsi que la République du Bénin et celle du Mali comme Défendeurs. Cependant, dans les ordonnances qu'il demande à cette Cour, il n'a formulé aucune prétention contre le Mali et le Bénin. Cela démontre qu'il n'a aucun grief légitime contre eux. En impliquant le Bénin et le mali comme Défendeurs, le Requérant abuse de la procédure devant cette Cour. Et même s'il est allégué que ces pays ont aidé la République Fédérale du Nigéria en arrêtant le Requérant, tant qu'il est jugé par des Tribunaux dûment constitués et conformément aux lois préexistantes, leur action se justifie.

Bien qu'au sens de l'article 4 (g) du Traité Révisé, de l'article 9 (4) du Protocole amendé de la Cour et des articles 6 et 14 de la Charte Africaine des Droits de l'Homme et des Peuples, la Cour soit compétente de manière générale, sur la base des faits, cette Cour ne peut statuer sur cette affaire puisque le requérant a été arrêté, détenu et poursuivi devant des Tribunaux compétents de la République du Nigéria conformément aux lois et règlements précédemment en vigueur. Il a eu l'opportunité de se défendre conformément aux lois nigérianes. Recevoir cette requête reviendrait à s'immiscer dans la compétence des Tribunaux nigérians en matière pénale sans justification.

La Cour n'a reçu aucune requête relative aux dépens, conformément à l'article 66 (11) de son Règlement ;

Par ces motifs

La Cour, statuant publiquement, contradictoirement, en matière de violation des Droits de l'Homme, en premier et dernier ressort :

- *Se déclare incompétente pour connaître au fond de la présente affaire ;*
- *Dit que chaque partie supportera ses propres dépens.*

OBSERVATIONS

L'affaire qui a été portée devant la Cour pose, elle aussi, une question de violation des droits de l'homme, invoquée par le requérant. Ce dernier, de nationalité nigérienne, est un homme d'affaires dont l'une des occupations est la revente de voitures. C'est dans le cadre de cette activité qu'il a été arrêté par la police de la République du Bénin, où il résidait, sous l'inculpation de recel de voiture volée. A la suite de cette arrestation, et dans des conditions passablement obscures, le sieur TIDJANI a voyagé au Mali puis de nouveau au Bénin – dont l'une des juridictions aurait reconnu qu'il est un acheteur de bonne foi- et ensuite au Nigéria, où il fait l'objet de poursuites dont il conteste à présent le bien-fondé. C'est dans ce pays qu'il a fait l'objet, selon ses dires, d'un traitement constitutif d'une violation des droits de l'homme : arrestation injustifiée, interrogatoire sans ménagement, avec une quasi impossibilité de se faire comprendre, saisie injustifiée d'autres voitures dont il est le propriétaire etc. La Cour va se déclarer en définitive incompétente pour connaître de l'affaire, au terme d'une démarche qui n'est certainement pas exempte de critiques. Les conditions dans lesquelles le requérant a été amené à voyager au Mali puis de nouveau au Bénin et ensuite au Nigéria, ne sont pas clairement rapportées, et l'on ne sait pas s'il s'agit de mouvements accomplis de plein gré ou sous une contrainte.

Quoiqu'il en soit, l'affaire met sérieusement en cause le système judiciaire des Etats en cause, qu'il s'agisse du Bénin, du Mali ou, surtout, du Nigéria. La présentation des faits par le requérant laisse paraître des conditions proprement scandaleuses de privation de liberté. L'occasion était pour ainsi dire belle, pour la Cour, de rappeler les principes qui doivent gouverner, dans l'espace communautaire, l'arrestation ou la privation de liberté des citoyens des Etats membres de la Communauté, notamment s'ils sont parties aux conventions susceptibles d'être invoquées dans l'affaire. L'occasion était belle, pour la Cour, de rappeler que l'espace communautaire n'est pas un désert juridique, et qu'il existe au moins quelques instruments de coopération judiciaire conçus dans le cadre de la CEDEAO, comme la convention sur l'entraide judiciaire (1992) et la convention sur l'extradition (1994).

Il est vrai que dans la présente affaire, le demandeur sollicitait expressément de la Cour qu'elle déclare qu' « un tribunal nigérian n'a pas compétence pour juger le requérant (...) », demande qui pouvait conduire à porter un jugement sur l'application qui a été faite d'éléments de droit nigérian. La Cour a, de ce point de vue, raison de rappeler qu'elle n'est pas un troisième degré de juridiction. Il convient de rappeler à ce stade deux choses.

D'une part, que l'instance qui est engagée devant la Cour n'a pas le même objet que celui dont la juridiction nationale connaît. Devant elle, il s'agit, comme on l'a écrit plus haut, d'apprécier si un Etat, ou un de ses organes, a méconnu un droit garanti aux individus et figurant dans un instrument auquel il est partie. Cela ne revient nullement à « rejuger » une affaire ; ni l'objet du litige, ni les parties à celui-ci ne sont les mêmes que devant le juge national.

D'autre part, un Etat peut parfaitement être déclaré responsable en raison des agissements de ses organes judiciaires, sans pour autant qu'une telle déclaration n'équivale à une « infirmation » d'une décision que ses organes auraient éventuellement rendue. Dans la vie internationale, il est arrivé, notamment devant la Cour de Justice de La Haye, que des Etats soient déclarés responsables du fait de leurs juridictions internes. La CIJ en a laissé apparaître la possibilité dans l'affaire de la « Barcelona Traction » (1970) comme elle l'a clairement énoncé dans l'affaire « Yerodia » (mandat d'arrêt international lancé par un juge belge contre un ministre congolais en exercice, 2002).

Une dernière curiosité de l'affaire concerne les défendeurs au procès. Il s'agit, rappelons-le, des Républiques du Nigéria, du Mali, du Bénin et des Procureurs généraux des Etats de Lagos et d'Ogun. Ces deux derniers sont donc des autorités judiciaires exerçant leurs fonctions dans le cadre d'Etats fédérés du Nigéria. Leur présence comme défendeurs est doublement bizarre : non seulement ils agissent comme organes d'un Etat – la « mise en accusation » de l'Etat du Nigéria devrait donc suffire -, mais les Etats fédérés dans lesquels ils exercent leur mission ne sont pas en principe sujets de droit international, et ne sont dès lors pas redevables d'obligations. Leur « interpellation » devant la Cour est, pour le moins, surprenante.

RÔLE GÉNÉRAL N° ECQ/CCJA/APP/05/05 ARRÊT N° ECW/CCJ/APP/05/07 DU LUNDI 29 OCTOBRE 2007

***

Entre Professeur Etim Moses Essien et la République de Gambie ; l'Université de Gambie

Composition de la Cour

- Hon. Juge Hansine.N. Donli, Présidente
- Hon. Juge Aminata Malle Sanogo, Membre
- Hon. Juge Anthony A. Bénin, Membre
- Hon. Juge Awa Daboya Nana, Membre
- Hon. Juge El Mansour Tall, Membre

Assistés de : Maître Tony Anene-Maidoh, Greffier en Chef

Arrêt de la cour

Le Requérant, Professeur Etim Moses Essien, est un « citoyen de la Communauté », de nationalité nigériane ; la première défenderesse, la République de Gambie, un Etat Membre de la Communauté ; la 2ème défenderesse est l'Université de cet Etat-membre.

Le Requérant, demeurant au Estate House D 58, Ewet, Uyo, Akwa Ibom State, Nigéria, est représenté par Me James Kanyip, Avocat à Albert et Co, suite N° 8, Abuja Shopping Mall, Zone 3 Wuse.

Les défenderesses étaient représentées par leurs Avocats, Dr O.J.A. Olulama (DCIL) et Miss Nyalomy Sarr (SC), ainsi que par l'Attorney Général-Dept of State for Justice, Marina Parack, Banjul, the Gambia.

Le Requérant fait grief de la violation de ses droits humains ; les Défenderesses ont soulevé une exception préliminaire portant sur l'irrecevabilité de la cause, pour incompétence de la Cour. Celle-ci a statué et joint l'incident sur la compétence au fond, conformément à l'article 87 de son Règlement de Procédure.

Expose des faits et procédure

Le Requérant qui était Enseignant à l'Université de Gambie, a introduit sa requête le 18 novembre 2005 au Greffe de la Cour de Justice de la Communauté ; il y expose que par une lettre n° Réf. FCTC/GTA/ASD/GAB/77 du 24 septembre 2001, il a été recruté par le Secrétariat du Commonwealth sur le Fonds du Commonwealth pour la Coopération Technique (FCTC), en qualité d'Expert Technique, pour un contrat de services d'Enseignement à l'Université de Gambie, pour le compte de l'Etat Gambien, pour une durée de deux (2) ans. Ledit contrat consiste à donner des cours à l'Ecole de Médecine de ladite Université, où il a exercé sa fonction du 07 février 2002 au 04 février 2004.

Comme son contrat prenait fin, les Défenderesses l'ont approché pour lui proposer de poursuivre son service, en lui promettant d'obtenir le renouvellement de son contrat par le Secrétariat du Commonwealth.

Le Requérant a donc continué à exercer ses fonctions au profit de l'Université de Gambie, sans être payé et ce, jusqu'au 13 octobre 2004, date à laquelle il a adressé une lettre de réclamation d'arriérés de salaires à l'Université de Gambie.

Celle-ci lui répondait alors que les démarches entreprises pour le renouvellement de son contrat par le Commonwealth n'ont pas abouti et qu'à ce titre, ses salaires ne pourront pas lui être payés au taux du barème du Commonwealth, mais plutôt au taux du barème applicable pour les Enseignants de l'Université, c'est-à-dire en « dalasis » (monnaie gambienne).

Le Requérant s'y oppose ; l'Université de Gambie mit fin à ses services en lui notifiant le non renouvellement de son contrat pour compter du 26 janvier 2005.

Le 14 février 2005, l'Université de Gambie adresse au Requérant une lettre portant règlement d'arriérés de salaires calculés en dalasis, plus un montant de six mille (6.000) dollars US représentant un supplément de salaire.

Le Requérant perçut le montant de six mille (6.000) $ et rejeta les montants en dalasis. Le 18 novembre 2005, il introduisit sa requête à la Cour de Justice de la Communauté, aux fins de :

a. *Déclarer que l'action et le comportement de la République de Gambie et de l'Université de Gambie, en l'engageant (le Requérant) pour des services d'Expert Technique du 05 février 2004 au 26 janvier 2005 (1 ans) sans salaire égal pour lesdits services correspondent à une exploitation économique et une violation de son droit à être payé pour un travail égal ;*

b. *Déclarer que le Requérant a droit à un paiement égal pour un travail égal ou services envers la République de Gambie et l'Université de Gambie pour la période de 05 février 2004 au 26 janvier 2005 dans les mêmes termes et conditions selon lesquels le Secrétariat du Commonwealth l'a recruté ;*

c. *Déclarer que l'action et le comportement de l'Université de Gambie tels que décrits dans les faits, violent les articles 5 et 15 de la Charte Africaine des Droits de l'Homme et des Peuples, ainsi que l'article 23 (2) et (3) de la Déclaration Universelle des Droits de l'Homme de 1948, tous deux textes signés et acceptés par la République de Gambie ;*

d. *D'ordonner un ordre de paiement obligatoire, contraignant la République de Gambie et l'Université de Gambie à payer au Requérant telles sommes que réclamées en livres sterlings ou en dollars, plus la somme de 100.000,00 $ US à titre de dommages-intérêts et celle de 10.000,00 $ US de frais de justice.*

Les Défenderesses ont soulevé une exception préliminaire pour dire que :

a. *La requête n'est pas recevable pour avoir omis de citer le Secrétariat du Commonwealth comme partie à l'affaire ;*

b. *La requête n'est pas recevable devant la Cour du fait que le Requérant a omis d'épuiser les voies de recours internes tel que le stipule l'article 56 (5) de la Charte Africaine des Droits de l'Homme et des Peuples ;*

c. *La requête n'est pas recevable du fait que la prétention du Requérant est basée sur le contrat de services non-renouvelable, les contre-offres et les offres basées sur le « quantum meruit » et ne constituent pas des droits fondamentaux positivement établis par statuts, ou par contrat ;*

d. *La Cour n'a pas compétence pour statuer sur cette affaire, parce que les faits en cause ne constituent pas une violation des Droits de l'Homme.*

La Cour dans sa décision Avant-Dire-Droit (ADD N° 1) du 14 mars 2007, a statué sur l'exception préliminaire en déclarant celle-ci irrecevable sur ses deux premiers points, et a joint l'incident au fond quant aux 3ème et 4ème points, et ce, conformément à l'article 87 de son Règlement de Procédure.

En effet, la Cour a décidé comme suit :

1. *L'exception préliminaire soulevée par les Défenderesses et portant sur le non-épuisement préalable des recours internes, n'a aucun rapport avec la procédure de saisine de la Cour ; elle est partant recevable ;*
2. *Attendu que les défenderesses soutiennent que la Cour n'a pas compétence pour connaître du cas d'espèce, sans la citation du Secrétariat du Commonwealth, la Cour conclut qu'elle a compétence pour connaître de l'Affaire sans la citation du Commonwealth, car celui-ci n'est pas une partie dont la citation est impérative pour le requérant ;*
3. *Attendu que les Défenderesses font valoir que l'action principale n'est pas proprement présentée comme une violation des droits humains, de même que les réclamations du requérant ne sont pas justifiées comme des violations de droits humains, la Cour décide que ces questions telles que présentées en l'espèce, touchent à l'action au principal et que, selon l'article 87 (5) du Règlement de Procédure de cette Cour, elles doivent être renvoyées au fond ;*

Advenue l'audience de la Cour sur le fond, les Défenderesses, ainsi que leurs Avocats, n'ont ni comparu ni été représentés ; cependant, elles ont adressé une lettre en date du 26 avril 2007 au Président de la Commission de la CEDEAO pour exprimer leur mécontentement de la décision rendue par la Cour de Justice de la Communauté, et pour demander au Président de la Commission d'intervenir pour leur permettre d'interjeter appel.

Suite à cette lettre, la Cour a, dans une 2ème décision Avant-Dire-Droit (ADD N° 2) précisé à l'intention des Défenderesses, qu'il n'est pas prévu en l'état actuel de ses textes de procédures, la possibilité d'appel de ses décisions, mais seulement la demande de révision.

La Cour a rappelé *in extenson* les dispositions des Articles 15 alinéa 4 et 76 alinéa 2 du Traité Révisé ainsi que de l'Article 19, alinéa 2 du Protocole de 1991 relatif à la Cour, où il est écrit :

- *Article 15 al. 4 du Traité Révisé :* « Les Arrêts de la Cour de Justice ont force obligatoire à l'égard des Etats membres, des Institutions de la Communauté et des personnes physiques et morales » ;
- *Article 76 al. 2 du Traité Révisé :* « A défaut, le différend est porté par l'une des parties, par tout Etat membre, ou par la Conférence, devant la Cour de Justice de la Communauté dont la décision est exécutoire et sans appel » ;
- *Article 19 al. 2 du Protocole relatif à la Cour :* « Les décisions de la Cour sont lues en séance publique et doivent être motivées ; elles sont sous réserve des dispositions du présent Protocole relatives à la révision, immédiatement exécutoire set ne sont pas susceptibles d'appel ».

Ensuite, la Cour a renvoyé l'affaire à une date utile, le 18 juin 2007, pour tenir, en demandant au Greffe de la Cour, d'adresser une citation dans les formes légales requises aux Défenderesses. Cependant, les Défenderesses, bien que régulièrement citées, n'ont pas comparu, mais on adressé une 2ème lettre en date du 25 mai 2007 au Président de la Commission de la CEDEAO avec ampliation à la Cour, et dans laquelle elles écrivent :

> *.... Les Défenderesses ne participeront à aucune autre session de la Cour de Justice de la Communauté jusqu'à ce que la question de compétence soit réglée de manière effective, par l'institution d'une Cour d'Appel indépendante ; les Défenderesses ne prendront part, ni à la session prévue pour le 18 juin 2007, ni à une autre, jusqu'à ce que la Commission trouve une solution à ce problème.*

La Cour à l'audience du 18 juin 2007 a effectivement constaté la non-comparution des Défenderesses, et prenant en compte le contenu de la lettre susvisée, elle a mis l'affaire en délibéré, après une dernière audition du Requérant.

L'affaire se présente à la Cour pour une décision finale et sur les questions sous-tendues par les arguments présentés par les parties.

Rappel des arguments des parties

Le Requérant fait valoir la violation de ses droits fondamentaux humains par les Défenderesses ; il soutient avoir été économiquement exploité par elles, du fait qu'il a exercé les mêmes services que pour le Commonwealth, pour une durée d'un (1) an, sans être payé de la même valeur en argent ; que ce comportement des Défenderesses constitue une violation de son droit à salaire égal pour un travail égal. Le Requérant cite à l'appui de l'article 15 al. 5 de la Charte Africaine des Droits de l'Homme et des Peuples, et l'Article 23 al. 2 de la Déclaration Universelle des Droits de l'Homme de 1948 des Nations Unies.

Par ailleurs, le Requérant fait observer que les Défenderesses n'ayant apporté aucun argument de témoignage en défense, la Cour devra faire droit à ses réclamations qui ne souffrent d'aucune contestation de la part des Défenderesses. Le Requérant exhorte la Cour à faire droit à ses demandes contenues dans sa requête, en vertu du Paragraphe 13 de la Déclaration de la Conférence Internationale de Téhéran (Iran) de 1998 sur les Droits de l'Homme, ainsi que du Préambule du Pacte International relatif aux Droits Civils et Politiques et celui relatif aux Droits Economiques, Sociaux et Culturels de 1966, lesquels sont tous deux issus de la Déclaration Universelle des Droits de l'Homme de 1948.

Les défenderesses, de leur côté, contestent la compétence de la Cour dans cette affaire ; elles font valoir en substance que les droits réclamés par le Requérant ne sont pas positivement conférés par statuts ou par contrat ; qu'il s'agit de réclamations de salaires dont le Requérant a déjà accepté paiement partiel ; et donc que ses réclamations vicient son action ; pour les Défenderesses, les réclamations du Requérant portent sur le *« quantum meruit »* et no sur des droits énoncés dans un contrat ; et qu'à ce titre, il ne s'agit pas de violation de droits humains, et donc que la Cour n'a pas compétence à statuer sur cette affaire.

De tout ce qui précède, notamment des faits et arguments soutenus par les parties, la Cour devra répondre aux questions suivantes :

a. *Y'a-t-il eu exploitation économique du Requérant par les Défenderesses ?*
b. *Y'a-t-il une violation du droit à travail égal, salaire égal du Requérant ?*
c. *Les droits réclamés par le Requérant sont-ils des droits positivement établis par contrat ou par statuts ?*
d. *La Cour de Justice de la CEDEAO a-t-elle compétence pour statuer dans cette affaire ?*

Analyse de la cour

Question 1 : Y'a-t-il eu exploitation économique du requérant par les Défenderesses ?

L'article 5 de la Charte Africaine des Droits de l'Homme et des Peuples dispose :

> *Tout individu a droit au respect de la dignité inhérente à la personne humaine et à la reconnaissance de sa personnalité juridique. Toutes formes d'exploitation et d'avilissement de l'homme, notamment l'esclavage, la traite des personnes, la torture physique ou morale et les peines ou les traitements cruels, inhumains ou dégradants sont interdites.*

L'on relève dans cette disposition, les concepts suivant s :

- Dignité humaine ;
- Personnalité juridique ;
- Esclavage, traite des personnes ;
- Torture physique ou morale, traitements cruels, inhumains ou dégradants.

Le Requérant, en basant sa requête sur la notion d'exploitation économique, ne démontre pas en quoi sa dignité humaine a été atteinte ; la Cour ne voit pas en quoi il a perdu sa personnalité juridique et encore moins la Cour ne relève pas d'éléments de torture quelconques ; en effet, en règle général, et en droit du travail, on parle d'exploitation économique, « lorsqu'un individu qui effectue normalement un travail rémunéré, n'est pas du tout rémunéré ou, s'il l'est, la rémunération qu'il perçoit est en dessous de la valeur réelle du travail accompli » (définition tirée du Nouveau Petit Robert, Edition 2008, page 984).

Les faits en l'espèce répondent-ils à cette définition ? Le travail accompli par le Requérant au bénéfice des Défenderesses de février 2004 à janvier 2005 est rémunéré, mais seulement en une monnaie autre que pour le même travail accompli, certes au bénéfice des mêmes Défenderesses, et rémunéré par le Commonwealth ; la question fondamentale ici est de savoir pourquoi la rémunération a changé, alors que les bénéficiaires du travail sont les mêmes ? Tout simplement parce que les rapports d'exécution du même travail ont changé ; en effet, les Défenderesses tout en étant les bénéficiaires du travail accompli, alors qu'elles n'étaient pas débitrices directes pour le contrat avec le Commonwealth, elles le sont pour le cas d'espèce. Le fait d'offrir le paiement en une monnaie autre que celle du Commonwealth, ne porte pas en soi une atteinte à la dignité du Requérant, ni ne lui dénie sa personnalité juridique ; pas plus que le paiement proposé en dalasis ne comporte des éléments de torture ou de traitements cruels ou dégradants.

Les deux parties, de bonne foi, ont cru que le Commonwealth allait accepter de le faire ; mais tel n'a pas été le cas.

Enfin, la Cour rappelle que le Requérant a accepté de travailler, avant même d'avoir eu un second contrat avec le Commonwealth, en sachant le 1er expiré. Il a donc travaillé pendant un an, sans être payé, et quand il a jugé le temps suffisant, il a réclamé ses salaires. Les défenderesses ont offert de lui payer ses salaires conformément au barème de salaires habituellement servis aux autres Enseignants de son rang ; la Cour sur ce point rejette donc l'argument d'exploitation économique, comme non suffisamment prouvé.

Question 2 : Y'a-t-il violation du droit « à travail égal, salaire égal » ?

Aux termes de l'article 15 de la Charte Africaine des Droits de l'Homme et des Peuples,

Toute personne a le droit de travailler dans les conditions équitables et satisfaisantes, et de percevoir un salaire égal pour un travail égal.

En matière de droit du travail, le concept « à travail égal, salaire égal » signifie que deux ou plusieurs personnes, qui effectuent le même travail, ou occupent le même poste de fonction dans un organisme, doivent percevoir la même rémunération, et avoir les mêmes perspectives de promotion, sauf si l'employeur justifie la différence de traitement par des éléments objectifs, étrangers à toute discrimination. L'on note que l'objectif du principe « à travail égal, salaire égal » est de prohiber toute forme de discrimination entre les individus se trouvant dans la même situation.

Dans le cas d'espèce, le Requérant est le travailleur, et les Défenderesses l'employeuse. En arguant du principe « à travail égal, salaire égal », le Requérant fait référence au même travail accompli pour le compte du Commonwealth ; or la Cour rappelle le contenu de sa décision ADD N° 1 du 14 mars 2007 où elle a statué comme suit : « ... La Cour conclut qu'elle a compétence pour connaître du fond de l'affaire sans la citation du Secrétariat du Commonwealth, car celui-ci n'est pas une partie dont la citation est impérative pour le Requérant ».

En conséquence, la Cour ayant déjà jugé que le Commonwealth n'est pas partie prenante à l'action, ne peut user des conditions de rémunération pour comparer avec celles offertes en l'espèce, quand bien même les bénéficiaires dans les deux situations seraient les mêmes Défenderesses ; aussi, la Cour rappelle-t-elle le principe tiré du droit des obligations et selon lequel « les obligations ne lient que ceux qui les ont librement contractées », pour dire qu'en l'espèce, il n'y a pas eu subrogation du Commonwealth par les Défenderesses et que celles-ci ne peuvent être tenues de s'exécuter comme le Commonwealth l'a fait.

En effet, « le principe d'égalité de salaire, qui suppose la suppression de discrimination salariale fondée sur n'importe quel critère tenant à la personne du salarié, ne s'applique pas à la diversité des sources de rémunérations » ; en l'espèce, les salaires proposés par les Défenderesses sont à payer non pas sur les fonds du Commonwealth, mais sur le budget des Défenderesses ; c'est ce qui a été établi comme principe par la Cour de Justice de l'Union Européenne dans l'arrêt Lawrence et Regent Office Care Ltd, et autres du 17 septembre 2002, Recueil,1-07325-C.C.E.E. quand il est énoncé sur « le principe, « à travail égal, salaire égal », ne s'applique pas lorsque les disparités de rémunération observées ne peuvent être attribuées à une source unique ».

Au demeurant, la Cour souligne le risque de discrimination éventuelle, entre le Requérant et ses autres collègues Enseignants de la même Université, s'il lui est payé un taux de barème différent ; car le principe « à travail égal, salaire égal » signifie également que l'employeur est tenu de verser la même rémunération « aux salariés placés dans une situation identique ». C'est le principe retenu dans l'Arrêt de la Chambre sociale de la Cour de Cassation de Paris du 15 décembre 1998, Affaire S.A. Aubin contre Chatel, Arrêt N° 5274 du 15 décembre 1998, où il est écrit : « Cette obligation s'impose à l'employeur même dans les cas où les salariés sont de nationalités différentes ».

La question est plutôt de savoir dans le cas d'espèce, si le requérant a fait l'objet d'une sous-rémunération par rapport aux autres Enseignants de la même Université, et pouvant s'analyser en une violation du principe « à travail égal, salaire égal ». Au demeurant, l'action du Requérant ne vise pas la comparaison d'avec ses autres collègues Enseignants, mais d'avec le cas du Commonwealth, et donc sur ce point, la Cour juge que le principe « à travail égal, salaire égal » ne s'applique pas, du fait que les sources de rémunération ne sont pas les mêmes ; par conséquent, la Cour décide qu'il n'y a pas eu de violation de ce principe.

Question 3 : Les droits réclamés par le Requérant sont-ils des droits positivement établis par contrat ou par statuts ?

Les Défenderesses font valoir que la requête est basée sur le renouvellement du contrat de services, les offres et les contre-offres, et que de ce fait elle porte sur le *« quantum meruit »*. Elles ajoutent que le cas d'espèce concerne les relations de travail entre employeur et employé et que l'employé ayant accepté une partie des salaires, soit les six mille (6.000) dollars et en rejetant l'autre partie, la question se ramène à savoir si la prétention du Requérant au paiement du reliquat est exécutoire suivant le barème du Commonwealth ou suivant le barème des Défenderesses ? Elles concluent que leur refus de payer le Requérant au taux du barème du Commonwealth ne constitue pas une violation de ses droits fondamentaux.

La Cour juge, en effet, de par les lettres en dates respectivement du 16 avril 2004 et du 24 août 2004 portant pièces N° A2, et N° A3 versées au dossier, qu'en fait d'engagement pour l'offre de services, il ne s'est agi, entre le Requérant et les Défenderesses, que de « relations de fait qui ont généré des droits ».

Le problème qui se pose est celui de l'exécution de ces droits. La Cour s'est interrogée sur la nature de ceux-ci. Etant donné que ces droits sont nés de rapports de fait entre les parties, c'est-à-dire constitués d'offres et de contre-offres de paiement, émanant de relations de travail entre employeur et employé, comme le reconnaissent les Défenderesses elles-mêmes, ces droits constituent bel et bien des droits salariaux. La demande du Requérant au paiement de ces droits est un droit que les Défenderesses ne contestent pas.

Les instruments internationaux de Droits de l'Homme, classent les salaires parmi les Droits civils, économiques, sociaux, qui sont pris en compte par les dispositions de l'Article 7 du Pacte International sur les Droits civils, économiques et sociaux de 1966, de l'Article 10 de la Déclaration Universelle des Droits de l'Homme et de l'Article 15 de la Charte Africaine des Droits de l'Homme et des Peuples.

Par conséquent, la Cour estime que la réclamation, même partielle de ces droits, est justifiée, parce qu'ils constituent des droits fondamentaux humains, établis par les Textes et Instruments Internationaux adoptés par la CEDEAO et ratifiés par les Etats Membres.

Question 4 : La Cour de Justice de la CEDEAO a-t-elle compétence pour statuer dans cette affaire ?

Sur les droits invoqués par le Requérant, à savoir l'exploitation économique (Article 5 de la Charte Africaine des Droits de l'Homme et des Peuples), le droit de percevoir un salaire égal pour un travail égal (Article 15 de la Charte Africaine des Droits de l'Homme et des Peuples) ainsi que l'Article 23 (2) de la Déclaration Universelle des Droits de l'Homme, objet des développements antérieurs, la Cour a déjà conclu qu'il n'y a pas eu exploitation économique du Requérant, ni de violation de son droit à percevoir un salaire égal pour un travail égal ; ces deux arguments du Requérant ont déjà été rejetés, même si la Cour, en l'espèce, retient que le fait pour le Requérant de ne pas être rémunéré au même taux de barème que par le Commonwealth, pourrait entraîner pour lui une baisse de revenus et une certaine frustration ; cela ne constitue pas pour autant une violation de ses droits humains.

Les réclamations du Requérant basées sur l'exploitation économique et sa réclamation du droit à percevoir un salaire égal pour un travail égal, sont reconnues par les Articles 5 et 15 de la Charte Africaine des Droits de l'Homme et des Peuples. Ces dispositions sont applicables par la Cour en vertu de l'Article 4 (g) du Traité Révisé et de l'Article 10 (d) du Protocole additionnel relatif à la Cour.

En conséquence :

1. *Attendu que la Cour ne relève pas dans les faits des éléments constitutifs d'exploitation économique du Requérant par les Défenderesses ;*
2. *Attendu que la Cour a retenu que le principe du droit à travail égal, salaire égal, ne s'applique pas en l'espèce, du fait que les sources de financement pour la rémunération du Requérant ne sont pas les mêmes que celles du Commonwealth ; qu'il n'y a donc pas eu de violation de ce principe ;*
3. *Attendu que les réclamations du Requérant constituent des droits patrimoniaux du salarié et donc des droits fondamentaux nés de rapports de fait établis entre les parties ; mais attendu que ces droits humains, civils, économiques et sociaux, n'ont pas été violés non plus ;*
4. *Attendu qu'aux termes des dispositions du Protocole Additionnel, la Cour est compétente pour connaître des cas de violation des Droits de l'Homme.*

Attendu qu'en définitive, la Cour ne relève aucun élément constitutif de violation des Droits de l'Homme au sens des articles précités.

Par ces motifs :

La Cour de Justice de la Communauté CEDEAO, statuant publiquement, contradictoire, en matière de violation des Droits de l'Homme, en premier et dernier ressort :

1) Vu le Traité Révisé de la CEDEAO ;

2) Vu les dispositions de la Déclaration Universelle des Droits de l'Homme de 1948 ;

3) Vu le Pacte International relatif aux Droits civils, économiques, sociaux et culturels de 1966 ;

4) Vu la Charte Africaine des Droits de l'Homme et des Peuples de 1981 ;

5) Vu le Protocole de 1991 et le Protocole Additionnel de 2005, relatifs à la Cour ;

6) Vu le Règlement de Procédure de la Cour du 28 août 2002 ;

7) Vu les Décisions Avant-Dire-Droit du 14 mars 2007 et du 07 mai 2007 ;

- *Dit qu'il n'y a pas eu de violation des Droits de l'Homme du Requérant ;*
- *En conséquence, le déboute de ses demandes, fins et prétentions.*

Sur les dépens

Dit que chaque partie supportera ses propres dépens conformément à l'article 66 (4) du Règlement de Procédure de la Cour.

OBSERVATIONS

L'arrêt rendu le 29 octobre 2007 porte sur un différend relatif à la rémunération de services accomplis par un professeur d'université, M. ESSIEN. Celui-ci a été recruté dans un premier temps par le Secrétariat du « Commonwealth » en qualité d'Expert et chargé, à ce titre, de donner des enseignements à l'Université de Banjul. Le différend est né des conditions dans lesquelles il lui a été demandé de poursuivre ses activités, alors que le contrat prenait fin. Les autorités gambiennes ont en effet sollicité du requérant qu'il continue ses enseignements, avec la promesse de la négociation d'un second contrat auprès de l'autorité qui a financé le premier projet, le Secrétariat du Commonwealth. Il s'avérera que le renouvellement du contrat ne pourrait avoir lieu, alors même qu'en fait, il avait commencé à être exécuté par M. ESSIEN. Réclamant le paiement qui lui était dû au titre de ce commencement d'exécution, celui-ci se vit répondre que les instances du Commonwealth n'ayant pu renouveler le contrat, il serait rémunéré dans des conditions moins avantageuses, c'est-à-dire non en dollars, comme pour le premier contrat, mais en monnaie locale

(« dalassi »). C'est pour s'opposer à un tel mode de rémunération que M. ESSIEN a saisi la Cour, au motif qu'il a été victime d'une « violation des droits de l'homme », et plus précisément, d'une forme d'exploitation économique.

L'affaire a donc été portée sur un terrain pour le moins inattendu, qui est celui des « droits de l'homme ». Quitte à se répéter, on indexera une fois encore la réforme de 2005 et les immenses incertitudes qu'elle introduit dans le champ de la compétence de la Cour. Faute d'une réforme des textes eux-mêmes, il faut espérer de la Cour qu'elle procède à l'élucidation conceptuelle nécessaire.

Un autre motif d'interrogation tourne, en second lieu, autour de l'attitude de l'Etat défendeur, la Gambie – qui au demeurant, partage curieusement ce statut de défendeur avec l'Université de Banjul -. D'une part en effet, l'Etat gambien, tel qu'il ressort des énonciations de l'arrêt, s'est dans un premier temps enquis de la possibilité d'interjeter appel de la première décision de la Cour, celle du 14 mars 2007, par laquelle elle rejetait une exception préliminaire soulevée par le défendeur. Or, comme le rappelle opportunément la Cour dans une deuxième décision avant dire droit, une telle voie de recours est impossible en droit communautaire. Qu'un tel point ait paru inconnu de l'Etat défendeur est pour le moins surprenant.

D'autre part, l'Etat gambien a superbement « défié » la Cour, par deux actes sans doute « déplacés ». Le premier est l'initiative qui a été prise, après la toute première décision, d'écrire au Président de la Commission de la CEDEAO pour *« exprimer* (le) *mécontentement »* consécutif à la sentence. Le fait, là encore, ne laisse pas de surprendre. « Se plaindre » auprès de l'autorité politique, c'est non seulement faire peu de cas de l' « autorité judiciaire », mais c'est encore suggérer que celle-ci est aux ordres de celle-là, que le pouvoir de dire le droit n'est pas, ne peut pas être un pouvoir indépendant ou respectable. Une telle attitude, qui n'est pas sans rappeler les péripéties de l'affaire YAÏ devant la Cour de Justice de l'UEMOA, montre que pour que le droit sous régional s'impose ou soit crédible, il faut encore que les destinataires des sentences judiciaires soient disposés à respecter celles-ci.

L'on aurait aimé, à cet égard, entendre le juge dire un mot du comportement de l'Etat de Gambie. On comprend certes qu'une juridiction soit soucieuse de ne pas froisser la susceptibilité de ses justiciables étatiques – et encore, convient-il de s'entendre sur ce que cette précaution devrait pouvoir dire ! -, mais l'attitude affichée par le défendeur avait, en l'espèce, quelque chose de si systématique, que l'on peut se demander pourquoi le juge n'a pas éprouvé le besoin de dire son mot sur la question. Il ne se serait certainement pas agi d'émettre un jugement de valeur sur une telle attitude, mais la Cour aurait pu au moins rappeler les dispositions pertinentes de tel ou tel instrument, relativement à l'absence d'une partie devant son prétoire ; elle aurait pu fixer une doctrine en matière de « défaut ». Cela aurait même pu être – qui sait ?- l'opportunité de glisser une réplique au plaideur défaillant, de lui rappeler, sauf le respect qui lui est dû, les obligations liées à son engagement international ou l'importance de la fonction juridictionnelle dans une entreprise d'intégration comme celle qui est en cause…

Sur le raisonnement même de la Cour, il est également permis d'émettre de vives réserves sur certains points.

L'un d'entre eux est relatif à l'identification même du droit dont la violation a été alléguée. Il est vrai que le requérant ne semble pas avoir bien cerné celui-ci. La requête parle en effet de la méconnaissance de la règle « travail égal, salaire égal », puis d'une « exploitation économique » dont serait victime le demandeur. Il nous semble que la question qui se posait était plus simple : elle tenait à une forme de reniement, de non-respect de la parole donnée par l'autorité gambienne, et qui consistait ici à la promesse d'un renouvellement du contrat dans les mêmes conditions que le premier. Bref, c'est le problème du non – respect d'un engagement contractuel qui se posait. On perçoit donc l'arrière –plan du débat, c'est l'hydre de la définition même des « droits de l'homme » qui resurgit : que faut-il entendre par ceux-ci ? N'appartient-il pas à la Cour de procéder d'urgence à un travail de spécification de ceux-ci, sous peine de voir rapidement grossir le flot des requêtes qui lui sont adressées, tâche d'autant plus impérieuse que le Protocole qui fixe la compétence de la Cour à ce sujet vise toutes violations *« des droits de l'homme »,*comme si la catégorie en question était homogène ou si sa détermination allait de soi ?

La Cour évoque également, pour la première fois dans un contentieux relatif à la transgression d'un droit de l'homme, le concept de *« droits fondamentaux ».* Le qualificatif de « fondamental » ne figure pas dans le Protocole, c'est la Cour qui l'introduit, mais le silence qu'elle observe sur son sens laisse penser que pour elle cet attribut ne tire pas à conséquence. Or, la « fondamentalité » n'est pas une caractéristique « neutre » ou anodine, applicable à tous les « droits de l'homme ». Elle entraîne, quand elle est reconnue, des conséquences juridiques précises qui consistent, pour l'essentiel, à une protection renforcée de ces droits-là. L'imprécision de la notion sous la plume de la Cour a pour effet de conduire immédiatement celle-ci à faire une remarque fort contestable : celle selon laquelle « les droits patrimoniaux du salarié » sont « des droits fondamentaux » (paragraphe 37-2 de l'arrêt). Il est clair que le critère de la « fondamentalité » n'est pas la « patrimonialité », l'on inclinerait même à dissocier de manière plus ou moins systématique les deux « propriétés ».

AFFAIRE N° ECW/CCJ/APP/04/05
ARRÊT N° ECW/CCJ/APP/05/07
DU VENDREDI 02 NOVEMBRE 2007

***

Entre Chief Frank C. Ukor et le Sieur Rachad Laleye ; le Gouvernement de la République du Bénin

---

Composition de la Cour

- Hon. Juge Hansine.N. Donli, Présidente
- Hon. Juge Aminata Malle Sanogo, Membre
- Hon. Juge Soumana D. Sidibé, membre

Assistés de : Maître Tony Anene-Maidoh, Greffier en Chef

Arrêt

Les parties

1) Le requérant, en l'espèce le Sieur Chief Frank Ukor, a saisi la Cour d'une requête introductive d'instance pour violation de ses droits humains. De nationalité Nigériane, l'intéressé qui réside au Nigéria, est un citoyen de la Communauté, il est représenté par son Conseil Maître Wilson Esangbedo.

2) Le 1er Défendeur, le Sieur Rachad Laleye, n'a jamais comparu devant la Cour, mais a reçu notification de la requête du Demandeur. De nationalité béninoise, il réside en République du Bénin où la transaction a eu lieu. Il est « citoyen de la Communauté ».

3) Le 2ème Défendeur est le Gouvernement de la République du Bénin, un Etat membre de la Communauté, appelé en cause par le Requérant dans le cas d'espèce. Le Gouvernement de la République du Bénin a soulevé l'exception d'incompétence matérielle de la Cour. Il est représenté par Maîtres Hyppolyte Yede et Friggens J. Adjavon.

Les faits et procédure invoques par le 2ème défendeur

A la lecture de ladite requête, datée du 14 juillet 2005, le Gouvernement de la République du Bénin est informé que les Sieurs Chief Frank Ukor et Rachad Laleye entretenaient des relations d'affaires. Le Sieur Rachad Laleye est un transitoire domicilié à Porto Novo au Bénin ; le Sieur Frank Ukor l'a requis aux fins de dédouanement en son nom des marchandises comprenant 1785 paquets d'articles divers appartenant à la Société J.I. Alinnor & Brothers Limited.

En rémunération de ses prestations, le Sieur Rachad Laleye devait recevoir la somme de huit millions sept cent mille (8.700.000) Francs CFA, montant convenu entre les deux parties. A cause des manœuvres frauduleuses que le Sieur Laleye aurait entreprises au cours du dédouanement des marchandises, le Requérant aurait été amené à payer d'autres sommes supplémentaires, à savoir :

1. *La somme de quatre millions (4.000.000) de Francs CFA, suite à une fausse déclaration du Sieur Rachad Laleye à la douane béninoise. Aux dires du Requérant, au lieu de déclarer honnêtement les huit articles contenus dans le camion, il aurait frauduleusement déclaré un seul article (Voir page 3, point (h) de la requête du 14 juillet 2005) ;*
2. *La somme de trois cent mille (300.000) Francs CFA à un autre transitaire suite à l'abandon par le Sieur Rachid Laleye des formalités de dédouanement des marchandises au port de Cotonou (voir page 4 point (i) de la requête datée du 14 juillet 2005) ;*
3. *La somme de trois millions quarante mille (3.040.000) Francs CFA à Mr. George Zinzinsouhou, propriétaire de la remorque transportant les marchandises, comme frais de stationnement (Voir page 4, point (j) de la requête en date du 14 juillet 2005) ;*
4. *La somme de six cent mille (600.000) Francs CFA, représentant les frais de location du véhicule que le Requérant avait au départ accepté de payer (Voir page 4 point (j) de la Requête en date du 14 juillet 2005) ;*
5. *La somme de douze millions quarante mille (12.040.000) Francs CFA pour le dédouanement des marchandises (voir page 4 point (k) de la requête en date du 14 juillet 2005) ;*
6. *La somme de deux millions de Francs CFA (2.000.000) par semaine pour les pertes liées à l'immobilisation de la remorque (Voir page 4 point (l) de ladite Requête).*

Le Requérant soutient qu'au moment où il dédouanait les 1 785 paquets à la frontière Sémè-Krake, avec le Nigéria, les marchandises et sa remorque ont été saisies par des gendarmes et douaniers béninois de concert avec des huissiers près le Tribunal de Première Instance Cotonou.

Il affirme que les autorités de la sécurité béninoise ne lui avaient porté aucun secours pour rechercher le Sieur Rachad Laleye, lorsqu'il a porté plainte contre ce dernier pour commission d'infraction. Ce qui l'a amené à saisir l'Ambassade du Nigéria à Cotonou, laquelle n'a rien pu faire pour l'aider.

Que C'est sur la base d'une fausse déclaration faite au cours dudit dédouanement que le Sieur Laleye a obtenu du Tribunal de Première Instance de Cotonou une ordonnance de saisie conservatoire qui a conduit à la saisie de ses marchandises.

Il soutient que depuis, il n'a pas été entendu par les institutions judiciaires du Bénin, avant la signature de cette ordonnance, et prétend s'être vu refuser le droit à une égale protection de la loi garantie par les articles 2 et 3 de la Charte Africaine des Droits de l'Homme et des Peuples.

Il affirme également que les 1er et 2ème Défendeurs ont violé les dispositions de l'article 14 de la Charte Africaine des Droits de l'Homme et des Peuples relatives au droit de propriété, car sa remorque qui n'était pas concernée par la saisie conservatoire, ne lui aurait pas été restituée et qu'elle serait encore détenue par eux. C'est sur la base de ces faits que le Sieur Chief Frank Ukor a saisi la Cour de céans aux fins de :

1. *Déclarer que le Défendeur a par sa fausse déclaration devant le Tribunal de Première Instance de Cotonou, qui a ordonné la saisie de 1785 paquets d'articles divers appartenant à la Société J.I. Alinnor & Brothers Limited, violé l'article 3.2 (d) (iii) et l'article 4 (g) du Traité R2visé de la Communauté Economique des Etats de l'Afrique de l'Ouest (CEDEAO) ;*
2. *Déclarer que le défendeur a, par sa fausse déclaration devant le Tribunal de Première Instance de Cotonou, qui a ordonné la saisie de 1785 paquets d'articles divers que la remorque du requérant transportait, violé le droit du requérant à une égale protection de la loi, étant donné que les marchandises en question ont été saisies, contrairement aux articles 3 et 7 de la Charte Africaine des Droits de l'Homme et des Peuples (Loi de 1983 portant ratification et application de ladite Charte).*
3. *Déclarer que l'immobilisation continue du camion du Requérant qui n'était pas visée par l'ordonnance de saisie conservatoire du Tribunal de Première Instance de Cotonou, datée du 8 janvier 2004, constitue une violation flagrante du droit de propriété du requérant, énoncé à l'article 14 de la Charte Africaine des Droits de l'Homme et des Peuples (Loi de 1983 portant ratification et application de ladite Charte) ;*
4. *Déclarer que la saisie prolongée des marchandises appartenant à J.L. alinor & Brothers Ltd, contenues dans le camion du Requérant, sur la base d'une ordonnance de saisie conservatoire du Tribunal de Première Instance de Cotonou qui a expiré depuis le 8 janvier 2004, est illégale et que l'absence de procédure de validation de ladite saisie devant une juridiction de Cotonou la rend irrégulière, et viole les dispositions de l'article 14 de la Charte Africaine des Droits de l'Homme et des Peuples 'Loi de 1983 portant ratification et application de ladite Charte).*

Il développe comme argument juridique que le 1er Défendeur, le Sieur Rachad Laleye a utilisé « l'appareil judiciaire de son pays à travers une fausse déposition », pour saisir sa remorque et les biens qu'elle contenait, le privant ainsi de son droit prévu par la loi de circuler librement et de faire des affaires au Bénin. Ce qui est contraire à l'esprit de l'article 3 du Traité Révisé de la Communauté Economique des Etats de l'Afrique de l'Ouest qui garantit la libre circulation des personnes, des biens, des services et des capitaux ainsi que le droit de résidence et d'établissement ; insinuant donc par là que le Gouvernement de la République du Bénin est complice de la violation dudit article ainsi que des dispositions des articles 2, 3, 7 et 14 de la Charte Africaine des Droits de l'Homme et des Peuples ; puisque selon lui, les juridictions béninoises ne l'ont pas entendu avant d'autoriser la saisie de sa remorque et des marchandises ;

Conclusions du 2ème défendeur

Le deuxième Défendeur affirme que ces arguments ne peuvent résister à aucune analyse juridique plausible et que le Gouvernement de la République du Bénin, à travers ses autorités judiciaires, n'a nullement violé les dispositions ci-dessus indiquées comme il le sera démontré.

Sur l'ensemble de ces faits, le 2ème Défendeur a demandé qu'il plaise à la Cour de :

a. *Dire et juger que le Sieur Chief Frank Ukor n'a pas rapporté la preuve de la violation de ses droits fondamentaux tirés des articles 2, 3, 7 et 14 de la Charte Africaine des Droits de l'Homme et des Peuples ;*

b. *Dire et juger que le Sieur Chief Ukor n'a pas également offert de preuve de la violation de ses droits, tels que prescrits par l'article 3 du Traité Révisé de la CEDEAO ;*

c. *Dire et juger que le Sieur Chief Frank Ukor ne rapporte pas la preuve de ce qu'il aurait saisi les juridictions de la République du Bénin afin d'obtenir l'annulation de l'ordonnance de la saisie des 1785 paquets de différents articles et de la remorque immatriculée XG 796 JJJ ; que celles-ci l'auraient empêché de se faire défendre par un Avocat de son choix, par le refus de lui reconnaître son droit à une égale protection de la loi ;*

d. *Dire et juger qu'aucune faute n'est imputable au Gouvernement de la République du Bénin ou à ses juridictions, et que par conséquent le deuxième Défendeur n'a nullement violé les dispositions des articles 2, 3,7 et14 de la Charte Africaine des Droits de l'Homme et des Peuples, ainsi que les articles 3 et 4 du Traité Révisé de la CEDEAO ;*

e. *Débouter purement et simplement le Sieur Chief Frank Ukor de toutes ses demandes, fins et conclusions à l'endroit du Gouvernement de la République du Bénin ;*

f. *Condamner le Requérant aux entiers dépens de la procédure à verser à Maître Hyppolyte Yede et Friggens J. Adjavon, Avocats du Gouvernement de la République du Bénin.*

Arguments juridiques développes par le deuxième défendeur

Le Gouvernement de la République du Bénin relève qu'aucune preuve n'a été rapportée par le Requérant concernant les gendarmes et douaniers béninois qui ont procédé à la saisie des marchandises et de la remorque.

Il relève également que le Sieur Chief Frank Ukor n'a, au cours des débats, apporté aucune preuve permettant d'établir qu'il a effectivmeent déposé plainte pour un acte relevant du droit pénal contre le Sieur Rachad Laleye et que les autorités béninoises chargées des enquêtes n'ont pas pu lui apporter leur concours pour rechercher et appréhender Rachad Laleye aux fins de le placer sous mandat de justice. Il n'a non plus apporté la preuve de ce que le

Gouvernement béninois l'aurait empêché de se faire défendre par un avocat de son choix pour obtenir la mainlevée de la saisie conservatoire pratiquée par le Sieur Rachad Laleye.

Dès lors, le Requérant ne saurait affirmer que le 2ème Défendeur a violé les dispositions de l'article 7 de la Charte Africaine des Droits de l'Homme et des Peuples. Le Gouvernement de la République du Bénin affirme, par ailleurs, que le Requérant n'a apporté aucune preuve de ce qu'il aurait saisi les instances judiciaires béninoises pour obtenir l'annulation de la saisie pratiquée et de ce qu'il n'aurait pas bénéficié, comme le Sieur Rachad Laleye, d'une totale égalité devant la loi et aurait donc été victime d'un traitement discriminatoire au regard de l'article 3 de la Charte Africaine des Droits de l'Homme et des peuples ; ou encore que les juridictions béninoises auraient manqué de rendre une décision, et que ce faisant, elles l'auraient privé de son droit à une égale protection de la loi.

Il s'ensuit donc que le Requérant ne saurait soutenir que le Gouvernement béninois a violé les dispositions de l'article 3 de la Charte Africaine des Droits de l'Homme et des Peuples. Quant aux arguments relatifs aux prétendues violations des dispositions de l'article 2 de la Charte Africaine des Droits de l'Homme et des Peuples et de l'article 3 du Traité Révisé de la CEDEAO, il revient à dire qu'en autorisant le Sieur Rachad Laleye par ordonnance n° 10/2004 du 8 janvier 2004 à pratiquer une saisie conservatoire pour avoir recouvrement d'une créance que le Requérant détient sur lui, le Gouvernement de la République du Bénin aurait encouragé et se serait rendu complice de la violation du droit à la libre circulation des biens garanti par l'article 3 du Traité Révisé de la CEDEAO et de la jouissance de ses droits et l'article 2 de la Charte Africaine des Droits de l'Homme et des Peuples. Il affirme que ces arguments ne résistent à aucune analyse juridique.

En effet, au regard des dispositions de l'Acte Uniforme de l'OHADA sur les voies d'exécution, applicables en République du Bénin, le Président du Tribunal de Première Instance de Cotonou (qui a rendu l'ordonnance n° 10/2004 du 08 janvier 2004), n'a violé aucune loi et n'a commis aucun abus d'autorité.

Les règles de l'OHADA relatives à la saisie conservatoire, n'imposent pas aux juridictions béninoises l'obligation d'écouter préalablement le débiteur, objet de la saisie, avant de l'ordonner (...).

Il affirme que ledit Tribunal a autorisé la saisie conformément aux dispositions des articles 54 et 59 de l'Acte Uniforme de l'OHADA sur les Voies d'exécution. Il soutient que, par cette ordonnance, le Sieur Rachad Laleye était autorisé à pratiquer saisie conservatoire en recouvrement de sa créance.

Il affirme, que le Tribunal a agi conformément à la loi ; n'a commis aucun abus d'autorité, aucune faute, au regard des articles 54 et 59 précités. Il soutient que l'article 62 de l'Acte Uniforme de l'OHADA sur les voies d'exécution dispose :

> *Même lorsqu'une autorisation préalable n'est pas requise, la juridiction compétente peut, à tout moment, sur demande du débiteur, le créancier entendu ou appelé, donner mainlevée de la mesure conservatoire si le saisissant ne rapporte pas la preuve que les conditions prescrites par les articles 54, 55, 59, 60 et 61 ci-dessus sont réunies.*

Il affirme que le Requérant Chief Frank Ukor n'a pas suivi la procédure appropriée en s'adressant soit à un huissier de justice, soit à un Avocat au Bénin pour se faire conseiller et assurer sa défense et obtenir la mainlevée de la saisie sur les marchandises et le camion devant le Tribunal.

Il affirme que, faute par Chief Frank Ukor d'avoir apporté des preuves ou d'avoir suivi les étapes de la démarche juridictionnelle, il ne pouvait donc pas reprocher au Gouvernement béninois de ce que sa cause n'a pas été entendue ; ou que ce dernier ait fait obstacle à la libre circulation de ses biens ou à la jouissance de son droit de propriété, en refusant à travers les juridictions béninois d'ordonner mainlevée de la saisie pratiquée, alors qu'il ne serait débiteur d'aucune somme envers M. Rachad Laleye.

Il affirme en conséquence que le 2ème Défendeur ne peut pas être tenu responsable de la prétendue dette contractée par le Sieur Rachad Laleye, envers Chief Frank Ukor.

Il affirme que c'est à tort que le Requérant a invoqué les articles 2 et 14 de la Charge Africaine des Droits de l'Homme et des Peuples et l'article 3 du Traité Révisé de la CEDEAO au regard de la violation du droit à la libre circulation des marchandises. Que la Cour de céans n'est pas compétente sur les points 5, 6, 7, 8, 9 et 10 contenus dans la requête en date du 14 juillet 2005 du demandeur.

« Il affirme en outre, que vu les points 1, 2, 3 et 4 qui constituent la conséquence des demandes aux points 5, 6, 7, 8, 9 et 10 de la requête déposée le 14 juillet 2005, les faits qui y sont contenus ne peuvent aboutir pour les mêmes raisons d'incompétence ». Il a, enfin, exhorté la Cour à débouter le Défendeur pour ses prétentions fantaisistes, son défaut d'intérêt à agir et pour défaut de lien entre le 2ème Défendeur et le Requérant d'une part, et entre le 2ème Défendeur et le 1er Défendeur Rachad Laleye d'autre part.

Arguments de droit développes par le conseil du requérant

En réplique, le Conseil du Requérant s'oppose à la demande du 2ème défendeur dans sa totalité et soutient que les questions invoquées par celui-ci sont très importantes et s'articulent autour de la possibilité pour la Cour d'examiner les points 5, 6, 7, 8, 9 et 10 relatifs à la compétence de la Cour.

Il soutient que la question de compétence ne peut être traitée de manière disjointe ou faire l'objet d'opposition de manière séparée, soit la Cour est compétente soit elle ne l'est pas. Il affirme qu'il serait préjudiciable à la requête du Demandeur de scinder en deux les questions de compétence. Il se fonde sur l'affaire Olajide Afolabi c/ la République Fédérale du Nigéria (arrêt rendu par la Cour), page 65, paragraphe 32 (1), (2) et (3). Il se fonde également sur le Protocole Additionnel avec un accent particulier sur l'article 9 (1) – (4) du Protocole pour soutenir qu'à l'étape actuelle de la procédure, la Cour ne peut pas traiter les questions principales ou examiner l'affaire au fond. Il se fonde sur l'article 10 du Protocole relatif à la saisine de la Cour par les particuliers notamment l'article 10 (c) qui ouvre sa saisine aux particuliers. Il soutient que l'expression « fonctionnaire de la Communauté » signifie un fonctionnaire ressortissant d'un Etat membre qui exerce ses tâches officielles au sein de la sous-région ouest-africaine.

Il s'est fondé sur l'article 9 (3) dudit Protocole pour soutenir que celui-ci élargit le sens de Communauté pour inclure les Etats membres. Il soutient que les questions 5, 6, 7, 8, 9 et 10 portent sur les violations des Droits de l'Homme et ne peuvent pas être disjointes ou scindées en deux. Il soutient que le requérant a déposé la requête principale au motif que ses droits humains avaient été violés contrairement aux articles 9 (4) et 10 (d) dudit Protocole qui lui ouvre la saisine de la Cour pour les cas de violation des Droits de l'Homme. A cette fin, il exhorte la Cour à se déclarer compétente pour examiner les questions soulevées.

S'agissant des points de droit, bien que n'ayant plus droit de réponse, le 2ème Défendeur a été requis par la Cour pour répondre aux arguments ci-dessus développés afin de lever les ambiguïtés qui ont pu surgir dans les conclusions précédentes.

La Cour

Examen des faits, des arguments juridiques et de l'exception préliminaire relative à la compétence de la cour

Par mémoire en défense (conclusions exceptionnelles *in limine litis*), le 2ème Défendeur a soulevé l'exception d'incompétence matérielle de la Cour de céans en se basant sur l'article 87 du Règlement de la Cour pour initier une requête différente de la demande principale.

Et qui dispose :

- *1. Si une partie demande que la Cour statue sur une exception ou un incident sans engager le débat au fond, elle présente sa demande par acte séparé ;*
- *2. La demande contient l'exposé des moyens de fait et de droit sur lesquels elle est fondée, les conclusions et, en annexe, les pièces invoquées à l'appui.*

Toutefois, la Cour considère l'article 88 dudit Règlement comme étant pertinent parce qu'il dispose :

- *1. Lorsque la Cour est manifestement incompétente pour connaître d'une requête ou lorsque celle-ci est manifestement irrecevable, la Cour peut, les parties entendues, sans poursuivre la procédure, statuer par voie d'ordonnance motivée ;*
- *2. La Cour peut à tout moment, d'office, examiner les fins de non-recevoir d'ordre public, ou constater, les parties entendues, que le recours est devenu sans objet et qu'il n'y a plus lieu de statuer ; la décision est prise dans les conditions prévues à l'article 87, paragraphes 4 et 5, du présent Règlement.*

Bien que la requête ait été déposée par acte séparé, la Cour estime que les questions qui découlent des arguments touchent au fond de l'affaire car la requête en question vise le rejet de l'action pour cause d'incompétence. De ce fait, l'article 88 dudit Règlement est effectivement pertinent et applicable au cas d'espèce. Lorsqu'il est fait droit à une exception d'incompétence, ceci met fin à l'action, ladite exception n'a pas besoin d'être par acte séparé comme ce fut le cas dans l'affaire d'espèce. Néanmoins, le défaut de dépôt de la requête dans le respect strict des règles n'entache en rien la compétence de la Cour pour connaître du fait de l'affaire que les parties aient plaidé pour ou contraire. La Cour, dans sa pratique jurisprudentielle, écarte certains aspects de forme pour connaître du fond de l'affaire. Sous ce rapport, la Cour déclare que l'exception préliminaire est suffisamment importante pour qu'elle soit examinée.

La Cour est amenée à examiner la jurisprudence relative à la compétence citée dans ses décisions tant au niveau national qu'international dans lesquelles la question qui se pose est de savoir quand peut-on dire qu'une juridiction est compétente. Il s'en suit que le principe cardinal immuable de droit sur la compétence est que celle-ci ou son défaut est fondamental à la procédure. Il est de règle en droit que la compétence signifie le pouvoir dont dispose une juridiction pour connaître d'une affaire. En l'espèce, le Conseil du Requérant s'est fondé sur la jurisprudence Olajide Afolabi c/ la République Fédérale du Nigéria, 2004/ECW/CCJ/04 du 27 avril 2004, page 65, paragraphe 32 alinéas (1), (2) et (3) où la Cour a déclaré :

C'est un principe de droit bien établi, qu'une juridiction n'a compétence que :

1. *Lorsqu'elle est régulièrement composée et ce, eu égard au nombre et à la qualification de ses membres, et qu'aucun d'entre ne doit disqualifié pour une raison ou pour une autre ;*
2. *Quand l'objet du litige relève bien de la compétence de la Cour et qu'il n'existe dans l'affaire aucun élément l'empêchant d'exercer sa compétence ;*

3. *Quand l'affaire a été introduite devant la Cour selon les règles de procédures prévues par la loi et après que les conditions préalables à l'exercice de la compétence aient été remplies. Il demeure établi qu'en droit, le défaut de compétence pour connaître d'une affaire est néfaste et entraîne ipso facto la nullité de l'action et de la procédure, quelle que soit la manière dont elles ont été conduites.*

Selon les arguments développés par le Conseil du 2ème Défendeur, l'ordonnance de saisie conservatoire rendue par le Tribunal de Première Instance de Cotonou à la requête de M. Rachad Laleye aux fins d'obtenir payement de sa créance de 18.000.000 FCFA sur le Sieur Chief Frank Ukor, a été faite conformément aux dispositions des articles 54, 56, 59, 60 et 61 de l'Acte Uniforme de l'OUADA.

Il y a lieu de rappeler que les deux parties étaient en relation d'affaires. Le Conseil du 2ème Défendeur s'est en outre fondé sur les articles précités pour justifier les mesures prises par le Tribunal de Première Instance de Cotonou.

Il n'a nullement été question de violation des Droits de l'Homme, mais simplement de relations contractuelles. Toutefois, dans le cas d'espèce, l'action de Chief Frank Ukor porte sur la violation de ses droits humains comme énoncé à l'article 9 alinéa 4 du Protocole Additionnel relatif à la Cour, qui dispose :

> *La Cour est compétente pour connaître des cas de violation des Droits de l'Homme dans tout Etat Membre.*

Attendu que le Conseil du 2ème Défendeur soutient par contre que l'objet du litige ne constitue pas un cas de violation des Droits de l'Homme et, par conséquent, la Cour de céans ne peut connaître de cette affaire.

Le Conseil du Requérant quant à lui évoque l'article 10 du paragraphe (d) du Protocole relatif à la Cour qui dispose que toute personne victime de violation des Droits de l'Homme peut saisir la Cour. Il ajoute que « Communauté » veut dire « un Etat Membre ». Cependant, il n'a pu établir les violations perpétrées par le 2ème Défendeur, c'est-à-dire la République du Bénin dans le cas d'espèce.

La Cour de céans juge impertinents les arguments développés par le Conseil du Requérant, qui a invoqué à tort la violation de ses droits humains car l'ordonnance de saisie conservatoire rendue par le Tribunal de Première Instance de Cotonou en faveur de Chief Frank Ukor l'a été conformément aux dispositions de l'Acte Uniforme de l'OHADA.

En l'espèce, les allégations du Requérant relatives à la violation du droit à la libre circulation des marchandises ainsi qu'à la violation de ses Droits de l'Homme en tant que tel, ne résistent à aucune analyse juridique ; il était loisible au Requérant de s'adresser à la juridiction compétente s'il avait des motifs pour obtenir la mainlevée de la saisie opérée sur ses biens.

La Cour convient avec le Conseil du 2ème Défendeur que les faits allégués par le Requérant n'ont aucun rapport avec la violation des Droits de l'Homme. La Cour de céans rejette les arguments développés par le Conseil du Requérant car la saisie des marchandises et de la remorque se fondait sur une ordonnance du Tribunal de Première Instance de Cotonou.

Au demeurant, la Cour est d'avis avec le Conseil du 2ème Défendeur, que les faits allégués par le Requérant n'ont aucun rapport avec la violation des Droits de l'Homme.

La Cour estime qu'il y a erreur dans le raisonnement tendant à démontrer que la saisie et la confiscation de la remorque et des marchandises ordonnées par le Tribunal de Première Instance de Cotonou, violent le droit à la libre circulation des marchandises. Que c'est donc à tort que le Conseil du Requérant considère la saisie opérée comme étant une violation des Droits de l'Homme.

Il est de jurisprudence constante qu'une ordonnance dûment rendue par un tribunal compétent reste valable jusqu'à ce qu'une personne non satisfaite et justifiant de motifs sérieux entame une procédure judiciaire adéquate aux fins de son annulation.

Par conséquent, c'est à tort que le Conseil du Requérant a saisi la Cour de céans, qui n'est pas une Cour d'Appel des décisions rendues par les juridictions des Etats Membres.

A cet égard, la Cour de céans ne saurait outrepasser ses compétences clairement définies par les Protocoles A/P1/91 et (A/SP.1/01/05).

Le second argumentaire du Conseil du Requérant porte sur l'interprétation de l'article 10 du Protocole Additionnel de 2005 ; aux dires de l'intéressé, le terme « Communauté » s'apparente à l'expression « Etat Membre » de la CEDEAO.

Les expressions « Communauté et Etat Membre » telles que définies par le Traité Révisé de la CEDEAO, n'ont pas la même signification et ne sont pas interchangeables.

La Cour, pour examiner cette question, se fonde sur la règle d'interprétation des lois, celles-ci doivent être interprétées selon l'esprit du législateur et le but qu'il vise, et si les termes de la loi sont en eux-mêmes clairs et non ambigus, il ne reste plus qu'à leur donner leur sens naturel et ordinaire.

Dans l'affaire Chief Obafemi Awolowo c/ Alhaji Shehu Sahagari & 2 ORS 1979 A.N. L.R. 1120, les principes ci-dessus avaient été réaffirmés et appliqués. A la page 34, paragraphe 6 relatif à la règle d'interprétation, dans l'affaire Afolabi Olajide c/ la RFN ci-dessus), la Cour de céans a interprété et appliqué les critères d'interprétation des lois et Protocoles lorsqu'elle déclarait : « selon les critères d'interprétation des lois, les mots utilisés doivent avoir leur sens ordinaire et naturel comme utilisés en général et de la façon dont ils sont communément compris après promulgation de la loi. Lorsque dans une loi, les mots ont leur sens ordinaire, précis et naturel, il n'est plus besoin de recourir à un quelconque autre principe d'interprétation ». Voir également l'ouvrage Droit des Traités (Law of Treaties). En interprétant l'article 10 (d) en question, et même si on applique la règle d'interprétation, du fait de sa clarté, les mots dans leur sens ordinaire étayeront la position de la Cour dans le cas d'espèce, c'est-à-dire que la Communauté est différente d'un Etat membre comme énoncé dans le Traité Révisé.

S'agissant maintenant de la question principale relative à l'objet du litige, par rapport à laquelle des arguments avaient été développés sur la question de compétence en matière de violation des Droits de l'Homme, la Cour après examen de la requête, convient avec le Conseil du 2ème défendeur, qu'en l'espèce, les faits ne constituent pas en eux-mêmes un cas de violation des Droits de l'Homme, car la Cour relève que la saisie des marchandises et l'immobilisation de la remorque l'ont été sur la base d'une ordonnance du Président du Tribunal de Première Instance de Cotonou, en application des dispositions des articles 54, 56, 59, 60 et 61.

Que la Cour de céans ne saurait apprécier le bien-fondé ou non de l'ordonnance rendue par le Tribunal de Première Instance de Cotonou, car n'étant pas une Cour d'Appel des décisions rendues par les juridictions nationales des Etats Membres.

Que seul le Tribunal de Première Instance de Cotonou qui a autorisé le saisie peut en ordonner mainlevée.

A cet égard, la Cour déclare que les questions 5, 6, 7, 8, 9 et 10 de la requête principale, où le requérant se plaint des vices de procédure devant le Tribunal de Première Instance de Cotonou, ne peuvent pas être perçus comme des violations des Droits de l'Homme, pour donner compétence à la Cour au regard de l'article 9 (4) du Protocole.

Par conséquent, les arguments n'étant pas pertinents, il y a lieu de les rejeter.

Quant aux arguments développés par le Conseil du 2ème Défendeur et à la réplique de celui du Requérant sur l'essentiel des questions sur l'essentiel des questions 1, 2, 3 et 4, contenues dans la requête principale, il a été affirmé que ces questions constituaient des violations des Droits de l'Homme. Le fondement des questions 1, 2, 3 et 4 réside dans les actions intentées auprès du Tribunal de Première Instance de Cotonou dont les actes sont indiqués au niveau des questions 5, 6, 7, 8, 9 et 10. La Cour note qu'il y a un lien de connexité entre les questions 5, 6, 7, 8, 9 et 10, 1, 2, 3 et 4.

Qu'il est un principe général de droit qui dispose que « l'accessoire suit le principal » et que partant, si le principal n'aboutit pas, l'accessoire connaît le même sort. En conséquence, les arguments soulevés doivent être rejetés.

Le Conseil du 2ème Défendeur soutient par ailleurs, que la Cour ne peut pas obliger ou condamner un Etat Membre au paiement de dommages-intérêts même s'il est établi qu'il y a eu violation des Droits de l'Homme par cet Etat Membre.

La Cour est d'avis que ces arguments sont erronés en application de l'article 38 du Statut de la Cour Internationale de Justice et de l'article 19 du protocole relatif à la Cour.

L'effet combiné des articles 38 et 19 souligne la nécessité de rendre justice à tout moment conformément aux principes de respect des lois et des principes d'équité dans l'interprétation et l'application du Traité Révisé.

Même si aucune disposition du Protocole ne donne compétence à la Cour par rapport aux dommages-intérêts, la Cour de céans est toujours disposée à examiner les affaires en conformité avec les notions de justice et d'équité conformément aux principes universels de justice sur la violation des Droits de l'Homme. Dans l'affaire Shir D.K. basu et Anor c/ State of West Bengal of India & 8 ors 2005 CHR page 131, il a été déclaré que lorsque la Constitution est muette sur les recours disponibles pour les violations de droits constitutionnels, les juridictions ont trouvé des palliatifs pour les cas avérés de privation anticonstitutionnelle de liberté et de vie. L'octroi d'une compensation pécuniaire pour violation de droits fondamentaux est une pratique judiciaire constante fondée sur le sens du devoir des juridictions pour la défense des libertés civiques et la justice sociale, qui repose sur le principe *Ubi Jus Ibi remedium.* Il a été ensuite déclaré que les juridictions peuvent, en l'absence de recours statutaires ou constitutionnels, pour les cas de violation des droits fondamentaux, créer des mesures de redressement pour rendre justice dans une affaire donnée.

De même, dans l'affaire Sunday Jimoh c/ Attorney General & ors (1998) 1 HRLRA à la page 516, il a été déclaré qu'un requérant dont les droits ont été violés, a droit à des dommages-intérêts, s'il en établit le bien-fondé.

Par ces motifs

La Cour, statuant publiquement, contradictoire, en premier et dernier ressort sur l'exception préliminaire soulevée par le 2ème Défendeur.

Y fait droit.

Se déclare incompétente pour connaître de l'affaire.

Les dépens

Dit que :

Au regard des faits de l'espèce et vu les dispositions de l'article 66 paragraphe 2 du Règlement de la Cour, le Requérant supportera tous les dépens relatifs à la procédure.

OBSERVATIONS

La Cour, dans la présente affaire, avait été saisie par un ressortissant de la République du Nigéria – le sieur UKOR-, dans le cadre d'un contentieux né de relations d'affaires qu'il entretenait avec un ressortissant de la République du Bénin – le sieur LALEYE-. Selon le requérant, M. LALEYE aurait méconnu ses engagements contractuels et trahi sa confiance en l'amenant à devoir régler des sommes beaucoup plus importantes que celles qui étaient convenues, pour le dédouanement de marchandises appartenant au requérant lui-même. Au-delà de la personne de son cocontractant, M. UKOR a également assigné l'Etat du Bénin devant le juge de la CEDEAO, au motif que les juridictions de cet Etat auraient, sinon manifesté une certaine « complicité » avec le premier défendeur, du moins négligé de s'acquitter de leur mission de trancher en toute impartialité les litiges portés à leur connaissance. L'Etat béninois axe presque exclusivement sa défense sur l'absence de preuves des allégations du demandeur.

L'affaire revêtait quelques singularités.

Tout d'abord, l'un des défendeurs ne s'est pas présenté au procès. La Cour l'a simplement relevé, sans porter une appréciation particulière sur le fait. C'est encore l'occasion de rappeler que la juridiction communautaire aurait pu dire un mot au sujet du défaut, elle indique seulement que *« ...le sieur Rachad Laleye n'a jamais comparu devant la Cour, mais a reçu notification de la requête du demandeur »*.

L'affaire posait également le problème de la définition des « droits de l'homme », dont la Cour peut être saisie des violations. Le requérant a en effet argué de la violation de certains droits énoncés dans la Charte africaine des droits de l'homme et des peuples. Au passage, et comme dans d'autres affaires précédemment étudiées, le demandeur a, au moins implicitement, mis en cause le système judiciaire de l'Etat béninois, deuxième défendeur au procès.

Il est, là encore, quelque peu malaisé de caractériser la « violation d'un droit de l'homme », au sens où on l'entend ordinairement. Il est plutôt question, s'agissant du premier défendeur, d'une démarche qui s'apparente à l'escroquerie, alors qu'au sujet du second défendeur, le requérant se contente de dénoncer une « complicité » dont la preuve n'est pas rapportée avec toute la rigueur souhaitable par le demandeur.

Pour une fois pourtant, le débat aurait pu se nouer autour de cette notion de droits de l'homme, et il eût sans doute été salutaire. Le défendeur ne s'est en effet pas fait faute de relever que dans l'affaire, *« il n'a nullement été question de violation de droits de l'homme, mais simplement de relations contractuelles »*. On se souvient en outre que dans l'affaire « Moses Essien contre Etat de Gambie et Université de Gambie » (arrêt du 27 octobre 2007), le défendeur avait, dans une démarche analogue, contesté que la violation d'un « droit de l'homme » fût en cause, en avançant qu'il n'était question, dans l'espèce, que de ce que la Cour avait maladroitement appelé des *« relations de fait »*. Nous verrons que dans d'autres affaires, les défendeurs continuent d'adopter la même démarche : ils font valoir que le requérant s'est pour ainsi dire mal pourvu, l'espèce ne mettant nullement en cause « un droit de l'homme ». Le juge de la CEDEAO devra, ne serait-ce que pour tarir les requêtes fantaisistes à cet égard, entreprendre de cerner les contours des « droits de l'homme », les rédacteurs des textes ayant renoncé à clarifier un concept dont on aurait pu deviner que le maniement serait problématique.

RÔLE GÉNÉRAL N° ECW/CCJ/APP/06/06
ARRÊTS N° ECW/CCJ/APP/07/07
DU 22 NOVEMBRE 2007

***

Entre Mrs Alice Rapheal Chukwudolue, Mrs Rosemary Adaeze Amanze, Prince R.N.J. Chukwudolue (I.K.) JNR, Princes Juliet Adaora Chukwudolue, Mrs Jennifer Adaobi Obasi, Mrs Carmen Ngozi Oderinde, Mrs Alice Jane Obiageri Uwaoma, Mrs Angela Chima Efosa et la République du Sénégal

---

Composition de la Cour :

- Hon. Juge Aminata Malle Sanogo, Présidente
- Hon. Juge Anthony A. Bénin, Membre
- Hon. Juge Hansine N. Donli, Membre

Assistés de : Maître Aboubakr Djibo Diakité, Greffier en Chef.

Arrêt de la cour

Les Requérants, Mrs Alice Rapheal Chukwudolue, Mrs Rosemary Adaeze Amanze, Prince R.N.J. Chukwudolue (I.K.) JNR, Princes Juliet Adaora

Chukwudolue, Mrs Jennifer Adaobi Obasi, Mrs Carmen Ngozi Oderinde, Mrs Alice Jane Obiageri Uwaoma, Mrs Angela Chioma Efosa sont tous citoyens de la Communauté, nationaux de la République Fédérale du Nigeria, un Etat Membre de la Communauté.

La défenderesse, la République du Sénégal, est un Etat Membre de la Communauté.

Les Requérants comparaissant en leurs noms et en tant qu'administrateurs successoraux et ayants-droit de Prince Dr. RNJ Chukwudolue représentés par leur Conseil Me Adekunle Ojo Esq : Lebal Practitioners & Notaries Public N° 2, Adeboye Solanke Street, by 1st Bank Bus Stop Allen Avenue Ikeja.

La Défenderesse est représentée par le Professeur Chekh Tidiane Thiam, Ambassadeur, Directeur des Affaires Juridiques et Consulaires, Place de l'Indépendance – Dakar-Fann, Mafall Fall, Magistrat, Adjoint de l'Agent Judiciaire de l'Etat, Ministère des Finances de la République du Sénégal, assistés de leurs Conseils, Mes Tounkara et Associés, Avocats à la Cour d'Appel de Dakar – 15, Bd. Djily Mbaye x Rue d Thann, Immeuble Xeewel – 1er Etage – Dakar (République du Sénégal).

Les Requérants font grief à la République du Sénégal de la violation de leurs Droits de l'Homme et de leur droit de succession sur la propriété de leur défunt époux et père et par le refus qu'on leur oppose d'accéder et de jouir des biens légués par celui-ci.

Expose des faits et procédure

Les Requérants qui sont héritiers de Feu Prince Dr. RNJ Chukwudolue (respectivement son épouse et ses enfants), ont introduit une requête le 29 novembre 2006 au Greffe de la Cour de Justice de la Communauté CEDEAO.

Ils ont exposé par l'intermédiaire de leur Avocat, Me Adekunle and Associates, ce qui suit :

Que le Sieur Prince Ralph Nwachukwu James Chukwudolue, Economiste en Industrie et Développement, Nigérian, époux de la 1ère Requérante, est né le 14 mai 1930 et décédé le 14 novembre 1974 ;

Que le susnommé a déposé le 2 mai 1973, une somme de deux milliards quatre cent mille dollars américains ($ 2.000.400.000) et un sac de soixante kilos de métaux et pierres précieux, de diamant et de rubis contre Certificat de Dépôt portant imprimatur du Gouvernement de la République du Sénégal (Défenderesse) ;

Les Requérants affirment que le Certificat a été dûment signé par le Sieur Ousmane Fall (Attaché Commercial à l'Ambassade de la République du Sénégal à Lagos au Nigeria), sur instructions de l'Ambassadeur du Sénégal près la République Fédérale du Niger ;

Que le Certificat de Dépôt fait obligation à la République du Sénégal de rendre compte des biens déposés par Dr. Chukwudolue ;

Que sur ledit Certificat, le Dr. Chukwudolue a donné instructions au Gouvernement de la République du Sénégal, Défenderesse, afin de procéder à l'achat de soixante mille (60.000) Square miles =150.000 kilomètres carrés de terrain en Afrique et au Brésil où son organisation a l'intention de créer, avec l'aide des Nations Unies, de l'OUA et de l'OAS, un Etat Indépendant tous les Apatrides du monde pour sa mission de paix, d'amour et d'évangile. Ce projet n'a jamais vu le jour ;

Les Requérants affirment que l'Ambassadeur du Sénégal accrédité au Nigeria s'est chargé du transport des pierres précieuses qu'il a déposées à Paris ;

Ils affirment qu'avant le décès de Dr. Chukwudolue, celui-ci avait remis à la 1ère Requérante l'original du Certificat de Dépôt ; mais que le Gouvernement Sénégalais n'a ni exécuté, ni mis en œuvre les instructions du défunt ;

Qu'il n'existe aucun moyen de preuves justifiant l'exécution de ses instructions, ou la remise d'un montant aux Nations Unies ou à une de leurs agences (Haut Commissariat pour les Réfugiés) pour l'aider à résoudre les problèmes envisagés par Dr. Chukwudolue ;

Les Requérants soutiennent que jusqu'aujourd'hui, le Gouvernement Sénégalais continue de convertir le dépôt ;

Ils affirment que, du fait de leur bas âge, et du traumatisme lié au décès de Dr. Chukwudolue, ils n'ont pu poser des questions à la République du Sénégal à propos des legs du défunt ;

Que toutes leurs démarches entreprises pour recouvrer les dépôts auprès du Gouvernement Sénégalais sont restées vaines ;

Que la République du Sénégal, en tant que nation souveraine et son allié la BCEAO, ont dérogé aux obligations fondamentales de leur mission ;

Que la Défenderesse, en refusant de retourner le dépôt aux Requérants, a complètement ignoré leurs intérêts ; ce faisant, le bien-être, les moyens de subsistance, les droits humains et économiques, le logement et l'éducation des enfants, ont été sérieusement affectés ;

Que les Droits des Requérants sont garantis et protégés par les articles 14, 21 (1), (2) et (3) de la Charte Africaine des Droits de l'Homme et des Peuples, les articles 9 (1) (a) et 9 (4) du Protocole Additionnel (A/SP, 1/01.05) ayant amendé le Protocole (A/P1/7/91) relatif à la Cour de Justice de la Communauté, l'article 32 du Règlement de Procédure de la Cour de Justice de la Communauté, et la Section 17 (1) et (2) de la Déclaration Universelle des Droits de l'Homme.

Résumé des moyens de droit invoqués par les requérants

1 – La Charte Africaine des Droits de l'Homme et des Peuples

Au soutien de leur requête, les Requérants invoquent l'article 4 du Traité Révisé de la Communauté Economique des Etats de l'Afrique de l'Ouest (CEDEAO) de 1993 qui consacre le respect, la promotion et la protection des Droits de l'Homme et des Peuples conformément aux dispositions de la Charte Africaine des Droits de l'Homme et des Peuples.

Ils invoquent en outre les articles 1, 2, 14, 21 (1) et (3) de la Charte Africaine des Droits de l'Homme et des Peuples.

L'article 2 dispose :

> *Toute personne a droit à la jouissance des droits et libertés reconnus et garantis par la présente Charte sans distinction aucune, notamment de race, d'ethnie, de couleur, de sexe, de langue, de religion, d'opinion politique ou de toute autre opinion, d'origine nationale ou sociale, de fortune, de naissance ou de toute autre situation.*

Aux termes de l'Article 14 de ladite Charte : « Le droit de propriété est garanti ; il ne peut y être porté atteinte que par nécessité publique ou dans l'intérêt général de la collectivité, ce conformément aux dispositions des lois appropriées ».

L'article 21 (1), (2) et (3) de ladite Charte dispose :

> *Les Peuples ont la libre disposition de leurs richesses et de leurs ressources naturelles. Ce droit s'exerce dans l'intérêt exclusif des populations. En aucun cas, un peuple ne peut en être privé.*

2 – La Déclaration Universelle des Droits de l'Homme

Les Requérants évoquent aussi la Section 17 (1) et (2) de la Déclaration Universelle des Droits de l'Homme qui dispose :

> *Toute personne aussi bien seule qu'en collectivité, a droit à la propriété.*
> *Nul ne peut être arbitrairement privé de sa propriété.*

Ils exposent que l'action ou l'inaction du Gouvernement Sénégalais et de ses Agents les a privés de leur droit à la propriété, constituant ainsi une violation de leur droit fondamental tel que garanti par la Charte Africaine des Droits de l'Homme et des Peuples, et une violation des dispositions de la Déclaration Universelle des Droits de l'Homme dont la Défenderesse est signataire.

Les Requérants concluent en sollicitant la Cour :

a. *Déclarer que la Défenderesse et ses collaborateurs ont violé leurs droits humains tels que garantis et protégés par les articles 14 et 21 (1), (2) et (3) de la Charte Africaine des Droits de l'Homme et des Peuples et la Section 17 (1) et (2) de la Déclaration Universelle des Droits de l'Homme par leur refus arbitraire, les privant ainsi de leur droit d'accès et de jouissance des biens de leur père et époux ;*

b. *Déclarer que la Défenderesse a le devoir de rendre compte aux Requérants, des tenants et aboutissants du dépôt en vertu du Certificat de Dépôt pour l'exécution et la perception de sa part proportionnelle pour service à rendre, et que le refus de la Défenderesse de rendre compte des biens mentionnés sur le Certificat de Dépôt daté du 2/5/73 est illégal et contraire à l'esprit du Traité de la CEDEAO et de la Charte Africaine des Droits de l'Homme et des Peuples qui visent à protéger l'Etat de droit au sein de la Sous-région Ouest Africaine ;*

c. *Déclarer que la Défenderesse ayant refusé de mettre en œuvre les instructions du Dr. Chukwudolue, les biens déposés doivent revenir à ses héritiers ;*

d. *Déclarer que les Requérants en tant qu'ayants-droit de Prince Ralph Nwachuckwu James Chukwudolue, ont le droit, aux termes de la Déclaration Universelle des Droits de l'Homme et de la Charte Africaine des Droits de l'Homme et des Peuples, de demander que la Défenderesse leu rende compte et leur retourne tous les biens mentionnés sur le Certificat de Dépôt daté du 2 mai 1973 ;*

e. *Une ordonnance de faire enjoignant la Défenderesse à rendre compte des biens figurant sur le Certificat de Dépôt daté du 2 mai 1973 avec intérêts accrus ;*

f. *Une ordonnance enjoignant la Défenderesse à leur restituer l'ensemble du dépôt avec tous les intérêts accrus (ou sa valeur en espèce) cité et spécifiquement mentionné sur le Certificat de Dépôt portant la référence N° SN73 ARS/N du 2/5/1973, signé par le 2ème Défendeur au nom de la Défenderesse à Lagos au Nigeria dûment signé et affranchi par l'Attaché Commercial M. Ousmane FALL (3ème Défendeur) au nom du Gouvernement Sénégalais ;*

g. *Des dépens d'un montant de cinq millions de Naira (5.000.000) contre la Défenderesse ;*

Résumé des moyens de droit invoques par la défenderesse

Par mémoire en défense, enregistré au Greffe de la Cour le 17 août2007, Mes Tounkara et Associés, Avocats à la Cour d'Appel de Dakar, Conseils de la République du Sénégal (Défenderesse), ont soulevé l'exception d'incompétence de la Cour, tirée d'une part de la clause attributive de compétence figurant sur l'acte présenté comme un reçu par les Requérants et, d'autre part, en raison de la matière.

1 – L'incompétence de la Cour tirée de la clause attributive de compétence

La Défenderesse soutient qu'il résulte de l'acte produit par les Requérants eux-mêmes une clause ainsi libellée :

> *N.B. : Tout différend ou toute réclamation serait porté devant la Cour Internationale de Justice de La Haye ou devant le Tribunal Arbitral International et pas d'immunité diplomatique.*

Qu'en application de cette clause, la Cour de céans est incompétente.

Qu'en effet, il est de principe en droit international que les parties à un litige, même personnes publiques, peuvent choisir de soumettre ce litige à une juridiction bien donnée ou à un arbitrage.

Que les Requérants, se prévalant du reçu, ne peuvent refuser l'application de la clause attributive de compétence qu'il contient.

La Défenderesse sollicite qu'il plaise à la Cour se déclarer incompétente.

2 – L'incompétence de la Cour ratione materiae

La Défenderesse estime que même si le Protocole Additionnel a étendu la saisine de la Cour aux cas de violations des Droits de l'Homme, c'est à tort que les Requérants l'ont saisie car cette affaire ne relève pas de cette matière.

Elle indique aussi que les Requérants sont mal fondés pour invoquer les articles 14, 16, 17 et 21 de la Charte Africaine des Droits de l'Homme et des Peuples ainsi que la Section 17 de la Déclaration Universelle des Droits de l'Homme au soutien de leurs prétentions.

Qu'en effet, l'article 14 de la Charte Africaine des Droits de l'Homme et des Peuples est relatif au droit que chaque citoyen a d'être propriétaire.

Qu'il ne permet que ce droit de propriété soit mis en cause que par le biais d'une expropriation justifiée et d'une indemnisation appropriée.

Que l'article 21 de la même Charte concerne le droit des Peuples et non celui d'un individu.

Que l'article 16 qui pose le principe du droit à la santé physique et mentale, met à la charge d'un Etat, dont la personne qui revendique ce droit est ressortissante, l'obligation de prendre des mesures nécessaires pour garantir ce droit.

Que les mêmes principes s'imposent en ce qui concerne l'interprétation de l'article 17.

Qu'en l'espèce, il ne se pose aucun problème de Droit de l'Homme ou des Peuples ; qu'il s'agit tout simplement d'une réclamation de droit commun d'un groupe d'individus qui prétendent que leur auteur aurait confié à un Etat voire à une de ses institutions, des biens ou valeurs dont ils demandent la restitution.

Qu'il s'agit d'individus se prévalant d'un contrat de dépôt et d'un contrat de mandat qui en demandent l'exécution.

Que le présent litige est de droit commun qui n'est pas de la compétence de la Cour de Justice de la Communauté CEDEAO, telle que prévue par l'article 9 du Protocole Additionnel (A/SP.1/01/05) portant amendement du Protocole (A/P.1/7/91 relatif à la Cour de Justice de la Communauté CEDEAO.

La Défenderesse fait remarquer par ailleurs, que les Requérants ne lui ont communiqué que la photocopie du Certificat de Dépôt du 2 mai 1973.

Qu'il est de règle en droit, que de simples photocopies ne peuvent servir de moyens de preuves sauf si elles ont été certifiées conformes aux pièces originales.

Que par ailleurs, la demande des Requérants est fantaisiste pour la simple raison que Prince Dr. Chukwudolue, Directeur de Société de son vivant, ne pouvait confondre l'Ambassade d'un pays avec une Banque ; que les sommes d'argent et les pierres précieuses ne pouvaient être transférées du Nigeria sans laisser de trace.

Que le contenu et le libellé même du Certificat de Dépôt prouvent à suffisance sa légèreté.

Que de l'examen dudit document, il ressort des bizarreries et anomalies suivantes :

- *le texte du reçu est entièrement rédigé en anglais alors qu'il est supposé être un document officiel de la République du Sénégal dont la langue officielle est le français ;*
- *l'absence de numéro d'ordre sur le reçu ;*
- *l'Ambassadeur est annoncé au début du reçu et portant il ne l'a pas signé ;*
- *le prétendu signataire du reçu n'a jamais porté le titre d'Attaché Commercial de l'Ambassade de la République du Sénégal au Nigeria, au demeurant, ce titre n'existait même pas à l'Ambassade.*

La Défenderesse conclut subsidiairement :

- *au rejet de la demande des Requérants comme étant mal fondée et vexatoire ;*
- *à leur condamnation au payement du franc symbolique à titre de dommages et intérêts ;*
- *à leur condamnation aux dépens à liquider sur état.*

La Cour, en son audience du lundi 19 novembre 2007, a décidé d'entendre les parties sur l'exception préliminaire soulevée par la République du Sénégal ;

Analyse de la cour

Attendu qu'ils affirment que les vœux et les directives formulés par le défunt tels que mentionnés sur le Certificat de Dépôt n'ont jamais été exécutés ou mis en œuvre par le Gouvernement de la République du Sénégal.

Attendu qu'ils soutiennent que toutes leurs tentatives et démarches entreprises en vue de recouvrer les biens déposés auprès de la République du Sénégal sont restées vaines.

Attendu que la Défenderesse à titre principal, a soulevé l'incompétence de la Cour tirée de la clause attributive de compétence prévue dans le Certificat de Dépôt, ainsi que l'incompétence *ratione materiae* au motif que le présent litige ne porte pas sur les Droits de l'Homme.

Attendu qu'à titre subsidiaire, la Défenderesse réfute les arguments invoqués par les Requérants et soutient que le présent litige est de droit commun et ne relève pas de la compétence de la Cour de Justice de la Communauté au sens du Protocole Additionnel de 2005 portant amendement du Protocole de 1991.

Décision de la cour

1 – Sur l'exception d'incompétence de la Cour tirée de la clause attributive de compétence

Attendu qu'il ressort des pièces versées au dossier, notamment la photocopie du « Certificat de Dépôt - Reçu » daté du 2 mai 1973 produit par les Requérants, la mention d'une clause attributive de compétence ainsi libellée : « N.B. : Tout différend ou toute réclamation serait porté devant la Cour Internationale de Justice de La Haye ou devant le Tribunal Arbitral International et pas d'immunité diplomatique »

Attendu qu'en l'espèce, les parties ont explicitement choisi de soumettre leur différend à la Cour Internationale de Justice de La Haye ou au Tribunal Arbitral International.

Attendu qu'un tel choix est tout à fait conforme aux principes du droit international et oblige en conséquence les parties.

Attendu qu'il est de principe général de droit que les conventions légalement formées tiennent lieu de lois à ceux qui les ont faites.

Attendu que dans le cas présent, les Requérants s'étant prévalu du reçu du Certificat de Dépôt ne peuvent dès lors écarter la clause attributive de compétence qu'il contient.

Qu'au regard de ce qui précède, l'exception d'incompétence de la Cour tirée de la clause attributive de compétence est fondée.

2 – Sur l'incompétence ratione materiae de la Cour

Attendu que l'examen par la Cour de la deuxième exception tirée de l'incompétence *ratione materiae* serait de nature à porter une appréciation sur le fond de ce litige en se prononçant sur l'existence ou non de la violation des droits humains des Requérants.

Attendu que la clause attributive de compétence contenue dans le Certificat de Dépôt produit par les Requérants écarte *ipso facto* la compétence de la Cour de Justice de la Communauté dans le cas d'espèce.

Qu'en conséquence, il n'y a pas lieu d'examiner la deuxième branche de l'exception préliminaire relative à l'incompétence *ratione materiae.*

Par ces motifs

La Cour, statuant publiquement, contradictoirement en premier et dernier ressort sur l'exception préliminaire d'incompétence soulevée par la Défenderesse fondée sur la clause attributive de juridiction, fait droit à l'exception.

En conséquence, se déclare incompétente pour connaître de cette affaire.

Sur les dépens

En application des dispositions de l'article 66 (2) du Règlement de Procédure de la Cour, « Toute partie qui succombe est condamnée aux dépens, s'il est conclu en ce sens », condamne les Requérants aux dépens à liquider sur état

OBSERVATIONS

Cette espèce est une curiosité, à bien des égards.

Par les faits sur lesquels elle porte d'abord : un dépôt, effectué par une personne privée, auprès d'une ambassade étrangère, à charge pour l'Etat que celle-ci représente de réaliser un projet tout aussi curieux : l'installation d' *« un Etat indépendant pour tous les apatrides du monde ».* Qu'une personne nourrisse un tel dessein est peut-être concevable, qu'un Etat souverain collabore à tel projet, au point d'en être une espèce d'exécuteur et d'accepter de prendre des engagements en ce sens est en revanche assez surprenant. Au fond, la plus grande source d'étonnement dans cette affaire réside dans le fait que le défendeur, l'Etat du Sénégal, ne semble pas contester l'existence même d'une transaction aussi biscornue.

L'affaire est également singulière au regard des actes formels qui ont été pris par les parties. Comme le Gouvernement de la République du Sénégal l'a noté, les mentions mêmes du certificat de dépôt, sur lequel se fondent les demandeurs pour exprimer des prétentions, renferment quelques bizarreries : document entièrement rédigé en anglais, et présenté comme étant un document officiel d'un Etat dont la langue officielle n'est pas précisément l'anglais mais le français, les confusions sur les qualités ou titres des personnes physiques ayant pris part à l'opération etc.

Le juriste, spécialiste du droit international, s'arrachera les cheveux à la lecture d'une autre disposition de l'acte, il s'agit de la clause attributive de compétence à ...la Cour Internationale de Justice de La Haye. Elle est ainsi rédigée : *« Tout différend ou toute réclamation serait porté devant la Cour Internationale de Justice de La Haye ou devant le Tribunal Arbitral international et pas d'immunité diplomatique »*. Outre les défectuosités rédactionnelles de cette disposition, et le renvoi à un *« Tribunal Arbitral international »* qui n'existe pas en tant que juridiction préconstituée, on se demande comment elle a pu être conçue sachant, bien entendu, que devant la CIJ, seuls des Etats peuvent agir...

Eu égard à tant d'équivoques et d'absurdités, la requête introduite auprès de la Cour ne pouvait, bien sûr, être favorablement accueillie. C'est donc sans surprise que la demande est rejetée.

Les demandeurs, sur le fond de leur requête, avaient estimé pouvoir se prévaloir d'un certain nombre de dispositions tirées de la Charte africaine des droits de l'homme et des peuples (articles 1, 2,14 et 21 notamment), ainsi que de la Déclaration universelle des droits de l'homme (section 17 relative au droit de propriété).

A l'instar d'autres affaires dans lesquelles un débat était au moins implicitement engagé sur la notion de « violation des droits de l'homme », comme fondement de la compétence de la Cour, le débat judiciaire avait quelque chose d'irritant, d'agaçant même, venant du fait, déjà relevé, que les requêtes appuyées sur une « violation des droits de l'homme » ont, devant la Cour, quelque chose de trop « vague », de trop « général » pour vraiment susciter un débat juridique fécond. On ne s'étonnera pas, dans ces conditions, de la riposte de l'Etat défendeur : aux yeux de la République du Sénégal, la « matière » en cause ne fonde aucune compétence de la Cour. Plus précisément encore, elle considère que l'affaire « ne pose aucun problème de droit de l'homme ou des peuples, qu'il s'agit tout simplement d'une réclamation de droit commun d'un groupe d'individus qui prétendent que leur auteur aurait confié à un Etat...des biens ou valeurs dont ils demandent la restitution ».

La formulation de l'observation sénégalaise pouvait sans doute être meilleure, mais on voit bien qu'elle pose, en réalité, l'essentielle question de ces « droits de l'homme » dont la réforme de 2005 fait de la violation un fondement de la compétence de la Cour.

RÔLE GÉNÉRAL N° ECW/CCJ/APP/05/07
ARRÊT N° ECW/CCJ/JUD/01/08
DU 16 MAI 2008

***

Entre Kolawole O. James et le Conseil des Ministres de la CEDEAO, 1er Défendeur ; Parlement de la CEDEAO, 2e Défendeur ; Commission de la CEDEAO, 3e Défendeur

---

Tous non comparants ;

Composition de la Cour :

- Hon. Juge Aminata Malle Sanogo, Président
- Hon. Juge Awa Nana Daboya, Membre
- Hon. Juge El Hadj Mansour Tall, Membre

Assistés de : Maître Tony Annene-Maidoh, Greffier en Chef.

Arrêt de la cour

Le Requérant, le Sieur Odafe Oserada, Avocat de profession, est un citoyen de la Communauté, de nationalité nigériane ; le premier Défendeur, le Conseil des Ministres, le 2e Défendeur, le Parlement de la Communauté et la 3e Défenderesse, la Commission de la CEDEAO, sont tous des Institutions de la Communauté Economique des Etats de l'Afrique de l'Ouest (CEDEAO).

Le Requérant, demeurant à Chicken House Estate, Plot 472 Djibouti Close Off Adetokumbo Ademola Crescent, Wuse II Abuja – Nigeria est représenté par Kolawole O.O. James, comparant.

Les Défendeurs, à savoir le Conseil des Ministres, le Parlement de la Communauté, la Commission de la CEDEAO qui sont tous des Institutions de la Communauté Economique des Etats de l'Afrique de l'Ouest (CEDEAO), n'ont ni comparu ni été représentés.

Le Requérant fait grief de la violation du Traité Révisé par l'Avis de vacances de Poste de Secrétaire Général du Parlement de la CEDEAO et la Décision d'attribution de ce poste à la République de Guinée.

Il demande l'annulation du Règlement C/ REG.5/06/06 du Conseil des Ministres portant attribution du poste de Secrétaire Général du Parlement de la CEDEAO à la Guinée et de tous les actes subséquents.

Expose des faits et procédure

Le Requérant, qui est promoteur de la Société Régionale de Développement Asher's Initiative, a introduit sa requête en date du 1er juin 2007 au Greffe de la Cour aux fins de voir déclarer illégal le Règlement C/REG.5/06/06 du Conseil des Ministres de la CEDEAO attribuant le poste de Secrétaire Général du Parlement de la Communauté jusqu'alors occupé par le Nigeria, à la Guinée.

L'économie dudit Règlement fait ressortir que :

- *Le poste de Secrétaire Général du Parlement de la CEDEAO est attribué au candidat présenté par la République de Guinée ;*
- *Le candidat de la Guinée est nommé à titre exceptionnel dans la catégorie des fonctionnaires statutaires, pour un mandat de quatre (4) ans non renouvelable ;*
- *A l'expiration du mandat du candidat de la Guinée nommé au poste de Secrétaire Général du Parlement de la Communauté, ledit poste sera classé dans la catégorie des postes professionnels au grade de Directeur (D2) et la vacance de ce poste fera l'objet d'une publication dans tous les Etats membres.*

Selon lui, le poste de Secrétaire Général dans la Structure de la Communauté relève de la catégorie des Fonctionnaires Professionnels ; c'est un poste permanent de Cadre Professionnel D2 ; ce n'est pas un poste statutaire rotatif et ne peut donc pas, par conséquent, être attribué à un quelconque Etat Membre.

Il se fonde sur le Règlement C/REG.20/12/99 portant suppression du principe des quotas dans la répartition des postes au sein des Institutions de la Communauté, pour dire qu'en vertu de l'article 12 (b) du Règlement du Personnel de la CEDEAO ainsi que de l'article 18 (4) du Traité Révisé, les postes permanents sont pourvus par voie de recours.

Pour le Requérant, la Guinée qui ne contribue que pour 0,77% dc l'exercice financier de la Communauté, dispose déjà de deux postes de direction au sein de celle-ci ; qu'il n'y a donc pas de justification à retirer le poste de Secrétaire Général du Parlement au Nigeria au profit d'un autre pays.

Il ajoute que le fait de limiter les candidatures aux seuls ressortissants de la Guinée comme le montre la publication de la vacance de poste du Secrétaire Général du Parlement parue dans le Journal This Day du 20 avril 2007 du Nigeria, constitue une injustice à son égard qui le prive de son droit de postuler et qu'il en est de même pour tous les autres citoyens de la Communauté.

Estimant qu'il est le principal partenaire du cabinet Oserada Barristers et Solicitors Asher's, et le Promoteur de Asher's Initiative LTD/GTE, le Requérant fait remarquer que le Règlement du Conseil des Ministres sus évoqué entrave la perspective régionale de sa société et affecte négativement les dispositions de l'article 3 du Traité Révisé de la CEDEAO, spécifiquement en son paragraphe 2-b, c, f, g, o, ainsi que des articles 18 (5) et 5 (1, 3) du même Traité Révisé. Il cite également la Charte Africaine des Droits de l'Homme et des Peuples en ses articles 13 (1, 2) ; 18,21 (1, 2) et le Chapitre A9 de la loi de ratification et d'application du droit de la Fédération du Nigeria.

Il demande à la Cour de déclarer :

- *Illégal le Règlement C/REG.5/06/06 du Conseil des Ministres attribuant à titre exceptionnel le poste de Secrétaire Général du Parlement de la CEDEAO à la Guinée ;*
- *Que ce Règlement viole les articles 5 (1, 3) et 18 (5) du Traité Révisé signé par tous les Etats Membres de la CEDEAO ;*
- *Que l'annonce publiée dans le journal nigérian This day du 30 avril 2007 est illégale et constitue une violation du Règlement C/REG.20/12/99 portant suppression des quotas de poste au sein des Institutions de la Communauté et de l'article 18 (4) du Traité Révisé.*

En conséquence, il sollicite de la Cour une Ordonnance interdisant au Parlement de la Communauté de procéder au recrutement de son Secrétaire Général jusqu'à décision de la Cour ainsi que d'ordonner que le recrutement audit poste se fasse conformément au Règlement du Personnel de la CEDEAO.

In fine, il sollicite la somme de 20.000.000 (vingt millions) de nairas à titre de dommages-intérêts.

Procédure

Le Requérant a, conformément aux dispositions de l'article 32 et suivants du Règlement de la Cour, introduit sa requête au Greffe ; cette requête a été régulièrement notifiée aux Défendeurs en date du 05 décembre 2007 comme l'attestent les accusés de réception versés au dossier.

L'affaire évoquée à l'audience du 30 octobre 2007 pour la première fois a été renvoyée au 28 novembre 2007 puis au 24 janvier 2008 pour être utilement retenue ; les défendeurs n'ont jamais comparu. Enfin, l'affaire fut mise en délibéré pour la décision être rendue ce jour.

L'article 35 du Règlement de la Cour dispose :

> *Dans le mois qui suit la signification de la requête, le Défendeur présente un mémoire en défense ; le délai prévu au paragraphe précédent du présent article peut être prorogé par le Président à la demande motivée du défendeur.*

Or la requête a été notifiée à tous les défendeurs à la date du 05 décembre 2007. Cependant, ils n'ont jamais comparu, ni cru devoir solliciter du Président de la Cour une prorogation du délai expirant le 05 janvier 2008.

Par conséquent, c'est à bon droit que l'affaire a été retenue à la date du 24 janvier 2008 et mise en délibéré pour la décision être rendue ce jour.

La requête ayant été formée et instruite conformément aux dispositions pertinentes du Règlement de Procédure de la Cour, les Défendeurs ayant reçu communication et notification du dossier et des pièces d'accompagnement mais n'ayant pas justifié leur carence, il échet de les déclarer défaillants et de statuer à leur encontre par défaut réputé contradictoire.

Expose des moyens de droit invoques par le requérant

Le Requérant fait valoir que le Règlement C/REG.5/06/06 du Conseil des Ministres portant attribution du Poste de Secrétaire Général du Parlement de la CEDEAO à titre exceptionnel à la Guinée, est illégal en ce qu'il viole les dispositions du Traité Révisé en ses articles 3 (2), (a, c) ; 4 (h , k) ; 5 (1, 3) ; 12 (b) ; 18 (a).

Il soutient également que ledit Règlement viole la Charte Africaine des Droits de l'Homme et des Peuples dans ses articles 2, 13 (1, 2), 19, 22 (1, 2).

Il ajoute que se droits protégés par les différentes dispositions suscitées ont été violés du fait que le Règlement C/REG.5/06/06 du Conseil des Ministres n'a pas respecté le principe de l'égalité des droits et des chances de tous les citoyens de la Communauté.

Il sollicite de la Cour de déclarer ce Règlement illégal, de prendre une ordonnance interdisant au Parlement de la CEDEAO de procéder au recrutement du Secrétaire Général jusqu'à la fin de la procédure devant la Cour ; d'ordonner que la nomination au Poste de Secrétaire Général du Parlement de la CEDEAO soit conduite conformément aux dispositions du Règlement du Personnel de la CEDEAO et enfin de condamner les défendeurs à lui payer la somme de 20.000.000 (vingt millions) de nairas de dommages-intérêts.

De tout ce qui précède, notamment des faits et moyens de droit invoqués par le Requérant, la Cour devra répondre à la question principale, à savoir si le Requérant a un intérêt à agir ?

Analyse de la cour sur l'intérêt à agir

Il ressort des faits de la cause et des moyens invoqués que le cas d'espèce se réfère à l'appréciation de la légalité du Règlement attaqué ; le Requérant pour attaquer ledit Règlement, se base sur les dispositions de l'article 10 (c) du Protocole Additionnel du 19 janvier 2005 relatif à la Cour qui dispose que : « Toute personne physique ou morale peut saisir la Cour pour les recours en appréciation de la légalité contre tout acte de la Communauté lui faisant grief ».

Le Requérant se fonde sur cet article pour dire qu'il a un intérêt à agir. Il déclare que son intérêt découle du fait qu'il est citoyen de la Communauté, qu'il est promoteur d'un projet de développement régional dans le cadre de la Société Asher's Initiative LTD/GTE ; il affirme que ce projet à la réalisation duquel il a sollicité la participation de tous les Etats Membres, aura un impact certain sur le développement économique et industriel de la sous-région mais que l'attribution du poste de Secrétaire Général à la guinée entravera la perspective régionale de développement de sa société ; que s'il lui avait été permis de postuler, il aurait occupé ledit poste et aurait été capable de mettre en œuvre le projet Asher's Initiative LTD/GTE qui est un facteur de développement global de la sous-régional dans les domaines énergétique et économique.

Il conclut qu'il existe un intérêt manifeste pour lui et pour sa société de rechercher l'annulation du Règlement attaqué ; il précise que son intérêt à agir réside dans le fait qu'il est le promoteur d'une structure régionale de développement ; qu'il a été privé de la possibilité de voir participer cette structure au développement de la Communauté du fait de la restriction des candidatures aux ressortissants guinéens.

La question qui se pose dans le cas d'espèce est de savoir si le Règlement C/REG/5/06/06 fait grief au Requérant, grief qui justifierait son intérêt à agir ?

De manière générale et du point de vue juridique, l'intérêt à agir signifie la nécessité pour un plaideur de justifier d'un intérêt qui se trouve attesté par l'adage selon lequel « Pas d'intérêt, pas d'action » ou « L'intérêt est la mesure des actions ».

Autrement dit, une action en justice n'est recevable que si son auteur justifie saisir le Juge en vue de défendre un intérêt lésé ou à protéger ; cet intérêt doit être direct, individuel et certain.

Aussi, avant d'analyser la relation direct entre le Règlement attaqué et la situation du Requérant en l'espèce, il faut d'abord savoir si ledit Règlement l'a réellement affecté ?

En effet, l'exigence prévue à l'article 10.c du Protocole Additionnel de 2005 relatif à la Cour, pour saisir celle-ci en appréciation de la légalité contre tout acte de la Communauté, est l'existence d'un grief subi par la personne qui en demande l'annulation. Le grief évoqué en l'espèce par le Requérant se résume à dire que sa société a été privée de compétir à l'expertise ; ce qui ne constitue nullement un grief direct subi par lui. Or si préjudice il y a dans la privation alléguée de sa société à compatir, cela ne peut être qu'au détriment de la Communauté et non à celui du Requérant.

Il est constant que l'attribution du Poste de Secrétaire Général du Parlement à la Guinée ne l'a affecté ni dans sa situation juridique, ni dans son patrimoine. Le prétendu grief n'est pas plus hypothétique en ce que le Requérant ne démontre pas le bénéfice personnel et direct qu'il aurait pu en tirer. En d'autres termes, le Requérant ne démontre l'existence d'aucun grief qu'il aurait subi du fait du Règlement attaqué car le simple fait d'être un promoteur d'une structure régionale ne peut en lui seul justifier d'un intérêt à agir dans le cas d'espèce ; en effet, ici, l'intérêt à agir découle de la qualification professionnelle et du lien entre cette qualification et le poste auquel le Requérant estime avoir été privé de concourir.

Or, le Requérant n'a démontré l'existence d'aucun lien direct entre son projet de développement invoqué et le poste convoité ; autrement dit, le projet de développement dont il est le promoteur n'est pas un élément essentiel du poste de Secrétaire Général du Parlement.

Au demeurant, toute ouverture de candidature est accompagnée d'un profil de poste qui exclut forcément certains postulants, soit du fait de la nationalité, soit du diplôme exigé, soit de la qualification ou de l'expérience professionnelle, soit encore de l'âge, etc. ; or on ne peut une fois de plus soutenir raisonnablement qu'un promoteur de projet soit le plus qualifié à occuper le poste de Secrétaire Général du Parlement, d'autant plus que lui-même n'a manifesté aucun intérêt personnel pour ledit poste, alors que l'intérêt à agir juridiquement, doit être un intérêt personnel, direct et certain.

Force est de constater que, dans sa requête, le Requérant ne démontre aucune des caractéristiques de l'intérêt à agir ; sa simple qualité de citoyen de la Communauté, ou de promoteur de société de développement régional, n'est pas suffisante pour caractériser de façon concrète, son intérêt à agir.

Par conséquent, la question se poste quant à la forme, de la recevabilité même de son action ?

Sur la recevabilité de l'action

Il ne suffit pas pour le recours en appréciation de la légalité contre un acte soit recevable, que cet acte affecte d'une manière quelconque le Requérant ; encore faut-il qu'il existe entre l'acte litigieux et la situation du Requérant une relation suffisamment directe (de cause à effet) ; l'acte pris par le Conseil des Ministres en l'espèce, le Règlement attaqué, doit affecter la situation juridique du Requérant. Le principe selon lequel, « est attaquable tout acte qui modifie la situation juridique d'une personne », est constamment affirmé par la jurisprudence (Cf. CJCE 17 juillet 1959, pages 275 ; CJCE 17 mars 1967, Cimenteries CBR, Aff. 8 à 11/66, Rec. CJCE, 1967, pages93 ; TPICE, 27 février 1992, Vichy contre Commission Aff. T 19/91, Rec. CJCE, 1992, II, page 415).

Or, en l'espèce, l'existence de cette relation directe est absente. En outre, le Requérant doit être directement et individuellement concerné par l'acte attaqué ; autrement dit, le Requérant doit établir ou démontrer que le Règlement attaqué le concerne directement et individuellement. Il s'agit là de deux conditions cumulatives et, dès lors que l'une n'est pas satisfaite, le recours est irrecevable.

Dans son arrêt du 15 juillet 1963, Aff. Plauman contre Commission, Rec. CJCE 1963, page 199, la Cour de Justice des Communautés Européennes a considéré que sont individuellement concernées les personnes qui « sont atteintes par l'acte en raison d'une situation de fait qui les caractérise par rapport à toute autre personne et les individualise de manière analogue à celle du destinataire ».

Cette formulation adoptée pour la première fois est utilisée depuis à maintes reprises et dans des matières diverses (Cf. CJCE, 29 mars 1979, ISOC contre Conseil, Aff. 118/77 ; Rec. CJCE 1979, page 1277 ; CJCE 21 février 1984, Allied Corporation contre Commission, Aff. 239/82, Rec. 1984, page 1005 ; TPICE, 25 septembre 1997, Shanghaï Bicycle Corporation contre Conseil, Aff. T 170/94 ; Rec. CJCE 1997, II, page 1383.

Sur les autres moyens de droit invoques par le requérant

Nulle part dans la requête, le Requérant n'apporte la preuve de son intérêt pour le post e ; il ne démontre pas non plus en quoi le Règlement attaqué constitue une injustice à son égard ou une entrave aux intérêts de sa société.

En tout état de cause, le Règlement attaqué qui a été pris dans le cadre de la restructuration du Parlement de la CEDEAO est édicté non pas dans l'intérêt des particuliers mais dans celui de la Communauté ; de ce point de vue, il y a donc lieu de conclure que les particuliers n'ont pas intérêt à agir et donc que l'action du Requérant est irrecevable pour défaut d'intérêt ; le Requérant n'ayant pas d'intérêt à agir, ne peut demander l'annulation du Règlement attaqué et l'irrecevabilité de son action en la forme entraîne le rejet de toutes ses autres demandes, fins et conclusions.

Par conséquent :

1. *Attendu que la Cour ne relève pas dans les faits ni dans les moyens invoqués par le Requérant des éléments constitutifs de griefs personnel, individuel et certain ;*
2. *Attendu que le Requérant ne fait aucunement état de ses propres compétences professionnelles qui lui auraient permis d'occuper éventuellement le poste de Secrétaire Général du Parlement de la CEDEAO ;*
3. *Attendu enfin, qu'il n'a pu établir non plus que le Règlement critiqué l'a affecté directement, individuellement et encore moins sa société ;*
4. *Attendu qu'il échet dès lors de déclarer son action irrecevable.*

Sur les dépens

Attendu qu'aux termes des dispositions de l'article 66 alinéa 2 du Règlement de la Cour, *« Toute partie qui succombe est condamnée aux dépens » ;* qu'il échet de conclure dans ce sens ;

Par ces motifs

La Cour de Justice de la Communauté – CEDEAO, statuant publiquement, contradictoirement à l'égard du Requérant et par défaut réputé contradictoire à l'égard des défendeurs, en premier et en dernier ressort ;

1. Vu le traité Révisé de la CEDEAO ;
2. Vu le Protocole de 1991 et le Protocole Additionnel du 19 janvier 2005 relatifs à la Cour ;
3. Vu le Règlement de Procédure de la Cour du 28 août 2002 ;
4. Vu les Règlements C/REG.5/06/06 et C/REG.8/06/07 du Conseil des Ministres.

En la forme uniquement

- ❖ Déclare irrecevable l'action formée par le Sieur Odafe Oserada pour défaut d'intérêt à agir.

Au fond

- ❖ Dit n'y avoir lieu à examen.

En conséquence

- ❖ Déboute le Sieur Odafe Oserada de toutes ses autres demandes, fins et prétentions.

Sur les dépens

- ❖ Le condamne aux entiers dépens.

OBSERVATIONS

La Cour de justice de la CEDEAO a été saisie par un citoyen de nationalité nigériane, avocat de profession, qui entendait contester la légalité d'un « règlement » pris par le Conseil des ministres de la Communauté, nommant au poste de Secrétaire général du Parlement communautaire un ressortissant de la République de Guinée. En substance, la requête fait valoir que la nature du poste en cause – poste de « permanent », en principe ouvert à la compétition, et non un poste « statutaire » soumis au principe de rotation – s'opposait à une telle désignation. Le requérant invoque pour cela un autre règlement, qui porte sur la « suppression du principe des quotas dans la répartition des postes au sein des Institutions de la Communauté ». Plus personnellement si l'on ose dire, M. OSARADA estime que son propre droit à concourir audit poste a ainsi été méconnu, ce qu'il justifie à ses yeux qu'il initie une action auprès de la Cour.

Le débat, on le sent bien, était appelé, nécessairement, à se dérouler sur le terrain de l' « intérêt à agir », et l'arrêt est principalement axé sur ce point. La Cour va en définitive conclure à l'absence d'un tel intérêt, et donc, à déclarer l'action irrecevable.

La question posée à la Cour est moins simple qu'il n'y paraît. Relevons cependant, pour l'heure, que dans l'arrêt du 16 mai 2008, le lecteur a le plaisir de faire l'expérience d'une certaine inventivité jurisprudentielle, et qui est donc propre à susciter un intérêt théorique ou doctrinal. Il est en effet revenu au juge communautaire, qu'il convient de féliciter à cet égard, de définir le contenu de la notion d' « intérêt à agir », face au silence des textes qui régissent sa compétence. En substance, il ressort de son approche une conception plutôt exigeante d'un tel intérêt, la Cour précisant que celui-ci *« doit être direct, individuel et certain »*.

Le point était pourtant éminemment discutable. Le juge considère que « le requérant ne fait aucunement état de ses propres compétences professionnelles qui lui auraient permis d'occuper éventuellement le poste de secrétaire général du Parlement de la CEDEAO ». En vérité, l'appréciation de l'intérêt à agir passait par une détermination de la nature du poste en cause. S'agit-il d'un poste ouvert à compétition, et l'on ne voit pas en quoi le requérant n'aurait pas intérêt à attaquer le règlement du Conseil des ministres ; ou s'agit-il d'un poste soumis au principe de rotation, et l'on ne voit pas effectivement, dans ce contexte, ce qui justifierait l'action portée devant le juge communautaire.

Les trois exigences de l'intérêt à agir, dégagées par la Cour plus haut, suffisent-elles à disqualifier l'action d'une personne dont la condition ne présente aucun aspect dirimant à l'accession à une telle fonction ? Le qualificatif de « certain », accolé à l' « intérêt à agir », peut-il signifier que le requérant doive, pour que son action soit recevable, être la « victime » avérée de la mesure qu'il conteste ? Une telle signification serait assurément absurde, car elle reviendrait à confondre la notion d'intérêt à agir et celle de préjudice effectivement subi – et non de préjudice en quelque sorte « virtuel », comme ce pourrait être le cas ici- . Au stade de l'appréciation de l'intérêt, le juge doit se montrer en effet relativement souple, et admettre que la simple *éventualité* d'un préjudice suffit à constituer cet intérêt. En l'espèce, il suffisait donc de constater que le requérant *peut être un candidat au poste,* pour conclure qu'il a intérêt à agir. Bien entendu, cela suppose, faut-il le rappeler, que le poste litigieux ne soit pas soumis au principe de rotation. Dans l'hypothèse contraire, ce n'est même pas un problème d' « intérêt à agir » qui se poserait, c'est le recours au juge qui serait lui-même incongru.

Peut-on, avec le juge, avancer que si le requérant a été privé de compétition, le « grief » n'est pas « subi par lui » mais par « la Communauté » ? Un candidat potentiel à une compétition, dès lors qu'il est privé du droit de participer à l'épreuve, est certainement une « victime », et peut dès lors porter une action en justice. Il n'appartient sans doute pas au juge de conjecturer sur les chances d'un tel candidat potentiel, pour apprécier son intérêt à agir. Il suffit, pour que sa doléance puisse être examinée, que celui-ci réunisse les conditions requises pour présenter sa candidature.

Ces précisons méritent d'être faites car le raisonnement de la Cour sur ce point ne dissipe pas nécessairement tout malentendu. L'arrêt énonce par exemple, à propos du demandeur, qu' « il est constant que l'attribution du poste de secrétaire général du Parlement à la Guinée ne l'a ni affecté dans sa situation juridique, ni dans son patrimoine ». Au stade où elle est saisie, on peut pourtant penser que la Cour n'a pas besoin de constater que la situation du requérant a été « transformée » ou « altérée », mais seulement que celui-ci a perdu une occasion qui lui était profitable, a perdu une chance, au sens strict du terme. L'évocation d'une jurisprudence de la Cour de Justice de la Communauté Européenne n'y change rien.

Certes, celle-ci exprime le principe selon lequel « est attaquable tout acte qui modifie la situation juridique d'une personne », mais cette vérité ne signifie pas que ne sont attaquables que les actes qui modifient effectivement la situation juridique d'une personne. De même, l'idée que « le requérant doit être directement et individuellement concerné par l'acte attaqué » ne saurait être admise sans réserve ou précisions. Si on devait la comprendre à la lettre, c'est la possibilité même de la contestation des actes « réglementaires » (« règlement » ou « directive ») qui serait annihilée ou exclue dans tous les cas. Il est absurde de dire qu'un acte n'est pas attaquable par une personne ou un groupe de personnes parce que cet acte dispose, en principe, par voie « générale ».

Plus accessoirement, on relèvera d'autres sujets d'interrogation.

Tout d'abord, on ne sait pas très bien si la requête entendait contester la légalité même du règlement du Conseil des ministres – ce que laissent entrevoir certains passages de l'arrêt – ou s'il s'agissait plutôt de requérir le sursis à son exécution, sur la base des articles 79 et suivants du Règlement de la Cour. Il est en effet question, un moment, d'obtenir de la Cour « une ordonnance interdisant au Parlement de la Communauté de procéder au recrutement de son secrétaire général jusqu'à décision de la Cour… ».

D'autre part, le requérant a curieusement assorti sa demande d'une réclamation de *« dommages et intérêts »*, alors que l'on avait cru comprendre qu'il s'agissait d'un « procès fait à un acte », posant moins une question de responsabilité qu'un problème de légalité.

Enfin, l'arrêt a été rendu en l'absence des trois défendeurs, qui sont des organes de la CEDEAO. Le juge note qu'ils « n'ont ni comparu, ni été représentés ». La chose est bien entendu préoccupante, et mérite d'être déplorée. Elle étale cruellement les limites de la « Communauté fondée sur le droit » que l'on a entendu mettre en place à travers la création d'une juridiction communautaire permanente, notamment ouverte aux personnes privées. Si les « Institutions » de la Communauté elles-mêmes sont les premières à manifester ce qu'il faut bien appeler une « désinvolture » à l'égard de la Cour, il y a de sérieuses raisons de douter de leur réelle volonté d'assurer le règne du droit. D'autres événements ont révélé cette espèce d'impudence. Il était souhaitable que la Cour s'exprimât sur de telles attitudes, ne serait-ce que du point de vue « des principes ».

RÔLE GÉNÉRAL N° ECW/CCJ/APP/04/07
ARRÊT N° ECW/CCJ/JUD/3/08
DU 05 JUIN 2008

***

Entre Chief Ebrimah Manneh et la République de Gambie

Composition de la Cour :

- Hon. Juge Anthoy Alfred Bénin, Président
- Hon. Juge Awa Nana Daboya, Membre
- Hon. Juge El Hadj Mansour Tall, Membre

Assistés de : Maître Tony Annene-Maidoh, Greffier en Chef.

Arrêt de la cour

Le Requérant, Chief Ebrimah Manneh, est un citoyen de la Communauté CEDEAO, ressortissant de la République de Gambie et représenté par ses Avocats qui sont Me Femi Falana, Mme Chinedum Agwarambo et sola Egbeyinka, demeurant à Plot 1491, Ty Danjuma Street (Opposite Kebbi State Govt. House, Asokoro, Abuja, Nigeria).

La défenderesse, la République de Gambie, est un Etat membre de la Communauté Economique des Etats de l'Afrique de l'Ouest (CEDEAO) ; elle n'a ni comparu ni été représentée.

Le Requérant, par la voix de ses Conseils, a saisi la Cour de céans pour demander qu'il lui plaise de :

a. *Déclarer que son arrestation le 11 juillet 2006 par les services gambiens de renseignement (National Intelligence Agency) dans les locaux du « Daily Observer », à Banjul, est illégale et arbitraire et qu'elle constitue une violation de l'Article 6 de la Charte Africaine des Droits de l'Homme et des Peuples qui garantit son droit à la liberté et à la dignité de sa personne ;*

b. *Déclarer illégales sa détention le 11 juillet 2006 et sa détention continue sans jugement depuis cette date, en violation de son droit garanti par les Articles 4, 5 et 7 de la Charte Africaine des Droits de l'Homme et des Peuples ;*

c. *Adresser une injonction à la demanderesse et/ou ses agents les contraignant à libérer le Requérant immédiatement ;*

d. *Accorder une indemnité de 5.000.000 (cinq millions) de Dollars américains en réparation de la violation des Droits Humains du Requérant à la dignité, à la liberté et à un procès équitable.*

La requête, enregistrée au Greffe de la Cour en date du 04 mai 2007, a été notifiée le 31 mai 2007 par la Défenderesse par l'intermédiaire de son Ambassade à Abuja, Capitale Fédérale de la République du Nigeria, Siège de la Cour ainsi que par courrier recommandé.

La Défenderesse n'a pas introduit de Mémoire en Défense dans le délai de 30 jours prévu par le Règlement de la Cour, ni n'a justifié ce manquement.

La cour a donc ordonné une notification d'audience à la défenderesse par l'intermédiaire de son ambassade à Abuja et par courrier recommandé.

Malgré tous ces efforts déployés par le Greffe de la Cour pour amener la Défenderesse à prendre part au procès, la défenderesse ne s'est pas présentée.

Ainsi, l'affaire a été entendue le 26 septembre 2007 ans la participation de la Défenderesse.

Cependant, par lettre datée du 23 août 2007 adressée au Président de la Commission de la CEDEAO, avec ampliation à la Cour, la Défenderesse a déclaré « qu'elle refuse de participer ou d'assister à l'audience de la Cour du 26 septembre 2007 ».

Toutefois, en raison du changement du Panel de la Cour, un avis d'audience a été envoyé à nouveau à la Défenderesse pour l'audience du 26 novembre 2007 ; mais cette fois encore, la Défenderesse a manqué de comparaître.

Par conséquent, il échet donc de statuer par défaut réputé contradictoire à son égard.

Expose des faits

Il ressort de la requête introduite devant la Cour les faits suivants :

i. *Le Requérant représenté par ses Conseils susnommés est un citoyen de la Communauté en vertu de sa nationalité Gambienne ;*

ii. *Il est journaliste au « Daily Observer », Journal basé à Banjul (République de Gambie) ;*

iii. *Le Requérant a été arrêté par deux Officiers de la National Intelligence Agency de Gambie le 11 juillet 2006, sans mandat d'arrêt ;*

iv. *Les raisons de son arrestation n'ont pas été révélées par le Gouvernement de Gambie ;*

v. *Les efforts déployés par sa famille, ses amis, ses avocats, pour connaître l'endroit de sa détention ou avoir accès à lui sont demeurés vains ;*

vi. *Depuis son arrestation, le Requérant a été détenu successivement au siège de la National Intelligence Agency, à la Prison d'Etat Centrale, aux Commissariats de Police de Kartong, de Sibanor, de Kuntaur et de Fatoto ;*

vii. *Le Requérant n'a été ni inculpé, ni accusé d'aucune infraction pénale ;*

viii. *Les conditions de détention du Requérant son inhumaines en raison du fait que les détenus dorment à même le sol dans des cellules surpeuplées ;*

ix. *Le Requérant a été mis en isolement cellulaire et privés de soins médicaux adéquats ;*

x. *Une lettre de l'Avocat du Requérant datée du 16 mars 2007, exigeant sa libération, est restée sans suite. Cette lettre est versée au dossier de la présente procédure.*

La Cour a ainsi donc et en application de l'Article 43 de son Règlement de Procédure, ordonné d'office la vérification des faits allégués.

Pour ce faire, elle a, par décision prise sur le siège en date du 26 septembre 2007, ordonné la comparution et l'audience de témoins pour juger de la véracité des faits.

Déclaration des témoins

Au cours de son audience du 26 novembre 2007, la Cour a procédé à l'audition de trois (3) témoins qui, après serment préalablement prêté, ont fait des déclarations qui confirment l'arrestation du Requérant.

Le témoin N° 1, Mr. Usman S. Darboe, Gambien, demeurant et domicilié à Banjul et nouveau Rédacteur en Chef du Journal « Daily Observer » (où travaillait le Requérant), a déclaré que c'est en sa présence que ce dernier avait été arrêté ; qu'il le connaît personnellement depuis plus de dix-sept (17) ans et qu'il a travaillé avec lui pendant sept (7) ans. Selon le témoin, le 11 juillet 2006, alors qu'ils étaient ensemble au bureau, la Police Gambienne est venue arrêter le Requérant Chief Ibrimah Maneh ; il a ajouté qu'il ne l'a plus revenu depuis cette date, mais qu'en sa qualité de journaliste, il a mené des enquêtes sur lui dans le cadre de son travail et qu'il a été informé que le Requérant était détenu à Mile 2 Central Prison, à Banjul ; il affirme qu'à sa connaissance, le Requérant n'avait été accusé d'aucun crime et qu'en fin juillet 2006, il a appris que le Requérant avait été transféré de la National Intelligence Agency (NIA) au Poste de Police de Fatoto.

Le second témoin, Mr Yaya Dampha, est journaliste au Journal Foroyaa, basé en Gambie. Il a déclaré connaître Chief Ibrimah Manneh avec lequel il a travaillé comme journaliste en Gambie. Il a mentionné qu'il ne sait pas où se trouve le Requérant en ce moment, mais qu'il avait été informé de son arrestation en juillet 2006. Il poursuit en disant l'avoir vu pour la dernière fois en décembre 2006 où son Journal lui a appris que le Requérant avait été transféré de la Prison Centrale de Banjul vers un lieu inconnu. Il a alors commencé une mission consistant à visiter plusieurs prisons et il a vu un jour, hasard, le Requérant au Poste de Police de Fatoto au moment où on l'escortait vers sa cellule après un repas. Mr. Yaya Dampha atteste par ailleurs que le Journal Foroyaa a publié un article sur l'arrestation et la détention du Requérant. Mais la publication n'a suscité la moindre réaction ni de la part de la police, ni de la part de la National Intelligence Agency.

Le troisième témoin, Professeur Kwane Karikari, est Ghanéen et Professeur à l'Université du Ghana, Legon. Il est le Directeur d'une Organisation dénommée Media Foundation for West Africa qui a des Correspondants dans chacun des 15 pays de la CEDEAO, où ils s'occupent des questions relatives aux médiats et à la liberté de la presse.

Professeur Kwane Karikari affirme ne pas connaître personnellement le Requérant, mais par contre savoir qu'il est journaliste au « Daily Observer », en Gambie. Il déclare que son Organisation a été informée que le Requérant avait été arrêté et détenu en juillet 2006, alors qu'aucune information pénale ne lui était reprochée. Il ajoute que cette information a été confirmée quand son Organisation a contacté d'autres Journalistes et médias en Gambie ainsi que des Avocats pour faciliter sa libération ; mais il leur a été dit qu'ils ne peuvent obtenir justice en Gambie, et qu'ils devraient plutôt saisir la Cour de Justice et la CEDEAO à Abuja.

Les déclarations de ces témoins n'ont soulevé aucune controverse, après ces déclarations des témoins et en l'absence de la Défenderesse.

La Cour a, par Décision Avant Dire Droit du 31 janvier 2008, ordonné le renvoi de l'affaire et la comparution personnelle des Responsables et Autorités de Police et de Sécurité de la République de Gambie dont les noms ont été cités par les témoins, pour le respect du principe du contradictoire. L'affaire fut renvoyée au 13 mars 2008 ; des notifications de ce renvoi ont été adressées aux personnes sus indiquées en date du 11 février 2008 par le Greffe de la Cour à travers l'Ambassade de la République de Gambie à Abuja et par courrier recommandé.

Advenue cette date du 13 mars 2008, la Cour a constaté qu'aucune de ces personnes n'a comparu. Elle a donc valablement retenu l'Affaire pour statuer par défaut réputé contradictoire à l'encontre de la Défenderesse, la République de Gambie.

Les faits soumis à l'analyse de la Cour sont relatifs à la violation de la Charte Africaine des Droits de l'Homme et des Peuples, en ses articles 2, 6 et 7 (1) portant droit à la liberté individuelle, à l'interdiction de détention arbitraire et au procès équitable.

Les questions soulevées par les Conseils du Requérant s'articulent autour des trois points suivants :

Point n° 1 : La question de savoir si l'arrestation et la détention du requérant sont en violation avec la charte africaine des droits de l'homme et des peuples pour justifier la compétence de la cour ?

Il convient de préciser que la compétence de la Cour de Justice de la Communauté en matière de violation des Droits de l'Homme et en ce qui concerne les requêtes faites par les personnes physiques, est déterminée par les Articles 9 (4) et 10 (d) du Protocole Additionnel de la Cour de Justice et qui disposent :

> ***Article 9 (4)*** – *La Cour est compétente pour connaître des cas de violation des Droits de l'Homme dans tout Etat membre ;*
>
> ***Article 10 (d)*** – *Peuvent saisir la Cour : .... Toute personne victime de violations des Droits de l'Homme...*

Ces dispositions permettent donc à une personne physique, de saisir directement la Cour pour des questions de violation des Droits de l'Homme et donnent à celle-ci compétence pour examiner ces questions.

Le Requérant fonde sa requête sur l'Article 6 de la Charte Africaine des Droits de l'Homme et des Peuples qui dispose :

> *Tout individu a droit à la liberté et à la sécurité de sa personne. Nul ne peut être privé de sa liberté sauf pour des motifs et dans des conditions préalablement déterminés par la loi ; en particulier nul ne peut être arrêté ou détenu arbitrairement.*

De même, l'article 4 (g) du Traité Révisé de la Communauté Economique des Etats de l'Afrique de l'Ouest (CEDEAO) prévoit la reconnaissance, la défense et la protection des Droits de l'Homme et des Peuples conformément aux dispositions de la Charte Africaine des Droits de l'Homme et des Peuples.

Par conséquent, l'effet de l'Article 6 de la Charte Africaine des Droits de l'Homme et des Peuples tel qu'énoncé ci-dessus est que, nul ne doit voir son droit à la liberté limité ou restreint, à moins que ce ne soit en accord avec une loi établie au préalable ; en d'autres termes, la loi conformément à laquelle une personne est arrêtée et/ou détenue doit exister et en vigueur, avant ou au moment de ladite arrestation et/ou détention.

La Cour de céans, dans l'affaire Alhadji Hammani contre la République Fédérale du Nigeria et 4 Autres, Affaire N° ECW/CCJ/APP/01/06, Arrêt rendu le 28 juin 2004, a déclaré que :

> *L'effet combiné de l'Article 9.4 du Protocole de la Cour, tel qu'amendé, de l'Article 4 (g) du Traité Révisé et de l'Article 6 de la Charte Africaine des Droits de l'Homme et des Peuples permet au Requérant d'invoquer la compétence de la Cour en (i) établissant le fait qu'il existe un droit conféré par l'Article 6 de la Charte Africaine des Droits de l'Homme et des Peuples (ii) que ce droit a été violé par la défenderesse ; (iii) qu'il n'y a pas d'action en instance devant une autre Cour Internationale en ce qui*

concerne la violation présumée de ce droit et (iv) qu'aucune loi établie au préalable n'avait entraîné la violation ou le non-respect présumé de ses droits.

En l'espèce, le Requérant allègue que ses droits, tels qu'énoncés à l'Article 6 de la Charte Africaine des Droits de l'Homme, ont été violés et donc que l'intervention de la Cour de céans se justifie en vertu de l'article 9.4 du Protocole Additionnel. Il sollicite de la Cour de céans de constater la violation de ses droits et d'ordonner qu'il y soit mis fin.

Au surplus, le témoin N° 1 a déclaré que le Requérant avait été arrêté en sa présence, par deux agents de la Sécurité Gambienne, alors qu'il se trouvait dans les bureaux du « Daily Observer », où ils sont tous deux employés ; il a ajouté qu'il savait que ce sont des agents de la Police, (même s'il ne portaient pas d'uniforme) parce qu'il connaissait personnellement l'un d'entre eux, le nommé Caporal Sey, de la National Intelligence Agency.

De son côté, le Professeur Kwane Karikari, témoin n° 3, a confirmé l'arrestation du Requérant en déclarant que son Organisation, la Media Foundation for West Africa, a même donné l'alerte en vue d'obtenir la confirmation de cette arrestation (copie de cette alerte a été versée au dossier de la procédure). Il a ajouté par la suite que son Organisation avait mené des enquêtes nécessaires pour obtenir la libération du Requérant, mais en vain ; et qu'au contraire, il leur a été conseillé de saisir la Cour de Justice de la CEDEAO.

Il a précisé qu'à son avis, la conduite du Requérant, à aucun moment, n'a constitué une infraction pénale pouvant justifier son arrestation, mais que le Requérant est toujours gardé au secret, et qu'il est depuis lors détenu sans jugement, alors qu'il ne lui est reproché aucune infraction pénale (crime ou délit) prévue par la Loi Gambienne.

Quant au témoin Yaya Dampha, il a déclaré avoir vu le Requérant au Poste de Police de Fatoto au cours des investigations qu'il a effectués dans les divers Postes de Police, pour le retrouver ; et par la suite avoir appris que le Requérant a été transféré de la Prison Centrale vers une destination inconnue. Il ajoute qu'il a suivi l'affaire du Requérant ainsi que celles d'autres détenus, et qu'aucun d'eux n'a été traduit en Justice dans les 72 heures comme l'exige la Constitution Gambienne.

Toutes ces déclarations de témoins concordent pour confirmer l'arrestation effective de Chief Ebrimah Manneh ; il ne fait donc aucun doute que l'Article 6 de la Charte Africaine des Droits de l'Homme et des Peuples a été violé en ce qu'il dispose que :

> *Tout individu a droit à la liberté et à la sécurité de sa personne. Nul ne peut être privé de sa liberté sauf pour des motifs et dans des conditions préalablement déterminés par la loi, en particulier nul ne peut être arrêté ou détenu arbitrairement.*

L'article 7 de la Charte Africaine des Droits de l'Homme et des Peuples est très édifiant en ce qui concerne le traitement à administrer aux personnes en état d'arrestation. Cet article 7 dispose : « Toute personne a droit à ce que sa cause soit entendu. Ce droit comprend :

a. *Le droit de saisir les juridictions nationales compétentes de tout acte violant les droits fondamentaux qui lui sont reconnus et garantis par les Conventions, les lois, les règlements et coutumes en vigueur ;*
b. *Le droit à la présomption d'innocence jusqu'à ce que sa culpabilité soit établie par une juridiction compétente ;*
c. *Le droit à la défense, y compris celui de se faire assister par un défenseur de son choix ;*
d. *Le droit d'être jugé dans un délai raisonnable par une juridiction impartiale.*

L'article 7 (1) dispose donc clairement que toute personne a droit à ce sa cause soit entendu et cela comprend entre autres, le droit à la présomption d'innocence jusqu'à ce que sa culpabilité soit établie par une Cour ou un Tribunal compétent ; le droit à la défense, c'est le droit d'être défendu par un Conseil de son choix et le droit d'être jugé dans un délai raisonnable par une Cour ou un Tribunal impartial. Selon le témoin n° 1, le Requérant s'est vu dénier le droit de faire entendre sa cause par une Cour ou un Tribunal impartial, étant donné que la défenderesse ne l'a pas traduit devant un Tribunal compétent et impartial afin que sa culpabilité ou son innocence soit établie.

Le Requérant a été arrêté le 11 juillet 2006 et est depuis lors détenu sans jugement alors qu'aucune infraction pénale prévue par la loi en République de Gambie n'a été retenue contre lui, et ce, pendant plus d'un an. Or, garder une personne en détention pendant plus d'un an sans jugement constitue un délai non raisonnable à moins qu'une justification appropriée et claire ne soit apportée.

Au vu de ce qui précède, il est clair que l'arrestation et la détention du Requérant sont contraires aux règles garanties par les Articles 6 et 7 de la Charte Africaine des Droits de l'Homme et des Peuples. La Cour, à la question N° 1, répond par l'affirmative.

Point n° 2 : La question de savoir si le requérant a droit à être rétabli dans ses droits humains, a la dignité de sa personne, a la liberté individuelle et a la liberté de circuler ?

Les droits fondamentaux de la personne humaine ont été garantis par divers instruments des Droits de l'Homme. Parmi ces droits fondamentaux garantis par ces divers instruments des Droit de l'Homme, notamment la Charte Africaine des Droits de l'Homme et des Peuples, ont compté le droit à la vie et à l'intégrité de la personne, la liberté individuelle, la protection contre la torture et autres traitements inhumains et dégradants et la liberté d'opinion politique ou de tout autre opinion.

L'Article 2 de la Charte Africaine des Droits de l'Homme et des Peuples affirme la reconnaissance et la protection des droits fondamentaux de la personne humaine lorsqu'il dispose que :

> *Toute personne a droit à la jouissance des droits et libertés reconnus et garantis dans la présente Charte sans distinction aucune, notamment de race, d'ethnie, de couleur, de sexe, de langue, de religion, d'opinion politique, ou de toute autre opinion, d'origine nationale ou sociale, de fortune, de naissance ou de toute autre situation.*

L'Article 6 de la Charte Africaine des Droits de l'Homme et des Peuples dispose clairement que la personne a droit à sa liberté et à sa sécurité de sa personne, à condition que ce droit ne puisse être limité ou restreint que pour des motifs et dans des conditions préalablement déterminés par la loi.

Il ressort clairement des dispositions de cet Article 6 de la Charte Africaine des Droits de l'Homme et des Peuples, qu'il y existe une présomption d'innocence en faveur de la liberté de la personne. Par conséquent, toute restriction de la liberté individuelle doit être clairement en conformité avec des motifs et des conditions préalablement déterminés par la loi ; dans le cas contraire, aucune privation ou limitation de la liberté de la personne ne peut être soutenue.

Des faits tels que relatés dans la présente requête, et qui n'ont pas été contestés, il ressort que le Requérant a été arrêté sans mandat ; que les motifs de son arrestation ne lui ont pas été communiqués, qu'il est détenu depuis son arrestation sans qu'aucune infraction pénale ne lui soit reprochée ; qu'il n'a été traduit devant aucune Juridiction ayant compétence pour rétablir sa culpabilité et son innocence.

Tout ceci est clairement contraire aux dispositions des Articles 2 et 6 de la Charte Africaine des Droits de l'Homme et des Peuples qui prescrivent que :

> *Toute personne, sans distinction de race, d'ethnie, de couleur, de sexe, de religion, d'opinion politique ou autre distinction analogue, a droit à la liberté et à la sécurité de sa personne.*

La défenderesse a refusé de comparaître, pour défendre cette prétention. Ce faisant, elle n'a pas paru établir que l'arrestation et la détention du Requérant étaient en accord avec les dispositions d'une loi préalablement déterminée ; par conséquent, le Requérant sur ce point de la question N° 2, a droit au rétablissement de sa liberté individuelle et de la sécurité de sa personne

Point n° 3 : La question de savoir si le requérant a droit a un dédommagement, d'un montant de cinq millions (5.000.000) de dollars américains ?

L'indemnisation versée à une partie lésée dans une action judiciaire correspond à des dommages-intérêts.

Le principe de l'indemnisation en droit, s'entend du paiement de dommages et intérêts qu'une partie mise en cause et reconnue redevable, doit payer à la victime des faits dommageables subis.

Il y a, en général, trois catégories de dommages et intérêts :

- *les dommages et intérêts particuliers,*
- *les dommages et intérêts généraux et*
- *les dommages et intérêts à titre « répressif ».*

Les dommages et intérêts particuliers sont les coûts ou pertes monétaires énumérables et quantifiables subis par un demandeur. Par exemple, les frais médicaux, les frais de réparation ou de remplacement de biens endommagés, les pertes d'activités, les pertes d'objets non remplaçables, les pertes de soutien, etc.

Les dommages et intérêts particuliers doivent être spécifiquement excipés et prouvés pour qu'ils soient accordés. Il s'agit d'une indemnisation pour des pertes qui peuvent facilement être quantifiées et prouvées. Ainsi, la perte de revenu d'un plaignant suite à une détention arbitraire, peut facilement être prouvée et invoquée en conséquence comme préjudice particulier.

Lorsque la somme réclamée à titre de dommages et intérêts est quantifiée dans une demande, le demandeur doit produire les preuves à l'appui de sa demande ; en l'espèce, le Requérant n'a pu exciper, ni apporter la preuve justifiant sa demande de la somme de cinq millions (5.000.000) de dollars américains ; il ne peut donc lui être alloué de dommages et intérêts particuliers.

Les dommages et intérêts généraux sont des éléments de préjudice ou de perte subis, auxquels ne peut être attachée qu'une valeur subjective. Il peut s'agir, par exemple, de la douleur, de la souffrance physique, de souffrances ou traumatismes émotionnels, de la perte d'un compagnon, la perte de consortium, la défiguration, la perte de réputation, la perte ou la détérioration des capacités mentales ou physiques, la perte de la joie de vivre, etc.

Les dommages et intérêts à titre répressif ne sont pas attribuées en guise de compensation au demandeur, mais ils se présentent sous forme d'amende que doit payer la partie défenderesse et vise à la dissuader de récidiver. Les dommages et intérêts à titre répressif ne sont attribués que dans des cas spéciaux.

Ayant conclu aux points 1 et 2 que le droit du Requérant à la liberté individuelle a été violé, il a droit à des dommages-intérêts pour des préjudices qu'il a subis. Le montant de ces dommages-intérêts cependant dépend des faits invoqués dans la requête et des règles pertinentes qui régissent l'octroi des dommages et intérêts.

L'éminent Conseil du Requérant a demandé à la Cour de céans, le paiement de la somme de cinq millions (5.000.000) de dollars américains à titre d'indemnisation pour l'arrestation pour l'arrestation et la détention arbitraire de son client. Le Conseil a déclaré que la raison pour laquelle la Cour va octroyer une telle somme est de « dissuader les autres Etats membres de la Communauté de s'engager dans des violations des droits humains des citoyens de la Communauté et d'aller ainsi à l'encontre de leurs engagements internationaux ».

Le Conseil du Requérant a également exhorté la Cour à allouer des dommages et intérêts à titre répressif « afin de dissuader les gouvernements des Etats membres de violer impunément les droits des citoyens de la Communauté ».

Cependant, comme énoncé précédemment, les dommages et intérêts à titre répressif ne sont alloués que dans des circonstances limitées, étant donné qu'ils ne sont pas destinés à indemniser le demandeur mais à dissuader le défendeur et éventuellement d'autres personnes de commettre des actes similaires répressibles.

Bien que la Cour de céans ne soit pas liée par la jurisprudence d'autres Cours Internationales, elle peut tirer des enseignements utiles de ces décisions, surtout lorsque les questions en cause devant la Cour de céans sont similaires à celle évoquée devant ces Cours Internationales. En d'autres termes, de telles décisions peuvent avoir une valeur persuasive pour la Cour de céans.

Ainsi, on note que :

La Cour Européenne des Droits de l'Homme a accordé des dédommagements à des Requérants dont les Droits humains ont été violés par les gouvernements des pays du Conseil de l'Europe. En effet, dans l'Affaire Ahmed Selmouni contre la France (2005) CHR page 237, la Cour Européenne des Droits de l'Homme a accordé des dommages et intérêts au demandeur qui a pu établir que le traitement qui lui a été infligé par les Autorités Françaises correspond à une torture, un traitement inhumain et dégradant, contraire aux dispositions de l'Article 25 de la Convention Européenne de Sauvegarde des Droits de l'Homme et des Libertés Fondamentale.

La Cour Européenne a également dédommagé une personne dans l'Affaire Miroslav Cenbauer contre la République de Croatie (2005) page 429 lorsqu'elle a estimé que le demandeur avait été traité d'une manière qui viole l'Article 25 de la Convention Européenne de Sauvegarde des Droits de l'Homme et des Libertés Fondamentales.

En dépit du fait que les Cours Européennes et les Cours Interaméricaines existent depuis longtemps, la Cour n'a pu trouver aucune archive jurisprudentielle illustrant l'octroi des dommages-intérêts à titre répressif dans une affaire relative aux Droits de l'Homme.

Dans l'affaire Silver et autres contre le Royaume-Uni, 5 E.H.R.R. page 347, Eur. Ct. H.R. (ser. A), les Requérants ont d'abord plaidé pour l'allocation de dommages et intérêts à titre répressif. La Commission Européenne des Droits de l'Homme ayant renvoyé cette affaire devant la Cour en mars 1981. L'affaire avait pour origine sept requêtes contre le Royaume-Uni de Grande-Bretagne et d'Irlande du Nord, introduites auprès de la Commission à des dates diverses entre 1972 et 1975 par M. Reuben Silver, M. Clifford Dixon Noe, Mme Judith Colne, M. James Henry Tuttle, M. Gary Cooper, M. Micheal McMahon et M. Desmond Roy Carne.

Les Requérants se plaignaient du fait qu'un certain nombre de lettres écrites par eux ou qui leur étaient adressées, avait été retenues par les autorités carcérales, ce qui constitue une violation des Articles 8 et 13 de la Convention Européenne des Droits de l'Homme, respectivement relatifs au droit à la vie privée et au droit d'exercer un recours ; ils réclamaient des dommages et intérêts généraux pour la violation de ces droits. En outre, trois des requérants, M. Silver, M. McMahon et M. Carne, réclamaient des dommages et intérêts à titre répressif contre le Gouvernement du Royaume-Uni. Parmi les points à examiner par la Cour Européenne, il y avait la question de savoir si les actes dont se plaignaient les requérants constituaient une violation de leurs droits garantis par les Articles 8 et 13 et si les Requérants avaient droit aux dommages et intérêts recherchés, notamment à des dommages et intérêts à titre répressif.

Par son Arrêt rendu le 25 mars 1983, la Cour a déclaré que : « la rétention par les autorités carcérales de lettres écrites par les requérants ou adressées à eux équivaut à des violations des Articles 8 et 13 (art. 8, art. 13) de la Convention ». La Cour a cependant rejeté la demande de dommages et intérêts à titre répressif, sans avoir délibéré sur le fond. L'attitude de la Cour dans cette affaire n'est pas en faveur de l'allocation de dommages-intérêts à titre répressif dans une affaire des Droits de l'Homme tel que déféré devant elle.

Dans les Affaires Anufrijeva et un Autre, contre le Conseil municipal de Southwark, London ; R. (Mambakasa) contre le Ministre de l'Intérieur ; R(N) contre le Ministre de l'Intérieur (2004) QB 1124, le Tribunal a conclu que : « Lorsqu'une atteinte aux droits individuels d'une personne s'est produite, la préoccupation classique est de mettre fin à cette violation et toute question de réparation, s'il en existe, ne sera que secondaire ».

Ce point de vue a été mis également en exergue dans l'Affaire R (Greenfield) contre le Ministre de l'Intérieur (2005) UKHL 14, où Lord Bingham a fait remarquer que : « le point central de la Convention est axé sur la protection des Droits de l'Homme et non sur l'allocation de réparations ».

Il est donc clair que l'objectif des instruments relatifs aux Droits de l'Homme est de mettre fin aux violations de ces Droits de l'Homme et dans des cas où la violation a déjà eu lieu, de rétablir la personne dans le droit en question. La réparation est accordée afin d'assurer « la satisfaction équitable » et rien d'autre. L'objectif de protection des Droits de l'Homme et des Peuples, notamment la Charte Africaine des Droits de l'Homme et des Peuples sur laquelle l'affaire en espèce est basée, n'est pas d'accorder des dommages et intérêts à titre répressif contre les contrevenants à ces instruments. Cependant, une victime de violation des Droits de l'Homme qui a eu gain de cause, dans un procès, peut réclamer une indemnisation, s'il y a lieu, notamment à titre de dommages et intérêts particuliers, s'ils sont plaidés et prouvés au procès.

En ce qui concerne les dommages et intérêts généraux, les circonstances particulières de l'affaire en l'espèce doivent être prises en considération. En effet, le Requérant a été arrêté le 11 juillet 2006 et est depuis lors en détention sans inculpation d'aucune infraction pénale et n'a été présenté devant aucune Juridiction compétente. Il n'a même pas été informé du motif de son arrestation. Il a été tenu au secret ; il a été détenu dans des conditions inhumaines et s'est vu refuser l'accès à des soins médicaux. En outre, le Requérant est un journaliste qui travaillait et menait une vie normale avant d'être arrêté et détenu. Dans ces circonstances, la Cour estime que l'allocation de réparation est justifiée.

Décision de la cour

1. Attendu Que la Cour, à l'analyse des faits de la cause et des déclarations des témoins, conclut que le Requérant Chief Ebrimah Manneh, Journaliste Gambien, a été arrêté le 11 juillet 2006 par les Forces de Police de la République de Gambie, la Défenderesse ;

2. Attendu que le Requérant a été gardé au secret depuis son arrestation, sans inculpation ni jugement ;

3. Attendu qu'il n'a pas été informé des motifs de son arrestation, ni pu vérifier si cette arrestation est conforme à une loi pénale préalablement existante ;

4. Attendu que la Cour estime que ces faits constituent des violations des dispositions des Articles 2, 6 et 7 (1) de la Charte Africaine des Droits de l'Homme et des Peuples ;

5. Par ailleurs, attendu que ces violations des Droits humains du Requérant sont constituées par des actes posées par la Défenderesse, la République de Gambie, qui n'a pas comparu et a déclaré refuser de comparaître et cause par là un dommage certain au Requérant, pour lequel il échet d'accorder une réparation ;

6. Attendu qu'au regard de ces articles précités, la Cour estime que le Requérant doit être rétabli dans ses droits fondamentaux humains par la cessation de sa détention, le rétablissement de la dignité de sa personne, de sa liberté individuelle et de sa liberté d'aller et de venir ;

Qu'il échet donc de statuer comme tels.

Sur les dépens :

Attendu qu'aux termes de l'article 66 du Règlement de Procédure de la Cour de céans « toute partie qui succombe est condamnée aux dépens s'il est conclu en ce sens ».

Par ces motifs :

La Cour de Justice de la Communauté CEDEAO, statuant publiquement, contradictoirement à l'égard du Requérant Chief Ebrimah Manneh et par défaut réputé contradictoire à l'égard de la Défenderesse, la République de Gambie, en premier et dernier ressort ;

1. Vu le Traité Révisé de la CEDEAO, notamment en son article 4.g ;
2. Vu la Charte Africaine des Droits de l'Homme et des Peuples en ses articles 2, 6 et 7 (1) ;
3. Vu le Protocole Additionnel du 19 janvier 2005 relatif à la Cour ;
4. Vu le Règlement de Procédure de la Cour du 28 août 2002.

En la forme :

- *Déclare recevable l'action formée par le Requérant Chief Ebrimah Manneh pour violation de ses droits humains.*
- *Donne défaut réputé contradictoire contre la République de Gambie.*

Au fond

- Dit qu'il y a eu violation des articles 2, 6 et 7 (1) de la Charte Africaine des Droits de l'Homme et des Peuples par la République de Gambie.

En conséquence ;

La Cour ordonne :

- *A la République de Gambie de remettre en liberté et sans délai Chief Ebrimah Manneh et ce, dès notification de la présente décision.*
- *Que Chief Ebrimah Manneh soit rétabli dans ses droits humains à la dignité de sa personne, à la liberté individuelle et la liberté de circuler.*
- *Qu'il lui soit payé la somme de cent (100.000) mille dollars américains de dommages-intérêts pour le préjudice subi.*

Sur les dépens :

Dit que la République de Gambie est tenue au paiement des dépens tels qu'ils seront évalués.

OBSERVATIONS

Pour une fois, serait-on tenté de dire – mais on verra qu'il y a au moins une autre affaire pertinente à cet égard-, la Cour de Justice de la CEDEAO était appelée à se pencher sur une « vraie » affaire de violation de droits de l'homme. Dans cet arrêt en effet, elle se prononce sur l'arrestation et la détention d'un journaliste gambien par les autorités nationales, ce qui, a priori, met en cause au moins deux droits affirmés dans les instruments de protection de droits de l'homme susceptibles d'être invoqués devant la Cour : la liberté d'expression –sans doute- et, plus sûrement, la liberté tout court, dont l'accomplissement exclut arrestation ou détention arbitraire. On aurait aimé lire des décisions dont le lien avec les « droits de l'homme » sont aussi clairs, aussi peu controversables. L'omniprésence des moyens tirés de la transgression de « droits de l'homme » a l'inconvénient, on l'a dit, d'étouffer d'abord l'émergence d'un véritable « droit communautaire jurisprudentiel », d'hypothéquer l'autonomie de celui-ci. A la place d'un droit spécifique « de la CEDEAO », l'on court alors le risque de voir surgir un corps de règles aux contours mal définis, trop « vague » pour être une « marque de fabrique » de l'organisation sous-régionale. Plus fondamentalement ensuite, l'hypertrophie d'un contentieux des droits de l'homme a l'inconvénient d'éclipser l'objet même de l'organisation – la réalisation d'une « communauté économique et monétaire » - et de réduire, dans les faits, la CEDEAO à une organisation de protection des droits de l'homme. Ces risques qui pèsent sur l'autonomie du « droit communautaire ouest-africain » sont d'autant plus grands que, on l'a également vu, les instruments juridiques susceptibles d'être invoqués au soutien d'une requête alléguant la violation de « droits de l'homme » sont nombreux et ne sont pas des « actes sous régionaux » : on a vu que la Charte africaine des droits de l'homme et des peuples, comme la Déclaration universelle des droits de l'homme, pouvaient être invoquées devant la Cour.

La décision rendue est également intéressante eu égard au fait que, sauf erreur de notre part, pour la première fois, le juge de la Communauté exerce son office en se fondant essentiellement sur une preuve testimoniale. La chose n'a cependant rien d'extravagant ou d'étonnant. Il est bien prévu, et cela n'est pas non plus une surprise, que, dans le cadre de « l'instruction et des mesures préparatoires », « la Cour peut ordonner la vérification de certains faits par témoignage, soit d'office, soit à la demande des parties » (article 43 du Règlement de la Cour). Il convient de préciser qu'une telle audition s'inscrit dans le cadre de « mesures d'instruction », lesquelles ont été, en l'occurrence, ordonnées par la Cour dans une précédente audience (du 26 septembre 2007).

Sur le fond, la requête présentée à la Cour se fondait notamment sur les articles 2,6 et 7 de la Charte africaine des droits de l'homme et des peuples, dispositions relatives à la liberté individuelle, à l'interdiction de la détention arbitraire et au procès équitable. Après avoir recueilli les témoignages et « recoupé » ceux-ci, la Cour va conclure à la violation des droits en cause. Elle va ordonner d'une part que les autorités de la République de Gambie remettent en liberté *« et sans délai »* le Chief Ebrimah MANNEH et lui allouent la somme de cent mille dollars au titre de dommages intérêts.

On se félicitera, au passage, d'une autre nouveauté, qui consiste pour la Cour à « se citer » elle-même, à renvoyer à sa propre jurisprudence (en l'espèce, un certain arrêt « Alhadji Hammani Tijani contre République fédérale du Nigéria et autres », du 28 juin 2007). Une telle démarche a l'avantage de faire apparaître une sorte de mémoire jurisprudentielle de la Cour, propre à générer une véritable « politique jurisprudentielle ». Renvoyer à sa propre jurisprudence, c'est, pour une juridiction, affirmer qu'il y a une certaine cohérence, une certaine continuité dans le travail qu'elle accomplit, c'est faire surgir une rationalité dans le fatras apparent des causes qui atterrissent sur son prétoire. Mais pour qu'une telle revendication de systématisme soit couronnée de succès, et rallie les suffrages, il est nécessaire qu'elle ne tourne pas au soliloque, qu'elle ne relève pas d'une sorte de « méthode Coué » par laquelle le juge ferait seulement de l'autosuggestion, pour se convaincre qu'il est effectivement sur le registre de la cohérence. Il est, en d'autres termes, nécessaire que ce discours de la méthode soit partagé par les autres protagonistes du procès judiciaire, c'est-à-dire par les parties elles-mêmes. Le jour où celles-ci prendront l'habitude, dans leurs écritures, de renvoyer la Cour à sa propre jurisprudence, ou de fonder leur propre argumentation sur cette jurisprudence, un grand pas sera franchi dans la quête de la « politique jurisprudentielle ». La condition du succès n'est donc pas dans le seul renvoi à la jurisprudence passée, elle est aussi dans la pertinence du lien établi entre la cause débattue et des causes passées. Si le rapport établi est juste, le juge aura convaincu, et les parties, sans doute, mimeront sa démarche.

Ces appréciations positives ne doivent pas occulter d'autres sources d'interrogation, notamment celui de l'évaluation de la réparation du préjudice subi dans cette affaire. Alors qu'il réclamait, dans sa requête, la somme de cinq millions de dollars, le demandeur ne se voit accorder, en définitive, que cent mille dollars. La Cour avait semblé critiquer la première évaluation. Elle écrit en effet que « le demandeur doit produire les preuves à l'appui de sa demande ; en l'espèce, le requérant n'a pu exciper, ni apporter la preuve justifiant sa demande de la somme de cinq millions de dollars… » (Paragraphe 29 in fine). Curieusement pourtant, la somme finalement allouée ne résulte d'aucune tentative d'évaluation objective. Tout donne le sentiment que sa détermination résulte d'une démarche impressionniste, et que c'est de manière quelque peu arbitraire que le juge l'a fixée. En d'autres termes, on peut reprocher à la Cour ce qu'elle même reprochait à la requête.

L'arrêt « Ebrimah MANNEY contre République de Gambie » sera sans doute perçu comme l'acte ayant scellé - seulement pour un temps, il faut l'espérer- la mésintelligence entre la juridiction communautaire et l'Etat défendeur. On se souvient en effet que la jurisprudence « Moses ESSIEN contre République de Gambie », du 29 octobre 2007, avait déjà marqué une certaine tension entre la Cour de Justice de la CEDEAO et l'Etat membre. Celui-ci, non seulement avait fait défaut, mais avait cru bon d'écrire à la Commission de la Communauté pour exprimer son « mécontentement » après le verdict rendu. Dans la présente affaire, la Gambie a tout aussi nettement refusé de se présenter devant la Cour. Il est même précisé que : « malgré tous (les) efforts déployés par le Greffe de la Cour pour amener la défenderesse à prendre part au procès, (celle-ci) ne s'est pas présentée ». Puis, « par lettre datée du 23 août 2007 adressée au Président de la Commission de la CEDEAO, avec ampliation à la Cour, la défenderesse a déclaré « qu'elle refuse de participer ou d'assister à l'audience de la Cour du 26 septembre 2007 ».

AVIS N° 001/08 DANS L'AFFAIRE N° ECW/CCJ/ADV.OPN/01/08 SÉANCE PUBLIQUE DU 16 JUIN 2008

***

Demande d'avis du Président de la Commission de la CEDEAO sur Le renouvellement des mandats du Directeur Général et de la Directrice Générale Adjointe du GIABA

La Cour composée de :

- Hon. Juge Aminata Mallé SANOGO, Présidente
- Hon Juge Anthony Bénin, Membre
- Hon. Juge Barthélémy Toe, Membre
- Hon. Juge Awa Nana Daboya, Membre
- Hon. Juge Soumana Dirarou Sidibé, Membre

Assistés de : Maître Tony Anene-Maidoh, Greffier en Chef.

A émis l'Avis dont la teneur suit :

Vu Le Traité Révisé de la Communauté Economique des Etats de l'Afrique de l'Ouest, CEDEAO, du 24 juillet 1993 ;

Vu Le Protocole A/P1/7/91 du 6 juillet 1991 relatif à la Cour de Justice de la Communauté, CEDEAO ;

Vu Le Protocole Additionnel A/SP.1/01/05 du 19 janvier 2005 relatif à la Cour de Justice de la communauté, CEDEAO ;

Vu Le Règlement de la Cour de Justice de la Communauté, CEDEAO, du 28 août 2002 ;

Vu Le Protocole Additionnel A/SP1/06/06 du 14 juin 2006 portant amendement du Traité Révisé ;

Vu La lettre ECW/INST/LEG/021/RL/my du 20 mai 2008 du Président de la Commission de la CEDEAO portant demande d'Avis Juridique.

La Cour

Par lettre ECW/INST/LEG/051/RL/my, datée du 20 mai 2008 et enregistrée au Greffe de la Cour le 30 mai 2008 sous le N° ECW/CCJ/ADV.OPN/01/08, le Président de la Commission de la CEDEAO a saisi, en application des dispositions des articles 9 paragraphe 1 (a) et (b) et 11 nouveau du Protocole Additionnel A/SP1/01/05 du 19 janvier 2005, la Cour de Justice de la Communauté CEDEAO, d'une demande d'avis juridique libellée comme suit :

Madame la Présidente,

Au cours de sa soixantième session ordinaire, le Conseil des Ministres n'a pu faire une recommandation consensuelle à la Conférence des Chefs d'Etat et de Gouvernement sur la décision à prendre concernant l'attribution des postes de Directeur Général et de Directeur Général Adjoint du Groupe Inter-Gouvernemental d'Action contre le Blanchiment d'Argent (GIABA), à l'expiration du mandat des fonctionnaires statutaires qui occupent actuellement ces postes.

Les opinions divergentes qui ont été exposées au cours des débats du conseil ont été soit en faveur du renouvellement des mandats en cours, soit en faveur de l'attribution des postes ci-dessus mentionnés à d'autres Etats membres que ceux dont les ressortissants occupent actuellement ces postes.

Aux fins d'éclairer judicieusement les Chefs d'Etat et de gouvernement au cas où ils souhaiteraient guider leur décision par une solution juridique, il me paraître nécessaire de solliciter de votre haute juridiction, un avis juridique.

Ma démarche se fonde sur les dispositions de l'article 11 nouveau du Protocole Additionnel A/SP1/01/05 du 19 janvier 2005 sur les avis consultatifs (Article 10 paragraphes (1) et (2) du Protocole A/P1/7/91 du 6 juillet 1991) qui dispose :

« La Cour peut, lorsqu'elle est saisie par la Conférence, le Conseil ou par un ou plusieurs Etats membres ou par le Secrétaire Exécutif et toute autre Institution de la Communauté, émettre, à titre consultatif, un avis juridique sur des questions qui requièrent l'interprétation des dispositions du Traité.

La requête aux fins d'un avis consultatif en vertu du Paragraphe 1 du présent article est faite par écrit. Elle contient une indication exacte des questions sur lesquelles l'avis est requis et est accompagnée de tous les documents pertinents susceptibles d'éclairer la Cour ».

Je sollicite également l'avis juridique, en application de l'article 9 paragraphe 1 (a) et (b) nouveau du Protocole Additionnel A/SP1/01/05 du 19 janvier 2005, sur la compétence de la Cour qui dispose :

« La Cour a compétence sur tous les différends qui lui sont soumis et qui ont pour objet :

a. L'interprétation et l'application du Traité, des Conventions et Protocoles de la Communauté ;

b. L'interprétation et l'application des règlements, des directives, des décisions et tous autres instruments juridiques subsidiaires adoptés dans le cadre de la CEDEAO ».

La trente-quatrième session de la conférence des Chefs d'Etat et de Gouvernement se tiendra à Abuja le 23 juin 2008.

La nécessité de transmettre aux Chefs d'Etat et de Gouvernement les dossiers de leurs session quinze (15) jours avant le début de celle-ci, conformément à une directive de la trente-troisième session de la Conférence me contraint de vous demander, Madame la Présidente, de bien vouloir user de la procédure accélérée conformément au chapitre IV du Règlement Intérieur de la Cour de Justice de la Communauté approuvé par le Règlement C/REG.4/8/02 du 28 août 2002. Je vous serais dès lors reconnaissant de me transmettre l'avis de la Cour le 5 juin 2008.

Veuillez agréer, Madame la Présidence, les assurances de ma haute considération.

Dans un document annexé à la demande du Président de la Commission, il est précisé qu'à la soixantième session ordinaire du Conseil des Ministres qui s'est tenue à Abuja les 17 et 18 mai 2008, des opinions exprimées en faveur du renouvellement des mandats qu'occupent le Docteur Shehu Abdulahi Yibaikwal, Directeur Général et le Docteur Mme Elizabeth Ndèye Diaw, Directrice Générale Adjointe, ont souligné avec force leurs compétences avérées et les importantes réalisations qu'ils ont accomplies et qui ont valu au GIABA sa reconnaissance au plan mondial, d'une part et l'antériorité de leur nomination par rapport au Protocole Additionnel A/SP1/06/06 du 14 juin 2006, d'autre part.

Le même document indique que d'autres opinions contraires au renouvellement du mandat du Directeur Général et de la Directrice Générale Adjointe ont soutenu l'application stricte des textes en vigueur.

Le Protocole A/P1/7/91 du 6 juillet 1991 relatif à la Cour, en son article 11 nouveau, énonce que « La Cour peut, lorsqu'elle est saisie par la Conférence, le Conseil ou par un ou plusieurs Etats Membres ou le Secrétaire Exécutif et toute autre institutions de la Communauté, émettre à titre consultatif, un avis juridique sur des questions qui requièrent l'interprétation des dispositions du Traité ».

Bien que la requête soit adressée à la Présidente de la Cour alors qu'elle aurait dû être adressée au Greffe, il n'existe aucun doute sur son contenu, qui tend à obtenir de la Cour un avis juridique.

Par ailleurs, l'analyse des documents joints à la requête permet de comprendre que les appellations Directeur Général et Secrétaire Administratif d'une part, Directrice Générale Adjointe et Secrétaire Administratif Adjoint d'autre part, s'appliquent aux seules et mêmes personnes au sein du GIABA.

Au regard de l'ensemble des pièces du dossier, la présente requête paraît conforme aux prescriptions de l'article 11 nouveau du Protocole Additionnel A/SP1/01/05 du 19 janvier 2005 relatif à la Cour de Justice de la CEDEAO. En effet, la demande a été introduite par une Autorité (ou Institution) ayant qualité, en l'occurrence le Président de la Commission (ex-Secrétaire Exécutif de la CEDEAO) ; elle est formulée par écrit ; elle contient l'énonciation (une indication) exacte des questions sur lesquelles l'avis est requis ; elle est accompagnée de documents pertinents susceptibles d'éclairer la Cour, notamment le Protocole Additionnel A/SP.1/06/06 du 14 juin 2006 portant amendement du Traité Révisé de la CEDEAO, le Règlement C/REG.1/05/06 du 15 mai 2006 portant nomination du Secrétaire Administratif du GIABA et la lettre n° ECW/01-00025-E/10-03/cka du 10 mars 2006 ayant pour objet la nomination de Monsieur Shehu Abdullahi Yibaikwal au poste de Secrétaire Administratif du GIABA.

La requête ayant rempli toutes les conditions de forme prescrites par le Protocole A/P1/7/91 du 6 juillet 1991, le Protocole Additionnel A/SP1/01/05 du 19 janvier 2005 et le Règlement de la Cour, elle est donc recevable.

Sur le fond

Il est demandé à la Cour de dire :

- « Si les dispositions de l'Article 18 paragraphe 3 (f) nouveau du Protocole Additionnel A/SP1/06/06 du 14 juin 2006 suivant lesquelles « tous les fonctionnaires statutaires des autres Institutions de la Communauté sont nommés pour un mandat de quatre (4) ans non renouvelable » sont applicables au Directeur Général et à la Directrice Générale Adjointe de GIABA » ?
- « Si, nonobstant l'absence dans le règlement C/REG/21/01/05 du 18 janvier 2005 portant nomination du Secrétaire Administratif et du Secrétaire Administratif Adjoint du GIABA, ainsi que dans le Règlement C/REG.1/05/06 du 15 mai 2006 portant nomination du Secrétaire Administratif du GIABA et dans la lettre ECW/PER/01-00025-E/10-03cka du 10 mars 2006, de toute indication relative au renouvellement de leurs mandats, le Directeur Général et la Directrice Générale Adjointe du GIABA peuvent se prévaloir des dispositions de l'Article 18 paragraphe 4 (a) du Traité Révisé qui dispose : « Les Secrétaires Exécutifs Adjoints et les autres fonctionnaires statutaires sont nommés pour une période de quatre (4) ans renouvelable une seule fois pour une autre période de quatre (4) ans ».

I) Sur la question de savoir si les dispositions de l'article 18.3 (f) nouveau du Protocole Additionnel A/SP1/06/06 du 14 juin 2006 sont ou non applicables aux actuels Directeur Général et Directrice Générale Adjointe du GIABA

Les dispositions dont s'agit sont conçues et rédigées ainsi qu'il suit :

> *Tous les Fonctionnaires Statutaires des autres Institutions de la Communauté sont nommés pour un mandat de quatre (4) ans non renouvelable ». Il est à indiquer que ce texte est intervenu en amendement à l'ancien article 18 du Traité Révisé de la Communauté, qui disposait que « les Secrétaires Exécutifs Adjoints et les autres fonctionnaires statutaires sont nommés... pour une période de quatre (4) ans renouvelable une seule fois pour une autre période de quatre (4) ans*

La question soumise à la Cour pour avis a trait à l'application de la loi dans le temps. En la matière, il s'agit du principe de la Non-Rétroactivité de la loi nouvelle, dont une énonciation claire et concise est contenue à l'article2 du Code civil français entre autres références : « La loi ne dispose que pour l'avenir, ce qui a amené la doctrine contemporaine à y déceler trois solutions dont l'une de principe, les autres exceptionnelles.

A – La solution principale : L'effet immédiat de la loi nouvelle

Le Traité Révisé de la CEDEAO avait fixé la durée du mandat des Fonctionnaires Statutaires autres que le Secrétaire Exécutif, à quatre (4) ans renouvelable une seule fois pour la même durée (quatre ans). Le Protocole Additionnel A/SP1/06/06 du 14 juin 2006 a retenu la même durée (4 ans) pour le mandat de tous les Fonctionnaires Statutaires de la CEDEAO, en supprimant la possibilité de renouvellement. Quel sort convient-il alors de réserver aux situations juridiques en cours ?

Selon les Professeurs Pierre Voirin et Gilles Goubeaux (Voir Pierre Voirin et Gilles Goubeaux, Droit civil, Tome 1, 31e édition – LGDJ), « la loi ne revient pas sur le passé, mais elle régit l'avenir à partir du moment où elle entre en vigueur... La loi nouvelle saisit immédiatement les situations en cours, mais ne modifie pas les conséquences que ces situations ont déjà produites ».

En appliquant au présent cas d'espèce les règles combinées de l'effet immédiat et de la non-rétroactivité de la loi nouvelle ci-dessus exprimées, les solutions suivantes devraient être admises :

a. *Le Protocole Additionnel A/SP1/06/06 du 14 juin 2006 est bel et bien entré en vigueur, et ses effets courent depuis la date de son entrée en vigueur. Cependant, cette loi nouvelle n'a pas pour effet de suspendre, modifier ou annuler les mandats donnés au Directeur Général et à la Directrice Générale Adjointe du GIABA sous l'empire de l'article 18 du Traité Révisé dans sa rédaction originelle, lesquels (mandats) doivent continuer de courir jusqu'à leur terme normal tel que fixé par le Traité Révisé. Même si l'article 18 ancien du Traité Révisé avait prescrit un mandat de durée supérieure (par exemple six ans) ou inférieure (par exemple trois ans) à celle retenue par l'article 18 nouveau du Protocole Additionnel du 14 juin 2006 (quatre ans), l'on ne saurait se fonder sur les dispositions de cette loi nouvelle pour ramener à quatre (4) ans la durée des mandats en cours, par extension ou par déduction selon le cas ;*
b. *Les fonctionnaires Statutaires de toutes les Institutions de la CEDEAO nommés avant l'entrée en vigueur du Protocole Additionnel A/SP1/06/06 du 14 juin 2006, qui ont exercé jusqu'à son terme un mandat de quatre (4) ans et en ont obtenu le renouvellement pour une période de même durée que la première, c'est-à-dire également quatre (4) ans, en application de l'article 18 ancien du Traité Révisé, doivent continuer à exercer jusqu'à terme leur second mandat, sans qu'on puisse leur opposer l'impossibilité de renouvellement édictée par l'article 18 nouveau du Protocole Additionnel. La raison en est que le renouvellement de mandat opéré à leur profit, qui est une « conséquence déjà produite » par une situation juridique née et mise en application avant l'avènement de la loi nouvelle portant suppression de la faculté (ou possibilité) de renouvellement constitue un « droit acquis » que la loi nouvelle est impuissante à anéantir rétroactivement ; or tel n'est pas le cas en l'espèce ;*
c. *Tous les Fonctionnaires Statutaires des Institutions de la CEDEAO, nommés sous l'empire de l'article18 ancien du Traité Révisé pour une période de quatre (4) ans susceptible de renouvellement une seule fois et pour la même durée (quatre ans), dont le mandat initial n'était pas encore achevé à la date d'entrée en vigueur du Protocole Additionnel A/SP1/06/06 du 14 juin 2006, ne sauraient avoir un droit réservataire au renouvellement de leur mandat dont l'exercice serait projeté ou même simplement projetable dans le futur, plus précisément à la date d'expiration de leur mandat en cours ;*

En effet, non seulement la condition essentielle du renouvellement de leur mandat (l'expiration de la première période de quatre ans pour laquelle ils sont nommés) n'était pas encore réalisée à la date d'entrée en vigueur de la loi nouvelle portant suppression de la faculté de renouvellement, mais aussi le renouvellement, même si ladite condition était réalisée à la date considérée, n'était ni automatique (ou de plein droit), ni une obligation à l charge de l'Autorité de nomination. Facultatif et discrétionnaire pour l'Autorité de nomination, le renouvellement de mandat est également hypothétique, c'est-à-dire incertain et aléatoire pour celui qui y aspire. Ainsi caractérisé, il ne saurait constituer pour le prétendant un droit acquis exigible à terme mais s'inscrit plutôt dans le domaine des « simples expectatives ».

L'article 18 paragraphe 3 (f) nouveau qui, contrairement à l'article 18 paragraphe 4 (a) ancien, ne permet plus le renouvellement du mandat des fonctionnaires Statutaires, est, suivant la volonté des signataires du protocole Additionnel A/SP1/06/06 du 14 juin 2006, d'application immédiate tant pour les Etats que pour la CEDEAO puisque ledit Protocole à l'article 4 dispose :

> *1) Le présent Protocole Additionnel entre en vigueur provisoirement dès sa signature par les Chefs d'Etat et de Gouvernement. En conséquence, les Etats membres signataires et la CEDEAO s'engagement à commencer la mise en œuvre de ses dispositions... 3) Le Président Protocole Additionnel est annexé au Traité Révisé dont il fait partie intégrante.*

Quant à l'article 6 dudit Protocole Additionnel, il dispose :

> *Nonobstant les dispositions de l'article 9 nouveau, les Conventions, Protocoles, Décisions, Règlements et Résolutions de la Communauté adoptés depuis 1975, demeurent valides et applicables en leurs dispositions non contraires au présent Protocole Additionnel.*

En conséquence, et en application de l'article 6 ci-dessus, la mention « ...renouvelable une seule fois pour une autre période de quatre (4) ans » contenue dans l'ancienne disposition est abrogée parce que contraire à la nouvelle disposition.

B – Les solutions exceptionnelles

L'on peut en citer notamment deux (2) : la rétroactivité de la loi nouvelle et la survie de la loi ancienne ;

a. La rétroactivité de la loi nouvelle

La rétroactivité est source d'insécurité juridique. Ce qui explique l'interdiction faite au juge d'appliquer à un litige dont il est saisi une règle de droit dont l'existence ou l'entrée en vigueur est postérieure à la naissance de ce différend, à moins que la loi nouvelle ne comporte des dispositions transitoires ou que le législateur n'ait déclaré cette loi nouvelle expressément rétroactive. Si en règle générale, la rétroactivité de la loi nouvelle résulte de la déclaration expresse qu'elle-même contient, il peut arriver que nonobstant le silence qu'elles observent, certaines lois soient considérées comme étant d'office d'application rétroactive. Il s'agit des lois pénales plus douces appliquées rétroactivement pour des raisons humanitaires) et des lois interprétatives (qui ne constituent pas en fait des lois nouvelles et n'ont pas pour effet de supprimer les lois anciennes qu'elles interprètent).

b. La survie de la loi ancienne

Pour éviter la complexité du droit et des situations juridiques à une même période, et aussi pour prendre la mesure du progrès que toute législation nouvelle est censée réaliser par rapport au droit ancien, il est communément admis le principe que la loi nouvelle abroge la règle de droit ancienne. L'abrogation est soit tacite (lorsque les nouvelles dispositions sont tout simplement incompatibles avec les anciennes), soit expresse.

Il est cependant un domaine où on admet volontiers que la loi ancienne survive en dépit de l'adoption d'une loi nouvelle. Ce domaine est celui des contrats. La survie de la loi ancienne s'explique par le fait qu' « en passant un contrat, les parties ont eu en vue les effets que ce contrat produira dans l'avenir ; ce serait déjouer leurs prévisions si une loi nouvelle venait bouleverser ces effets ». Le souci est donc de respecter l'expression de la volonté de parties, conformément au principe de droit selon lequel « le contrat est la loi des parties ». Mais cet autre principe ne lie pas le législateur, qui peut toujours décider l'application d'une nouvelle loi aux contrats en cours, notamment lorsque le maintien de l'ancienne loi se révèle contraire à l'ordre public ou à l'intérêt général.

Dans la présente affaire, les exceptions au principe de la non rétroactivité telles qu'évoquées ne sauraient trouver application. En effet, il ne s'agit ni de dispositions législatives pénales plus douces, ni de la matière contractuelle. Et même s'il s'était agi de contrat, il y a lieu de considérer ici que l'intérêt général est en jeu puisque, aux termes de l'article 18 paragraphe 3 (f) nouveau du Protocole Additionnel A/SP1/06/06 du 14 juin 2006, « Tous les Fonctionnaires Statutaires des autres Institutions de la Communauté, sont nommés pour un mandat de quatre (4) ans non renouvelable ».

II) Sur la question de savoir si, nonobstant l'absence de toute indication relative au renouvellement de leur mandat dans les actes de nomination les concernant, le Directeur Général et Directrice Générale Adjointe du GIABA peuvent se prévaloir des dispositions de l'article 18 paragraphe 4 (a) du traite révisé

L'article susvisé énonce :

> *« Les Secrétaires Exécutifs Adjoints et les autres Fonctionnaires Statutaires sont nommés pour une période de quatre (4) ans renouvelable une seule fois pour une autre période de quatre (4) ans ».*

Ainsi, c'est par une loi qu'a été fixée la durée du mandat initial de tous les fonctionnaires statutaires de la CEDEAO autres que le Secrétaire Exécutif et qu'a été prévue la possibilité de renouvellement de ce mandat une seule fois et pour la même durée. Parce que générale, impersonnelle et d'ordre public, cette loi s'applique de plein droit à tous les membres du personnel entrant dans les catégories visées.

Etant entendu que l'expression « les autres fonctionnaires statutaires » désigne notamment le Directeur et la Directrice Générale Adjointe du GIABA, ceux-ci peuvent se prévaloir des dispositions de l'article 18 paragraphe 4 (a) du Traité Révisé, nonobstant l'absence de toute indication relative au renouvellement de leur mandat dans les actes de nomination les concernant ainsi que leurs prédécesseurs, « mais à condition que lesdites dispositions soient encore en vigueur au moment où ils entendent invoquer sinon « le droit au renouvellement », du moins « la possibilité de renouvellement ». Mais il se trouve que l'article 18 paragraphe 4 (a) du Traité Révisé a été abrogé et remplacé par l'article 18 paragraphe 3 (f) nouveau du Protocole Additionnel A/SP1/06/06 du 14 juin 2006, qui exclut toute possibilité de renouvellement du mandat des Fonctionnaires Statutaires de la CEDEAO, que cette loi nouvelle est entrée en vigueur et qu'elle a un effet immédiat.

En tout état de cause, les dispositions incomplètes, surabondantes ou contraires d'un contrat ou d'une règle de droit inférieure, en l'occurrence le Règlement C/REG.21/01/05 du 18 janvier 2005 portant nomination du Secrétaire Administratif et du Secrétaire Administratif Adjoint du GIABA, le Règlement C/REG.1/05/06 du 15 mai 2006 portant nomination du Secrétaire Administratif du GIABA et la lettre ECW/PER/01-00025-E/10-03cka du 10 mars 2006, ne sauraient faire obstacle à l'application de la loi supérieure, en l'occurrence le Traité Révisé.

En conclusion

La Cour est d'avis que :

L'absence dans le Règlement C/REG.21/01/05 du 18 janvier 2005 portant nomination du Secrétaire Administratif et du Secrétaire Administratif Adjoint du GIABA, ainsi que dans le Règlement C/REG.1/05/06 du 15 mai 2006 portant nomination du Secrétaire Administratif du GIABA et dans la lettre ECW/PER/01-00025-E/10-03cka du 10 mars 2006, de toute indication relative au renouvellement de leurs mandats ne saurait empêcher le Directeur Général et la Directrice Générale Adjointe du GIABA de se prévaloir des dispositions de l'article 18 paragraphe 4 (a) du Traité Révisé aux termes duquel : « Les Secrétaires Exécutifs Adjoints et les autres Fonctionnaires Statutaires sont nommés pour une période de quatre (4) ans renouvelable une seule fois pour une autre période de quatre (4) ans », car les dispositions incomplètes, surabondantes ou contraires d'un contrat ou d'une règle de droit inférieure ne sauraient faire obstacle à l'application de la loi supérieure, en l'occurrence le Traité Révisé.

Le Directeur Général et la Directrice Générale Adjointe du GIABA ne peuvent à présent se prévaloir de la clause de renouvellement de leur mandat, non en raison de l'absence de toute indication relative au renouvellement dans les actes de nomination les concernant, mais parce que :

- L'article 18 paragraphe 4 (a) ancien du Traité Révisé qui contenait ladite clause a été abrogé et remplacé par l'article 18 paragraphe 3 (f) nouveau du Protocole Additionnel A/SP.1/06/06 du 14 juin 2006 qui exclut toute possibilité de renouvellement du mandat de tout Fonctionnaire Statutaire de la CEDEAO.

- Cette loi nouvelle est entrée en vigueur ;

- Elle a un effet immédiat et ne contient pas de dispositions transitoires préservant la faculté de renouvellement des mandats des Fonctionnaires Statutaires de la CEDEAO en cours ;

Les dispositions de l'article 18 paragraphe 3 (f) nouveau du Protocole Additionnel A/SP1/06/06 du 14 juin 2006 suivant lesquelles : « Tous les Fonctionnaires Statutaires des autres Institutions de la Communauté sont nommés pour un mandat de quatre (a) ans non renouvelable » sont applicables au Directeur Général et la Directrice Générale Adjointe du GIABA en vertu du principe de l'effet immédiat de la loi nouvelle.

OBSERVATIONS

La Cour de Justice de la CEDEAO était saisie, dans cette affaire, aux fins de délivrer un avis requis par le Président de la Commission de la Communauté, avis relatif au renouvellement des mandats du Directeur général et de la Directrice générale adjointe du GIABA (Groupe Inter-Gouvernemental d'Action Contre le Blanchiment d'Argent).

Il est en effet apparu, au cours de sa soixantième session, que le Conseil des Ministres de la CEDEAO n'a pu aboutir à une position consensuelle au sujet du renouvellement de ces mandats, deux interprétations des textes s'opposant à cet égard. On ne comprend ces deux opinions que si l'on rappelle les termes du problème.

Ces termes, contrairement aux apparences – nous y reviendrons – étaient relativement simples.

Le Directeur général et le Directeur général adjoint du GIABA avaient été désignés en 2004, sous l'empire de l'article 18 paragraphe 4 du Traité révisé, qui disposait : « Les Secrétaires Exécutifs adjoints et les autres fonctionnaires statutaires sont nommés pour une période de quatre (4) ans renouvelable une seule fois pour une autre période de quatre (4) ans ». Deux ans plus tard, en 2006, cette disposition était amendée par un Protocole additionnel – daté du 14 juin- et une nouvelle disposition ainsi libellée était insérée : « tous les fonctionnaires statutaires des autres Institutions de la Communauté sont nommés pour un mandat de quatre (4) ans non renouvelable ». La question était donc de savoir de laquelle de ces deux dispositions relevaient les mandats en question : l'actuelle ou l'ancienne ?

La réponse de la Cour est, finalement, assez claire. Elle consiste à dire que l'ancienne disposition a été « abrogée et remplacée », d'une part, et, d'autre part, que le nouveau droit positif « ne contient pas de dispositions transitoires préservant la faculté de renouvellement des mandats des fonctionnaires non statutaires de la CEDEAO ». Il est en effet logique de penser que si les autorités communautaires avaient entendu placer les « mandats » en cours sous l'empire du droit ancien, elles l'auraient spécifié. Il est donc difficile de ne pas approuver la démarche de la Cour.

Pour le reste, l'affaire recèle des particularités qu'il convient d'évoquer, chacune, assez rapidement.

Il faut d'abord rappeler que l'on était dans une procédure consultative. La Cour était sollicitée pour rendre un Avis sur une question de droit. L'activité consultative des juridictions internationales ouest- africaines est plutôt maigre, mais leur existence est toujours l'indice d'un certain « souci du droit », d'une certaine « conscience juridique », ce dont il faut se féliciter a priori. Rappelons que les règles qui régissent la demande d'avis figurent au chapitre VII (articles 96 et suivants) du Règlement de la Cour.

L'Avis avait été demandé par le Président de la Commission (ancien « Secrétaire exécutif » de la CEDEAO). Ici, les questions soulevées à propos de l'UEMOA ne se posent pas. C'est bien le titulaire de l'habilitation, et non le collège dont il fait partie – la Commission -, qui a effectivement introduit la demande auprès de la Cour.

Cette demande avait été exprimée en même temps que le souhait de voir la Cour vider sa saisine sur la base des « procédures accélérées » dont fait mention le chapitre IV du Règlement de la Cour (article 59 et suivants). Dans la lettre par laquelle il saisit la Cour, le Président de la Commission prie en effet « Madame la Présidente, de bien vouloir user de la procédure accélérée conformément au chapitre IV du Règlement Intérieur de la Cour ».

L'examen des dispositions visées montre pourtant que les rédacteurs du Règlement n'ont, bizarrement, imaginé l'accélération des procédures que dans un cadre contentieux, et non dans un cadre consultatif. Dès lors, tout ce que l'on peut espérer, c'est que la juridiction « fasse diligence », simplement. Il n'existe, dans le Règlement, aucune mesure envisagée, censée réduire les délais de la délibération lorsque c'est une demande d'Avis qui est faite à la Cour.

Le lecteur constatera également que la lettre adressée par le Président de la Commission renvoie à deux bases sur lesquelles la Cour peut se fonder pour rendre l'Avis requis : l'article 11 nouveau du Protocole Additionnel – qui est effectivement pertinent – et l'article 9 paragraphe 1 (a) et (b) nouveau du Protocole Additionnel du 19 janvier 2005. Dans cette dernière disposition, il n'est pourtant nullement question de procédure consultative, mais bien de contentieux. Cet article énonce en effet liminairement que « la Cour a compétence sur tous les différends qui lui sont soumis et qui ont pour objet… ». En l'espèce, il n y avait bien sûr aucun « différend ». En d'autres termes, seule la référence à l'article 11 nouveau du Protocole Additionnel est pertinente.

RÔLE GÉNÉRAL N° ECW/CCJ/APP/08/08
ARRÊTS N° ECW/CCJ/JUD/06/08
27 OCTOBRE 2008

***

Entre Dame Hadijatou Mani Koraou, Requérante Comparante et la République du Niger, Défenderesse

---

La Cour de Justice de la CEDEAO, siégeant à Niamey (République du Niger) et ainsi composée :

- Hon. Juge Aminata Mallé SANOGO, Présidente
- Hon. Juge Awa Nana Daboya, Membre
- Hon. Juge El Hadj Mansour Tall, Membre

Assistés de : Maître Athanase Atannon, Greffier

Arrêt de la Cour

La *« Sadaka »*, en général, exécute les travaux domestiques et s'occupe du service du « maître ». Celui-ci peut, à tout moment, de jour comme de nuit, avoir avec elle des relations sexuelles.

Un jour, alors qu'elle se trouvait dans le champ de son maître en train de travailler, celui-ci vint la surprendre et abusa d'elle. Ce premier acte sexuel forcé lui fut imposé dans ces conditions alors qu'elle avait encore moins de 13 ans. La requérante fut ainsi souvent victime d'actes de violence de la part de son maître, en cas d'insoumission réelle ou supposée.

Pendant environ neuf (9) ans Hadijatou Mani Koraou a servi au domicile de El Hadj Souleymane Naoua, en exécutant toutes sortes de tâches domestiques et en servant de concubine à celui-ci.

De ces relations avec son maître, sont nés quatre (04) enfants dont deux (02) ont survécu.

Le 18 août 2005, El Hadj Souleymane Naroua délivra à Hadijatou Mani Koraou un certificat d'affranchissement (esclave) ; cet acte a été signé par la bénéficiaire, le maître et consigné par le Chef de village qui y a apposé son cachet.

Suite à cet acte d'affranchissement, la requérante décide de quitter le domicile de celui qui fut naguère son maître. Ce denier lui oppose un refus, motif pris de ce qu'elle est et demeure son épouse. Néanmoins, sous prétexte de rendre visite à sa mère malade, Hadijatou Mani Koraou partit définitivement du domicile de El Hadj Souleymane Naroua.

Le 14 février 2006, Hadijatou Mani Koraou saisit le Tribunal civil et coutumier de Konni pour faire valoir son désir de recouvrer sa liberté totale et d'aller vivre sa vie ailleurs.

Sur cette requête, le Tribunal civil et coutumier de Konni, par jugement n°06 du 20 mars 2006, constate « qu'il n'y a jamais eu mariage à proprement parler entre la demanderesse et El Hadj Souleymane Naroua, parce qu'il n'y a jamais eu paiement de la dot ni célébration religieuse du mariage et que Hadijatou Mani Koraou demeure libre de refaire sa vie avec la personne de son choix ».

El Hadj Souleymane Naroua interjette appel de ce jugement du Tribunal civil et coutumier de Konni, devant le Tribunal de Grande Instance de Konni qui, par décision n° 30 rendue le 16 juin 2006, infirme le jugement attaqué.

La requérante se pourvoit en cassation devant la Chambre Judiciaire de la Cour suprême de Niamey, en sollicitant « l'application de la loi contre l'esclavage et les pratiques esclavagistes ».

Le 28 décembre 2006, la Juridiction suprême, par Arrêt n° 06/O6/cout. Casse et annule la décision d'appel du Tribunal de Grande de Instance de Konni, au motif de violation de l'article 5 alinéa 4 de la loi n° 2004-50 du 22 juillet 2004 sur l'Organisation judiciaire au Niger, sans se prononcer sur la question du statut d'esclave de Hadijatou Mani Koraou. L'affaire fut renvoyée devant la même Juridiction, autrement composée, pour réexamen.

Avant l'issue de la procédure, Hadijatou Mani Koraou qui, entre temps, était revenue ans sa famille paternelle, contracte mariage avec le Sieur Ladan Rabo.

Ayant appris le mariage de la requérante avec le Sieur Ladan Rabo, El Hadj Souleymane Naroua dépose le 11 janvier 2007 une plainte pour bigamie contre elle, devant la Brigade de Gendarmerie de Konni, qui dresse procès-verbal et le transmet au Procureur de la République près le Tribunal de Grande Instance de Konni.

Par jugement n° 107 du 02 mai 2007, la formation correctionnelle du Tribunal de Grande Instance de Konni condamne Dame Hadijatou Mani Koraou, son frère Koraou Mani et Ladan Rabo, à six (06) mois d'emprisonnement ferme et une amende de 50.000 FCFA, chacun, en application de l'article 290 du Code pénal nigérien réprimant le délit de bigamie ; en outre un mandat d'arrêt fut décerné contre eux.

Le même jour, Hadijatou Mani Koraou interjette appel dudit jugement ; en dépit de cela, le 9 mai 2007, Hadijatou Mani Koraou et son frère Koraou Mani sont écroués à la Maison d'Arrêt de Konni en exécution du mandat d'arrêt décerné contre eux.

Le 17 mai 2007 alors que Hadijatou Mani Koraou était encore en détention, la Société Civile Professionnelle d'Avocats Chaibou-Nanzir, son Conseil, dépose auprès du Procureur de la République près le Tribunal de Grande Instance de Konni, une plainte contre Souleymane Naroua, pour crime et délit d'esclavage en visant l'article 270.2 et 3 du Code pénal nigérien, tel que modifié par la Loi n° 2003-025 du 13 juin 2003. L'instruction de cette affaire suit son cours sous le numéro R.P. 22, R.I. 53.

Parallèlement à la procédure pénale, le Tribunal de Grande Instance de Konni, en statuant sur le renvoi après cassation de la Cour suprême, par décision n° 15 du 6 avril 2007 : « fait droit à l'action en divorce de Hadijatou Mani Koraou ; .... Dit qu'elle observera un délai de viduité de trois (03) mois avant tout remariage ».

El Hadj Souleymane Naroua se pourvoit en cassation contre cette dernière décision.

Le 9 juillet 2007, la Chambre correctionnelle de la Cour d'Appel de Niamey, statuant sur l'appel interjeté par Hadijatou Mani Koraou contre la décision du Tribunal correctionnel, « »ordonne, en avant-dire-droit, la mise en liberté provisoire de celle-ci ainsi que de son frère, ordonne la mainlevée d'office du mandat d'arrêt décerné contre Ladan Rabo, et sursoit à statuer au fond en attendant une décision du juge des divorces ».

Le 14 septembre 2007, Hadijatou Mani Koraou saisit la Cour de Justice de la Communauté CEDEAO sur le fondement des articles 9.4 et 10.d) du Protocole Additionnel A/SP.1/01/05 du 19 janvier 2005 portant amendement du Protocole A/P.1/7/91 du 06 juillet 1991 relatifs à la Cour, aux fins de :

a. *Condamner la République du Niger pour violation des articles 1, 2, 3, 5, 6 et 18 (3) de la Charte Africaine des Droits de l'Homme et des Peuples ;*
b. *Requérir des Autorités Nigériennes qu'elles introduisent une nouvelle législation qui protège effectivement les femmes contre les coutumes discriminatoires en matière de mariage et de divorce ;*
c. *Demander aux Autorités Nigériennes de réviser la législation relative aux Cours et Tribunaux de manière à ce que la Justice puisse jouer pleinement son rôle de gardienne des droits des personnes qui sont victimes de la pratique de l'esclavage ;*
d. *Exiger de la République du Niger qu'elle abolisse les coutumes et pratiques néfastes et fondées sur l'idée d'infériorité de la femme ;*
e. *Accorder à Hadijatou Mani Koraou une juste réparation du préjudice qu'elle subi pendant ses 9 années de captivité.*

La défenderesse a soulevé des exceptions d'irrecevabilité pour dire que :

- *La requête n'est pas recevable, pour défaut d'épuisement des voies de recours internes ;*
- *La requête n'est pas recevable, du fait que l'affaire portée devant la Cour de céans est encore pendante devant les Juridictions nationales nigériennes.*

La Cour de Justice de la CEDEAO, en application de l'article 87 al. 5 de son Règlement de Procédure, a joint les exceptions préliminaires au fond, pour statuer par un seul et même arrêt.

Au l'audience du 24 janvier 2008, prévue pour l'audition des parties, le Conseil de la requérante, invoquant l'état d'impécuniosité de celle-ci et la nécessité d'entendre des témoins résidant au Niger et dont les frais de déplacement à Abuja paraissent hors de portée de la bourse de la requérante, a sollicité le transfert de la Session de la Cour à Niamey ou en tout autre lieu en République du Niger.

Le Conseil de la défenderesse a fait observer « qu'il ne voyait pas d'inconvénient pour la tenue de la session hors le siège de la Cour » mais a toutefois attiré l'attention de celle-ci « sur un effet médiatique négatif et une politisation éventuelle du procès avant de conclure à l'inutilité d'une telle session au Niger ».

Par décision avant-dire-droit N° ECW/CCJ/APP/08/08 du 24 janvier 2008, la Cour a ordonnée la tenue de la session à Niamey en application de l'art. 26 du Protocole de 1991.

A l'audience du 07 avril 2008 à Niamey, les parties ont comparé ainsi que leurs témoins.

Examen des moyens des parties

Sur les exceptions préliminaires

La République du Niger a soulevé *in limine litis* l'irrecevabilité de la requête aux motifs, d'une part du non-épuisement des voies de recours internes, d'autre part du fait que l'affaire portée devant la Cour de Justice de la CEDEAO, est encore pendante devant les juridictions nationales nigériennes.

Sur le non-épuisement des voies de recours internes

Tout en reconnaissant que la condition d'épuisement des voies de recours internes ne figure pas parmi les conditions de recevabilité des cas de violation des Droits de l'Homme devant la Cour de Justice de la CEDEAO, la République du Niger considère cette absence comme une lacune que la pratique de la Cour devrait combler.

Par ailleurs, le Conseil de la défenderesse a ajouté que c'est la règle de l'épuisement des voies de recours internes qui permet de dire, si un Etat protège assez ou pas assez les Droits de l'Homme sur son territoire ; puis il a fait observer que la protection des Droits de l'Homme par les mécanismes internationaux, est une protection subsidiaire, qui n'intervient que si un Etat, au plan national, a manqué à son devoir d'assurer le respect de ces droits.

Ensuite, en se référant à l'art. 4 (g) du Traité Révisé de la CEDEAO, la défenderesse a soutenu que la Cour de Justice de la CEDEAO doit appliquer l'article 56 de la Charte Africaine des Droits de l'Homme et des Peuples pour pallier le silence des textes régissant la Cour, notamment en ce qui concerne l'épuisement préalable des voies de recours internes.

S'il est constant que la protection des Droits de l'Homme par les mécanismes internationaux est une protection subsidiaire, il n'en demeure pas moins que cette subsidiarité connaît depuis quelque temps une évolution remarquable qui se traduit par une interprétation très souple de la règle de l'épuisement des voies de recours internes ; c'est d'ailleurs ce que disait la Cour Européenne des Droits de l'Homme dans son arrêt De Wilde, Ooms et Versyp c/ la Belgique du 18 juin 1971 lorsque celle-ci a jugé que « conformément à l'évolution de la pratique internationale, les Etats peuvent bien renoncer au bénéfice de la règle de l'épuisement des voies de recours internes ».

Le législateur communautaire CEDEAO s'est sans doute conformé à cet appel en ne faisant pas de la règle d'épuisement préalable des voies de recours internes, une condition de recevabilité devant la Cour ; le renoncement à une telle règle s'impose à tous les Etats Membres de la CEDEAO et la République du Niger ne saurait s'y soustraire.

D'autre part, en affirmant à l'article 4 (g) du Traité Révisé que « les Etats Membres de la CEDEAO adhèrent aux principes fondamentaux de la Charte Africaine des Droits de l'Homme et des Peuples », le législateur communautaire a voulu tout simplement intégrer cet instrument dans le droit applicable devant la Cour de Justice de la CEDEAO.

L'adhésion de la Communauté aux principes de la Charte signifie que même en l'absence d'instruments juridiques de la CEDEAO relatifs aux Droits de l'Homme, la Cour assure la protection des droits énoncés dans la Charte sans pour autant procéder de la même manière que la Commission Africaine des Droits de l'Homme et des Peuples.

En effet, de l'interprétation de l'article 4 (g) du Traité Révisé, l'on ne saurait déduire que les modalités de protection et de promotion des Droits de l'Homme par la Cour doivent être celles prévues dans la Charte.

Une distinction doit être faite entre l'énoncé des principes fondamentaux de la Charte (première partie) et les modalités de mise en œuvre de ces droits (deuxième partie). Ces modalités comprennent la création de la Commission (art. 30), sa composition (art. 31 à 41), son fonctionnement (art. 42 à 45) et la procédure à suivre devant elle (art. 46 à 59) ; tandis que le Traité Révisé de la CEDEAO a, de son côté, prévu d'autres mécanismes de mise en œuvre de ces mêmes principes fondamentaux par la Cour de Justice de la CEDEAO.

En définitive, il n'y a donc pas lieu de considérer l'absence d'épuisement préalable des voies de recours internes comme une lacune que la pratique de la Cour de Justice de la Communauté doit combler ; car celle-ci ne saurait, sans violer les droits des individus, leur imposer des conditions et des formalités plus lourdes que celles prévues par les textes communautaires.

La défenderesse, en faisant la genèse de l'ensemble des recours exercés devant les juridictions nationales nigériennes, a relevé que le 14 février 2006, la requérante a saisi le Tribunal civil et coutumier de Konni d'une action en divorce ; que ce tribunal a fait droit à sa demande ; que suite à l'appel interjeté, le jugement a été infirmé ; que la décision infirmative rendue après cassation avec renvoi, a donné raison à la requérante ; un second pourvoi a été formé par le défendeur contre cette dernière décision et la juridiction suprême n'a pas encore vidé sa saisine.

La défenderesse a ajouté que le 11 janvier 2007, une procédure pénale a été initiée contre la requérante ; que le jugement correctionnel de condamnation de la requérante et de ses co-prévenus, rendu le 02 mai 2007, a fait l'objet d'appel, et que la Cour d'Appel de Niamey, après avoir ordonné la mise en liberté provisoire de la requérante et de son frère, a ajourné le procès en attendant l'issue de la procédure civile.

En l'espèce, Dame Hadijatou Mani Koraou qui a déjà saisi les Juridictions nationales, est-elle fondée à saisir la Cour de Justice de la CEDEAO alors même que celles-ci n'ont pas encore vidé leur saisine ?

Aux termes des dispositions de l'article 10 d. ii du Protocole Additionnel A/SP.1/01/05 relatif à la Cour de Justice de la CEDEAO :

i.) Peuvent saisir la Cour.... toute personne victime de violation des Droits de l'homme ;

ii.) La demande soumise à cet effet.... ne sera pas portée devant la Cour de Justice de la Communauté lorsqu'elle a déjà été portée devant une autre Cour Internationale Compétente.

D'où il suit que la règle de l'épuisement préalable des voies de recours internes n'est pas d'application devant la Cour.

Ces dispositions visent essentiellement à empêcher les individus d'abuser des possibilités de recours qui leur sont offertes, et qu'une affaire soit examinée en même temps par plusieurs organes ; voir Cohen Jonathan in « La Convention Européenne de Sauvegarde des Droits de l'Homme et des Libertés Fondamentales », Economica, Paris, 1989, page 143, où il est écrit justement que cette condition a été expressément posée pour « exclure le cumul de procédures internationales ».

A l' origine de cette condition, prévue dans tous les mécanismes internationaux d'enquêtes ou de règlements (art. 35.2.b de la Convention Européenne de Sauvegarde des Droits de l'Homme et des Libertés Fondamentales, art. 56.7 de la Charte Africaine des Droits de l'Homme et des Peuples ; article 46.c de la Convention Américaine des Droits de l'Homme et des Peuples ; art. 5.2.a) du Premier Protocole facultatif relatif au Pacte international relatif aux droits civils et politiques), se trouve l'idée d'éviter qu'une même affaire ne soit portée devant plusieurs organes internationaux.

Mais l'interprétation de cette règle a révélé, comme le fait remarquer Stefan Trechsel dans Die europäische Menschenrechts-Konvention, ihr Schutz der persönlichen Freiheit und die schweizerischen Strafprozesserechte, StPämpfli Bern, 1974, pp. 125 qu'elle « ne se limite pas au « non bis in idem », mais couvre également le cas de litispendance, puisqu'il suffit que la requête ait été portée, en substance, à une autre instance internationale. Il s'agit donc, d'une part, d'éviter le parallélisme de plusieurs procédures internationales et d'autre part, d'éviter tout conflit entre diverses instances internationales ; en effet, il n'existe aucun ordre hiérarchique entre ces dernières et il s'en suit qu'aucune d'entre elles ne serait compétente pour réviser, en fait, la décision d'une autre instance internationale ».

Par conséquent, le législateur communautaire CEDEAO, en disposant comme il l'a fait à l'article 10 d. ii du Protocole Additionnel, entend rester dans les limites strictes de ce que la pratique internationale a cru bon devoir respecter. Il n'appartient donc pas à la Cour de céans d'ajouter au Protocole Additionnel des conditions non prévues par les textes.

En définitive et pour toutes ces raisons, les exceptions soulevées par la défenderesse ne sauraient prospérer.

Sur la qualité à agir de la requérante

La défenderesse en dernier argumentaire et dans son mémoire en duplique du 09 avril 2008, a soulevé le défaut de qualité à agir de la requérante. Elle a exposé que Dame Hadijatou Mani Koraou étant une *wahiya* affranchie au moment de sa requête, n'était donc plus une esclave ; qu'à ce titre, elle est sortie de sa condition de servilité ; qu'elle aurait pu agir avant son affranchissement ; mais que ne l'ayant pas fait, son action est devenue inopérante et doit être déclarée irrecevable pour défaut de qualité à agir.

Cette exception soulevée tardivement doit être déclarée irrecevable. Au surplus, au regard des dispositions des articles 9.4 et 10.d de son Protocole Additionnel : « La Cour est compétente pour connaître des cas de violation des Droits de l'Homme dans tout Etat membre ; peuvent saisir la Cour….. toute personne victime de violation des Droits de l'Homme ».

Il est à souligner que les Droits de l'Homme étant des droits inhérents à la personne humaine, ils sont inaliénables, imprescriptibles et sacrés » et ne peuvent donc souffrir d'aucune limitation quelconque.

Sur les moyens quant au fond

La requérante a exposé plusieurs moyens d'allégations de violations de ses droits ; en premier lieu, elle a exposé que la défenderesse n'a pas pris les mesures nécessaires pour garantir à ses citoyens, les droits et libertés proclamés dans la Charte Africaine des Droits de l'Homme et des Peuples, violant ainsi l'article 1er de ladite Charte ; elle a affirmé que cette violation découle des autres violations contenues dans ses autres moyens soulevés devant la Cour de céans, dans la mesure où l'article 1er de ladite Charte Africaine confère un caractère obligatoire pour les Etats de faire respecter ces droits ; qu'aux termes de cet article 1er, « les Etats Membres…. Reconnaissent les droits, devoirs et libertés énoncés dans cette Charte et s'engagent à adopter des mesures législatives ou autres pour les appliquer…. ».

La requérante a ajouté que, selon la législation nigérienne, « la République du Niger est un Etat de droit ; elle assure à tous l'égalité devant la loi, sans distinction de sexe, d'origine sociale, raciale, ethnique ou religieuse… » (Constitution de 1996, art. 11). « Nul ne sera soumis à la torture, ni à des sévices ou traitements cruels, inhumains ou dégradants (Constitution de 196, art. 12) ; « tout individu…. qui se rendrait coupable d'actes de tortures, … ou de traitements cruels, inhumains ou dégradants…. sera puni conformément à la loi » (art. 14 des Constitutions de 1989 et 1992).

La requérante fait valoir que, malgré l'existence de cette législation, elle a subi une discrimination fondée sur le sexe et sur sa condition sociale parce qu'elle a été maintenue en esclavage depuis près de 9 ans ; qu'après son affranchissement, elle n'a pas pu jouir de sa liberté malgré ses réclamations en justice ; qu'elle a fait l'objet de détention et que toutes ces actions ont contribué à la priver de ses droits fondamentaux ; elle a sollicité par conséquent la condamnation de la défenderesse pour violation des différents articles visés dans la Charte Africaine des Droits de l'Homme et des Peuples, et exiger l'adoption de législations nouvelles plus protectrices des droits des femmes contre les coutumes discriminatoires.

La Cour, sur ce premier moyen de la requérante, affirme qu'elle n'a pas pour rôle d'examiner les législations des Etats Membres de la Communauté *in abstracto*, mais plutôt d'assurer la protection des droits des individus lorsque ceux-ci sont victimes de violations de ces droits qui leur sont reconnus, et ce, par l'examen des cas concrets présentés devant elle.

La Cour précise qu'un tel examen relève d'autres mécanismes, en l'occurrence le contrôle des situations par pays, les rapports périodiques tels que prévus par certains instruments internationaux dont l'article 62 de la Charte Africaine des Droits de l'Homme et des Peuples qui dispose que : « Chaque Etat partie s'engage à présenter tous les deux ans, un rapport sur les mesures d'ordre législatif ou autres, prises en vue de donner effet aux droits et libertés reconnus et garantis dans la présente Charte ».

A cet égard, la Cour note que de tels examens ont déjà eu lieu, notamment devant le Comité des Droits de l'Homme et le Comité des Droits de l'Enfant des Nations Unies, à l'égard de la République du Niger, et assortis de Recommandations.

Par conséquent, la Cour déclare qu'elle ne saurait outrepasser sa compétence principale qui est de connaître des cas concrets de violations des Droits de l'Homme et de les sanctionner s'il y a lieu.

Sur la discrimination

La requérante a soutenu qu'elle est victime de discrimination fondée sur le sexe et sur sa condition sociale, en violation des articles 2 et 18 (3) de la Charte Africaine des Droits de l'Homme et des Peuples ; elle a ajouté qu'elle n'a pas bénéficié d'une égale protection de la loi et devant la loi comme le dispose l'article 3 de ladite Charte. Elle a précisé que la Sadaka ou le fait de rendre une femme à un homme pour servir de concubine est une pratique qui ne touche que les femmes et constitue donc une discrimination liée au sexe ; qu'en outre, le fait pour elle de ne pouvoir consentir librement au mariage, ni de divorcer sont autant de discriminations liées à son origine sociale.

Il ressort du témoignage du sieur Djouldé Laya, sociologue, cité par la défenderesse à l'audience du mardi 8 avril 2008 à Niamey, ce qui suit : « Dans le cas de la femme *wahiya,* on ne dit pas qu'elle est affranchie, puisque c'est une esclave ; donc elle est la propriété de quelqu'un ; … le système de *wahiya,* de 5ème épouse, est un système qui a été mis au point par les esclavagistes ; … Je considère que la femme ne sort pas de son état de *wahiya* ; … c'est un système qui permet de faire passer les femmes d'un statut à un autre, ce qui veut dire que l'esclavage continue d'ailleurs, parce qu'il faut encore attraper des femmes, il faut faire la guerre, il faut acheter… ».

La Cour après examen de l'ensemble des moyens de la requérante tirés de la discrimination, de l'égalité devant la loi, ainsi que d'une égale protection de la loi retient comme le souligne Frédéric Sudre dans son ouvrage : **Le droit international et européen des Droits de l'Homme,** éd. 2005, page 259 : « Le principe de la non-discrimiantion est un principe tiré du postulat général de légalité selon lequel « tous les êtres humains naissent libres et égaux en droit et en dignité » (article 1er de la Déclaration Universelle des Droits de l'Homme de 1948). C'est ce principe qui permet de définir le domaine de l'égalité.

Selon les textes invoqués par la requérante, toute discrimination fondée sur la race, l'ethnie, le sexe, la religion, l'origine sociale, est interdite et constitue une violation des Droits de l'Homme reconnus par les différentes Constitutions de la République du Niger (1989, 1992 et 1996) ainsi que les dispositions du Code pénal nigérien qui consacrent les mêmes principes protecteurs.

En l'espèce, pour déterminer si la requérante a été discriminée ou non, il convient d'analyser la pratique de la *wahiya* ou de la *sadaka* telle que les témoins l'ont décrite pour savoir si d'une part, toutes les femmes ont les mêmes droits dans le mariage et, d'autre part si l'homme et la femme ont les mêmes aptitudes à jouir des droits et libertés proclamés dans les instruments internationaux ratifiés par la défenderesse.

La Cour note qu'en République du Niger, la célébration du mariage se constate par le payement de la dot, le consentement de la femme et la consécration par une cérémonie religieuse ; dans le cas d'espèce, la Cour relève que le Sieur El Hadj Souleymane Naroua, ancien maître de la requérante, s'est refusé à se conformer à ces obligations ou conditions du mariage avec l'intéressée.

En effet, le témoin Halidou Danda, agriculteur et éleveur, cité par la requérante, a déclaré à l'audience du lundi 07 avril 2008 : « Le Préfet nous a convoqué à son cabinet pour nous dire qu'il a reçu un papier de Niamey qui dit qu'on doit remettre à El Hadj Souleymane Naroua sa femme ; le Préfet lui a demandé : est-ce que vous voulez la remarier, puisque vous l'avez affranchie ? Si c'est ça, amenez la cola, on va faire le mariage ; El Hadj Souleymane Naroua a dit : non ! Je ne peux pas la marier, puisque c'est Dieu qui me l'a déjà mariée ».

Par ailleurs, le témoin Almou Wangara, cultivateur, cité par la requérante, a déclaré : « lorsqu'on a demande à l'ancien maître de Hadijatou Mani Koraou d'amener la dot, il a dit que c'est Dieu qui lui a donné la femme et on va lui demander de l'argent pour la dot ! Le Préfet a dit à l'ancien maître : « Puisque cette femme, tu l'as déjà affranchie, ce qu'il y a lieu de faire c'est de donner la dot, on va la supplier pour qu'elle accepte le mariage ; l'ancien maître s'est levé pour dire : Non, comment ! Je vais acheter une femme et on va me réclamer la dot ? … Après cette réaction, le Préfet a dit : « Ecoutez, moi je ne peux rien faire, il faut vous en aller ».

La cour retient ainsi donc que, convoqué chez l'autorité administrative, en l'occurrence le Préfet, l'ancien maître de la requérante s'est refusé non seulement à accomplir les formalités de mariage avec elle, mais encore à lui rendre sa liberté, malgré le certificat d'affranchissement.

En République du Niger, la célébration du mariage se constate par le payement de la dot et la tenue obligatoire d'une cérémonie religieuse.

Or, en l'espèce, El Hadj Souleymane Naroua n'a accompli aucune des exigences coutumières ou civiles à l'égard de la requérante.

En outre, la Cour retient que dans la famille de son ancien maître, la requérante faisait l'objet de traitements différenciés par rapport aux épouses de l'intéressé.

La Cour relève que si le grief tiré de la discrimination, que la requérante soulève pour la première fois devant elle, est constitué, cette violation n'est pas imputable à la République du Niger puisqu'elle émane plutôt de El Hadj Souleymane Naroua qui n'est pas partie à la présente procédure.

Par conséquent, la Cour conclut que ce moyen est inopérant.

La requérante a-t-elle été tenue en esclavage ?

La requérante fait grief à la défenderesse d'être tenue en esclavage en violation de l'article 5 de la Charte Africaine des Droits de l'Homme et des Peuples ainsi que d'autres instruments internationaux relatifs aux Droits de l'Homme, lesquels édictent une interdiction absolue de l'esclavage.

Elle a déclaré être née de parents ayant eux-mêmes le statut d'esclaves, et qu'elle a toujours été traitée comme telle sous le toit de son ancien maître El Hadj Souleymane Naroua.

La défenderesse, quant à elle, a réfuté le motif de l'esclavage et a soutenu que la requérante, de condition servile certes, était l'épouse de El Hadj Souleymane Naroua, avec qui elle a vécu avec plus ou moins de bonheur comme dans tous les couples.

L'esclavage, aux termes de l'article 1er de la Convention de Genève de 1926, « est l'état ou la condition d'un individu sur lequel s'exercent les attributs du droit de propriété ou certains d'entre eux » ;

« La traite des esclaves comprend tout acte de capture, d'acquisition ou de cession d'un individu en vue de le réduire en esclavage ; tout acte d'acquisition d'un esclave en vue de le vendre ou de l'échanger ; tout acte de cession par vente ou échange d'un esclave acquis en vue d'être vendu ou échangé, ainsi que, en général, tout acte de commerce ou de transport d'esclaves ».

l'esclavage ainsi défini est considéré comme une violation grave de la dignité humaine et est formellement interdit par tous les instruments internationaux relatifs aux Droits de l'Homme. D'autres instruments tels que la Convention Européenne des Droits de l'Homme et des Libertés Fondamentales (art. 4 parag. I), la Convention Américaine des Droits de l'Homme (art. 6) et le Pacte International relatif aux Droits Civils et Politiques (art. 8 parag. 1.2 ratifié par la République du Niger) font de l'interdiction de l'esclavage un droit intangible, c'est-à-dire un droit absolu et indérogeable. De même, le Code pénal nigérien tel que modifié par la Loi n° 2003-025 du 13 juin 2003 en son article 270.1 à 5, définit et réprime le crime et le délit d'esclavage.

De tout ce qui précède, il est constant que Dame Hadijatou Mani Koraou a été cédée à l'âge de douze (12) ans à titre onéreux par El Hadji Ghousmane Abdourahmane pour la somme de deux cent quarante mille (240.000) FCFA à El Hadj Souleymane Naroua ; a été conduite au domicile de l'acquéreur ; a subi pendant près d'une décennie de nombreuses pressions psychologiques caractérisées par la soumission, l'exploitation sexuelle, les corvées ménagères et champêtres, les violences physiques, les insultes, les humiliations et le contrôle permanent de ses mouvements par son acquéreur qui lui délivre, le 18 août 2005, un document libellé « Certificat d'Affranchissement (d'esclave) » et mentionnant qu'à partir de la date de signature dudit acte « elle (la requérante) est libre et n'est l'esclave de personne ».

Ces éléments caractérisent la situation de servilité de la requérante et font ressortir tous les indicateurs de la définition de l'esclavage contenus dans l'article 1er de la Convention de Genève de 1926 telle qu'interprétée par la Chambre d'Appel du Tribunal Pénal International pour l'Ex-Yougoslavie (TPIY), dans l'Affaire Ministère public c/ Dragoljub Kunarac, Radomir Kovac et Vukovic Zoran, Arrêt du 12 juin 2002, IT-96-23 & 23/1 paragraphe 119.

Selon cette jurisprudence, en plus de l'exercice des attributs du droit de propriété qui caractérisent la notion d'esclavage, celle-ci : « dépend aussi de facteurs ou indices de réduction en esclavage, notamment du contrôle des mouvements de quelqu'un, du contrôle de l'environnement physique et psychologique, des mesures prises pour empêcher ou décourager la fuite, l'usage de la force ou de la menace de l'usage de la force, la durée, l'affirmation de l'exclusivité, l'assujettissement à des traitements cruel ou à des mauvais traitements, le contrôle de la sexualité et le travail forcé ».

La défenderesse, tout en reconnaissant la survivance de l'esclavage, a fait observer que cette pratique est devenue plus discrète, et confinée dans des cercles sociaux très restreints. Elle a soutenu que la requérante était plutôt l'épouse de El Hadj Souleymane Naroua avec qui elle a vécu dans le lien du mariage avec plus ou moins de bonheur, comme dans tous les ménages, jusqu'en 2005, et que de leur union sont nés des enfants.

La Cour ne saurait admettre un tel argumentaire, car il est aujourd'hui bien établi que :

> *L'esclavage peut exister sans qu'il y ait torture ; même bien nourri, bien vêtu et confortablement logé, un esclave reste un esclave s'il est illégalement privé de sa liberté par la force ou par la contrainte. On pourrait éliminer toute preuve de mauvais traitement, oublier la faim, les coups et autres actes de cruauté, le fait reconnu de l'esclavage. Et la question de savoir la nature du lien entre l'accusé et la victime est essentielle.*

Cf. Jugement du 3 novembre 1947, in Trials of Major War Criminals Before the Nuremberg Military Tribunals under Control Council Law, n° 10, vol. 5, 1997, page 958, cité par le Tribunal Pénal International pour l'Ex-Yougoslavie dans l'Aff. Etats-Unis c/ Oswald Pohl et consorts.

La Cour retient dans le cas d'espèce qu'au-delà des actes matériels bien constitués, l'élément moral de la réduction en esclavage réside, en outre, dans l'intention de El Hadj Souleymane Naroua d'exercer sur la requérante les attributs du droit de propriété, et ce, même après l'acte d'affranchissement. Par conséquent, il ne fait aucun doute que la requérante, Hadijatou Mani Koraou, a été tenue en esclavage pendant près de neuf (09) ans en violation de l'interdiction légale de cette pratique.

Dans le droit pénal nigérien, tout comme il ressort des instruments internationaux, l'interdiction et la répression de l'esclavage sont absolues et d'ordre public. Comme l'a affirmé la Cour Internationale de Justice, dans l'Arrêt Barcelona Traction (5 février 1970, CIH), « la mise hors la loi de l'esclavage est une obligation *erga omnes* qui s'impose à tous les organes de l'Etat ».

Par conséquent, le Juge national saisi d'une affaire relative à l'état des personnes, comme ce fut le cas de Dame Hadijatou Mani Koraou devant le Tribunal de Grande Instance de Konni doit, lorsque l'affaire laisse apparaître un fait de servitude, soulever d'office ce cas de servitude et entamer la procédure de répression.

En conclusion, sur ce point, la Cour relève que le Juge national nigérien saisi de l'action de Dame Hadijatou Mani Koraou c/ le sieur El Hadj Souleymane Naroua, au lien de dénoncer d'office le statut d'esclave de la requérante comme étant une violation de l'article 270.1 à 5 du Code pénal nigérien tel que modifié par la loi n° 2003-025 du 13 juin 2003, a plutôt affirmé que « le mariage d'un homme libre avec une femme esclave est licite, dès lors qu'il n'a pas les moyens d'épouser une femme libre et s'il craint de tomber dans la fornication… ».

La Cour estime que reconnaître ainsi le statut d'esclave de Dame Hadijatou Mani Koraou sans dénoncer cette situation, est une forme d'acceptation, ou du moins, de tolérance de ce crime ou de ce délit que le juge nigérien avait l'obligation de faire poursuivre pénalement ou de sanctionner le cas échéant.

La Cour, en outre, considère que la situation d'esclave de la requérante, même si elle émane d'un particulier agissant dans un contexte prétendûment coutumier ou individuel, lui ouvrait droit à une protection par les autorités de la République du Niger, qu'elles soient administratives ou judiciaires.

Qu'en conséquence, la défenderesse devient responsable tant en droit international, que national de toutes formes de violations des Droits de l'Homme de la requérante fondées sur l'esclavage du fait de la tolérance, de la passivité, de l'inaction, de l'abstention de ces mêmes autorités face à cette pratique.

En définitive, en omettant de soulever d'office une interdiction d'ordre public et de prendre ou faire prendre les mesures adéquates pour en assurer la répression, le Juge national nigérien n'a pas assumé sa mission de protection des droits de Hadijatou Mani Koraou et a, de ce fait, engagé la responsabilité de la défenderesse au même titre que l'autorité administrative lorsqu'elle a déclaré : « Ecoutez, moi je ne peux rien faire, il faut vous en aller ».

Par ailleurs, la requérante soutient, en se fondant sur des textes internationaux, notamment le Paragraphe 1 (c) et (g) de l'article 7 des Statuts de la Cour Pénale Internationale, que son statut d'esclave est un crime contre l'humanité.

S'il est vrai que l'esclavage figure dans l'énumération des faits constitutifs du crime contre l'humanité, il importe toutefois de préciser que pour constituer un crime contre l'humanité, ledit esclavage doit pouvoir s'inscrire dans une « attaque généralisée ou systématique » tel qu'énoncé audit article 7 du Statut de la Cour Pénale Internationale.

Or, de telles appréciations relèvent de la compétence d'autres mécanismes internationaux, et plus précisément, des Juridictions Pénales Internationales. La Cour de céans n'est donc pas compétente pour apprécier le bien-fondé du grief tiré de ce moyen.

L'arrestation et la détention de la requérante sont-elles arbitraires ?

La requérante a exposé que son arrestation, le 9 mai 2007, ainsi que sa détention à la maison d'arrêt de Konni, sont arbitraires et constituent une violation de l'article 6 de la Charte Africaine des Droits de l'Homme et des Peuples. Selon elle, le délit de bigamie n'est pas constitué, faute de mariage entre elle et El Hadj

Souleymane Naroua ; or il est établi que cette détention est consécutive à la plainte déposée par ce dernier ; que l'arrestation et la détention de la requérante ont été décidées suite à cette plainte déposée par son ex-maître devant le Tribunal correctionnel de Konni.

Une détention est dite arbitraire lorsqu'elle ne repose sur aucune base légale. Or, dans le cas d'espèce, l'arrestation et la détention de la requérante sont intervenues en exécution de la décision judiciaire rendue par le Tribunal correctionnel ; cette décision mal fondée ou non, constitue une base légale, qu'il ne revient pas à la Cour d'apprécier.

Par conséquent, la Cour estime que ce moyen de la requérante ne saurait prospérer.

La requérante a-t-elle droit à une indemnité réparatrice ?

Dans son mémoire en réplique du 07 avril 2008, la requérante sollicite le paiement par la République du Niger de la somme de cinquante millions (50.000.000) de FCFA en réparation des préjudices subis.

La défenderesse, en réponse, fait valoir qu'il s'agit là d'un moyen nouveau, invoque l'article 37.2 du Règlement de Procédure de la Cour et conclut à l'irrecevabilité de la demande de réparation.

La Cour rappelle que l'irrecevabilité prévue à l'article 37.2 du Règlement de Procédure concerne les moyens nouveaux soulevés par une partie au cours de l'instance. En l'espèce, la quantification de la réparation sollicitée ne peut s'analyser en un moyen nouveau mais comme une précision de la demande en réparation contenue ans la requête introductive d'instance.

Par conséquent, il y a lieu de rejeter l'argument de la défenderesse.

A l'appui de sa demande en réparation, la requérante n'a fourni à la Cour aucun indice de calcul permettant la fixation précise du montant des préjudices allégués. La Cour en déduit qu'un montant forfaitaire peut lui être accordé.

L'analyse des faits de la cause laisse apparaître clairement que la requérante a subi des préjudices physiques, psychologiques et moraux certains, du fait de ses neuf (09) années de servilité justifiant l'allocation d'une indemnité en réparation des préjudices ainsi subis.

En conséquence :

1. Attendu que là où les textes ne prévoient pas de conditions particulières de recevabilité des requêtes, la Cour ne saurait en imposer celles plus lourdes ;

2. Attendu que la pratique de la Wahiya ou de la sakaka fondée sur des considérations d'appartenance à une classe sociale, a mis la requérante dans une situation désavantageuse et l'a exclue des avantages certains de l'égale dignité reconnue à tous les citoyens ; qu'elle a donc été discriminée en raison de son appartenance à une classe sociale. Mais que cette discrimination n'est pas imputable à la République du Niger ;

3. *Attendu que la Cour relève que la République du Niger n'a pas suffisamment protégé les droits de la requérante contre la pratique de l'esclavage ;*

4. *Attendu que cette situation d'esclavage a causé à la requérante des préjudices physiques, psychologiques et moraux certains ;*

5. *Attendu que la requérante a, de ce fait, droit à une indemnité réparatrice forfaitaire pour préjudices résultant de l'esclavage.*

Par ces motifs :

La Cour de Justice de la Communauté, CEDEAO, statuant publiquement, contradictoirement, en matière de violation des Droits de l'Homme, en premier et dernier ressort ;

Vu le Traité Révisé de la CEDEAO du 24 juillet 1993 ;

Vu la Déclaration Universelle des Droits de l'Homme du 10 décembre 1948 ;

Vu la Convention sur l'élimination de toutes les formes de discrimination à l'égard des femmes, du 18 décembre 1979 ;

Vu la Convention relative à l'esclavage du 25 septembre 1926 et la Convention supplémentaire relative à l'abolition de l'esclavage, de la traite des esclaves et des institutions et pratiques analogues à l'esclavage du 7 septembre 1956 ;

Vu la Charte Africaine des Droits de l'Homme et des Peuples du 27 juin 1981 ;

Vu le Protocole du 06 juillet 1991 et le Protocole Additionnel du 19 janvier 2005 relatifs à la Cour de Justice de la Communauté, CEDEAO ;

Vu le Règlement de Procédure de la Cour du 28 août 2002 ;

Vu la décision avant-dire-droit N° ECW/CCJ/APP/08/08 du 24 janvier 2008.

En la forme

- Rejette les exceptions d'irrecevabilité de la requête soulevée par la République du Niger en tous ses points.
- Reçoit Dame Hadijatou Mani Koraou en sa demande et dit qu'elle a qualité à agir.

Au fond

1. Dit que la discrimination dont a été l'objet Dame Hadijatou Mani Koraou n'est pas imputable à la République du Niger.
2. Dit que Dame Hadijatou Mani Koraou a été victime d'esclavage et que la République du Niger en est responsable par l'inaction de ses autorités administratives et judiciaires.
3. Reçoit Dame Hadijatou Mani Koraou en sa demande de réparation des préjudices subis et lui accorde une indemnité forfaitaire de dix millions (10.000.000) de FCFA.

4. Ordonne le paiement de cette somme à Dame Hadijatou Mani Koraou par la République du Niger.

5. Rejette tous autres griefs de demandes de Dame Hadijatou Mani Koraou.

6. Met les dépens à la charge de la République du Niger, conformément à l'article 66.2 du Règlement de Procédure de la Cour.

OBSERVATIONS

Après l'affaire « MANNEY contre République de Gambie », qui a donné lieu à l'arrêt du 5 juin 2008, voilà une autre affaire qui relève, incontestablement, des « droits de l'homme ». L'espèce « Hadijatou M. KORAOU » est, elle aussi, particulière à bien des égards.

Les circonstances de la cause sont, d'abord, passablement enchevêtrées. Plusieurs procédures ont été déjà menées au moment où la Cour de Justice de la CEDEAO est saisie. Quand l'affaire arrive dans le prétoire de la Cour, elle se développe au moins sur cinq plans.

Il y a d'abord l'acte de « libération » d'une ancienne *« Sadaka »*, c'est-à-dire d'une personne qui travaille au domicile et sous les ordres de son « maître ». C'est cette personne –là, Mme Hadijatou M. KORAOU, qui a introduit la requête auprès de la Cour, à l'effet de voir condamner l'Etat du Niger, pour ce qu'on pourrait appeler une « tolérance » manifestée à l'égard de pratiques que l'on peut tenir pour relevant de l' « esclavagisme ». L'acte par lequel l'ancien « maître », le sieur El Hadji Souleymane NAROUA, a « émancipé » la requérante, date du 18 août 2005. Il met fin à neuf années de vie commune, d'où sont nés quatre enfants dont deux ont survécu.

Le deuxième aspect du dossier consiste en une procédure, introduite par Mme KORAOU auprès des tribunaux nigériens, pour *« recouvrer sa liberté totale et ...aller vivre sa vie ailleurs »*. Un premier juge, saisi, constate qu'un « mariage » n'a à proprement parler jamais eu lieu entre la demanderesse et son ancien « compagnon », et considère donc que rien ne s'oppose à ce que celle-ci « refasse sa vie ». Cette décision du premier juge est infirmée en appel, sur demande de M. NAROUA, mais cette décision d'appel est elle-même cassée par la Cour suprême. La juridiction de renvoi fera droit à la demande de Mme KORAOU, en accueillant sa requête en « divorce ». Cette décision-là est datée du 6 avril 2007.

Le troisième aspect du dossier tient à ses aspects pénaux. En effet, mis au courant du « remariage » de la demanderesse, M. NAROUA dépose une plainte pour bigamie. C'est sur la base de cette plainte que le tribunal correctionnel condamne Mme KORAOU à six mois d'emprisonnement ferme et à une amende de cinquante mille francs CFA. Un mandat d'arrêt est décerné contre Mme KORAOU – et son frère, également visé par la plainte-, et tous les deux sont bientôt arrêtés et écroués.

Contre-attaquant sur le plan pénal toujours – c'est le quatrième aspect du dossier-, Mme KORAOU, en détention, fait déposer une plainte contre son adversaire, pour « crime et délit d'esclavage », infraction punie par l'article 270.2 et 3 du code pénal nigérien. Une instruction est alors ouverte.

Enfin, le dossier connaît un « développement » au plan international. Ce cinquième aspect porte précisément sur la saisine de la Cour de Justice de la CEDEAO, le 14 septembre 2007. Le grief articulé- sur lequel nous reviendrons-, est axé sur la survivance de pratiques « esclavagistes » et vise désormais l'Etat même du Niger. Pour la première fois donc, ce dernier est appelé dans la cause, il devient partie au procès et se voit même incriminé.

Telles sont, rapidement présentées, les circonstances dans lesquelles la Cour de la CEDEAO est saisie. Mais le procès avait aussi d'autres particularités.

La requérante a en effet excipé de sa difficile situation matérielle, financière, pour demander à la Haute juridiction, invitée à recueillir des témoignages, de se transporter à Niamey pour lui éviter les frais d'un déplacement à Abuja. La Cour a fait droit à cette demande, et l'affaire comporte ainsi la singularité d'avoir été jugée hors du siège de la Cour. Cette circonstance appelle plusieurs remarques.

Tout d'abord, il convient de souligner que la démarche de la Cour a une base légale bien claire. A l'article 26 du Protocole de 1991, relatif à la Cour, il est en effet spécifié que celle-ci peut, lorsqu'elle le juge nécessaire, se déplacer en tout lieu autre que celui de son siège. En elle-même, cette disposition n'est pas surprenante, nombre d'institutions internationales s'aménageant une telle faculté. Sans doute la Cour de Justice de la CEDEAO, qui mène depuis quelques années une véritable « politique de relations publiques », tendant à « se faire connaître » du grand public, s'est – elle aisément engouffrée, pour ainsi dire, dans la brèche que constituait cette requête. L'occasion était belle pour apparaître, une fois encore, aux yeux des populations, et d'ainsi montrer, d'une certaine manière, que la justice de l'intégration n'est pas « éthérée » ou « désincarnée », n'est pas inaccessible à ses usagers majeurs que sont en principe les citoyens des Etats membres.

Il est toutefois permis de se demander si l'on ne pouvait pas procéder autrement. On veut dire par là que si ce sont exclusivement des raisons pécuniaires qui sont à la base du déplacement de la Cour, il est pertinent de se demander s'il n'était pas moins onéreux de prendre en charge le déplacement de la partie plaignante, ainsi que celui des témoins, pour une « meilleure administration de la justice ». A vrai dire, nous ne saurions répondre de manière catégorique ou péremptoire à cette question. On peut cependant s'interroger sur ce point.

Cela étant, la chose mérite une réflexion plus générale, portant sur les possibilités d'aménagement d'une « assistance juridictionnelle » ouverte à des justiciables désargentés. Si la Cour a pu tenir compte de l'indigence de ces justiciables, il n'est peut-être pas superflu d'avancer qu'une réflexion plus systématique sur la question s'impose. L'on sait par exemple que devant la Cour de Justice de l'UEMOA, un tel dispositif d ' « assistance juridictionnelle » existe en principe[132]. La Cour de la CEDEAO pourrait, sans doute utilement, s'inspirer de ce système-là – ou tirer des leçons de ses imperfections-.

Pour répondre aux griefs articulés à son encontre, la partie défenderesse, la République du Niger, a brandi deux arguments, en forme d'exceptions d'irrecevabilité : l'absence d'épuisement des voies de recours internes et l'exception de litispendance, l'affaire étant, dit-elle, pendante devant des juridictions du Niger.

Aucun de ces deux arguments ne résiste, à vrai dire, à l'analyse.

Il n'est nulle part indiqué, dans les textes qui régissent le fonctionnement de la Cour, que celle-ci ne doit connaître que d'affaires pour lesquelles les voies de recours judiciaires ont été épuisées au plan national. Plus loin, l'arrêt rendu énonce une curiosité :

> *Tout en reconnaissant que la condition d'épuisement des voies de recours internes ne figure pas parmi les conditions de recevabilité des cas de violation des droits de l'homme devant la Cour de Justice de la CEDEAO, la République du Niger considère cette absence comme une lacune que la pratique de la Cour devrait combler.*

L'observation de l'Etat nigérien est, bien entendu, loin d'être convaincante. Il suffit, pour l'écarter, de rappeler que l'exigence formulée par la République du Niger ne figure nulle part dans les textes, et que la Cour n'a pas, en principe, à ajouter à ceux-ci, l'inexistence de la règle évoquée ne pouvant, au surplus, être forcément tenue dans l'absolu pour une « carence » ou une imperfection. Plutôt que de répondre simplement, la Cour se lance pourtant dans des considérations propres parfois à inspirer le scepticisme.

La Cour établit même des corrélations entre la Charte africaine des droits de l'homme et des peuples et les mécanismes de protection de ces droits, mis en place en 2005 pour sa juridiction (paragraphe 44 notamment). Ces rationalisations a posteriori, cette quête forcenée de cohérence entre la Charte de 1981 et les mécanismes de 2005 sont bien entendu sujettes à caution. Rien n'est moins hasardeux que de prêter à cette Charte des vues que rien n'autorisait à avoir au début des années 80. Lorsque les Etats parties à la Charte africaine des droits de l'homme et des peuples ont souhaité introduire un mécanisme de sauvegarde judiciaire des droits énoncés, ils ont tout simplement mis au point un Protocole additionnel spécial, portant précisément création de la Cour africaine des droits de l'homme et des peuples (Protocole de Ouagadougou de 1998). Il est également difficile de faire valoir que la CEDEAO avait une sorte de vocation à secréter le mécanisme de sauvegarde des droits en question. Bref, la Cour aurait pu se dispenser d'être « démonstrative » sur un point auquel il suffisait d'opposer tout simplement les textes en vigueur.

---

132 Article 65 du Règlement de procédures de la Cour de l'UEMOA.

Quant à la seconde exception soutenue par la République du Niger, et portant sur une prétendue litispendance, il est également aisé de lui opposer l'absence d'une véritable similarité des affaires. Le procès pendant devant les tribunaux du Niger, s'il est relatif aux mêmes faits, ne repose pas sur le même fondement que le procès engagé devant la Cour communautaire. Il ne comporte, au demeurant, même pas les mêmes parties : au plan national, c'est une personne privée qui est mise en cause ; au plan international, il s'agit de l'Etat du Niger. D'autre part, l'exception de litispendance n'opère pour une affaire que « lorsqu'elle a déjà été portée devant une autre Cour internationale compétente », aux termes mêmes de l'article 10 d. ii du Protocole Additionnel de 2005 relatif à la Cour. Or, l' « autre Cour », ici, n'est pas « internationale ».

L' « affaire KORAOU » est aussi remarquable par le caractère, ambitieux dira-t-on, des demandes formulées par la requête. D'ordinaire, la victime d'une violation d'un droit de l'homme impute des faits précis à une autorité, et demande, en conséquence, que le préjudice qu'elle a subi soit reconnu et réparé. Si la réparation est effectivement demandée dans notre espèce, elle n'est pas la seule prétention de Mme KORAOU. Celle-ci formule d'autres demandes, moins subjectives pourraient-on dire, et qui sont les suivantes :

> *b) Requérir des autorités nigériennes qu'elles introduisent une nouvelle législation qui protège effectivement les femmes contre les coutumes discriminatoires en matière de mariage et de divorce ;*
>
> *c) Demander aux autorités nigériennes de réviser la législation relative aux Cours et Tribunaux de manière à ce que la justice puisse jouer pleinement son rôle de gardienne des droits des personnes qui sont victimes de la pratique de l'esclavage ;*
>
> *d) Exiger de la République du Niger qu'elle abolisse les coutumes et pratiques néfastes et fondées sur l'idée d'infériorité de la femme.*

On le voit, il ne s'agit pas seulement de rétablir un justiciable dans ses droits, mais, au-delà, d'apporter des réformes au système juridique et judiciaire d'un Etat. A cet égard aussi, l'affaire jugée n'était pas banale.

On comprend que des prétentions aussi importantes, susceptibles de conduire la Cour à enjoindre ou à exhorter les autorités d'un Etat souverain à adopter des mesures données, aient amené le juge à préciser de manière rigoureuse son office. Celui-ci a tenu à éviter de suivre le requérant dans sa logique de remise en question de la législation nigérienne. Elle a notamment tenu à rappeler « qu'elle n'a pas pour rôle d'examiner les législations des Etats membres de la Communauté in abstracto, mais plutôt d'assurer la protection des droits des individus lorsque ceux-ci sont victimes de violations de ces droits qui leur sont reconnus, et ce, par l'examen des cas concrets présentés devant elle ».

La juridiction communautaire n'ira donc pas jusqu'à adresser des injonctions au Gouvernement nigérien. Sa circonspection l'amène même à tenir, dans le dispositif de l'arrêt, un propos dont la subtilité s'explique sans doute par la volonté de ne pas « froisser » l'Etat du Niger. Elle estime en effet, d'une part, que « la discrimination dont a été l'objet dame Hadijatou Mani KORAOU n'est pas imputable à la République du Niger », et, d'autre part, que la requérante « a été victime d'esclavage et que la République du Niger en est responsable par l'inaction de ses autorités administratives et judiciaires ».

Cela étant, il faut se féliciter de la précision que le juge de la CEDEAO apporte dans la définition de sa mission en tant que juge de la violation de « droits de l'homme ». Ce contentieux se prête, on l'a bien vu, à des amalgames et à des « généralisations » évidemment abusives. Il est salutaire que le juge se remémore que sa saisine doit se fonder sur des faits précis, et se rapporter à des victimes bien déterminées. Cette circonscription du contentieux de la transgression des droits de l'homme doit être rappelée, à un moment où devant d'autres instances en Afrique, l'on semble assister à un glissement vers une conception plus « objectiviste » de ce contentieux[133].

La Cour va donc reconnaître la véracité des faits allégués par la requérante – au moyen notamment de témoignages recueillis-, énoncer la responsabilité de l'Etat défendeur et allouer à la victime la somme de dix millions de francs CFA. Cette évaluation pécuniaire repose, une fois encore, la question des bases sur lesquelles la Cour se fonde pour déterminer la somme à allouer. C'est de manière plutôt « rapide » que cette évaluation a été faite. La Cour indique certes qu' « à l'appui de sa demande en réparation, la requérante n'a fourni à la Cour aucun indice de calcul permettant la fixation précise du montant des préjudices allégués. La Cour en déduit qu'un montant forfaitaire peut lui être accordé ». L'on était cependant en droit d'attendre que l' « objectivation » du préjudice vînt de la Cour elle-même…

L'arrêt du 27 octobre 2008 fait enfin apparaître certaines particularités rédactionnelles. La quasi-totalité des motifs est écrite sur un style plutôt « impersonnel », les phrases se suivent et ne sont pas rédigées avec des « attendus ». Ce style-là convient sans doute lorsque la décision à rendre est plutôt longue. Il permet d'autre part d'avoir un texte au rythme plus serein, et il est propice à une bonne « respiration » pour le lecteur. Curieusement pourtant, les « attendus » apparaissent vers la fin de l'arrêt, précédés de la mention « En conséquence ». Cinq « attendus » sont alors énoncés, avant que le dispositif, précédé de l'expression « Par ces motifs », soit proprement introduit.

---

133 V. au sujet de l'activité de la Commission africaine des droits de l'homme et des peuples, l'article de OLINGA A. D., « Vers un contentieux objectif à Banjul ? », Revue *Juridique et Politique des Etats francophones*, 2007, n°1, pp. 28-52.

Une telle structuration est plutôt inhabituelle dans la pratique de la Cour, et le fait doit conduire à une réflexion plus générale sur la manière de rédiger les arrêts rendus par la Cour. Manifestement – la remarque vaut aussi pour la Cour de Justice de l'UEMOA, on l'a déjà vu -, une « politique rédactionnelle » mérite d'être pensée, le travail des juges n'en sera que plus apprécié. La conception formelle des arrêts devrait rester la même, et ne pas varier, tant il est vrai que la qualité d'une décision tient beaucoup à son style, à sa rédaction. Il est au moins urgent qu'une certaine constance soit acquise en la matière, quitte, au besoin, à trouver dans la juridiction des « préposés » à la rédaction des décisions. L'on est en droit d'attendre d'une instance internationale chargée de dire le droit cette prévisibilité rédactionnelle. Ce n'est pas seulement une question d'esthétique, mais un problème d'intelligibilité même de la démarche judiciaire. Ajoutons que pour tout juge qui ambitionne de réaliser une « politique jurisprudentielle », c'est la constance « dans la forme » qui doit faire écho à la constance « sur le fond ».

TABLE DES MATIERES

*

* *

JURISPRUDENCE DE LA COUR DE JUSTICE DE L'UEMOA

*

* *

Structures éditoriales du groupe L'Harmattan

L'Harmattan Italie
Via degli Artisti, 15
10124 Torino
harmattan.italia@gmail.com

L'Harmattan Hongrie
Kossuth l. u. 14-16.
1053 Budapest
harmattan@harmattan.hu

L'Harmattan Sénégal
10 VDN en face Mermoz
BP 45034 Dakar-Fann
senharmattan@gmail.com

L'Harmattan Cameroun
TSINGA/FECAFOOT
BP 11486 Yaoundé
inkoukam@gmail.com

L'Harmattan Burkina Faso
Achille Somé – tengnule@hotmail.fr

L'Harmattan Guinée
Almamya, rue KA 028 OKB Agency
BP 3470 Conakry
harmattanguinee@yahoo.fr

L'Harmattan RDC
185, avenue Nyangwe
Commune de Lingwala – Kinshasa
matangilamusadila@yahoo.fr

L'Harmattan Congo
67, boulevard Denis-Sassou-N'Guesso
BP 2874 Brazzaville
harmattan.congo@yahoo.fr

L'Harmattan Mali
Sirakoro-Meguetana V31
Bamako
syllaka@yahoo.fr

L'Harmattan Togo
Djidjole – Lomé
Maison Amela
face EPP BATOME
ddamela@aol.com

L'Harmattan Côte d'Ivoire
Résidence Karl – Cité des Arts
Abidjan-Cocody
03 BP 1588 Abidjan
espace_harmattan.ci@hotmail.fr

L'Harmattan Algérie
22, rue Moulay-Mohamed
31000 Oran
info2@harmattan-algerie.com

L'Harmattan Maroc
5, rue Ferrane-Kouicha, Talaâ-Elkbira
Chrableyine, Fès-Médine
30000 Fès
harmattan.maroc@gmail.com

Nos librairies en France

Librairie internationale
16, rue des Écoles – 75005 Paris
librairie.internationale@harmattan.fr
01 40 46 79 11
www.librairieharmattan.com

Librairie l'Espace Harmattan
21 bis, rue des Écoles – 75005 Paris
librairie.espace@harmattan.fr
01 43 29 49 42

Lib. sciences humaines & histoire
21, rue des Écoles – 75005 Paris
librairie.sh@harmattan.fr
01 46 34 13 71
www.librairieharmattansh.com

Lib. Méditerranée & Moyen-Orient
7, rue des Carmes – 75005 Paris
librairie.mediterranee@harmattan.fr
01 43 29 71 15

Librairie Le Lucernaire
53, rue Notre-Dame-des-Champs – 75006 Paris
librairie@lucernaire.fr
01 42 22 67 13

www.ingramcontent.com/pod-product-compliance
Lightning Source LLC
LaVergne TN
LVHW021139061026
849535LV00002B/297